Eberhard Hohmann,
Marie-Josée Krusekopf-Pecqueux,
Wilfried Krusekopf

Bretagne

Car mon cœur est là-bas, dans les archiples où l'on entend,
permi les roches, le langage des Celtes.

Denn mein Herz ist dort, auf den Inseln, wo zwischen den Felsen
die Sprache der Kelten erklingt.

JEAN-PIERRE CALLOC'H (1888-1917)

Eberhard Hohmann,
Marie-Josée Krusekopf-Pecqueux,
Wilfried Krusekopf

Bretagne

Impressum

Eberhard Hohmann,
Marie-Josée Krusekopf-Pecqueux,
Wilfried Krusekopf
Bretagne
erschienen im

Reise Know-How Verlag Peter Rump GmbH
Hauptstr. 198
33647 Bielefeld/Brackwede

1. Auflage 1994

Gestaltung:
Umschlag: M. Schömann, P. Rump
Inhalt: Frank-Peter Herbst
Karten, Stadtpläne: Catherine Raisin
Umschlagkarten: Bernhard Spachmüller
Fotos: Eberhard Homann (EH), Marie-Josée Krusekopf-Pecqueux (MK)
Wilfried Krusekopf (WK),

Druck, Bindung: Fuldaer Verlagsanstalt GmbH, Fulda
Lithographie: Städter Belichtungsservice, Bielefeld, Master Image, Singapur

ISBN: 3-89416-175-2

PRINTED IN GERMANY

Dieses Buch ist erhältlich in jeder Buchhandlung der BRD,
Österreichs, der Niederlande und der Schweiz.
Bitte informieren Sie Ihren Buchhändler über folgende Bezugsadressen:

BRD: Prolit GmbH, Postfach 9, 35461 Fernwald (Annerod)
Schweiz: AVA-buch 2000, Postfach, CH-3910 Affoltern
Österreich: Mohr Morawa Buchvertriebs GmbH,Sulzengasse 2, A-1060 Wien
Niederlande: Nilsson & Lamm BV, NL-1380 AD Weesp

Wer im Laden trotzdem kein Glück hat, bekommt unsere Bücher gegen Voreinsendung des Kaufpreises plus 4,50 DM für Porto (Scheck im Brief) direkt bei:
Rump-Direktversand
Heidekampstr. 18, 49809 Lingen (Ems)

- Alle Angaben leider ohne Gewähr.
- Wir freuen uns über Kritik, Kommentare und Verbesserungsvorschläge.
- Der Verlag sucht ***Autoren*** für qualitativ gleichartige Reiseführer.

Praktische Reisetips A-Z

Land und Natur

Gesellschaft und Kultur

Ortsbeschreibungen

Anhang

Exkurse zwischendurch

Trugarez! Merci! Danke!
Nicht zuletzt durch die wertvollen Insidertips einiger bretonischer Freunde konnten wir dieses Buch um viele praktische Reiseinformationen bereichern. Ein herzliches Dankeschön deshalb an alle, die uns mit ihrem Rat unterstützt haben, insbesondere Trugarez an Yveline und Michel Rio, deren profunde Kenntnisse über ihr Land eine wahre Fundgrube waren.

Bretagne

Là où la mer
Déferle sur les langues de terre
Mêlant son bleu vert
A l'or des ajoncs
A la blancheur
Des maisons
De pêcheurs

Là où le granite
Défie le temps
Mystérieux mégalithes
Et chapelles d'antan

Monde naturel et historique
Fascinant
Et troublant
Pay d'Armorique

Marie-Josée Krusekopf-Pecqueux

Vorwort

Zerklüftete Küsten, an denen das Meer mit aller Macht anbrandet, und langgestreckte, feinsandige Buchten mit türkisfarbenem Wasser bilden die reizvolle und abwechslungsreiche Küstenlinie der Bretagne, eines europäischen Reiseziels, dessen Beliebtheit stetig steigt.

Mit welchem Interesse Sie auch in den Urlaub fahren mögen, hier bieten sich vielfältige Möglichkeiten zum Leben und Erleben. Wer die Natur sucht, findet sie entlang der wilden Steilufer der Nordküste, auf den Inseln im Westen und Süden oder in den zahlreichen Vogelschutzgebieten. Wassersportbegeisterte finden ihr Mekka in den Hafenorten der Südküste, in stillen Buchten oder den tosenden Wassern der West- und Nordküste. Natur kann aber auch im Landesinneren erlebt werden. Ausgedehnte Heidelandschaften, Höhenzüge und Sümpfe laden zu Wanderungen, Boots- oder Fahrradtouren ein.

Dies alles ist aber nur ein Aspekt der Bretagne. Auch Kultur wird hier großgeschrieben. Ob es nun die megalithischen Monumente, die vor einigen tausend Jahren errichtet wurden und deren Bedeutung immer noch nicht geklärt werden konnte, oder die Kirchenbauwerke sind, die Bretagne ist randvoll mit Sehenswürdigkeiten. Kathedralen, Kapellen, umfriedete Pfarrbezirke und Calvaires zeugen von langer christlicher Tradition, die auch heute noch in den Darstellungen der zahlreichen Heiligen und den alljährlichen Pardons weiterlebt.

Geprägt ist die Landschaft aber auch durch Schlösser, Burgen, Herrensitze und historische Städte, die aus ruhmreicher Vergangenheit erhalten geblieben sind.

Auf historische Ereignisse zurückgehende Feste, Seglertreffen und Kulturveranstaltungen zur Stärkung keltischer Traditionen zeigen den Facettenreichtum der Bretagne auch in dieser Beziehung.

Die Beliebtheit der Bretagne führt aber auch dazu, daß in der Hauptreisezeit zumindest die Küstenbereiche oft völlig ausgebucht sind, obwohl es zahlreiche Übernachtungsmöglichkeiten gibt. Ruhe findet man aber auch dann immer noch im Landesinneren.

Schließlich offeriert die Bretagne zahlreiche kulinarische Genüsse. Hier bietet die Küche nicht nur hervorragende Fisch- und Meeresfrüchte-Gerichte, sondern das Land ist auch die Heimat der beliebten Crêpes, zu denen besonders gut Cidre, das typische Getränk der Bretagne, paßt.

Die Vielfalt der Bretagne garantiert einen abwechslungsreichen und zugleich erholsamen Urlaub. So verbleibt nur, Ihnen eine schöne Reise voller Eindrücke und natürlich guten Appetit wünschen.

Eberhard Homann
Wilfried Krusekopf
Marie-Josée Krusekopf-Pecqueux

Hinweise zur Benutzung

Die ***Abfolge der Ortsbeschreibungen*** entspricht der gängigen Reiseroute. Wer seinen Urlaub in der Bretagne verbringen will, reist meist über deren Hauptstadt Rennes an. Das erste Hauptkapitel beschäftigt sich denn auch mit dieser Großstadt und den umliegenden Orten.

Die weiteren Hauptkapitel beschreiben dann zunächst die Küsten (Norden, Westen und Süden) und deren vorgelagerte Inseln, gehen dann aber auch auf die relativ naheliegenden Gebiete im Inland ein. Das letzte Kapitel ist besonderen Zielen im Landesinneren gewidmet.

Am Beginn jedes Hauptkapitels gibt es eine ***Übersichtskarte*** zur leichteren Orientierung. Die hintere Umschlagkarte zeigt die Lage dieser Ausschnittskarten. Zusätzlich steht in der Kopfzeile jeder Seite die Seitenzahl der jeweils aktuellen Karte.

Dem ***Aufbau der Ortsbeschreibungen*** liegt folgendes Schema zugrunde: Nach einem allgemeinen Überblick werden die Sehenswürdigkeiten beschrieben. Der Serviceteil enthält Unterkunftsmöglichkeiten, Gastronomietips, Sport- und Kulturhinweise sowie weitere nützliche Adressen. Sollte es in der näheren Umgebung des Ortes interessante Ziele geben, sind sie am Ende der Ortsbeschreibung dargestellt.

Telefonnummern

Voraussichtlich Ende 1995 werden die Telefonnummern in Frankreich umgestellt.

Preise

Bei Eintrittsgeldern und Transportpreisen bezieht sich die erste Angabe auf Erwachsene, die zweite auf Kinder bis 12 Jahre.

Abkürzungen

sm	Seemeile (1 sm = 1,852 km)
c	Centime (Währungseinheit)
F	Franc (Währungseinheit)
FF	Francs (Mehrzahl)
SNCF	Societé National des Chemins Français (Staatliche Eisenbahngesellschaft)

Häufig benutzte französische Begriffe

Auberge	Herberge, Unterkunft
Baie	Bucht
Cap	Kap
Chapelle	Kapelle
Château	Schloß, Burg
Cloître	Kloster
Criée	Fischauktionshalle
Domaine	Besitzung, Parkanlage
Eglise	Kirche
Fête	Fest
Forêt	Wald
Gendarmerie	Polizei
Hôpital	Krankenhaus
Ile	Insel
Location	Verleih
Mairie	Gemeindeamt
Manoir	Herrensitz
Monastère	Kloster
Mont	Berg
Musée	Museum
Office de Tourisme	Fremdenverkehrsamt
Pardon	kleine Wallfahrt
Pays	Land
Phare	Leuchtturm
Plage	Strand
Place	Platz
Pointe	Kap, Spitze
Port	Hafen
Presqu'île	Halbinsel
Quai	Kai, Anleger, Hafenmauer
Remparts	Stadtmauer
Rivière	Fluß
Rue	Straße
Syndicat d'Initiative	Fremdenverkehrsamt
Vedette	Motorboot

Praktische Reisetips A-Z

Anreise

Mit der Bahn

Um es vorwegzunehmen: Es besteht keine Möglichkeit, aus dem benachbarten Ausland direkt zum individuellen Zielort in der Bretagne mit der Eisenbahn anzureisen. Alle Strecken führen ***über Paris***. Reisezüge aus dem Ausland erreichen normalerweise die Bahnhöfe Gare de l'Est oder Gare du Nord, die Züge in die Bretagne fahren dann vom Bahnhof Montparnasse ab. Bus, Taxi oder U-Bahn ermöglichen einen raschen Wechsel zwischen den Bahnhöfen.

Je nach Abfahrtsort in Deutschland muß mit bis zu 10 Stunden Fahrzeit bis Paris gerechnet werden. Der Hauptbahnhof der Bretagne, ***Rennes***, wird dann von Paris aus in zwei Stunden erreicht.

Zur ungefähren Kalkulation möchten wir ein ***Preisbeispiel*** für die Strecke Bielefeld – Brest geben: Ab Bielefeld 0.54 Uhr, an Paris Nord 8.38, ab Montparnasse 11.20 Uhr (mit dem Hochgeschwindigkeitszug TGV), an Brest 15.24 Uhr. Diese Strecke kostet für die einfache Fahrt 465,60 DM, hinzu kommen etwa 15 DM TGV-Zuschlag.
Günstiger fährt, wer unter 26 Jahren ist. In diesem Fall kann man ein ***Twentours-Ticket*** kaufen, das für die genannte Strecke 370 DM plus Zuschläge kostet.

Zusätzlich besteht für diese Altersgruppe auch die Möglichkeit, ein ***Interrail-Tikket*** zu kaufen, dessen Preis je nach Anzahl der Länderzonen, d.h. der Länder, die vergünstigt bereist werden können, zwischen 350 DM (allerdings nur Südeuropa) und 630 DM (alle Zonen) liegt. Für Frankreich und England erhält man das Ticket für 420 DM.

Wer die weite Fahrt scheut, vor Ort aber auf das eigene Auto nicht verzichten möchte, kann mit dem ***Autoreisezug*** in die Bretagne fahren. Zwischen Juni und September verkehren jeweils freitags Züge ab Hannover oder Düsseldorf über Bordeaux bis Nantes. Samstags fährt der Zug zurück. Leider ist die Preiskalkulation sehr kompliziert, so daß die Bundesbahn keine generellen Preisinformationen geben kann, sondern nur für den individuellen Abreisetag (Saison), die Art des Fahrzeuges (auch die Länge spielt eine Rolle) und die Zahl der Personen die Berechnung anstellt. Hier ein Beispiel (Retour) für die Hauptreisezeit 1994: Düsseldorf – Nantes für einen normalen PKW (1.607 DM), zwei Erwachsene (422 DM) und ein Kind (158 DM).

Mit dem Flugzeug

Fliegen ist die unüblichste Reiseart in die Bretagne, wohl deshalb, weil es keine nennenswerten direkten internationalen Flugverbindungen gibt. Zudem ist das Flughafennetz ausgesprochen dünn.

Auf dem Weg in die Bretagne muß immer in ***Paris zwischengelandet*** werden. Meist wird von hier die Verbindung mit Air Inter, der regionalen Fluglinie, weitergeführt. Sehr lästig kann es werden, wenn in Paris nicht nur das Flugzeug, sondern auch der Flughafen gewechselt werden muß, und man z.B. vom internationalen Flughafen Charles-de-Gaulle zum Flughafen Orly fahren muß. Dies kostet Zeit, Nerven und zudem Geld für den Bus oder das Taxi.

Der ***Preis*** für die Tickets ist sehr stark saisonabhängig. Generell gilt jedoch, daß man mit dem ***Flieg-und-Spar-Tarif*** am günstigsten fliegt. Allerdings ist der Tarif an bestimmte Bedingungen geknüpft: Das Ticket muß innerhalb von 24 Stunden gebucht und bezahlt werden, der Rückflug darf frühestens am Sonntag nach dem Abflugtag erfolgen, die Gültigkeit beträgt maximal drei Monate und zudem gibt es nur bestimmte Kontingente dieser Tickets.

So kostet ein Flug (Flieg-und Spar-Tarif) in der Hauptreisezeit 1994 von Düsseldorf nach Brest 529 DM, nach Rennes 574 DM zuzüglich der deutschen Sicherheitsgebühr (in diesem Fall 6,50 DM). ***Jugendliche*** unter 25 Jahren und Studenten unter 27 Jahren (nur mit gültigem Ausweis) erhalten auf diesen Betrag einen besonderen Tarif, der das Ticket dann etwa 25 % ermäßigt.

Gegen Vorlage des Flugscheines kann man bei der Bundesbahn Fahrkarten zum ***Rail-&-Fly-Tarif*** kaufen. Ab etwa 200 km zwischen Wohnort und Flughafen lohnt dieser Tarif gegenüber der normalen Fahrkarte.

Mit dem PKW

Die überwiegende Zahl der Touristen reist mit dem Auto an. Dabei sind einige Aspekte zu bedenken: ***Autobahnen*** sind in Frankreich gebührenpflichtig. Die zulässige Höchstgeschwindigkeit beträgt 130 km/h. Benötigt werden der nationale Führerschein und der KFZ-Schein. Die Mitnahme der grünen Versicherungskarte wird empfohlen. Weitere Hinweise zum Autofahren siehe unter "Verkehrsmittel".

Innerhalb der Bretagne gibt es keine Autobahnen mehr, dafür aber die ***Routes Nationales*** (Kürzel "N"), die genau so gut aber kostenfrei befahren werden dürfen. Das Tor zur Bretagne ist bei direkter Anreise Rennes, das über die Autobahn von Le Mans aus erreicht wird. Hier gabeln sich dann die N 12, in nordwestlicher Richtung (St-Brieuc, Brest) und die N 137, in südlicher Richtung (Nantes).

Um möglichst rasch in ***Richtung Süd-Bretagne*** (Golfe du Morbihan, Auray, Carnac) zu gelangen, empfehlen wir, in Rennes zunächst bis Ploërmel auf der N 24 zu fahren und dort auf die N 166 in Richtung Vannes. Bei Vannes gelangt man auf die südliche Nationalstraße N 165, die von Nantes bis Brest führt.

Schön, beschaulich und verkehrsarm, dafür aber auch zeitaufwendiger ist die ***Anreise über das Loiretal***. Wer Schlösser liebt und ein wenig Zeit erübrigen kann, sollte diese Route als Alternative zur sturen Autobahnfahrerei. Eintrittstor zur Bretagne ist dann Nantes.

Auch von Norden her bietet sich eine Alternativroute an. Neben der Bretagne lohnt ein ***Besuch der Normandie***, deren geschichtsträchtige Landschaft und wildromantischen Küsten eine schöne Ergänzung zur Bretagne bieten.

Mont Saint-Michel wird am einfachsten von Rennes aus über die D 175 erreicht. Wer nicht unbedingt den schnellsten Weg wählen möchte, kann bei les Rochers-Sévigne (etwa 40 km östlich von Rennes) die N 157 in Richtung Vitré verlassen. Die D 178 führt dann über Vitré bis Fougères. Nach der Besichtigung dieser beiden Orte geht es über die D 155 bis Antrain und von dort über die D 175 bis Pontorson/Mont Saint-Michel.

Die Urlaubsgegend im Bereich ***Saint-Malo*** ist von Rennes aus am besten über die N 137 erreichbar.

Autobahngebühr

Die ***Maut*** wird streckenabhängig erhoben. Beim Auffahren auf gebührenpflichtige Streckenabschnitte erhält man zunächst eine Karte. Je nach System entweder aus dem Automaten oder von Hand. Beim Verlassen der Autobahn wird eine ***Zahlstelle*** durchfahren, an der je nach Wegstrecke die Gebühr berechnet wird. Im Bereich um Paris wird diese Gebühr zu bestimmten Uhrzeiten und an bestimmten Wochentagen erhöht, um den Verkehrsfluß in die Stadt zu drosseln. Besonders hoch ist die Gebühr Freitag Nachmittags und Sonntag Nachmittag ("MODULATION DE PÉAGE").

An den Mautstellen werden neben Bargeld auch gängige Kreditkarten, wie Visa und Eurocard/Mastercard, akzeptiert.

Wer aus Richtung Aachen/Belgien kommt, muß mit ***Mautgebühren*** von etwa 60 FF bis Paris und weiteren 120 FF bis Rennes rechnen.

Gebührenfreie Routen

Nur wenn genügend Zeit und Geduld vorhanden sind, bieten die gebührenfreien ***Route Nationales*** eine echte Alternative. Grundsätzlich gilt, daß diese Straßen fast parallel zu den Autobahnen verlaufen, so daß nur wenige zusätzliche Kilometer gefahren werden müssen. In jedem Fall muß aber mit hohem Verkehrsaufkommen, langsamen Fahrzeugen, und zahlreichen Ortsdurchfahrten gerechnet werden.

Hier zwei Vorschläge zu weitgehend gebührenfreien Strecken: ***Von Belgien*** (Mons) über die N 2 über Laon, Soissons bis Le Plessis-Belleville. Hier auf die N 330 bis Meaux, und weiter über die N 36 bis Melun. Von hier über die N 6 bis Fontainebleau. Die N 837 führt nach Etampes, hier auf die N 24 bis Chartes. Die N 23 führt von hier bis Nogent-le-Rotrou. Von hier aus gelangt man über die N 955 und N 311 bis Alencon. Die N 12 führt dann schließlich bis Fougères (etwa 607 km, die aber mit mindestens 12 Stunden Fahrzeit kalkuliert werden müssen).

Von Etampes aus besteht zudem die Möglichkeit, auf der N 20 in Richtung Süden bis Orleans zu fahren. Hier beginnt die malerische Route entlang der Loire.

Von Straßburg aus: Zunächst auf der N 4 über Saverne bis Héming. Von hier über die N 955 bis Moyenvic und dann über die N 74 bis Nancy. Von hier aus auf der N 4 bis Fontenay-Trésigny, dort auf die N 36 bis Melun. Danach folgt die bereits oben beschrieben Route (etwa 740 km).

Mitfahrgelegenheiten

Mitfahrzentralen bieten eine recht preiswerte Alternative zu anderen Anreisemöglichkeiten. In vielen Städten haben sich diese Zentralen mittlerweile etabliert, die für die jeweilige Strecke ein festes Pauschalhonorar (zu zahlen an die Zentrale) und eine maximale Benzinkostenbeteiligung (zu zahlen an den Fahrer) festlegen. Je nach Entfernung schwanken diese Beträge, als Beispiel mag die Strecke von Bielefeld aus gelten. Die ***Pauschale*** beträgt bis Paris 22 DM, bis Rennes 27 DM und bis Brest 28 DM. Hinzu kommt die ***Benzinkostenbeteiligung*** von maximal 42 DM (Paris), 60 DM (Rennes) oder 72 DM (Brest). Autobahngebühren sind jeweils bereits enthalten. Vielfahrer können einen Bonus bekommen oder Freifahrten erhalten, diese Regelung schwankt jedoch von Zentrale zu Zentrale.

Während Paris ein übliches Zielgebiet für Mitfahrgelegenheiten ist, gilt dies für die Bretagne nicht so sehr. Fahrer und Mitfahrer sollten sich deshalb möglichst ***frühzeitig melden***.

Für die Rückfahrt wende man sich an die ***Mitfahrzentrale in Paris:*** Tel. 1-42.46.00.66.

Ausrüstung

Für eine Reise in die Bretagne ist keine spezielle oder gar exotische Ausrüstung erforderlich, obwohl einige Kleinigkeiten recht hilfreich sein können.

Je nach Art der Reise lohnt es sich, einen kleinen ***Tages- oder*** einen größeren ***Wanderrucksack*** (z.B. für ausgedehnte Touren entlang der Küsten oder im Landesinneren) mitzunehmen. Für längere Wanderungen kann man zudem einen ***Kompaß*** einpacken, doch keine Angst, die Wanderwege sind allgemein recht gut ausgeschildert, und der nächste Ort ist nie sehr weit. Eine Trinkflasche und ein Taschenmesser vervollständigen das Wandergepäck.

Dunkle megalithische Grabanlagen und oft recht düstere Kirchen erfordern eine funktionstüchtige ***Taschenlampe***. In Supermärkten sind normalerweise gängige Batterietypen und Ersatzbirnen erhältlich, Probleme bereitet aber die Versorgung mit 4,5-Volt-Flachbatterien und (gelegentlich) Halogenbirnen.

In jedem Fall lohnt es sich, ein gutes ***Fernglas*** einzupacken, denn überall in der Region können Vögel beobachtet werden. Naturliebhaber sollten denn auch an entsprechende ***Bestimmungsbücher*** denken (s. Literaturliste im Anhang). Deutschsprachige Literatur ist in der Bretagne nur schwer zu bekommen. Wer also keine französischen Bücher kaufen möchte, muß sich entsprechend eindecken.

Gutes ***Kartenmaterial*** gibt Michelin heraus. Für die ganze Bretagne kann man sich die Michelin-Karte 230 anschaffen (1 : 200.000).Sie ist auch in deutschen Buchhandlungen erhältlich (ISBN 2-06-700230-9), kann aber auch erst in Frankreich, beispielsweise an Tankstellen, erworben werden. Wen nur spezielle Bereiche interessieren, dem stehen entsprechende Detailkarten vor Ort zur Wahl. Spezielle Wanderinformationen und Wanderkarten gibt ABRI, La Maison de la Randonée et Oxybike, Rue des Portes-Mordelaises 9, 35000 Rennes, Tel. 99.31.59.44, heraus.

Bekleidung

Regenjacke, Pullover, lange und kurze Hosen, T-Shirts und Badebekleidung, die Bretagne erfordert eine Vielzahl von Bekleidungsstücken, denn es muß zu jeder Jahreszeit mit (fast) jedem ***Wetter*** gerechnet werden. Schon im Frühjahr (Ostern) kann in der Südbretagne gelegentlich die Badehose ausgepackt werden, vielleicht stürmt und hagelt es aber einige Tage später.

Auch in den Sommermonaten kann recht häufig Regen fallen. Abends wird es dann kühl.

Besondere Aufmerksamkeit sollte man der Bekleidung schenken, wenn längere ***Wanderungen*** geplant sind. Im zum Teil unwegsamen Gelände des Inlandes und auf einigen Inseln behindern dornige Büsche das Vorankommen. Dort sind feste Hemden und Hosen sinnvoll. Unsicherer Boden erfordert entsprechend feste Schuhe. Nicht vergessen: Sonnenbrille und Sonnenöl!

In Hotels der gehobenen Kategorie ist gepflegte Kleidung erwünscht. Krawattenzwang herrscht aber nur in Casinos.

Bootfahren/Segeln

Keine andere französische Region besitzt eine Kultur, die derart stark von der See- und Flußschiffahrt geprägt ist wie die Bretagne. Wer das Land und seine Menschen wirklich verstehen will, muß deshalb versuchen, das Land vom Wasser aus zu sehen. Neben den Küstengewässern gibt es hier etwa 600 Kilometer schiffbare Flüsse und Kanäle, die das Land in allen Himmelsrichtungen durchziehen.

An der Küste und im Landesinneren besteht die Möglichkeit, bewohnbare Boote wochenweise zu mieten, um so das Land aus einer neuen Perspektive kennenzulernen. Während an der Küste gute navigatorische Kenntnisse notwendig sind, konnen die inländischen Wasserwege mit schwach motorisierten und führerscheinfreien Booten problemlos auch von Anfängern befahren werden.

Manche Bootsvercharterer haben übrigens mehrere Niederlassungen an den Binnenwasserstraßen, so daß man das Boot nicht unbedingt wieder in den Heimathafen zurücksteuern muß.

Unterwegs mit dem Hausboot

Mit dem Boot durch die Montagnes Noires, Josselin vom Wasser aus kennenlernen, die Altstadt von Rennes mit dem Hausboot besuchen, Urlaub ohne Auto!

Das ***Wasserstraßennetz*** wurde im 19. Jh. ursprünglich für den Warentransport geschaffen. Im Osten ermöglicht der Ca-

Selbstbedienung: kleine Schleuse mit Handkurbelbetrieb (WK)

nal d'Ille et Rance in Verbindung mit der Vilaine die Binnenfahrt von St-Malo im Norden bis zur Vilaine-Mündung bei Arzal im südöstlichen Morbihan. In Ost-West-Richtung besteht eine Verbindung der Städte Nantes, Redon und Lorient über den Canal de Nantes à Brest und den Blavet. Im Westen ermöglicht die Aulne zudem die Verbindung zwischen Brest und Carhaix. Vergleiche hierzu die vordere Umschlagkarte.

Ein ausgeklügeltes System von ***Schleusen*** und Seen hilft bei der Überwindung der Höhenunterschiede und Regulierung des Wasserstandes. Die Schleusenwärter sind oft gleichzeitig Bäcker, Bauern oder Lebensmittelhändler. Diese angenehme Eigenschaft erleichtert die Versorgung der Bootsbesatzungen.

Etwa ein gutes Dutzend Firmen bieten zwischen St-Malo, Rennes, Nantes, Lorient und Brest vom schwimmenden "2-Personen-Wohnwagen" bis zur Motoryacht mit 12 Kojen alle Modelle an, die für die Binnenschiffahrt geeignet sind. Die ***Boote*** sind je nach Größe mit unterschiedlich komfortablen Kochgelegenheiten, Toiletten und Naßzellen ausgestattet. Größere Boote besitzen Duschen und voll eingerichtete Küchen.

In allen größeren Städten, gelegentlich auch in kleineren Orten stehen den Besatzungen eigene ***Anleger*** mit Sanitäreinrichtungen und Fahrradverleih, um Abstecher ins Hinterland machen zu können zur Verfügung. Auf ländlicheren Abschnitten legt man oft am Ponton an oder übernachtet in der Schleuse. Die ***Hafengebühren*** schwanken zwischen kostenlos und 80 FF/Nacht/Boot.

Beim Chartern eines Bootes sollte unbedingt darauf geachtet werden, daß auch eine ***Haftpflicht- und eine Kaskoversicherung*** abgeschlossen werden. Sämtliche Vercharterer bieten solche Versicherungen (meist obligatorisch) ohnehin an. Die Selbstbeteiligung ist in der Regel variabel.

Canal d'Ille et Rance – La Vilaine

Bei St-Malo beginnt diese etwa 250 Kilometer lange Wasserstraße. Nach 23 Kilometern Flußfahrt auf der Rance, die streckenweise einem buchtenreichen See gleicht, ist Dinan erreicht. Hier beginnt der schleusenreiche Kanal (84 km), der bei Rennes mit der Vilaine verbunden ist. 48 Schleusen helfen, die Höhenunterschiede zu überwinden. Die Strecke Rennes – Redon (95 km) führt entlang waldreicher Ufer durch eine wenig besiedelte ruhige Landschaft (8 Schleusen). Bei Redon kreuzt die Fahrt den Canal de Nantes à Brest. Nach weiteren 42 Kilometern und 5 Schleusen wird kurz hinter La Roche-Bernard die Vilaine-Mündung erreicht.

Unterwegs findet man in folgenden Orten ***Anlege- und Versorgungseinrichtungen***: Dinan, Evran, Trévérien, Tinténiac, Hédé, Montreuil-sur-Ille, St-Médard, Betton, La Levée, St. Grégoire, Rennes, La Bruyère, Messac, Boclé, Redon, Foleux, La Roche-Bernard.

Bootsvercharterer

- ***Chemins Nautiques Bretons***, Port de Lyvet, La Vicomté-s-Rance, 22690 Pleudihen (bei Dinan), Tel. 96.83.28.71. Wochenpreise: ab 2.900 FF (4 Kojen), ab 3.400 FF (6 Kojen), ab 5400 FF (8 Kojen).
- ***Crown Blue Line***, Port de Plaisance, 35480 Messac, Tel. 99.34.60.11. Wochenpreise: ab 3.200 FF (2 Pers.), ab 4.800 (4 Pers.), ab 5.200 FF (6 Pers.), ab 7.000 FF (8 Pers.), ab 10.000 FF (10 Pers.).
- ***Comptoir Nautique de Redo***n, Quai Surcouf 2, 35605 Redon, Tel. 99.71.46.03. Wochenpreise: ab 3.000 FF (2 Kojen), ab 4.700 FF (4 Kojen).
- ***Bretagne Plaisance***, Quai Jean-Bart 12, 35600 Redon, Tel. 99.72.15.80. Wochenpreise: ab 3.900 FF (2 Kojen), ab 4.500 FF (5 Kojen), ab 5.400 FF (7 Kojen), ab 8.000 FF (10 Kojen).

Canal de Nantes à Brest

Der Name ist irreführend, führt dieser Wasserweg doch nicht ohne Unterbrechung von Nantes nach Brest. Das im vorigen Jahrhundert noch nutzbare, heute aber wegen defekter Schleusen und anderer technischer Mängel nicht mehr befahrbare Teilstück zwischen Pontivy und Carhaix unterbricht die landschaftlich und kulturell reizvolle Wasserstraße.

Bei Nantes beginnt die Ost-West-Verbindung auf dem reizvollen, z.T. recht breiten Erdre, der von Nort-sur-Erdre in den Kanal mündet. 22 schleusenfreie Kilometer und die Kleinstadt Sucé-sur-Erdre lassen diesen Abschnitt sehr angenehm werden.

Anschließend folgen 184 Kilometer Kanal, die sich durch das hügelige Inland mit 106 Schleusen hinziehen. Vorbei an den Schlössern von Blain und Carhail erreicht man die Kleinstadt Guenrouët mit ihrem freundlichen Hafen und guten Einkaufsmöglichkeiten.

Bis Redon sind es von hier aus noch ca. 30 Kilometer. Das historisch interessante Städtchen am Kreuzungspunkt mit der Vilaine ist Stützpunkt für verschiedene Bootsvercharterer, mit Sitz am komfortablen Hafen.

Die weitere Fahrt nutzt z.T. das natürliche Bett des Oust. Parallel zum Fluß verlaufen Kanalabschnitte, um Untiefen zu umgehen.

Uferstädte mit ***Häfen oder Anlegern*** sind Glénac, Peillac, Malestroit, Le Roc-St-André, Montertelot, Josselin, Rohan und Pontivy. Hier beginnt das nicht mehr befahrbare Stück bis Carhaix. Dennoch muß die Fahrt hier nicht enden, da der Kanal an den Blavet angeschlossen wurde, der bei Lorient ins Meer mündet.

Bootsvercharterer

- ***Bretagne-Fluviale***, Quai Cricklade, 44240 Sucé-sur-Erdre, Tel. 40.77.79.51. Wochenpreise: ab 3.400 FF (4 Pers.), ab 4.600 FF (6 Pers.), ab 5.500 FF (9 Pers.).
- ***Loire-Bretagne Rivières***, Quai St-Georges 2, 44390 Nort-sur-Erdre, Tel. 40.29.56.29. Wochenpreise: ab 3.800 FF (4 Pers.), ab 4.200 FF (6 Pers.), ab 4.500 FF (8 Pers.), ab 5.000 FF (10 Pers.).
- ***Société Le Ray Loisirs***, Rue de Caradec 14, 56120 Josselin, Tel. 97.75.60.98. Wochenpreise: ab 3.800 FF (4 Pers.), ab 4.700 FF (6 Pers.).
- ***Rohan Plaisance***, Ecluse de Rohan, 56580 Ro-

Per Boot ins Dorf: Hafen von Concarneau (WK)

han, Tel. 97.38.98.66. Wochenpreise: ab 3.800 FF (2 Pers.), ab 4.600 FF (4 Pers.), ab 5.400 FF (6 Pers.), ab 6.400 FF (9 Pers.).

Canal du Blavet

Der Kanal beginnt bei Pontivy, ist aber eigentlich kein Kanal, sondern folgt überwiegend dem natürlichen kurvenreichen Flußlauf. 28 Schleusen verteilen sich auf die 70 Kilometer bis Lorient. Die Ufer sind größtenteils dicht bewaldet. Gute Wasserqualität läßt Anglern gute Chancen. Sehenswerte Städtchen mit guten Einkaufsmöglichkeiten zwischen Pontivy und Lorient sind: St- Nicolas des Eaux, Pont-Augan, Lochrist, Talhouët und Hennebont.

Bootsvercharterung für diesen Abschnitt nur in Rohan.

Die Aulne

Kein anderer bretonischer Fluß mäandriert so durch die Hügellandschaft wie die Aulne, mit der Quelle nahe Carhaix.

Hier endet das nicht befahrbare Teilstück des Canal de Nantes à Brest. Bis zur Mündung der Aulne in die Rade de Brest bei Landévennec, Le Faou, sind auf 104 Kilometern 35 Schleusen zu überwinden. Die Uferlandschaft ist hier im Kernland des Finistère, zwischen den Monts d'Arrée und den Montagnes Noires, deutlich hügeliger als an den anderen Kanälen und Flüssen. Anlegemöglichkeiten sind spärlicher als in der Osthälfte.

Folgende Orte bieten Anlegepontons und Verpflegungsmöglichkeiten: Carhaix, Châteauneuf-du-Faou, Port-Coblant, Port-Launay und Châteaulin.

Bootsvercharterer

●***Argoat Plaisance***, Port de Plaisance, 29520 Châteauneuf-du-Faou, Tel. 98.81.72.11. Wochenpreise: ab 2.700 FF (2 Pers.), ab 3.700 FF (4 Pers.), ab 4.600 FF (6 Pers.).

Segelurlaub an der Küste

Neben der Möglichkeit, mit offenen Booten dem Segelsport nachzugehen und an Land zu wohnen, bietet es sich geradezu an, das Boot zur Wohnung zu erklären. Auf diese Weise kann die Küste mit dem gecharterten Boot erkundet werden. Ein gewisses Maß an Erfahrung ist allerdings notwendig, denn starke Gezeitenströme, zahlreiche Felsen und Untiefen in Küstennähe und die Wechselhaftigkeit des Wetters stellen hier einige Ansprüche an das Können des Skippers.

Generell sind die Nord- und Westküste schwieriger zu befahren als die Südküste. Der ***Tidenhub*** ist im Bereich des Ärmelkanals deutlich höher (bis zu 13 m bei St-Malo) als am Atlantik im Süden (maximal 5 m bei Groix). Auch die ***Nebelhäufigkeit*** ist im Norden doppelt so hoch wie im Süden. Andererseits bietet gerade die buchtenreiche Nordküste mit ihren zahlreichen kleinen Fischerhäfen bei Starkwind oder gar Sturm mehr ***Schutzmöglichkeiten*** als die der Hauptwindrichtung (Südwest bis West) ausgesetzte Südküste.

Auch atmosphärisch bieten die ***Häfen*** im Norden eher die herb-bretonische Mischung aus Fisch, Algen und Granit. Viele Häfen der Südküste wurden im letzten Jahrzehnt zu sterilen Marinas ausgebaut, die eher Bootsparkplätzen ähneln und ihren ursprünglichen Charakter einbüßten.

Beim ***Chartern*** von Motor- und Segelbooten werden im allgemeinen der amtliche Sportbootführerschein verlangt. Erfahrung auf ähnlichen Booten wird vorausgesetzt. Die ***Preise*** liegen in der Hauptsaison (1.7. bis 31.8.) für ein 8-Meter-Segelboot mit 4 bis 5 Kojen zwischen 4.000 und 6.000 FF pro Woche, je nach Ausstattung. Für ein 10-Meter-Boot mit 6 Kojen liegen die Preise bei 12.000 FF pro Woche. In der Vor- und Nachsaison ist ein Preisnachlaß bis zu 40 % möglich.

Die folgende Ortsliste (von Ost nach West) nennt alle ***nicht trockenfallenden Häfen***. Je nach Infrastruktur steht die Abkürzung M (Marina), F (Fischerhafen) oder S (Schleusenhafen):

St-Malo M, F, S
Dinard M
Dinan S
Erquy F
Binic M, S
St-Quay Portrieux M
Paimpol M, F, F
Lézardrieux M
Tréguier M
Port-Blanc F
Perros-Guirec M, F, S
Trébeurden F
Morlaix M, F, S
Le Dourduff F
Roscoff, Port-Bloscon F
L'Aber-Wrac'h M, F
L'Aber-Benoît F
L'Aber-Ildut F
Le Conquet F
Ile d'Ouessant,
Baie du Stiff F
Lampaul F
Ile de Molène F

Brest M, F
Châteaulin M
Camaret M, F
Crozon-Morgat M
Douarnenez F
Tréboul M
Audierne M, F
St-Guénolé F
Le Guilvinec F
Lechiagat F
Lesconil F
Loctudy M, F
Bénodet M, F
La Forêt-Fouesnant M
Concarneau M, F
Port-Manec'h F
Doëlan F
Ile de Groix, Port-Tudy M, F
Larmor-Plage M
Port-Louis M, F
Lorient M, F, S
Etel M, F
St-Pierre Quiberon M

Belle-Ile, Sauzon M, F
Le Palais M, F
La Trinité-sur-Mer M
Port-Navalo F
Le Crouesty M
La Roche-Bernard M
Le Croisic M, F
La Baule M
Pornichet M
St-Nazaire M, F
Nantes M5

Bootsvercharterer

•***Club Croisière Alet***, Rue auphine 44, 35400 St-Malo, Tel. 99.82.07.48.
•***Naviloc***, Port de Plaisance des Sablons, 35413 St-Malo Cédex, Tel. 99.82.12.72.
•***Partance-Location***, 22740 Lézardieux, Tel. 96.22.16.88.
•***Eridan***, Port du Moulin Blanc, 29200 Brest, Tel. 98.41.58.33.
•***Locamarine***, Port de Plaisance, 29750 Loctudy, Tel. 98.53.14.00.
•***LVA***, Port de Plaisance, 29950 Bénodet, Tel. 98.57.15.82.
•***Locabato***, Avenue du Dr. Nicolas 17, 29184 Concarneau, Tel. 98.97.04.77.
•***Loc-Evasion***, Port-Haliguen 2, 56170 Quiberon, Tel. 97.50.08.91.
•***Nautiloc***, Quai des Voiliers, Le Crouesty, 56640 Arzon, Tel. 97.53.76.57.

Botschaften

Französische Botschaften in

Deutschland

•Kapellenstr. 1a, 53179 Bonn, Tel. 0228/ 362031, 362178

Österreich

•Technikerstr. 2, 1040 Wien, Tel. 0222/ 654747

der Schweiz

•Schlosshaldenstr. 46, 3006 Bern, Tel. 031/ 432424

Auslandsvertretungen in Frankreich

•***Botschaft der Bundesrepublik Deutschland***, Avenue Franklin-D.-Roosevelt, 75008 Paris, Tel. 1/42.99.78.00
•***Konsulat der Bundesrepublik Deutschland*** in der Bretagne, Square du Commandant L'Herminier 9, 29200 Brest, Tel. 98.44.35.59
•***Botschaft der Republik Österreich***, Rue Fabert 6, 75007 Paris, Tel. 1/45.55.95.66
•***Botschaft der Schweiz***, Rue de Grenelle 142, 75007 Paris, Tel. 1/45.50.34.46/47

Ein- und Ausreisebestimmungen

Reisedokumente

Bürger der Bundesrepublik benötigen zur Einreise nach Frankreich einen gültigen ***Personalausweis*** oder Reisepaß. Kinder unter 16 Jahren müssen entweder im Paß der Eltern eingetragen sein oder einen eigenen ***Kinderausweis*** besitzen.

Soll der Aufenthalt einen Zeitraum von 3 Monaten überschreiten, muß eine gesonderte ***Aufenthaltsgenehmigung*** beantragt werden. Informationen darüber geben ihnen die jeweiligen Auslandsvertretungen.

Schülern und Studenten werden in Frankreich zahlreiche Ermäßigungen gewährt, Voraussetzung ist allerdings ein ***internationaler Schüler-*** bzw. ***Studentenausweis***.

Zollbestimmungen

Für die Ein- und Ausfuhr von Waren gelten die üblichen Bestimmungen der Europäischen Union.

Abgabenfrei sind demnach alle Dinge, die für den persönlichen Bedarf bestimmt sind. Seit die Grenzen zum 1.1.93 geöffnet wurden, sind die Zollbeamten nur noch gehalten, Stichproben durchzuführen.

Sollten bei diesen Proben irgendwelche größeren Mengen von Waren (Alkoholika, Zigaretten etc.) auffallen, liegt es am Touristen, dem Beamten plausibel zu machen, daß diese Mengen ausschließlich für den privaten Gebrauch bestimmt sind.

Besondere Bestimmungen gelten für die Ausfuhr von bedrohten Pflanzen und Tieren, Medikamenten, Waffen und Antiquitäten. Detaillierte Informationen darüber erteilt das Hauptzollamt in Paris: Direction Générale des Douanes, Tel. 42.60.35.90.

Haustiere

Sollen Hund oder Katze mit in den Urlaub fahren, benötigen sie ein amtstierärztliches Gesundheitszeugnis, das maximal 5 Tage vor der Einreise ausgestellt sein darf. Für einzuführende Tiere gilt ein Mindestalter von drei Monaten sowie die Pflicht, eine Tollwutimpfung nachzuweisen, die mindestens 30 Tage vor der Einreise erfolgt sein muß, jedoch nicht älter als ein Jahr sein darf.

Einkaufen

Boulangerie

Beginnen wir mit dem Wichtigsten, dem ***Baguette***. Der französische Bäckerladen bietet neben dem inzwischen europaweit bekannten Baguette verschiedene andere Brotformen aus dem gleichen Weizenmehlteig an. Das ***Pain***, lang wie ein Baguette oder etwas kürzer, aber deutlich dicker; die ***Flute***, noch dünner als das Baguette; die ***Boule***, ein etwa halbkugelförmiges Brot. Allesamt als frisches Weißbrot köstlich, nach einem Tag aber fast ungenießbar. Seit einigen Jahren gibt es zwar auch ***dunklere Brotsorten***, z.T. sogar mit ganzen Körnern, doch ähneln alle Sorten (PAIN DE SEIGLE, PAIN DE CAMPAGNE, PAIN COMPLET) nach wie vor eher einem dunklen Weißbrot als einem echten Roggen- oder gar Vollkornbrot. Festes dunkles Vollkornbrot ist in französischen Bäkkereien nicht zu finden. Hingegen findet man überall die inzwischen auch bei uns wohlbekannten ***Croissants*** (Hörnchen), die als CROISSANT AU BEURRE besonders gut schmecken. Weitere gesüßte Frühstücksbackwaren sind das ***Petit Pain aux Raisins***, eine Rosinenschnecke, die es auch bei uns gibt, und das ***Petit Pain au Chocolat***, ein süßes Blätterteig-Brötchen mit Schokoladenfüllung.

Pâtisserie

Die Pâtisserie ist oft einer Boulangerie angegliedert. Neben Obsttorten und süßem Gebäck, wie man es in ganz Frankreich findet, gibt es in der bretonischen Pâtisserie als Spezialität den ***Far Breton*** und den ***Kouign Amann***.

Confiserie

Hier findet das süße Leckermaul neben Kuchen, die es auch in der Pâtisserie gibt, zusätzlich Schokoladen- und Bonbonkreationen, dazu alle süßen Kleinigkeiten, wie sie gern zu Festtagen gekauft werden. Die Confiserie sieht man oft in Verbindung mit einer Pâtisserie.

Alimentation (Epicerie)

Diese Form eines Lebensmittelladens ist auch in Frankreich stark durch die Supermärkte in seiner Existenz bedroht. Es handelt sich um meist relativ kleine Läden, in denen neben ***Grundnahrungsmitteln***, Konserven, die gängigsten ***Getränke*** und ***Milchprodukte*** verkauft werden. Oft findet man dazu einfache ***Haushaltswaren*** und Putzmittel für den täglichen Bedarf. Der Einkauf lohnt sich hier gerade für den Nicht-Franzosen weniger aufgrund des Warenangebotes oder der Preise als vielmehr wegen der Möglichkeit, in einer Alltagssituation seine französischen Sprachkenntnisse anzuwenden, denn oft berät, bedient und kassiert die Ladeninhaberin selbst.

Marchand de Vin

Haben Sie in der Alimentation nicht die gesuchten Getränke gefunden, so gehen Sie zum Weinhändler. Jeder MARCHAND DE VIN führt die gängigsten ***französischen Weine***: Rotweine aus den Anbaugebieten von Bordeaux, Bourgogne, Languedoc-Roussillon, Côtes-du-Rhone und der Pro-

Poissons	**Fische**
Aiglefin = Aigrefin	Schellfisch
Anchois	Anchovi
Bar	Wolfsbarsch
Barbue	Glattbutt
Cabillaud (Morue)	Kabeljau
Congre	Meeraal, Conger
Daurade grise	Zahnbrasse
Daurade rose	Rote Meerbrasse Goldbrasse
Denté	Zahnbrasse
Grondin	Knurrhahn
Hareng	Hering
Lieu jaune	Pollak
Lieu noir	Seelachs
Limande	Kliesche
Limande-Sole	Rotzunge
Lotte	Seeteufel
Maquereau	Makrele
Merlan	Wittling
Merlu	Seehecht
Morue = Cabillaud	Kabeljau
Mulet	Meeräsche
Raie	Rochen
Requin	Hai
Rouget grondin	Roter Knurrhahn
Rouget des Roches	Meerbarbe
Saint-Pierre	St. Peters Fisch
Sardine	Sardine
Seiche = Sepia	Tintenfisch
Sole	Seezunge
Thon	Thunfisch
Turbot	Steinbutt
Plie	Scholle
Vieille	gefleckter Lippfisch

Crustacés	**Schalentiere**
Araignée de Mer	Seespinne
Bouquet	kleine Garnele
Crevette grise	Krabbe
Etrille	Strandkrabbe
Homard	Hummer
Langouste	Languste
Langoustine	Garnele
Tourteau = Dormeur = Crabe	Taschenkrebs

Coquillages	**Muscheln und Schnecken**
Belon	flacheAuster
Bigorneau	eßbare Strandschnecke
Bulot	Wellhornschnecke
Coquille St-Jacques	Jacobsmuschel
Huître creuse	gewölbte Auster
Huître plate = Belon	flache Auster
Moule	Miesmuschel
Ormeau	Seeohr
Pétoncle	Pilgermuschel
Praire = Vénus	Venusmuschel

Wer keine Lust auf den Markt hat, kann sich preiswert in den diversen Restaurants verköstigen (WK)

vence, Weißweine z.T. aus denselben Gebieten, dazu aus dem Elsaß und aus den Anbaugebieten entlang der Loire.

Speziell in der Bretagne findet man eine breitere Auswahl der trockenen Weinsorten Muscadet und Gros-Plant, die besonders gern zu Austern und Meeresfrüchten aller Art gewählt werden.

Der Marchand de Vin führt neben Weinen in der Regel auch andere alkoholische Getränke wie ***Apéritifs und Digestifs***. Zu ersteren gehören in der Bretagne speziell Chouchen, Hydromel und Nectar des Dieux. Unter den Digestifs (Verdauungsschnaps) führt er sicherlich Eau-de-Vie de Cidre und Liqueur de Fraises de Plougastel.

Poissonnerie

Die Poissonnerie, das Fischgeschäft, ist wohl gerade in der Bretagne aufgrund der Vielfalt an den dort dargebotenen Fischen, Muscheln, Schalentieren und Meeresfrüchten eines der eindrucksvollsten Geschäfte.

Sollten Sie fasziniert vor der Auswahl an Meeresfrüchten stehen, aber zögern, weil Sie hinsichtlich der ***Zubereitung*** unsicher sind, so fragen Sie ruhig die Verkäuferin. Sie ist es gewohnt und gibt im allgemeinen gern Auskunft.

Ein wichtiger Hinweis zum ***Muschelkauf***: Achten Sie, unabhängig von der Art der Muscheln, darauf, daß die beiden Schalenhälften noch fest geschlossen sind. Geöffnete Hälften sind ein Hinweis auf mangelnde Frische, und so riskieren Sie nach dem Essen ernste Probleme im Verdauungstrakt.

Boucherie/Charcuterie

Sie mögen keinen Fisch? Dann gehen Sie doch in die Boucherie/Charcuterie. Die französische ***Fleisch- und Wurstwa-***

renhandlung zeichnet sich insbesondere durch ein im allgemeinen hervorragendes Angebot an Rind- und Schweinefleisch aus. Bemerkenswert sind z.B. Steaks als Rumpsteak, ENTRECÔTE und FAUX FILET, besonders empfehlenswert ist auch Lammfleisch (MOUTON PRÉ-SALÉ). Zu den Wurstwaren gehören auch die SAUCISSE BRETONNE und die ANDOUILLE.

Falls Sie über dem Ladeneingang nur die Bezeichnung BOUCHERIE finden, so ist das Warenangebot auf Fleisch begrenzt.

Crèmerie

Ein Land, von dem es heißt, daß es etwa 300 Käsesorten gibt, hat natürlich ein spezielles ***Käsegeschäft***. Allerdings findet man nicht in jedem Ort eine Crèmerie. Oft ist der Käseverkauf einer Alimentation oder Epicerie angegliedert. Ein Hinweis: Die bretonische ***Butter*** ist gesalzen (BEURRE SALÉ oder DEMI-SEL). In der Crèmerie bekommen Sie nur ungesalzene Butter (DOUX), wenn Sie es extra betonen.

Traiteur

Für diejenigen, die weder im Restaurant essen wollen noch selbst zu Hause kochen, aber dennoch auf raffinierte Speisen nicht verzichten möchten, gibt es in jeder französischen Stadt eine wichtige Adresse, den Traiteur. Dies ist kein Speiselokal, sondern ein Spezialitätengeschäft und Speiselieferservice unter einem Dach. Fertige Vorspeisen und Hauptgerichte vom Feinsten werden ebenso angeboten wie die dazu passenden Getränke. Auf Wunsch wird auch frei Haus geliefert. Die Preise liegen im allgemeinen auf dem Niveau eines mittleren Restaurants.

Marché

Für den Reisenden ist natürlich der Wochenmarkt von besonderem Interesse. Der französische Wochenmarkt, insbesondere der bretonische in den touristisch beeinflußten Küstenorten, unterscheidet sich von üblichen mitteleuropäischen Märkten dadurch, daß es oft genausoviele Verkaufsstände für Kleidung, Kunsthandwerk, Fisch und Getränke gibt wie für landwirtschaftliche Produkte. Oft ist gerade bei Fischen und Meerestieren die Auswahl größer als in der Poissonnerie. Aber auch, um z.B. ein Aquarell einer bretonischen Küstenlandschaft zu kaufen, lohnt sich der Weg zum Markt.

Folgende Dinge verdienen auf einem bretonischen Markt besondere Beachtung:

- ***Schalentiere*** (müssen noch leben)
- ***Austern*** (fest geschlossen)
- ***Fischsuppe*** (im Glas abgefüllt)
- ***Salicorne*** aus den Salzwiesen der Nord- und Südküste (Eine in Essig eingelegte algenähnlich Pflanze, die gern zu Vorspeisen genommen wird.)
- ***Erdbeeren*** aus Plougastel
- ***Blumenkohl***
- ***Artischocken***
- ***Kuchen***, wie Kouign Amann
- ***Honig***
- ***Chouchen-Apéritif*** und natürlich
- ***Cidre*** (Apfelwein, s.u.)

Fast alle größeren Städte haben neben einem offenen Wochenmarkt zusätzlich überdachte ***Markthallen***, wo allerdings nur Lebensmittel verkauft werden.

Andere Läden

Das übrige Angebot in den Geschäften Frankreichs unterscheidet sich kaum vom Angebot in anderen mitteleuropäischen Ländern. Für spezielle Artikel finden sich in jeder größeren Stadt Fachgeschäfte. Dies gilt auch für ***Souvenirs***. Kitsch, Kunst und Kultur sind bunt gemischt in einschlägigen Läden jeder Stadt, besonders natürlich in Küstennähe, zu haben. Lange schon sind die Zeiten vorbei, als man noch originelle Mitbringsel für wenig Geld finden konnte.

Cidre – Der Geist aus dem Apfel

Die Bezeichnung CIDRE tritt erstmalig in kirchlichen Schriften des 13. Jh. auf. Er leitet sich vom lateinischen "SICERA" ab und bedeutet soviel wie "berauschendes Getränk". Für einen Rausch muß man allerdings schon recht viel davon trinken, denn der in den Läden angebotene Cidre enthält in der Regel nur 4,5 % Alkohol als ***Cidre brut***, was die trockene Version darstellt, und 2,5 % bei der lieblichen Form als ***Cidre doux***. Der Alkohol entsteht bei der Fermentierung von Äpfeln, aus denen das leicht perlende normannische und bretonische Regionalgetränk gewonnen wird. Manche Obstbauern schaffen es allerdings, ihrem Cidre eine erheblich stärker berauschende Wirkung zu geben. Diesen ***Cidre fermier*** finden Sie im allgemeinen nicht in der Alimentation, sondern auf dem Markt. Oder Sie kaufen ihn direkt auf dem Bauernhof, nachdem ein kleines Schild am Straßenrand Ihr Interesse geweckt hat.

Dieser bäuerliche Cidre, manchmal auch als ***Cidre artisanal*** bezeichnet, kann je nach gewählter Apfelsorte und Herstellungstechnik unterschiedlich schmecken. Er gehört jedoch meist zu der Sorte BRUT, manchmal ist er geradezu "BRUT DE BRUT".

Cidre fermier ist eine kontrollierte Herkunftsbezeichnung (APPELLATION CONTROLÉE) und garantiert, daß mindestens 50 % des Mostes von demselben Hof stammt. Der Alkoholgehalt liegt oft über dem des Laden-Cidre (6-7 %).

Ein guter Cidre sollte immer mit einem Korken verschlossen sein. Normalerweise wird der hochwertigere Cidre, ähnlich wie Champagner, in einer besonders ***dickwandigen Flasche*** abgefüllt und mit einem Korken mit Kopf und Haltedraht verschlossen. In diesem Fall spricht man von ***Cidre bouché***.

Im Gegensatz zu gutem Wein verbessert sich Cidre nicht durch längere Lagerung. Nach 2 Jahren sollte er getrunken worden sein.

Alles, was über den täglichen Bedarf hinausgeht, z.B. Fotoartikel, Sport- oder andere technische Geräte, ist meist teurer als daheim. Dies gilt besonders für so typisch französische Dinge wie Parfüm oder elegante Kleidung.

Öffnungszeiten

In Frankreich gibt es keine einheitlichen Öffnungszeiten für Lebensmittelläden. Der Ruhetag kann ein beliebiger Tag in der Woche sein. Viele Läden haben allerdings montags geschlossen, nicht zuletzt deshalb, weil sie Sonntag vormittags geöffnet sind. Eines ist allerdings sicher, mindestens eine Boulangerie im Ort ist immer geöffnet, denn das Baguette muß schließlich frisch sein. Werktags (inkl. samstags) haben viele Läden von 9.00 bis 12.00 Uhr und von 15.00 bis 19.00 Uhr auf. Sonntags von 9.00 bis 12.00 Uhr.

Elektrizität

In Frankreich liefern Steckdosen 220 V Wechselstrom. Der Haken an der Sache sind aber die ***Steckdosen***, die über einen Stift für die Erdung verfügen. Damit sind ältere deutsche Stecker nicht zu verwenden. Für diese Modelle muß man sich einen entsprechenden ***Adapter*** im Fachhandel kaufen.

Flachstecker bereiten keinerlei Probleme. Bei neueren Steckern ist in der breiten Version eine Aussparung für den Erdungsstift vorhanden.

Essen und Trinken

Eßgewohnheiten

Bevor wir die kulinarische Vielfalt der bretonischen Küche beschreiben, soll kurz auf einige besondere französische Eßgewohnheiten eingegangen werden, die auch für die Bretagne gelten.

Das ***Frühstück*** (PETIT DÉJEUNER) ist, legt man deutsche Maßstäbe an, ausgesprochen kärglich. Zum Kaffee oder Milchkaffee (CAFÉ AU LAIT) gibt es ein wenig Weißbrot, eventuell Croissants, dazu Butter und Marmelade. Käse, Wurst oder Eier zum Frühstück sind unbekannt. In Hotels wird das Frühstück üblicherweise zwischen 8.00 und 9.30 Uhr serviert.

Nach einem solch spartanischen Beginn des Tages ist es nicht verwunderlich, daß das ***Mittagessen*** (DÉJEUNER) sich deutlich reichhaltiger gestaltet. Zwar zwingt auch in Frankreich die Hektik des modernen Lebens zu etwas kürzeren Mahlzeiten im Alltag, doch gilt nach wie vor (und das in allen Bevölkerungsschichten), daß man sich den Genuß eines gepflegten Essens zur Mittagszeit möglichst nicht nehmen läßt. Und so verwundert es nicht, wenn Handwerker, Bankangestellte und Touristen sich mittags im Restaurant an der Ecke begegnen.

Die Zeiten für das Déjeuner liegen in Frankreich etwas später als in Deutschland, in der Regel etwa von 13.00 bis 15.00 Uhr, allerdings muß man beim Betreten des Lokales nach 14.00 Uhr damit rechnen, daß man nicht mehr bedient wird oder daß zumindest die Auswahl stark reduziert ist.

In Frankreich ißt man auch abends warm. Die ***Abendmahlzeit*** (DÎNER) wird im Restaurant im allgemeinen mit derselben Menükarte angeboten wie das Mittagsmahl. Die Auswahl von Speisen à la carte kann allerdings abends eingeschränkt sein. Übliche Zeiten für das Abendessen liegen zwischen 19.30 und 22.00 Uhr.

Das Menü

Die einfachste Version nennt sich oft ***Menu touristique***. Es besteht in der Regel aus drei Gängen: Vorspeise (HORS-D'OEUVRE), z.B. gemischter Salat oder eine Scheibe einer Wurstpastete, als Hauptgericht (PLAT PRINCIPAL, oft als PLAT DU JOUR bezeichnet) ein oft relativ kleines Stück Fleisch (an der Küste Fischfilet) mit Kartoffeln oder Pommes frites (in Frankreich kurz FRITES genannt) und schließlich ein kleines Stück Käse oder ein einfaches Dessert. Wie man sieht, beinhaltet dieses Menü keine regionalen Spezialitäten. Preislich liegt es zwischen 60 und 95 FF. Kostenlos werden dann, wie zu jedem Menü in ganz Frankreich, in Scheiben geschnittenes Baguette und eine Karaffe Wasser serviert.

Sofern das Portemonnaie es zuläßt, kann das Menü allerdings auch großzügiger zusammengestellt sein. Es beginnt mit einem ***Apéritif***. Man wählt z.B. einen PASTIS (Anisschnaps mit Wasser, wie Ricard, Pernod oder 51). Überall erhältliche Apéritifs sind auch KIR (1/4 Cassis = Likör aus schwarzen Johannisbeeren + 3/4 trockener Weißwein) oder KIR-ROYAL, wobei der Weißwein durch Champagner ersetzt wird. Beliebt sind ferner PORTO (Portwein) oder, für Deutsche überraschend, Whisky. Als bretonische Spezialität darf hier der CHOUCHEN nicht unerwähnt bleiben, ein dem germanischen Met verwandtes Getränk, das auf Cidre-Basis mit Honig hergestellt wird.

In guten Restaurants wird zum Apéritif ein ***Amuse-gueule*** gereicht; kleine Appetit-Anreger, vom einfachen Salzgebäck bis hin zu virtuos zusammengestellten Häppchen verschiedenster Art.

Ein gepflegtes Menü beinhaltet zwei ***Vorspeisen*** (neben HORS-D'OEUVRE auch ENTRÉE genannt).

Gerade hier findet der Gast die phantasievollsten Speisebezeichnungen. Der Kochkunst des Küchenchefs steht oft die sprachliche Kreativität bei der Bezeichnung seiner kulinarischen Kreationen nichts nach. Eine inhaltliche Beschreibung ist hier aufgrund der Breite der Möglichkeiten, die zudem stark regional variiert, schier unmöglich. Als Getränke bieten sich im allgemeinen ein trockener Weißwein oder ein Rosé an.

Das ***Hauptgericht*** (hier nun niemals PLAT DU JOUR) beinhaltet stets Fleisch, Fisch oder Geflügel, wobei der Gast in der Regel zwischen mindestens zwei Alternativen wählen kann. Das Gemüse wird oft dazu separat gereicht. Kartoffeln gelten, nebenbei bemerkt, als Gemüse. Der Wein ist abhängig vom Gericht weiß oder rot.

Es schließt sich der ***Käse-Gang*** an, zu dem grundsätzlich Rotwein getrunken wird. Normalerweise wird dem Gast ein PLATEAU DE FROMAGES mit 4 bis 5 Käsesorten angeboten, wobei man allerdings gegen die Tischsitten verstößt, wenn von mehr als zwei Sorten ein Stück gewählt wird.

Neben dem Menü besteht in fast allen Restaurants die Möglichkeit, ***à la carte*** zu essen, d.h. die Speisen und ihre Reihenfolge aus einer meist langen Liste frei auszuwählen. Dies ist jedoch in der Regel teurer als die Wahl eines Menüs.

Beim ***Dessert*** schließlich erscheint die Palette wieder (ebenso wie die namentliche Bezeichnung) schier grenzenlos. Von Obstspeisen über Kuchen, Eis oder Sahnecreme-Phantasien ist alles möglich.

Um nun die Verdauung dieser Köstlichkeiten etwas zu erleichtern, wird, hoffentlich ist der Fahrer schon ausgeguckt, ein ***Digestif*** getrunken. Üblich sind Cognac, Calvados oder verschiedene Liköre. Wenig bekannt sind klare Schnäpse aus Korn. Der Kaffee, sehr stark und in einer kleinen Tasse (vergleichbar dem italienischen Espresso) serviert, beschließt die Gaumen-Orgie.

Daß ein solches Mahl seinen ***Preis*** hat, versteht sich von selbst. Bei etwa 120 FF beginnt der Spaß, Obergrenze offen. Apéritif, Wein, Digestif und Kaffee werden extra berechnet.

Bretonische Spezialitäten

Apéritifs

Beginnen wir mit dem ***Chouchen***, einem besonders erwähnenswerten Apéritif: Ein leicht alkoholisches Getränk, von dem gesagt wird, es sei dem germanischen Met verwandt. Dem CHOUCHEN sehr ähnliche Getränke sind ***Hydromel*** und ***Nektar des Dieux*** (Gottesnektar). Ebenfalls Bretagne-typisch ist der Apéritif BZH, ein aus verschiedenen Beeren gewonnener Appetitanreger.

Crêpes und Galettes

Die in Deutschland wohl bekannteste bretonische Spezialität sind die CRÊPES bzw. die ***Galettes***, als salzige Version. Beide könnte man mit hauchdünnen Pfannkuchen vergleichen. Der Teig der GALETTES wird aus dunklem Buchweizenmehl (SARRAZIN oder BLÉ NOIR) und Wasser geknetet. Aufgrund des hohen Nährwertes des Buchweizens, der im Mittelalter aus Asien nach Europa eingeführt wurde, stellte dieses Getreide lange Zeit das Grundnahrungsmittel der Bretonen dar. GALETTES ersetzen in den vielen Gegenden das Brot. Heute werden sie mit Ei, Käse, Schinken, Tomaten, Champignons und Zwiebeln, Meeresfrüchten, Wurst etc. belegt. Natürlich können entsprechend individueller Wünsche unterschiedliche Beilagen kombiniert werden.

Crêpes aus Weizenmehl (FROMENT), Milch, Eiern und Zucker erschienen vor etwa 100 Jahren. Erst der Wohlstand der Jahrhundertwende machte die Verwendung des teuren Weizenmehls auf dem Lande möglich. Dem heutigen Feinschmecker sind bei der Wahl der Beilagen keine Grenzen gesetzt: Konfitüre, Schokolade, Honig, Mandeln, Eis, einzeln oder kombiniert, wahlweise mit Cointre-

Galettes und Crêpes selbst gebacken

Fiedler, Fiedler, willst du wohl Brot?
Gnädige Frau, 's hat keine Not!
Sie haben, was mir viel lieber,
Schöne, hübsche gnädige Frau,
Sie haben, was mir viel lieber,
Galette für den armen Fiedler!
(altes franz. Lied)

Grundrezept für Galettes:
250 g Buchweizenmehl
1 Teelöffel grobes Meersalz
2 Eier
Wasser

Die Teigzutaten in eine Schüssel geben. Den Teig gut verrühren und nach und nach das Wasser untermengen. Dabei ist darauf zu achten, daß der Teig nicht zu flüssig wird. Der Teig wird 5 Minuten lang kräftig gerührt.

Alternativ kann man auch guten trockenen Cidre dem Wasser beimischen (Mischungsverhältnis: 1 Teil Wasser, 1 Teil Cidre).

Grundrezept für Crêpes
125 g Weizenmehl
40 g Zucker
2 Eier
1/4 l Milch
125 g Butter
1 Prise Salz

Das Mehl mit Salz und Zucker in einer Schüssel mischen. Mit der Milch glattrühren und anschließend die flüssige Butter und die Eier unterziehen.

Backen von Galettes oder Crêpes
Einen Eßlöffel Galettes- oder Crêpes-Teig in eine Pfanne fließen lassen und den Teig ausbacken. Die Galettes oder Crêpes sollen möglichst dünn sein.

Servieren
Galettes mit deftigen und pikanten Beilagen belegen, Crêpes mit süßen Zutaten bestreichen.

au, Calvados oder Rum flambiert ... Dazu trinkt man Cidre "brut", "demi-sec" oder "doux" (trocken, halbtrocken oder lieblich).

In fast jeder Ortschaft gibt es eine Crêperie. Ob traditionell rustikal oder eher einfach eingerichtet, vom Mobiliar kann nur selten auf die Qualität der Crêpes oder Galettes geschlossen werden. Sicherer urteilt man vielmehr nach der Zahl der Gäste.

Interessant ist es, bei der Zubereitung zuzuschauen. Man staunt über die Geschicklichkeit, mit der die Köchin/der Koch den Teig auf der Kochplatte (BILIG) mit dem Teigschieber (ROZELL) verteilt.

Vorspeisen

Folgende bretonische Besonderheiten finden sich unter den Vorspeisen:

Saucisse bretonne, eine salamiähnliche Mettwurst, oder auch ***Andouille***, eine aus Fettdärmen gewickelte Kaldaunenwurst (sicherlich nicht jedermanns Sache).

Coquilles St-Jacques, eine Vorspeise, bei der Schließmuskeln der Jakobsmuscheln in einer Crèmesauce eventuell mit gepreßtem Knoblauch zubereitet werden. Besonders empfehlenswert sind die Coquilles St-Jacques aus der Bucht von St-Brieuc.

Cotriade, eine Fischsuppe, oft recht scharf gewürzt, die man zusammen mit knusprigen Brotstückchen (CROUTONS) ißt. In guten Restaurants wird eine Würzpaste (ROUILLE) mitserviert.

Artichauts à la Vinaigrette. Artischoken (-Herzen) serviert in einer Sauce aus Essig, Öl, Zwiebeln und Knoblauch.

Hauptgerichte

Kig Ha Fars, auch ***Souben Kig Sal*** genannt, ein Gemüseeintopf mit Fleischeinlage, der sich aufgrund seiner Gewürzmischung vom sonst üblichen deutlich unterscheidet.

Agneau des Prés-salés (kurz: PRÉ-SALÉ), Lammfleisch, das besonders wohlschmeckend ist, da es von Lämmern stammt, die auf Salzwiesen in Küstennähe, wie z.B. nördlich von Dol-de-Bretagne, gehalten wurden.

Homard à l'Armoricaine, Hummer, gekocht und anschließend in einer Weißweinsauce mit Tomaten, Knoblauch und Cognac zubereitet. Auf manchen Speisekarten findet sich auch die Bezeichnung ***Homard à l'Américaine***, was aber keineswegs bedeutet, daß sich die französische Kochkunst von der amerikanischen Küche beeinflussen lassen hat. Der Ursprung dieser Verwechslung liegt bei einem Pariser Koch, der das Rezept fälschlicherweise umbenannte, weil er den Namen "ARMORICA" (= Bretagne) nicht kannte.

Käse

Käsesorten, die man typisch bretonisch nennen könnte, sind eher selten. Erwähnenswert ist der ***Petit Carré Breton*** und der ***Cure Nantais***. Dieses recht schmale regionale Angebot überrascht, denn im Inland betreiben viele Bauern Vieh- und Milchwirtschaft. Unter den Milchbauern gibt es einige, die ihren eigenen Käse herstellen, der meist namenlos als FROMAGE FERMIER (Käse vom Bauernhof) auf dem Markt verkauft wird. Die Milch wird aber größtenteils von Joghurt-Produzenten aufgekauft oder zu Butter verarbeitet.

Kuchen

Far breton, ein dünner, mit vielen Eiern gebackener Kuchen, in dessen Teig Rosinen oder getrocknete Pflaumen eingeknetet sind.

Gateau breton, ein Sandkuchen mit Apfel-, Pflaumenmus- oder Butterfüllung.

Kouign Amann, die Krönung unter den bretonischen Kuchen, ein spezieller runder Butterkuchen, der von Bretonen oft warm gegessen wird. Das Rezept wird von vielen Bäckern fast wie ein nationales Geheimnis gehütet. Mancherorts, wie z.B. in Concarneau, findet man eine Variante des Kouign Amann mit Apfelfüllung.

Getränke

Als bretonische Spezialität verdient das ***Eau-de-Vie de Cidre***, ein aus Cidre destillierter Verdauungsschnaps (Digestif), erwähnt zu werden. Man könnte ihn als bretonischen Calvados bezeichnen.

Ebenfalls zum Ende der Mahlzeit paßt der ***Liqueur de Fraises de Plougastel***, ein Erdbeerlikör aus ausgewählten Erdbeeren der Gegend von Plougastel bei Brest.

Frankreich ist als Weinland so bekannt, daß selbstverständlich jedes Restaurant eine Weinkarte besitzt. In der Bretagne sind der ***Gros Plant*** und der ***Muscadet*** gängige trockene Weißweine. Sie kommen vom Unterlauf der Loire, aus der Gegend um Nantes. Beim Muscadet wird, dem Qualitätsniveau folgend, zwischen Muscadet, Muscadet des Coteaux de la Loire, Muscadet de Sèvre-et-Maine und Muscadet de Sèvre-et-Maine sur Lie unterschieden.

Muscadet wird jung (1/2-1 Jahr nach der Ernte) und sehr kühl (8-9 °C) getrunken. Die Preise liegen im Geschäft zwischen 15 und 45 FF, im Restaurant zwischen 30 und 90 FF.

Andere trockene ***Weißweine*** sind Bordeau blanc, Vin d'Alsace (Elsässer), Chablis und Sancerre. Zu den fruchtigeren gehören die Weine von Saumur und aus der Touraine.

Überall werden verschiedene ***Rotweine***, meistens Bordeauxweine, angeboten. Hinzu kommen Côte du Rhone und Beaujolais-Sorten, oft auch Weine aus Bergerac oder Bourgeuil. Ist auf der Speisekarte Wild zu finden, enthält die Weinkarte meist auch Bourgogne-Weine.

Das ***Bierangebot*** orientiert sich stark am ausländischen Markt. Neben dem heimischen Kronenbourg gibt es verschiedene belgische, holländische, schwedische, deutsche und irische Sorten.

Nicht-alkoholische Getränke sind ***Mineralwasser*** (EAU MINÉRALE), wie z.B. Contrex oder Vittel ohne Kohlensäure (NON-GAZEU-

SE) oder Perrier mit Kohlensäure (GAZEUSE). Hinzu kommen natürlich alle bekannten Soft-drinks und Fruchtsäfte. Typisch französisch und giftgrün ist ***Menthe à l'eau***, ein stark nach Pfefferminze schmeckendes Erfrischungsgetränk.

Gastronomische Einrichtungen

Das Restaurant

Die Spanne reicht vom RESTAURANT TOURISTIQUE bis CHEZ BOCUSE. Zwar wirkt Monsieur BOCUSE bei Lyon, aber auch in der Bretagne gibt es hervorragende Köche und ***Restaurants der Spitzenklasse***. Sie sind an den Symbolen der verschiedenen Klassifikationsvereinigungen zu erkennen, wie z.B. UCB (UNION CULINAIRE DE BRETAGNE)

Der Reisende, der auf der Speisekarte kulinarische Besonderheiten der Region erwartet, sollte das RESTAURANT TOURISTIQUE im allgemeinen meiden.

Ein gutes ***Mittelklasse-Lokal*** erkennt man normalerweise recht treffsicher daran, daß auf dem Parkplatz auffallend viele Wagen mit einheimischen Nummernschildern (z.B. Département Morbihan, letzte Zahl: 56) stehen.

Ein Hinweis zur ***Tischwahl***. In Frankreich ist es in den meisten Restaurants üblich, sich einen Tisch zuweisen zu lassen, es sei denn, das Lokal ist fast leer.

Pizzeria

Einfaches Lokal, in dem neben der Pizza auch Nudelgerichte oder andere Eierspeisen serviert werden. Es besteht kaum ein Unterschied zu anderen mitteleuropäischen Pizzerien.

Crêperie

Nicht nur in der Bretagne findet man sie. Die Crêperie hat seit langem ganz Frankreich, ja sogar einige andere europäische Staaten erobert. Aber in der Bre-

Auswahl: In die Crêperie oder lieber in die Bar-Tabac? (WK)

tagne gibt es nicht nur die meisten – jeder kleinere Ort hat seine Crêperie – sondern auch die besten Lokale dieser Art. Genau genommen müßte man eigentlich von einer Crêperie und Galetterie sprechen, denn die hauchdünnen "Pfannkuchen" gibt es in der salzigen Version der Galettes und der süßen Variante der Crêpes (s.o.).

Crêperien sind oft sehr ***einfach eingerichtet***, Plastikstühle und Metalltische sollten Sie nicht vom Genuß der beliebten Mahlzeiten abhalten. Ebensowenig ist aber andersherum der gepflegt-rustikale Rahmen in einem historischen Gebäude ein sicheres Zeichen für die Qualität der Crêpes.

Die ***Preise*** einer Galette oder Crêpes liegen etwa zwischen 10 FF und 35 FF. In manchen Crêperien wird ein dreigängiges ***Crêpes-Menü*** zu einem günstigen Gesamtpreis angeboten.

Routiers

Die Routiers-Gaststätten befinden sich zwar oft an größeren Straßen, sind aber ***keine*** ausgesprochenen ***Fernfahrerlokale*** (wie manchmal angenommen wird). Viele Einheimische, die nicht die Möglichkeit haben, zu Hause zu essen, nehmen hier ihr Déjeuner ein. Und manch ein Routiers-Restaurant hat sich inzwischen zu einem Geheimtip unter weniger wohlbetuchten Frankreich-Touristen entwikkelt.

Zwar sind die Routiers keine Gourmet-Tempel, aber das ***Preis-Leistungs-Verhältnis stimmt***. Es gibt gute bis durchschnittliche warme Mahlzeiten, im allgemeinen dreigängige Menüs, reichlich bemessen und zu einem erstaunlich günstigen Preis (etwa 40-70 FF). Man erkennt diese Lokale an ihrem einheitlichen blauroten, kreisförmigen Emblem über der Eingangstür.

Selbstverständlich finden sich auch in Frankreich in größeren Städten die ***Fast-Food-Lokale*** international bekannter Unternehmen. Sie unterscheiden sich von denen anderer Länder, wie überall auf der Welt, nur in der zu bezahlenden Währung.

Bar

Hierbei handelt es sich nicht um eine Nachtbar oder ähnliches. Vielmehr ist die Bar eine Mischung aus Kneipe und Café im deutschen Sinne. Neben Wein, Bier und härteren Alkoholika gibt es auch Sandwiches, kleine Kuchen und Gebäck.

Oft ist die Bar verbunden mit einem Verkaufsstand für Zeitschriften und Zigaretten. In diesem Fall nennt sie sich ***Bar-Tabac*** und ist dann am weinroten Doppelkegel-Symbol über der Tür erkennbar. Hier sind auch Briefmarken und Telefonkarten erhältlich. In Frankreich gibt es übrigens keine Zigarettenautomaten.

Café

Auch bei diesem Lokal-Typ ist der Name für unerfahrene Frankreich-Reisende verwirrend. Das französische Café ähnelt eher der "Kneipe an der Ecke" als dem deutschen Kuchen-Café. Vergleichbar mit der Bar gibt es neben Kaffee, Tee, Limonaden, Fruchtsäften und alkoholischen Getränken kleine Snacks sowie Eis.

Der Begriff ***Bistrot*** ist etwa gleichbedeutend wie Café und Bar.

Brasserie

Wörtlich übersetzt heißt Brasserie "Brauerei". Der Begriff wird allerdings häufiger im Sinne eines Bierlokals, vergleichbar mit Café oder Bar, benutzt. In der Brasserie gibt es sowohl gezapftes Bier vom Faß (BIÈRE PRESSION) als auch Flaschenbier (EN BOUTEILLE), das meist aus Frankreich (hier besonders dem Elsaß), Deutschland, Belgien, Holland oder Schweden stammt.

Falls Sie großen Durst haben, bestellen Sie UN DEMI (einen halben), aber wundern Sie sich nicht, wenn es kein halber Liter ist! Andere Länder, andere Sitten!

Salon de Thé

Dies ist die Gaststättenform, die dem deutschen Café am nächsten kommt. Neben Kuchen und Eis werden Kaffee und Tee serviert. Alkoholische Getränke gibt es hier nicht.

Glacier

Das Lokal ist identisch mit einer Eisdiele. Die Preise für Eis liegen in Frankreich jedoch im allgemeinen deutlich über denen in Deutschland.

Trinkgeld

Die früher übliche Regel, 10-15 % des Rechnungsbetrages für die Bedienung zu addieren, wird heute nur noch bei aufwendigen Mahlzeiten angewandt. In vielen Lokalen, allerdings eher der unteren bis mittleren Preisklasse, findet sich auf der Rechnung die Bemerkung SERVICE COMPRIS. Dies bedeutet, daß ein Trinkgeld nicht erwartet wird. Dennoch ist es nicht unüblich, die Summe aufzurunden. Seltener ist der direkte Hinweis SERVICE NON COMPRIS. Wird ein Trinkgeld erwartet, so fehlt diskreterweise oft der Hinweis auf SERVICE.

Feste

Wird auf dem Lande im Rahmen des ***Fest Noz*** gefeiert, so veranstalten die meisten größeren Städte im Sommer ein ***Festival culturel*** mit unterschiedlichem Schwerpunkt. Selbstverständlich gibt es zahlreiche Folklore-Festivals mit viel traditioneller Musik und Trachten-Umzügen. Daneben versuchen aber viele Städte, dem ***Festival-folklorique*** durch Veranstaltungen aus den Bereichen Völkerbegegnung, Film, Theater, Poesie, Sport, Seefahrt oder Handwerk neue Impulse zu geben.

Zu den bekanntesten gehören folgende Veranstaltungen:

Zubereitung eines Taschenkrebses

Rezept für 500 g: Ca. 2 l Wasser mit etwa 50 ml Essig, 1 Eßlöffel Salz, ca. 10 Pfefferkörnern, 1 Lorbeerblatt, 1 geschnittenen Zwiebel, 1 geschnittenen Karotte und etwas Thymian oder Herbes de Provence zum Kochen bringen. Das lebende Tier mit dem Kopf zuerst in wirklich kochendes Wasser halten (der Tod tritt dann sehr rasch ein). Etwa 10 Min. auf kleiner Flamme kochen lassen (größere Tiere: 15-20 Min.). Normalerweise fallen beim Kochen Zangen und einige Beine vom Panzerkörper ab, es sei denn, sie werden vorher mit Schnur oder dünnem Draht festgebunden. Nach dem Kochen das Tier herausnehmen und abkühlen lassen. Die übliche Servierweise ist kalt, gelegentlich lauwarm.

Das Knacken. Um an das wohlschmekkende Muskelfleisch zu gelangen, benötigt man eine Zange, die in französischen Restaurants einem Hebel-Nußknacker gleicht. Eine Zange aus der Werkzeugbox tut es aber auch. Die Schalen der Gliedmaßen und der Scheren werden mit der Zange aufgebrochen, das Fleisch wird mit einem schmalen Messer oder einem Teelöffelstiel herausgezogen. Schwieriger ist es, an den eßbaren Inhalt des Körpers zu gelangen. Zuerst werden der Schwanz und die Freßschaufeln herausgebrochen. Nun kann man mit einem spitzen Messer am Maul ansetzen und die inneren Beinmuskeln, die in einem gemeinsamen Kalkgehäuse stecken, von der Schale trennen. Jetzt beginnt die Feinarbeit, denn es ist nicht ganz einfach, das Fleisch der Muskelfasern mit dem Messer herauszuziehen. Reine Geschmackssache ist es, ob die weicheren Teile aus den Rändern des Rückenpanzers mitgegessen werden oder nicht. Mancher ißt diese Teile zusammen mit Mayonnaise, anderen erscheinen sie ungenießbar. Probieren Sie es!

- ***Festival Interceltique de Lorient:*** In der 2. Augustwoche treffen sich Kelten aus Schottland, Irland, Wales, Cornwall, Asturien, Galizien und der Bretagne, um gemeinsam mit 2-300.000 Besuchern eine Woche lang das größte Musik- und Kulturfestival der Bretagne zu feiern. Musikalische Darbietungen von Biniou-Bombarde bis Folk-Rock bilden den Rahmen, daneben gibt es Ausstellungen, Umzüge und als ein Höhepunkt das CHAMPIONNAT NATIONAL DES BAGADOU.
- ***Festival de Cornouaille in Quimper:*** In der Woche vor dem 4. Sonntag im Juli werden täglich Veranstaltungen mit Musik, Tanz, Theater, bretonischen Spielen, Kunsthandwerk, Instrumentenbau und Fotografie dargeboten.
- ***Fête des Filets Bleus in Concarneau:*** Dieses Fest findet vom vorletzten bis zum letzten Sonntag im August statt. Es ist ein Stadtfest mit zahlreichen Musik- und Tanzdarbietungen. Des weiteren finden Spiele im und auf dem Wasser statt.
- ***Les Tombées de la Nuit in Rennes:*** Ein einwöchiges Musikfest in der ersten Juli-Woche.
- ***Festival International de Folklore in Concarneau:*** Ebenfalls ein einwöchiges Fest (Ende Juli/Anfang August) mit zahlreichen Musikgruppen aus Europa, Nord- und Südamerika und Afrika.
- ***Fête des Fleurs d'Ajonc in Pont-Aven:*** Dies ist ein rein bretonisches Folklore-Fest am ersten Wochenende im August.
- ***Festival de la Danse Bretonne in Quingamp:*** Eine Woche lang gibt es Mitte August folkloristische Tanzwettbewerbe, moderne und traditionelle keltische Musik, Bagadou-Umzüge und Kunsthandwerkausstellungen.

Ähnliche Veranstaltungen in etwas kleinerem Rahmen feiert im Juli oder August fast jede bretonische Stadt. In den meisten Häfen gibt es ein sogenanntes ***Fête de la Mer***, oft mit einer Riesengaudi auf dem Wasser im Hafenbecken. "Seeschlachten" mit Wasserschläuchen auf schwimmenden Phantasiegebilden, Wettfahrten mit Badewannen u.ä.

In den letzten Jahren sind ***Nostalgie-Seglertreffen*** immer beliebter geworden. Oft kommen Hunderte alter restaurierter Holzsegelboote und -schiffe zusammen, um die maritime Seite der Kultur darzustellen und zu feiern. In Douarnenez hat sich ein Zentrum zur Pflege der maritimen Geschichte der Bretagne gebildet. Hier sind die aktuellen Termine zu erfahren. Le Chasse-Marée, Abri du Marin, 29171 Douarnenez, Tel. 98.92.66.33.

Film und Foto

Zunächst das Negative: In Frankreich sind Fotoartikel (d.h. auch Filme) erheblich teurer als in Deutschland.

Nun das Positive: Die Bretagne bietet eine riesige Zahl von ***Motiven***. Egal, ob man Fan von Landschaften, Gebäuden, Kirchen, Natur oder Menschen ist, jeder kann hier seiner Leidenschaft frönen.

Daß das Ablichten von Menschen ein großes Maß an Sensibilität erfordert, versteht sich von selbst!

Filme der Empfindlichkeiten 64 und 100 ASA reichen normalerweise aus, Tieraufnahmen können aber gelegentlich 400 ASA erfordern.

Wenn Spiegelreflexkameras mit ***Wechselobjektiven*** verwendet werden, sollten unbedingt ein Weitwinkel- (28 mm) und ein Teleobjektiv (200 mm) und eventuell ein Zoom (z.B. 70-200 mm), zur Ausrüstung gehören. Nur so lassen sich die herrlichen Küsten und Gebäude, aber auch Einzelheiten genau ins Bild rücken. Ein leistungsstarker ***Blitz*** wird bei Aufnahmen in Kirchen benötigt

Zur Tier- und Naturfotografie sollten zusätzlich ein stabiles Stativ und ein 400-mm- (oder sogar 600-mm-) Teleobjektiv mitgenommen werden.

Noch ein Tip: Wie gut die Ausrüstung auch sein mag, in der ***Mittagszeit*** gelingen Aufnahmen wegen der ungünstigen Lichtverhältnisse nur selten.

Tiere lassen sich leichter fotografieren, wenn man dies in Ruhe angeht. Dazu ist es notwendig, etwas über die Eigenarten der jeweiligen Art zu wissen (z.B. tag- oder nachtaktiv) und zunächst den Lebensraum genau kennenzulernen.

Geld

Währung

Der französische Franc (FF) ist die Währungseinheit Frankreichs. Ein Franc ist in 100 Centimes (C) unterteilt.

Im Umlauf sind Banknoten zu 10, 20, 50, 100, 200 und 500 Francs. Münzen gibt es in Stückelungen zu 5, 10, 20 und 50 Centimes sowie zu 1, 2, 5 und 10 Francs.

Wechselkurs

Der Wechselkurs ist in den letzten Jahren, von geringfügigen Schwankungen abgesehen, relativ stabil geblieben. So erhielt man im März 1994 einen Franc für etwa 0,30 DM.

Reisekasse

Neben Bargeld sollte die Reisekasse aus Sicherheitsgründen mit Schecks und Kreditkarten bestückt sein. ***Reiseschecks*** (z.B. von American Express) werden problemlos umgetauscht. Dies gilt auch für ***Euroschecks***, allerdings nur bis zu einer Höhe von 1.400 FF. Beim Einlösen der Schecks wird meist ein Ausweis verlangt.

Alle gängigen ***Kreditkarten*** werden flächendeckend in Hotels, Restaurants und zahlreichen Geschäften akzeptiert.

Vergünstigungen bis zu 50 % gibt es vielfach für Kinder und Schüler bzw. Studenten (mit gültigem Ausweis) in staatlichen Museen. Private Einrichtungen sind leider diesbezüglich jedoch sehr zurückhaltend.

Geldwechsel

Geld kann in Banken, Wechselstuben und bei einigen Postämtern in die Landeswährung umgetauscht werden.

Nicht alle ***Banken*** tauschen Fremdwährungen ein. Autorisierte Institute signalisieren mit dem Schild CHANGE ihre Bereitschaft zum Geldwechsel. Der bürokratische Aufwand ist sowohl beim Einlösen von Schecks als auch beim Umtausch von Bargeld erheblich. Ein Ausweis wird in jedem Fall benötigt.

Wechselstuben bieten eine oft schneller arbeitende Alternative zur Bank. Die Wechselkurse entsprechen denen der Banken.

Für Besitzer eines ***Postsparbuches*** besteht die Möglichkeit, bei bestimmten französischen Postämtern französische Francs direkt vom Sparbuch abzuheben (am Schalter RETRAIT À VUE). Aktuelle Listen dieser Postämter erhält man bei der heimischen Post. Postämter, die Euroschecks wechseln oder Kreditkarten akzeptieren, werben mit den Schildern EC oder dem Logo der jeweiligen Kreditkarte.

Devisenbestimmungen

Ein- und Ausfuhr von französischen Francs, Fremdwährungen und sonstigen Devisen unterliegen keiner Beschränkung. Ab einer Summe von 50.000 FF bzw. einer entsprechenden Summe in fremder Währung besteht die Pflicht, dies zu deklarieren. Sonst sind Schwierigkeiten bei der Ausreise zu erwarten.

Reisekosten

Frankreich ist kein billiges Reiseland. Allerdings müssen für den Urlaub auch keine Unsummen an Geld einkalkuliert werden.

Wer nicht unbedingt jeden Luxus wünscht, kommt in der Hochsaison in ***Mittelklassehotels*** mit etwa 50 bis 85 DM/Nacht/Doppelzimmer aus. Kosten für Essen und Trinken lassen sich nur schwer kalkulieren. Im Restaurant liegt die untere Grenze bei etwa 20 DM, preiswerter sind Crêperien, in denen man Crêpes ab etwa 3,50 DM bekommt.

Für zwei Personen bedeutet dies also Kosten von mindestens etwa 100 DM/Tag. Hinzu kommen noch Kosten für Besichtigungen, Transport etc.

Wer preiswerter reisen möchte, wohnt in der ***billigen Hotelkategorie*** (ab etwa 30 DM) oder auf dem Campingplatz (ab etwa 8 DM/Person). In diesem Fall kann dann mit Einkäufen im Supermarkt der Betrag für Essen und Trinken weiter verringert werden.

Nach oben sind übrigens fast keine Grenzen gesetzt, obwohl das Angebot an Häusern der Top-Luxus-Klasse sehr begrenzt ist.

Eintrittsgelder und Transportkosten sind im folgenden meist mit zwei Angaben versehen. Die erste Angabe bezieht sich immer auf den Preis für Erwachsene, die zweite auf den ermäßigten Preis für Kinder, in der Regel bis 12 Jahre.

Gesundheit

Bei leichterer Erkrankung kann in örtlichen ***Apotheken*** Rat gesucht werden. Die Pharmacie (Apotheke) ist am grünen Kreuz auf weißem Grund erkennbar.

Wird ein ***Arztbesuch*** notwendig, wendet man sich entweder an einen niedergelassenen Arzt (MÉDECINS) oder ein Krankenhaus (HÔPITAL). Zahnärzte heißen DENTISTES.

Adressen von Ärzten und Krankenhäusern findet man im Telefonbuch oder erhält sie in der Apotheke, im Hotel etc.

In ***Notfällen*** hilft SAMU (SERVICE D'AIDE MEDICAL D'URGENCE). Die Rufnummer steht auf den ersten Seiten der Telefonbücher.

Unfallhilfe und ***Polizei*** erreicht man über die Nummer 19.

In vielen größeren Badeorten der Bretagne wird die ***Thalasso-Therapie*** angeboten. Dabei handelt es sich um eine Kuranwendung, die sich auf die heilsamen Kräfte des Meeres stützt. Dazu gehören Salzwasserbäder, Gymnastik und Spaziergänge an der frischen Atlantikluft, Algenpackungen und anderes mehr. Nähere Auskünfte erteilen die Fremdenverkehrsämter.

Informationen

In Deutschland

Die staatlichen Französischen ***Fremdenverkehrsbüros*** (MAISON DE LA FRANCE) geben zahlreiche Informationsbroschüren heraus, die man anfordern kann.

- Das ***Hauptbüro*** befindet sich in der Westenstraße 47, 60325 Frankfurt/Main, Tel. 069/ 7560830
- Ein ***regionales Büro*** gibt es in 10787 Berlin, Keitstr. 2-4, Tel. 030/2182064.

In Österreich

- ***Französisches Fremdenverkehrsamt***, Hilton Center 259 C, Landstraßer Hauptstraße 2a, 1030 Wien, Tel. 0222/7157062.

In der Schweiz

- ***Französisches Fremdenverkehrsamt***, Löwenstr. 59, 8023 Zürich, Tel. 0221/3578, und in 2, Rue du Thalberg, 1201 Genève, Tel. 022/7328610.

In Frankreich

Allgemeine Informationen

- ***Maison de la France***, 8, Avenue de l'Opéra, 75001 Paris, Tel. 1/ 42.96.10.23
- ***Office de Tourisme de Paris***, 127 Champs-Elysées, 75008 Paris, Tel. 1/ 47.23.61.72

Informationen zur Bretagne

- ***Maison de la Bretagne***, Centre Commercial Maine-Montparnasse, 17, Rue de l'Arrivée, B.P. 1006, 75733 Paris Cedex 15, Tel. 1/ 45.38.73.15

Neben diesen überregionalen Informationsbüros gibt es zahlreiche Fremdenverkehrsämter in der Bretagne selbst. Sie sind entweder staatlich organisiert ***(Office du Tourisme)*** oder der jeweiligen

Stadt unterstellt ***(Syndicat d'Initiative)***. Informationen der städtischen Fremdenverkehrsämter erhält man unter der Anschrift: Syndicat d'Initiative, Postleitzahl und Ort.

In den einzelnen Départements befindet sich das jeweilige ***Comité Départemental du Tourisme*** in:

- Rue des Promenades 29, B.P. 620, 22011 St-Brieuc, Tel. 96.62.72.00
- Rue Les Hars 11, B.P. 125, 29104 Quimper cedex, Tel. 98.53.09.00
- Rue Marlenot 1, 35000 Rennes, Tel. 99.02.97.43
- Hôtel du Département, B.P. 400, 56009 Vannes cedex, Tel. 97.54.06.56

Achtung: das umfangreiche Material, das die Verkehrsämter verschicken, ist überwiegend französischsprachig.

Öffnungszeiten

Geschäftszeiten sind in der Regel zwischen 9.00/9.30 Uhr und 12.00 Uhr und zwischen 14.00 und 18.30 Uhr. In touristischen Gegenden sind Geschäfte z.T. länger geöffnet.

Eine Ausnahme von dieser Regel bildet die ***Post***, die werktags durchgängig von 9.00 bis 19.00 Uhr geöffnet ist. Größere Postämter haben auch samstags ihre Schalterstunden, meist von 8.00 bis 12.00 Uhr.

Banken sind nur dienstags bis freitags von 9.00-12.00 Uhr und von 14.00-16.00 Uhr geöffnet.

Ämter schließen um 17.00 Uhr. Hiervon sind die Touristeninformationsstellen aber ausgenommen. Ihre Öffnungszeiten richten sich nach der Saison und der Region, die sie betreuen.

Post

Postämter (PTT; POSTE) müssen nicht zwangsläufig aufgesucht werden, wenn man ***Briefmarken*** (TIMBRES) benötigt, da sie auch in der Bar-Tabac (erkennbar am Doppelkegelsymbol) zu bekommen sind. Bei der Adressenangabe nicht das Land vergessen: Deutschland (Allemagne), Schweiz (Suisse) oder Österreich (Austriche).

Postkarten innerhalb Europas kosten 2,10 FF, ***Brief***e sind teurer (2,50 FF 1994).

Bei ***Briefkästen*** muß die Sendung in den Schlitz für AUTRES DESTINATIONS eingeworfen werden, wenn sie ins Ausland gelangen soll.

Postlagernde Sendungen können gegen Vorlage eines Ausweises am Schalter POSTE RESTANTE abgeholt werden. Die Anschrift muß folgendermaßen aufgebaut sein: Name, Poste Centrale, Poste Restante, Ort mit Postleitzahl.

Reisezeit

Die Bretagne ist im Grunde genommen zu jeder Jahreszeit ein lohnendes Reiseland. Die Frage ist nur: Wie herb hätten Sie es gern?

Die ***Hauptreisezeit*** – gemessen an der Zahl der Urlauber – sind die Monate Juli und August, diktiert durch die europäischen Schulferientermine. Da die großen französischen Industrieunternehmen traditionell ihre Betriebsferien in den August legen, sind zu dieser Zeit die großen Küstenorte "touristisch gesättigt". Spätestens zu Ostern, besser noch zu Weihnachten sollten Zimmer für diese Jahreszeit reserviert werden.

Wer nicht auf die Schulferien festgelegt ist, sollte seine Reise in den späten ***Frühling*** oder in den frühen ***Herbst*** legen. Das kulturelle Angebot ist dann zwar schmaler – so finden z.B. die bretonischen Dorffeste (Fest Noz) im Juli/August statt – aber dafür erleben Sie das Land dann ohne Saison-Streß.

Die Niederschlagsmengentabelle zeigt ohnehin, daß im Hochsommer Regenschauer ebensowenig ausgeschlossen werden können wie im Mai oder September. Hinzu kommen in der Westbretagne relativ viele Nebeltage gerade im Juli und August (siehe "Klima und Wetter").

Der wahre "Bretagne-Freund" kommt zu ***Ostern***, wenn sich die Winterstürme verabschieden und der Ginster in sattem Gelb erblüht. Die meisten Restaurants und Hotels eröffnen die Saison am Karfreitag.

Das ***Frühjahr*** wird von extrem schnellem Wetterwechsel bestimmt. Mit etwas Glück gelingt es, schon im März/April sommerlich gekleidet Strandfreuden zu genießen. Aber wundern Sie sich nicht, wenn Sie sich schon am nächsten Tag in Regenjacke über dickem Wollpullover dem Südweststurm entgegenstemmen müssen.

Sport

Baden und Schwimmen

Unzählige überwiegend landschaftlich reizvoll gelegene Sandstrände verteilen sich um die gesamte Bretagne, doch leider schränken die ***Wassertemperaturen*** selbst im Hochsommer die Badefreuden mancherorts etwas ein. Im August werden an der Südküste maximal etwa 18 °C erreicht, oft sind es gar nur 16-17 °C. An der Nordküste hingegen sind 18-20 °C nicht ungewöhnlich. Im Juli und September sind es 1-2 °C weniger. Die Temperatur schwankt insbesondere an der strömungsreichen Nord- und Westküste ebenfalls mit den Gezeiten.

Schwimmer sollten sich unbedingt beim Hafenmeister oder der Strandwacht über eventuell vorhandene ***Strömungen***, insbesondere zur Springzeit (Voll- oder Neumond), informieren. Zur Wasserqualität siehe auch das Kapitel "Ökologie und Naturschutz".

Eine Auswahl der ***schönsten Badestrände:*** Erquy bis Le Val-André, St-Brieuc bis St-Quay-Portrieux, Port-Blanc bis Trébeurden, Carantec, Ile de Batz, Brignogan-Plage, Lilia bei Plouguerneau, Porspoder, Lampaul-Plouarzel bis Le Conquet, Morgat, Pentrez-Plage, Audierne bis Penmarc'h, Ile Tudy, Bénodet, Iles de Glénan, Trévignon bei Trégunc, Le Pouldu, Gâvres, Etel, Quiberon, Belle-Ile, Carnac, Arzon-Kerjouanno und La Baule.

Tauchen

Die bretonischen Küsten sind mit ihrer atlantischen Fauna und Flora und nicht zuletzt wegen der zahlreichen Wracks ein reizvolles, wenngleich ***anspruchsvolles Tauchrevier***. Für Anfänger ist es nur eingeschränkt geeignet. Zwar bieten sämtliche Tauchbasen auch Anfängerkurse in Ufernähe an, doch erschließt sich der wahre Reiz des Atlantiks vor allem dort, wo Gezeitenströme und Seegang recht hohe Ansprüche an die Erfahrung des Tauchers stellen. Interessante Tauchgründe sind meist nur mit dem Boot erreichbar.

Alle Basen verfügen über motorisierte Schlauchboote oder umgebaute Fischkutter incl. aller notwendigen ***Ausrüstungsgegenstände*** (im Verleih) und Kompressoren für die Preßluftflaschen. Die ***Preise*** für einen Tauchgang mit geliehener Ausrüstung incl. Bootsfahrt und Flaschenfüllung bewegen sich zwischen 100 und 180 FF.

Voraussetzung für die Teilnahme an Tauchfahrten ist ein Gesundheitszeugnis sowie ein Ausbildungsnachweis. Wer sich nicht einer Tauchbasis anschließen möchte, sollte sich unbedingt mittels ***Seekarten, Gezeitentabellen und Strömungskarten*** (zu beziehen über: SHOM, B.P. 426, F-29275 Brest, oder bei Bade und Hornig, Herrengraben 31, 20459 Hamburg) sowie bei ortsansässigen Tauchern oder Fischern über die Tauchbedingungen informieren.

Diese Wracks liegen auf dem Trockenen. Im Feuchten sind sie den Tauchern vorbehalten. (WK)

Beschränkungen bestehen im allgemeinen nicht, mit folgenden Ausnahmen: Es darf bei Benutzung eines Atemgerätes nicht harpuniert werden. Schon das gleichzeitige Aufbewahren einer Harpune und eines Preßluftgerätes im Boot wird von der ***Wasserschutzpolizei*** (AFFAIRES MARITIMES) mit hohen Geldbußen belegt. Ebenso verboten ist das Sammeln von Jakobsmuscheln (COQUILLES ST. JACQUES) sowie speziell im Parc Naturel Régional d'Armorique (z.B. Ile d'Ouessant) das Schießen und Sammeln von jeglichem Getier.

Die ***Sichtweiten unter Wasser*** variieren stark in Abhängigkeit von Strömung und Seegang und liegen etwa zwischen 3 und 15 m. Grundsätzlich bestehen die besten Sichtweiten nach mehreren windarmen Tagen sowie bei geringer Strömung (Nippzeit, also etwa Halbmond).

Was gibt es zu sehen? Zwischen zerklüfteten Felsformationen erstrecken sich riesige ***Tangwälder*** aus Finger-, Palmen-, Zucker-, Blasen- und Knotentang sowie vielen anderen teilweise eßbaren Algenarten. Seeanemonen und Seenelken findet man ebenso wie die Seemannshand und verschiedenfarbige Gorgonien. Unter den ***Krustentieren*** begegnet die Seespinne dem Taucher vor allem im Frühjahr in den Tangwäldern, während der Taschenkrebs ganzjährig unter Felsvorsprüngen und in kleinen Höhlen zu finden ist. Nur noch sehr selten sieht man einen Hummer oder eine Languste. In Küstennähe häufiger anzutreffende ***Fische*** sind die Meeräsche, der Meerrabe, der große gefleckte Lippfisch, der Meeraal (CONGER) und verschiedene Schleimfische.

Da die bretonischen Küstengewässer aufgrund der navigatorisch schwierigen Bedingungen im Laufe der Jahrhunderte Tausenden von Schiffen zum Verhängnis geworden sind, kann der Taucher eine Vielzahl ***Wracks*** erkunden, deren Lage in den Tauchbasen bekannt ist.

Folgende ***Tauchgebiete*** sind besonders empfehlenswert: Côte de Granit Rose von Ile de Bréhat bis Trébeurden,

Pointe de Primel bei Plougasnou, Ile d'Ouessant, Westküste der Crozon-Halbinsel bei Camaret, Süd- und Westküste der Sizun-Halbinsel bei Audierne, Iles de Groix, Belle-Ile, Pointe du Croisic bei Le Croisic.

Die Adressen der Tauchbasen sind bei den jeweiligen Ortsbeschreibungen aufgeführt. Weitere ***Auskünfte*** erteilt: Comité Bretagne Plongée, 78, Rue Ferdinand Buisson, F-44600 Saint-Nazaire, Tel. 40707920.

Windsurfen

Was hinsichtlich der durch die Gezeitenströme verursachten Gefahren unter Tauchen, Baden und Schwimmen gesagt wurde, gilt analog für Surfer. Ohne Zweifel bieten viele bretonische Strände ideale Bedingungen für Surfer. Doch die Tatsache, daß jährlich mehrere hundert Brettsegler von der Seenotrettungsgesellschaft (SNMN) aus einer ***Notlage*** gerettet werden müssen (1993 waren es ca. 300), belegt die Notwendigkeit, sich mit Gezeiten und Wetterverhältnissen vertraut zu machen. Die klassische Notsituation entsteht bei ablandigem Starkwind.

Im Frühsommer kommt der ***Wind*** vorherrschend aus West bis Nordwest, während bei Hochdrucklagen im Juli und August häufig thermische Windsysteme entstehen, die tagsüber auflandig, nachts ablandig wehen. Die Windstärke schwankt im Sommer zwischen 0 und 7 Beaufort, liegt aber meist bei 3-4. Die Nordküste ist etwas windreicher als die Südküste.

Wer ein ***wellenreiches Starkwindrevier*** sucht, sollte die Westküste nördlich von Penmarc'h bevorzugen. Hochburg ist hier der Strand von La Torche. Anfänger hingegen, die eher ***ruhiges Wasser*** suchen, sollten sich in der Südbretagne, z.B. in der Bucht von Bénodet bei Beg Meil oder bei Quiberon umsehen. Es gibt kaum einen bretonischen Strand, an dem im Sommer keine ***Surfboards ausgeliehen*** werden, und Ausbildungsmöglichkeiten bieten sich hundertfach. Die Preise liegen für einen einwöchigen ***Lehrgang*** zwischen 500 und 1000 FF (incl. Ausrüstung). Die ***Stundenleihgebühr*** für ein Brett bewegt sich zwischen 30 und 45 FF.

Renommierte ***Surfschulen*** gibt es beispielsweise in: Dinard, Camaret, Morgat, Bénodet, Concarneau, Carnac und Quiberon. Konkrete Adressen siehe bei den jeweiligen Ortsbeschreibungen.

Angeln und Fischen

Zwar werben nach wie vor fast alle Küstenorte in ihren Tourismusbroschüren mit den guten bis phantastischen Fischfangmöglichkeiten, doch die Realität entspricht häufig eher dem Gegenteil. Aufgrund der in den letzten 20 Jahren stetig zugenommenen ***Überfischung*** des Küstenmeeres braucht der Hobbyangler heutzutage mehr Geduld denn je. Von Land aus mit der Wurfangel sind die Chancen, einen Fisch an den Haken zu bekommen, inzwischen vielerorts gleich Null. Ausnahmen bilden nur noch einige einsame Felsenkaps in den Morgen- oder Abendstunden. Dort fängt man auch heute noch Meeräschen und Hornhechte, seltener hingegen Wolfsbarsche oder Meerforellen.

Mehr Erfolg verspricht eine ***Hochseeangelfahrt*** (PÊCHE EN MER). In vielen Hafenorten verdienen sich Fischer in den Sommermonaten dadurch ein Zubrot, daß sie Urlauber zu fischreicheren Gebieten aufs Meer hinausfahren. Meist kann auch das Angelgerät an Bord ausgeliehen werden. Ein Fang wird jedoch nicht garantiert, und immer häufiger kommt es vor, daß der Urlaubsangler enttäuscht in den Hagen zurückkehrt. Je nach Region können Wolfsbarsche, Meeraale, Seelachse, Kabeljau oder auch hin und wieder ein Hundshai oder ein Dornhai gefangen werden. Am häufigsten hingegen bleibt es bei einigen

Makrelen. Die Kosten für eine halb- oder ganztägige Angelfahrt liegen meist zwischen 100 und 200 FF. Ein Angelschein ist auf See nicht notwendig. Der Hobbyfischer darf neben Angeln auch ein bis zu 20 m langes Stellnetz sowie maximal zwei Fangkörbe für Krustentiere benutzen. Allerdings wird dies verständlicherweise von den ortsansässigen Fischern nicht gern gesehen.

Eine an der bretonischen Küste besonders beliebte Variante des Fischens nennt sich ***Pêche à pied,*** übersetzt etwa "Fischen zu Fuß". Das Fanggerät sind die eigenen Hände und kleine Käscher (Handnetze) unter Mithilfe des Mondes. Aufgrund der unterschiedlichen Stellung des Mondes zu Erde und Sonne (siehe Kapitel "Gezeiten"), kommt es mehrmals jährlich zu extremen Gezeitensprüngen mit maximalem Tidenhub (grande marées, grands coefficients). Insbesondere im Frühjahr und im Herbst schwärmen dann allerorts bei Niedrigwasser Hunderte von Muschelsammlern in die von der Ebbe freigelegten Flächen des Meeresbodens. Auf Sand- und Schlickflächen werden eßbare Muscheln, wie Strandschnecken (BIGORNEAU), Pilgermuscheln (PÉTONCLES) und Venusmuscheln (PRAIRES), gesammelt. In Prielen und Wasserlöchern verstecken sich unter algenbewachsenen Steinen Garnelen (BOUQUETS), Schwimmkrabben (ÉTRILLES) und kleine Taschenkrebse (TOURTEAUX). Achtung: Nicht in private Zuchtparks eindringen, die meist mit kleinen Schildern "Parc à Huîtres" gekennzeichnet sind.

Die Pêche à pied unterliegt (noch) keinen ***Vorschriften***, was inzwischen vielerorts zu Problemen führt, denn das massenhafte Einsammeln von eßbarem Getier auf dem Meeresboden führt zu einer Verarmung der Nahrungsgrundlage vieler Fischarten. Hinzu kommt, daß zur Muschelsuche häufig algenbewachsene Steine umgedreht werden, diese danach aber nicht wieder in ihre ursprüngliche Lage zurückgedreht werden. Das führt dazu, daß auf jedem Stein Hunderte, ja Tausende von Klein- und Kleinstlebewesen sterben – eine weitere Ursache für die zunehmende Fischarmut.

Das ***Fischen und Angeln in Binnengewässern*** unterliegt in ganz Frankreich recht strengen Vorschriften: Neben einem staatlichen Angelschein (ausländische Scheine werden anerkannt) ist für jedes Gewässer eine ***Fanglizenz*** mit unterschiedlicher Gebühr zu erwerben, die in der Regel im Bürgermeisteramt (MAIRIE) ausgestellt wird. Die zu fangenden Arten sowie ihre Minimalgrößen sind genau vorgeschrieben. Geangelt werden je nach Jahreszeit und Gewässer beispielsweise Hechte, Lachse, Meerforellen, Bachforellen und Barsche.

Gute Fanggebiete befinden sich insbesondere im Finistère bei Huelgoat, Brasparts, am Elorn bei Landerneau, in den Montagnes Noires bei Châteauneuf-du-Faou, am Oberlauf des Odet bei Trégourez und am Oberlauf des Aven bei Rosporden.

Weitere ***Auskünfte:*** bei Conseil Supérieur de la Pêche, 134, Avenue Malakoff, F-75016 Paris.

Reiten

Vielerorts werden, meist einem Bauernhof angegliedert, Pferde für ***Reitausflüge*** in Gruppen angeboten. Nicht ganz so häufig findet der Urlauber ausgesprochene ***Reitschulen*** mit Unterrichtsangebot. In den Ortsbeschreibungen findet der interessierte Leser konkrete Hinweise. Weitere ***Auskünfte***: Ligue Equestre de Bretagne, 16, Rue Georges Colliers, F-56100 Lorient.

Golf

Da sich Golf in den letzten Jahren zunehmender Beliebtheit erfreut, hat auch in der Bretagne das Angebot an Golfplätzen deutlich zugenommen. Neben einigen privaten Plätzen gab es 1994 schon 28 öffentlich zugängliche Anlagen, überwiegend in Küstennähe. Das Comité Régional du Tourisme, 3, Rue d'Espagne, F-35041 Rennes, gibt einen informativen Sonderprospekt für Golfer heraus. (Adressen in den Ortsbeschreibungen)

Tennis

Es gibt wohl kaum einen Küstenort, der seinen Gästen nicht wenigstens zwei Tennisplätze (meist sind es 6-8) zur Verfügung stellt. Viele Hotels und auch die größeren Campingplätze besitzen ebenfalls Tennisanlagen. Konkrete Hinweise dazu in den Ortsbeschreibungen.

Sprache

Jahrhundertelang war die Bretagne in zwei ***sprachliche Zonen*** geteilt, westlich die Basse-Bretagne, hier war die bretonische Sprache verbreitet, und östlich die Haute Bretagne, in der eine romanische Sprache, das Gallo (bret. GALLEC), gesprochen wurde.

Weder in Nantes noch in Rennes wurde jemals bretonisch gesprochen, obwohl Nantes die historische Hauptstadt der Bretagne war.

Das Bretonische lehnt sich an den keltischen Zweig des Indoeuropäischen an. Im 3. Jahrhundert v. Chr. spaltete sich ***das Keltische*** in zwei Gruppen, die ***Q-Gruppe*** oder Gälisch (in Irland und Schottland) und die ***P-Gruppe*** oder Brittonisch, die das Cornische, die Sprache, die bis zum 18. Jahrhundert in Cornwall gesprochen wurde, das Walisische und das Bretonische beinhaltete.

Ein elementarer Unterschied zwischen diesen beiden Gruppen besteht darin, daß das Q im Bretonischen durch das P ersetzt wurde.

Ein weiterer Unterschied ist das Ersetzen des indoeuropäischen "S" als Anfangsbuchstaben durch das "H". Beispiele: Das Französische "sénile (alt)" und "sentier (Weg)" und das Bretonische "hen (alt)" und "hent (Straße)" haben dieselbe Wurzel.

Die ***heutige bretonische Sprache*** ist eine Synthese aus dem Brittonischen und dem Gallischen, die durch die aus Großbritannien im 5. Jahrhundert eingewanderten Kelten entstand. Im 9. Jahrhundert erreichte die Nominoé-Dynastie ihren Höhepunkt und die bretonische Sprache ihre größte Verbreitung nach Osten. Die sprachliche Grenze verlief ungefähr auf der Linie Couesnon, Guémené, Pornic.

Im Laufe der normannischen Invasionen wurde die bretonische Sprache auf ihre heutigen Grenzen im Bereich St. Brieuc, Loudéac, Vannes zurückgedrängt.

Weitere Gründe für das ***Zurückdrängen des Bretonischen*** und damit auch für dessen zurückgehenden Gebrauch bilden die Angliederung der Bretagne an Frankreich im 15. Jahrhundert und später die Französische Revolution.

Im ausgehenden 19. Jahrhundert wurde die Grundschulpflicht von der Zentralregierung eingeführt. Um möglichst treue Bürger zu "produzieren", sollten alle Kinder rasch die Nationalsprache erlernen. Drakonische Maßnahmen untermauerten dies; so wurden Kinder sogar hart bestraft, wenn sie sich in den Pausen bretonisch unterhielten.

Seit der Ära de Gaulle und der damit einsetzenden Regionalisierung erlebte auch das Bretonische eine ***Renaissance***. Dies wurde von der Association DIWAN (Keim), die 1977 eine schwerpunktmäßig mit bretonischer Sprache arbeitende Vorschule (ECOLE MATERNELLE) ins Leben rief, unterstützt. Heute zählt man ungefähr 40 Klassen dieses Typs zwischen Vorschule und Sekundarstufe II. An der Universität Rennes ist ein Lehrstuhl für Keltisch etabliert.

Bretonische Begriffe

Diese Liste ermöglicht, die bretonischen Wurzeln vieler Namen oder Begriffe zu erkennen. Gerade im Finistère findet man Ortsschilder, bei denen neben der französischen Bezeichnung auch der bretonische Name steht. Sicher ein Zeichen des neuen Regionalbewußtseins.

(EH)

A	
ABER	Mündung (z.B. Aber Wrac'h in Nord-Finistère)
ANKOU	der Tod
ANAON	die Seele, der Tote
AOD	Strand
ARGOAT/ARGOAD/ ARGOET/ARGOED	das Innere d. Bretagne
ARMOR	am Meer (heutzutage: die Küstenlandschaft)
AVEL	Wind
AVEN	Fluß
B	
BAG	Schiff
BARA	Brot
BEG	Landzunge (z.B. Beg-Meil)
BIHAN	klein (z.B. Morbihan)
BRAO	schön
BRAZ	groß (z.B. Rosbraz)
BRE/BRENN	Hügel (z.B. Brennilis)
BREIZH	Bretagne
BREZONEG	das Bretonische
BRUG	Heidekraut
C	
CHISTR	Cidre
COAT	Wald
CO/COZ/COS/COUZ	alt
CREAC'H	Hügel
D,E	
DEMAT	guten Tag
DOL	Tisch (z.B. Dolmen)
DOUAR	Erde, Platz
DOUR	Wasser
DU	schwarz
ENEZ	Insel
F	
FEST-NOZ	Nachtfest
FEUNTEUN/FEUNTAN/ FETAN	Brunnen
FROUD/FROUT	Strom, Sturzbach
G	
GALLEK	das Französische
GLAZ	blau
GOAREMM/GWAREMM	Brachland
GOAT/GOET	Wald (z.B. Huelgoat)
GORET/GORED	Talsperre
GOUELED/GOULET/ GUELET	Boden
GWENN/GUEN	weiß (z.B. Guenroc)
GWERN/GUERN	Sumpf
GWIN	Wein
(GWIN RU = Rotwein)	
GWIG/GWIK/GUIC	Dorf
H	
HEN	alt
HENT	Weg
HEOL	Sonne
HIR	lang (MENHIR)
HOET/HOUET	Wald (z.B. Kerhouet)
HUEL	hoch
I	
ILIS	Kirche
INIS	Insel (z.B. Gavrinis)
K	
KASTELL	Schloß, Festung
KEMPER	Zusammenfluß
KENAVO	auf Wiedersehen
KER	Dorf, Weiler (z.B. Kerguen)
KOAD/KOED	Wald
KOANT	hübsch
KOZH/KOZ/KOH	alt
KRAMPOEZ	Crêpe
KREC'H/KENEC'H/ KENAC'H/KENYAH/ KANAC'H	Hügel
KREIZ-KER	Stadtzentrum
KROAZ-HENT	Kreuzung
L	
LAN	Kloster, Kirche (z.B. Langoat)

LANN	Heidelandschaft, Ginster
LENN	See
LOC/LO/LOK/LAU/LOU	heilige Stätte (z.B. Locmaria)
LOC'H	See in Küstennähe
M	
MAD	gut
MAEZ/MEAZ/MEZ/MES	großes Feld
MARC'H	Pferd
MELIN/MILIN/ MEILH/MEIL	Mühle
MEN	Stein
MENEZ/MENE/ MANE/MINE	Berg (z.B. Menez Hom)
MEUR	wichtig, groß
MOR	Meer
MUNIC'HI/MINIHI	das Münster,Mönchssitz
N	
EVEZ/NEUE/NEWE/ NEVE/NEHNE	neu
NOZ	Nacht
P	
PALUD	Sumpf
PARK	Feld
PEN	Kopf (z.B. Penmarc'h)
PENN	Ende
PESKED	Fisch
PLOU/PLO/PLOE/ PLEU/PLU/PLE/PLI	Pfarrei (z.B. Plougastel)
PORZ/PORS	Hafen (z.B. Porz Arlan)
PRAD/PRAT	Wiese
R	
RAZ	Engpaß (z.B. Raz de Sein)
ROC'H/ROCH/ROH	Felsen (z.B. Roc'h Begheor)
ROZ	Hügel
S	
STER	Fluß
STIVELL	Quelle
STRAED/STRED/ STREAD	Weg, Straße
T	
TAOL/TOL	Tisch
TEVENN	Düne, Klippe
TRAEZH/TREZ/TREAS	Strand, Sand
TRAON/TRO/TRAOU	Tal (z.B. Tromelin)
TREIZH/TREIZ/ TRECH/TRE	Durchgang
TRUGAREZ	danke
TY/TI	Haus
Y	
YA	ja
YEN	kalt

Heute sprechen etwa 600.000 Menschen bretonisch. Zur Wiederbelebung der Sprache tragen auch Bücher, Zeitschriften, Radio- und Fernsehsendungen bei.

Die Rechtschreibung

1821 erschien das "Keltisch-Bretonische" Wörterbuch von LE GONIDEC, dessen Rechtschreibregeln bis 1939 gültig waren, mit Ausnahme der Region um Vannes. Danach wurde zur Vereinheitlichung eine Rechtschreibreform (REIZHSKRIVADUR PEURUNVAN) durchgeführt. Zu dem bei Vannes üblichen "H" fügte man im Zuge dieser Reform das sonst verbreitete "Z" hinzu. Dadurch wurde der Name der Bretagne vom "Breiz" zum "Breizh", auf PKW's heute als BZH-Aufkleber sehr verbreitet. Diese "ZH"-Schreibweise wurde von der sprachwissenschaftlichen Fakultät der Universität Rennes akzeptiert.

Ausspracheunterschiede zum Französischen

Das Bretonische wird meist so ausgesprochen, wie es geschrieben wird. Die Betonung liegt auf der vorletzten Silbe.

e	wird ***e*** oder ***ä*** ausgesprochen, bekommt aber keinen Akzent
f	zwischen ***f*** und ***w***
g	immer wie das deutsche ***g***
h	wird gesprochen
c'h	wie das deutsche ***ch***
s	scharfes s
w	wird je nach Region ***u***, ***ü*** oder ***w*** ausgesprochen

Telefonieren

Die traditionellen ***Münzfernsprecher*** gibt es mittlerweile meist nur noch in kleineren Ortschaften. Sie werden mit Münzen zu 50 c, 1, 2 und 5 FF bestückt, wobei für den Gesprächsbeginn mindestens 1 F bzw. 2 FF bei Auslandsgesprächen eingeworfen sein müssen.

Seit einigen Jahren gibt es auch in Frankreich zunehmend mehr Telefonzellen für Kartenbetrieb. Die ***Telefonkarte*** (-TÉLÉCARTE) bekommt man nicht nur bei der Post, sondern auch in der Bar-Tabac, die am weinroten Doppelkegel über dem Eingang zu erkennen ist.

Für Reisende, deren Sprachkenntnisse nicht so perfekt sind, geben wir im folgenden eine Übersetzung der Anweisungen, die beim Telefonieren mit Karte vom Gerät abzulesen sind:

DÉCROCHEZ	Heben Sie ab
INTRODUISEZ LA CARTE, OU FAIRE NUMÉRO LIBRE	Karte einschieben oder Freinummer (z.B. Notruf) wählen
FERMEZ LE VOLET S.V.P	Schließen Sie bitte die Klappe
PATIENTEZ S.V.P	Warten Sie bitte
CRÉDIT X UNITÉ	x Einheiten Guthaben
NUMÉROTEZ OU COMPOSEZ LE NUMÉRO	Wählen Sie
NUMÉRO APPELÉ	Die gewünschte Nummer erscheint
Nach dem Gespräch:	
RETIREZ VOTRE CARTE	Ziehen Sie Ihre Karte heraus

Auslandsgespräche

Auslandsgespräche können von jedem Fernsprecher aus geführt werden. Nach der Landesvorwahl wählt man die Ortsvorwahl ohne 0, danach die Rufnummer. Auslandsgespräche kosten nach 18 Uhr nur noch die Hälfte und werden nach 21 Uhr besonders günstig.

Vorwahlnummern

Innerhalb Frankreichs sind die ***Ortsvorwahlnummern*** in die achtstellige Telefonnummer integriert und müssen demnach auch bei Ortsgesprächen immer mitgewählt werden. Nur für den Pariser Raum ist zusätzlich die Ziffer 1 voranzustellen. In der Bretagne bedeuten als erste Ziffern: 96 Côte du Nord, 97 Morbihan, 98 Finistère und 99 Ille-t-Villaine.

Achtung! Ende 1995 sollen in ganz Frankreich die ***Telefonnummern umgestellt*** werden.

Auslandsvorwahl	
•Nach ***Deutschland:***	1949
•Nach ***Österreich***:	1943
•In die ***Schweiz***:	1941

Unterkunft

In der Bretagne steht dem Touristen ein breites Angebot unterschiedlichster Unterkunftsmöglichkeiten zur Wahl.

Hilfreich sind bei der Wahl des Feriendomizils die ***Broschüren*** von Bretagne Nouvelle Vague Hôtels, Campings & Caravaning und Chambres d'Hôtes des Gîtes de France. Diese Heftchen sind über die regionalen Fremdenverkehrsämter erhältlich. Außer diesen Broschüren gibt es zudem oft noch eigene ***Unterkunftsverzeichnisse*** des jeweiligen Departements, so z.B. im Finistère, in denen noch detailliertere und z.T. noch mehr Angebote aufgelistet sind. Bei Anfragen an ein Office de Tourisme sollten sicherheitshalber immer direkt Unterkunftsverzeichnisse erbeten werden.

Achtung: Während der ***Sommermonate*** sind die Unterkünfte oft langfristig ausgebucht. Dies gilt auch für touristisch weniger interessante Regionen oder das Hinterland. Wer zwischen Juni und Ende August seinen Besuch in der Bretagne plant, sollte unbedingt rechtzeitig reservieren. Auch Campingplätze drohen an vielen Orten langsam aus den Fugen zu geraten.

Hotels

Die Hotels der Bretagne können nach dem weltweit üblichen Sterne-System kategorisiert werden. Luxushotels der ***4-Sterne-Kategorie*** sind allerdings in der gesamten Bretagne eher die Ausnahme. Häufig findet man sehr komfortable Häuser (3-Sterne) und Mittelklassehotels (2-Sterne). Preiswert wohnt, wer in der unteren Kategorie absteigt. Die ***1-Sterne-Hotels*** sind preiswert und gut, da sie meist, dem Preis angemessen, recht einfach ausgestattet sind.

Alte Fassade: Hotel in St-Malo (EH)

Nicht jedermanns Sache sind die ***nicht kategorisierten Hotels***, die in denNouvelle Vague- Prospekten als "sehr einfach" beschrieben werden. Trotzdem lohnt sich auch hier oft ein Blick ins Zimmer!

Zusätzlich zum allgemeinen Hotelangebot gibt es etliche Häuser, die der Organisation ***Logis de France*** angeschlossen sind. Es handelt sich um kleine und mittelgroße Familienbetriebe. Familiäre Atmosphäre ist hier das wichtigste Attribut. Ein Verzeichnis ist bei der Fédération Bretonne des Logis de France, Quai Ad.-Thomas 4, 35260 Cancale, Tel. 99.89.69.58, oder der Dachorganisation Fédération Nationale des Logis de France, Avenue d'Italie 83, 75013 Paris, erhältlich.

Kur- bzw. Gesundheitsurlaub versprechen die ***Kurhotels***, die dem Thalassotherapieprogramm angeschlossen sind (s. Kapitel "Gesundheit"). In einigen größeren Badeorten gibt es ein solches Thalassozentrum. Informationen über die Fremdenverkehrsämter unter dem Stichwort: Thalasso Bretagne von Nouvelle Vague.

Die besondere Art des Wohnens versprechen ***Ferien auf dem Schloß***. In der Regel liegen die Schlösser, Burgen und großen Gutshöfe außerhalb größerer Städte. Die Zimmer gehören zur gehobenen Kategorie. Information darüber enthält das Heft "Bienvenue au Château" vom Comité Régional du Tourisme, Rue de la Loire 2, 44200 Nantes.

Sämtliche ***Zimmerpreise*** in diesem Führer beziehen sich auf Doppelzimmer.

Die Preise schwanken je nach Kategorie des Hotels zwischen einer untersten Grenze von etwa 80 FF und einer Obergrenze von knapp 1.000 FF. Bei den Angaben handelt es sich um Zimmerpreise für 2 Personen ohne Frühstück. Saisonal ergeben sich leichte Schwankungen. Zum Preis wird in der Regel noch die TAXE DE SÉJOUR, eine ***Kurtaxe***, addiert, bei etwa 2,50 FF/Person/Tag. Mittelklassehotels kosten im Sommer 150-200 FF. Teurer wird eine Übernachtung im Schloß, die mit 380 FF zu Buche schlägt.

Auf der ganzen Welt steigende Hotelpreise haben zur Entwicklung ***neuer Konzepte*** geführt. Einige Ideen sind in Frankreich verwirklicht worden. Ergebnisse sind Hotels, die nur schwer einer der bekannten Kategorien zuzuordnen sind, da sie fast ohne Personal und damit Service arbeiten, aber trotzdem nichts in punkto Sauberkeit und Komfort der Zimmer vermissen lassen. Die Häuser, meist liegen sie nahe von Autobahnen oder den Nationalstraßen, werden in Fertigbauweise errichtet. Jede Wohneinheit verfügt über 1 bis 3 Betten, Waschtisch, TV und Telefon. Dusche und WC werden z.T. mit anderen Zimmern gemeinsam genutzt. In der Bretagne findet man im Bereich größerer Städte fast überall Häuser der ***Kette Formule 1*** (an den Nationalstraßen). Hier beginnen die Übernachtungspreise bei 100 FF/Doppelzimmer.

Ferienwohnungen

LOCATIONS MEUBLÉES, STUDIOS oder APPARTEMENTS werden in allen touristisch interessanten Gegenden, besonders in den Küstenorten, angeboten. Verzeichnisse gibt das lokale Office de Tourisme heraus. Je nach Saison, Größe und Ausstattung schwanken die Preise erheblich. Als Beispiel mögen die Preise auf der Presqu'île de Rhuys am Golfe du Morbihan dienen. Hier gibt es die Kategorien A bis F, die von einfachster Ausstattung bis hin zu Häusern in Hafennähe mit Pool und Meerblick alles bieten. In der höchsten Kategorie liegen die Preise in der Hochsaison bei 8.000 FF und mehr pro Woche, in der Kategorie F bei 1.500-2.500 FF/Woche. Außerhalb der Saison reduzieren sich die Preise auf 400-5.000 FF/Woche. Hinzu kommen noch Gebühren für Strom und/oder Gas, manchmal auch Wasser sowie die Kurtaxe.

Chambres d'Hôtes, Gîtes d'Etapes und Fermes-Auberges

Dem Urlaub im ***Privatzimmer*** (CHAMBRE D'HÔTES), einer Art bed & breakfast, und auf dem ***Bauernhof*** (FERMES-AUBERGES) steht in der Bretagne nichts im Wege. Fast alle diese Unterkünfte befinden sich in ländlichen Gebieten. Oft stehen nur 2 oder 3 Zimmer zur Verfügung, fast immer wird Familienanschluß geboten, und sei es auch nur zu den Mahlzeiten.

Besonders Wanderer und Radwanderer werden von den Zimmern der ***Herbergen*** (GÎTES D'ETAPES) angesprochen, die in der Nähe der Fernwanderwege liegen. Hier ist jedoch Voranmeldung erforderlich.

Die ***Preise*** liegen zwischen 100 und 220 FF/Person. Detailliertere ***Informationen*** erhält man über die regionalen Fremdenverkehrsämter.

Camping

Zelt-, Wohnwagen- oder Wohnmobilferien sind in der gesamten Bretagne sehr beliebt. Trotz oft enger Straßen wagen sich auch Fahrer größerer Gespanne in die entlegensten Winkel und finden hier herrliche Campingplätze. Oft sind sie groß und hervorragend ausgestattet, gelegentlich aber auch sehr einfach. In der besten Kategorie gehören Sportanlagen, Schwimmbad, Restaurant, Lebensmittelgeschäfte, Wassersportgeräte- und Fahrradvermietung zum Standardprogramm.

Die Vielzahl der Plätze macht es unmöglich, sie umfassend vorzustellen. Neben der Auswahl in diesem Buch informiert man sich am besten mit Hilfe des ADAC-Campingführers oder greift auf die Broschüren des Office de Tourisme zurück.

Je nach Saison sind auch hier die ***Preise*** Schwankungen ausgesetzt. Insgesamt betrachtet, liegt die Preisspanne zwischen 20 und 70 FF pro Person und Nacht.

Auberge de Jeunesse

In vielen Orten, besonders in historisch bedeutsamen Zentren, stehen ***Jugendherbergen*** zur Verfügung. Meist sind sie recht einfach ausgestattet, aber auch hier gibt es Ausnahmen. Ein Jugendherbergsausweis ist notwendig. Übernachtungen kosten dann etwa 30 FF/Person.

Auskunft über das Deutsche Jugendherbergswerk, Postfach 1455, 32754 Detmold, Tel. 05231/ 74010, oder die Fédération unie des Auberges de Jeunesse, Rue Pajol 27, 75018 Paris.

Verkehrsmittel

Mit dem PKW

Da die vielen Sehenswürdigkeiten leider oft zu weit auseinanderliegen, um sie leicht mit dem Rad oder anderen Verkehrsmitteln zu erreichen, ist das Auto in der Bretagne das bevorzugte Transportmittel. Autofahrer müssen zunächst die drei wichtigsten Straßen voneinander unterscheiden, da sie unterschiedlich ausgebaut und entsprechend befahrbar sind. Hervorragend sind die ***Routes Nationales*** (N), die mehrspurig zügiges Fahren erlauben. Wichtigste Nationalstraßen sind die N 12 entlang der Nordkuste und die N 165 entlang der Südküste. Beide sind gebührenfrei. Sehr unterschiedlich in ihrem Zustand sind die ***Routes Départementales*** (D), die in Straßenkarten in rote (recht gute Hauptstraßen), gelbe (Nebenstraßen, von ungewissem Zustand) und weiße (oft zweifelhafte Qualität, etwas für Abenteuerlustige) Straßen eingeteilt werden. In der Regel kann aber über die roten Straßen jedes Ziel erreicht werden.

Die dritte Kategorie bilden die ***Routes Communales*** (C) innerhalb kleiner Gemeinden. Sie sind meist holprig, schmutzig und schmal.

Verkehrsregeln

Die ***Höchstgeschwindigkeit*** beträgt:
- in Ortschaften 50 km/h,
- außerhalb 90 km/h,
- auf Straßen mit getrennten Fahrstreifen (Nationalstraßen) 110 km/h,
- auf Autobahnen 130 km/h.

Bei Regen und Schnee muß das ***Abblendlicht*** eingeschaltet werden. ***Promillegrenze***: 0,8!

Parken ist nur an bestimmten Straßenabschnitten erlaubt, die Randsteinbemalung gibt darüber Auskunft. Parkverbot besteht bei rot/weißer oder rot/gelber Markierung. Verkehrssünder werden gnadenlos zur Kasse gebeten!

Um den Geschwindigkeitsrausch zu brechen, führt Frankreich immer mehr den ***Kreisverkehr*** ein. Einfahrende müssen auf Lücken warten.

Bodenschwellen bringen Raser vor Ortseinfahrten zum.

Verkehrszeichen

Allgemein haben auch hier die aus dem deutschsprachigen Raum bekannten ***Verkehrsschilder*** Geltung. Oft gibt es zusätzliche ***Aufschriften***:

Toutes (Autres) Directions	alle (anderen) Richtungen
Sortie	Ausfahrt
Péage	Mautstelle
Déviation	Umleitung
Centre Ville	Innenstadt
Chaussée Deformée	schlechte Fahrbahn
Ralentir	langsamer fahren

Pannen

Bei Pannen hilft entweder die ***AIT-Fipa Assistance*** (vergleichbar dem ADAC), die über Notrufsäulen (gibt es nur an Autobahnen und mehrspurigen Routes Nationales) oder Tel. 05.10.61.06 erreicht werden kann. Die ***Police Secours*** (Tel. 17) leitet organisiert ebenfalls Pannenhilfe.

Tanken

Tanken ist leider das dunkelste Kapitel der Autoreise. Benzin ist sehr teuer: Normal bleifrei (ESSENCE SANS PLOMB) kostet etwa 4,80 FF, Super bleifrei (SUPER SANS PLOMB) 5,60 FF. Bleihaltiges Superbenzin (SUPER) ist durchschnittlich 1 FF teurer. Diesel (GAZOLE), liegt bei 3,80 FF (März 1994). Volltanken heißt übrigens: LE PLEIN, S'IL VOUS PLAIT.

Mietwagen

In den großen Orten der Bretagne bieten internationale Anbieter, gelegentlich auch regionale, ihre Fahrzeuge an. Mieter müssen mindestens 21 Jahre alt sein. Um die sehr hohen Kautionsforderungen zu umgehen, ist es sinnvoll, den Wagen mit einer Kreditkarte zu bezahlen. Eine Vorausbuchung von Deutschland aus ist bei AVIS möglich. Je nach Fahrzeugtyp muß mit Preisen ab 120 DM/Tag gerechnet werden.

Circuits Touristiques (Rundreisen)

Einige Gemeinden empfehlen über die jeweiligen Fremdenverkehrsämter Rundreisen oder CIRCUITS TOURISTIQUES. Oft orientieren sich diese an Vorschlägen der Michelin-Karten, in anderen Fällen handelt es sich um Vorschläge, um die Sehenswürdigkeiten der näheren oder weiteren Umgebung kennzulernen. Diese Vorschläge gibt es nicht nur für Autofahrer, sondern auch für Radwanderer (z.B. in Huelgoat). Wie lohnend die jeweilige Tour ist, mag jeder selbst entscheiden. Oft helfen dabei die Broschüren des Fremdenverkehrsamtes.

Mit der Bahn

Bahnverbindungen bestehen in der Bretagne zu den größeren Orten an der Nord-, West- und Südküste. Das Inland ist nur von Nebenstrecken erschlossen. Fazit: Die Hauptorte entlang der Küsten sind prinzipiell gut erreichbar, schwieriger wird es mit Abstechern ins Landesinnere oder kleinere Küstenstädte.

Mit dem Bus

Gute Ergänzung für Bahnfahrer ist das Bussystem der Bretagne. In größeren Orten fahren die Busse ab dem ***Gare Routière***, in kleineren von normalen Haltestellen (ARRÊT). Fast jeder Ort ist so erreichbar, sehr kleine allerdings nur ein- oder zweimal pro Tag.

Neben den privaten ***Busgesellschaften*** CAT und Tourisme Verney gibt es auch die TER, die der staatlichen Bahngesellschaft SNCF angeschlossen ist.

Fahrpläne für Bahn und Bus

Im Office de Tourisme kann immer ein regionaler Fahrplan eingesehen werden. Oft gibt es Broschüren über die lokalen Verkehrsverbindungen. Für die Planung zu Hause lohnt es sich, den "Guide Regional des Transports" der TER anzufordern (erhältlich über die Fremdenverkehrsämter).

Mit der Fähre

Besonders an den Küsten spielen Fähren eine bedeutende Rolle als Transportmittel. Sei es, um einen Tagesausflug im Golfe du Morbihan zu unternehmen oder um eine Insel wie Ouessant oder Belle-Ile für mehrere Tage zu besuchen, die Fähre ist meist unumgänglich, denn nur wenige Ziele sind mit dem Flugzeug erreichbar.

Je nach Art der Fähre und Hafenbeschaffenheit gibt es feste ***Fahrpläne***, oder die Abfahrtszeiten richten sich nach den Gezeiten. Einige Linien erlauben den Autotransport, auf anderen ist dies ausgeschlossen. Genauere Informationen finden sich in den entsprechenden Ortsbeschreibungen.

Mit dem Rad

Die überwiegend nur leicht hügelige Landschaft lädt geradezu zum Radfahren oder Radwandern ein. Das einzige Problem sind die oft recht rücksichtslosen Auto- und LKW-Fahrer auf den recht schmalen Straßen, die meist über keinen Radweg verfügen.

Wer kein Rad mitnehmen möchte, kann in fast jeder Stadt der Region ***Räder ausleihen*** (ab 15 DM/Tag). Radwanderer kommen in den Quartieren der Gîtes d'Etapes (siehe "Unterkunft") gut unter.

Irrläufer (EH)

Versicherungen

Krankenversicherung

Versicherte der gesetzlichen Krankenkassen erhalten bei dem jeweiligen Versicherungsträger auf Antrag vor der Reise einen Auslandsberechtigungsschein. Gegen Vorlage dieses Scheins erfolgt im Fall der Fälle eine Behandlung (ambulant oder stationär). Allerdings ist dies nicht kostenfrei, sondern muß vom Patienten (zum Teil) vor Ort ausgelegt werden. In diesem Fall benötigt man eine detaillierte Rechnung, die eine genaue Beschreibung der Erkrankungs- und Behandlungsart sowie der Medikamente enthält. Nach der Rückkehr muß diese Rechnung dann zur Erstattung bei der Krankenkasse eingereicht werden. Deutsche Kassen zahlen nur nach dem in Deutschland gültigen Höchstsatz, der sich im Einzelfall von den Kosten im Ausland unterscheiden kann.

Wer dieses Risiko umgehen will, kann eine spezielle Krankenversicherung für das Ausland bei einem privaten Versicherer abschließen. Diese Versicherungen enthalten dann normalerweise auch den Schutz für einen Rücktransport im Krankheitsfall. Die günstigsten Anbieter liegen bei einem Jahresbeitrag von ca. 20 DM. Damit kann man beliebig oft Reisen von max. 6-8 Wochen Dauer unternehmen. Wer länger ohne Unterbrechung unterwegs ist, hat mit ca. 0,80 DM je Tag zu rechnen.

Reisegepäckversicherung

Diese Versicherung ersetzt Schäden bei Verlust und Diebstahl von Gepäck. Da diese Versicherungen oft sehr viele Ausschlußklauseln enthalten, die gerade die Situationen betreffen, wo man die Versicherung am dringendsten benötigt, sollte man sich den Abschluß sehr überlegen. Im Schadensfall ist eine polizeiliche Anzeige grundsätzlich erforderlich, um in Deutschland von der Versicherung etwas erstattet zu bekommen. Achtung: Gegenstände von höherem Wert, wie etwa eine Foto- oder Videoausrüstung sind in der Regel nur bis zu 50 % der Versicherungssumme abgesichert.

Reiserücktrittskostenversicherung

Es kommt schon mal vor, daß sich unvorhergesehen etwas ergibt, so daß die gebuchte Reise ins Wasser fällt. In solchen Fällen ist eine Gebühr fällig, um vom Vertrag zurücktreten zu können. Die Höhe dieser Gebühr richtet sich danach, wie viele Tage vorher deie Urlaubsbuchung storniert wurde. Kurzfristige Absagen können zu voller Bezahlung führen. In besonderen Fällen (Erkrankung, auch naher Verwandter) tritt dann die Versicherung ein. Reisebüros geben genauere Informationen.

Wandern

Neben den großen ***Fernwanderwegen*** (Grandes Randonnées, GR), die sich z.B. entlang der Küste und durch die Wälder bei Paimpont ziehen, gibt es eine Reihe ***örtlicher Wanderwege***, die oft in nur wenigen Stunden oder einem Tag erkundet werden können.

Besonders lohnende Wanderwege bzw. Teilstrecken der Grandes Randonnées werden in den Ortskapiteln beschrieben. In schöner Natur wandert man beispielsweise in der Gegend von Mur-de-Bretagne und bei Huelgoat. Mystisch verklärte Pfade durchziehen den Wald von Paimpont, und faszinierende Küstenformationen erlebt man entlang des GR 34 von Mont-St-Michel nach Westen.

Weitere ***Informationen*** über die Wanderwege und jeweiligen Unterkunftsmöglichkeiten in den Gîtes d'Etapes gibt es bei: ABRI, Rue des Portes Mordelaises 9, 35000 Rennes, Tel. 99.31.59.44.

Warten auf die Wanderer: Fahrräder ab 15 DM pro Tag beim Verleiher (WK)

Land und Natur

Geographie

Die Bretagne, der westlichste Zipfel Frankreichs, dehnt sich auf 27.180 km^2 aus. An drei Seiten (Norden, Westen und Süden) begrenzt der Atlantik die Region. Nur im Osten ist die ***Grenze*** nicht leicht zu erkennen. Sie verläuft etwa westlich des Mont Saint-Michel, führt dann über Fougères, Vitré, La Guerche-de-Bretagne und Châteaubriant bis Nantes.

Im Landesinneren verläuft ein Höhenzug, dessen ***höchste Erhebungen*** sich im Bereich der Monts d'Arrée (Roc'h Trévezel 384 m, Roc'h Trédudon 364 m und Montagne St-Michel 380 m) im Westen der Region befinden. Nach Osten nimmt die Höhe der Hügel immer weiter ab. Dies gilt auch für den Norden und Süden der Bretagne.

Granit herrscht im Bereich der ***Nordküste*** vor. Dieses Gestein modelliert hier zum Teil bizarre, meist aber schroffe Klippen. An vielen Stellen finden sich aber auch hier Sandstrände oder Buchten, in denen sich Fischereihäfen ansiedelten. Entlang der ***Südküste*** liegen weniger schroffe Küstenformationen. Hier gehen die Höhenzüge eher sanft bis ins Meer über.

Im Südosten finden sich zudem ausgedehnte ***Sumpfgebiete*** (La Grande Brière) im Bereich der Guérande-Halbinsel.

Zahlreichen ***Flüsse*** durchziehen das ganze Land, beispielsweise die Rance, der Elorn, die Aulne, der Blavet, der Oust und die Vilaine. An ihnen liegen die bedeutendsten Städte der Bretagne. Dies gilt für das Landesinnere, in besonderem Maße aber für die Küstenbereiche.

St-Michel an der Nordküste: Hier ragt der Granit steil aus der verlandeten Bucht (EH)

Klima und Wetter

Wohl nirgendwo auf dem europäischen Festland zeigen sich Veränderungen der Bewölkung am Himmel interessanter als in der Bretagne. Das faszinierende Schauspiel der wechselnden Lichteffekte läßt verstehen, warum ein Maler wie GAUGIN von Paris nach Pont-Aven zog.

Der Nordatlantik mit seinen Tiefdruckgebieten zwischen Labrador und den Britischen Inseln und seinem im Bereich der Azoren dominierenden Hoch prägt das Jahresklima ebenso wie das tägliche Wettergeschehen. Der ***Golfstrom*** verhindert, daß sich das Meer im Winter unter 9 Grad abkühlt, was bei den vorherrschenden Winden dazu führt, daß auch an Land nur äußerst selten Frost gemessen wird. Die niedrigste ***Mittelwerttemperatur*** liegt im Januar an der Nordküste bei 6 Grad und an der Südküste bei 7 Grad. Wie sollten auch sonst die subtropischen Pflanzen z.B. auf der Ile de Bréhat oder am Golf von Morbihan den Winter überstehen!

Wie die Tabelle auf der folgenden Seite zeigt, variiert die mittlere tägliche ***Maximaltemperatur*** im August zwischen 20 Grad in St. Malo (an der Nordküste) und 22 Grad auf Belle Ile (an der Südküste) nicht sehr stark.

Hieraus läßt sich jedoch nicht auf ähnliche Wetterverhältnisse zwischen der Nord- und Südküste schließen. Die folgenden Tabellen über Nebeltage und Niederschlagsmengen belegen erhebliche Unterschiede.

Der ***Norden***, aber insbesondere der Westen erhalten erheblich mehr Niederschlag und Nebel als der ***Süden***, wo sich im Sommer durchaus stabile Hochdrucklagen entwickeln können. Oft liegt die Nordküste dann noch im Einflußbereich der über die Britischen Inseln hinwegziehenden Tiefs. Zur Beruhigung kann jedoch gesagt werden: Tagelanges, ja wochenlanges Schietwetter – wie es aus

Wind bevorzugt: Viermastbark an der Küste (WK)

Norddeutschland zur Genüge bekannt ist – gibt es hier zwischen Mai und September nicht. Die ***Atlantik-Tiefs*** ziehen schnell durch, normalerweise im Laufe eines Tages.

Die ***Jahresniederschlagsmenge*** ist im Inland mit ca. 1500 mm in den Bergen des Argoat deutlich höher als an der Küste mit z.B. 1100 mm in Brest oder 750 mm in Quiberon.

Zum Wetter gehört natürlich gerade in der Bretagne der ***Wind***. Es ist kein Zufall, daß Frankreichs erfolgreichste Regattasegler überwiegend aus dieser Region stammen. Der Wind – meist kommt er aus südwestlichen bis nordwestlichen Richtungen – ist für die Menschen an der Küste ein lebensbestimmendes Element. Und nicht selten wird er im Winterhalbjahr auch lebensbedrohend, wenn er mit Sturm- oder gar Orkanstärke über die Küste hinwegpeitscht. Doch keine Angst, im Sommer kommt es nur selten zu einer

Mittlere tägliche Maximaltemperatur in °C

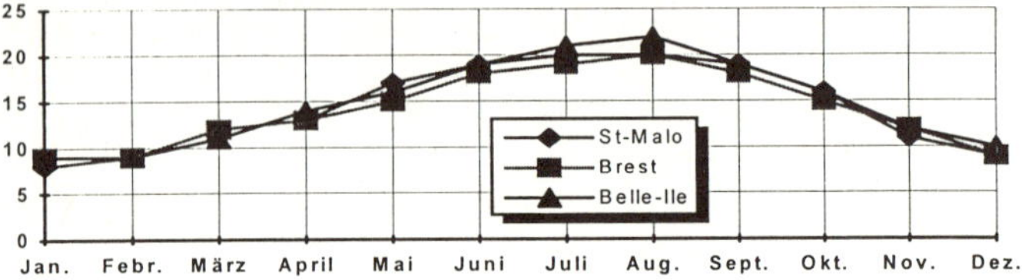

Mittlere Anzahl der Tage mit Niederschlag

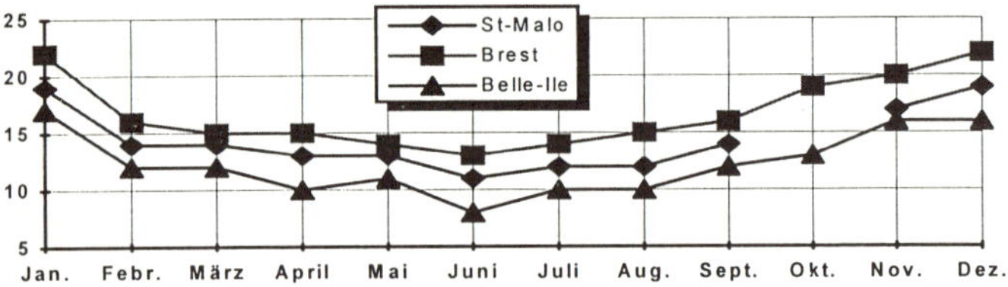

Mittlere Anzahl der Nebeltage

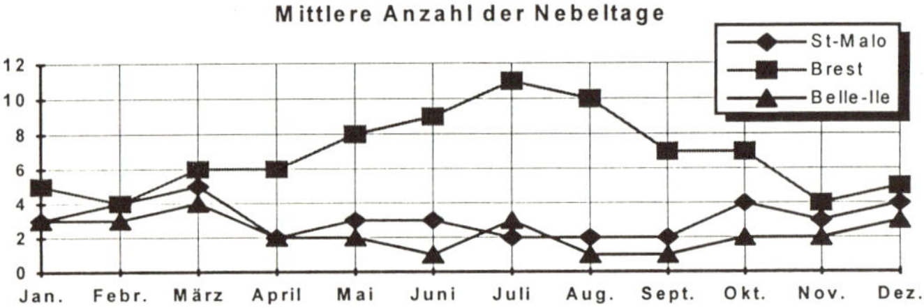

Mittlere Anzahl der Sturmtage (mehr als 60 km/h)

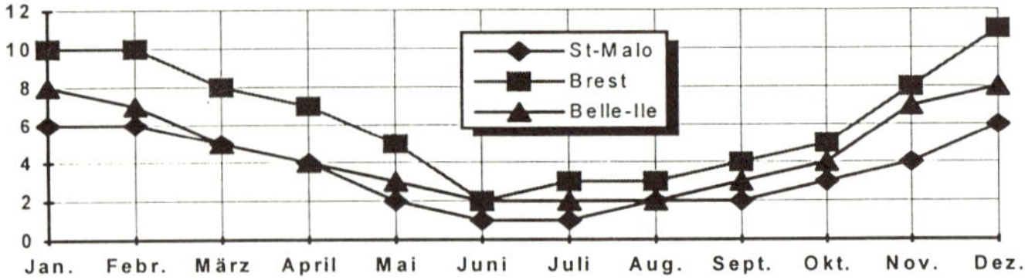

Sturmwetterlage, wie man der Tabelle entnehmen kann. Der Westen zeigt allerdings auch hier wieder Spitzenwerte und macht seinem Ruf als "Wilder Westen" alle Ehre.

Was die ***Wassertemperaturen*** betrifft, so sollte der Badefreund nicht zu empfindlich sein: Selbst im Hochsommer werden an der Nordküste 18 Grad selten überschritten. Und auch in den geschützten Buchten der Südküste mißt man nur selten 22 Grad. Aber schließlich ist der Bretagne-Reisende kein Weichling.

Gezeiten

Wie kaum eine andere europäische Küste ist die der Bretagne durch den Wechsel von Ebbe und Flut geprägt. Die Arbeitszeiten der Fischer, die Fahrpläne kleinerer Fähren und die möglichen Bade- oder Sonnenbadezeiten werden durch den stetig wechselnden Wasserstand sowie die dadurch verursachten Strömungen stark beeinflußt. Manchmal kann es überlebenswichtig sein, die Zeiten zu kennen.

In jedem Hafen werden jeweils in einem Schaukasten im Hafenmeisterhaus (CAPITAINERIE) die ***aktuellen Gezeitenwerte*** ausgehängt. In den Küstenorten verkauft zudem fast jeder Buchladen die ***Gezeitentabelle*** (TABLES DE MARÉES) für ein paar Francs. Die Tafeln bekommt man auch in vielen Fremdenverkehrsämtern. Leider sind alle Angaben in Französisch, so daß es uns an dieser Stelle sinnvoll erscheint, eine kurze Anleitung zum Umgang mit diesen Tabellen zu geben.

Die Wasserstandsänderung in großen Gewässern, die als Gezeiten oder Tiden (MARÉES) bezeichnet wird, beruht auf der wechselseitigen Anziehungskraft (Gravitation) von Sonne, Erde und Mond sowie der Tatsache, daß sich der Mond um die Erde und dieses Mond-Erde-System um die Sonne dreht.

Zunächst ein paar Begriffserklärungen: ***Flut*** (FLOT oder MARÉE MONTANTE) meint nicht den hohen Wasserstand, wie es üblicherweise angenommen wird, sondern vielmehr das in Westeuropa etwa 6¼ Stunden dauernde Ansteigen des Wasserspiegels. Der höchste Wasserstand und damit das Ende der Flut wird als ***Hochwasser*** (PLEINE MER oder kurz P. M.) bezeichnet.

Dem Hochwasser folgt die ***Ebbe*** (JUSANT oder MARÉE DESCENDANTE), das ebenfalls 6¼ Stunden dauernde Ablaufen des Wassers. Den niedrigsten Wasserstand nennt man ***Niedrigwasser*** (BASSE MER oder kurz B. M.). Somit kann also bei relativ hohem Wasserstand Ebbe sein, und bei relativ niedrigem Wasserstand Flut, was leider umgangssprachlich oft falsch beschrieben wird.

Die Wasserstandsdifferenz zwischen Hoch- und Niedrigwasser bezeichnet man als ***Tidenhub*** (MARNAGE DE LA MARÉE oder AMPLITUDE). Der Tidenhub ist aber nicht konstant, sondern wechselt täglich, in Abhängigkeit der Stellung von Sonne, Erde und Mond zueinander. Stehen die drei in annähernd gerader Linie zueinander, also bei Vollmond (PLEINE LUNE) und Neumond (NOUVELLE LUNE), so entsteht ein besonders großer Tidenhub, die ***Springtide***. Die Tage, an denen diese Konstellation auftritt, werden ***Springzeit*** (VIVES EAUX) genannt.

Wenn etwa 1 Woche später der Mond zur Erde so steht, daß die Verbindungslinien Sonne – Erde und Erde – Mond in etwa einen rechten Winkel bilden, also bei Halbmond (DEMI-LUNE), so entstehen nur minimale Wasserstandsänderungen zwischen Hoch- und Niedrigwasser, die sogenannte ***Nipptide***. Die Zeit um den zu- bzw. abnehmenden Halbmond wird entsprechend ***Nippzeit*** (MORTES-EAUX) genannt.

Bei genauer Beobachtung stellt sich heraus, daß die maximale Springtide nicht genau bei Voll- oder Neumond und

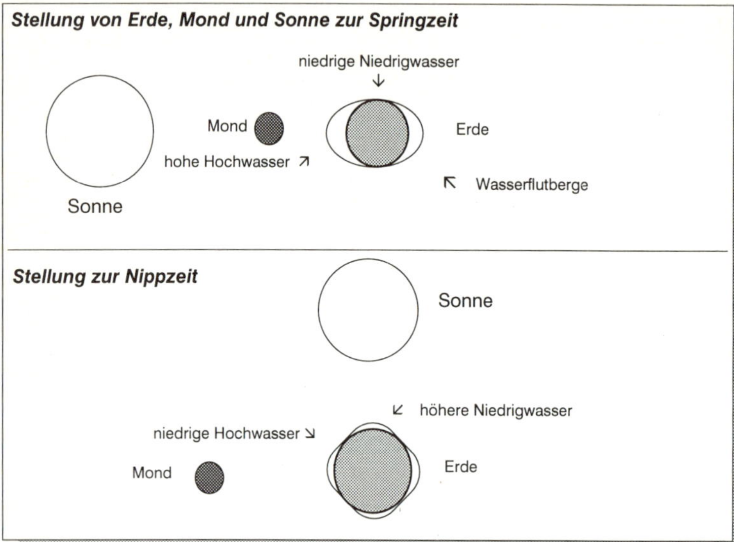

die minimale Nipptide nicht genau bei Halbmond auftritt, sondern erst jeweils (je nach Lage des Ortes) 1 bis 3 Tage später. Diese sogenannte ***Springverspätung*** wird durch die Trägheit der Wassermassen hervorgerufen.

In Frankreich ist es üblich, die Ausprägung des Tidenhubes in den Tabellen mit sogenannten ***Koeffizienten*** (COÉFFICIENTS) zu beschreiben: Dem theoretisch maximalen Tidenhub wird der Koeffizient 120 zugeordnet (bei geradliniger Verbindung von Sonne, Erde und Mond). Würden sich die Anziehungskräfte von Sonne und Mond auf die Wassermassen gegenseitig aufheben, dies kommt in der Realität allerdings nie vor, so ergäbe dieser Zustand den Koeffizienten 0. Reale Meßwerte der Tiden ergeben bei Springzeit Werte zwischen 90 und 119, bei Nippzeit liegen sie zwischen 35 und 50, je nach Jahreszeit. Für die Wasserstände bedeutet dies, daß z.B. in St. Malo an der Nordküste bei Koeffizient 119 sage und schreibe 12,9 m Tidenhub auftreten, während es eine Woche später (Wert: 36) nur 3,4 m sind.

Beispiele für Tidenhub an der bretonischen Küste zur Springzeit und zur Nippzeit (Springtide bei Koeffizient 119, Nipptide bei Koeffizient 37):

- St-Malo 13,2 m / 3,4 m
- Paimpol 11,7 m / 3,4 m
- Roscoff 9,4 m / 2,7 m
- Brest 7,5 m / 2,1 m
- Ile de Groix 5,4 m / 1,4 m
- Saint-Nazaire 6,2 m / 1,9 m

Wie bereits erwähnt, sind die Gezeiten eine Folge der Massenanziehungskräfte zwischen ***Erde, Mond*** und ***Sonne***. Es ist allerdings eine grobe Vereinfachung, denn wenn dies die alleinige Ursache wäre, müßte bei der Stellung Sonne – Mond – Erde in gerader Linie mit dem Mond zwischen Sonne und Erde nur ein "Flutberg" auf der mondzugewandten Seite der Erde entstehen, denn hier addieren sich die Anziehungskräfte von Sonne und Mond. Auf der mondabgewandten Seite der Erde hingegen wäre Niedrigwasser, d.h. es würde bei einer Erdumdrehung in 24 Stunden nur einmal Hochwasser eintreten. Gerade dies ist aber nicht der Fall. Tatsächlich bildet sich ein "Flutberg" sowohl auf der mondzugewandten als auch auf der mondabgewandten Seite der Erde. Dies ist dadurch erklärbar, daß sich der Mond um die Erde dreht, diese aber dabei nicht ruht. Der Mittelpunkt der Erde ist deshalb nicht das Drehzentrum der Mondbahn. Vielmehr dreht sich das Erde-Mond-System um einen gemeinsamen Schwerpunkt, der zwar noch innerhalb der Erde liegt, allerdings in Richtung des Mondes verschoben, nahe der Erdoberfläche. Aufgrund der Drehung des Erde-Mond-Systems um diesen gemeinsamen Schwerpunkt kommt es zu Fliehkräften, die vom Drehzentrum radial weggerichtet sind (Zentrifugalkraft). Sie beschleunigen die beweglichen Wassermassen auf der mondabgewandten Seite nach außen. Es entsteht dort ein zweiter "Flutberg".

Betrachtet man nun noch zusätzlich den Einfluß der Anziehungskraft der Sonne, so stellt man fest, daß die Gezeitensituation als ein Überlagerungsergebnis der jeweiligen Einzeleffekte verstanden werden muß. Dies bedeutet konkret, daß im Falle der Dreiecksstellung von Sonne, Erde und Mond mit der Erde im rechten Winkel des Dreiecks der sonnenbedingte Gezeiteneffekt den mondbedingten Gezeiteneffekt zu einem großen Teil aufhebt (Nipptiden), denn die Anziehungskraft des Mondes steht senkrecht zur Anziehungskraft der Sonne, der Mond-Flutberg wird also um die Wassermassen des Sonnen-Flutberges vermindert.

Ganz anders stellt sich dies hingegen bei geradliniger Stellung von Sonne, Mond und Erde dar. Jetzt kommt es zu gegenseitiger Verstärkung der Anziehungskräfte, so daß sich der Sonnen-Flutberg zum Mond-Flutberg hinzufügt (Springzeit).

In allen diesen Überlegungen wurde noch nicht berücksichtigt, daß die Bahn des Mondes um die Erde sowie auch die der Erde um die Sonne nicht kreisförmig, sondern ellipsenförmig verläuft, d.h. die Abstände zwischen den Himmelskörpern sind nicht konstant. Als Folge davon ergibt sich ***besonders hohes Springhochwasser*** bzw. besonders niedriges Springniedrigwasser immer dann, wenn sich die o.g. Kräfte bei minimalem Abstand der Himmelskörper maximal addieren. Dies ist zweimal im Jahr der Fall, etwa Mitte März und Mitte September. In Frankreich spricht man dann von einer GRANDE MARÉE. Die letzte Rekord-Marée war am 9./10. März 1993 mit Koeffizient 119. Am Mont St. Michel änderte sich der Wasserstand innerhalb von 6 Stunden um 13,4 m. Dies entspricht einem Mittelwert von fast 4 cm/Minute. Allerdings ändert sich der Wasserstand nicht gleichmäßig (nicht linear).

Die ***Änderungsrate*** beginnt in der ersten Stunde nach Hoch- oder Niedrigwasser sehr gering und erreicht ihr Maximum etwa bei halbem Tidenhub, d.h. also etwa 3 Stunden nach Hoch- oder Niedrigwasser. Entsprechend ist die gezeitenbedingte Strömung dann ebenfalls maximal. Dies kann z.B. zwischen Inseln oder in Flußmündungen dazu führen, daß Schiffsverkehr gegen den Tidenstrom unmöglich wird.

Beispiel einer französischen Gezeitentabelle (St-Nazaire, 1992)

Der Tidenhub ergibt sich, wenn man von der Höhe des Hochwassers die Höhe des Niedrigwassers abzieht.

Pleines Mers	Hochwasser	Basses Mers	Niedrigwasser
Matin	morgens	Soir	abends
haut.	Höhe	h	Stunde
coef	Koeffizient	mn	Minute

AOUT

Date	Pleines Mers						Basses Mers			
	Matin h mn	haut. m	coef	Soir h mn	haut. m	coef	Matin h mn	haut. m	Soir h mn	haut. m
1 S	7 04	5,65	109	19 24	5,80	108	1 29	0,15	13 52	0,25
2 D	7 46	5,55	105	20 06	5,65	100	2 16	0,20	14 38	0,40

Flora und Fauna

Flora

Die Natur ist in der Bretagne stark durch das rauhe Klima geprägt, interessanterweise aber nicht eintönig und artenarm. Grundzüge des bretonischen Klimas sind eben nicht nur rauhe, kalte Winde und Regen, sondern der Golfstrom übt ebenso massiven Einfluß aus.

Im Bereich der Pflanzenwelt wird dies besonders deutlich. Natürlich sind wie überall auf unserem Planeten die paradiesischen Zeiten längst vorbei. Auch die Wälder der Bretagne, in denen einst Obélix nach Wildschweinen jagte, gehören der Vergangenheit an, aber nach wie vor zeigt die Flora Westfrankreichs Interessantes.

Wälder sind nur noch in Ansätzen vorhanden, auch der sagenumwobene Wald von Paimpont mußte im sogenannten Jahrhundertorkan 1987 erheblich Federn lassen. Trotzdem gibt es hier und in einigen Bereichen des Parc Régional d'Armorique die einzigen verbliebenen zusammenhängenden Waldgebiete der Region. Eichen (Quercus spp.), Rotbuchen (Fagus sylvatica), Ahorn (Acer spp.), Eschen (Fraxinus excelsior) und Kastanien (Aesculus hippocastanum) bestimmen das Bild dieser Wälder.

Besonders prächtige Baumexemplare findet man natürlich fast immer entlang der Zufahrten zu Schlössern oder in deren Parkanlagen.

Halbparasitisch lebt ein Relikt aus Astérix' Zeiten, die ***Mistel*** (Viscum album). Ganze Kolonien dieser Pflanzenart besiedeln oft Laub- und Nadelbäume und würden so Miraculix in schieres Entzükken versetzen. Ihre Wurzeln senken die Pflanzen durch das Holz des Astes bis in dessen Leitungssystem und nutzen dann die dort transportierten Nährstoffe, zum Nachteil des Wirtsbaumes. Auch ihre Samenverbreitung ist ausgesprochen trick-

Hier hat die Mistel zugeschlagen und sich um einen Ast gekrallt.

Hunds- oder Heckenrose (rosa canina)

gemeiner Wacholder (Juniperus communis)

reich. Misteln bilden Scheinfrüchte, die leuchtend weiß und zudem von einer klebrigen Substanz umhüllt sind. Vögel werden von der Farbe angelockt, versuchen die Früchte zu fressen, die ihnen aber nur am Schnabel klebenbleiben. Der Vogel fliegt dann mit dieser ungewohnten Belastung auf und versucht, den klebrigen Samen an Gegenständen, vorzugsweise Ästen, abzureiben. Der Samen klebt nun an anderen Ästen, die Weiterbesiedelung ist vollendet. Einige Baumarten haben aber auch Möglichkeiten, sich gegen zu starken Mistelbewuchs zu wehren. Sie unterbrechen dann einfach den Nährstoffzufluß zum stark belasteten Ast, dieser stirbt ab und mit ihm die Misteln.

Auffällig sind auch ***Besen*** (Sarothamnus scoparius)- ***und Stechginster*** (Ulex europaes), die gelbblühend (Blütezeit April/Mai) überall in den Heidelandschaften wachsen. Sie bilden Farbtupfer in der Landschaft und lassen die aufragenden Menhire noch mystischer erscheinen.

Weniger natürlich, dafür um so auffälliger sind die vielen ***Ziergewächse***. Alpenrosen (Rhododendron spp.), Heckenrosen (Rosa canina), Mimosen (Mimosa spp.), Myrten (Myrtus spp.), Feigen (Ficus spp.), gelegentlich Agaven (Agava spp.), Palmen (z.B. Blaue Palme, Brahea armata), Oleander (Nerium oleander) und Zypressen (Cupresses spp.) und Wacholder (Juniperus communis) wachsen in den Gärten und Anlagen. Besonders der Süden der Bretagne und die vorgelagerten Inseln sind reich an diesen Pflanzen.

Die ***Klippen und*** meisten anderen ***Uferbereiche*** werden infolge stetiger Winde nur von wenigen Arten besiedelt. Flechten krallen sich hier überall auf den Felsen fest, gelegentlich sind blaue oder weiße Farbkleckse zu entdecken. Meist handelt es sich um Lichtnelken (Melandrium spp.), die an etwas geschützten Stellen Lebensraum finden.

Besonders angepaßte Pflanzenarten besiedeln die ***Salzwiesen- und Moorlandschaft*** der Brière (im Südosten). Riedgräser, Binsen (Juncus spp.), Gelbe Schwertlilie (Iris pseudacorus), Enzian (z.B. Gentiana aurea) und Birken (Betula spp.) sind hier häufige Pflanzen. Auffallend weißblühend ist auch das Wollgras (Eriophorum spp.), ein typischer Bewohner des Hochmoores. Das moorbildende Torfmoos (Sphagnum spp.) kann vielerorts entdeckt werden, setzt aber wegen der geringen Größe gute Augen und Kenntnisse über diese Pflanzengattung voraus. Dies gilt auch für den Sonnentau (Drosera rotundifolia und D. intermedia), eine insektenfressende Pflanze der nährstoffarmen Moore.

Zu den Pflanzen, die hier natürlich oder als Ziergewächse wachsen, kommt noch eine Vielzahl ***landwirtschaftlich genutzter Arten*** hinzu. An erster Stelle sei der Apfelbaum erwähnt, dessen Früchte entscheidende Grundlage des Cidre sind. Das zweite Nationalgericht, die Crêpe, bedarf der Ernte von Weizen und Buchweizen. Ursprünglich wurden beide Arten häufig angebaut, in den letzten Jahren ging dies für den Buchweizen (Fagopyrum esculentum) jedoch zurück, wird er doch fast nur noch für Crêpes genutzt.

Neben den üblichen Feldfrüchten wie Kartoffeln, Salat, Erbsen und Karotten sind noch die weiten ***Artischockenfelder*** erwähnenswert, die hauptsächlich im nordwestlichen Bereich der Bretagne zu finden sind. Plougastel-Daoulas schließlich ist bekannt für seine hervorragenden ***Erdbeeren***.

Fauna

Die Tierwelt, zumindest die sichtbare, ist erheblich eintöniger als die Pflanzenwelt vertreten. Mit dem weitflächigen Verschwinden der Wälder und dem Zersiedeln der Landschaft geht natürlich ein ***Verlust an Arten*** einher. ***Größere Arten*** wie Wildschweine (Sus scrofa), Hirsche (Cervus elaphus) und Füchse (Vulpes vulpes) bilden die Ausnahmen. Häufige Säuger sind Mäuse (Apodemus sylvaticus und Mus spp.), Igel (Erinaceus europaeus), Spitzmäuse (Sorex spp., Neomys fodiens und Crocidura spp.) und Maulwürfe (Talpa europaea). Zumindest im Bereich des Naturparks Brière kommen auch Steinmarder (Martes foina), Iltis (Mustela putorius), Hermelin (Mustela erminea) und gelegentlich Fischotter (Lutra lutra) vor.

In den sumpfigen Gebieten und im sonnig-warmen südlichen Küstenbereich sowie auf den Inseln der Südbretagne leben stellenweise sehr viele ***Amphibien und Reptilien***. Kröten, Wasser- (Rana esculenta) und Laubfrosch (Hyla arborea) finden sich eher in Gewässernähe. Auf Houat und den Inseln im Golfe du Morbihan können an sonnigen Tagen oft Dutzende von Echsen, meist Mauer- (Lacerta muralis) und die leuchtend grün gefärbten Smaragdeidechsen (Lacerta viridis) beobachtet werden.

Selten geworden sind ***Schlangenarten*** wie Ringelnatter (Natrix natrix) und Kreuzotter (Vipera berus).

Liebhabern der ***Fische und Krustentiere*** sei die Mitnahme von Schnorchel und Taucherbrille empfohlen, da sich so die besten Eindrücke gewinnen Lassen. Wer es weniger aufwendig mag, kann in den Aquarien der Region viele Arten aus der Nähe betrachten oder sie im Restaurant verspeisen, da hier fast alles gegessen wird, was das Meer bevölkert.

Artenreich ist aber die ***Vogelwelt***. Neben etlichen Standvögeln (Arten, die ganzjährig in einer bestimmten Region leben) kommen noch zahllose Arten vor, die hier als Zugvögel überwintern oder vor dem Weiterflug eine Pause einlegen. Neben etlichen Möwenarten, z.B. Dreizehen- (Larus tridactylus), Mantel- (L. marinus), Herings- (L. fuscus) und Silbermöwe (L. argentatus) leben hier Basstölpel

Der *Tordalk*

(Sula bassana), Kormorane (Phalacrocorax carbo), Tordalken (Alca torda), Trottellummen (Uria aagle), Papageientaucher (Fratercula arctica), Seeschwalben (Sterna spp.), Brandgänse (Tadorna tadorna) und Eissturmvögel (Fulmarus glacialis).

Waldkauz (Strix aluco), Rohrweihe (Circus aeruginosus) und Wanderfalken (Falco peregrinus) sind unter den Greifen sehr häufig. In Gewässernähe finden sich zudem ständig Enten (Anas spp.), Graureiher (Ardea cinerea) und Rohrdommel (Botaurus stellaris). Kuckucke (Cuculus canorus), Grasmücken (Sylvia spp.), Sumpf- (Porzana spp.), Teich- (Gallinula chloropus) und Blässhühner (Fulica atra), Lappentaucher (Podiceps spp.), Bachstelzen (Motacilla alba), Distelfinken (Carduelis carduelis) und Sumpfmeisen (Parus palustris) ergänzen das Spektrum. Wiederum im artenreichen Feuchtgebiet der Brière bestehen sogar gute Chancen, Purpurreiher (Ardea purpurea) zu beobachten.

Besonders gute Chancen zur ***Vogelbeobachtung*** bestehen im Bereich des Golfe du Morbihan, der Vogelschutzinsel Ile Grande, Les Sept Iles und der Brière.

Ökologie und Umweltschutz

Nationalparks

Wie überall auf der Welt, besinnt man sich in Frankreich des Umweltschutzes bzw. Naturschutzes. In der Bretagne wurden zu diesem Zweck einige ***National- bzw. Naturparks*** geschaffen, z.B. der Parc Régional d'Armorique, ***Vogelschutzgebiete*** auf vorgelagerten Inseln (Les Sept Iles) und der Parc Régional de Brière. Einzelne Inseln (z.B. Ouessant) wurden von der UNESCO zum Biospären-Reservat erklärt.

Belastung des Meeres

In Zeiten zunehmender Umweltbelastungen bleibt auch eine Region wie die Bretagne nicht verschont. Alljährlich im Sommer wird mit besonderem Interesse das Stichwort "Belastung des Meeres" bedacht. Im Juni 1993 veröffentlichte der "Stern" Ergebnisse einer Studie der Umweltorganisationen der Vereinten Nationen (UNEP), den Bericht "Qualität der Badegewässer" der EG-Kommission ("Stern" 25, 1993). Die Erhebungen ergaben, daß sich im gesamten bretonischen Küstengebiet Schaumalgen finden.

In weiten Teilen der Nordküste konnten ***leichte bakterielle Belastungen***, zwischen der Rade de Brest und (etwa) Concarneau sowie zwischen der Quiberon-Halbinsel und der Mündung der Loire mußte der nächsthöhere Belastungsgrad diagnostiziert werden.

Starke Belastungen weist die See aber nur im Bereich von Ouessant und der Baie de Douarnenez auf. In dieser Bucht und der geographisch folgenden Baie d'Audierne sowie im Bereich der ***Loire-Mündung*** liegt zudem eine erhöhte Schwermetallbelastung vor. Über diesen Fluß werden auch Industrieabwässer ins Meer eingeleitet. Die Loire-Mündung ist zudem von Raffinerien, chemischer und metallverarbeitender Industrie betroffen.

Tierschutz

Noch ein paar Worte zum Schluß. Umweltschutz steht immer auch in engem Zusammenhang mit ***Tierschutz***. Leider scheint sich dies noch nicht überall herumgesprochen zu haben, denn die Speisekarten einiger Restaurants bieten nach wie vor Schildkrötensuppe, Froschschenkel und Thunfisch (bedenklich wegen der Treibnetzfischerei) an. Seitens der Tierschutzverbände kommt zudem immer mehr der möglicherweise qualvolle Tod von Hummer und Langusten ins Gerede, die lebendig in kochendes Wasser gesteckt werden.

Am Meer kann eine Freude die andere verderben

Laßt uns solidarisch miteinander sein!

(Plakataufruf zur Rücksichtnahme an einem Geschäft in St-Malo) (WK)

Gesellschaft und Kultur

Geschichte

Um 5.500 v. Chr.	Beginn der ***Megalith-Kultur***
4-2.000 v. Chr.	Die Megalith-Kultur erreicht ihren Entwicklungshöhepunkt mit dem Errichten von Dolmen, Menhiren, Cromlechs, Alignements und Allées Couvertes
2-1.000 v. Chr.	***Bronzezeit***
800 v. Chr.	Erste Handelsbeziehungen mit den Phöniziern
Um 600 v. Chr.	Beginn der ***Eisenzeit;*** Aus dem Loiretal wandern ***keltische Volksgruppen*** ein und siedeln sich in der Bretagne an. Sie geben der Region den Namen "Armor", Land des Meeres.
Bis 300 v. Chr.	In Rennes siedeln die Redonen, in der Gegend von St-Brieuc die Curiosoliten, in Vannes die Veneter, im Nord-Finistère die Osismer und in Nantes die Namneten. Unter Federführung der Veneter, die ausgezeichnete Seeleute und Händler waren, entstand eine blühende Zivilisation.
57 v.Chr.	Die ersten ***römischen Legionen*** treffen in Armorika ein.
56 v.Chr.	Es gelingt ***Cäsar,*** die venetische Flotte im Süden des heutigen Golfes von Morbihan zu vernichten. Dies ist die Voraussetzung für seine Eroberung des ganzen Landes bis 43 v. Chr.
Bis 1. Jh.n. Chr.	Die Verwaltungsstruktur des römischen Reiches wird auf ganz Armorika ausgedehnt.
Bis 4. Jh.	Invasion verschiedener Barbarengruppen, unter ihnen die Vandalen.
460	Aus Britannien werden die ***Kelten*** von den Angeln und Sachsen vertrieben. Sie wandern nach Armorika ein, bringen die keltische Sprache und das Christentum mit. Armor wird zunächst zur "Petite Bretagne" und später zur Bretagne.
570-580	Kämpfe gegen die Merowinger
6. Jh.	Angeblicher Untergang der sagenhaften Stadt Ys
786-794	Die Karolinger unternehmen Streifzüge in die Bretagne.
826	Ludwig der Fromme ernennt Nominoë, einen Fürsten aus Vannes, zum Herzog der Bretagne.
845	Es gelingt Nominoë, die fränkischen Truppen unter Karl dem Kahlen bei Redon zu besiegen. Diese Niederlage läßt Karl keine Möglichkeit mehr, die ***Unabhängigkeit der Bretagne*** anzuzweifeln. Unter Nominoë entsteht eine Dynastie, die über 100 Jahre bestehen bleibt.
851	Nach Nominoës Tod erbt sein Sohn Erispoë den Titel "König der Bretagne". Auch er siegt in der Schlacht Le Grand-Fougeray gegen Karl den Kahlen.
857	Erispoë wird von Salomon ermordet, der die Herrschaft übernimmt.
857-874	Salomon erweitert den Einflußbereich der Bretagne nach Osten um die Grafschaft Craon (im Anjou) und um den Cotentin und Avranchin.
919	Beutezüge der Normannen
937	Die Normannen werden durch König Alain Barbe-Torte vertrieben.
952	Barbe-Torte stirbt. Bis zur Mitte des 14. Jh. wird die Bretagne aufgrund der ***Herrschaft vieler verschiedener Herzöge*** in wirtschaftlich verwirrende Zeiten gestürzt.
1351	Bei Josselin findet der berühmte ***Kampf der 30*** statt. Dieser Kampf, bei dem 30 Bretonen auf der Seite von Charles de Blois gegen 20 Engländer, 6 Deutsche und 4 Bretonen für Jean de Montfort antraten, beendete den bereits lange währenden blutigen Erbfolgekrieg (s. "Umgebung von Josselin")
1488	François II., Herzog der Bretagne, wird beim Versuch, die Unabhängigkeit von Frankreich zu bewahren, bei St-Aubin du Cormier geschlagen. Nach seinem Tod erbt Anne de Bretagne, seine Tochter, den Herrschertitel.
1491	***Anne de Bretagne*** heiratet den französischen König Charles VIII. und nach dessen Tod (1498) dessen Nachfolger Louis XII. Sie behält allerdings den Titel Herzogin der Bretagne.
1514	Nach dem Tod Annes erhält ihre Tochter Claude den Titel. Sie heiratet François d'Angoulême, der später als François I. zum König Frankreichs wird.
1532	Mit Claudes Einwilligung wird die ***Bretagne an die französische Krone*** übergeben. Ratifizierung des Vertrages, der die endgültige Bindung zwischen der Bretagne und Frankreich festschreibt. Der Vertrag wurde in Vannes von den Vertretern der einzelnen bretonischen Länder unterzeichnet.

Anne de Bretagne

1598	Henri IV. reist auf Betreiben der Stadtväter von Nantes in die Bretagne, um sich selbst ein Bild von den hier besonders schlimm wütenden Glaubenskriegen zu machen. Das Ergebnis der Reise ist das ***Edikt von Nantes***, das den Protestanten die Glaubensfreiheit garantiert.
1675	***Bretonische Bauern revoltieren*** gegen die herrschende Macht. Im gleichen Jahr kommt es zum Aufstand gegen das von COLBERT eingeführte "Stempelpapier", eine Art indirekter Steuer.
1685	LOUIS XIV. erklärt das Edikt von Nantes für ungültig. Daraufhin ***verlassen die Hugenotten*** die Bretagne. Dies wirkt sich negativ auf die Textilindustrie aus.
1765	***Kanadische Rückwanderer*** (ACADIENS) werden auf Belle-Ile angesiedelt.
1789	Die ***Französische Revolution*** wird in der Bretagne mit Begeisterung aufgenommen. Allerdings stellt sich rasch heraus, daß die Bretonen nun ihre Autonomie aufgeben müssen. Die Bretagne wird in 5 Départements aufgeteilt, die nicht einmal den ehemaligen Provinzen entsprechen.
1792-1804	Eine Gruppe von ***Royalisten*** (Chouannerie) kämpft gegen die Revolutionsgarden. Sie werden von dem MARQUIS DE LA ROUERIE (aus Fougères) und von CADOUDAL (aus Auray) angeführt. 1795 scheitert ein Versuch von königstreuen Emigranten aus England, auf der Quiberon-Halbinsel zu landen. Alle werden in Auray, Vannes oder Quiberon erschossen. CADOUDAL wird 1808 hingerichtet.
1820-1920	Die Wirtschaft entwickelt sich, erlebt aber auch heftige Krisen. Der Aufschwung kommt durch die ***Konservenherstellung*** nach dem von APPERT (1809) entwickelten Verfahren ins Rollen. In Krisenzeiten verlassen viele Bretonen die Region, um Arbeit zu suchen. Die Emigranten ziehen vornehmlich in Mittel- und Großstädte Frankreichs, später auch in die Kolonien und nach Amerika.
1912-1930	Es kommt zur Gründung einiger ***nationaler Parteien***.
1944/45	Im Verlauf der Kriegshandlung gegen die deutschen Besatzungstruppen werden zahlreiche Ortschaften, wie St-Nazaire, Lorient, Brest und St-Malo zerstört.

1950 Gründung des ***Comité d'études et de liaison des intérêts bretons*** (CELIB). Das Komitee soll die Wirtschaftskraft der Region beleben.

1964 Eines der Départements (Loire-Atlantique) löst sich aus dem traditionellen Bund. Die übrigen vier werden zur ***Wirtschaftsgemeinschaft*** mit der Hauptstadt Rennes zusammengeschlossen.

1965 Bretonisch wird zum Abiturfach.

1969 Einrichtung des ***Parc naturel régional d'Armorique.***

1970 Einrichtung des ***Parc naturel régional de Brière***.

1977 Gründung der ***Schule DIWAN,*** die zweisprachig (bretonisch-französisch) Unterricht erteilt.

1978 Einsetzung des ***Kulturrates der Bretagne***. Der Öltanker Amoco-Cadiz havariert vor der Küste. Es kommt zur Ölkatastrophe.

1980 Widerstand der Bevölkerung gegen das AKW von Plogoff bei Pointe du Raz.

1988 Das Département Côte du Nord erhält den Namen Côte d'Armor.

1992 Aktionen, z.T. auch militant, bretonischer Fischer gegen eine EG-Politik, die ihren Ruin bedeuten kann.

1993 Das Projekt eines Staudamms im Tal der Aff ruft Demonstrationen der ökologisch engagierten Association SOS-Brocéliande hervor. Ein mitten im Forêt de Brocéliande gelegener Stausee würde mehrere Hektar des legendären Waldes zerstören.

1994 ***Protestaktionen der bretonischen Fischer*** in Lorient, Rennes und Paris gegen den existenzbedrohenden Preisverfall ihrer Fänge. Während der teilweise gewalttätigen Auseinandersetzungen mit der Polizei gerät in Rennes das Palais de Justice, das ehemalige Parlamentsgebäude der Bretagne (erbaut 1618-1655), in Brand.

Aus: "NW"

Die bretonischen Fischer haben ein Symbol zerstört — und viele Sympathien verloren

Frankreich nach dem symbolträchtigen Feuer

Von unserem Korrespondenten Eric Bonse

Paris. Die Bürger von Rennes können es immer noch nicht fassen. Tausende haben sich aufgemacht, um die Ruinen des weitgehend abgebrannten Parlaments der Bretagne zu besichtigen. Schweigend ziehen sie an dem 1660 erbauten Gebäude vorbei, betrachten den immensen Schaden — mehrere hunderttausend Franc, schätzt die Feuerwehr. Manche brechen in Tränen aus wie der Bürgermeister von Rennes, Edmond Herve: „Ich habe das Gefühl, daß ein Teil von mir in Flammen aufgegangen ist. Mit dem Parlament ist ein Symbol der Bretagne verschwunden, auf das wir alle stolz waren."

Nun haben die Ruinen einen anderen symbolischen Wert. Unversehens stehen sie für die enorme Wut der bretonischen Fischer, für ihren verzweifelten Kampf ums Überleben. Am Freitag hatten die Fischer vor dem Parlament demonstriert. Bald schon war die Demonstration in eine Straßenschlacht mit der Polizei übergegangen, bei der 80 Menschen zum Teil schwer verletzt wurden. Die Polizei schoß mit Tränengas, die Fischer mit Signalpistolen; ein Geschoß soll das Parlament in Brand gesetzt haben.

Seit dem symbolträchtigen Feuer stellt man sich in Frankreich nur eine Frage: Wann werden sich die wütenden Fischer endlich beruhigen? Denn schon hat die konservative Regierung Sofortmaßnahmen zugunsten der Fischer ergriffen. So wird ihnen ab 1. Juni ein Mindesteinkommen garantiert; ebenfalls ab Juni werden 50 Prozent der Sozialabgaben erlassen. Auf Drängen von Premierminister Edouard Balladur legte die Europäische Gemeinschaft außerdem Mindestpreise für sieben Fischarten fest.

Trotz dieser großzügigen Hilfsaktion dürften die bretonischen Fischer nicht so schnell klein beigeben. Immerhin kommen 40 Prozent des französischen Frischfischs aus Häfen in der Bretagne. Doch nur noch 5 650 Personen sind mit Fischfang beschäftigt. Solange die Preise hoch sind — wie bis 1988 —, verdienen sie nicht schlecht. Seither hat die Krise auch die Fischer erfaßt. Die Franzosen kaufen immer mehr tiefgefrorene billige Importware. Die Folge: Heute verdient manch eine Fischerfamilie in der Bretagne kaum noch 2 000 Franc, 600 Mark, im Monat.

Kein Wunder, daß viele verzweifelt sind und vor keinem noch so militanten Protest zurückscheuen. Doch seit dem Brand von Rennes ist die Geduld der Franzosen erschöpft. Viele stellten die Frage, warum das Feuer nicht verhindert wurde — mit Polizeigewalt. Zwar war in Rennes eine tausend Mann starke Sondereinheit der Polizei im Einsatz. Doch sie war mit dem Schutz des Premierministers beschäftigt; nur wenige Polizisten sicherten das Parlament von Rennes. Zufall oder Absicht, fragt sich der Bürgermeister. Und die Fischer sprechen von einer „Provokation".

Innenminister Charles Pasqua, der „harte Mann" der Regierung Balladur, hat unterdessen alle kritischen Fragen zurückgewiesen. Wer zu einer Demonstration aufruft, dürfte sich hinterher nicht über die Folgen beklagen. Premierminister Balladur dürfte diesen Kommentar nicht als sehr hilfreich empfinden. Denn bisher war er stets auf Konsens und Ausgleich bedacht. Angesichts der zunehmenden sozialen Konflikte in Frankreich muß er möglicherweise seinen — nach Ansicht der zahlreichen Hardliner aus dem eigenen Lager — zu „laschen" Kurs überdenken.

Symbole der Bretagne

Die Flagge

Die heutige Flagge trägt den Namen Gwen ha Du (weiß und schwarz). Sie wurde von Morvan Marchal in den 20er Jahren entworfen.

Die Flagge ist schwarz-weiß gestreift und besitzt im oberen linken Bereich ein Feld mit stilisierten Hermelinen. Dieses Feld soll an die Könige und Herzoge, die die unabhängige Bretagne regierten, erinnern. Die alternierenden neun horizontalen Streifen (5 schwarze, 4 weiße) symbolisieren die 9 Bistümer, die schwarzen Streifen stehen für die französischsprachigen (Haute-Bretagne: Nantes, Rennes, St-Malo, St-Brieuc und Dol), die weißen für die bretonischsprachigen (Basse-Bretagne: Tréguier, Léon, Vannes und Cornouaille).

Das Triskell

Der Ursprung dieses Symbols liegt vermutlich auch bei den Kelten. Das Triskell hat eine dreiarmige Gestalt, deren Arme in sich aufgerollt sind. Sie stellen die Erde, das Wasser und das Feuer dar. Das Zeichen wurde von den Bretonen übernommen und stellt heute zusammen mit dem Hermelin die Bretagne dar. Beides kann als Autoaufkleber vielerorts gekauft werden, Zeichen der neu auflebenden bretonischen Identität.

Das Hermelin

Das Wappen der Herzoge der Bretagne zeigte ein Fülle von Hermelinen und trug das lateinische Motto POTIUS MORI QUAM FOEDARI (Lieber sterben als besudelt werden). Traditionellerweise wird es ANNE DE BRETAGNE auf Grund folgender Geschichte zugeordnet: Eines schönen Tages bemerkte Anne, wie Jäger ein Hermelin verfolgten und es schließlich an einer besonders matschigen Stelle in die Enge drängten. Das Hermelin machte keinerlei Anstalten, das Matschloch zu durchqueren, um, so interpretierte Anne die Situation, sein hübsches weißes Fell nicht zu beschmutzen. Lieber fand es anscheinend an dieser Stelle den Tod. Anne war voller Mitleid und Bewunderung für das kleine stolze Tier und bat die Jäger, das Hermelin zu verschonen. Ihre Bewunderung ging so weit, daß sie das stilisierte Fell des Tieres als Emblem für ihr Wappen wählte und zur Erinnerung an die Geschichte die lateinische Inschrift hinzufügte.

Historische Städte

Les Villes d'Art

In der Bretagne gibt es heute noch sehr viele Städte, die Zeugen einer reichen und bewegten Geschichte sind. In den Altstädten von Auray, Dinan, Fougères, Nantes, Quimper, Rennes, Saint-Malo, Vannes und Vitré reiht sich ein kunstvolles historisches Bauwerk an das andere. Solche Städte besitzen das Prädikat "VILLE D'ART", also kunstgeschichtlich wertvoll (meist steht diese Auszeichnung an den Ortseingängen). Einige dieser Städte haben sich ihre alten Stadtmauern bewahrt, und so findet ein Teil städtischen Lebens immer noch sozusagen "INTRA – MUROS" (innerhalb der Mauern) statt, wie z.B. in Saint-Malo.

Die jeweiligen Fremdenverkehrsämter organisieren Führungen durch diese Städte.

Les Petites Cités de Caractère

Bei den so ausgezeichneten Städten handelt es sich um Kommunen mit weniger als 3.000 Einwohnern, die durch ihre malerische Lage und ihre historische Vergangenheit unter Besuchern als besonders attraktiv gelten. Auch bei diesen Orten weisen Schilder auf die Auszeichnung hin.

Zu den Petites Cités de Caractère gehören Bécherel, Châteaugiron, Châteaulaudren, Combourg, Guerlesquin, Josselin, Jugon-les-Lacs, La-Roche-Bernard, Le Faou, Lizio, Locronan, Malestroit, Montcontour, Pontrieux, Quintin, Rochefort-en-Terre, Roscoff und Tréguier.

Pressehaus in Guerande (EH)

Medien

Die Medienlandschaft ist in der Bretagne stark begrenzt. Das größte Unternehmen der Region ist ***Ouest France***. Der Verlag gibt neben der Tageszeitung auch etliche broschierte Bücher zu einzelnen Regionen oder speziellen Themen heraus.

Deutschsprachige Zeitungen (z.B. Bild) und Zeitschriften (z.B. Stern, Spiegel) sind in größeren (touristischen) Orten erhältlich, in der Regel sogar aktuell.

Im ***Fernsehen*** werden überregionale Aspekte auf den Kanälen France 1-3 gesendet. Spezielle regionale Themen sendet France 3 täglich 19.15-19.45 Uhr. Während dieser 30 Minuten wird auch die allgemeine Wettervorhersage noch einmal detaillierter für die einzelnen Gebiete der Bretagne dargestellt.

Wirtschaft

Seit den 50er Jahren unseres Jahrhunderts erlebte die Bretagne einen ***wirtschaftlichen Aufschwung***. Dies wurde besonders im Bereich der ***Landwirtschaft*** deutlich. Die Felder dieser Region liefert heute größere Anteile an der französischen Gesamtversorgung als je zuvor. Auch innerhalb der Europäischen Gemeinschaft nimmt die Region eine wesentliche Rolle ein.

Traditionellerweise war die Bretagne ein Land der ***Fischerei***. Leider mußten gerade in diesem Bereich entscheidende Einschnitte hingenommen werden. Dies liegt einerseits an ökologischen Aspekten, wie z.B. der Überfischung der Meere, ökologischen Katastrophen (Ölverseuchung durch die Amoco-Cadiz 1978) und andererseits an zum Teil recht undurchsichtigen Regelungen auf EG-Ebene. Gerade in den letzten Jahren kam es aus diesem Grund auch schon häufiger zu (teilweise militanten) Protesten der bretonischen Fischer.

Diese Probleme führen zudem zu stärkerer Abwanderung der jüngeren Leute, so daß der Fischerei auch Nachwuchssorgen beschert sind.

Die ***Industrie*** spielt eher eine Rolle am Rande der Bretagne. Dies ist wörtlich zu nehmen, siedelten sich größere Unternehmen (Auto- und Textilindustrie) doch in den östlichen Gebieten der Region an (bei Rennes).

Ein bedeutender Wirtschaftsfaktor ist der ***Tourismus***, der besonders die Küstenregionen entscheidend prägt. Überall entstanden Hotels (glücklicherweise in der Höhe meist an die Umgebung angepaßt), Ferienhaussiedlungen und Campingplätze. Die Gastronomie- und Sportbranche boomt, wenn auch nur für wenige Monate im Jahr.

Bevölkerung

Die heutigen Bretonen stammen von drei verschiedenen Volksgruppen ab. Es finden sich hier Nachfahren der ***Kelten***, der ***Römer*** und der ***Gallier***. Alle drei Gruppen haben sich im Laufe der Jahrhunderte vermischt. Hinzu kommen aus den übrigen französischen Gebieten zugezogene Menschen.

Bis zur Mitte unseres Jahrhunderts wurde die Bretagne von der Zentralregierung recht stiefmütterlich behandelt. Hier lebten eben nur "stumpfsinnige Bauern", gerade gut genug für schwere Arbeit. Dies zeigt sich auch in der Figur der bretonischen ***Magd "Bécassine"***, die als Urtyp des bodenständigen (und ungebildeten) Bewohners der Bretagne in Kinderbüchern zu finden war. Bretoninnen hing zudem der Ruf an, ideale Dienstmädchen zu sein, da sie arbeitssam und belastbar seien.

Die ***bretonische Sprache*** war an Schulen verboten. Mit der Zulassung dieser Sprache als Verständigungsmittel unter DE GAULLE erblühte der Stolz der Bretonen, die bis in die 60er Jahre hinein sehr stark einer ***politischen Unabhängigkeitsidee*** anhingen. Solche Ideen verlieren in den letzten Jahren aber zunehmend an Bedeutung. Nach wie vor gibt es aber separatistische Tendenzen, die sich allerdings meist auf kultureller Ebene zeigen. Die bretonische Sprache erlebt eine Renaissance und ist mittlerweile sogar als zweite Fremdsprache im Abitur zugelassen. Das allenthalben sichtbare Autokennzeichen BZH (Bretagne) deutet ebenfalls auf den ***"National"-Stolz*** der Bevölkerung hin. Wenn es an bretonischen Autos fehlt, ist dem F-Kennzeichen (für Frankreich) aber meist ein Triskell-Aufkleber hinzugefügt worden. Dieser Stolz stammt u.a. auch daher, daß es Bretonen waren, die den Ruhm Frankreichs durch ihre Seefahrer erst ermöglichten.

In kultureller Hinsicht wird das Zusammengehörigkeitsgefühl durch die ***Organisation großer Festivals*** (z.B. FESTIVAL INTERCELTIQUE) demonstriert, bei denen zunehmend auch die irischen Wurzeln der Bevölkerung betont werden.

Starker Zusammenhalt zeigt sich auch während der ***Aktionen der Fischer***, die massiv von den Beschlüssen der EG betroffen sind, die wiederum durch die Pariser Zentralregierung durchgesetzt werden.

Religion

Ein heikles Thema. Überall trifft man in der Bretagne auf ***Zeugnisse der katholischen Kirche***. Seien es nur Kreuze am Weg, christianisierte Brunnen, die umfriedeten Pfarrbezirke oder monumentale Kathedralen. Auf den ersten Blick also ein strenggläubiges katholisches Gebiet.

Natürlich ist das richtig, aber nur für die älteren Menschen. Wie in vielen Regionen Europas, ist auch in der Bretagne eine zunehmende Abkehr von der Institution Kirche bei der ***jüngeren Bevölkerung*** zu beobachten, die sich oft nicht mehr von den Themen angesprochen fühlt. Trotzdem sieht man oft auch junge Menschen bei und in Kirchen. Wir haben die Erfahrung gemacht, daß sie überwiegend von der Architektur der Gotteshäuser fasziniert sind und aus diesem Grund diese Orte aufsuchen.

Die Heiligen der Bretagne

In der Bretagne gibt es eine große Zahl Heiliger, von denen allerdings nur wenige von Rom anerkannt wurden.

Noch heute findet man viele ***Heiligenstatuen*** in den Kirchen und Kapellen. Hunderte der lokalen Heiligen werden immer noch in den verschiedenen Situationen des täglichen Lebens um Hilfe angefleht (z.B. die Heiligen DOGMAEL und LÉON bei Rheumaleiden, der Heilige TUGEN bei Zahnerkrankungen, der Heilige HERVÉ beschützt die Pferde, HERBOT die Rinder und der Heilige CORNÉLY das Hornvieh). Die Diözesen erkannten nur die wichtigsten an.

Das Pardon

Zu Ehren der Heiligen werden alljährlich kirchliche Feste (PARDONS) zelebriert. Das Pardon beginnt mit einer feierlichen Messe, gefolgt von einer Prozession, bei der christliche Symbole (Banner, Kreuze etc.) im Zug mitgetragen werden. Dazu werden Kirchenlieder gesungen. Viele Teilnehmer tragen zu diesem besonderen Anlaß ihre bretonischen Trachten. Das Fest bekommt am Ende einen eher volksfestartigen Charakter mit traditionellen Tänzen und Musikdarbietungen.

Die Schutzheiligen der Städte

Das bretonische Volk machte aus den religiösen Anführern der im 5. Jh. aus Britannien eingewanderten ***Kelten*** Schutzheilige der sieben Bistümer: St-Brieuc, Dol (St-Samson), St-Malo, St-Pol-de-Léon, Quimper (St-Corentin), Tréguier (St-Tugdual), Vannes (St-Patern).

Bis zum 16. Jahrhundert war es für gläubige Bretonen Pflicht, einmal in ihrem Leben die ***Tro Breiz*** (Tour de Bretagne), eine besondere Pilgerfahrt von Kathedrale zu Kathedrale, zu absolvieren. War dies unmöglich, so lastete der Fluch auf der Person, diese Tour nach dem Tode durchzuführen, und zwar indem sich der Verstorbene alle sieben Jahre um die Länge seines Sarges fortbewegte!

Die Heilige Anne

Kreuzritter brachten den Kult um SAINTE ANNE mit in die Bretagne. Das Prestige der bretonischen Herzogin ANNE DE BRETAGNE (siehe "Geschichte") hat diesen Kult besonders begünstigt. Die auch heute noch berühmtesten Pardons der Bre-

Die wichtigsten Pardons

Ort	*Name*	*Datum*
Tréguier (22)	Pardon de St-Yves	17. Mai
Penvénan (22)	Pardon de la St-Gildas	Pfingsten
La Trinité-Porhoët (56)	Pardon de la Trinité	Pfingsten
Rumengol (29)	Pardon de Notre-Dame de Rumengol	So. nach Pfingsten
Locronan (29)	La Troménie	12. Juli
Sainte-Anne-d'Auray (56)	Pardon de Sainte-Anne	25. und 26. Juli
Le Vieux-Marché (22)	Pèlerinage Islamo-Chrétien	25. und 26. Juli
Sizun (29)	Pardon de Loïc Ildut	26. Juli
Romagné (35)	Pardon de Ste-Anne-de-la-Bosserie	26. Juli
Perros-Guirec (22)	Pardon Notre-Dame-de-la-Clarté	15. August
Porcaro (56)	Pardon de la Madone des Motards	15. August
Dinard (35)	Pardon de la Mer	3. Sonntag im August
Rochefort-en-Terre (56)	Pardon de Notre-Dame-de-la-Tronchaye	3. Sonntag im August
Sainte-Anne-la-Palud (29)	Pardon de Ste-Anne	Letzter Sonntag im August
Le Folgoët (29)	Pardon de Notre-Dame	6. September
Pouldreuzic (29)	Grand Pardon de Penhors	6. September
Josselin (56)	Pardon de Notre-Dame-du-Roncier	8. September
Bulat-Pestivien (22)	Pardon Notre-Dame	12. und 13. September
Saint-Didier (35)	Pardon de la Peinière	20. September

Die Zahlen hinter den Orten bedeuten: 22 Côtes d'Armor, 29 Finistère, 35 Ille-et-Villaine, 56 Morbihan

tagne, Pardon de Ste-Anne-d'Auray und Pardon de Ste-Anne-la-Palud, wurden ihr gewidmet. Die Bedeutung dieses Kultes zeigt sich im Sprichwort: Mort ou vivant, à Sainte Anne une fois doit aller tout Breton (Tot oder lebendig, einmal muß jeder Bretone zu Sainte Anne).

Der Heilige Yves

Dieser Heilige ist der Schutzpatron der Juristen, aber auch Tröster der Armen. Er wurde 1253 im Herrensitz von Kermartin in Minihy-Tréguier geboren. In Paris studierte er 13 Jahre lang Jura, kehrte dann in die Bretagne zurück und wurde hier Rechtsanwalt und Priester. Sein Ruhm stammt u.a. von seiner Gerechtigkeitsliebe her. Er verteidigte oft die Unprivilegierten und erhielt so den Beinamen AVOCAT DES PAUVRES (Anwalt der Armen). Nach seinem (1303) Tod wurde er 1347 heiliggesprochen.

Heute findet jährlich ein Pardon des pauvres in Tréguier statt, bei dem sich Anwälte aus aller Welt treffen.

Les Fontaines sacrées – Die heiligen Brunnen

Der Brunnenkult ist auf die ***Druiden*** (s.u.) zurückzuführen. Sie rezitierten vor den Brunnen magische Sprüche, um z.B. Krankheiten zu heilen oder Fruchtbarkeit zu begünstigen. Unabhängig davon, ob den Brunnen nun tatsächlich heilende Kräfte innewohnten, stellten sie für die Bevölkerung Symbole für Heil- und Zeugungskraft dar.

Dieser heidnische Kult durfte nach dem Willen der christlichen Kirche des Mittelalters nicht fortbestehen. So wurden die Brunnen unter den ***Schutz Heiliger*** gestellt. Kleine Holz- oder Granitstatuen des jeweiligen Heiligen schmückten sie. Viele dieser Statuen sind heute leider verschwunden. Aber auch die Kirche gestand einigen dieser Brunnen noch ***hei-***

lende Kräfte zu, so gegen Unfruchtbarkeit, Rheuma oder Kinderkrankheiten, einzelne sogar gegen Tierkrankheiten.

Brunnen sind auch heute noch überall in der Bretagne in unterschiedlichen Formen zu finden, die meisten bestehen aus Granit. Allerdings sind etliche mittlerweile ausgetrocknet und dienen nur noch als Zierde. Andere wurden modernisiert und mit einem Motor ausgerüstet, wie z.B. der von Ste-Anne-d'Auray.

L'Ankou – Der Tod

Schon immer haben sich die Bewohner Armorikas besonders intensiv mit dem Tod auseinandergesetzt und sich mit ihm vertraut gemacht.

Der Tod war für die Bretonen nicht in erster Linie das Ende eines Lebens, sondern das Zusammentreffen mit ***Ankou***, der Personifikation des Todes. Diese übernatürliche Gestalt wird stets als Skelett mit einer Sichel dargestellt (z.B. in der Kirche von Lannédern, von Bulat-Pestivien und in der Kapelle Sainte Anne de Landivisiau). Ankou erscheint in den Erzählungen oft in ein Leichentuch gehüllt, während er auf einem knarrenden Karren, dem ***Karrig an Ankou***, durch die Lande fährt. Das gruselige Geräusch des nahenden Gefährtes kündigt dann jedesmal das Ableben eines Menschen an.

Die Vertrautheit der Bretonen mit dem Tod zeigt sich sehr deutlich in der Errichtung von ***Gebeinhäusern*** auf fast allen Kirchhöfen. Hier wurden die Knochen Verstorbener aufbewahrt, die aus Platzgründen nach einigen Jahren exhumiert werden mußten. So dienten sie als Reliquien, vor denen die Frommen meditierten. In Giebel gemeißelte ***Sinnsprüche*** warnten die Lebenden vor dem Vergessen ihres Schicksals. "Je vous tue tous – Ich töte Euch alle!" ist einer dieser sehr dramatisch klingenden Sätze. "Maro han barn han ifern ien, pa ho soign den e tle crena – Der Tod, das Gericht, die kalte Hölle, wenn der Mensch daran denkt, muß er zittern!" ein weiterer.

Wurde ein Mensch nun vom Tode ereilt, ähnelt sein weiterer Weg laut den mystischen Vorstellungen der Bretonen dem in vielen anderen Kulturen. In der Bretagne, einer vom Wasser sehr stark geprägten Region Frankreichs, kommt diesem Element auch in der Mystik besondere Bedeutung zu. Die Toten gelangen nur nach einer rituellen Überquerung eines Gewässers (Fluß oder Meer) zum ***Reich Ankous*** auf einer geheimnisvollen Insel.

Musik und Tänze

In der Bretagne gibt es beides: die folkloristisch-musikalischen Sommerdarbietungen für die Touristen und die lebendige traditionell geprägte ***Volksmusik***, die ganzjährig auf Dorffesten oder großen Familienfeiern gespielt wird. In der deutschen Sprache ist das Wort "Volksmusik" seit einigen Jahrzehnten für viele Leute eher negativ besetzt, und es wird vielleicht mit einem ironischen Lächeln ausgesprochen. Ganz anders in der Bretagne, wo auch gerade junge Leute aus Freude an der Weiterentwicklung traditioneller Musik sich in Gruppen zusammenfinden, oft nicht ohne Stolz auf ihre keltischen Wurzeln. Sänger wie GLENMOR, GILLES SERVAT und ALAN STIVELL setzen seit den 70er Jahren die Traditionen der Barden fort und sind heute europaweit bekannt.

In allen Teilen der Bretagne wird im Sommer, meist auf dem Dorf oder in Kleinstädten, ein sogenanntes ***"Fest Noz" oder "Festoù-Noz"*** (FÊTE DE NUIT = Nachtfest) organisiert, ein Fest mit viel bretonischer Musik, Crêpes, Cidre und Hydromel. Und anders als in vielen großen Städten handelt es sich dabei normalerweise nicht um ein Touristik-Animationsangebot; es ist ein Fest für die Dorf-

Dudelnde Marine. Der Biniou braz hat drei Bordun Pfeifen, deren Ton sich nicht ändert. (WK)

bewohner, doch Gäste sind willkommen.

Ein Fest Noz ist die Gelegenheit, um ***bretonische Tänze*** kennenzulernen. Meist werden sie in Gruppen, Kreisen oder Reihen getanzt. Die verschiedenen Regionen haben ihre eigenen Tänze entwickelt. So gibt es z.B. die ***Gavotte*** aus der Gegend von Quimper, den ***En Dro*** (oder Andro), ***Hanterdro*** und den ***Laridé*** aus dem Morbihan, oder den ***Plinn*** und den ***Dans Fisel*** aus dem zentralen Inland bei Carhaix. Eine Beschreibung dieser Tänze mit Worten ist kaum möglich, aber es ist nicht schwierig, auf einem Fest Noz eine Bretonin oder einen Bretonen zu finden, die/der es Ihnen beibringt.

Bretonische Musikinstrumente

Natürlich hat die Bretagne ihre eigenen Musikinstrumente. Das klassische Instrumentenduo besteht aus Biniou und Bombarde. Der Biniou ist ein Dudelsack, bei dem zwischen zwei Typen unterschieden wird: Dem ***Biniou kozh*** und dem Biniou braz. Der Biniou kozh (alter Biniou), die in der bretonischen Musik stärker verwurzelte Variante, hat nur ein Bordun (Baßpfeife) und einen scharfen durchdringenden Klang auf der schalmeiähnlichen Melodiepfeife. In der Gegend von Nantes und Retz wird diese Dudelsackart auch Veuze genannt. Der ***Biniou braz*** (großer Biniou) ähnelt dem schottischen Dudelsack, hat also drei Baßpfeifen, die die Melodienpfeife begleiten. Sein Klang ist tiefer und voller als der des Biniou kozh. Erst in unserem Jahrhundert wurde er in der Bretagne zu einem beliebten Instrument.

Während der Biniou kozh normalerweise nur zusammen mit einer Bombarde (s.u.) gespielt wird, hört man den Biniou braz auch allein, meist aber als Teil einer Bläser-Trommler-Gruppe, genannt ***Bagad*** oder ***Bagadou***. Ein Bagad besteht aus 22 bis 25 Musikern, 8 bis 9 Biniou-(braz)-Spielern, 8 bis 9 Bombard-Bläsern und 6 bis 7 Trommlern.

Die ***Bombarde*** könnte man als die bretonische Volks-Oboe bezeichnen. Das oboenähnliche Blasinstrument hat einen recht lauten, fast schreiend-durchdringenden Ton und wird traditionell im Duo mit einem BINIOU KOZH gespielt.

Ein anderes, seit dem 19. Jh. in der bretonischen Musik beliebtes Blasinstrument ist die ***Treujenn Gaol***, eine Klarinette, die insbesondere in der Zentral-Bretagne gern gespielt wird. So veranstaltet die Vereinigung "Paotred an Dreujenn Gaol" (LES COMPAGNONS DE LA CLARINETTE) in Rostrenen jährlich ein international besuchtes Fest der Klarinettenspieler.

Unter den Saiteninstrumenten sind drei typisch bretonisch. Die ***Telenn*** (HARPE CELTIQUE), die keltische Harfe, die nur etwa halb so groß ist wie die klassische Harfe, die ***Violine*** und die sehr alte ***Vielle à Roue***, eine Drehleier, die gern an der Nordküste bei Saint-Brieuc gespielt wird.

Schließlich ist noch das ***Boueze*** zu nennen (ACCORDÉON DIATONIQUE), auch "BOÎTE À VENT" (Winddose) genannt, das im Gegensatz zum chromatischen Akkordeon auf Zug und Druck zwei verschiedene Töne erzeugt. Im Duo mit der Violine wurde es früher gern auf den großen Segelschiffen zur Unterhaltung der Besatzung benutzt. Im Land fand es seit den 20er Jahren besonders in der Gegend von Châteaubriant Verbreitung.

Neben diesen traditionell eingesetzten Instrumenten wird in der modernen Weiterentwicklung bretonischer Musik seit den 70er Jahren auch die ***Gitarre*** und die ***Mandoline*** gespielt.

Die Megalithen

Schon bei Astérix und Obélix – sicherlich den bekanntesten Bewohnern der Region – spielen diese Steine, bei ihnen heißen sie Hinkelsteine, eine bedeutende Rolle. Heute werden sie Megalithen genannt. Das Wort aus dem griechischen "MEGA" und "LITHOS" bedeutet "großer Stein".

Die Präsenz dieser Steine an vielen Orten der Bretagne wirft rasch die Frage nach Alter, Herkunft und Bedeutung dieser eigenartigen Gebilde auf. Sie wurden von ***Menschen der Jungsteinzeit*** (Neolithikum, ab 5.000 v. Chr.) geschaffen. Diese Menschen waren seßhafte Bauern und lebten in Dorfgemeinschaften von Getreideanbau und Viehzucht. Aus archäologischen Funden wird geschlossen, daß sie zumindest innerhalb Westeuropas über größere Entfernungen Handel mit Werkzeugen, Töpferwaren u.ä. betrieben. In ihrer Gesellschaftsordnung gab es feste Aufgabenverteilung und hierarchische Strukturen, die sich auch in den Funden an Bestattungsplätzen widerspiegeln.

Megalithische Spuren sind vom Mittelmeer bis nach Nordeuropa zu finden. Dies gilt besonders für Malta, Korsika, Sardinien, Menorca, Spanien, Frankreich, England, Irland, Schottland und die Orkney- und Shetland-Inseln. Die Bretagne ragt allerdings sowohl nach der Zahl als auch den Variationen der Anlagen in besonderer Weise heraus.

Bei den steinernen Zeugen des Megalithikums (Zeitspanne in der Jungsteinzeit, während der diese Monumente errichtet wurden, 5.000-1.500 v. Chr.) unterscheidet man:

- ***Menhir***, einzelner aufrechter Stein
- ***Alignement***, Reihe oder Reihen von Menhiren
- ***Enceinte***, als CROMLEC'H (Steinkreis oder Oval) und QUADRILATÈRE (Steinviereck)
- ***Dolmen***, tischähnliches Monument aus mehreren Steinen

- ***Allée couverte***, langgestreckter Dolmen
- Die letzten beiden Formen wurden im allgemeinen von einem ***Cairn*** (großer Steinhügel) oder einem ***Tumulus*** (großer Erdhügel) bedeckt.

Menhire

Menhire (MEN, bret. = Stein; HIR, bret. = lang), früher auch PEULVAN genannt, sind unter den Steinmonumenten am häufigsten. Ihre Anzahl wird heute in der Bretagne auf über 5.000 geschätzt. Sie sind einzeln oder in Reihen zu finden. Alleine 2.800 von ihnen stehen in den Reihen bei der Ortschaft Carnac.

Der längliche, aufrecht stehende Stein aus Granit oder Schiefer (je nach Steinart der Umgebung) zeigt zur abgerundeten Spitze hin eine grob ***konische Form***. Die ***Größe*** variiert von etwa 1,5 m (etwa 1 t Gewicht) bis ca. 20 m (ca. 350 t) bei Locmariaquer. Nachdem im Laufe der Zeit durch Witterungseinflüsse und Menschenhand etliche Menhire umgeworfen wurden, befinden sich die ***größten noch aufrecht stehenden*** bei Kerloas, Gemeinde Pouarzel, (11 m Höhe) und bei Kergadiou, Gemeinde Plourin–Ploudalmézeau, (10,5 m und 9,5 m). Zu den bekanntesten gehört der 9,5 m hohe Menhir von Champ-Dolent bei Dol.

Zu welcher Zeit die ***Menhire aufgestellt*** wurden, kann nicht präzise festgestellt werden. Aus den Funden von Töpferwaren, Werkzeugen und Knochen, die aus dem Sockelbereich der Menhire stammen, lassen sich die meisten auf das 4. und 3. Jahrtausend vor Chr. datieren.

Der verwendete Stein stammte in der Regel aus ***Steinbrüchen*** der näheren Umgebung des Aufstellungsortes. Mittels aufquellender Holzkeile und der Erzeugung extremer Temperaturunterschiede mit Feuer und Wasser konnten die Steine aus dem Fels gesprengt werden. Bei Pontusval/Brignogan kann noch in unmittelbarer Nähe des Menhirs von Men-Marz die Stelle besichtigt werden, an der der Rohling herausgebrochen wurde.

Der ***Transport*** erfolgte vermutlich auf Rollen aus Baumstämmen, die ständig nachgelegt werden mußten. Die Menschen nutzten wahrscheinlich auch die Wasserwege wie z.B. beim Bau des Dolmens im Cairn von Gavrinis/Arzon. Hier wurde ein 17 t schwerer Stein wohl mit einem Floß unter Ausnutzung der Gezeiten den Rivière d'Auray hinunter und dann den Rivière de Vannes hinaufgeflößt.

Zum ***Aufrichten der Steine*** wurden dann Hebel und geflochtene Leinen eingesetzt, mit denen der Stein über eine aufgeschüttete Rampe bewegt wurde. Dahinter befand sich das Erdloch, in das der Menhir eingelassen werden sollte. 1980 wurde ein Experiment bei Bougon durchgeführt, um festzustellen, ob es möglich sei, in der obengenannten Weise einen 32 t schweren Stein aufzurichten.

Phallische Altlast: Menhir (WK)

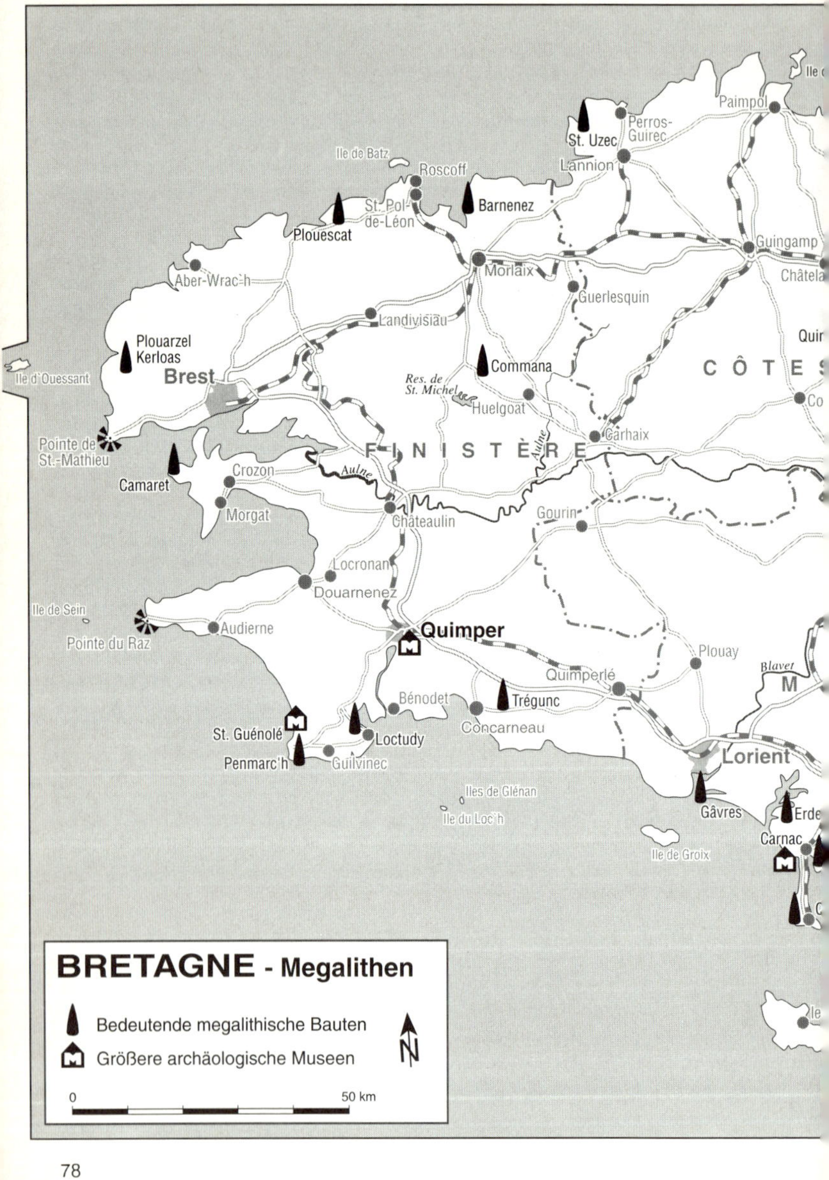
BRETAGNE - Megalithen
Bedeutende megalithische Bauten
Größere archäologische Museen
0
50 km
N
FINISTÈRE
CÔTES
Ile d'Ouessant
Plouarzel
Kerloas
Brest
Pointe de St.-Mathieu
Camaret
Crozon
Morgat
Aber-Wrac'h
Plouescat
Ile de Batz
Roscoff
St. Pol-de-Léon
Barnenez
St. Uzec
Perros-Guirec
Lannion
Paimpol
Guingamp
Morlaix
Guerlesquin
Landivisiau
Commana
Res. de St. Michel
Huelgoat
Carhaix
Aulne
Châteaulin
Gourin
Locronan
Douarnenez
Ile de Sein
Pointe du Raz
Audierne
Quimper
Plouay
Blavet
Quimperlé
Bénodet
Trégunc
Concarneau
St. Guénolé
Penmarc'h
Loctudy
Guilvinec
Iles de Glénan
Ile du Loc'h
Lorient
Gâvres
Ile de Groix
Carnac

Granville
Avranches
Mont St. Michel
Cancale
St. Malo
St. Quay-Portrieux
Erquy
Dol-de-Bretagne
Tressé
Combourg
St. Brieuc
Lamballe
Dinan
Can. d'Ille et Rance
Jugon-les-Lacs
Fougères
D´ARMOR
Bécherel
Montauban
ILLE-ET-VILLAINE
Loudéac
St. Méen
Vitré
Rennes
Châteaugiron
Seiche
Paimpont
Pontivy
Canal de Nantes à Brest
la Guerche-de-Bretagne
Le Pont-du-Secret
Essé-la-Roche-aux Fées
Josselin
Ploërmel
RBIHAN
Malestroit
St. Just
Châteaubriant
Rochefort-en-Terre
Redon
Lac de Murin
Auray
Vannes
Gavrinis
Arzan
Sarzeau
Vilaine
Blain
LOIRE-ATLANTIQUE
la Roche-Bernard
Pontchâteau
Ancenis
Loire
Ile de Houat
Ile de Hoëdic
St. Nazaire
le Croisic
Dissignac
Nantes

Steinalt: Alignement bei Carnac (EH)

Man rekonstruierte die Transporttechnik, und es gelang, den Stein mit der Kraft von 200 (!) Männern aufzurichten. Rätselhaft bleiben nach wie vor die Funde von ***Feuerstellen*** unter vielen Menhiren, insbesondere unter einzelnen in Alignements.

Die ***Oberfläche*** der Steinriesen hat sich im Laufe der Jahrtausende zum Teil stark verändert. Von umgefallenen und vor etwa 60 Jahren wieder aufgerichteten Menhiren, die auf ihrer geschützten Seite Gravuren trugen, ist bekannt, daß Witterungseinflüsse schon innerhalb eines halben Jahrhunderts solche ***Einmeißelungen*** zerstören können. Dennoch gibt es auch heute noch auf besonders hartem Stein und dann meist auf der windabgewandten Seite (Ost) auf einigen Menhiren solche Gravuren. Als Beispiel seien hier die Menhire bei Le Manio/Carnac genannt, auf denen 5 Schlangen (-linien) zu erkennen sind. Auf Menhiren bei Saint-Denec/Porzpoder finden sich Äxte und bei Kermarquer/Moustoirac zwei Krummstäbe in Stein.

Jüngeren Datums sind Versuche der katholischen Kirche, durch Einmeißeln ***christlicher Symbole*** die Kultstätten umzudefinieren, um so den Glauben der Menschen von den alten Göttern wegzuführen. Besonders eindrucksvoll ist in diesem Zusammenhang der christianisierte Menhir von St-Uzec bei Pleumeur-Bodou. Mancherorts wurden Megalithen aus diesem Grund in den Bau christlicher Kapellen integriert wie z.B. in der Krypta der Chapelle des Sept Saints (Kapelle der Sieben Heiligen) von Le Vieux-Marché.

Zur ***ursprünglichen Bedeutung*** der Menhire gibt es sehr verschiedene, zum Teil recht phantasievolle Hypothesen. Sichere Aussagen sind trotz intensiver archäologischer Forschung bis heute nicht möglich. Bei der Deutung bereiten die einzeln stehenden Menhire die größten Schwierigkeiten. Da bekannt ist, daß in allen frühen Kulturen Fruchtbarkeitsriten eine große Rolle spielten, liegt es nahe, den Menhir als ein phallusähnliches ***Fruchtbarkeitssymbol*** aufzufassen. Diese Deutung wird auch dadurch bestärkt, daß es verbürgte Berichte gibt, nach denen bis ins letzte Jahrhundert hinein frisch vermählte oder ältere kinderlose Ehepaare ihre Körper nachts an Menhiren rieben, im festen Glauben an eine fruchtbarkeitsfördernde Wirkung.

Die Deutung des Menhirs als ***Grabstein*** ist stark umstritten, da nur in Einzelfällen Funde, die auf Grabbeigaben hindeuten, in unmittelbarer Nähe auftauchten. Zudem sind Knochenfunde die Ausnahme, wenngleich sich dies leicht chemisch erklären ließe. Aufgrund des sauren Bodens der Bretagne lösen sich Knochen sehr rasch auf. In Küstennähe indessen, wo alkalischer oder sandiger Boden vorherrscht, der nur geringe Einwirkungen auf Knochen hat, konnten einige neolithische Knochenfunde gemacht werden (z.B. bei St-Pierre Quiberon).

Zum 20 m großen, zerbrochenen Menhir von Locmariaquor gibt es die ebenfalls recht umstrittene Vermutung, es habe sich um den Zentralstein eines ***Peilsystems*** gehandelt, bei dem der große Menhir über kleinere Steine aus unterschiedlicher Entfernung und in unterschiedlichen Höhenwinkeln angepeilt werden konnte, um so bestimmte Richtungen auf Sonne, Mond oder Sterne zu bestimmen. Eine solche Deutung, wie sie z.B. in Bezug auf den Steinkreis von Stonehenge (Südengland) inzwischen anerkannt ist, erscheint für diesen Menhir aber sehr gewagt, da im Umkreis von 10 km etwa 4.000 Menhire teilweise regelmäßig (bei Carnac), teilweise unregelmäßig gesetzt stehen und deshalb fast jede hypothetische Peilung möglich gewesen wäre.

Alignements

Mit diesem Begriff werden Reihen von Menhiren bezeichnet, wobei mancherorts Hunderte in annähernd parallelen Reihen stehen (z.B. bei Carnac). Andere ***sehenswerte Steinreihen*** sind beispielsweise die Alignements des Demoiselles bei Langou, die Alignements von Lagatjar bei Camaret, die beiden Reihen von Moulin-de-Cojoux bei St-Just oder die zwischen La Madeleine/ Penmarc'h und Lestriguiou/Plomeur.

Im Gegensatz zum einzeln stehenden Menhir finden sich bei diesen Steinreihen häufiger Töpferwaren, Holzkohlereste, polierte Äxte, Speerspitzen aus Feuerstein oder auch Halsketten, also ***möglicherweise Grabbeigaben***. Aufgrund dieser Funde können die Alignements auf die Zeit von 3.000-2.000 v. Chr. datiert werden, wobei sich das Errichten so langer Steinreihen wie bei Carnac sicherlich über Jahrhunderte erstreckt hat.

Kein anderes megalithisches Monument hat zu so verschiedenen, mehr oder weniger phantastisch hypothetischen Deutungen angeregt wie diese Alignements.

Überwiegend wird die Meinung vertreten, es handele sich um eine ***religiöse Kultstätte***, wie es schon PROSPER MÉRIMÉE 1851 als Generalinspekteur der historischen Denkmäler vermutete. Er nahm an, daß das Errichten solcher Monumente nur durch die Kraft möglich gewesen ist, die die Menschen des Neolithikums aus ihrem Glauben schöpften. Auch heute noch haben die religiösen Riten sogenannter Naturvölker engen Bezug zu Sonne und Mond, so daß es naheliegt, nach ***astronomischen Bedeutungen*** zu fragen. 1874 vertrat H. DU CLEUZIOU die Ansicht, daß bestimmte Steinreihen von Kermario/Carnac in Richtung des Sonnenaufganges zur Sommersonnenwende (21.6.) weisen. Er behauptete ferner, gewisse Reihen im benachbarten Kerlescan wiesen in Richtung des Sonnenaufganges zum Datum der Tag- und Nachtgleiche bei Frühlingsanfang (21.3.). Eine solche Kalender-Bedeutung wäre nicht überraschend, da die Kenntnis bestimmter

Daten im Jahresgang für eine bäuerliche Gesellschaft zur erfolgreichen Landwirtschaft notwendig gewesen wäre und zudem durchaus in Beziehung zu Fruchtbarkeitsriten stehen könnte.

Leider muß jedoch heute gesagt werden, daß nur Teilstücke weniger Steinreihen in die obengenannten Richtungen weisen. Rechts und links dieser Reihen zeigen andere Steine in etwas andere Richtungen mit z.T. mehr als 10 Grad Abweichung. Hinzu kommt, daß erwiesenermaßen nur etwa 36 % aller Steine in der Gegend von Carnac unberührt an ihrem ursprünglichen Platz stehen. Die Mehrzahl war aufgrund des zu flachen Fundamentes in der dünnen Bodenschicht über dem Natursteingrund umgefallen und wurde zum Teil sogar von mangelhaft angeleiteten Arbeitern falsch herum wiederaufgestellt.

Nicht zuletzt muß angesichts der Tatsache, daß andere Alignements wie die von Lagatjar/Camaret oder die von St-Pierre-Quiberon in völlig unterschiedliche, astronomisch unbedeutende Richtungen weisen, die Hypothese der bewußten astronomischen Ausrichtung einzelner Teilstücke von Steinreihen als überaus gewagt angesehen werden.

Der Schotte A. Thom vertrat, nachdem er in den Jahren 1970-76 umfangreiche Vermessungen bei Carnac durchgeführt hatte, die Ansicht, die Anlage definiere eine ***Streckenmaßeinheit***, die er das "Megalith-Yard" nannte. Doch auch er vermochte Mathematiker nicht von seiner Idee zu überzeugen.

Eine andere These bringt den Standort der Menhire und Alignements in Zusammenhänge mit dem ***geologischen Untergrund***. Sie sollen sich an geologisch besonders instabilen Stellen oder Zonen befinden, wo deshalb besondere "Energiepunkte" existieren. So hat Pierre Mereaux festgestellt, daß die Megalithanordnungen bei Carnac auf einer großen Granitplatte stehen, die von beträchtlichen geologischen Verwerfungen umgeben ist. Außerdem wurde mit Hilfe aufwendiger Messungen nachgewiesen, daß fünf der größten Alignements exakt zwischen Zonen verstärkter und verringerter Gravitation stehen. Fraglich bleibt natürlich, wie unsere Vorfahren solche feinen Gravitationsunterschiede wahrnehmen konnten. Nach dieser These wäre es denkbar, daß an den geologisch instabilen Punkten besondere Lichterscheinungen entstanden sein können, die von den Bewohnern religiös gedeutet wurden.

Verschiedene esoterische Hypothesen gelten besonderen ***Erdströmen*** und deren Wirkung zwischen den Steinen der Alignements.

Zum Schluß dieses Exkurses in die Welt der Vermutungen soll die Auslegung eines amerikanischen Offiziers in den letzten Tagen des 2. Weltkrieges nicht unerwähnt bleiben. Er vermutete, bei den Megalithen handele es sich um deutsche Panzersperren.

Enceintes (3.000-2.000 v. Chr.)

Laut Wörterbuch müßte der Begriff als "Einfriedung" übersetzt werden. Dies drückt jedoch nicht das Wesentliche aus. Ein Enceinte wird in der deutschsprachigen Archäologie als ***"Steingehege"*** bezeichnet, wobei es sich um eine größere Anzahl von Menhiren handelt, die kreisförmig, oval, hufeisenförmig, aber auch rechteckig oder quadratisch angeordnet sein können. Am häufigsten findet man offene oder geschlossene Kreis- oder Ellipsenformen ***(Cromlec'h),*** wie z.B. auf der Insel Er-Lannic im Golf von Morbihan oder am Ende der Alignements von Le Ménec/Carnac. Die Anzahl der Steine variiert ebenso wie die von ihnen umgrenzte Fläche. Eine seltene Besonderheit stellt der viereckige ***"Quadrilatère" von Crucuno*** bei Erdeven dar, dessen Seiten genau nach den Himmelsrichtungen ausgerichtet sind. Da allerdings viele dieser Steine schon in grauer Vorzeit umgefallen waren und im letzten Jahrhundert (nicht immer sachkundig) wieder aufgerichtet wurden, kann nicht ausgeschlossen werden, daß bei der Restaurierung perfektionierendes Wunschdenken mit im Spiel war.

Manche Archäologen nehmen an, daß ähnlich dem bekannten Cromlec'h von Stonehenge (Südengland) einzelne Menhire durch ***waagerechte Steinplatten*** oder Holzkonstruktionen miteinander verbunden waren. Laut dieser Annahme wären die heutigen Steine nur das Gerippe einer ehemals aufwendigen Gesamtkonstruktion.

Die Frage nach der kulturellen Bedeutung dieser Enceintes kann nur in Ansätzen beantwortet werden. Aufgrund der zahlreichen Funde von Töpferwaren (über 800 kg bei Er-Lannic) und vieler Steinäxte wird angenommen, daß es sich um ein ***Kultzentrum*** für rituelle Zusammenkünfte oder um ein ***Gewerbezentrum*** gehandelt hat. Eine astronomische Deutung kann – wie bei den Alignements – in der Bretagne nicht stichhaltig begründet werden. Die große Zahl der Töpferwaren, die weit über das übliche Maß von Grabbeigaben hinausgehen, läßt Zusammenhänge mit Bestattungen unwahrscheinlich erscheinen.

Zur Bedeutung dieser mysteriösen Steinmonumente hat auch Erich von Däniken einige ***Hypothesen*** aufgestellt, deren Glaubwürdigkeit der Leser selbst beurteilen möge. An dieser Stelle wollen wir einige Gedankengänge aus seinem Buch "Neue kosmische Spuren" zusammengefaßt wiedergeben:

Menhire bestehen überwiegend aus Granit, besitzen folglich Quarzbestandteile (Silizium) und somit denselben Rohstoff, der in Bauteilen von Quarzuhren oder Radiogeräten als schwingungsfähiger Quarz eingesetzt wird. Diese Schwingungsfähigkeit wurde (nach Meinung des Autors) bereits im Neolithikum bewußt ausgenutzt. Einige physikalische Messungen am Cromlec'h von Rollride bei Oxford/England legen dies nahe: Dort befindet sich ein einzeln stehender Menhir in der Nähe eines Steinringes, an dem in der Morgendämmerung erhöhte Ultraschallwerte gemessen wurden, die jedoch verschwanden, wenn ein Mensch den Steinkreis betrat. Die Stärke dieser Meßwerte schwankte jahreszeitlich, wobei Maxima in der Nähe der Tag- und Nachtgleiche (21.3. und 21.9.) und Minima zur Sommer- und Wintersonnenwende (21.6. und 21.12.) auftraten. Da die Sonne elektromagnetische Strahlung abgibt, könnte sie einen "Energievorgang" zwischen den Steinen anregen, der genau bei der gegebenen geometrischen Anordnung des Cromlec'hs auftritt. Die Behauptung von Don Robins (im Buch von Däniken zitiert), der Mensch des Neolithikums habe diesen Effekt bewußt herbeigeführt und ausgenutzt, wird von Dänikens Frage ergänzt, ob die damaligen Menschen nicht vielmehr ihre Bauanweisungen von "technologisch höherentwickelten Wesen" (extraterrestrisch?) erhalten haben, die bewußt diese Phänomene nutzten?

Dolmen

Der Begriff leitet sich aus der bretonischen Sprache von Toal oder Dol = Tisch und Men = Stein ab.

Die Bezeichnung ist leicht irreführend, denn ein Dolmen hat zwar eine horizontale Deckplatte, aber nie eine Tisch-Funktion besessen, zumal diese steinerne Platte, es können auch mehrere sein, in 1 bis 2 m Höhe auf mehreren senkrecht aufgestellten Seitensteinen oder Seitenplatten ruht, die bei manchen Dolmen einfache, bei anderen reichhaltig eingemeißelte Zeichen und Figuren tragen.

In den Gegenden, in denen Dolmen auf alkalischen Böden stehen, wurden zahlreiche menschliche Knochenreste gefunden, so daß die Funktion als ***Grabkammer*** heute wissenschaftlich unbestritten

Steinritzungen im Tumulus von Gavrinis (EH)

ist. Zahlreiche Grabbeigaben der im Neolithikum üblichen Art untermauern diese Theorie. Vermutlich handelt es sich beim Dolmen um die älteste Form eines Grabmonumentes, die in der Bretagne je nach Form auf die Zeit von 5.000-1.500 v. Chr. datiert wird.

Noch vor etwa 100 Jahren wurde von einzelnen Historikern die Ansicht vertreten, es handele sich bei den Dolmen um von den keltischen Druiden (7. bis 4. Jahrhundert v. Chr.) aufgestellte ***Opferaltäre.*** Dies ist nach heutigem archäologischem Kenntnisstand aufgrund der Funde in und um Dolmen eindeutig als falsch anzunehmen. Hingegen muß die Frage offenbleiben, ob die Druiden die schon aus neolithischer Zeit vorhandenen Dolmen als ***Altäre*** nutzten. Als Argument gegen eine solche Nutzung führen einige Historiker u.a. die Tatsache an, daß Dolmen im allgemeinen von einem Erdhügel bedeckt waren. Da Archäologen jedoch heute wissen, daß einzelne Dolmen nie bedeckt waren, könnten eben diese durchaus als Altar oder Kultstätte auch bei den Kelten gedient haben.

Hinsichtlich der Anzahl der im Dolmen bestatteten Toten gibt es sehr unterschiedliche Aussagen: Aufgrund der großen Zahl von Knochen wird angenommen, daß es sich um ***Gemeinschaftsgräber*** handelte. Umstritten ist jedoch nach wie vor, ob nur einzelne Mitglieder angesehener Familien hier in aufeinanderfolgenden Generationen beigesetzt wurden oder ob ganze Sippen einen Anspruch auf einen Platz im Dolmen hatten. Von einzelnen Dolmen, wie z.B. dem von Gavrinis, wird vermutet, daß für jeden Beigesetzten die Fläche jeweils eines Steines mit Symbolen verziert wurde und schließlich, nachdem der letzte Stein graviert war, das Grab verschlossen wurde.

Durch das Aufschichten Tausender kleiner Steine zu einem Steinhügel, dem ***Cairn***, oder durch Aufschütten eines Erdhügels, dem ***Tumulus***, wurden diese Gräber verschlossen. Es gibt auch Mischformen, bei denen über dem Steinhügel zusätzlich Erde aufgeschüttet wurde.

Die ***Grundrisse*** der Dolmen sind zum Teil recht unterschiedlich:

Die einfachste Form stellt lediglich die Grabkammer selbst dar. Als Beispiel sei der Dolmen von Kercadoret bei Locmariaquer genannt.

Oft führt ein steingedeckter Zugang zur eigentlichen Grabkammer. Man spricht hier von einem ***Dolmen à Couloir*** (Gangdolmen). Ein schönes Beispiel ist der Table des Marchand bei Locmariaquer. Nicht selten beinhaltet der Dolmen mehrere Grabkammern, wie z.B. bei Mané-Groh/Erdeven. Das wohl wegen seiner reichhaltigen Steingravuren schönste Beispiel für einen von einem Cairn bedeckten Dolmen ist auf der Insel Gavrinis zu besichtigen.

Stellvertretend für die Tumuli sei beispielhaft der große Saint Michel bei Carnac genannt, auf dem die katholische Kirche, über den megalithischen Glauben triumphierend, eine Kapelle errichten ließ.

Allée Couverte

Wörtlich übersetzt "bedeckter Gang", stellt die Allée couverte eine weitere Sonderform des Dolmens dar, die in der deutschsprachigen Archäologie lapidar als "Steinkiste" bezeichnet wird. Die Allées couvertes wurden in der Zeit von 3.000 bis 2.000 v. Chr. als ***Grabanlage*** angelegt. Im Gegensatz zum Gangdolmen gibt es keine separate Grabkammer, vielmehr entsprach der gesamte Gang dieser Kammer. Hier wurden, wie Knochenfunde belegen, meist 15-20 Menschen, aber auch bis zu 200 beigesetzt.

Ältere Knochen wurden dabei in Bündeln zusammengebunden. Man kann also von regelrechten ***Beinhäusern*** sprechen.

Stein auf Stein: Allée Couverte "La Roche-aux-Fées" (WK)

Besonders sehenswert sind die Allées Couvertes von La Roche-aux-Fées bei Essé, La Maison-Es-Feins bei Tressé und Mougau-Bihan bei Commana.

Vermutlich waren ursprünglich die meisten Allées Couvertes von einem Tumulus bedeckt, doch wurde im Laufe der Jahrhunderte in vielen Fällen der ***Erdhügel*** durch Bodenerosion abgetragen. Zusätzlich darf angenommen werden, daß es zu allen Zeiten Grabräuber gab, die unter den Erdhügeln Kostbarkeiten vermuteten und deshalb zumindest einen Teil des Hügels abtrugen.

Ein Fehler beim Sonnenaufgang

Bei Überlegungen, ob Megalithen in astronomisch bedeutungsvolle Richtungen weisen, muß berücksichtigt werden, daß die Stellung der Erdachse, also der Achse, um die sich die Erde dreht, nicht konstant ist. Vielmehr "trudelt" unsere Erde mit ihrer Achse wie ein rotierender Kreisel und erreicht erst nach fast 26.000 Jahren wieder dieselbe Stellung. Mathematisch-geometrisch handelt es sich um einen veränderlichen Winkel zwischen der Erdbahnebene und der Erdachse. Der Winkel variiert mit +/- 23,5 Grad. Das "Kreiseltrudeln" wird in der Astronomie als "Präzession" bezeichnet. Diese Präzession ist der Grund dafür, daß sich im Laufe der Jahrtausende die Auf- und Untergangspunkte von Sonne, Mond und Sternen am Horizont, wenn sie von einem festen Standort (z.B. Cromlec'h) aus beobachtet werden, langsam ändern.

Erst knapp 26.000 Jahre später erscheint die Sonne wieder am selben Tag im Jahr in derselben Richtung am Horizont. Dies bedeutet nun allerdings, daß die Menschen der Jungsteinzeit z.B. am 21. März im Jahre 3.000 v. Chr. in Carnac den Sonnenaufgang zur Tag- und Nachtgleiche nicht genau in der Richtung sahen, in der wir heute, 2.000 n. Chr., die Sonne aufgehen sehen. Der Unterschied beträgt, auf diese Zeitspanne bezogen, ca. 2 Grad.

Somit kann aus heute zu beobachtenden Deckpeilungen zum Sonnenauf- und -untergang nur über einen Korrekturwinkel auf frühere Beobachtungen geschlossen werden.

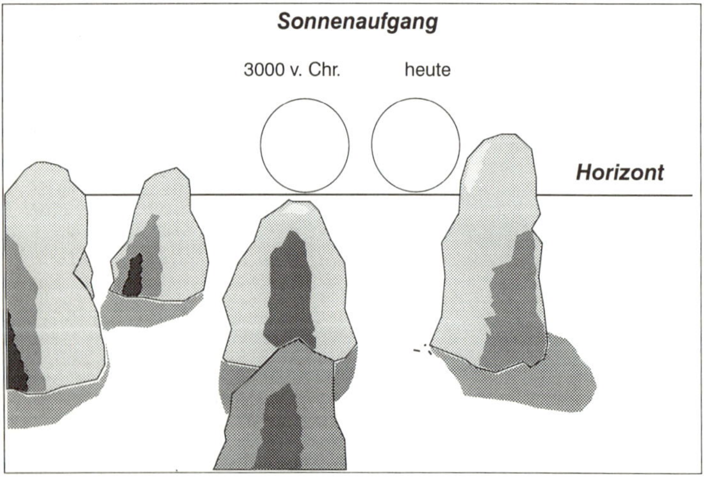

Legenden und Mythen

Die Bretagne – Land der Legenden. Bretonen fanden schon immer besonderen Gefallen daran, einzelne Abschnitte von Erzählungen auszuschmücken, und so auch banalste Geschichten in wunderbare Abenteuer zu verwandeln. So wurden ewige Mythen erschaffen. Innerhalb dieses reichen Kulturgutes von Sagen und Legenden, lassen sich drei Hauptbereiche voneinander unterscheiden:

Das ***Leben der Heiligen***: Oft ist der Heilige ein Held, der ein fürchterliches Monster besiegte. Diese Tat des Heiligen symbolisiert somit den Sieg des Christentums über die ursprünglichen Religionen.

Lokale Legenden: Ist ein bizarr geformter Felsen nicht der Beweis für das Vorübergehen eines ehrfurchtgebietenden Menschen? Sind Vertiefungen im Stein nicht möglicherweise Abdrücke seines Körpers? In der Bretagne ist scheinbar alles möglich!

Solche Legenden ähneln sich regional oft und spielen häufig auf alte Gottheiten an, die in den Volksglauben übergegangen sind, wie z.B. die Fee Morgane.

Keltische Mythologie und Romans Bretons: Ursprüngliche keltische Mythologie und Druidenglauben wurden im 13. Jahrhundert eng mit den sogenannten ***Romans Bretons*** verwoben.

Die Hauptfiguren sind oft übernatürliche Wesen wie z.B. die Feen VIVIANE und MORGANE, die KORRIGANES (böse Geister), der ANKOU (dessen Aufgabe es ist, die Menschen ins Jenseits zu holen), die Prinzessin AHÈS (oder auch Dahud), ihr Vater, König GRADLON, und der Riese GAWR.

Die Hauptthemen sind die versunkenen Städte Douarnenez, Saint Philibert-de-Grand-Lieu und Brézal, das ausschweifende Leben der Prinzessin AHÈS und die schrecklichen Taten der Frauen- und Kindermörder COMORRE und GILLES DE RAIS, die auf historischen Begebenheiten beruhen.

Die ROMANS BRETONS erzählen hauptsächlich die Geschichten von den Rittern der Tafelrunde um König ARTUS, der Liebe von MERLIN und VIVIANE und die Tragödie von TRISTAN und ISOLDE. Diese Erzählungen, die schon seit Jahrhunderten Autoren inspirierten (z.B. HERSART DE LA VILLEMARQUÉ in seiner Balladensammlung "Barzaz Breiz" und RICHARD WAGNER), sind auch heute noch Basis zahlreicher Werke, z.B. COCTEAUS Film "L'Eternel Retour".

Viviane und Merlin (Bild: Harold Foster)

Brocéliande

Brecheliant
Dunt Bretun vunt souvent fablant
Une forest mult lunge et lee
Ki en Bretaigne est mult loee ...

(Robert Wace, 12. Jh.)

Brocéliande, das Thema vieler bretonischer Märchen, ist ein sehr langer und breiter Wald, der in der Bretagne sehr gerühmt wird.

Der ***Wald von Brocéliande***, heute als ***Forêt de Paimpont*** bekannt, wurde von den Dichtern des Mittelalters, u.a. Robert de Boron, Chrétien de Troyes und Wolfram von Eschenbach, als Schauplatz der Abenteuer König Artus, der Ritter der Tafelrunde, der Liebe zwischen Merlin und Viviane und der Machenschaften der Fee Morgane besungen.

Die 7.000 ha Wald, die den Ort Paimpont heute umgeben, sind die Überreste des riesigen Waldgebietes, das früher die gesamte innere Bretagne bedeckte. Die zahlreichen Gewässer, Brunnen, Teiche und Bäche haben das Gebiet schon in der Antike zum Zentrum druidischer Kulte werden lassen. Die Bedeutung des Wassers für den heidnischen Kult wurde später von der christlichen Kirche der Einfachheit halber übernommen und ausgenutzt. Ein Beispiel bietet die Kapelle neben der Fontaine de Barenton, die in zahlreichen Texten des Mittelalters erwähnt wird, aber heute leider vollständig verschwunden ist.

Wer war nun aber der ***Zauberer Merlin***? In grauer Vorzeit hatte der Teufel ein Auge auf eine Jungfrau geworfen, deren Beichtvater ihr nahelegte, zum eigenen Schutz allabendlich ein Gebet zu sprechen, um nachts nicht vom Teufel besucht zu werden. Eines Abends kam es zum Streit mit der Schwester, das Gebet war vergessen, dem Teufel somit Tür und Tor geöffnet. Kaum war das Mädchen eingeschlafen, legte sich der Teufel zu ihr und zeugte unbemerkt ein Kind – Merlin. Das Kind, das zum Schutz vor der Macht des Teufels sofort getauft wurde, zeigte schon rasch außergewöhnliche Fähigkeiten. Er schaute in die Vergangenheit und die Zukunft, konnte sein Aussehen beliebig verändern, sogar Tiergestalt annehmen und kannte Begebenheiten, ohne selbst dabeigewesen zu sein. Im Laufe der Zeit wurde er Vertrauter von König Uther und später Freund und Berater von dessen Sohn Artus.

Eines Tages ruhte Merlin sich in Gestalt eines Jünglings am Brunnen von Barenton aus. Hier traf er ein schönes junges Mädchen, ***Viviane***, die Tochter des Schloßherren von Comper. Entzückt von Merlin und seinen Fähigkeiten, er ließ z.B. für Viviane einen herrlichen Garten mit Musikberieselung erscheinen, ließ sie sich auf weitere Treffen mit ihm ein. Eine innige Liebe entstand. Mit der Zeit ließ sich Merlin erweichen, ihr seine magischen Fähigkeiten beizubringen. Er schenkte ihr auch ein Schloß am Grund des Sees von Comper, in dem sie das Waisenkind Lancelot, der später zu einem der berühmtesten Ritter der Tafelrunde werden soll, erzog. Merlin und Viviane lebten viele Jahre glücklich miteinander in ihrem märchenhaften Schloß, bis zu dem Tag, an dem sie das letzte Geheimnis von ihrem Liebhaber erlernte, die Fähigkeit, einen Mann in einem Gefängnis zu halten, mit nichts als undurchdringlichen Mauern aus Luft. Während Merlin schläft, wiederholt Viviane das magische Ritual und macht ihn so zu ihrem Gefangenen für die Ewigkeit.

In einigen Texten des Mittelalters wird darauf verwiesen, daß Merlin sich hätte befreien können, dies aber nicht tat, weil ihn das Liebesgefängnis scheinbar nicht zu sehr schreckte. In anderen Erzählungen werden die beiden in recht negativem Licht dargestellt. Merlin als Mann, der von seinem Vater die Eigenschaft geerbt hat, dem weiblichen Geschlecht sehr zugetan zu sein, und Viviane als Frau, die Magie einsetzt, um sich von diesem Lüstling zu befreien, oder die nur vorgibt, ebenfalls Gefallen an der Sexualität zu finden, und dadurch immer stärkeren Haß gegenüber Merlin aufbaut. Ihre einzige Idee ist es, sich seiner zu entledigen. Eines Tages paralysiert sie ihn mit Hilfe der Magie, wirft ihn in einen Graben und verschließt diesen mit einer großen Steinplatte. Diese Version wurde im 20. Jahrhundert von Guillaume Apollinaire in seinem Werk "L'Enchanteur Pourrissant" verarbeitet. Diese negative Darstellung wurde im Laufe des Mittelalters von der Kirche verbreitet, um so die legendären Gestalten in der Öffentlichkeit ihrer Attraktivität zu berauben und so den Zulauf zur christlichen Kirche zu verstärken.

Morgane, ihr Name bedeutet "Aus dem Meer geboren", ist in den ersten Texten, in denen sie erwähnt wird, eine Frau mit enormer Macht. Möglicherweise ist sie gleichbedeutend mit Modron, der Muttergöttin der Kelten. Sie besitzt außergewöhnliche Kenntnisse, u.a. die Fähigkeit zu heilen. Ihr Reich ist die sagenumwobene ***Insel Avalon***. Nach der letzten Schlacht gegen Mordred wird der verletzte König Artus, ihr Halbbruder, von Merlin nach Avalon gebracht und von ihr gepflegt. Unter den Apfelbäumen der Insel ruht er nun, bis die Zeit gekommen ist, die Größe der Bretagne wiederherzustellen.

Betrogen von ihrem Liebhaber GUYOMART, schwört MORGANE allen Männern Rache und beginnt diesen Feldzug gleich mit der Gefangennahme von GUYOMART im Tal ohne Wiederkehr (LE VAL SANS RETOUR). Jeder Mann, der jemals seiner Dame untreu gewesen ist, sei es auch nur in Gedanken, soll hier für immer schmachten, wenn er dieses Tal zu durchqueren versucht. Sicherlich hat es so manchen erwischt. Eines Tages gelingt es ***Lancelot,*** nachdem er zahlreiche Hindernisse (Drachen, böse Riesen, einen Fluß aus Feuer) überwunden hat, bis zu ihrem Schloß vorzudringen. Dank seines magischen Ringes, den er von VIVIANE erhalten hat, kann er die Gefangenen endlich befreien.

Je nach dem Text variiert die Gestalt MORGANES von der Muttergöttin bis zur schrecklichen Giftmischerin. Ihre Erscheinung wird im Laufe des Mittelalters immer negativer dargestellt, ähnlich wie MERLIN und VIVIANE. Auch dies zeigt eine gezielte Taktik der Kirche, den Morgane-Kult zu hintertreiben.

Die Artussage

Im Werk des britischen Historikers NENNIUS "Historia Britonum", um 800 n.Chr., findet sich die erste bekannte Erwähnung König ARTUS'. Im 12. Jahrhundert datiert GEOFFREY VON MONMOUTH in der "Historia Regnum Britanniae" den Beginn von ARTUS' Herrschaft auf das Jahr 505 n.Chr. Er führte die Briten gegen die Angelsachsen und besiegte sie. Schließlich, so berichtet die Legende mittelalterlicher Texte, soll er Irland, Gallien und das gesamte Britannien erobert haben. MERLINS Rat zufolge organisierte er die ***Tafelrunde,*** einen Zusammenschluß von insgesamt 12 Rittern und ihm. Diese Zahl 13 wurde später von der Kirche als Symbol für die Stationen des Kreuzigungsweges Christi und die Allmacht Gottes interpretiert. Die Besonderheit der Tafelrunde besteht in dem sprichwörtlichen runden Tisch, der die Gleichrangigkeit aller Mitglieder, auch des Königs, widerspiegelt. Das Ziel der Gruppe war die Suche nach dem heiligen Gral, einem Symbol für Vollkommenheit, das später dann vom Christentum übernommen wurde.

Während eines Krieges auf dem Festland bemächtigte sich ARTUS' Neffe ***Mordred*** des Thrones und seiner Frau GUINEVERE. ARTUS kehrte zurück (542 n.Chr.), tötete MORDRED, wurde dabei selbst verletzt und nach Avalon gebracht (s.u. "Morgane"). Seitdem verbreitete sich das Unglück (Kriege, Armut) über die Bretagne. Der Legende zufolge wird der Zauberer MERLIN, sein Freund und Berater, eines Tages mit dem Klang seiner goldenen Harfe ARTUS' Rückkehr ankündigen. Die Bretagne wird dann endlich ihre vergangene Größe wiedererlangen.

Die Suche nach dem Gral

Artus und die Ritter der Tafelrunde hatten sich der Suche nach einem mysteriösen Objekt, dem Gral, verschrieben. Über den Gral gibt es unterschiedliche Beschreibungen. Bereits im 12. Jahrhundert hat ROBERT DE BORON das Thema zugunsten der katholischen Kirche ausgelegt. Für ihn ist der Graal der ***Kelch des Abendmahls*** und das Gefäß, mit dem JOSEPH VON ARIMATHIA das Blut Jesu aufgefangen hat. Er gelangte in die Bretagne, lebte dort im Wald von Brocéliande und verschwand hier zusammen mit dem Kelch.

Die Sagen um den Gral bieten mehrere Erklärungen für den Begriff "Gral". Möglicherweise handelt es sich um eine Geschichte, die den Kelch als mystisches Fruchtbarkeitssymbol darstellt. Eine andere Version geht davon aus, daß die ursprüngliche Schreibweise des Wortes "-Saint Graal" (= heiliger Gral) eigentlich "Sang Raal" oder "Seng Real" war, das übersetzt "königliches Blut" bedeutet.

Im 6. Jahrhundert machten ARTUS und seine Gefolgsleute sich auf, den Kelch, ihren heiligen Gral, zu suchen. Nur ein Ritter mit reinem Herzen konnte ihn finden und zurückgewinnen. Dies gelang schließlich ***Galahad,*** dem Sohn LANCELOTS. WOLFRAM VON ESCHENBACH stellte den Gral im 13. Jahrhundert als riesigen, vom Himmel gefallenen Edelstein dar, der die Quelle des Lebens und der Ewigkeit symbolisierte. Er schrieb über die Ritter der Tafelrunde:

"Sie lebent von einem steine
Des geslähte ist vil reine ...
Es heizet lapsit (lapis) exillis
Der stein ist ouch genannt der gral."

Die Druiden

Der Ursprung des druidischen Kultes verliert sich im Nebel der Jahrhunderte. Relativ sichere Angaben liegen über die Anwesenheit von Druiden im 6. Jahrhundert in Gallien und Armorika vor.

Sie bildeten eine ***besondere Priesterkaste*** mit hervorragenden Kenntnissen in Naturwissenschaften und Philosophie. Aus diesem Grund besaßen sie eine große Autorität, so daß keine wichtige Entscheidung gefällt wurde, ohne sie vorher um Rat zu fragen. Sie waren hierarchisch organisiert, wobei das Oberhaupt auf Lebenszeit gewählt wurde.

Der Heiland steht Wache:
Ein christianisierter Brunnen bei St-Croix

Neben ihrer religiösen und politischen Funktion übernahmen sie zusätzlich ***pädagogische Aufgaben***. Der Unterricht wurde im wesentlichen jungen Adeligen und zukünftigen Druiden zuteil, wie es Pomponius Mela (1. Jh. n.Chr.) beschreibt, wobei durch strenge Geheimhaltung Macht und Eigenständigkeit der Kaste bewahrt wurden.

Ihre naturwissenschaftlichen Kenntnisse versetzten sie dazu in die Lage, Krankheiten zu diagnostizieren und auf Naturheilbasis zu kurieren, wobei dem Wasser besondere Bedeutung zukam. Zugleich betonten sie nach außen hin ihre übersinnlichen Fähigkeiten und ihre Verbindung zum Jenseits.

Ein anderer heftig diskutierter, aber unbewiesener Aspekt ist das Darbringen von ***Menschenopfern*** durch Druiden. Auch heute noch gründet sich die Diskussion auf die Beschreibungen von Caesar und Posidonios d'Apamée (135-51 v. Chr.). Möglicherweise handelt es sich allerdings bei Caesars Beschreibungen um seine häufig verunglimpfenden Thesen über Feinde des Römischen Reiches. Sollte es tatsächlich Menschenopfer gegeben haben, ließen sie sich mit dem Glauben der Druiden an die Wiedergeburt des Menschen erklären.

Hinweise auf den ***Glauben*** der Kelten ***an die Wiedergeburt*** finden sich beispielsweise in den Versen des Barden Taliesin, im Cad Goddeu:

Ich bin in unterschiedlichen
Formen erschienen,
Bevor ich irdische Materie wurde,
Ich war der strahlendste unter den Sternen,
Ich war der Glanz eines Lichtes ...

Kostüme

Nach Pierre-Jakez Hélias, einem der berühmtesten zeitgenössischen bretonischen Schriftsteller, sind die Trachten der Bretagne Ausdruck der Denk- und Lebensweise der Bretonen. Die Kostüme, die im 16. Jahrhundert entstanden, repräsentierten vier Jahrhunderte lang die Vielseitigkeit der Bretagne. Jedes Kostüm entsprach dem eng begrenzten Bezirk einer ethnischen Gruppe, dem ***Clan.***

Dem Brauch entsprechend, sollte ein junges Mädchen zu ihrer Hochzeit ein besonders hübsches Kostüm kaufen, das sie auch später ***in allen feierlichen Lebenssituationen*** (Taufe, Kommunion, Pardons) wieder tragen konnte. Heute werden diese Kostüme noch bei besonderen Anlässen, wie dem Festival Interceltique de Lorient oder den Pardons, getragen. Gängige ***Materialien*** sind Samt und Satin. Die Schürzen sind mit Spitzen verziert.

Besonders originell sind die zu den Trachten gehörenden ***Hauben.*** Die regional sehr unterschiedlichen Haubenformen unterstreichen die Pracht des Kostümes eindrucksvoll. Eine erstaunliche Größe erreicht die Bigouden-Haube aus der Region um Pont-l'Abbé. Sehr hübsch ist die Haubenform von Pont-Aven, zu der auch ein spitzenverzierter schulterbreiter Kragen gehört.

Heute sind die Trachten weitgehend aus dem alltäglichen Leben verschwunden, so daß sie außerhalb besonderer Festivitäten nur noch in den Museen größerer Städte besichtigt werden können.

Quimper

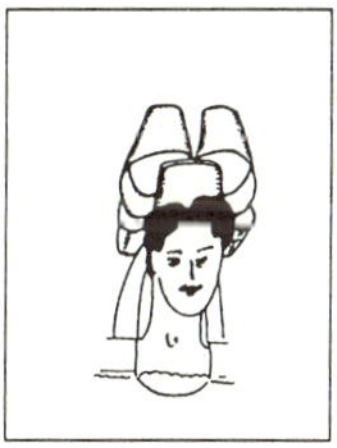
Fuesnant

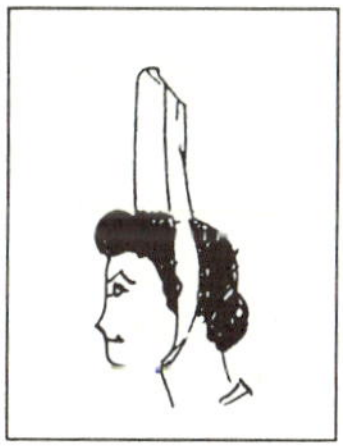
Bigouden

Resporden

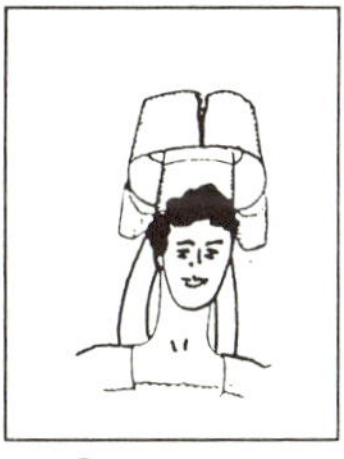
Concarneau

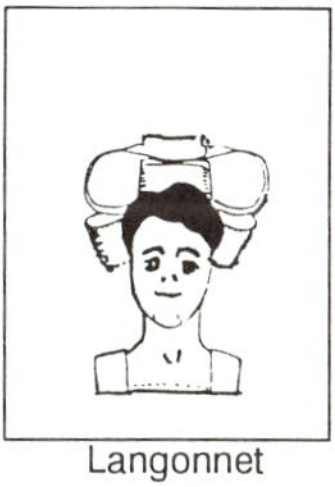
Langonnet

Pont-Aven

Elliant

Weithin sichtbarer Ortsmittelpunkt: der Kirchturm, hier der von Roscoffs Notre-Dame-de-Kroatz-Baz (WK)

Orts-
beschreibungen

Rennes und Umgebung

Rennes

Die Hauptstadt der Bretagne mit ihren über 200.000 Einwohnern ist gleichzeitig die ***untypischste Stadt der Region***. Bestimmen in der Bretagne sonst Märchenschlösser, trutzige Burgen, (verschlafene) Kleinstädte mit jahrhundertealten Stadtkernen, kirchliche Prunkbauten und steinerne Zeugen prähistorischer Kultur das Bild, so zeigt sich Rennes als ***moderne Stadt***. Geradlinige Straßenzüge und neoklassizistische Gebäude kennzeichnen die Stadt am Zusammenfluß der Ille und Vilaine.

Nur im ***Stadtteil Les Lices*** ist etwas von der ehemals mittelalterlichen Atmosphäre übriggeblieben. Hier bestimmen noch immer Fachwerkhäuser das Bild der schmalen Straßen und Gassen.

Heute ist Rennes wirtschaftliches und kulturelles ***Zentrum der Bretagne***. Bedeutende Industrieunternehmen wie Citroën haben hier große Werke, der TGV-Hochgeschwindigkeitszug erreicht von hier aus Paris in knapp zweieinhalb Stunden. An der Universität sind weit über 30.000 Studenten eingeschrieben, die das wirtschaftliche Fortkommen der Stadt wissenschaftlich untermauern. Zugleich erlebt Rennes eine ***Renaissance der keltisch-mystischen Kultur***. Im Studentenviertel Les Lices schießen als sichtbares Zeichen dieser Kultur Esoterik- und Mystikbuchhandlungen und Zirkel aus dem Boden.

Geschichte

Schon zur Zeit der Gallier war der Ort unter dem damaligen Namen Condate der ***Hauptsitz der Redonen***. Auch sie erkannten die verkehrsgünstige Lage im fruchtbaren Becken der Flüsse.

Im 3. Jh. umgab eine Ziegelmauer schützend die Stadt im Osten der Bretagne, die später (Frühmittelalter) zur bedeutenden ***Grenzbefestigung der Franken*** gegen die Bretonen wurde.

Im 11. Jh. siegten die bretonischen Herzöge Nominoë und Erispoë endgültig über Karl den

Symmetrisch: das wiederaufgebaute Rathaus von 1734 (EH)

KAHLEN. Rennes ***fiel der Bretagne zu***. Eine stete Entwicklung setzte ein. Die Stadt avancierte zur mächtigsten Stadt der Herzöge der Bretagne, bis sich die Region 1532 Frankreich anschloß.

Bedeutende Namen sind mit der Stadt eng verknüpft, so die von BERTRAND DU GUESCLIN und ANNE DE BRETAGNE (siehe "Geschichte").

Du Guesclin kam 1337 zum Ritterturnier nach Rennes, durfte aber wegen seiner ärmlichen Kleidung nicht teilnehmen. Mit geborgter Ausrüstung und geschlossenem Helmvisier gelang es ihm, doch noch auf dem heutigen Places des Lices am blutigen Schauspiel teilzunehmen und zu siegen. Vergessen war fortan seine Armut, gelobt wurde nur noch sein Mut.

Für ***Anne de Bretagne***, Herzogin der Bretagne, war 1491 ein bedeutsames Jahr. CHARLES VIII. hielt um ihre Hand an, wurde jedoch abgewiesen und zog daraufhin wutentbrannt vor die Tore der Stadt, wild entschlossen, seine Angebetete im wahrsten Sinne des Wortes zu erobern. Am 6. Dezember 1491, die Vorräte in der Stadt werden schon knapp, entscheidet sich die 12jährige ANNE schließlich, auf die Hochzeit mit dem österreichischen Kaiser MAXIMILIAN VON HABSBURG zu verzichten und stattdessen CHARLES VIII. zu heiraten.

Die Verwaltungsmetropole des Ancien Régime und ab 1561 Sitz des bretonischen Parlaments behauptete immer schon ihre Unabhängigkeit gegenüber der Zentralregierung. Besonders deutlich zeigte sich dies 1675 in der Steuerrevolte, der sog. ***Stempelpapier-Revolte***, der Bonnets Rouges. 14 Jahre lang wurde daraufhin das Parlament nach Vannes verbannt.

1720 kam es zu dem wohl einschneidendsten Ereignis in der Stadt. Volltrunken gelang es einem Tischler, mit einer brennenden Kerze sein Haus anzuzünden. Der ***Brand*** griff rasch um sich und vernichtete innerhalb einer Woche über 800 Häuser, nahezu die gesamte Altstadt. Verschont wurde nur das Viertel Les Lices.

Der königliche Architekt JEAN GABRIEL erhielt nun den Auftrag, den ***Wiederaufbau*** durchzuführen. Ihm sind heute ein großer Teil der Gebäude und das rechtwinklige Straßensystem zu verdanken.

Große Zerstörungen konnten während der Revolution vermieden werden, die Stadt hing den Republikanern an. Im Zweiten Weltkrieg entstanden jedoch schwere Gebäudeschäden.

Sehenswertes

Die Altstadt. Ein Stadtrundgang beginnt am günstigsten am Office de Tourisme, an der Pont de Nemours. Über die Rue

Rennes

1 Porte Mordelaise
2 Place des Lices
3 Cathédrale Saint-Pierre
4 Rathaus
5 Office de Tourisme
6 Busbahnhof
7 Hôtel Anne de Bretagne
8 Hôtel d'Angleterre
9 Hôtel Mercure
10 Hôtel de Brest
11 Hôtel de Bretagne
12 Bahnhof
13 Hôtel Arvor
14 Musée de Bretagne,
Musée des Beaux-Arts
15 Jardin du Thabor
16 Palais de Justice
17 Hôtel Rocher de Cancale
18 Jugendherberge
19 Camping Municipal des Gayeulles

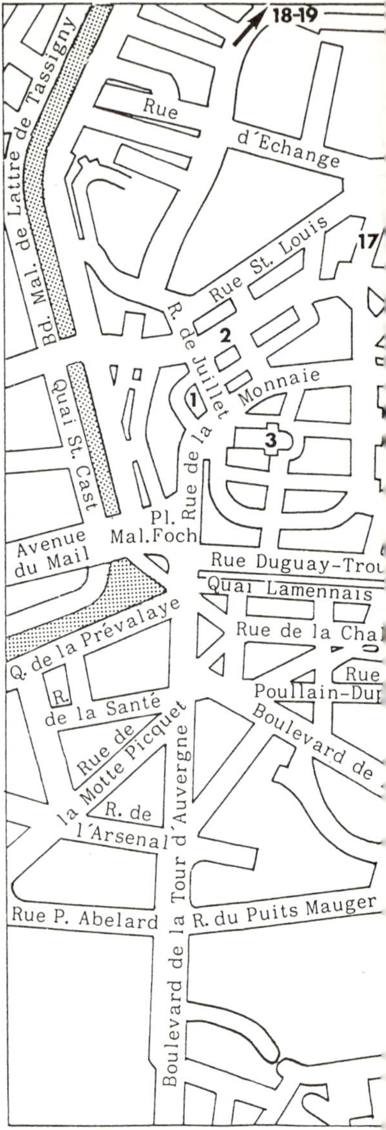

Frisch gebohnert: der Rathaussaal (EH)

Rue Lesage
Rue d'Autrain
Rue de la Borderie
Rue M. Guillaudot
Boulevard de Sévigné
Rue du Thabor
Rue de la Palestine
Bd. de la Duchesse Anne
Rue St. Mélaine
Rue Gal.
R. Bertrand
R. des Fossés
R. Marteho
15
16
N-12
R. Nationale
Rue Victor Hugo
Rue de Paris
Pl. de la Mairie
Rue Gambetta
Rue de Chateaudun
Rue Kléber
Rue Paul Bert
Q. Chateaubriand
Quai Dujardin
Av. Aristide Briand
Quai E. Zola
Q. de Richemont
6
Rue du Pré-Botté
14
8
9
Rue Mal. Joffre
Rue Vasselot
Rue R. Lucas
Rue Dupont des Loges
CD-177
Rue St. Thomas
Bd. René Laënnec
Avenue Jean Janvier
13
Rue St. Hélier
Rue d'Isey
Cours des Alliés
Av. des Français Libres
10
11
Pl. de la Gare
12
Rue Gurvand
Bd. Solférino
0
200 m

d'Orléans gelangt man zum Place de la Mairie. Hier steht links das Rathaus und rechts das Theater (1832). Das ***Rathaus*** wurde zwischen 1734 und 1742 von JEAN GARIEL im Zuge des Wiederaufbaus errichtet. Skulpturen säumen den Eingangsbereich, in dem sich rechts Gedenktafeln für die Soldaten des 1. Weltkrieges und des Algerienkrieges (1962) befinden. Gedichte von VICTOR HUGO schmücken die Tafeln. Wer beim Pförtner höflich fragt, kann die Hochzeitskapelle im 1. Stock mit ihren herrlichen Wandteppichen besichtigen. Im Hochzeitssaal (300 m^2) werden auch heute noch festliche Anlässe begangen.

Weiter führt der Weg vorbei an der sehr schönen ***Eglise St-Sauveur*** aus dem 17. und 18. Jh. Beeindruckend ist hier der vergoldete Baldachin über dem Hauptaltar. Unmittelbar benachbart steht die ***Cathedrale St-Pierre***, die aus dem 19. Jh. stammt. Allerdings ist dies bereits das dritte religiöse Bauwerk an dieser Stelle, nachdem hier zuvor bereits im 6. Jh. eine Kirche errichtet wurde, deren Weiterbau vom 12. bis zum 18. Jh. stattfand. Das Innere des Gotteshauses wirkt mit den vielen Schnitzereien und Vergoldungen etwas überladen.

Gegenüber der Kathedrale befindet sich das ehemalige Stadttor, die ***Porte Mordelaise***. Dieses Tor aus dem 15. Jh. war der Eingang für die Herzöge der Bretagne.

Der ***Place des Lices*** und seine mittelalterlich erhalten gebliebenen Straßenzüge schließen sich an. Heute hat sich hier eine studentische Kultur mit vielen Kneipen und internationaler Küche etabliert. Auf dem Platz selbst, früher Schauplatz der Ritterturniere, findet heute nur noch ein gänzlich unblutiger Markt statt (jeden Samstag). Hübsche Fachwerkhäuser stehen in der Rue St-Michel, am Place Ste-Anne und in der Einkaufsstraße Rue du Pont-aux-Foulons.

Die Rue Lafayette und weiter die Rue Nationale führen dann zum ***Palais de Justice***, dem ehemaligen Abgeordnetenhaus der bretonischen Regierung. Hier, im prunkvoll ausgestatteten Gebäude aus dem 17. Jh., das von dem für seinen Renaissancebaustil berühmten Architekten SALOMON DE BROSSE errichtet wurde, nahm die Stempelgeld-Revolte ihren Anfang, die schließlich zu bürgerkriegsartigen Zuständen, vielen Toten und der Verbannung des Parlaments führte. Im Inneren ist besonders der Saal (Grande Chambre) beeindruckend. Gemälde, Gobelins und Verzierungen an den Logen für Ehrengäste zeugen von einstiger Pracht. Leider wurde dieses symbolträchtige Bauwerk am 4.2.94 ein Raub der Flammen. Aufgebrachte militante Fischer, erbitterte Gegner der EU-Politik, richteten immensen Schaden an.

Jardin du Thabor. Blumenpracht, Natur und Tiergehege befinden sich im hübsch angelegten Stadtgarten, der nach einem Stadtbummel recht kurzweilig und erholsam sein kann.

Musée de Bretagne und Musée des Beaux Arts. Die Geschichte der Bretagne und natürlich Rennes' ist mit großer Akribie im Museumskomplex zusammengetragen worden. Von den Kelten bis zum Beginn des 1. Weltkrieges reichen die Exponate: Münzen, Trachten, Werkzeuge, Möbel, Waffen, Gebrauchsgegenstände und sonstige Fundstücke. Spezielle Lichteffekte unterstützen das Erleben der Historie. Leider nur französisch beschriftet.

Im 1. Stock des Gebäudes befindet sich das Museum der Schönen Künste, das die Malerei des 18. und 19. Jh., darunter auch die Schule von Pont-Aven, ausstellt.

Quai Emile Zola 20, Tel. 99.28.55.84. Öffnungszeiten: täglich, außer dienstags und an Feiertagen, 10.00-12.00 Uhr und 14.00-18.00 Uhr. Eintritt 15/7,50 FF.

Praktische Hinweise

Information

•***Office de Tourisme***, Pont de Nemours, 35025

Rennes, Tel. 99.79.01.98.

- ***Busauskunft***, STAR, Tel. 99.79.37.37 und 99.36.24.12.
- ***Busbahnhof***, Tel. 99.30.87.80.
- ***SNCF-Auskunft***, Tel. 99.65.50.50.

Unterkunft

Dem Charakter der Stadt entsprechend, gibt es zahlreiche Hotels von recht einfacher Ausstattung bis zur gehobenen Mittelklasse (3 Sterne). Die überwiegende Zahl der Hotels befindet sich südlich der Vilaine, hier auch besonders in der Umgebung des Bahnhofs.

- ***Hôtel Anne de Bretagne***, Rue Tronjolly 12, Tel. 99.31.49.49. Eines der besten Häuser der Stadt. Komfortabel eingerichtete Zimmer und guter Service, ab 330 FF.
- ***Hôtel Mercure***, Rue Paul Louis Courier, Tel. 99.78.32.32. Ebenfalls sehr komfortables Hotel mit 104 Zimmern ab 350 FF.
- ***Hôtel Arvor***, Avenue Louis Barthou, Tel. 99.30.36.47. 16 gemütlich und ordentlich, aber nicht übermäßig komfortabel ausgestattete Zimmer ab 170 FF.
- ***Hôtel de Brest***, Place de la Gare 15, Tel. 99.30.35.83. In unmittelbarer Bahnhofsnähe, allerdings lärmgeschützt. Ordentlich eingerichtete Zimmer ab 210 FF.
- ***Hôtel de Bretagne***, Place de la Gare 7. Ebenfalls in Nähe des Bahnhofes. Ähnlicher Standard wie im Hôtel Brest. Zimmer ab 190 FF.
- ***Hôtel d'Angleterre***, Rue Maréchal Joffre 19, Tel. 99.79.38.61. Einfach ausgestattete Zimmer schon ab 97 FF.
- ***Hôtel Rocher de Cancale***, Rue St-Michel 10, Tel. 99.79.20.83. Die Einrichtung der Zimmer entspricht der unteren Mittelklasse. Leider nicht der Preis, der mit 220 FF der Tatsache Rechnung trägt, mitten im Geschehen (besonders im nächtlichen) zu wohnen.
- ***Auberge de Jeunesse***, Canal St-Martin 10-12, Tel. 99.33.22.33. In der Jugendherberge stehen 40 Zimmer zur Verfügung. Pro Nacht und Bett liegen die Preise zwischen 61 und 100 FF.
- ***Camping Municipal des Gayeulles***, Rue du Professeur M. Audin (Parc des Bois), Tel. 99.36.91.22. Der Platz liegt etwa 3 km außerhalb der City in einer Art Naherholungsgebiet. 100 Stellplätze stehen zwischen dem 28.3. und 30.9. zur Verfügung.

Essen und Trinken

Hunderte von Gelegenheiten, internationale Küche zu genießen, bestehen in Rennes.

- Schwerpunkt internationaler Küche ist der Bereich um den Place des Lices. Versuchen Sie doch einmal ***Le Khalife***, ein marokkanisches Restaurant.
- Freunde der Crêpes finden sie im ***Les Beaux Arcs***, Rue Hoche 21. Hier gibt es zudem leckere Grillgerichte.
- Gehobene Kochkünste führen Agnès und Marc Angelle im Restaurant ***Le Piré*** vor, Rue du Maréchal-Joffre 23.

Sonstiges

- ***Schwimmbad***, Piscine Sports Loisirs, im Freizeitpark von Cesson-Sévigné, Tel. 99.83.52.10.
- ***Stadtverkehr:*** In der Stadt und in die nähere Umgebung fahren Busse der STAR. Fahrpläne mit den jeweiligen Routen (Réseau de Bus) erhält man im Office de Tourisme. Der Busbahnhof dieser Busse befindet sich am Place de la République.
- ***Parken:*** Hauptparkplätze befinden sich an den Ufern der Vilaine und am Place des Lices. Sie sind gebührenpflichtig und werden regelmäßig überwacht.
- ***Markt:*** Samstags am Place des Lices.

Feste

- Rennes ist im Sommer Schauplatz einiger Festivals. Das Office de Tourisme informiert über aktuelle Veranstaltungen.
- Jährlich findet in den ersten Julitagen das ***Festival des Tombées de la Nuit*** statt. Musik, Theater, Filme, Pantomime und Tanz bestimmen dann die Innenstadt.
- In der zweiten Dezemberwoche treffen sich französische Rockmusiker zum ***Les Transmusicales Festival.***

Anreise/Weiterreise

- ***Mit dem Flugzeug:*** In St-Jacques, etwa 7 km außerhalb der Stadt, liegt der Flughafen mit regelmäßigen Verbindungen zu den größeren Städten Frankreichs. Im internationalen Luftverkehr gibt es Flüge nach London.
- ***Mit der Bahn:*** Der Bahnhof im Süden der Stadt ist der größte und wichtigste der Bretagne. Auf der Hauptstrecke verkehren Züge, auch der TGV, von Paris bis Brest, über St-Brieuc oder Vannes und Quimper. Kleinere Orte überall in der Bretagne werden ebenso regelmäßig angefahren. Auf der Strecke bis Bordeaux halten die Züge in Nantes.
- ***Mit dem Bus:*** Am Boulevard Magenta befindet sich der Gare Routière. Von hier aus fahren Busse regelmäßig in alle größeren Städte der Bretagne.
- ***Mit dem PKW:*** Spinnennetzartig breiten sich von Rennes aus Hauptstraßen in alle Himmelsrichtungen aus. Die N 157 führt in östlicher Rich-

Fassadenverzierung (EH)

tung nach Vitré, die N 12 in nordöstlicher Richtung nach Fougères und in westlicher Richtung nach Lamballe/St-Brieuc, die D 175 nach Norden zum Mont St-Michel, die N 137 in Richtung St-Malo (nordwestlich) und in südlicher Richtung nach Nantes. Zum Morbihan, über Ploermel, gelangt man auf der N 24. Die D 177 führt nach Süden, Richtung Redon.

Umgebung von Rennes

Ecomusée du Pays de Rennes

Das Heimatkundemuseum befindet sich auf dem Hof La Bintinais, einem Gutshof, der früher direkt an der Grenze zwischen Stadt und Land lag. Seit 1980 werden hier auf 1.200 m^2 Fläche Exponate zu den Themen Rennes und das Umland, Leben der Grundbesitzer und Bauern, Leben in Rennes und Umgebung, Architektur und Umwelt und Früchte der Erde ausgestellt.

Das Ecomusée liegt an der Straße nach Châtillon-sur-Seiche, Tel. 99.51.38.15. Öffnungszeiten: Täglich, außer dienstags und an Feiertagen, vom 1.4. bis 15.10. 14.00-19.00 Uhr, vom 16.10. bis 31.3. 14.00-18.00 Uhr.

Anreise

- Von Rennes aus über die Avenue Henri Fréville, von der südlichen Stadtautobahn aus in Richtung Le Blosne fahren. Busse der Linie 14 fahren bis zur Haltestelle Le Gacet (ab République) und Busse der Linie 61 bis zur Haltestelle La Bintinais (ab Busbahnhof).

Musée Automobile de Bretagne

Nordöstlich der Stadt liegt das Oldtimermuseum mit etwa 80 Fahrzeugen aller Art vom Pferdewagen über Motorräder bis zum Feuerwehrwagen.

Route de Fougères, Cesson-Sévigné, Tel. 99.62.00.17. Öffnungszeiten: täglich 9.00-12.00 Uhr und 14.00-19.00 Uhr. Eintritt 20 FF/10 FF.

Aquarium

Das Aquarium im Vorort Cesson-Sévigné beherbergt vornehmlich einheimische Süßwasserfische. Ausstellungen und Videos informieren über Fischzucht und -fang.

Boulevard de Dézerseul, Cesson-Sévigné, Tel. 99.83.11.11. Öffnungszeiten: Vom 15. Mai bis 15. September 10.00-19.00 Uhr, an Wochenenden und Feiertagen 14.00-19.00 Uhr. Vom 16. September bis 14. Mai an Wochenenden, Feiertagen und mittwochs 14.00-18.00 Uhr. Eintritt 20 FF/10 FF.

Anreise

- Über die N 157 etwa 8 km westlich von Rennes. Busse mit der Aufschrift "STAR" fahren vom Bahnsteig Nr. 6 des Busbahnhofs in Rennes hierher.

Parc Ornithologique de Bretagne

Der Vogelpark mit über 1.000 Vögeln liegt beim Ort Bruz, südlich von Rennes.

Boulevard Pasteur 53, Bruz, Tel. 99.52.68.57. Öffnungszeiten: Täglich vom 1.3. bis 15.11. 10.00-12.00 Uhr und 14.00-19.00 Uhr, sonst nur an Wochenenden 14.00-18.00 Uhr.

La Guerche-de-Bretagne

Im späten Mittelalter gehörte La Guerche-de-Bretagne, 40 km südöstlich von Rennes gelegen, in die Linie der vom Norden nach Süden verlaufenden Militärstützpunkte vom Mont St-Michel bis Nantes (s.a. Fougères, Vitré, Châteaubriant), die die Bretagne nach Osten sicherten. Die Festungsanlagen wurden überwiegend während der französischen Revolution zerstört.

Heutzutage stellt sich La Guerche als eine geschäftige Kleinstadt dar, deren ***historische Altstadt*** rund um den Place Charles de Gaulle einen Besuch wert ist. Alte Fachwerkhäuser aus dem 16., 17. und 18. Jh., zum Teil mit auf Pfeilern gestützten Vorbauten, wurden einst von erfolgreichen Geschäftsleuten bewohnt, die hier an der Handelsstraße nach Nantes vor allem mit Hanferzeugnissen und Webwaren ihr Geld verdienten. Auch in den direkt angrenzenden Straßen Rue du Cheval Blanc, Rue d'Anjou und Rue des Chapelles sind schöne Fachwerkhäuser zu sehen, die den beim Handel erworbenen Reichtum des 16., 17. und 18. Jh. widerspiegeln.

Die Handelstradition der Stadt blieb bis zum heutigen Tage sehr lebendig. Jeden Dienstag findet im Bereich der Altstadt und in den angrenzenden Straßen ein ***Markt*** statt, dessen Angebot und Größe in der Region einzigartig sind. Neben den ortsansässigen Händlern kommen hier weitere 200 bis 300 fliegende Händler aus der gesamten Ostbretagne zusammen, um neben Gemüse, Fleisch, Obst und Fisch auch lebende Tiere, wie Schweine, Schafe, Hühner, Enten. oder Textilien, Gewürze, kunsthandwerkliche Erzeugnisse, Haushaltswaren, ja sogar Autoteile anzubieten. Um dem Käufer die Orientierung zu erleichtern, werden die verschiedenen Warenarten voneinander getrennt auf verschiedenen Plätzen der Stadt angeboten. Lebensmittel auf dem Place Charles-de-Gaulle, Textilien auf dem Grand Mail, lebende Schweine u. Schafe auf dem Champ de Foire, Geflügel auf dem Place Duguesclin, alles andere ist bunt gemischt. Aus mittelalterlichen Aufzeichnungen geht hervor, daß diese Art des Mega-Wochenmarktes im Jahre 1121 hier erstmalig durchgeführt wurde.

Nur 85 Jahre jünger als das organisierte Streben nach Verkaufsgewinn in der Stadt ist die alles überragende ***Basilika Notre-Dame de la Guerche***. Die Gründung der Kirche geht auf das Jahr 1206 zurück, als GUILLAUME II. hier eine kleine Stiftskapelle bauen ließ. Der kleine schiefergedeckte Turm auf der Rückseite der Kirche war einst Turm der Stiftskapelle. Hingegen wurde der 75 m hohe im gotischen Stil erbaute Hauptturm erst 1873 in Anlehnung an die Gestaltung des Kirchturms von Pont-Croix/Cap Sizun hinzugefügt. Das Kirchenschiff stammt aus dem 16. Jh. Im Inneren sind neben dem aufwendig mit Schnitzarbeiten versehenen Gestühl aus dem 16. Jh. die Glasmosaikfenster aus dem gleichen Jahrhundert sehenswert.

Praktische Hinweise

Information

•***Office de Tourisme***, Place Charles-de-Gaulle, 35130 La Guerche-de-Bretagne, Tel. 99.96.30.78.

Freigelegt? Der Gangdolmen "La Roche-aux-Fées" (MK)

Unterkunft

•***Hôtel/Restaurant La Calèche***, Avenue du Général-Leclerc 16, Tel. 99.96.21.63. Relativ modernes Haus nahe des Ortszentrums mit freundlich eingerichteten Zimmern ab 230 FF. Im elegant eingerichteten Restaurant bekommt man Menüs ab 85 FF.

•***Hôtel du Faubourg***, Faubourg d'Anjou 35, Tel. 99.96.30.09. Einfaches Haus, ca. 0,5 km südöstlich des Zentrums. 10 Zimmer, einfach, aber sauber, ab 160 FF.

•***Camping:*** Empfehlenswerter als der Municipal-Platz von La Guerche an der Straße nach Anger (Verlängerung das Faubourg d'Anjou, D 463) ist der landschaftlich reizvoller und ruhiger gelegene Platz im ca. 10 km westlich gelegenen kleinen Ort Marcillé-Robert (D 463 nordwestlich bis Visseiche, dann links ab auf die D 48). Camping de l'Etang, Tel. 99.43.67.34, mit 50 Stellplätzen direkt an einem kleinen See. Gute Sanitäreinrichtungen, aber wenig Nebenangebote.

Essen und Trinken

•***Restaurant La Taverne du Cheval Blanc***, Rue du Cheval Blanc 9, Tel. 99.96.23.45. Rustikales Altstadt-Restaurant mit speziellem Dienstagsmenü (Markttag!): Kalbskopf und Pot-au-feu de la Guerche.

•***Restaurant du Pont d'Anjou***, Faubourg d'Anjou 11, Tel. 99.96.23.10. Einfaches, preiswertes Lokal der Les-Routiers-Kette, ohne kulinarische Phantasien, aber mit einem soliden Menü ab 60 FF.

•***Bar Duguesclin***, Rue Duguesclin 19, Tel. 99.96.20.18. Nettes Lokal für einen Kaffee, ein Bier oder ein Eis zwischendurch in Ortsmitte.

Anreise/Weiterreise

•***Mit dem Auto:*** 22 km südlich von Vitré über die D 178.

•***Mit dem Bus:*** Es gibt mindestens 10mal täglich Verbindungen nach Rennes, über Châteaugiron.

Umgebung von La Guerche-de-Bretagne

La Roche-aux-Fées

Eines der eindrucksvollsten Beispiele eines ***großen Gangdolmens*** befindet sich ca. 40 km südöstlich von Rennes. Anreise von La Guerche über Rétiers (D 47), dann nach 1 km in Richtung Janzé (D 41), rechts ab auf die D 341. Nach ca. 3 km befindet sich der Dolmen auf der rechten

Straßenseite in einem kleinen Wäldchen aus alten Eichen und Eßkastanien. Der 22 m lange Dolmen "La Roche-aux-Fées" (Fels der Feen) wurde im späten Neolithikum (ca. 2500 v. Chr.) vermutlich als Begräbnisstätte mit religiös-ritueller Bedeutung angelegt. Ob der Dolmen ursprünglich von einem Tumulus bedeckt war, ist umstritten. Eine Skizze des Marquis de Robien aus dem 18. Jh. zeigt die Stätte ohne Bedeckung. Andererseits haben Archäologen auf Bauernhöfen in der Umgebung Steinmaterial gefunden, das möglicherweise im Neolithikum den Dolmen bedeckte.

Zweifellos reichten die Erosionskräfte von 4 Jahrtausenden, um die eventuell vorhandene äußere Erdschicht des Tumulus bis auf die darunter befindliche Steinschicht abzutragen, mit der große Gangdolmen oft bedeckt waren und deren Steine sicherlich später als willkommenes Baumaterial angesehen wurden. Der Dolmen selbst ist aus rotem Schiefer, der aus einem etwa 5 km entfernten Steinbruch im Wald von Theil stammt.

Die Anlage der insgesamt 42 Steine besteht aus drei voneinander unterscheidbaren Teilbereichen: Ein aus drei mühevoll zu Quaderform behauenen Steinen bestehendes ***Tor*** (Trilith) führt in einen ***Eingangsraum*** von etwa 4 x 4 m mit 1,2 m Höhe. Ein Durchgang führt in den ***Mittelteil,*** der mit drei querstehenden Steinplatten möglicherweise in Teilkammern aufgeteilt wurde. Das letzte Drittel des Dolmens wird von der etwa 4 x 5 m großen ***Hauptkammer*** eingenommen. 8 gewaltige Decksteine, von denen der größte etwa 45 t wiegt, bilden die Abdeckung dieses geheimnisvollen Ganges.

Daß es sich bei der Anlage tatsächlich um eine ***Begräbnisstätte*** gehandelt hat, konnte nicht durch Funde von Knochen oder Beigaben bestätigt werden. Die fehlenden Knochen lassen sich aber mit dem organisches Material zersetzenden sauren Boden erklären, doch die andernorts in Dolmen gefundenen Tongefäße wurden hier ebenfalls nicht entdeckt; eine Folge früher Grabräuberei? Niemand weiß es. Oder war der Dolmen gar keine Begräbnisstätte, sondern ein rituell anders genutzter Ort?

Die katholische Kirche des Mittelalters hatte ihre eigene Deutung: Der Dolmen sei die Höhle eines fürchterlichen, menschenfressenden Drachen gewesen, der die Gegend unsicher machte. Doch der Heilige Armel konnte schließlich den Drachen töten und so die Bevölkerung von der ständigen Bedrohung erlösen.

Vitré

Oft wird die kleine Stadt am östlichen Rande der Bretagne als eine der schönsten der Region bezeichnet. Unzweifelhaft ist, daß Vitré sich ein Aussehen wie vor 500 Jahren bewahrt hat; Grund genug, die Auszeichnung ***Petite Cité de Caractère, Ville d'Art et d'Histoire*** zu erhalten. Wer bei gutem Wetter hierher kommt, kann den Grund für diese Einstufung sicherlich nachempfinden. Oberhalb des Ufers der Vilaine ragen die mächtigen Türme und Mauern einer Stadt auf, die sich hier schon seit Hunderten von Jahren immer wieder Angriffen erwehren mußte. Eng schmiegen sich die Häuser der Altstadt aneinander und um die Burg, bilden so eine ***Ville clos***, die so typische wehrhafte und geschützte Stadt.

Schon vor etwa 1.000 Jahren gab es hier oberhalb einer Flußschleife Befestigungsanlagen, die dann immer weiter ausgebaut wurden, bis schließlich zwischen dem 13. und 15. Jh. die heutige ***Burg*** fertiggestellt werden konnte.

Bedeutung erhielt Vitré besonders vom 15. bis 17. Jh., als hier ein Handels- und ***Verarbeitungszentrum für Textilien***, besonders für Wolle und Hanf, entstand. Sogar überseeische Gebiete konnten beliefert werden. Ab dem 18. Jh. ging die Marktposition aber allmählich zurück, erst seit Beginn unseres Jahrhunderts erlebt der Handel mit landwirtschaftlichen Produkten wieder einen Aufschwung.

Mit dem Namen der Stadt ist der Werdegang von ***Pierre Landais***, einem Schneider aus Vitré, eng verwoben. Er lebte Mitte des 15. Jh. Seine Fertigkeiten im Umgang mit Nadel und Faden und sein fröhlicher und kluger Verstand ließen ihn in der Gunst des Herzogs FRANÇOIS II. sehr hoch steigen. Benötigte der Herzog Rat, besprach er sich mit Landais. Das enge Vertrauensverhältnis führte zur Ernennung des Schneiders zunächst zum Kammerherren, später zum Schatzmeister. Leider erntete der Bürgerliche dafür wenig Gegenliebe beim Adel, der um seinen Stand und seine Vorrechte fürchtete. Nach Inszenierung einer Verschwörung mußte sich der Herzog von LANDAIS lossagen. PIERRE LANDAIS wurde verhaftet, gefoltert und so zu "Geständnissen" seiner Schuld gezwungen. Die Strafe für den angeblichen Verrat lautete auf Tod durch Erhängen. 1485 wurde die Strafe dann vollstreckt.

Sehenswertes

Le Château. Das ursprünglich im 11. Jh. erbaute Befestigungswerk wurde im Laufe der Jahrhunderte (besonders im 14. und 15. Jh.) oft umgestaltet, bis es schließlich seine heutige Gestalt auf dreieckigem Grundriß erhielt. Neben einer Besichtigung der Außenanlagen und einem Spaziergang auf den Mauern lohnt der Besuch des Museums. Es ist der Geschichte der Stadt gewidmet, zeigt aber auch Exponate, die zunächst nicht so eindeutig dazuzuordnen sind: konservierte Tiere.

Öffnungszeiten: Von Juli bis September täglich 10.00-12.30 Uhr und 14.00-18.30 Uhr, sonst mittwochs bis freitags 10.00-12.00 Uhr und 14.00-17.30 Uhr, samstags

Furchteinflößend: die Türme vom Château (EH)

bis montags 14.00-17.30 Uhr. Eintritt 18 FF/10 FF. Tel. 99.75.04.54.

Die Altstadt. Zwischen dem Schloß und der Kirche Notre-Dame laden die schönen alten Gassen, gesäumt von Fachwerkhäusern, zum Spaziergang ein. Besonders die Rue Beaudrairie, die Rue Poterie und die Rue d'Embas glänzen mit geschnitzten Giebeln, liebevoll restaurierten Fassaden und Blumenschmuck. Nördlich und östlich der Kirche sind noch Teile der Remparts (Stadtmauer) erhalten, so z.B. der Tour Bridole. Hier beginnt die Promenade du Val, die entlang der Stadtmauer oberhalb der Vilaine verläuft.

Eglise Notre-Dame. Im 15. und 16. Jh. wurde das eindrucksvolle Bauwerk errichtet. Auf der Südseite dominieren sieben verzierte Giebel und eine Außenkanzel das Bild. Im Inneren der dreischiffigen Kirche findet man hübsch gearbeitete Altaraufsätze und ein seit der Renaissance erhaltenes Fenster.

Praktische Hinweise

Information

•***Syndicat d'Initiative***, Place St-Yves, 35500 Vitré, Tel. 99.75.04.46. Von hier aus werden im Sommer Führungen organisiert. Hier werden auch Fahrräder vermietet.

Unterkunft

•***Hôtel Petit-Billot***, Place du Général-Leclerc, Tel. 99.75.02.10. Zum günstigen Preis (ab 160 FF) kommen recht gut ausgestattete Zimmer und eine hoteleigene Garage hinzu.

•***Hôtel Le Chêne-Vert***, Place de la Gare, Tel. 99.75.00.58. Auch dieses Hotel, das nahe am Bahnhof, leider aber auch an der Hauptstraße liegt, überzeugt durch einfach eingerichtete, aber saubere Zimmer und günstige Preise (ab 140 FF).

•***Hôtel du Château***, Rue Rallon 5, Tel. 99.74.58.59. Im Standard mit den beiden anderen vergleichbar, liegt das Haus unterhalb des Schlosses in einer ruhigen Straße. Zimmmer ab 130 FF.

Essen und Trinken

•***Taverne de l'Ecu***, Rue Beaudrairie. Gediegen und gemütlich ist das Ambiente des Restaurants. Neben dem Essen à la carte besteht die Möglichkeit, ein preiswertes Touristenmenü ab 100 FF zu bestellen.

•Für den kleinen Hunger oder einen schnellen Snack empfiehlt sich das kleine ***Bistro am Place Notre-Dame***, schräg gegenüber der Rue Beaudrairie.

Anreise/Weiterreise

•***Mit der Bahn:*** Der Bahnhof liegt nahe der Altstadt. Von hier bestehen gute Anschlußmöglichkeiten in Richtung Rennes und Paris, da die Stadt an der Hauptstrecke liegt. Der TGV hält hier allerdings nicht.

•***Mit dem Bus:*** Vom Busbahnhof, der direkt am Bahnhof der SNCF liegt, fahren regelmäßig Busse nach Fougères und Châteaubriant (auf dieser Strecke weniger häufig).

Umgebung von Vitré

Château des Rochers-Sévigné

Südöstlich der Stadt liegt dieses Schloß, das als historisches Monument klassifiziert wurde. Im 15. Jh. wurde das Schloß der Marquise de Sévigné errichtet, später aber noch häufig umgebaut. Die Schloßherrin machte sich rasch einen Namen wegen ihrer Sparsamkeit, die sich auch in stark abgeschiedenem Leben ausdrückte. Einzige Erbauung der Marquise war das Briefeschreiben. Diese Dokumente sind erhalten geblieben und zeugen von den Ereignissen und dem Leben zwischen der Mitte und dem Ende des 17. Jh. Besichtigen kann man nur die Kapelle und zwei Räume im nördlichen Gebäudeteil. Hier sind Dinge aus dem persönlichen Besitz der Marquise und andere Exponate ausgestellt. Sehr interessant ist auch der Besuch der typisch französischen Garten- und Parkanlagen.

Öffnungszeiten: Montags bis freitags 10.00-12.00 Uhr und 13.30-18.00 Uhr, an Wochenenden 14.00-18.00 Uhr. Geschlossen vom 15.11. bis 15.2., Eintritt 18 FF/ 10 FF. Tel. 99.96.76.51.

Fougères

Wie Vitré liegt Fougères an der östlichen Grenze der Bretagne, ca. 60 km nordöstlich von Rennes. Eine wechselvolle Geschichte unter verschiedenen Herrschern läßt sich erahnen. Schon im 11. Jh. wurde am Fuß eines Felsens oberhalb der Nançon, auf dem sich heute die Stadt befindet, eine ***Festungsanlage*** errichtet. Sie sollte die Grenze zwischen der Bretagne, der Normandie und dem übrigen Frankreich sichern. Berühmt wurde Raoul II., der unter Herzog Conan dem Kleinen die Festung beherrschte. Er versuchte lange Zeit, sich gegen die Fremdherrschaft des englischen Königs aufzulehnen, mit dem sich CONAN verbündet hatte. 1166 kam es zur drei Monate langen Belagerung von Fougères, woraufhin Raoul aufgeben mußte und die Festung geschleift wurde.

Rasch begann jedoch der Wiederaufbau. Seit jener Zeit wechselten die Herrscher über die Anlage noch häufig. Nach dem Zusammenschluß mit Frankreich wurde sie zum ***Sitz der Gouverneure.*** Im 18. Jh. zunächst in Privatbesitz gelangt, konnte sie im 19. Jh. von der Stadt erworben werden.

Historisch erlangte die Stadt durch die ***Chouannerie*** Bedeutung. Hier war eine Hochburg der konterrevolutionären Bewegung und der kriegerischen Auseinandersetzungen. Die Wirren dieser Epoche inspirierten etliche Schriftsteller zu literarischer Auseinandersetzung, u.a. auch VICTOR HUGO und HONORÉ DE BALZAC. Beide zeigten sich tief beeindruckt vom geschichtsträchtigen Boden der Stadt, nachzulesen in BALZACS "Les Chouans" und Hugos "1793".

Die Stadt war ursprünglich (im 13. Jh.) eine ***Tuchstadt.*** 300 Jahre blühte dieser Geschäftszweig, der u.a. durch der Herstellung von Segeltuch existierte. Mitte des 19. Jh. begann sich ein weiterer Wirtschaftszweig zu etablieren, die ***Schuhherstellung.*** Zeitweise gab es 80 Schuhfabriken in der Stadt, die jedoch zunehmend unter der billigeren Konkurrenz aus dem Ausland litten. Heute bestehen nur noch wenige dieser traditionellen Fabriken.

Sehenswertes

Die Burg. 13 Türme, benannt nach Eroberern und Gouverneuren, die hier herrschten, und mächtige Wehrmauern geben der Burg ein imposantes Erscheinungsbild. Eine Brücke führt zunächst ins ***Vorwerk,*** eine kleinere von Mauern umgebene Befestigung, die dazu diente, hereinstürmende Angreifer einpferchen und dann töten zu können. Besonders eindrucksvoll ist der ***Mélusine-Turm***. 13 Meter im Durchmesser, und 31 Meter Höhe mißt dieses Bauwerk und hat 3,5 Meter dicke Mauern. Von oben bietet sich ein guter Rundblick. Der Tour Raoul beherbergt heute, entgegen seiner militärischen Geschichte, das ***Schuhmuseum*** der Stadt. Hier werden Schuhe und Kleidung aus der Zeit des 17. bis 20. Jh. ausgestellt.

Öffnungszeiten: Von März bis Oktober täglich 9.00-19.00 Uhr, sonst nur in den Ferien. Eintritt 20 FF/15 FF.

Das Marchix-Viertel. Die Fachwerkhäuser und schmalen Gassen im Bereich des Place du Marchix sind eines der hübschesten Motive in der Altstadt. Besonders eindrucksvoll wirkt das Viertel von der Brücke über den Nançon, die an die Rue des Tanneurs anschließt.

Eglise St-Sulpice. Die in der Zeit zwischen dem 15. und 18. Jh. entstandene Kirche ist ein Zeugnis der Spätgotik. Obwohl sich der Bau über mehrere Jahrhunderte hinzog, erscheint das Gebäude recht einheitlich im Stil. Im Inneren befindet sich eine Statue der stillenden Maria, die Notre-Dame-des-Marais (12. Jh.). In der Gerberkapelle (Chapelle des Tanneurs) findet sich ein sehr schön geschnitzter Holzaltar.

Eglise St-Léonard. An diesem Gotteshaus ist vor allem die reich mit Verzierungen versehene Nordfassade beeindruckend. Das Gebäude stammt aus dem 15./16. Jh., der Turm aus dem 17. Jh.

Jardin Public. Unterhalb der Kirche liegt der Stadtpark, der bei gutem Wetter einen herrlichen Blick über Burg und Stadt ermöglicht.

Le Beffroi. Im 14. Jh errichtet, ragt der Turm aus Granit der einen achteckigen Grundriß hat, über die Stadtmauer. Der Glockenturm ist mit Wasserspeiern verziert.

Musée Emmanuel de la Villéon. VILLÉ-

ON (1858-1944) wurde in Fougères geboren. Ein großer Teil seiner impressionistisch beeinflußten Gemälde und Zeichnungen wird heute in einem Fachwerkhaus aus dem 16. Jh. ausgestellt.

Öffnungszeiten: Ostern bis 14.6. an Wochenenden 11.00-12.30 Uhr und 14.30-17.00 Uhr, 15.6. bis 15.9. täglich 10.30-12.30 Uhr und 14.30-17.30 Uhr. Eintritt: 10 FF. Rue Nationale 51.

Praktische Hinweise

Information

•***Office de Tourisme***, Place A. Briand 1, Tel. 99.94.12.20.

Unterkunft

•***Hôtel des Voyageurs***, Place Gambetta 10, Tel. 99.99.08.20. 37 Zimmer, die komplett ausgestattet sind, schon ab 200 FF. Der Wermutstropfen: Das Hotel liegt an einer befahrenen Straße.

•***Hôtel Balzac***, Rue Nationale 15 bzw. Rue Châteaubriand, Tel. 99.99.42.46. Sehr gut eingerichtete Zimmer, komfortabel und ruhig. Ab 200 FF.

•***Hôtel Le Commerce***, Place de l'Europe, Tel. 99.94.40.40. Außerhalb der Stadt, dafür in Nähe des Bahnhofes liegt das 25-Zimmer-Hotel, das recht gut ausgestattet ist. Zimmer ab 180 FF.

•***Hôtel de Bretagne***, Place de la République 7, Tel. 99.99.31.68. Preiswertes und einfaches Hotel. Zimmer ab 95 FF.

•***Auberge de Jeunesse***, Rue Beaumanoir 11, Tel. 99.99.22.06

•***Camping Municipal***, im Vorort Paron, Tel. 99.99.40.81. Sauber und einfach ausgestattet, liegt der Platz im Schatten hoher Bäume. Im angrenzenden Sportgelände u.a. Schwimm- und Tennismöglichkeiten.

Essen und Trinken

•***Persépolis***, Rue de la Pinterie 70. Serviert werden iranische Spezialitäten.

Anreise/Weiterreise

•***Mit dem Bus:*** Der Ort ist täglich mit Bussen der Linien 32-35 erreichbar. Diese Linien verkehren regelmäßig in Richtung Vitré, Laval, St-Malo, Mont St-Michel, Rennes und St-Aubin-du-Cormier. Der Busbahnhof befindet sich am Place de la République.

•***Mit dem PKW:*** Nach Nordwesten (Mont St-Michel/Dol-de-Bretagne) führt die D 155. Rennes erreicht man über die N 12 in südwestlicher Richtung, südlich liegt Vitré, erreichbar über die D 178.

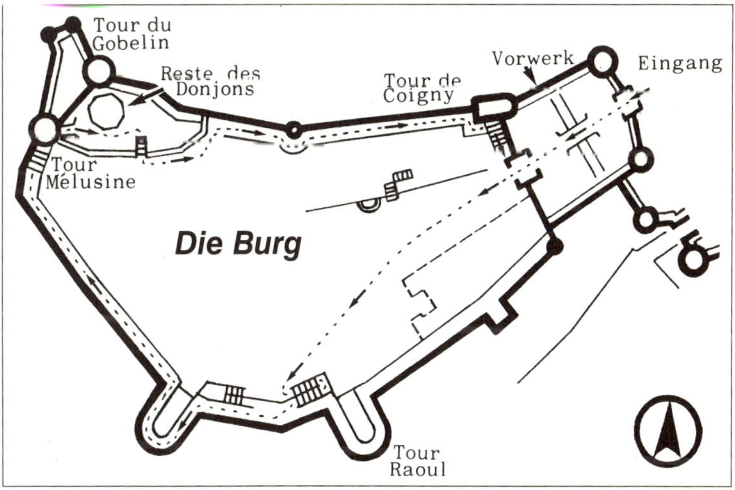

Einer der 13 Türme des Châteaus (EH)

Côte d'Emeraude

Le Mont Saint-Michel

Pyramidengleich erhebt sich der Mönchsberg, dessen Kloster auf einem etwa 900 m Umfang messenden ***Granitsockel*** steht, 80 m hoch in den Himmel.

Der Granitsockel ist der Grund für das Entstehen dieses einzigartigen Bauwerkes, das bereits 1874 als Monument historique klassifiziert wurde. Ursprünglich lag der Fels inmitten des Waldes von Scissy. Als "Mont-Tombe" (so wurde der Fels bis ins 8. Jh. genannt) ging die Erhebung in die keltische Geschichtsschreibung als Zentrum druidischer Rituale ein. Mit der Ausbreitung des Christentums wurde auch in dieser Region der heidnische Glaube verdrängt. Die Anfänge des Klosters waren gelegt.

Im Laufe der Jahrhunderte forderte das Meer seinen Tribut, es überflutete nach und nach den Wald. Die damit einhergehende ***Erosion*** trennte den Felsen vom Festland ab. Ein ähnliches Schicksal widerfuhr auch der weiter im Meer liegenden Insel Tomblaine.

Die nahegelegene Sandküste veränderte zudem ständig ihre Gestalt und damit auch die Mündungen der drei Flüsse Couesnon, Selune und Sée. Einer dieser Flüsse, der ***Couesnon, Grenzfluß*** zwischen der Normandie und der Bretagne, beendete den ewigen Streit der beiden französischen Regionen um die Zugehörigkeit des Mont Saint-Michel. Er fließt heute westlich des Berges ins Meer – der Mont Saint-Michel befindet sich damit auf dem Gebiet der Normandie. Allerdings sagen die Bretonen auch heute noch: "Der Couesnon hat eine Dummheit begangen, so ist der Mont zur Normandie gegangen".

Ist auf alten Bildern noch die Wanderung von Pilgern zum Mont bei Ebbe dargestellt, so besteht heute die Möglichkeit, zu jeder Zeit trockenen Fußes den Berg

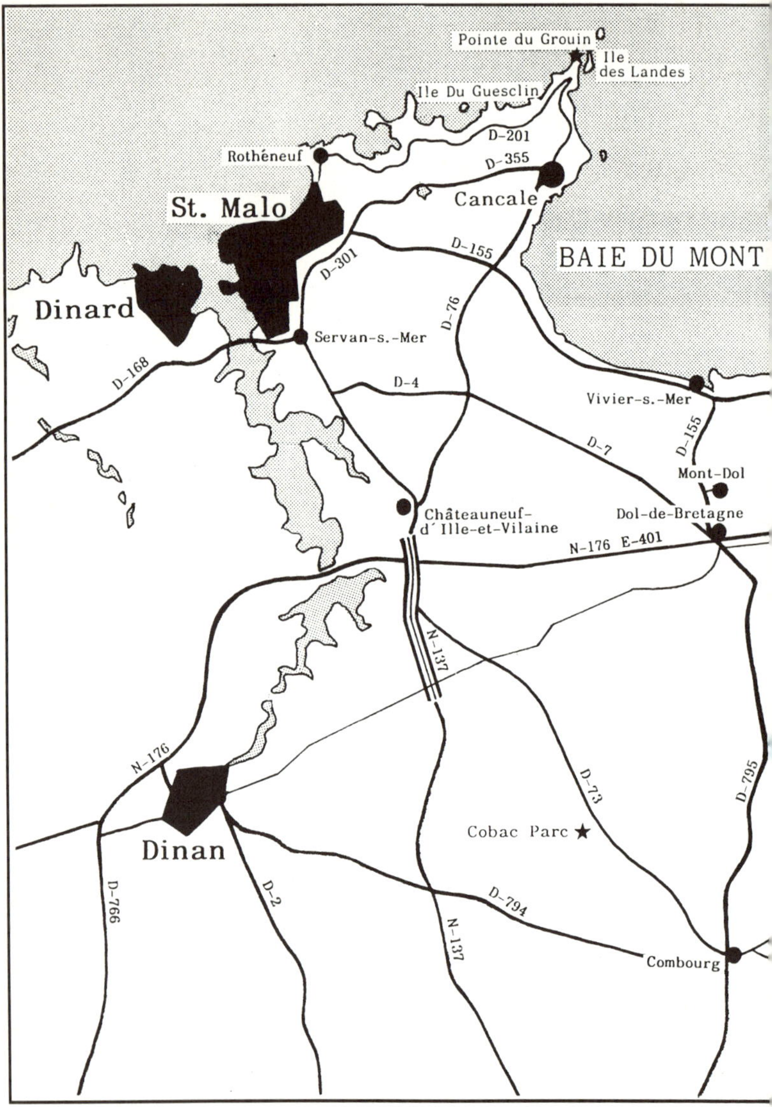
Pointe du Grouin
Ile des Landes
Ile Du Guesclin
D-201
Rothéneuf
D-355
St. Malo
Cancale
D-155
BAIE DU MONT
D-301
D-76
Dinard
Servan-s.-Mer
D-168
D-4
Vivier-s.-Mer
D-7
D-155
Mont-Dol
Châteauneuf-d´Ille-et-Vilaine
Dol-de-Bretagne
N-176 E-401
N-137
N-176
D-73
D-795
Cobac Parc
Dinan
D-766
D-2
D-794
N-137
Combourg

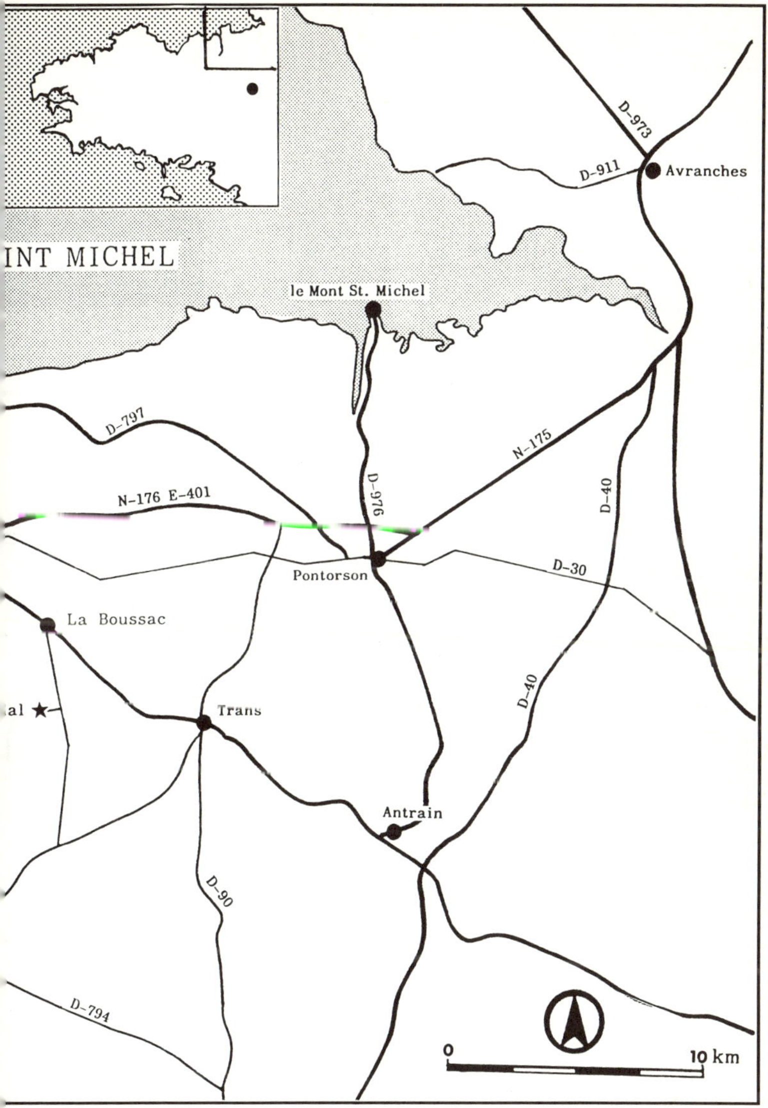
INT MICHEL
le Mont St. Michel
Avranches
D-973
D-911
D-797
N-175
N-176 E-401
D-976
D-40
D-30
Pontorson
La Boussac
al
Trans
D-40
Antrain
D-90
D-794
0
10 km

Eine der größten Sehenswürdigkeiten der Bretagne: Le Mont Saint-Michel, hier von der Landseite (EH)

zu erreichen. Eine etwa 2 km lange ***Deichstraße*** stellt die Verbindung zum Festland her. Der sandige Untergrund stellt ein zunehmend größeres Problem für das Gebiet dar, da die Gezeiten (der Tidenhub beträgt hier bis zu 13 m) ständig Sand anspülen, der zwischen dem Mont und dem Festland liegende Bereich also zunehmend verlandet. Weitreichende Wasserbaumaßnahmen sollen dafür Sorge tragen, die einmalige Lage des Mont Saint-Michel zu erhalten.

Die ***Klosteranlage*** datiert bis ins 8. Jh. zurück und ist, wie so vieles, legendenumwoben. Fest steht, daß die erste Weihe des damals noch Mont-Tombe genannten Felsens durch AUBERT erfolgte, der 708 Bischof in Avranches (Normandie) war. Ihm soll mehrfach der ***Heilige Michael*** erschienen sein, der bereits seit dem 5. Jh. besonders in Italien verehrt wurde. Dieser Heilige mußte AUBERT allerdings dreimal erscheinen, bevor dieser den Wink verstand (u.a. tauchte ein verschwundener Stier auf dem Mont-Tombe wieder auf) und ihm den Berg weihte. Zunächst wurde nur eine Kapelle errichtet. Die hier lebenden Kanoniker sympathisierten mit der Bretagne, Grund genug für RICHARD I., Herzog der Normandie, hier im Jahre 966 treue Benediktiner unterzubringen.
Schon bald reichte der vorhandene Raum nicht mehr aus, und um 1017 begann man zu überlegen, hier eine ***Klosterkirche*** zu errichten. Das größte Problem der Bauherren war der hügelige Untergrund, auf dem es unmöglich war, einen ebenen Gebäudeboden zu errichten. Voller Erfindungsgeist gelang es, den noch heute zu bewundernden Bau zu planen und zu verwirklichen. Die bereits vorhandene Kirche wurde nicht zerstört, sondern um- und überbaut. Sie wurde zur Krypta mit dem bezeichnenden Namen Notre-Dame-sous-Terre. Im Laufe der Zeit wurde die ursprüngliche Anlage mehrfach verändert. Im 13. Jh. kamen die Mervielle-Bauten hinzu, die Reisenden Obdach gewährten. Das 15. Jh. erlebte den Bau von Verwaltungsgebäuden und Unterkünften für das Militär, nachdem bereits zuvor die gewaltigen Mauern und der Torbau den Mönchsberg zur fast uneinnehmbaren ***Festung*** werden ließen. 1421 wurden erhebliche Renovierungen nötig, weil ein Teil der romanischen Anlage eingestürzt war. Bis 1521 wurden ein neuer Chor im Flamboyant-Stil und eine neue Krypta geschaffen.

Die wechselvolle Geschichte der Insel kennt noch viele wichtige Daten. Bis zum 17. Jh. hatte Mont Saint-Michel immer wieder auch militärische Bedeutung, konnte aber jedem Angriff trotzen. Zum Ende des 18. Jh. verlor sich dann die religiöse Bedeutung vollständig, das belagerungssichere Bauwerk wurde zum ***Gefängnis,*** getreu dem Motto: "Kann niemand hinein, so kann auch niemand hinaus!"

Heute leben wieder einige Benediktinermönche im Kloster, das Leben bestimmen allerdings der ***Tourismus*** und die damit zusammenhängende Wirtschaft. 1993 besuchten in den Monaten Juli/August etwa 6.200 Menschen täglich Mont Saint-Michel. Wer den Besuch plant, sollte unbedingt bereits gegen 8.30 Uhr den Rundgang beginnen.

Sehenswertes

Die Stadt. Den Eingang zur Stadt bildet die Porte de l'Avancée, das Tor im Vorwerk. Mächtige Mauern schützen das eigentliche Eingangstor, die Porte du Roi, benannt nach den königlichen Soldaten, die hier stationiert waren. Die Torwachen waren im Wachgebäude im Vorwerk, dem ***Corps de Garde des Bourgeois***, untergebracht. Der militärische Charakter der Stadt wird an den Kanonen, die auf dem Platz des Vorwerks aufgebaut sind, auch heute noch deutlich. Heute wie früher gelangt der Besucher durch die Porte du Roi auf die Hauptstraße, die Grande Rue.

Das beachtenswerte ***Maison de l'Arcade*** wurde ursprünglich als Kaserne genutzt. Heute säumen leider schier unendlich viele Imbißgeschäfte, Restaurants und Souvenirläden die recht steil ansteigende schmale Straße, die oft nur 3-4 Menschen nebeneinander Platz bietet. Sehr schöne mittelalterliche Häuser flankieren die Grande Rue, allerdings fehlt im Gedrängel oftmals die Möglichkeit, die Fassaden mit Muße zu betrachten.

Etwas ruhiger ist es meist auf der ***Befestigungsmauer*** (REMPARTS), dem mächtigen Produkt aus der Zeit zwischen dem 13. und 15. Jh. Besonders bei gutem Wetter lohnt hier ein Spaziergang mit sehr gutem Überblick über die Bucht. Vom Nordturm aus besteht die Möglichkeit, den Spaziergang im ***Klostergarten*** weiter fortzusetzen. Diese Gartenanlagen sind täglich 9.30-12.00 und 14.00-17.00 Uhr zugänglich.

1	Eingang	4	Pfarrkirche Saint-Pierre	8	Fontaine Saint-Aubert
2	Maison de l'Arcade	5	Le Logis Tiphaine	9	Grevin
3	Visite Historique et Maritime	6	Archeoscope	10	Abteikirche (La Merveille)
		7	Hotels		

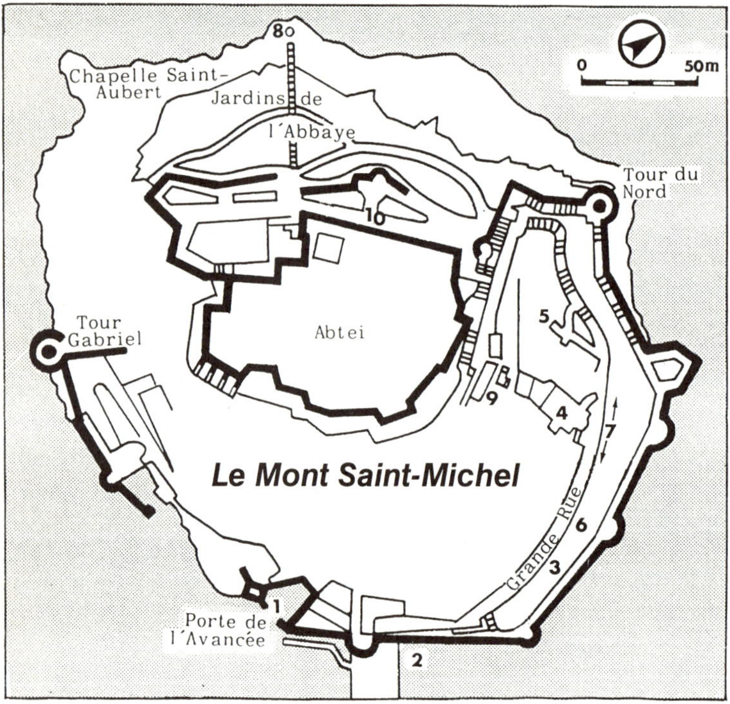

Eglise paroissiale Saint-Pierre. Die ursprünglich aus dem 11. Jh. stammende Kirche beherbergt einige Statuen, wird aber besonders wegen der vielen Pilgerfahnen besucht.

Le Logis Tiphaine. In diesem Haus aus dem 14. Jh. soll TIPHAINE, die Frau BERTRAND DUGUESCLINS, gewohnt haben. Heute werden hier Möbel und Einrichtungsgegenstände dieser Epoche ausgestellt. Öffnungszeiten: Vom 1.4. bis 30.9. täglich 9.00-18.00 Uhr, Eintritt 15 FF, Tel. 33.60.23.24.

Weitere Museen/Multimediashows: ***Visite Historique et Maritime, Archeoskop*** und ***Grevin.*** Alle drei Museen oder besser Multimediashows setzen auf Licht- und Toneffekte. Die 1000jährige Geschichte soll so eindrucksvoll ins Bild gerückt werden. Das ganze Spektakel findet täglich 9.00-18.00 Uhr statt. Der Eintritt beträgt 75/45 FF, Tel. 33.60.14.09 und 33.60.14.-38 (Archeoskop).

Das Kloster. Die 1000jährige Geschichte des Klosters erschließt sich dem Besucher bei den 1- bis 2stündigen Führungen durch die Gebäude. Zunächst führt der Weg durch das Befestigungstor (CHÂTELET). Von hier gelangt man zum Beginn der Führungen, allerdings nicht ohne zuvor die Escalier Abbatial, die ehemals befestigte Abtstreppe mit ihren etwa 100 Stufen, überwunden zu haben.

Die ***Abteikirche*** steht auf drei Krypten, die z.T. nach dem Einsturz 1421 neu errichtet werden mußten. Der Kreuzgang beeindruckt durch die teilweise sehr filigranen Steinmetzarbeiten und Skulpturen. Von außen festungsartig, von innen eher anmutig und dem geistlichen Leben Ausdruck gebend, so präsentiert sich das Wunder (MERVEILLE), der nördliche Anbau, der nach einer großzügigen Schenkung des französischen Königs ab 1210 errichtet werden konnte. Abt JOURDAIN war federführend bei der Planung des Bauwerkes, das sich perfekt mit den übrigen Gebäuden auf dem schwierigen Gelände arrangieren mußte. So bekam La Merveille schließlich drei Ebenen, auf denen sich Keller, der Almosensaal (ein ehemaliger Aufenthaltsraum armer Pilger), der Rittersaal (so benannt nach dem Ritterorden des Saint Michel, unter LOUIS XI. 1469 gegründet), der Gästesaal (für Adelige und sonstigen hohen Besuch) und das Refektorium (der ehemalige Speisesaal) der Mönche befinden.

Öffnungszeiten: vom 2.1. bis 15.2. und vom 12.11. bis 31.12. 9.30-11.45 Uhr und 13.45-16.15 Uhr, vom 16.2. bis 14.5. und vom 16.9. bis 10.11. 9.30-11.45 Uhr und 13.45-17.15 Uhr, vom 15.5 bis 15.9. 9.30-18.00 Uhr. Das Kloster ist am 1.1., 1.5., 1. und 11.11. und am 25.12. geschlossen. Eintritt 28 FF/Kinder 14 FF.

Praktische Hinweise

Information

- ***Office de Tourisme***, unmittelbar hinter dem Stadttor
- ***Mont Saint-Michel***, Tel. 33.60.14.30.
- ***SNCF-Auskunft***, Tel. 33.60.00.35. Der Bahnhof befindet sich in Pontorson.

Unterkunft

Insgesamt ist den Hotels innerhalb der Stadt einiges gemeinsam. Alle besitzen nur wenige Zimmer, die in der Hauptreisezeit bereits langfristig ausgebucht sind. Zudem muß die gewisse Exklusivität der Lage recht teuer bezahlt werden.

- ***Hôtel de la Mère Poulard***, Tel. 33.60.14.01, B.P. 18, 50116 Mont Saint-Michel. Die 27 exklusiven Zimmer des Hotels werden ab 400 FF vermietet.
- ***Hôtel Saint-Pierre***, Tel. 33.60.14.03, B.P. 16, 50116 Mont Saint-Michel. Vom 1.3. bis zum 30.11. werden hier 21 Zimmer ab 450 FF mit allem Komfort angeboten.
- ***Hôtel Duguesclin***, Tel. 33.60.14.10., B.P. 11, 50116 Mont Saint-Michel. Dieses kleine Hotel mit nur 13 Zimmern ist mit Preisen ab 170 FF etwas preiswerter, trotzdem aber recht gut ausgestattet. Geöffnet vom 15.3. bis 15.10.
- ***Hôtel/Brasserie La Vieille Auberge***, Tel. 33.60.14.34, 50116 Mont Saint-Michel. Das preiswerteste Haus am Platz (ab 150 FF) ist ganzjährig geöffnet. zum Teil sind die Zimmer sanitär recht einfach ausgestattet.

Getümmel in der Grande Rue (WK)

Entlang der Zufahrtsstraße, also noch auf dem Festland, sind einige Übernachtungsmöglichkeiten entstanden.

•***Hôtel Saint-Aubert***, Tel. 33.60.08.74, B.P. 13, 50116 Mont Saint-Michel, mit 27 Zimmern. Alle Zimmer sind gut ausgestattet und mit Preisen ab 150 FF recht günstig.

•***Hôtel de la Digue***, Tel. 33.60.14.02, 50116 Mont Saint-Michel. Die 35 recht luxuriös eingerichteten Zimmer werden ab 290 FF vermietet. Geöffnet vom 25.3. bis 15.11.

•***Camping du Mont Saint-Michel***, Tel. 33.60.09.33, B.P. 8, 50116 Mont Saint-Michel. Zwischen dem 4.2. und dem 1.11. stehen hier 350 Stellplätze zur Verfügung.

•***Château des Blosses***, M. und Mme. Jacques Barbier, 35460 Saint-Quen-la-Rouerie, Tel. 99.98.36.16. Das etwas andere Wohngefühl stellt sich sicherlich in den Zimmern dieses Schlosses ein, dessen Anfänge in das ausgehende 18. Jh. zurückreichen. Zimmer (mit Frühstück) ab 480 FF. Geöffnet vom 1.3. bis 15.11. Das Schloß liegt etwa 18 km südöstlich von Mont Saint-Michel, nahe Antrain.

Essen und Trinken

Entsprechend dem touristischen Charakter der Stadt findet sich hier eine große Zahl aller möglichen Eßgelegenheiten. Vom Eis und Fast-Food im Stehen bis hin zum Gourmet-Restaurant ist hier nahezu jede Kategorie vertreten.

•Weithin berühmt (und entsprechend teuer) sind die Omeletts im ***Hôtel/Restaurant de la Mère Poulard***. Ab 190 FF kann hier gut gespeist werden.

Sonstiges

•Direkt vor der Stadtmauer liegen unterhalb der Straße gebührenpflichtige (10 FF) ***Parkplätze.*** Wer die Gebühr sparen möchte, kann auf dem Festland parken und zu Fuß zur Stadt laufen.

Anreise/Weiterreise

•***Mit dem Zug:*** Züge fahren nur bis Pontorson, etwa 9 km südlich des Mont Saint-Michel. Der Ort ist ein Stop auf der Strecke Rennes - Dol-de- Bretagne - Avranches - Caen. Die Züge fahren täglich bis zu fünfmal.

•***Mit dem Bus:*** Die Linie 34 verkehrt täglich mehrfach zwischen Fougères und St-Servan, wobei jeweils ein Abstecher über Pontorson nach Mont Saint-Michel erfolgt.

Zwischen Rennes und Mont Saint-Michel besteht eine Buslinie (36), die ebenfalls mehrfach täglich fährt.

•***Mit dem PKW:*** Die D 976 führt in südlicher Richtung vom Mont Saint-Michel nach Pontorson. Hier zweigen in westlicher Richtung (Dol-de-Bretagne/Dinan) die N 176 und in südlicher (Rennes) die N 175 ab. Bei Antrain besteht die Möglichkeit, auf die D 155 in Richtung Fougères zu gelangen.

•***Ausflug mit dem Schiff:*** Sirene de la Baie bietet mehrfach täglich zwischen Juni und Ende August zwei- bis zweieinhalbstündige Bootsfahrten mit einem Amphibienboot. Die Fahrten kosten 103 / 66 FF. Täglich um 12.30 Uhr und um 20.30 starten Mittag- bzw. Abendessenkreuzfahrten mit Menüpreisen ab 125 FF. Auskünfte und Tickets erhält man in Le Vivier-sur-Mer, Gare Maritime, Tel. 99.48.82.30, etwa 30 km westlich von Mont Saint-Michel.

Pontorson

Der kleine Ort ist für die meisten Besucher nur Durchgangsstation beispielsweise auf dem Weg zum Mont St-Michel, besitzt aber eine sehr schöne Kirche aus dem 11. bis 13. Jh. Auch Pontorson liegt in der Normandie, allerdings nur etwa 2,5 km von der bretonischen Grenze entfernt.

Die Hotels sind hier meist nicht so stark ausgebucht und auf jeden Fall preiswerter.

Unterkunft

•***Hôtel de France***, Rue de Rennes 2, Tel. 33.60.29.17. Das kleine Hotel nahe dem Bahnhof besitzt einige einfache Zimmer ab 85 FF.

•***Hôtel Montgomery***, Rue du Cuesnon 13, Tel. 33.60.00.09. Teurer und besser ausgestattet sind die Zimmer im gemütlich-elegant holzgetäfelten Hotel. Ab 210 FF.

Dol-de-Bretagne

Der Ort und seine Umgebung sind schon seit Jahrtausenden besiedelt. Bereits vor 6.000 bis 7.000 Jahren gab es eine präkeltische Kultur in dieser Gegend. Bekannt ist auch der ***Mont-Dol***, eine 65 m hohe Erhebung, etwa 3 km nördlich von Dol. Hier lagerten römische Legionen und nutzten den Hügel neben seinem strategischen Wert auch für religiöse Riten. 530 gründete der Waliser Mönch SAMSON hier ein Kloster, dessen Bedeutung ab dem 8. Jh. immer mehr zunahm. In dieser Zeit entstanden die Anfänge einer ***Kathedrale,*** in der NOMINOË die Herzogdynastie der Bretagne ins Leben rief (848).

Aufgrund der geographischen Nähe zur Normandie war die Region oft ***Schauplatz blutiger Auseinandersetzungen.*** 1203 brandschatzte JEAN SANS TERRE die Kathedrale, die dann zwischen dem 13. und 17. Jh. wieder aufgebaut wurde. Zu weiteren Zerstörungen kam es während der Erbfolgekriege. Die Französische Revolution brachte ebenfalls schwere Gefechte mit sich.

Sehenswertes

Die Altstadt. Sehr schöne alte Fachwerkhäuser, die z.T. in den 80er Jahren unseres Jahrhunderts restauriert wurden, befinden sich im Bereich der Straßen ***Grande Rue des Stuarts***, Rue Le Jamptel und Rue Ceinte. Besonders lohnend sind die Häuser Rue Le Jamptel 12, das Hôtel Grand Maison, ein Haus aus dem 18. Jh., in dem sich 1836 VICTOR HUGO und JULIETTE DROUET aufhielten. In der Grande Rue des Stuarts stammt das Haus Nr. 17 (Maison des Petits-Palets) aus dem 12. Jh., und das Haus der drei Tauben (Maison des Trois-Pigeons), die Nr. 13, aus dem 15. Jh.

Die ***Rue Ceinte*** wurde im 13. Jh. an beiden Seiten durch Tore geschlossen. Hier wohnten früher kirchliche Würdenträger. Aus dem 16. Jh. stammt das ehemalige Schatzamt (Maison de la Trésorie), in dem heute ein kleines Privatmuseum zur Stadt- und zur Vorgeschichte untergebracht ist. Geöffnet vom 1.4 bis 30.9. täglich außer dienstags 9.30-18.00 Uhr. Eintritt 25 FF, Tel. 99.48.04.38.

Promenade des Douves. An der Stelle des ehemaligen Wassergrabens befindet sich heute dieser Spazierweg. Unterwegs sehen wir z.B. die Moore der Umgebung und den Mont-Dol.

Kathedrale St-Samson. Das ursprünglich romanische Bauwerk mußte nach dem Brand von 1203 komplett neu aufgebaut werden. Diesmal im gotisch-normannischen Stil. Interessant ist der Gegensatz zwischen der strengen äußeren Architektur und der Eleganz des Inneren. Im Chor steht neben 80 Chorstühlen aus Eiche (14. Jh.) noch der imposante bischöfliche Thron aus dem 15. Jh. Das 13. Jh. hat sich in Form hübscher Kirchenfenster manifestiert.

Praktische Hinweise

Information

- ***Syndicat d'Initiative***, Rue des Stuarts 3, 35120 Dol-de-Bretagne, Tel. 99.48.15.37.

Unterkunft

- ***Grand Hôtel de la Gare***, Rue Aristide Briand 21, Tel. 99.48.00.44, ab 150 FF.
- ***Hôtel de Bretagne***, Place Châteaubriand, Tel. 99.48.02.03, ab 120 FF.
- ***Camping Municipal les Tendières***, an der Straße nach Dinan, Tel. 99.48.14.68, geöffnet vom 1.5. bis 15.9.
- ***Castel Camping des Ormes***, etwa 7 km südöstlich beim Dorf Epiniac (über die D 4), Tel. 99.73.49.59, geöffnet vom 2.5. bis 10.9.
- ***Camping du Vieux Chêne***, etwa 4 km östlich bei Baguer Pican (über die N 176), Tel. 99.48.09.55, geöffnet von Ostern bis zum 15.9.

Essen und Trinken

- ***Crêperie-Grill de l'Enfer***, Rue des Perrons 2, Tel. 99.48.00.20.
- ***Le Stuart***, Piano-Bar, Grande Rue 18, Tel. 99.48.24.05.
- ***Le Saint-Samson***, Crêperie/Restaurant, Rue Ceinte 21, Tel. 99.48.40.55.

Sonstiges

- ***Fahrradverleih:*** CYCLES GONDANGE, Rue de Rennes 64, Tel. 99.48.03.20

Anreise/Weiterreise

- ***Mit dem Zug:*** Mehrfach täglich bestehen Zugverbindungen zwischen Rennes und Caen (Linie 7), Dinard, St-Malo und Rennes (Linie 8), St-

Brieuc und Dol (Linie 9) und Rennes und Dinan (Linie 21). Dol-de-Bretagne ist auf jeder dieser Routen Umsteigebahnhof.

• ***Mit dem Bus:*** Der Bus (Linie 34) verkehrt mehrmals täglich zwischen Fougères und St-Malo über Mont Saint-Michel und Dol-de-Bretagne.

• ***Mit dem PKW:*** Der Ort liegt zentral an wichtigen Verbindungsstraßen der Region. Die N 176 führt von Westen her (aus Richtung Dinan) weiter nach Pontorson/Mont Saint-Michel. Die D 795 führt in südlicher Richtung nach Combourg (und dann weiter nach Rennes). In nördlicher Richtung (zur Küste) verläuft die D 155, deren Verlängerung nach Südosten in Richtung Fougères führt. Über die D 7 gelangt man in Richtung St-Malo.

Umgebung von Dol-de-Bretagne

Musée de la Paysannerie

1986 wurde dieses Museum gegründet, um das bäuerliche Leben der Region darzustellen. Hier werden Werkzeuge, landwirtschaftliche Maschinen und Nutzvieh ausgestellt. Das Museum (Tel. 99.48.04.04) ist täglich zwischen Mai und September durchgehend geöffnet. Es liegt nahe der D 795 (Richtung Combourg), etwa 2 Autominuten vom Menhir du Champ-Dolent entfernt.

Menhir du Champ-Dolent

Fast 10 m hoch: Menhir du Champ-Dolent (EH)

Nahe der Stadt ragt mit 9,50 m Höhe und einem Umfang von etwa 8,70 m einer der größten Menhire der Bretagne gen Himmel. Zu erreichen ist der Gigant über die D 795 in Richtung Combourg, dann der Ausschilderung (beginnt hinter der Stadtgrenze) folgen. Der Stein steht östlich der Straße im Feld.

Mont Dol

65 m hoch erhebt sich diese Anhöhe inmitten der Marais de Dol, einer ***ehemaligen Salzsumpflandschaft***, die allerdings heute großflächig trockengelegt wurde. Vor einigen tausend Jahren gehörte diese Gegend noch zum Meer. Der Granithügel war noch überschwemmt. Tektonische Verschiebungen brachten ein Sinken des Wasserstandes mit sich, die Gegend fiel trocken. Ablagerungen marinen Ursprungs bildeten zunächst natürliche Deiche, die das Sumpfgebiet entstehen ließen. Stets auf der Suche nach Ackerland, entstanden nach und nach vom Menschen errichtete Deiche (heute führen noch einzelne Straßen über ehemalige Deichanlagen), später wurde dem

Meer mit Hilfe ausgeklügelter Aufschüttungen immer mehr Land abgerungen und der Sumpf ausgetrocknet. Vermutlich diente der Hügel bereits den Menschen der Steinzeit als ***Kultstätte,*** zumindest scheinen Knochenfunde dies zu belegen.

Im kleinen Dorf am Fuße des Hügels befindet sich eine Kirche aus dem 12. Jh., in der noch Fresken aus dieser Zeit zu bewundern sind. Auf dem Hügel, als erstes fällt die weithin sichtbare ***Windmühle*** auf, steht die ***Kapelle Notre-Dame-de-l'Espérance***. Zumindest bei guter Sicht ist von hier oben ein weiter Blick über die Bucht möglich. Vielleicht gelingt es, im Osten bis zum Mont Saint-Michel, im Westen bis Cancale oder sogar zur Pointe du Grouin zu schauen. Anreise über die D 155 in Richtung Le Vivier-sur-Mer.

Le Vivier-sur-Mer

Der kleine Hafen an der Baie du Mont-Saint-Michel ist der Heimathafen der Sirene de la Baie, einem Amphibienboot, mit dem täglich (von Juni bis August) zwischen 9.30 Uhr und 20.00 Uhr ***Rundfahrten in der Bucht*** angeboten werden. Um 12.30 Uhr und um 20.00 Uhr werden die Fahrten mit einem Menü an Bord kombiniert. Die Rundfahrt kostet 103 / 66 FF, Menüpreise beginnen bei etwa 125 FF. Buchung und Auskünfte am Gare maritime Le Vivier-sur-Mer, Tel. 99.48.82.30.

Bekannt ist die Bucht für ihre ***Muscheln.*** Liebhaber dieser Meerestiere können Austern und andere Muscheln bei Jean-Luc Tonneau, Tel. 99.48.84.48, stets frisch kaufen.

Château de Landal

Das Schloß, das ursprünglich aus dem 12. Jh. stammt, mußte nach Zerstörungen im 19. Jh. wiederaufgebaut werden. Drei der mächtigen Türme stammen noch aus dem Mittelalter. Leider ist nur ein Besuch der Außenanlagen und des Parks möglich. Anreise über die D 155 in Richtung Fougères. In La Boussac auf die D 285 nach Broualan abbiegen.

Combourg

Sehenswertes

Der kleine Ort, etwa 20 km von der Küste entfernt, ist durch das ***Schloß*** bekannt. Wuchtig überragt das wehrhafte Gebäude, das im 11. Jh. gegründet und im 15. und 18. Jh. umgebaut wurde, den See. Im 19. Jh. wurde es dann vollständig restauriert. Ursprünglich lebte hier die Familie Du Guesclins, bevor es im 18. Jh. an die Familie Châteaubriand veräußert wurde. ***François-René de Châteaubriand***, der später ein berühmter Dichter werden sollte, wuchs hier auf. Seine Jugend in

Der Familiensitz der Châteaubriands ((EH)

dieser Gegend soll ihn nach eigener Aussage so stark beeindruckt haben, daß er schrieb, "In den Wäldern von Combourg bin ich geworden, was ich heute bin." Im Schloß sind zahlreiche Möbel, u.a. auch das aus Paris hierher geholte Sterbezimmer CHÂTEAUBRIANDS, zu bewundern. Das Schloß kann vom 1.4. bis 31.10. täglich 14.00-16.30 Uhr (die Innenräume) bzw. der Park täglich 9.00-12.00 Uhr und 14.00-18.00 Uhr besichtigt werden, Tel. 99.73.22.95. Eintritt 10 FF (Park), 20 FF (Innenräume und Park).

Maison de la Lanterne. Im Laternenhaus, Place Albert-Parent, befindet sich heute das Syndicat d'Initiative. Das schön restaurierte Gebäude stammt aus dem 16. Jh.

Praktische Hinweise

Information

- Syndicat d'Initiative, Place Albert-Parent, Tel 99.73.13.93

Unterkunft

- ***Hôtel du Château et des Voyageurs***, Place Châteaubriand (unterhalb des Schlosses), Tel. 99.73.00.38, ab 250 FF. Geöffnet vom 25.1. bis 15.12.
- ***Hôtel du Lac***, Place Châteaubriand, Tel. 99.73.05.65, ab 95 FF.
- ***Unterkunft im Schloß*** findet man bei Vicomte et Vicomtesse LESCHEVIN DE PREVOISIN, Château La Haye d'Irée, Saint-Rémy du Plain, 35560 Bazouges-La-Pérouse, Tel. (16) 1.47.05.05.79. Zimmer ab 400 FF. Das Schloß liegt etwa 15 km östlich von Combourg an der D 794.
- ***Château de la Bourbansais***, Comte Charles de Lorgeril, 35720 Pleugueneuc, Tel. 99.69.40.07. Zimmer im Schloß ab 750 FF. Das Schloß liegt etwa 15 km westlich von Combourg an der N 137. Zum Park gehört auch ein Zoo, täglich geöffnet 10.00-12.00 Uhr und 14.00-18.00 Uhr, Eintritt 35 FF.

Anreise/Weiterreise

- ***Mit dem Zug:*** Combourg liegt an der Strecke Dinard – Rennes. Die Züge fahren bis zu sechsmal täglich. Weitere Stops in St-Malo und Dol-de-Bretagne.
- ***Mit dem PKW:*** Die D 794 führt in westlicher Richtung nach Dinan. Über die D 795 erreicht man nach etwa 17 km Dol-de-Bretagne im Norden. Diese Straße führt in südlicher Richtung nach Hédé. Hier besteht die Möglichkeit, auf die N 137 in Richtung Rennes zu fahren.

Umgebung von Combourg

Zooloisirs

Etwa 8 km südwestlich, bei Québriac, befindet sich dieser Zoo mit über 300 Tieren und Spielgeräten für Kinder. Der Park ist während der Saison täglich 10.30-18.30 Uhr geöffnet, in der Vor- und Nachsaison nur 14.30-18.00 Uhr (sonn- und feiertags). Zu erreichen über die D 795 bis La Basse-Forte, hier auf die D 20 in Richtung Tinténiac. Tel. 99.68.10.22.

Cobac Parc

Zu diesem Freizeitpark gehören Spielgeräte, Wasserrutschen, ein Streichelzoo und ein Museum heimischer Tiere. Route de Pleugueneuc, 35720 Lanhélin, Tel. 99.73.80.16. Geöffnet von Anfang April bis Ende September, Eintritt 30 FF. Von Combourg aus über die D 73 in nordwestlicher Richtung zu erreichen.

Cancale

14 km östlich von St-Malo liegt der Ort am Meer, dem er auch seine Bedeutung verdankt. Cancale und das Meer, genauer die Austern, dies sind Begriffe, die seit Jahrhunderten untrennbar miteinander verbunden sind.

50 m oberhalb der Uferlinie liegt das Zentrum der Stadt, in unmittelbarer Küstenähe befindet sich der Hafen Port de la Houle. Von hier aus zogen früher die ***Neufundlandfischer*** aufs Meer hinaus.

Oft vergingen Wochen, ehe die Fischer zu ihren Familien zurückkehrten. Das soziale Leben wurde völlig den Frauen überlassen, deren Einfluß zu einer Art matriarchalischer Gesellschaft führte. Das harte Leben der Fischer kommt auch in ihren klotzig wirkenden Granithäusern, oft weißgetüncht, zum Ausdruck.

Heute wird der Ort mehr und mehr zum Seebad, besitzt aber auch noch den leicht verträumt wirkenden Charakter des kleinen Fischerdorfes.

Cancale und die Austern. Seit Jahrhunderten gehört das ***Austernfischen*** zu den Haupteinkommensquellen der Gegend. Genau gesagt, verdankt der Hafen sogar nur den Austern seine Existenz. Besonders begehrt ist die flache Auster, die vom Boden des Meeres mit Schleppnetzen abgehoben wird. In den günstigsten Jahren konnten auf diese Weise bis zu 20.000 t Austern eingebracht werden. Der starke Tidenhub in der Bucht von Mont Saint-Michel und der natürliche Planktongehalt des Wassers der Bucht ließen diese Austern zu einer Berühmtheit werden.

Dieser scheinbare Reichtum des Meeres ließ die Fischer aber zunehmend unbekümmerter werden. Bereits im 18. Jh. sank der Ertrag pro Jahr aufgrund extremen ***Überfangens*** sehr rasch. Regeln und Strafmaßnahmen wurden erlassen. Niemand durfte von nun an Austern fangen, wann er wollte, sondern mußte bestimmte Zeiten einhalten. So entstand die ***"Caravane",*** der Fang der Austern mit oft über 200 Booten.

1920 kam es dann zur Katastrophe. Sozusagen über Nacht wurde die Austernpopulation von einer Epidemie heimgesucht, Experten sprechen von einer ***Verpilzung der Bestände***. Fast die gesamte Nachzucht brach zusammen. Glück im Unglück brachte die Tatsache, daß auch im Golfe du Morbihan Austern gezüchtet wurden. Jungtiere konnten von dort herübergeholt und in der Bucht aufgezogen werden.

Heute finden sich in der Bucht ***Austernbänke*** von über 400 ha Größe, die maschinell überwacht und geerntet werden. Als leicht verderbliche Ware muß der schnellen Verarbeitung besondere Beachtung geschenkt werden. Zu diesem Zweck wurde das ***Gütesiegel*** IFREMER eingeführt, das gute Qualität verspricht.

Sehenswertes

Port de la Houle. Der kleine Hafen des Ortes hat auch heute noch etwas von seinem einstigen Charakter behalten. Fischerboote dümpeln auf dem Wasser, laufen aus oder mit dem Fang ein. Ein reges und doch nicht hektisches Treiben. Bei Ebbe ragen die Austernbänke aus dem Wasser.

Eglise St-Méen. Die aus dem 19. Jh. stammende Kirche besitzt einen Turm mit Aussichtsplattform, die über 189 Stufen erreicht werden kann. Von oben ergibt sich ein herrlicher Blick über die Bucht und das Umland.

Musée des Arts et Traditions populaires. Das Heimatmuseum des Ortes zeigt alle Aspekte der Fischerei und natürlich der Austernzucht. Besonders reizvoll ist die Ausstellung alter Fanggeräte und Boote, z.B. auch der Bisquines, des ursprünglichen Cancaler Austernfischerbootes. 1973 gründete sich ein Verein "Les Amis des Bisquines et du vieux Cancale", der sich der Tradition verpflichtet fühlt. 1984 gedieh der Plan, ein altes Boot nachzubauen, die Pläne stammten von der "La Perle" (1905 gebaut). 1985 bis 1987 wurde gezimmert, im April war dann der Stapellauf der"Cancalaise".

Öffnungszeiten: Im Juli und August täglich außer Montag nachmittags 10.00-12.00 Uhr und 14.30-18.30 Uhr, im Juni und September nur Donnerstag, Samstag und Sonntag nachmittags. Eintritt 10 FF, Tel. 99.89.79.32.

Musée des Bois sculptés. Dieses Museum befindet sich am Kirchplatz von St-

Austern – Köstlichkeit in harter Schale

Austern (HUÎTRES) sind insbesondere bei Franzosen eine beliebte Vorspeise. Doch auch immer mehr Menschen anderer Länder mit weniger Erfahrung im kulinarischen Umgang mit Meeresfrüchten finden Geschmack an diesem von einem ***Hauch Luxus*** umgebenen Meerestier. Angesichts der niedrigen Preise (das Dutzend kostet zwischen 16 und 25 FF, besondere Arten sind teurer) kann eigentlich von Luxus keine Rede sein.

Früher, als die Transportzeiten ins Inland noch länger waren und sich deshalb Frischhalteprobleme ergaben, sagte man, daß Austern nur in den Monaten mit einem "r" im Namen, also September bis April, verzehrt werden sollten. Diese Zeiten sind vorbei. Wenn Sie in Frankreich, speziell in der Bretagne, Austern im Hochsommer angeboten bekommen, brauchen Sie hinsichtlich der ***Frische*** nichts zu befürchten. Angesichts der Konkurrenz in einem Land wie der Bretagne, kann kein Austernzüchter (OSTRÉICULTEUR) bestehen, der schlechte Ware anbietet. Hinzu kommt, daß die Austernzuchten von einer speziellen staatlichen Austernzuchtbehörde überwacht werden (s. Aufkleber auf der Holzkiste).

Unter den Austern wird sowohl nach der Größe (Nr 1-4), als auch nach der Art unterschieden: Es gibt die ***Huître creuse*** (CRASSOSTREA GIGAS), eine Auster mit stark gewölbter Bodenplatte und leicht gewölbtem, stark zerfurchtem Deckel, sowie die ***Huître plate*** (OSTREA EDULIS) mit fast ebenem Deckel.

Die HUÎTRE CREUSE als Standardauster wird in verschiedenen Gebieten seit Ende letzten Jahrhunderts gezüchtet. Ursprünglich war die HUÎTRE PLATE die typische heimische Art. 1890 zerstörte eine Krankheit jedoch fast sämtliche Bestände, die Züchter waren gezwungen, sich auf eine andere Art umzustellen. Der Zufall kam zu Hilfe. Ein portugiesisches Schiff strandete vor der Mündung der Gironde. Die Ladung, portugiesische Austern, gedieh an der Unglücksstelle hervorragend. Bis 1970 konnte diese Art gut kultiviert werden, dann fiel auch sie einer Seuche zum Opfer. Heute ist die HUÎTRE CREUSE eine aus Japan importierte Art.

Im Norden ist der kleine Fischerhafen Cancale eine Austernhochburg, während im Süden der Golf von Morbihan für seine hervorragenden Austern bekannt ist. Hingegen wird die teurere HUÎTRE PLATE, in Frankreich spricht man auch von der Königin unter den Austern, im kleinen Fluß Bélon im Süd-Finistère gezüchtet. Deshalb trägt sie auch die Bezeichnung ***Bélon-Auster***. In der Poissonnerie kostet das Dutzend Bélon-Austern ca. 40-60 FF. Im Sommer werden Sie allerdings möglicherweise kaum Bélons angeboten sehen, denn der überwiegende Teil wird für das Weihnachts- und Neujahrsgeschäft reserviert.

Sie möchten wissen, ***wie Austern gegessen*** werden? Roh und lebendig. Sofern die Deckklappe schon entfernt wurde (die schwierigste Prozedur), was im Restaurant natürlich schon in der Küche erledigt wurde, ist der Rest einfach: Man trennt mit einem Messer das weiche Innere von der Bodenschale, träufelt nach Geschmack etwas Zitronensaft oder Vinaigrette darauf und schlürft sie aus der Schale. Der passende Wein zur HUÎTRE CREUSE ist ein trockener Weißwein, z.B. Muscadet de Sèvre-et-Maine sur Lie, während man sich zur Bélon schon einen Sancerre oder Pouilly-Fuissé gönnen sollte.

Wollen Sie die ***Auster selbst öffnen***, so benötigen Sie ein Austern-Messer (z.B. auf dem Markt zu bekommen) und etwas Geschick, um die zwei Hälften voneinander zu trennen. Am besten lassen Sie es sich einmal von einem Ostréiculteur zeigen.

Austernfischer mit seiner Beute (WK)

Die Bisquine der Austernfischer von Cancale: Zwei Masten mit Lugger-Segeln und ein weit achtern stehender Besanmast, ähnlich wie bei einer Yawl, um das träge Boot zu stabilisieren.

Méen. Ausgestellt sind Schnitzereien des Geistlichen QUÉMERAIS (1879-1955), der zahlreiche Reliefs herstellte. Besonders bekannt ist das "Apfelgedicht".

Öffnungszeiten: In der Hauptsaison täglich 9.30-12.00 Uhr und 14.30-18.00 Uhr, sonn- und feiertags nur vormittags. Eintritt 10 FF. Rue de Bellevue, Tel. 99.89.60.15.

Pointe du Hock. Die Landzunge liegt am ehemaligen Handelsweg Sentier des Douaniers, der am Hafen beginnt und sich bis zur Pointe du Grouin (etwa 6 km) hinzieht. Dieser Weg ist ein Teil des GR 34, der entlang der Küste bis St-Malo führt. Auch kürzere Wanderungen lohnen sich.

Praktische Hinweise

Information

•***Office de Tourisme***, Rue du Port 44, 35260 Cancale, Tel. 99.89.63.72.

Unterkunft

•***Hôtel Continental***, Quai Thomas, Tel. 99.89.60.16. Das beste Hotel am Ort mit allem Komfort und entsprechenden Preisen ab 350 FF.

•***Hôtel du Phare***, Quai Thomas, Tel. 99.89.60.24. Kleines Hotel der Mittelklasse und mit ausreichendem Komfort. Zimmer ab 250 FF.

•***Hôtel Le Cancalais***, Quai Gambetta, Tel. 99.89.61.93. Einfaches, aber sauberes Hotel mit 9 Zimmern, ab 150 FF.

•***Campingplätze*** liegen im Bereich zwischen der Stadt Cancale und der Pointe du Grouin. Recht gute und zudem gleiche Angebote machen die 3-Sterne-Plätze ***Le Bois Pastel*** (Tel. 99.89.66.10), 90 Stellplätze, geöffnet vom 1.7. bis 31.8., ***Le Bel Air*** (Tel. 99.89.64.36), 280 Stellplätze, geöffnet von Ostern bis zum 15.10., ***Notre Dame du Verger*** (Tel. 99.89.72.84), 67 Stellplätze, geöffnet vom 28.3. bis 30.9., und ***Port-Mer*** (Tel. 99.89.63.17), 85 Stellplätze, geöffnet vom 11.4. bis 25.9. Alle Plätze haben Stromanschlüßße. Preiswerter und etwas einfacher sind die Plätze ***Camping Municipal le Grouin*** (Tel. 99.89.63.79), 196 Stellplätze, geöffnet vom 1.3. bis 15.11., allerdings nicht für Wohnmobile, und ***Les Genêts*** (Tel. 99.89.76.17), 85 Pl., vom 28.3. bis 30.9.

Essen und Trinken

Das Angebot ist wie üblich reichhaltig. Gourmets möchten hier natürlich Meeresfrüchte essen und besonders gerne Austern. Die besten Restaurants auf diesem Gebiet sind das ***Le Bricourt***, Rue Duguesclin 1, Tel. 99.89.64.76., und das ***Le Continental***, Quai Ad. Thomas 4, Tel. 99.89.60.16. Allerdings sind hier auch die Preise gediegen, die bei etwa 140 FF/Menü beginnen.

Sonstiges

- ***Fahrradverleih:*** Cycles Gondange, Rue Leclerc, Tel. 99.89.60.25 und Ouest VTT, Zone Industrielle, Tel. 99.89.74.33.
- ***Segelschule:*** Ecole de Voile, Port-Mer, Nicole Varray, Tel. 99.89.90.22.
- ***Tauchclub:*** CCNSSM, Rue du Général Leclerc 6, Tel. 99.89.88.41
- ***Motorboote und Wasserski:*** Club Motonautique Cancalais, Port-Mer, Tel. 99.89.61.29.
- ***Tennis:*** La Verrie, Tel. 99.89.64.14, 6 Plätze.

Anreise/Weiterreise

- ***Mit dem Bus:*** Busse der Linie 34 verkehren täglich mehrfach zwischen Fougères und St-Servan/St-Malo. Unterwegs halten sie am Hafen La Houle und an der Kirche. Weitere Stationen sind Dol-de-Bretagne und St-Coulomb.
- ***Mit dem PKW:*** Cancale liegt auf einer Art Landzunge, nördlich der D 155, der Verbindung von St-Malo nach Vivier-sur-mer. Die D 76 zweigt bei Les Portes Rouges in Richtung Cancale ab. Die D 355 ist die direkte Verbindung nach St-Malo, die D 76 führt in südlicher Richtung weiter zur Hauptstraße N 176 (Dol-de-Bretagne – Dinan).

Wer über etwas Zeit verfügt, sollte allerdings besser die malerische Küstenstraße D 201 von Cancale zur Pointe du Grouin nehmen und von dort weiter nach St-Malo fahren.

Umgebung von Cancale

Musée de l'Huître et du Coquillage

Dieses Austernmuseum liegt am südlichen Stadtrand, oberhalb des Hafens. Auf dem Gelände der Fabrik G.I.E Kerber "L'Aurore" besteht die Möglichkeit, die Produktionsstätten, in denen auch heute noch gearbeitet wird, und eine Ausstellung zu besichtigen. Diese zeigt über 1.000 Exponate unter dem Thema "Muscheln aus aller Welt". Besonders beeindruckend sind die riesigen "Mördermuscheln" oder Riesenmuscheln (Tridacna maxima) aus den tropischen asiatischen Meeren und die Nautilus-Kopffüßer, die eigentlich nicht zum Thema gehören. Eine Filmvorführung und deutschsprachige Führung runden das Ganze gut ab. Anmeldung unter Tel. 99.89.69.99. Das Museum ist nur im Dezember geschlossen. Eintritt 35 / 18 FF. Wer auch noch an der Kostprobe teilnehmen möchte, bezahlt 30 FF extra.

Pointe du Grouin

Über die D 201 gelangt man nach etwa 5 km zur Landzunge, die sich knapp 50 m über dem Meer erhebt. Direkt gegenüber liegt die unter Naturschutz stehende Insel ***Ile des Landes***, ein Vogelschutzgebiet. Mit dem Fernglas besteht die Möglichkeit, Kormorane, Brandgänse und Möwen zu beobachten.

Auch ohne Vogelbeobachtung lohnt ein Spaziergang an der Landzunge. Mit Urgewalt brandet die See ständig gegen die Klippen, der Wind pfeift über das fast kahle Plateau, das nur von wenigen Büschen und Heidegewächsen besiedelt wurde.

Direkt am Kap befindet sich das ***Hôtel/Restaurant Le Grouin***, Tel. 99.89.60.55, mit gut ausgestatteten Zimmern ab 220 FF. Im Restaurant werden selbstverständlich Meeresfrüchte serviert. Die Glasveranda eignet sich auch bei Nieselregen für einen Kaffee, ein Bier etc.

In Richtung Rothéneuf/St-Malo folgt die D 201 weiter der Küste. An vielen Stellen liegen sehr hübsche ***(Bade-)Buchten,*** meist mit Parkmöglichkeiten. Besonders gut gefiel uns die Anse du Guesclin, die der gleichnamigen Insel gegenüber liegt. Hier finden auch Surfer ein Revier.

Die individuell "richtige" Bucht zu finden, mag jedem selbst überlassen bleiben. (Sonnen-)Baden und Surfen sind fast überall, auch bei Flut, möglich. Generell gilt auch hier: Je näher die Bucht an St-Malo oder Cancale liegt, desto voller ist der Strand!

St-Malo

Ursprung der Stadt, die laut der Tourismuswerbung auf eine "ruhmreiche Vergangenheit" zurückblickt, war die gallorömische ***Siedlung Aleth,*** die auf einer Halbinsel dem heutigen Stadtteil St-Servan vorgelagert war. Lange schützte die strategisch günstige Lage die Bewohner vor Eindringlingen.

Im 6. Jh. begann der walisische ***Mönch Maklou,*** dessen Name im Französischen zu MALO wurde, mit der Missionierung der Einwohner.

Allmählich begann die Siedlung zu wachsen und sich aufs benachbarte Festland auszudehnen. Der Schutzheilige und damit Namensgeber des neuen Stadtteiles wurde der Heilige Servan. Im 12. Jh. verstärkte sich der Druck auf die Siedlung durch Überfälle der Normannen immer mehr. Die nördlich gelegene Insel, heute ***Intra muros,*** schien den nötigen Schutz zu bieten. 1142 siedelte auch der Bischof auf die Insel über (schließlich befand sich dort auch das Grab MAKLOUS) und errichtete einen Dom. In den folgenden Jahren begann der Bau einer mächtigen ***Wehrmauer,*** die der Stadt, jetzt St-Malo genannt, lange Zeit Sicherheit und Unabhängigkeit bot. Weder die Kriege zwischen England und Frankreich noch die ersten Jahre der Hugenottenkriege konnten die Stadt in Mitleidenschaft ziehen. Unter dem Wahlspruch "Ni Français, ni Breton, Malouin suis" (weder Franzose noch Bretone, sondern Einwohner St-Malos bin ich) erhielten sie sich fast vier Jahre lang den republikanischen Status.

Wirtschaftlich waren die Malouins schon immer vom Meer abhängig. Fischerei und der Handel (oft mit überseeischen Ländern) waren die Grundpfeiler der Stadt. Die Seeleute des ***Freihafens*** befuhren alle Weltmeere von Neufundland über Amerikas Küsten bis Indien und China.

Problematisch wurden diese Handelsbeziehungen nur in Kriegszeiten, doch die Malouins wußten Rat. Ausgestattet mit königlichen Kaperbriefen, widmeten sie sich in diesen Zeiten der ***Seeräuberei,*** bezeichneten sich allerdings selbst vornehmer als Korsaren oder Freibeuter. Aus dieser Epoche gingen so schillernde Figuren wie PORCON DE LA BARDINAIS (1639-1665), RENÉ DUGAY-TROUIN (1673-1736) und ROBERT SURCOUF (1773-1827) hervor, die in unserem Jahrhundert in bester Hollywoodmanier zu Helden zahlreicher Mantel-und-Degenfilme wurden. Ihre Un-

Das Stadtwappen mit Hermelin (EH)

ternehmungen, zu denen auch der wenig rühmliche Sklavenhandel gehörte, brachten aber nicht nur Ruhm, sondern auch erheblichen Wohlstand mit sich. Diejenigen, die das risikoreiche Geschäft überlebten, wie SURCOUF, gelangten zu großen Vermögen. Noch heute zeugen die herrschaftlichen Reederhäuser in St-Servan von diesem Wohlstand.

Während die starken Befestigungsanlagen über Jahrhunderte den historischen Ereignissen trotzten, war ihre Stunde gegen Ende des ***Zweiten Weltkrieges*** gekommen. Nach der alliierten Landung verschanzten sich die deutschen Truppen Anfang August 1944 innerhalb der Stadtmauern. Ein gnadenloser Kampf begann. Viele Tote und Verletzte und die völlige Zerstörung des historischen Stadtkernes waren das Ergebnis.

Im Gegensatz zu anderen stark zerstörten Städten bemühte man sich in St-Malo aber um einen möglichst originalgetreuen ***Wiederaufbau,*** der auch sehr gut gelang.

Sehenswertes

Die ***sehenswerten Stadtteile*** sind St-Malo Intra-Muros und St-Servan-sur-Mer. Reist man mit dem Auto aus Richtung Mont St-Michel oder auch Dinard/Barrage de la Rance an, erweist sich die Stadt zunächst als wenig besucherfreundlich. Schlechte Beschilderung und Straßen, die scheinbar in reine Industrie- bzw. Hafenviertel führen, verwirren so manchen Besucher. Allerdings liegen auch beide Stadtviertel direkt am Meer und in unmittelbarer Nähe der Hafenanlagen. Besonders in Intra-Muros wird dies deutlich, wenn die großen Fährschiffe, nur durch eine Straße getrennt, praktisch direkt an der Stadtmauer anlegen. Beide Stadtteile verfügen über gute und zentrale Parkmöglichkeiten.

St-Malo Intra-Muros. Eindrucksvoll ragen die mächtigen ***Stadtmauern*** (REMPARTS) vor dem Besucher auf. Nachdem der Wagen auf einem der Parkplätze an der Esplanade St-Vincent abgestellt wurde, führt der Weg durch die Porte St-Vincent in die Stadt hinein.

Hinter diesem Tor liegt rechts der Place Chateaubriand. Hier erheben sich die Türme und Mauern der ***Burg.*** Am Innenhof liegen ehemalige Kasernen, die heute das Rathaus beherbergen. An der Mauer steht der ***kleine Donjon***, der bereits Ende des 14. Jh. errichtet wurde und das Gegenstück zum 1423 erbauten ***großen Donjon*** bildet, der die Mauern weithin sichtbar überragt. Innerhalb der Burg befinden sich zwei Museen.

Musée de la ville. Das Museum ist im großen Donjon und in den anschließenden Gebäuden untergebracht. Die Geschichte der Stadt wird hier anhand zahlloser Exponate sehr detailliert dargestellt. Gemälde, Waffen, historische Dokumente und Modelle, leider nur mit französischen Erklärungen, zeichnen das historische Bild der Stadt nach.

Im gleichen Gebäude befindet sich das ***Musée d'Ethnographie du Pays Malouin***. Hier wird die Seefahrt, d.h. die existentielle Grundlage der Stadt, dargestellt. Sehr facettenreich widmet sich die Ausstellung mit Modellen, Originalen und Gemälden allen Aspekten dieses Bereiches.

Öffnungszeiten: Beide Museen sind ganzjährig von 9.00 bis 12.00 und von 14.00 bis 18.30 geöffnet. Eintritt 17 FF/Kinder 8,50 FF. Die Sammelkarte für drei Museen (es gehört dann noch das Musée International du Long-cours Cap Hornier in St-Servan dazu) kostet 28 FF/Kinder 14 FF.

Quic-en-Groigne. Der merkwürdige Name des Turmes geht auf eine Begebenheit mit ANNE DE BRETAGNE zurück. Sie richtete in St-Malo eine Garnison ein, um einerseits der Stadt den nötigen Schutz zukommen zu lassen und andererseits ein wachsames Auge auf die sehr unabhängigkeitsbewußten Malouins zu haben.

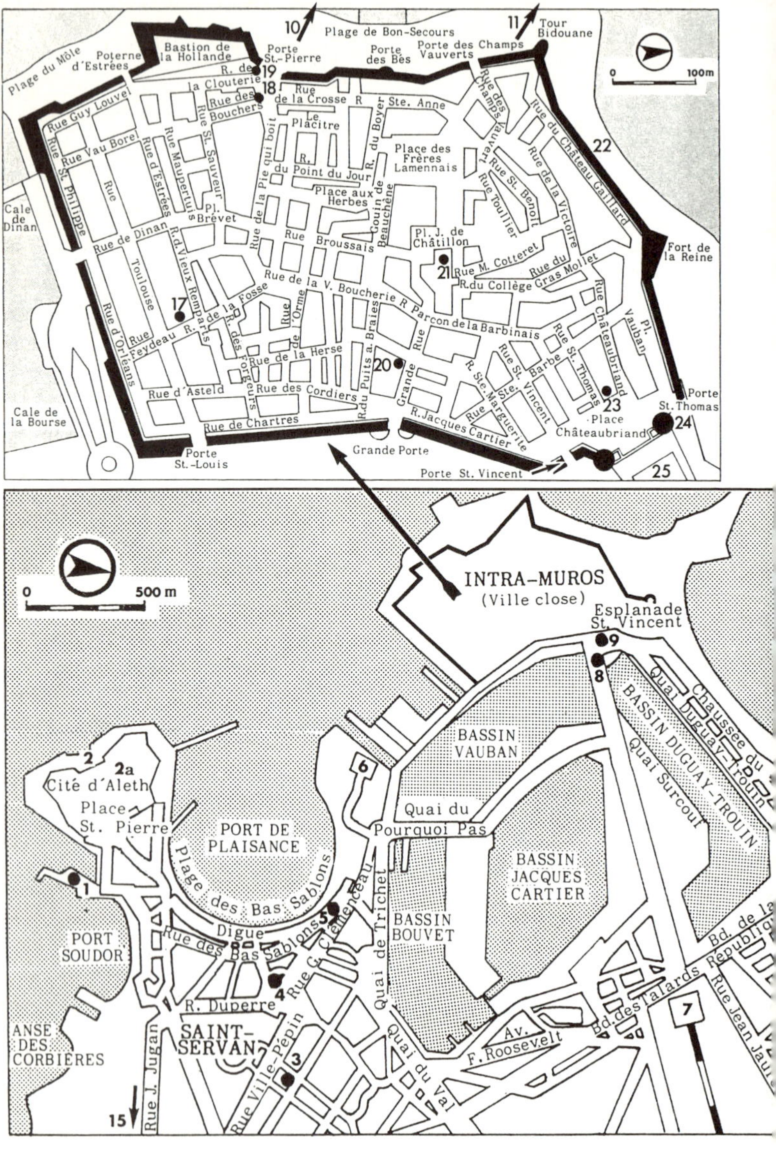
10
Plage de Bon-Secours
11
Tour Bidouane
Plage du Môle
Poterne d'Estrées
Bastion de la Hollande
Porte St.-Pierre
Porte des Bès
Porte des Champs Vauverts
0 100m
R. de la Clouterie
19
18
Rue de la Crosse
R. Ste. Anne
Rue des Bouchers
Le Placitre
Rue Guy Louvel
Rue Vau Borel
Rue St. Philippe
Rue Mauperfuis
Rue St. Sauveur
R. du Point du Jour
R. du Boyer
Place des Frères Lamennais
Rue des Champs Vauverts
Rue St. Benoit
Rue Toullier
Rue de la Victoire
Rue du Château Gaillard
22
Cale de Dinan
Rue d'Estrées
Pl. Brevet
Rue de la Pie qui boit
Place aux Herbes
Gouin de Beauchêne
Pl. J. de Châtillon
Fort de la Reine
Rue de Dinan
Rue Broussais
21
Rue M. Cotteret
R. du Collège
Rue du Gras Mollet
Rue de Toulouse
R. d. Vieux Remparts
Rue de la V. Boucherie
R Parcon de la Barbinais
17
Rue Feydeau
R. de la Fosse
R. des Forgeurs
Rue de l'Orme
Rue Châteaubriand
Pl. Vauban
Rue d'Orléans
Rue de la Herse
Puits a. Braies
Grande Rue
20
Rue St. Thomas
Rue Ste. Barbe
Rue St. Vincent
R. Ste. Marguerite
Rue d'Asteld
Rue des Cordiers
R. du
R. Jacques Cartier
23
Porte St. Thomas
Cale de la Bourse
Rue de Chartres
Place Châteaubriand
24
Porte St.-Louis
Grande Porte
Porte St. Vincent
25
0 500 m
INTRA-MUROS
(Ville close)
Esplanade St. Vincent
9
8
BASSIN VAUBAN
Chaussée du
Quai Duguay
BASSIN DUGUAY-TROUIN
Quai Surcouf
2
2a
Cité d'Aleth
Place St. Pierre
PORT DE PLAISANCE
6
Quai du Pourquoi Pas
Plage des Bas Sablons
BASSIN JACQUES CARTIER
1
Rue G. Clemenceau
5
Quai de Trichet
BASSIN BOUVET
PORT SOUDOR
Digue
Rue des Bas Sablons
4
Bd. de la République
Bd. des Talards
R. Duperre
7
Rue Jean Jaurès
ANSE DES CORBIÈRES
SAINT-SERVAN
Av. F. Roosevelt
Quai du Val
3
Rue Ville-Pépin
Rue J. Jugan
15

Die Kritik an ihrer Maßnahme kommentierte sie mit den Worten “Qui qu'en groigne, ainsi sera, car tel est mon bon plaisir.” (Wer auch murren mag, es soll so sein, denn dies ist mein gnädiger Wille). Im Turm ist heute das ***Wachsfigurenmuseum*** (Musée de cire) untergebracht. Hier werden die bedeutenden Personen (Jacques Cartier, Chateaubriand, Anne de Bretagne) der Stadt in Lebensgröße dargestellt. Besonderer Raum ist natürlich der Zeit der Korsaren und damit Duguay Trouin und Surcouf gewidmet.

Öffnungszeiten: Das Museum ist täglich zwischen April und September von 9.30 bis 12.00 und von 14.00 bis 18.00 Uhr geöffnet. Informationen unter Telefon 99.40.80.26. Eintritt 17 FF/8,50 FF.

Außer der Burg lohnt ein Spaziergang durch die schmalen Gassen der Stadt, die allerdings in den Sommermonaten recht gut besucht sind. Überall wird versucht, dem Anspruch der Korsarenstadt gerecht zu werden. Restaurants und Bars geben sich Namen aus dieser Zeit oder locken mit mehr oder weniger großen Figuren bzw. historisch nachempfundenen Schildern zum Besuch. Zahllose Souvenirläden verkaufen Postkarten mit diesem Image der Stadt und so viele Neppartikel, daß man sich gelegentlich des Eindrucks nicht erwehren kann, das Freibeutertum bestehe auch heute noch.

Musée de la Poupée. Im Puppenmuseum in der Rue de Toulouse sind einige hundert Puppen verschiedener Epochen

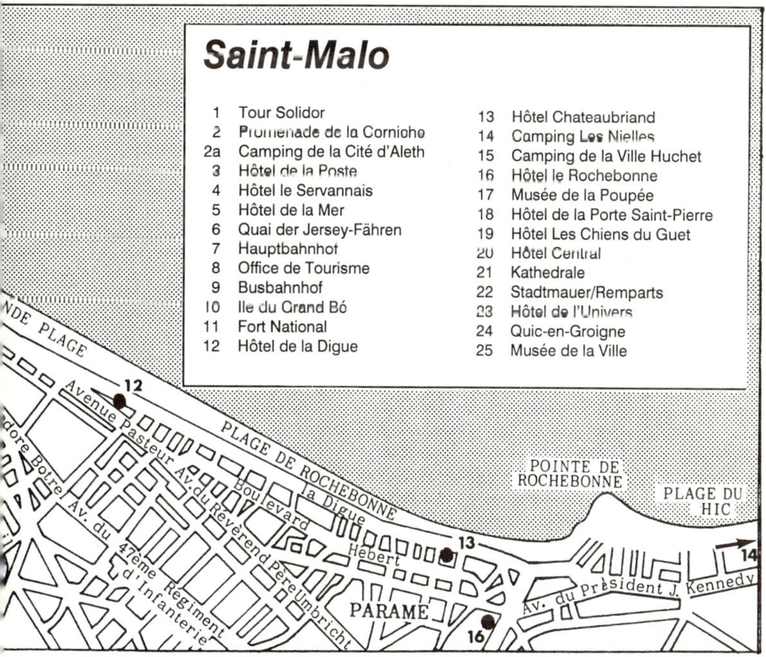

ausgestellt. Rue de Toulouse 13, Tel. 99.40.15.51, geöffnet von 10.00 bis 12.00 und von 14.00 bis 19.00 Uhr, Eintritt 20 /15 FF.

Kathedrale St-Vincent. Der Bau, der fast im Zentrum der umschlossenen Stadt stehenden Kathedrale wurde bereits im 12. Jh. begonnen, konnte aber erst im 18. Jh. beendet werden. Beeindruckend sind die sehr hübschen Fenster in Chor und Seitenschiff.

Nahe der Kathedrale steht am Place Jean Moulin das ***Monument de la Résistance Malouine*** zu Ehren der Widerstandskämpfer dieser Stadt.

Das Aquarium, zu dem auch ein Exotarium gehört, befindet sich einbezogen in die Stadtmauer am Place Vauban. Die Aquarien sind dem Süß- und Meerwasserbereich unterschiedlicher Erdteile gewidmet. Im Exotarium haben Reptilien, Spinnen und Skorpione Platz gefunden.

Aus der Korsaren-Zeit: alte Schiffskanone (EH)

Öffnungszeiten: Vom 16.9. bis 30.6. täglich von 9.00 bis 12.00 Uhr und von 14.00 bis 19.00 Uhr. Vom 1.7. bis 15.9. von 9.00 bis 23.00 Uhr. Eintritt: für beide Ausstellungen 35/30 FF, für nur eine Ausstellung 20/15 FF.

Nur bei Ebbe kann das historische Monument, ***Fort National***, vom Grande Plage aus erreicht werden. 15 Minuten (Hin- und Rückweg) führt der Weg über den nun trockengefallenen Meeresboden. 1689 von Vauban gebaut, war die Festung zum Schutz der Stadt oft Schauplatz kriegerischer Auseinandersetzungen, z.B. 1692, als Surcouf hier gegen ein Dutzend Widersacher focht. Weniger rühmlich ist das Kapitel der deutschen Besetzung. Zu dieser Zeit diente die Festung als Internierungslager.

Öffnungszeiten: Ostern, Pfingsten und von Juni bis September finden täglich Führungen statt. Eintritt 10 FF.

Ile du Grand Bé. Auch diese Insel ist nur bei Ebbe erreichbar. Der Besuch der Insel bietet neben einem herrlichen Ausblick über die Küste auch die Möglichkeit, Dort auch das Grab CHATEAUBRIANDS zu besuchen. Der berühmte Dichter wählte und gestaltete diesen letzten Ruheplatz unter einer schlichten Grabplatte und einem Kreuz selbst aus, weil er von der Gewalt des anbrandenden Meeres fasziniert gewesen war.

Les Remparts (Stadtmauer). Für einen letzten Blick auf die Stadt oder auch, um einen ersten allgemeinen Eindruck St-Malos zu erhalten, lohnt ein Spaziergang auf der Stadtmauer. Der Weg kann an der Porte St-Vincent beginnen und führt dann in südlicher Richtung zunächst zur Bastion St-Louis, von hier nach Westen zur Bastion St-Philippe, weiter in nördlicher Richtung zum Tour Bidouane und zurück zum Ausgangspunkt. Zwischen dem 12. und 18. Jh. wurde immer wieder an der Mauer gearbeitet. Sie ist im ***Zweiten Weltkrieg*** weitgehend unbeschädigt geblieben.

St-Servan-sur-Mer. Im Frühling und Sommer zeichnet sich dieser Stadtteil durch großzügige Park- und Grünanlagen aus, wunderschöne Blicke über die Küste lohnen ebenfalls einen Besuch. Die interessantesten Punkte St-Servans befinden sich im Bereich des Place St-Pierre.

Am nordwestlichen Rand dieses Platzes wurden vor wenigen Jahren die Überreste einer alten Kirche gefunden, vermutlich der Kathedrale von Aleth, die bereits im 6. Jh. gegründet worden ist.

Tour Solidor. Im 14. Jh. wurde diese mächtige Anlage, die eigentlich aus drei aneinandergebauten Türmen besteht, am Ufer der Rance-Mündung errichtet, um dem Ort den notwendigen Schutz zu bieten. Fast 30 m hoch ragen die Spitzen des einstigen Festungs- und Gefängnisgebäudes gen Himmel. In der Anlage ist heute das sehenswerte ***Musée International du Long Cours Cap-Hornier*** (Internationales Museum der Kap-Horn-Kapitäne) untergebracht. Alles, was sich mit der Umsegelung dieses legendären Kaps in Verbindung bringen läßt, wurde in den Sälen des Museums untergebracht. Dazu gehören u.a. Fotos, Modelle, Karten und nautisches Gerät.

Öffnungszeiten: Ganzjährig täglich geöffnet 9.00-12.00 Uhr und 14.00-18.00 Uhr. Im Winter bleibt das Museum montags und dienstags geschlossen. Eintritt 23/11,50 F. Tel. 99.40.71.11.

Neben der Besichtigung des Turmes lohnt ein Spaziergang entlang der ***Promenade de la Corniche***, der ebenfalls am Place St-Pierre begonnen werden kann. Überall im Mündungsgebiet der Rance lassen sich von hier aus Felsen und kleine Inseln ausmachen. Oberhalb des Weges liegt das im Zweiten Weltkrieg stark befestigte ***Fort de la Cité***. Bei gutem Wetter kann von der Promenade aus schon der schönste Badestrand ausgesucht werden.

Draußen vor dem Tore: Boulespieler vor der Stadtmauer (EH)

Der Strand von Port de Plaisance (EH)

Strände

Zumindest bei gutem Wetter haben St-Malo und die eingemeindeten Vororte auch für den Badespaß einiges zu bieten. Besonders schön ist der etwa 2 km lange ***Grande Plage,*** der an den Stadtmauern St-Malos beginnt und sich, übergehend in den ***Plage de Rochebonne,*** östlich bis zum Ortsteil Paramé erstreckt. Nur eine kleine Landzunge (Pointe de Rochebonne) trennt den Strand von den kleineren ***Plage du Minihic*** und ***Plage du Pont***.

Bei Ebbe besteht auch direkt unterhalb der Befestigungsmauer St-Malos die Möglichkeit zum (Sonnen-) Bad.

Der ***Plage des Bas Sablons*** im Stadtteil St-Servan befindet sich beim Yachthafen.

Praktische Hinweise

Information

•***Office de Tourisme***, Esplanade Saint-Vincent, 35400 Saint-Malo, Tel. 99.56.64.48. Das Gebäude liegt dem großen Parkplatz und dem Hauptstadttor gegenüber.

Unterkunft

Das Angebot an Unterkünften ist sehr groß und trotzdem zur Hauptreisezeit meist ausgebucht. Detaillierte Informationen zu Unterkunftsmöglichkeiten gibt das Office de Tourisme mit dem Heftchen "St-Malo Hébergement" heraus. Nun eine kurze Liste, nach Stadtteilen geordnet.

St-Malo Intra-Muros

•***Hôtel de l'Univers,*** Place Chateaubriand 12, Tel. 99.40.89.52. Das Hotel, direkt gegenüber dem Schloß, besitzt eine herrliche Lobby mit hohen Glasdächern und riesigen tropischen Gewächsen. Die Zimmer kosten je nach Ausstattung ab 230 FF.

•***Hôtel Central***, Grande Rue 6, Tel. 99.40.87.70. Das Hotel gehört zur Best-Western-Kette. Es verfügt über gut ausgestattete Zimmer und guten Service. Ab 280 FF.

•***Hôtel de la Porte Saint-Pierre***, Place du Guet 2, Tel. 99.40.91.27. Das gemütliche Hotel liegt nahe der Porte St-Pierre und dem Plage de Bon-Secours. Zimmer ab 200 FF. Geöffnet vom 20.1. bis 30.11.

•***Hôtel Les Chiens du Guet***, Place du Guet 4, Tel. 99.40.46.77. Das preiswerte kleine Hotel besitzt zwar einfach ausgestattete, aber saubere Zimmer ab 110 FF. Geöffnet vom 1.2. bis 30.11.

St-Servan

•***Hôtel le Servannais***, Rue Amiral Magon, Tel. 99.81.45.50. Preiswertes, aber doch recht komfortabel ausgestattetes Hotel nahe dem Plage des Bas Sablons. Zimmer ab 110 FF. Geöffnet vom 15.4. bis 15.1.

•**Hôtel de la Mer**, Rue Dauphine 3, Tel. 99.81.61.05. Am nördlichen Ende des Plage des

Bas Sablons liegt das kleine Hotel. Die solide ausgestatteten Zimmer sind im Preis, ab 115 FF, recht günstig.

Paramé

●***Hôtel de la Digue***, Chaussée du Sillon, Tel. 99.56.09.26. Das 53-Zimmer-Hotel liegt direkt an der Uferstraße, die vom Stadtteil Paramé Richtung St-Malo Intra Muros führt, und grenzt mit der Rückfront an den Strand. Die gut ausgestatteten Zimmer kosten ab 220 FF. Geöffnet vom 1.3. bis 30.11.

●***Hôtel Chateaubriand***, Boulevard Hébert 8, Tel. 99.56.01.19. In einer Seitenstraße, und damit ruhiger, aber in relativer Nähe zum Strand (sogar mit Meerblick) liegt das kleine saubere Hotel, Zimmer ab 200 FF. Geöffnet vom 15.2. bis 11.11.

●***Hôtel le Rochebonne***, Boulevard Chateaubriand 15, Tel. 99.56.01.72. Abseits des Trubels der Uferstraße befindet sich das zunächst recht schmucklose Hotel, dessen Zimmer (ab 230 FF) aber gut ausgestattet sind. Geöffnet vom 15.3. bis 15.10.

Camping

●***Camping Municipal de la Cité d'Aleth***, Tel. 99.81.60.91. Der Platz in St-Servan, nahe dem ehemaligen Fort, bietet Stellplätze für 400 Camper. Der Komfort ist akzeptabel. Für den Platz spricht die Nähe zu den interessanten Zielen.

●***Camping Municipal les Nielles***, Tel. 9940.26.35. Der kleine Platz mit nur 95 Stellplätzen liegt am östlichen Ortsausgang Paramés, nahe dem Plage du Mihinic. Geöffnet vom 15.6. bis 15.9.

●***Camping de la Ville Huchet***, Tel. 99.81.11.83. Der schöne Platz (geöffnet vom 15.4. bis 30.9.) liegt einige Kilometer außerhalb St-Malos, nahe der Straße nach Rennes und Dinan.

Essen und Trinken

Das Angebot an Restaurants, Bistros, Bars und Cafés ist unüberschaubar. Zu vielen der oben bereits genannten Hotels gehören auch Restaurants. Am besten ist es, durch die Stadt zu schlendern und dann je nach Geschmack und Laune auszuwählen.

●Allerdings sollte keinesfalls ein Besuch im ***L'Univers***, Place Chateaubriand 12, fehlen, denn hier wird wohl einzigartig der seemännische Charakter der Stadt dokumentiert. Fast museumsgleich dient die Bar als Ausstellungshalle nautischer Geräte, präparierter Meerestiere und nicht zuletzt von Fotos berühmter Seefahrer – und wirkt dadurch reichlich überladen.

●Ein Eßerlebnis besonderer Art erwartet den Gast an Bord der ***Chateaubriand***. Kreuzfahrten auf der Rance und in der Bucht von St-Malo stehen auf dem Programm. Das Schiff legt am Rance-Staudamm ab. Die Fahrt kostet 50 FF/ Kinder 30 FF, Menüs ab 210 FF. Buchungen unter Tel. 99.46.44.44, SMR Gare Maritime de la Richardais, Barrage de la Rance.

Sonstiges

●***Fahrradverleih:*** Cycles Diazo, Quai Duguay-Trouin 47, Tel. 99.40.31.63, und Cycles Nicole, Rue Robert Schumann 11, Tel. 99.56.11.06.

●***Le Petit Train***, 30minütige Rundfahrten (Englisch und Französisch) von der Porte St-Vincent aus. Informationen unter Tel. 99.40.49.49. Preise 25 FF/ Kinder 15 FF.

●***Golf de Saint-Malo/Le Tronchet***, 25 km von St-Malo entfernt in 35540 Le Tronchet, Tel. 99.58.96.69.

●***Tennis:*** Courts de Marville, Avenue de Marville, Tel. 99.56.14.44; Courts de la Jacques Cartier, Avenue de la Barderie, Paramé, Tel. 99.56.54.86; Salle du Cercle Jules Ferry, Rue H. Lemarié, Paramé, Tel. 99.40.13.04; La Jeanne d'Arc, Boulevard du Gouazon 17, St- Servan, Tel. 99.81.32.26.

●***Wassersport:*** Vermietung von Wassersportgeräten bei Alet, Rue de la Cité 4, Tel. 99.82.07.48; Alfa, Port des Bas-Sablons, Tel. 99.82.00.78; Loch 2000, Port des Bas-Sablons, Tel. 99.81.18.55.

●***Freilufttheater:*** Son et Lumière, jeweils im Juli/August (unregelmäßig). Im Rahmen der Veranstaltung werden historische Ereignisse nachgespielt.

Anreise/Weiterreise

•***Mit dem Zug:*** St-Malo liegt an der Strecke Rennes – Dinard, die auch über Dol de Bretagne und Combourg führt. Der Zug verkehrt täglich mehrfach. Wer mit der Bahn weiter entlang der Westküste fahren möchte, kann in Dol de Bretagne Anschlußzüge erreichen.

•***Mit dem Bus:*** Mehrfach täglich bestehen Busverbindungen mit Rennes (Linie 38), Dol de Bretagne/Cancale/Mont St-Michel (Linie 34) und Dinard (Linie 40).

Die Busse fahren am Hauptbahnhof und am Busbahnhof an der Porte St-Vincent ab.

•***Mit dem Auto:*** Die N 137 führt in südlicher Richtung bis Rennes. In Châteaubriant besteht die Möglichkeit, auf die N 176 abzubiegen, die westlich Richtung Dinan und östlich in Richtung Dol führt. Rascher ist die Fahrt über die D 4 in Richtung Dol. Von St-Servan aus führt die D 168 in westlicher Richtung nach Dinard.

Wer über etwas Zeit verfügt, kann in östlicher Richtung über die Küstenstraße (D 201) bis Cancale gelangen.

•***Schiffsausflüge:*** Einige Anbieter organisieren Schiffsausflüge entlang der Küste, z.B. zum Cap Fréhel und zu den Kanalinseln. Auskünfte bei EMERAUDE LINES, 35401 Saint-Malo, B.P. 16, Gares Maritimes, Tel. 99.40.48.40, und CONDOR, MORVAN FILS VOYAGES, Place du Poids du Roi 2, 35412 Saint-Malo, Tel. 99.56.42.29.

Umgebung von St-Malo

Manoir de Jacques Cartier

In diesem Haus lebte JACQUES CARTIER (1491-1557) der Entdecker Kanadas, genauer des Sankt Lorenzstromes, nachdem er von seinen zahlreichen Reisen zurückgekehrt war. Das Haus aus dem 16. Jh war ursprünglich ein Bauernhaus, das von CARTIER erheblich vergrößert wurde. Er nannte es Limoelou (kahler Hügel). Im 19. Jh. wurde das Gebäude durch einen Anbau ergänzt. Im Inneren befindet sich heute ein Museum, in dem man sich bemüht, mittels historischer Möbel und einer Diashow das Leben CARTIERS und seine Entdeckungen zu verdeutlichen.

Öffnungszeiten: Von Juni bis September mittwochs bis sonntags 10.00-12.00 Uhr und 14.00-17.45 Uhr. Eintritt 15 FF/ Kinder 10 FF.

Das Haus befindet sich am südlichen Ortsausgang (nahe dem Friedhof) in der Rue David Macdonald Stewart, Tel. 99.40.97.73.

Rothenéuf

Östlich St-Malos liegt dieser kleine Ferienbadeort an der D 201. Während die Strände nichts Außergewöhnliches bieten, lohnt unbedingt ein Besuch der ***Rochers sculptés.*** Etwa um 1894 begann der Geistliche des Ortes, Abbé ***Adolphe Fouré***, damit, direkt an der Küste Skulpturen aus den Felsen zu meißeln. Bis zu seinem Tod (1910) entstanden so auf dem Fels ca. 300 Figuren. Sie stellen Heilige, Dämonen und andere Phantasiewesen dar, erinnern aber auch an die Gesichter von Korsaren. Die Felsen befinden sich am östlichen Ortsausgang.

Neben dem Eingang zum Skulpturenpark befindet sich auch ein ***Aquarium,*** das sich besonders auf die heimische Wasserwelt konzentriert. Öffnungszeiten für beide: Ganztägig von April bis September. Eintritt 10 FF.

Rance-Tal

Einen Tagesausflug lohnt die sehr reizvolle Landschaft im Uferbereich der Rance, die insgesamt 100 km von ihrer Quelle in Collinée (Côtes d'Armor) bis zum Meer zurücklegt. Die Flußmündung bedeckt bei einer Breite von 14 km ca. 22 km^2. Von St-Malo aus kann die Rundfahrt über die ***Barrage de la Rance*** und das ***Gezeitenkraftwerk*** erfolgen (D 168). Schon seit einigen hundert Jahren nutzen die Bewohner der Region die Kraft des Gezeitenstromes zum Antreiben von Mühlen. Dazu wurden ursprünglich kleine Staubecken angelegt. Der heutige, 22 km^2 große

Die Arbeit von 16 Jahren: im Skulpturenpark von Roténeuf (EH)

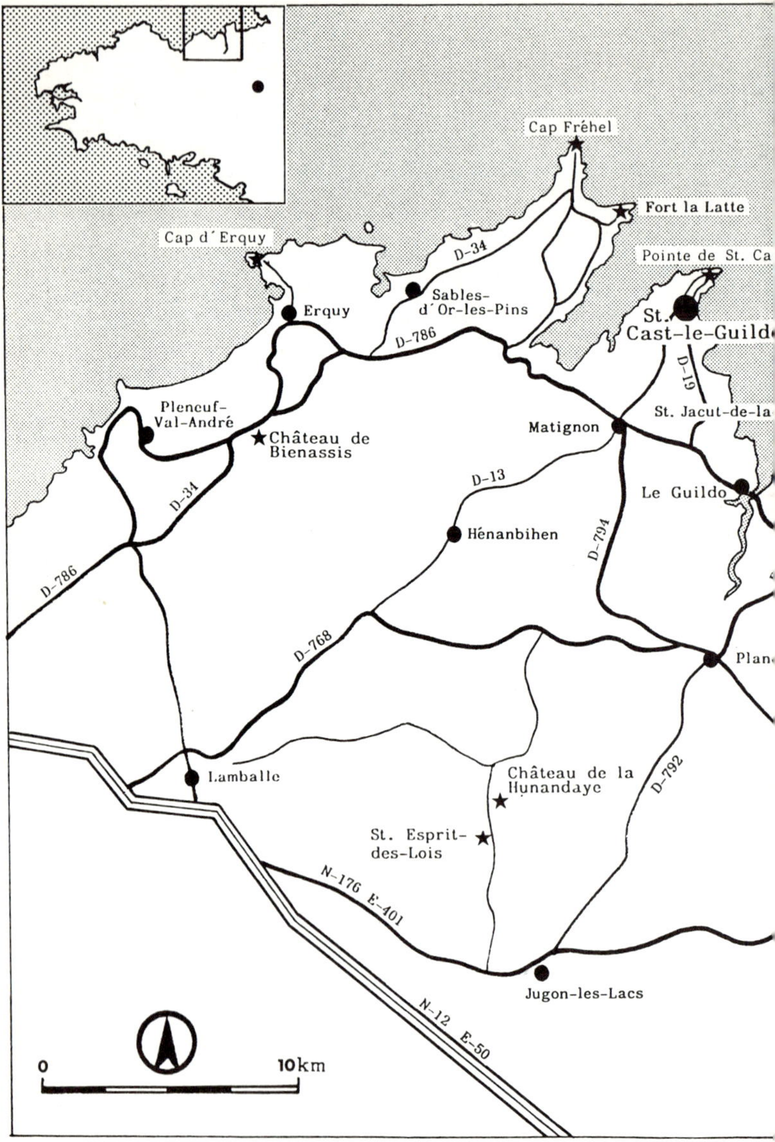
Cap Fréhel
Fort la Latte
Cap d´Erquy
Pointe de St. Ca
D-34
Sables-
d´Or-les-Pins
Erquy
St.
Cast-le-Guild
D-786
D-19
Pleneuf-
Val-André
Château de
Bienassis
Matignon
St. Jacut-de-la
D-13
Le Guildo
D-34
Hénanbihen
D-794
D-786
D-768
Plan
Lamballe
Château de la
Hunandaye
D-792
St. Esprit-
des-Lois
N-176 E-401
Jugon-les-Lacs
N-12 E-50
0
10km

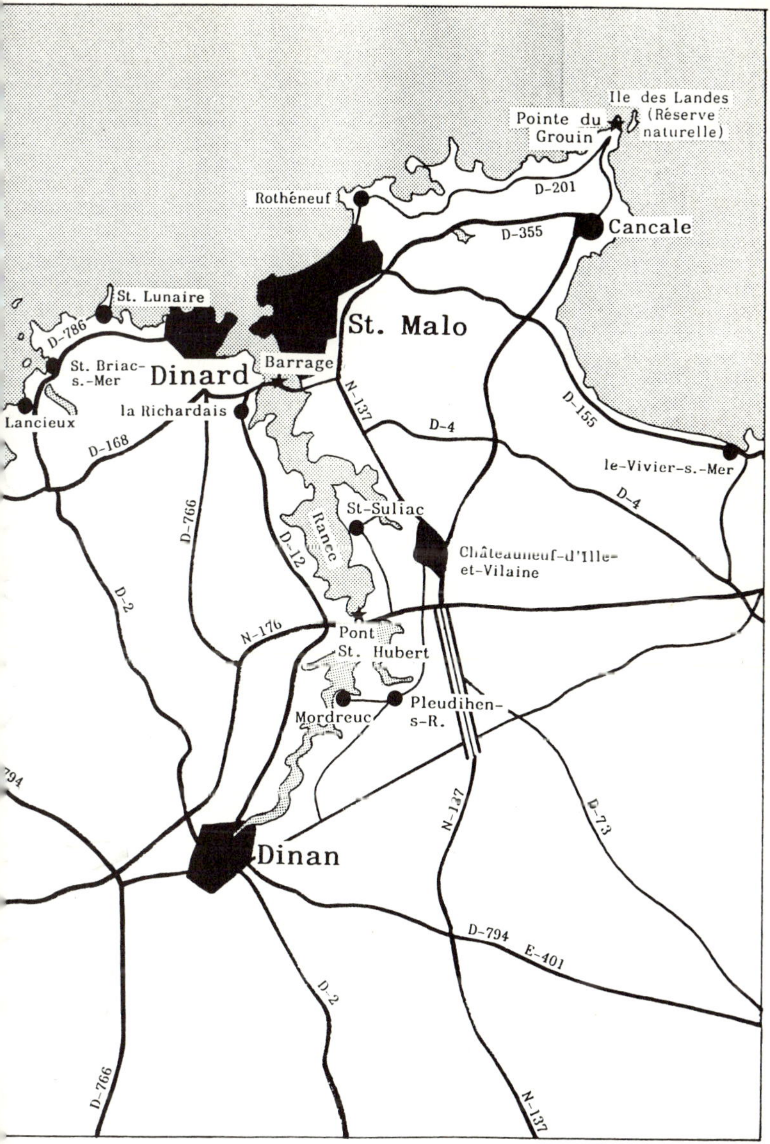
Ile des Landes
(Réserve naturelle)
Pointe du Grouin
D-201
Rothéneuf
Cancale
D-355
St. Lunaire
St. Malo
D-786
St. Briac-s.-Mer
Dinard
Barrage
la Richardais
Lancieux
N-137
D-155
D-4
D-168
le-Vivier-s.-Mer
D-4
St-Suliac
D-766
Rance
D-12
Châteauneuf-d'Ille-et-Vilaine
D-2
N-176
Pont St. Hubert
Pleudihen-s-R.
Mordreuc
N-137
D-73
Dinan
D-794
E-401
D-2
D-766
N-137

Stausee liefert seit den 60er Jahren Strom aus der Wasserströmung zwischen Ebbe und Flut. Die maximale Leistung liegt bei etwa 500 Mio. kWh. Eine Schleuse erlaubt Schiffen die Passage. Das Kraftwerk kann ganztägig besichtigt werden.

Zur Fortsetzung der Rundfahrt direkt hinter dem Staudamm auf die D 114 abbiegen, die in südlicher Richtung dann zur D 12 wird und bis Dinan führt. Unterwegs lohnt ein Abstecher zur ***Pont St-Hubert,*** einer Brücke über die Rance mit herrlichem Ausblick.

Von Dinan aus dann am östlichen Ufer zunächst über die N 176, dann über die D 29 bis ***Pleudihen-sur-Rance***. Hier befindet sich das ***Musée de la Pomme et du Cidre*** (La Ville Hervy, Tel. 96.83.20.78). Eine Ausstellung zu Apfelsorten und der Herstellung von Cidre sowie die Möglichkeit, direkt ab Werk Cidre, Apfelsaft und Calvados zu kaufen, gehören zum Programm. Öffnungszeiten: April, Mai und September 14.00-19.00 Uhr, Juni bis August 10.00-19.00 Uhr. Eintritt 15 FF/ Kinder 8 FF.

Nahe der N 176 befindet sich im Bois du Rocher eine ***Allée couverte***.

Der Hafen ***Port de Mordreuc*** dient mit 47.500 m² als Freizeithafen, dessen Kulisse von alten Häusern, Herrensitzen und Schlössern gebildet wird.

Bei Port-St-Jean auf die D 117 abbiegen und dieser Straße am Ufer der Rance folgen, bis sie bei St-Jouan auf die N 137 trifft. ***Saint-Suliac***, ein kleiner, ruhiger Ort an dieser Straße, wurde bereits 555 vom Mönch Silio aus Wales durch den Bau eines Klosters begründet. Der nahegelegene ***Mont Garrot*** (73 m) trägt die Ruinen einer Mühle. Von hier aus genießt man eine sehr schöne Aussicht über die Gegend. Bei Ebbe besteht die Möglichkeit, zu den Resten eines ***Wikingerlagers*** am Fuße des Hügels zu gelangen. Weiter im Hinterland steht der Menhir "Dent de Gargantua", der 5 m Höhe erreicht. Von hier aus zurück nach St-Malo.

Dinard

Bis in die Mitte des vorigen Jahrhunderts fristete das einst ruhige Fischerdorf am westlichen Mündungsufer der Rance ein eher beschauliches Dasein, zumindest im Vergleich mit dem schon seit langem weithin bekannten St-Malo, das direkt gegenüber am anderen Ufer der Rance liegt.

Gegen 1850 war es jedoch mit der Ruhe vorbei. Plötzlich war der Ort bevorzugtes Urlaubsziel reicher ***Engländer und Amerikaner***, die das Bild des Ortes nachhaltig prägten. Villen und Strandpromenaden, Luxushotels und ein Casino, elegante Park- und Strandanlagen bestimmen auch heute noch das Bild der Stadt. Nach wie vor kommen in den Sommermonaten vornehmlich Engländer hierher, um das fast schon mondäne Leben am Atlantik zu genießen. Bretonischer Stil ist hier weniger zu finden, dafür aber fast schon typische Mittelmeerflora, natürlich künstlich gehätschelt, und eine ***Architektur der Belle-Epoque*** mit viel Stuck und Schnörkel.

Sehenswertes

Fast in der Ortsmitte liegt der ***Plage de l'Ecluse***, der auch Grande Plage genannt wird. Hier befindet sich auch das Casino. In unmittelbarer Nähe stehen die Luxushotels und Villen, die teilweise noch aus der Gründungszeit des Badeortes stammen.

Lohnend sind Ausflüge zur ***Pointe du Moulinet***, zur Pointe de la Vicomte und zur Pointe des Étetés. Von allen drei Landzungen aus hat man, gutes Wetter vorausgesetzt, ein herrliches Panorama über die zerklüftete Küste. Besonders eindrucksvoll ist der Blick von der Pointe du Moulinet auf St-Malo – einmal ganz anders!

Die ***Promenade du Clair de Lune*** (Mondscheinpromenade), südwestlich der Pointe du Moulinet lädt mit etlichen interessanten, leider auch teuren Geschäften zum Flanieren ein. Nicht nur im Mondschein hat ein Spaziergang auf dieser von Palmen und anderen subtropischen Gewächsen verzierten Promenade seinen Reiz. Zwischen Juni und September finden hier montags, mittwochs, samstags und sonntags Beleuchtungsspektakel "Son et Lumière" statt.

Musée de la mer. In 24 Becken wird im Aquarium der Stadt die Flora und Fauna der heimischen Küste ausgestellt. Lohnt nur bei Regenwetter und/oder wenn unterwegs kein anderes Aquarium besucht werden kann (z.B. in Brest oder Le Croisic).

Öffnungszeiten: Von Pfingsten bis zum 15.9. täglich 10.00-12.00 Uhr und 14.00-18.00 Uhr. Eintritt 12 / 8 FF.

Musée du pays de Dinard. Das Museum von Dinard zeigt die historische Entwicklung des Seebades. Es befindet sich in der Villa, die ursprünglich für die Frau Napoléons III. gebaut worden war.

Öffnungszeiten: Von Ostern bis 15.11. nur 14.00-18.00 Uhr. Eintritt 10 FF.

Praktische Hinweise

Information

•***Syndicat d'Initiative***, Boulevard Féart 2, 35800 Dinard, Tel. 99.46.94.12.

Unterkunft

Dem Ambiente entsprechend, gibt es zahlreiche Hotels in Dinard, die oft in der oberen Preiskategorie angesiedelt sind. Hier eine kleine Auswahl:

•***Le Grand Hôtel***, Avenue Georges V., Tel. 99.88.26.26. Luxushotel oberhalb der Mondscheinpromenade. Für Preise ab 680 FF gibt es Luxus satt.

•***Hôtel Roche*** Corneille, Rue Georges-Clémenceau 4, Tel. 99.46.14.47. Klein, aber fein, so einfach läßt sich das Hotel beschreiben. 27 gut eingerichtete Zimmer ab 400 FF. Geöffnet vom 1.4. bis 15.11.

•***Hôtel des Dunes***, Boulevard Georges-Clémenceau 5, Tel. 99.46.12.72. Komplett ausgestattetes Mittelklassehotel mit hübschem Garten. Zimmer ab 270 FF.

•***Hôtel Altair***, Boulevard Féart 18, Tel. 99.46.13.58. 21-Zimmer-Hotel in recht ruhiger Lage. Alle Zimmer sind gut eingerichtet, ab 200 FF.

•***Hôtel des Sables***, Rue des Vergers 12, Tel. 99.46.18.10. Einfaches Hotel, dessen Zimmer aber alle über Bad/WC verfügen. Ab 200 FF.

Für alle Campingplätze gilt während der Hauptreisezeit: rechtzeitig vorbestellen!

•***Camping La Ville Mauny***, Tel. 99.46.94.73. An der D 603. Der große Platz (174 Einheiten) bietet das komplette Angebot einer 4-Sterne-Anlage, auch für Wohnmobile. Viele Sportmöglichkeiten. Geöffnet von Ostern bis zum 15.10.

•***Camping Le Prieuré***, Tel. 99.46.20.04., am östlichen Ortsausgang. Ebenfalls komplettes 4-Sterne-Angebot für 100 Einheiten. Geöffnet von Ostern bis zum 30.9.

•***Camping Municipal de Port-Blanc***, Tel. 99.46.10.74. Der riesige Platz liegt am westlichen Ortsausgang, direkt am Strand. Leider bietet die spärliche Vegetation wenig Schatten. Geöffnet von Anfang April bis zum 30.9.

Sonstiges

•***Fahrradverleih:*** Cyclos Duval, Rue Gardiner 5.

•***Bootstouren:*** Emeraude Lines, Avenue Georges V. 27, Tel. 99.46.10.45, organisiert im Sommer Touren auf der Rance, nach St-Malo und entlang der Küste.

•***Schwimmbad:*** neben dem Casino, Boulevard Wilson. Beheizt.

Anreise/Weiterreise

•***Mit dem Flugzeug:*** Im Sommer bestehen regelmäßig Flugverbindungen nach Paris und zu den Kanalinseln. Auskunft unter 99.46.22.81. Der Flugplatz liegt südwestlich der Stadt an der D 168.

•***Mit dem Bus:*** Täglich verkehren mehrere Busse zwischen St-Briac-sur-Mer, Dinard und St-Malo bzw. direkt in Richtung Rennes. Abfahrt vom Gare SNCF, Tel. 99.46.10.04

•***Mit dem Schiff:*** Von der Clair de Lune aus besteht eine regelmäßige Fährverbindung nach St-Malo. Informationen im Syndicat d' Initiative.

•***Mit dem PKW:*** Die D 786 führt in westlicher Richtung zu weiteren Badeorten der Umgebung und zum Cap Fréhel. Dinan ist über die D 766 direkt oder über die D 786 bis Ploubalay und dann weiter auf der D 2 zu erreichen. Die D 168 führt über den Rance-Staudamm in Richtung St-Malo.

Dinan

Die mittelalterliche Stadt am Ufer der Rance hat sich bis in die jüngste Gegenwart vieles von ihrem historischen Charakter erhalten. Es lohnt sich, den Stadtkern näher zu erkunden, zumal man auf der Durchreise die Hauptstraße nimmt, die unmittelbar durch die Stadt führt. Idealer Ausgangspunkt für einen Rundgang ist der Place du Guesclin, auf dem reichlich Parkraum zur Verfügung steht.

Bereits am Ortseingang weisen Schilder darauf hin, daß es sich bei Dinan um eine Ville d'Art et d'Histoire handelt. Zahlreiche Ateliers, Antiquitätengeschäfte und Kunsthandwerksbetriebe haben sich hier niedergelassen. Umfangreiche Restaurierungsarbeiten helfen, die alten Fachwerkhäuser zu erhalten. So wurde Dinan zur ***besterhaltenen Stadt der Bretagne.***

Dinan blickt auf eine lange Vergangenheit zurück. Bereits zur Zeit der ***römischen Besatzung*** hatte die Stadt als Knotenpunkt zweier Straßen eine große Bedeutung. Später (im 11. Jh.) siedelte sich hier ein Benediktinerkloster an. Zu Beginn des 14. Jh. zogen zahlreiche ***Händler und Handwerker*** hierher, die aufgrund der günstigen Lage der Stadt intensive Handelsbeziehungen mit England und anderen europäischen Staaten entwickelten.

Eine der berühmtesten historischen Figuren war ***Bertrand du Guesclin*** (1320-1380), der in der Festung La Motte-Broons geboren wurde. Nach der Überlieferung hatte er zunächst ein nicht sehr leichtes Leben, da er von seinem Vater nicht akzeptiert wurde. Er verließ seine Familie und nahm inkognito an einem Turnier teil, trug einen großen Sieg davon und gab sich erst dann zu erkennen. Als tapferer Streiter wurde er vom Volk und auch von seinem Vater anerkannt. Seine Tapferkeit brachte ihm einigen Ruhm und schließlich den Rang eines Ritters ein. Mit der Belagerung Dinans durch englische

Der kleine Flußhafen am Rance-Tal (EH)

Truppen Mitte des 14. Jh. schlug die große Stunde des tapferen Recken. Nach langandauernden Kämpfen besiegte er schließlich im Zweikampf THOMAS VON CANTERBURY und trug damit den Sieg für die belagerte Stadt davon. Sein Ruhm steigerte sich, bis er schließlich 1370 Oberbefehlshaber (KONNETABEL) des französischen Heeres wurde. 1380 fiel er bei der Schlacht von Châteauneuf-de-Randon. Seine Leiche wurde konserviert, und die Innereien bestattete man in Le Puy. In Clermont-Ferrand zeigte sich, daß die Konservierung nicht gelungen war. Man trennte Skelett und Muskelfleisch voneinander und ließ das Fleisch in der Kirche des Ortes. Das Skelett wurde in die Kirche St-Denis bei Paris überführt, in der auch die Könige Frankreichs beigesetzt wurden. Da es sein Wunsch war, in Dinan bestattet zu werden, wurde hier für sein Herz ein Grabmal in der Eglise St-Sauveur errichtet.

Im 15. Jh. wurden die Befestigungsanlagen der Stadt mit Türmen und Mauern ergänzt. Im 17. Jh. ließen sich hier zahlreiche ***Ordensgemeinschaften*** nieder. Das 18. Jh. schließlich brachte einen Boom für die Weber. Webwaren wurden bis nach Südamerika und zu den Antillen exportiert. In der Folgezeit gedieh die Position als Handelsort besonders durch die Anbindung an die Eisenbahn.

Sehenswertes

Die Altstadt. Ein Rundgang durch die Altstadt beginnt sinnvollerweise an den Plätzen du Guesclin und du Champs-Clos, da hier viel Parkraum zur Verfügung steht. Ein ***Denkmal für Bertrand du Guesclin*** erinnert an die berühmte Person, die an der Stelle des heutigen Place du Champs-Clos den Sieg über CANTERBURY erringen konnte.

Über die Rue Ste-Claire gelangt man zur Rue de l'Horloge. Hier befindet sich im Haus Nr. 9, dem Hôtel Keratray aus dem Jahre 1559, das Office de Tourisme. Schräg gegenüber befindet sich das ***Maison du Gisant***, leicht erkennbar an der liegenden steinernen Figur direkt an der Straße. Die Figur stammt aus dem 14. Jh. Sie wurde bei den Restaurierungsarbeiten im Haus gefunden. Ein Kopf fehlt, weil es sich um eine Figur handelt, die früher auf den Grabstätten wichtiger Persönlichkeiten befestigt wurde. Der Handwerker fertigte diese Figuren auf Vorrat und ergänzte dann später nur noch Kopf, Gesichtszüge und die Wappen.

Der 60 m hohe ***Tour de l'Horloge*** (Uhrenturm, 15. Jh.) diente früher zur Überwachung der Stadt, um ausbrechende Brände zu melden. Im Juli und August kann der Turm besichtigt werden, in dem sich auch eine Glocke befindet, die die Stadt ANNE DE BRETAGNE gewidmet hat.

Basilique St-Sauveur. Der Bau der Basilika geht auf das 12. Jh. zurück. RIVALLON LE ROUX, ein Mitglied der Fürstenfamilie von Dinan, brach zu dieser Zeit zu den Kreuzzügen nach Palästina auf. Von den Sarrazenen gefangengenommen, versprach er, der Stadt eine Kirche zu schenken, sollte er aus diesem Krieg jemals zurückkehren. Er kam frei und erfüllte sein Versprechen. Die Zeit in Palästina beeinflußte ihn sehr, was sich auch am Bau der Kirche zeigt. Bereits an der äußeren Fassade erkennt man noch heute geflügelte Löwen. Im Inneren zieren maurisch anmutende Bögen eine Seite des Gebäudes und Fabelwesen die Innenfront des Portals. Links des Einganges befindet sich in der Taufkapelle ein Becken (12. Jh.), das von vier kopflosen Figuren mit Tunika getragen wird. Zwei tragen es mit ihren Händen, zwei mit dem Rücken. Im Becken befindet sich ein Relief von 2 Fischen. Im linken Bereich des Querschiffs steht das Grabmal mit dem Herz DU GUESCLINS. Bemerkenswert sind auch die Bildaufsätze aus dem 17. und 18. Jh., die sich in den verschiedenen Kapellen befinden.

Place des Merciers. An diesem Platz stehen viele guterhaltene Fachwerkhäuser des 15. Jh. Die Seitenstraßen, besonders die Rue de la Cordonnerie und die Rue du Petit-Pain, bieten sehr hübsche Motive.

Rue du Jerzual. Diese Straße führt von der Oberstadt durch das gleichnamige Stadttor aus dem 14. Jh. Bemerkenswert ist die Bauweise des Tores, das direkt durch den Turm führt, anstatt wie sonst durch ein Stück Mauer zwischen zwei Türmen. Am Ausgang des Tores geht die Straße in die Rue du Petit Fort über, die bis hinab zum Hafen führt. Diese Straße war ursprünglich die Hauptstraße durch die Stadt, bevor der Viadukt gebaut wurde. Hier siedelten sich die zahlreichen Händler an. Kopfsteinpflaster, Fachwerkhäuser, Antiquitäten- und Kunstgewerbeläden bestimmen heute das Bild der Straße. Besonders interessant ist Haus Nr. 24, la Maison du Gouverneur aus dem 15. Jh. im Renaissancestil. Haus Nr. 49/51 gehörte Gerbern, noch heute am offenen Dachstuhl erkennbar, in dem das Leder zum Trocknen aufgehängt wurde.

Le Château. Als erstes erblickt man den Donjon, der der Duchesse ANNE gewidmet ist. Über eine Brücke mit darunterliegenden Gartenanlagen gelangt man zur Mauer und zum Donjon, in dem sich ein ***Museum*** befindet. Die Ausstellung dient der Darstellung der Stadt- und Regionalgeschichte. Beispielsweise sind hier eine Weberwerkstatt und eine Sammlung historischer bretonischer Hauben (COIFFES) zu sehen. Eine Gemäldesammlung mit Exponaten aus dem 19. und 20. Jh. vervollständigt das Museum. In den unteren Gewölben des Tour de Coëtquen befinden sich 7 Grabsteine mit liegenden Statuen.

Öffnungszeiten: vom 1.6. bis zum 15.10. 10.00-18.30 Uhr (täglich), vom 16.10. bis zum 15.11. und vom 16.3. bis zum 31.5. 10.00-12.00 und 14.00-18.00 Uhr (außer dienstags), vom 16.11. bis zum 31.12. und vom 7.2. bis zum 15.3. 13.30-17.30 (außer dienstags). Eintritt 20 / 10 FF. Tel. 96.39.45.20.

In der Altstadt (EH)

Mauerrundgänge bieten sich über die Promenade des Grands Fossés, die Promenade des Petits Fossés und die Promenade de la Duchesse Anne an. Von oben ergeben sich herrliche Blicke über die Stadt, das Tal der Rance und den Hafen.

Praktische Hinweise

Information

•***Office de Tourisme***, Rue de l'Horloge 6, 22100 Dinan, Tel. 96.39.75.40.

Unterkunft

Die Lage der Stadt und die Vielzahl der Besucher ließen hier zahlreiche Unterkunftsmöglichkeiten entstehen. Das Office de Tourisme gibt gerne Auskunft. Hier eine kleine Auswahl.

•***Hôtel de la Tour de l'Horloge***, Rue de la Chaux 5, Tel. 96.39.96.92. Gemütliche Zimmer inmitten der Stadt bestimmen das Bild des Hotels. Die nette Atmosphäre wird auch durch den familiären Charakter des Hauses unterstrichen. Zimmer ab 315 FF, Parkmöglichkeiten vorhanden.

•***Hôtel d'Avaugour***, Place du Champ 1, Tel. 96.39.07.49. Das komfortable Hotel genügt auch dem gehobenen Anspruch. Auch zu diesem Hotel gehört ein Parkplatz. Mit Preisen ab 320 FF ist es allerdings nicht sehr preiswert.

•***Hôtel Les Remparts***, Rue du Château 4-6, Tel. 96.39.10.16. Das Haus liegt in der Nähe der Burg an der Hauptstraße. Saubere Zimmer und nette Leute kennzeichnen das Haus. Zimmer ab 100 FF.

•***Chambres d'Hôtes***, D. Ronssaray, Rue du Petit Fort 27, Tel. 96.39.77.95. Die Zimmer werden hier je nach Ausstattung ab 300 FF vermietet, Frühstück ist im Preis enthalten.

•***Jugendherberge***, Moulin de Méen, Vallée de la Fontaine des Eaux, Tel. 96.39.10.83. Ein Jugendherbergsausweis ist erforderlich, um einen der 75 Schlafplätze zu erhalten.

•***Camping Municipal***, Rue Chateaubriand 103, Tel. 96.39.11.96. Zwischen März und November kann man, etwa 300 m vom Ort entfernt, einen der 50 Stellplätze bekommen, wenn die recht einfache Ausstattung des Platzes nicht abschreckt.

Essen und Trinken

Ähnlich der Übernachtungssituation besteht auch ein breit gefächertes Angebot an Crêperien, Restaurants etc.

•***Grill/Crêperie La Fontaine du Jerzual***, Rue du Jerzual 21, Tel. 96.85.46.33. Hier lohnt es sich einzukehren, nicht nur beim steilen Aufstieg vom Hafen herauf.

•***Restaurant La Courtine***, Rue de la Croix 6, Tel. 96.39.74.41.

•Anerkannt gute Küche servieren die ***Restaurants Grands Fossés***, Place Gal Leclerc 2, Tel. 96.39.21.50, und ***Mère Pourcel***, Place des Merciers 3, Tel. 96.39.03.80. Beide sind allerdings mit Menüs zwischen 95 und 250 FF nicht gerade preiswert.

•Wer nach der Besichtigung der Burg großen Durst verspürt, kann direkt gegenüber der Brücke im ***Café du Château*** einkehren.

Sonstiges

•***Einkaufen:*** Kunstgewerbe, Antiquitäten und Souvenirs der Bretagne werden in zahlreichen Geschäften, besonders im Bereich der Rue du Jerzual, angeboten.

•***Feste:*** Das Hauptfest des Ortes ist das FÊTE DES REMPARTS Anfang September. 48 Stunden im Jahr verwandelt sich Dinan in eine Stadt des Mittelalters. Historische Kostüme, Turniere und Ritterspiele bestimmen den Tagesablauf. Genaue Daten erfährt man beim Office du Tourisme.

Anreise/Weiterreise

•***Mit dem Bus:*** Dinan liegt an der Strecke der Linie 41, die mehrfach täglich zwischen Rennes und Dinard verkehrt.

•***Mit dem Zug:*** Züge, die zwischen Dol-de-Bretagne und St-Brieuc fahren (Linie 9), halten bis zu neunmal täglich in Dinan. Zudem besteht mehrfach täglich ein Anschluß mit der Linie 21 von und nach Rennes.

•***Mit dem Schiff:*** In den Sommermonaten besteht die Möglichkeit, mit Schiffen der Emeraud Lines von Dinan aus in Richtung Dinard und St-Malo zu fahren. Die Fahrt beginnt im Hafen Dinans und dauert etwa drei Stunden. Je nach Wasserstand variiert die Abfahrtszeit. Da auch der Rückweg gezeitenabhängig ist, führt die Rückfahrt gelegentlich mit dem Bus zurück, will man nicht in St-Malo übernachten. Informationen beim Office du Tourisme oder unter Tel. 96.39.18.04. Einfache Fahrt 60 FF, Rückfahrt 90 FF.

•***Mit dem Auto:*** Von Rennes aus erreicht man die Stadt über die N 137/D 794 bzw. über die D 2 via Bécherel. Die N 176 führt von Lamballe nördlich an Dinan vorbei, in Richtung Dinard und Châteauneuf – St-Malo. In südliche Richtung (St Méen Ploermel) führt die D 766.

Saint-Juvat

Etwa 14 km südlich von Dinan liegt dieser kleine Ort, der zu den sogenannten ***Villages Fleuris*** gehört. Dies sind Dörfer und Städte, die alljährlich frankreichweit wegen ihrer Blumenpracht ausgezeichnet werden. Saint-Juvat nimmt seit 1984 an diesem Wettbewerb teil. Bisher gingen etliche Preise ein. So spricht denn auch die Tourismuswerbung von "einem Feuerwerk von Tausenden Blüten". Der bezaubernde Eindruck des blumengeschmückten Ortes wird noch durch einige Häuser aus dem 16. und 17. Jh. unterstützt.

Zu erreichen über die D 12 von Dinan aus oder über die D 766 bis zur Kreuzung mit der D 64.

Bécherel

Fast auf halbem Weg nach Rennes, 21 km südlich Dinans, liegt diese als "Petite cité de caractère" klassifizierte Stadt. Bereits seit langer Zeit hat der Ort am Rande der Monts d'Arrée einige Bedeutung, zumindest in militärischer Hinsicht. In gallisch-römischer Zeit befand sich hier, an der Straße von Rennes nach Corseul, eine Befestigung. 1168 wird die Stadt vom englischen König Henry II. erobert und befestigt. 1183 zerstört sein Sohn Geoffrey, der durch seine Heirat Herzog der Bretagne geworden war, die Stadt. Im 13. Jh. wurden die ***Befestigungsanlagen*** wieder aufgebaut. Ihr Nutzen zeigte sich während der Belagerungen durch Charles de Blois und Duguesclin im Zuge der Erbfolgekriege, die es allerdings nicht erreichten, den damaligen Stadtherren Montfort zu besiegen. Im 15. Jh. kam es dann zu weiteren ***Zerstörungen,*** von denen auch Teile der Stadtmauer betroffen waren. (Von den 9 Türmen der Mauer sind heute nur noch 5 erhalten.)

Bécherel war aber auch ein ***Handelszentrum.*** Schon früh fand hier regelmäßiger Wochenmarkt statt, zu dem noch fünf Foires (große Märkte) pro Jahr hinzukamen. Hier wurden u.a. Pferde und Leinen gehandelt.

Sehenswertes

Die Altstadt. In den Gassen mit den Häusern aus dem 16. bis 18. Jh. zeigt sich in den Straßennamen (Cour des Chevaliers, Rue de la Filanderie) noch heute der Marktcharakter des Ortes.

Le Jardin du Thabor. Von hier hat man, zumindest bei klarem Wetter, eine herrliche Aussicht über die Gegend, angeblich sogar bis zum 50 km entfernten Leuchtfeuer von Cap Fréhel.

Château de Caradeuc. Das 1723 erbaute Schloß (nicht zu besichtigen) besitzt eine der größten klassischen Parkanlagen der Bretagne. Der Garten ist vom 1.4. bis 15.9. täglich 9.00-19.00 Uhr geöffnet. Bis zum 1.11. nur 14.00-19.00 Uhr und in der übrigen Zeit nur samstags, sonntags und feiertags 14.00-18.00 Uhr. Tel. 99.66.77.75.

Bécherel "Cité du Livre". Die Stadt besitzt den Beinamen "Stadt des Buches", weil es hier 13 Buchhandlungen, eine Buchbinderin und eine Kunstgalerie gibt. Jeweils am 1. Sonntag des Monats findet hier ein Büchermarkt statt. Auskünfte erteilen: "Savenn Douar", Place A. Jehannin 4, Tel. 99.66.77.00, und "Société des Libraires et Artisans du Livre", Rue Porte St-Michel 3, Tel. 99.75.73.33.

Praktische Hinweise

Information

•***Syndicat d'Initiative***, Tel. 99.66.77.50, 35190 Bécherel, geöffnet vom 15.6. bis 15.9., sonst Auskünfte über die Mairie, Tel. 99.66.80.55.

Jede Menge Fisch ... (EH)

Unterkunft

•**Hôtel du Commerce**, Rue de la Liberation 11, Tel. 99.66.81.26, einfaches Haus mit preiswerten Zimmern (ab 90 FF).

•**Camping de Caradeuc**, Tel. 99.66.77.76, der einfache Platz liegt am Schloß, Auskünfte und Stellplatzvermittlung über den Schloßverwalter.

Umgebung von Bécherel

Les Iffs

Hier befindet sich eine Kirche aus dem 15. und 16. Jh., die zum Teil noch über Kirchenfenster aus dieser Zeit verfügt. Das Château de Montmuran stammt aus dem 12. Jh. seine zwei Türme, der Salle des Gardes, ein 30 m tiefes Verließ und die Kapelle sind zu besichtigen.

La Baussaine

Am Friodhof der Kirche aus dem 15. Jh. befindet sich ein Kreuz, geschmückt mit Pilgerstock und Jacobsmuschel.

Miniac-sous-Bécherel

Hier stehen die zwei Menhire Roches du Diable (Teufelsfelsen).

Wanderungen

In der Umgebung des Ortes bestehen gute Wandermöglichkeiten.

•**Le Chemin des Ecoliers** (4 km) führt nördlich über La Baussaine.

•**Le Circuit des crêtes** (10 km) führt durch typische Dörfer mit Calvaires und der Burg von Montmuran.

•**La Sentier des collines** (10 km), Vom Place de Longgaulnay bis zur D 68, über das Dorf Gastis, den Bauernhof de la Fosse zum GR 37, dann bis zur Pommardière. Von hier zur alten Priorei St-Jacques und weiter zur Kreuzung de la Barre.

•**Le Circuit des vieux moulins** (14 km). Der Weg führt von Longaulnay bis nach La Baussaine. Hübsch sind die alten Gebäude in Refour und die Reste der Mühle von La Ville Marin.

St-Lunaire

Die Küste, die sich von Dinard nach Westen in Richtung St-Brieuc erstreckt, wird auch **Côte d'Emeraude** oder Smaragdküste genannt. Grünlich schimmerndes Wasser und hübsche kleine (Sand-) Strandbuchten lassen den Namen durchaus gerechtfertigt erscheinen. Immer schon war dieser Küstenbereich eine der beliebtesten Familienferienregionen der Bretagne. Kleinere Ortschaften entlang der Küste sorgen für die nötige touristische Infrastruktur, die Nähe zu so geschichtsträchtigen Orten wie beispielsweise St-Malo tut ein übriges.

Nur etwa 5 km westlich Dinards liegt der Badeort St-Lunaire, der neben dem auf Chic und Eleganz getrimmten Dinard eher etwas unscheinbar wirkt. Die **Kirche Saint-Lunaire** wurde bereits im 11. Jh. erbaut, zum Teil später aber umgebaut und renoviert. Im Inneren des Gebäudes befinden sich Liegefiguren, die Sarkophage schmücken.

Wer mehr am Strandleben interessiert ist, sollte unbedingt zur **Pointe du Décollé** fahren, einer Landzunge, die etwa 2 km nördlich des Ortes liegt. Zwei herrliche Strände, der Plage de St-Lunaire und der Plage de Longchamp, erstrecken sich westlich und östlich des Kaps. Von der Spitze der Landzunge gelingt es oft, bis zum westlich gelegenen Cap Fréhel zu schauen.

Praktische Hinweise

Information

•**Office de Tourisme**, 35800 St-Lunaire, Tel. 99.46.31.09

Unterkunft

•**Hôtel Le Relais Fleuri**, Place de l'Eglise, Tel.

99.46.30.13. Das gemütliche Hotel bietet ruhiges, ländliches Urlaubsleben. Zimmer ab 175 FF.
•***Camping La Tousse***, Tel. 99.46.61.13. Die Anlage befindet sich nur wenige Meter vom Meer entfernt östlich der Stadt. Unter den 142 Stellplätzen sind auch solche, die für Wohnwagen und -mobile geeignet sind. Geöffnet vom 1.4. bis 10.10.

Anreise/Weiterreise

•***Mit dem Bus:*** Der Ort liegt an der Buslinie 40, die mehrmals täglich zwischen St-Malo/Dinard und Lancieux pendelt.
•***Mit dem PKW:*** Der Ort liegt an der D 768, der Küstenstraße, die von Dinard nach St-Brieuc führt.

St-Briac-sur-Mer

Nur 4,5 km trennen St-Lunaire vom weiter westlich liegenden St-Briac. Auch in diesem ehemaligen Fischerhafen hinterließ der Sommertourismus seine Spuren. Die hübsche Lage des Ortes mit seinen Stränden, die infolge der oft hohen Dünung gerne von Surfern besucht werden, machen den Reiz des kleinen Ortes aus. Für Segler steht seit einigen Jahren zudem ein größerer Bereich des Hafens zur Verfügung.

Praktische Hinweise

Information

•***Syndicat d'Initiative***, 35800 St-Briac-sur-Mer, Tel. 99.88.32.47.

Unterkunft

•***Camping L'Emeraude***, Tel. 99.88.34.55. 200 Stellplätze stehen hier den Campern zur Verfügung. 1993 allerdings noch keine Möglichkeit für Wohnmobile. Geöffnet von Ostern bis zum 30.9.
•***Camping Municipal de Pont Lorrain***, Tel. 99.88.34.64. Der vom 1.7. bis 10.9. geöffnete Platz ist insgesamt recht einfach ausgestattet.

Anreise/Weiterreise

•***Mit dem Bus:*** Der Bus Linie 40 (St-Malo – Lancieux) hält auch in St-Briac-sur-Mer.
•***Mit dem PKW:*** Auch St-Briac liegt an der D 786.

Lancieux

Der Legende nach gründete der Mönch Sieu hier Anfang des 6. Jh. ein Kloster (bret. Lann). So entstand der Name des Ortes. Wenig geschah im Laufe der Jahrhunderte. Bis ins 18. Jh. lebten hier hauptsächlich Bauern, deren Söhne entweder den Hof übernahmen oder sich zur Seefahrt entschlossen, sie wurden Fischer oder gingen zur Marine. Die reizvolle Landschaft mit ihren Stränden ließ dann aber im 19. Jh. erste Touristen hierherkommen. Mit ihnen entstanden dann auch die ersten Hotels. Bis heute kommen immer mehr Touristen, während sich das bäuerliche Leben immer weiter zurückentwickelt.

Sehenswert sind die Kirche und die ***Windmühle von Buglais***. Der Kirchturm (1740) der alten ***Kirche*** wurde 1925 zum historischen Monument erklärt. In der 1905 gebauten Kirche ist ein Taufstein aus dem 4. Jh. zu bewundern, der aus einem Meilenstein gefertigt wurde.

Strandurlauber werden die ***Strände*** Plage de St-Cieux, Plage de l'Islet und Plage du Riel zu schätzen wissen. Je nach Laune kann hier gebadet, gesurft oder gesegelt werden. Der Plage de l'Islet bietet zudem Aussicht auf das ***Vogelreservat*** Ile Agot.

Wanderfreunde können auf ehemaligen Bauernpfaden die Küste und das Hinterland erkunden. Die Anlage weiterer ***Wanderwege,*** teilweise auch in die weitere Umgebung, ist geplant. Genaue Auskünfte erteilt das Office de Tourisme.

Praktische Hinweise

Information

•***Office de Tourisme***, Rue de la Mairie, 22770 Lancieux, Tel. 96.86.25.37.

Unterkunft

•***Hôtel de la Mer***, Rue de la Plage 1, Tel. 96.86.22.07. Ab 155 FF werden die Zimmer im kleinen Hotel, nur 200 m vom Strand entfernt, vermietet.

•***Hôtel des Bains***, Rue du Poncel 20, Tel. 96.86.31.33. Ebenfalls nur 200 m zum Strand. Das Hotel verfügt über 14 Zimmer, z.T. mit Kochnische. Ab 300 FF.

•***Camping Municipal Les Mielles***, Tel. 96.86.22.98. Kleiner Platz (175 Einheiten), der nur für Zelte und Wohnwagen zugelassen ist. Geöffnet vom 1.4. bis 30.9.

•***Camping Le Villieu***, Tel. 96.86.21.67. 200 Plätze, allerdings nicht für Wohnmobile. Geöffnet vom 15.4. bis 15.9.

Essen und Trinken

•***Crêperie d'Armor***, Rue d'Armor 19, Tel. 96.86.24.18.

•***L'Oasis***, Bar, Rue de la Plage 13, Tel. 96.86.30.02. Hier gibt es auch Snacks, wenn alle anderen geschlossen haben.

Sonstiges

•***Tennis:*** Anne-Marie Renault, Avenue des pompiers 9, Tel. 96.86.21.33.

•***Cap Armor***, u.a. Vermietung von Fahrrädern und Kayaks, am Strand.

•***Cercle Nautique de Lancieux***, Vermietung von Segelbooten und Segelschule, Tel. 96.86.31.50.

Anreise/Weiterreise

•***Mit dem Bus:*** Die Buslinie 40 aus St-Malo hat hier ihren Endhaltepunkt.

•***Mit dem PKW:*** Auch Lancieux liegt an der D 786.

St-Jacut-de-la-Mer

Der Name des Ortes verrät es schon. Auch dieser Ort geht auf einen ***Heiligen*** zurück, diesmal ist es JACUT, ein Mönch aus Irland. Fast bis zur Pointe de Chevet zieht sich mittlerweile der Ort auf der Halbinsel hin. Wie überall an dieser Küste, war der ***Fischfang*** hier ehemals die Existenzgrundlage der Bevölkerung. Doch schon beim ersten Blick in die Umgebung fällt der heutige wirtschaftliche Schwerpunkt, der ***Tourismus,*** auf. Feriensiedlungen und ein Campingplatz bestimmen das Bild der Landschaft.

Westlich des Ortes erstreckt sich die ***Mündung des Arguenon***, bei Ebbe schauen gelegentlich Muschelzäune aus dem Wasser.

Praktische Hinweise

Information

•***Syndicat d'Initiative***, Rue du Chatelet, 22750 St-Jacut-de-la-Mer, Tel. 96.27.71.91.

Unterkunft

•***Camping La Manchette***, Tel. 96.27.70.30. Der Platz liegt am Ortseingang in Strandnähe. Insgesamt recht einfach ausgestattet.

Anreise/Weiterreise

•***Mit dem PKW:*** Von der D 786 bei Beaussais auf die D 26 abbiegen. Zurück auf die D 786 über die D 62.

Le Guildo

Malerisch liegt dieser kleine Ort an der Mündung des Arguenon. Von der Brücke über den Fluß kann man das Schloß Guildo sehen. Kurz hinter der Brücke führt die Straße zu den ***Pierres Sonnantes***, den klingenden Steinen. Findet man in der Anhäufung kleiner Steine zwei aus dem gleichen Material, kann man sie gegeneinander schlagen, wobei ein klingender Ton entsteht.

Kurz darauf kann man auf die D 19 abbiegen, die vorbei am sehr schönen ***Strand von Pen Guen*** nach St-Cast-le-Guildo führt.

St-Cast-le-Guildo

Dies ist einer der ***beliebtesten Badeorte*** der Region. Die Strände locken immer mehr Touristen hierher. Animationsangebote und sonstige Infrastruktur folgen, der Kreis ist geschlossen. Im Zuge einer Eingemeindung entstand der Ort erst in den 70er Jahren aus den Teilen Le Bourg, La Guarde und L'Isle.

Einen traurigen Bekanntheitsgrad erhielt der Ort gleich zweimal in der Geschichte. 1758 fand in der Bucht eine große ***Seeschlacht*** zwischen Engländern und Bretonen statt. Sie endete schließlich mit dem Sieg der Bretonen und dem Tod von über 2.000 englischen Seeleuten. NAPOLÉON III. ließ später eine ***Säule*** für die tapferen Bretonen errichten. Sie steht sich in der Rue de la Colonne, nahe der Mairie.

An das zweite traurige Ereignis erinnert auf der Pointe de St-Cast ein Denkmal für die Seeleute, die noch 1950 von den Schrecken des 2. Weltkrieges ereilt wurden. Im Sturm geriet das ***Forschungsschiff "Laplace"*** auf eine alte deutsche Mine. Etliche Matrosen starben.

Ein Spaziergang lohnt zur ***Pointe de la Garde***, im Südwesten St-Casts. Auf der Spitze dieser Landzunge steht eine Marienstatue. Von hier ergibt sich wieder ein herrlicher Überblick über die Küste von der Pointe de St-Cast bis zum östlich liegenden Ort St-Jacut.

Praktische Hinweise

Information

•***Office de Tourisme***, Place Charles-de-Gaulle, 22380 St-Cast-le-Guildo, Tel. 96.41.81.52.

Unterkunft

•***Hôtel Les Arcades***, Boulevard Duc d'Aiguillon, Tel. 96.41.80.50. Das 3-Sterne-Hotel bietet viel Komfort und geräumige Zimmer, ab 330 FF. Geöffnet vom 1.4. bis 30.9.

•***Hôtel des Dunes***, Rue Primauget, Tel. 96.41.80.31. Mittelklassehotel mit gutem Komfort und vor allem auch Parkplatz. Zimmer ab 300 FF. Geöffnet vom 1.4. bis 5.11.

•***Hôtel L'Espérance***, Boulevard Vieux-Ville, Tel. 96.41.81.13. Während die Zimmer eher Gemütlichkeit vermitteln, zeigen sich die übrigen Räume durchgestylt-modern. Zimmer ab 220 FF. Geöffnet vom 1.2. bis 31.12.

•***Hôtel Chrisflo***, Rue du Port, Tel. 96.41.88.08. Einfache, aber saubere Zimmer, ab 160 FF.

•***Hôtel de France***, Rue de la Mer, Tel. 96.41.81.66. Kleines 17-Zimmer-Hotel. Einfache, aber funktionale Einrichtung, ab 145 FF.

•***Camping Le Châtelet***, Tel. 96.41.96.33. 4-Sterne-Platz, der jeglichen Komfort bietet. Geöffnet von Ostern bis zum 20.9.

•***Camping La Ferme de Pen Guen***, Tel. 96.41.92.18. Außerhalb der Stadt liegt dieser 300 Stellflächen umfassende Platz an der Straße nach Dinard. Gute allgemeine Ausstattung. Geöffnet vom 1.4. bis 1.10.

•***Camping Municipal La Mare***, Tel. 96.41.89.19. Einfacher, aber sauberer Platz für 250 Einheiten.

•***Freienhausvermittlung***; Village Vacances Familles (V.V.F.), Tel. 96.41.88.42.

Essen und Trinken

•***Crêperie Le Petit Breton***, Boulevard Duponchel.

•***Crêperie La Fresnaye***, La Fresnaye, Tel. 96.41.71.08.

•***Restaurant Le Binniou***, im Ortsteil Pen Guen, Tel. 96.41.94.53.

•***Restaurant Les Arcades***, Rue du Duc d'Aiguillon, Tel. 96.41.80.50. Die Küche des Restaurants ist auf die Zubereitung von Meeresfrüchten, besonders der Coquille St-Jacques, spezialisiert.

Sonstiges

•***Segeln/Surfen:*** Centre Nautique – Ecole de Voile, Le Port, Tel. 96.41.86.42.

•***Tauchen:*** ACTIVITÉ SUBAQUATIQUE, Tel. 96.41 81.40.

•***Reiten:*** CENTRE EQUESTRE DU BOIS BRAS, Le Bois Bras, Tel.96.41.95.01.

Seit dem 13. Jh. am Ende der Landzunge: Fort La Latt

●***Golf:*** PEN GUEN, Tel. 96.41.91.20.
●***Tennis:*** TENNIS CLUB, Boulevard des Tennis, Tel. 96.41.88.16., TENNIS DU CHÊNE VERT, Rue du Chêne Vert, Tel. 96.41.83.04.
●***Meerwasserhallenbad:*** Boulevard de la Mer, Tel. 96.41.87.05.
●***Fahrradvermietung*** über das Office de Tourisme.
●***Wandern:*** In der Umgebung des Ortes verläuft der GR 34, ein Küstenwanderweg, der aus Richtung Dinard über Cap Fréhel bis St-Brieuc führt. Je nach Lust, Laune und Wetter kann hier tagelang gewandert werden.
●***Bootstouren:*** Vom Hafen aus werden Rundfahrten in den küstennahen Gewässern angeboten. Auskünfte über Abfahrtszeiten und Tickets gibt es beim Office de Tourisme.

Anreise/Weiterreise

●***Mit dem Zug:*** Züge fahren nicht direkt nach St-Cast. Allerdings liegt der Ort Lamballe (ca. 38 km entfernt) an der Hauptstrecke Paris – Rennes – Brest. Von hier gibt es Busverbindungen nach St-Cast.
●***Mit dem Bus:*** Die Buslinie 37 fährt von St-Cast entlang der Küste, über Sables d'Or, Le Val André bis Lamballe und St-Brieuc. Haltestellen befinden sich in l'Isle, Le Bourg und nahe dem Office de Tourisme.
●***Mit dem PKW:*** Aus Richtung Dinard über die D 786. Hinter Le Guildo auf die D 19 abbiegen. Aus Richtung Lamballe zunächst über die D 768 bis St-Gueltas. Hier auf die D 13 bis St-Cast. Die D 768 führt Richtung Westen zur Fréhel-Landzunge.

Fort La Latte

Über eine Hochebene führt die oft recht schmale, kurvenreiche Straße. Inmitten der niedrigen (Ginster-) Büsche stehen nur wenige Baumgruppen. Insgesamt drängt sich recht schnell der Vergleich mit ***mediterraner Vegetationsform*** auf. Schließlich mündet die Straße in einen staubigen, schlaglochübersäten Parkplatz, Restaurant/Crêperie und Erfrischungsgetränkestand inklusive.

Hier beginnt der Fußweg, der allerdings weit über Wagenbreite mißt. Etwa 1 km ist zurückzulegen, bis sich der erste Blick auf die Burg ergibt, die immer mal wieder Schauplatz für Abenteuerfilme ist. Sie liegt auf der äußersten, an drei Seiten vom anbrandenden Meer umgeben. Am Wegesrand steht ein kleinerer Menhir, der Gargantua Finger.

Bereits im 13./14. Jh. begannen die Herrscher der Bretagne, damals die Familie GOYON, dieses Bauwerk zu errichten. Immer wieder wurde die ***Festung*** im Laufe der Jahrhunderte erweitert und umgebaut, um das Bollwerk sicherer zu machen. Auch VAUBAN, der Festungsspezialist LOUIS' XI., beteiligte sich an diesen

Umbauten. Nur über eine Zugbrücke führt der Weg ins Innere der Burg. Heute ist das als historisches Monument klassifizierte Bauwerk in Privatbesitz und teilweise zu besuchen. Eindrucksvoll ist ein Blick vom Echauguette-Turm die Küste entlang. Der Blick reicht vom Cap Fréhel im Nordwesten bis St-Cast im Südosten. Hier befindet sich auch der Ofen für die Kanonenkugeln, die besonders gute Wirkung gezeigt haben sollen, wenn sie vor dem Abschuß bis zur Glut erhitzt wurden.

Öffnungszeiten: Von Juni bis August täglich 10.00-12.30 Uhr und 14.30-18.30 Uhr, Eintritt 15/7,50 FF, Tel. 96.41.40.31.

Anreise/Weiterreise

- Von der D 786 zunächst bis St-Aide. Hier abbiegen auf die D 16. Hinter dem Dorf La Motte teilt sich die Straße in Richtung Cap Fréhel bzw. Fort La Latte (ausgeschildert).
- Auf dem Rückweg kann man direkt in westlicher Richtung zum Cap Fréhel abbiegen. Ungefähr auf der Hälfte des Weges, ca. 1 km vor dem Abzweig der D 16, befindet sich ein schmaler Parkstreifen. Hier lohnt es anzuhalten. Fußwege führen durch das niedrige Gesträuch zur Küste. Direkt am Steilufer liegt links Cap Fréhel, weithin erkennbar am Leuchtturm. Bis zum Cap erstreckt sich eine herrliche Bucht mit hellem Sand und klarem, meist smaragdgrün schimmerndem Wasser. Zum Cap Fréhel gelangt man dann über die D 16.

Cap Fréhel

75 m hoch ragen die Klippen des Kaps über dem Meer auf. Die zum Teil bizarr geformten Felsen, der stetig anbrandende Atlantik, oft mit Starkwind verbunden, und die Tatsache, daß sich hier ein Vogelschutzgebiet mit zudem seltenen Pflanzen befindet, ließen das Kap zu einem der bestbesuchten Plätze der Region werden. Große Parkplätze versuchen, die Touristenmassen zu organisieren. Mit völliger Berechtigung ist im Umkreis von einigen Kilometern Camping (auch im Wohnmobil) streng verboten.

Was ist das Besondere dieses Kaps? Da ist zunächst einmal der herrliche Ausblick, der bei gutem Wetter von der Pointe de Grouin bis zur Ile de Bréhat reicht. Besonders gut ist der Blick vom ***Leuchtturm*** aus und dann möglichst am Spätnachmittag (Öffnungszeiten: täglich 10.00-17.00 Uhr). Der Leuchtturm stammt aus dem Jahr 1948. 145 Stufen führen zur Aussichtsplattform hinauf. Wenige Meter entfernt stehen noch die Reste des alten Leuchtturmes, der 1944 von deutschen Truppen zerstört wurde. Die geographische Lage des Kaps machte es schon lange für die Seefahrt bedeutsam. Historische Dokumente zeigen, daß während der unterschiedlichen Epochen immer wieder die jeweils herrschenden Mächte Leuchtfeuer an dieser Stelle errichteten. Den Anfang machten wahrscheinlich die Römer.

Der zweite Grund für den Besuch des Kaps ist der des Naturerlebnisses. Hunderte von ***Seevögeln*** unterschiedlichster Arten leben und nisten in den Klippen rund um die Landzunge. Möwen, Kormorane, Tordalke und Trottellummen können mit ein wenig Geschick, Glück und einem guten Fernglas beobachtet werden, zumal einige Wanderpfade direkt bis zur Abbruchkante führen.

Die ***Vegetation*** ist stark vom Klima geprägt. Bäume sucht man hier vergeblich, stattdessen ist das Kap, dessen Untergrund ein Torfmoor bildet, mit Heidekrautgewächsen und Stechginster bewachsen. Mit etwas Glück findet man den Sonnentau, eine typische fleisch- oder besser insektenfressende Pflanze der Hochmoorvegetation.

Ein ***Wanderweg*** führt, beginnend am Parkplatz, um das Kap herum. Diese kurze Wanderung dauert etwa 30 Minuten und kann durch Abstecher auf schmalen, steilen Pfaden die Klippen hinunter ergänzt werden. Für echte Wanderfreunde empfiehlt sich der Weg zum Fort La Latte (etwa 14 km). Der Weg ist Teil des GR 34, der sich auch in Richtung Sables-d'Or-les-Pins die Küste entlangzieht.

Praktische Hinweise

Information

•***Syndicat d'Initiative***, im alten Leuchtturm (nur während der Sommermonate, Tel. 96.41.53.81.)

Unterkunft

Entlang der Straße zum Kap gibt es Unterkunftsmöglichkeiten in kleineren Orten.

•***Hôtel Le Fanal***, etwa 3 km vom Kap entfernt an der D 16, Tel. 96.41.43.19. Gut und modern eingerichtete Zimmer ab 245 FF. Geöffnet vom 1.4. bis 30.9.

•***Chambres d'Hôtes***, Josette Hervé, La Teusse, Tel. 96.41.46.02. 200 FF kosten die zwei Zimmer mit eigenem Bad/WC.

Anreise/Weiterreise

•***Mit dem Bus:*** Busverbindungen bestehen nicht direkt zum Kap. Über Sables-d'Or-les-Pins und Fréhel fährt der Bus Linie 37 aus Richtung Lamballe bis nach St Cast. Von Sables-d'Or-les-Pins oder Fréhel sind es jeweils etwa 10 km bis zum Kap. Der rege Verkehr auf der Straße ermöglicht die Fahrt per Autostop.

•***Mit dem PKW:*** Die D 16 führt aus Richtung Fort La Latte bzw. La Motte zum Kap. Zudem gibt es entlang der westlichen Küste die D 34, die vom Kap aus in Richtung Sables-d'Or-les-Pins und weiter nach Le Val-André führt.

Sables-d'Or-les-Pins

Weite Sandstrände, vorspringende Klippen und Heidelandschaft kennzeichnen auch das Bild der Landschaft im weiteren Verlauf der Küste. Im Gegensatz zu vielen anderen Orten dieses Küstenabschnittes liegt Sables-d'Or nicht parallel zur Küste, sondern erstreckt sich entlang der Hauptstraße ins Hinterland hinein. Der Ort ist ein ***echter Ferienort***. Dies zeigt sich zumindest außerhalb der Hauptreisezeit sehr deutlich daran, daß nur wenige Menschen zu sehen sind. Während der Sommermonate quillt der Ort jedoch fast über. Alle Ferienhäuser und Campingplätze sind ausgebucht, Restaurants und Imbißbuden machen ihr Geschäft.

Seinen Namen trägt der Ort zu Recht, sind doch der ***Strand*** mit goldgelbem Sand und die Dünen mit Kiefern bedeckt. Vor der Küste liegen einige kleine Inseln, auf einer steht die Chapelle St-Thomas.

Auch die Umgebung des Ortes hat für Strandfans ihren Reiz. Wirklich toll ist der ***Plage Pléhérel***, etwa 4 km östlich, der fast 4 km Sand- und Dünenlandschaft bietet.

Praktische Hinweise

Information

•***Syndicat d'Initiative***, 22240 Fréhel, Sables-d'Or, an der Uferstraße, Tel. 96.41.51.97.

Unterkunft

•***Hôtel Les Ajoncs d'Or***, Allée des Acacias, Tel. 96.41.42.12. Gut ausgestattete Zimmer in sehr angenehmer Atmosphäre, ab 260 FF. Geöffnet vom 1.3. bis 15.10.

•***Hôtel Les Pins***, Allée des Acacias, Tel. 96.41.42.20. Einfaches Hotel. Saubere Zimmer und schöner Garten. Ab 200 FF.

Essen und Trinken

•Entweder im ***Restaurant Les Ajoncs d'Or*** oder in der ***Crêperie L'Ocean*** direkt gegenüber.

Anreise/Weitereise

•***Mit dem Bus:*** Der Ort liegt an der Buslinie 37, die mehrfach täglich zwischen St-Brieuc/Lamballe und St-Cast pendelt. Weitere Orte auf der Strecke sind Le Val-André, Erquy und Fréhel.

•***Mit dem PKW:*** Die D 34 führt, vom Cap Fréhel aus kommend, durch den Ort. Sie mündet etwa 5 km weiter südlich auf die D 786, die in östlicher Richtung über Fréhel und in westlicher Richtung nach Erquy führt. Kurz hinter der Einmündung besteht die Möglichkeit, erneut auf die D 34 zu gelangen, die um Erquy herum direkt Richtung Le Val-André führt und erst später wieder auf die D 786 mündet.

Baie de St-Brieuc

Erquy

Schon die ***Römer*** erkannten die günstige und geschützte Lage des Ortes in der Bucht. Unter ihrer Herrschaft entstand hier ein Hafen, den sie Reginae nannten. Heute ist Erquy vor allem ***Ferienort,*** der auch über die nun schon hinlänglich bekannten Sandstrände und geschützten Buchten, wie z.B. am ***Cap d'Erquy***, verfügt. Das Cap d'Erquy liegt im Bereich des GR 34. Hier bieten sich Wanderungen in der Heidelandschaft an. Bekannt ist der Ort aber auch bei Segel- und Surffans, die sich in der Brandung so richtig austoben können.

Nicht nur Natur- und Sportfreunde kennen diesen kleinen Ort, sondern auch die Gourmets. Erquy ist bekannt als das ***Zentrum des Jakobsmuschelfanges***. Am Kai, in der Criée und auf dem samstags stattfindenden Markt werden diese Meerestiere stets frisch angeboten.

Praktische Hinweise

Information

- ***Office de Tourisme***, 22430 Erquy, Boulevard de la Mer, Tel. 96.72.30.12.

Unterkunft

- ***Hôtel Le Brigantin***, Place de l'Hôtel de Ville, Tel. 96.72.32.14. Das kleine 21-Zimmer-Haus besitzt gut ausgestattete Zimmer, einen schönen Garten und einen Pool. Zimmer ab 265 FF.
- ***Ferienhäuser und Wohnungen***, Auskünfte erteilt das Office de Tourisme.
- Die ***Campingplätze*** der Umgebung sind im Sommer sehr schnell ausgebucht. Reservierungen sind unbedingt notwendig.
- ***Camping Bellevue***, Tel. 96.72.33.04. Geöffnet vom 1.4. bis 30.9. Der Platz gehört zu den besten der Umgebung (140 Einheiten).
- ***Camping La Plage***, ***St-Pabu***, Tel. 96.72.24.65. Ebenfalls sehr gut ausgestattet, mit 350 Einheiten, aber erheblich größer. Geöffnet vom 1.4. bis 30.9.
- ***Camping Le Vieux Moulin***, Tel. 96.72.34.23. 170 Stellplätze sehr guter Qualität erwarten den Gast am Cap d'Erquy. Geöffnet vom 1.4. bis 25.9.
- ***Camping Les Pins***, Tel. 96.72.31.12. 3-Sterne-Platz mit 300 Einheiten. Geöffnet 15.5. bis 30.9.

Die Jakobsmuschel

Die Coquille St. Jacques oder Jakobsmuschel (pecten maximus, pecten jacobaeus), auch Pilgermuschel genannt, gehört zur Familie der Kammuscheln. Ihr Name geht auf eine ***Tradition der Pilger*** des Mittelalters zurück, die das Grab des Apostels Jakobus in Santiago de Compostela (Nordwest-Spanien) als Wallfahrtsziel hatten. Unter jenen Pilgern war es im 9. Jh. üblich, die tellerartig gewölbte Hälfte einer großen Kammuschel als Eßnapf mit auf die Reise zu nehmen. Seit dem 10. Jh. wurde es Sitte, während der Pilgerreise eine Kammuschel am Mantel, am Hut oder am Wanderstock als Zeichen dafür zu tragen, daß man sich auf dem Weg nach Santiago de Compostela befand. Das Symbol setzte sich derart durch, daß bald sogar Steinmetze die Kammuschel als Zierbild an Klosterpforten und Kirchenportalen einmeißelten.

Im Gegensatz zur Auster und Miesmuschel wird die Jakobsmuschel nicht gezüchtet. Sie lebt auf sandigem bis schlammigem Boden in 10-100 m Tiefe. Die Jakobsmuschel wächst sehr langsam. Erst nach etwa 10 Jahren hat sie die Größe erreicht, mit der sie verkauft werden kann (etwa 10 cm Durchmesser). Um die Bestände zu sichern, sind die ***Fangzeiten*** genau vorgeschrieben. Vom 1. November bis 31. März darf an höchstens 3 Tagen in der Woche und täglich für maximal 2 Stunden das Fanggeschirr über den Meeresboden gezogen werden. Die französische Wasserschutzbehörde (AFFAIRES MARITIMES) kontrolliert die Fischer beim Fang.

Seit einigen Jahren wird die Jakobsmuschel allerdings mehr und mehr von mit Preßluftgeräten tauchenden Fischern direkt am Meeresboden gesammelt, denn man ist zu der Erkenntnis gelangt, daß das rechenähnliche Bodenschleppnetz die Oberfläche des Meeresbodens derartig aufwühlt, daß das empfindliche biologische Gleichgewicht gestört wird. Auch das Tauchen nach Jakobsmuscheln ist streng reglementiert, und Verstöße werden mit hohen Geldbußen geahndet.

1970 wurden in der Baie de St-Brieuc ca. 15.000 t Coquilles St. Jacques gefangen. 1992 waren es nur noch 3000 t, was sowohl auf strengere Fangvorschriften als auch auf zurückgegangene Bestände zurückzuführen ist. Beim Verbraucher und insbesondere in guten Restaurants ist die Jakobsmuschel inzwischen so beliebt geworden, daß der französische Fang aus der Baie de St-Brieuc und der Seine-Bucht vor der Küste der Normandie nicht mehr ausreicht, um der Nachfrage gerecht zu werden. Konsequenz: Schottische Fischer exportieren ihren Fang nach Frankreich.

Die ***eßbaren Bestandteile*** des Tieres sind der bei ausgewachsenen Muscheln etwa 5-Mark-Stück große Schließmuskel und das zweigeschlechtige hörnchenförmige, zur Hälfte weiße, zur Hälfte orange-rote Fortpflanzungsorgan, in Frankreich CORAILE genannt. Coquilles Saint Jacques werden entweder als lebende Tiere in der Muschelschale verkauft oder tiefgefroren nur noch als Muskel und Corail angeboten.

Für die ***Zubereitung*** gibt es verschiedene Rezepte. Hier unser Vorschlag (Mengenangaben für 1 Portion): Etwa 6-8 Muscheln öffnen und den Schließmuskel sowie das Corail von der Schale und den anderen Weichteilen trennen. 1 Knoblauchzehe und 2 Schalotten in reichlich Butter und etwas Olivenöl in einer Pfanne glasig werden lassen. Nun Muskel und Corail hinzufügen. 100 g frische Champignons kleinschneiden und zusammen mit 50 g Crème Fraîche und etwas Petersilie in die Pfanne geben. Nach etwa 10 Min. macht man die Garprobe mit einer Gabel. Als Wein bieten sich ein Muscadet oder, wenn es etwas teurer sein darf, ein Sancerre, natürlich passend gekühlt (ca. 10 Grad), an. Guten Appetit!

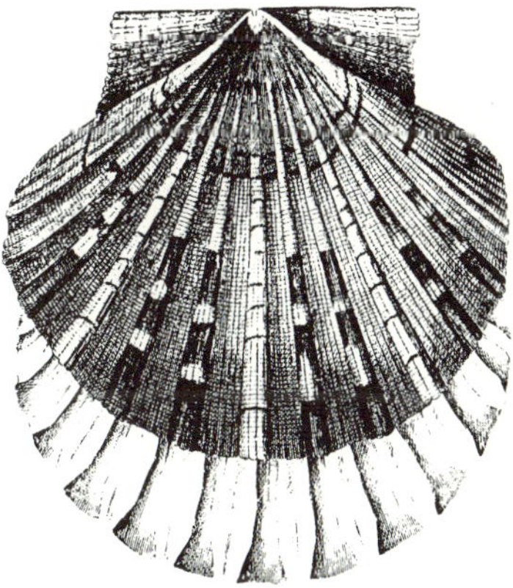

•***Camping Les Hautes Grées***, Tel. 96.72.34.78. 2-Sterne-Platz mit 170 Einheiten, geöffnet vom 15.5. bis 30.9.

•***Camping Les Roches***, Tel. 96.72.32.90. Der Platz bietet 100 Stellflächen (vom 1.4. bis 30.9.).

•***Camping Le Val***, Tel. 96.72.10.40. Sehr einfacher Platz (100 Einheiten), allerdings auch für Wohnmobile. Geöffnet vom 15.6. bis 15.9.

Essen und Trinken

•Jacobsmuscheln ißt man besonders gut im ***A l'Abri des Flots***, Rue du Port 68, Tel. 96.72.41.39., und im ***L'Escurial***, Boulevard de la Mer, Tel. 96.72.31.56.

Sonstiges

•***Fahrradverleih:*** Loca-Loisirs, Boulevard de la Mer, Tel. 96.72.06.97. Hier werden auch Surfboards und Kayaks vermietet.

•***Segelschule:*** E.V.E., Boulevard de la Mer, Tel. 96.72.32.62.

Anreise/Weiterreise

•***Mit dem Bus:*** Der Bus (Linie 37) zwischen St-Brieuc/Lamballe und St-Cast fährt täglich mehrfach über Erquy, Sables-d'Or und Fréhel.

•***Mit dem PKW:*** Die D 786 wurde in einem Bogen bis zur Küste und damit durch Erquy angelegt. Sie führt im Westen Richtung Le Val-André und im Osten Richtung Fréhel/St-Cast.

Umgebung von Erquy

Château de Bienassis

Das Schloß aus dem 15. Jh. liegt ungefähr 6 km südwestlich Erquys nahe der D 786. Nur noch die Mauer mit ihren Zinnen stammt vom Ursprungsgebäude. Nach zahlreichen Zerstörungen wurden etliche Gebäudeteile erneuert oder hinzugefügt, wie z.B. die Türmchen (17. Jh.). Da das Schloß immer noch bewohnt ist, kann nur der Park ständig besichtigt werden. Gebäudeührungen zwischen Juni und August täglich 10.30-12.30 Uhr und 14.00-18.00 Uh. Eintritt 15 FF, sonn- und feiertags nur am Nachmittag, Tel. 96.72.22.03.

Pleuneuf-Val-André

Dieser Ort besteht eigentlich aus zweien, Pleuneuf-Val-André (im Hinterland) und Le Val-André (an der Küste). Die Werbung behauptet, dieser ***Sommerbadeort*** besäße die schönsten Strände der bretonischen Nordküste. Der Erfolg ist zumindest im Sommer deutlich an den Besucherzahlen, der Menge an Hotels, Restaurants und Freizeitangeboten abzulesen.

Wer sich nicht nur an den zugegebenermaßen sehr schönen Stränden tummeln möchte, kann herrliche Spaziergänge auf der Pointe de Pléneuf unternehmen. Der Hafen ist Ausgangspunkt, um die felsige Landzunge zu erreichen. Ein Pfad führt zum Aussichtspunkt mit Blick auf die Vogelschutzinsel Verdelet, ein anderer zum Plage Les Vallées.

Im Westen ragt die ***Pointe La Guette*** ins Meer hinein. Von ihrer Spitze aus fällt der Blick auf die Bucht von St-Brieuc, den Hafenort Dahouet und die Mündung der Flora.

Praktische Hinweise

Information

•***Office de Tourisme***, 22370 Pleuneuf-Val-André, Rue Winston Churchill, Tel. 96.72.20.55.

Unterkunft

•***Hôtel Régina***, Rue Amiral-Charner 45, Tel. 96.72.22.63. An der Parallelstraße zur Strandpromenade liegt das einfache kleine Hotel. Zimmer ab 130 FF.

•***Grand Hôtel du Val-André***, Rue Amiral Charnerm 80, Tel. 96.72.56. Schon rein äußerlich besitzt das Haus mit den gut ausgestatteten Zimmern seinen Reiz. Zudem liegt es sehr nah am Strand. Zimmer ab 350 FF. Geöffnet vom 20.3. bis 11.11.

•***Hôtel Du Casino***, Rue Charles-Cotard 10, Tel. 96.72.20.22. Einfache, aber funktional ausgestattete Zimmer ab 130 FF. Geöffnet vom 1.4. bis Oktober.

•***Camping Du Minihy***, Rue du Minihy, Tel. 96.72.22.95. Gute Anlage, zu der auch Bungalows

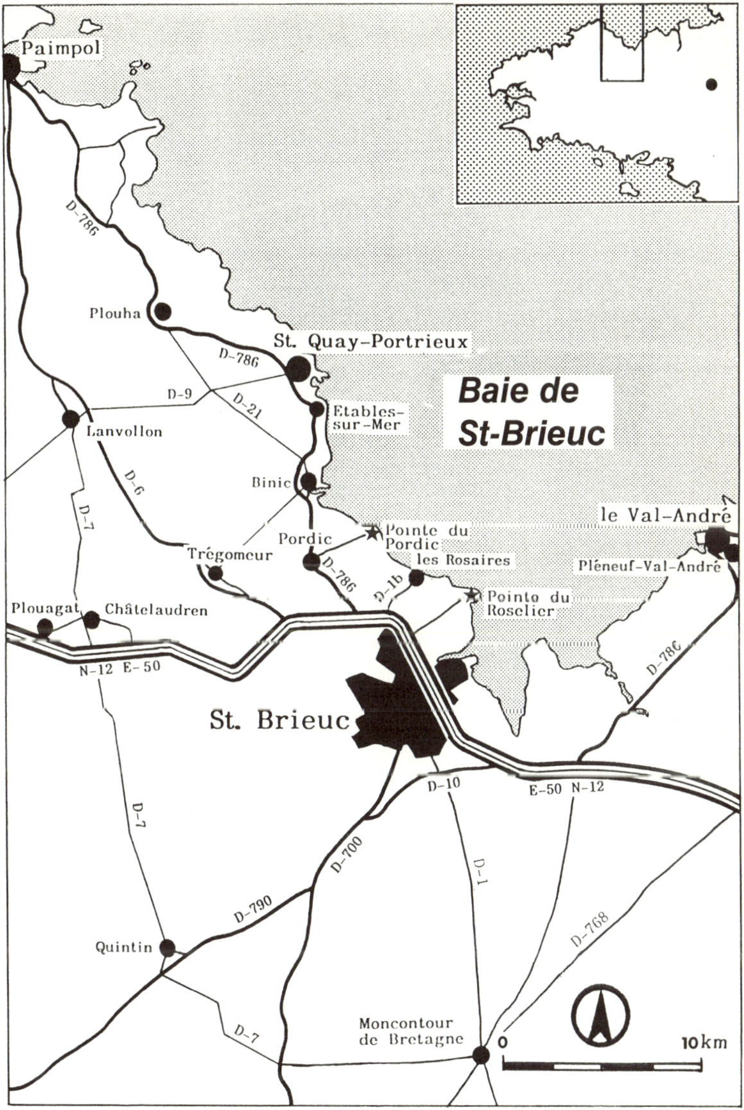
Paimpol
D-786
Plouha
St. Quay-Portrieux
D-786
D-9
D-21
Etables-sur-Mer
Baie de St-Brieuc
Lanvollon
D-6
Binic
D-7
Pordic
Pointe du Pordic
le Val-André
Trégomeur
les Rosaires
Pléneuf-Val-André
D-786
D-1b
Pointe du Roselier
Plouagat
Châtelaudren
N-12 E-50
D-78C
St. Brieuc
D-10
E-50 N-12
D-7
D-700
D-1
D-790
D-768
Quintin
Moncontour de Bretagne
D-7
0
10km

Bungalows gehören. Geöffnet vom 1.6. bis zum 15.9.

•***Camping De la Ville Berneuf***, Plage de la Ville Berneuf, Tel. 96.72.28.20. Der Platz liegt nordöstlich der Stadt, nur 100 m vom Meer entfernt. Geöffnet vom 1.4. bis 30.9.

•***Camping des Monts Colleux***, Rue Jean Lebrun, Tel. 96.72.95.10. Auch hier werden Bungalows vermietet.

•***Ferienhäuser*** werden über das Office de Tourisme vermietet.

Essen und Trinken

•***Au Biniou***, Boulevard Clémenceau 121, Tel. 96.72.24.35. Das Restaurant ist bekannt für exquisite Zubereitung von Jakobsmuscheln.

Sonstiges

•***Fahrradverleih:*** Locations de Vélos, Chalmeau, Rue du Maréchal-Foch 27, Tel. 96.72.23.34.

•***Tennis de L'Amirauté***, Tel. 96.72.23.25.

•***Reiten:*** Equitation à la Ferme "La Jeannette", Tel. 96.72.95.79. Geöffnet von April bis November.

•***Segeln/Surfen:*** Centre Nautique du Val-André, Segelschule und Vermietung von Wassersportgeräten, Tel. 96.72.95.28. Point Passion Plage Piegu, Tel. 96.72.91.20. Base Nautique des Murs Blancs, Tel. 96.72.95.28.

•***Hallenbad:*** am Campingplatz des Monts Colleux, Tel. 96.72.25.87.

•***Casino:*** La Rotunde, La Boule, Glücksspiele von 21.00 bis 3.00 Uhr, Tel. 96.72.85.06.

•***Bootsausflüge:*** Zur Ile de Bréhat fahren täglich Schiffe der Vedettes de Bréhat. Auskünfte und Tickets beim Office de Tourisme. Ausflüge zu den Englischen Kanalinseln und entlang der Smaragdküste werden ebenfalls vom Office de Tourisme vermittelt.

Anreise/Weiterreise

•***Mit dem Bus:*** Der zwischen St-Brieuc/Lamballe und St-Cast fahrende Bus (37) hat auch mehrere Haltestellen in Pléneuf-Val-André. Weitere Orte entlang der Strecke sind Erquy, Sables-d'Or und Fréhel.

•***Mit dem PKW:*** Die D 786 führt von Nordosten her durch den Ort und weiter bis zur N 12, der Hauptverkehrsader zwischen Rennes und St-Brieuc. In Richtung Lamballe zweigt bei Le Poirier die D 791 ab.

Stereo-Malen beim Frühjahrsputz (WK)

Lamballe

Das Städtchen im Hinterland der Smaragdküste ist meist nur Durchgangsstation auf dem Weg an die Küste oder zu den bekannteren touristischen Zielen.

Zwischen dem 12. und 15. Jh. war der Ort die ***Hauptstadt des Penthièvre.*** Sie verfügte über eine strategisch günstige Lage, dicke Mauern und den Kampfwillen der Besatzung. Trotzdem wurde sie während der Erbfolgekriege bereits zum erstenmal teilweise zerstört. Das endgültige Aus für die wehrhafte Stadt kam dann mit dem Kardinal RICHELIEU, der die Mauern der Stadt 1626 schleifen ließ.

War schon diese Zeit von blutigen Auseinandersetzungen gekennzeichnet, so wurde es im Verlauf der französischen Revolution noch schlimmer. Der Erbe des Herzogtums von Lamballe heiratete auf Geheiß der Familie 1767 die ***Prinzessin Marie-Victoire***, starb einige Monate darauf und hinterließ eine trauernde, aber sehr junge Witwe. MARIE-VICTOIRE lernte nach der Heirat von MARIE-ANTOINETTE und LOUIS XVI. (1770) die Königin kennen und wurde schließlich ihre Vertraute und Zofe. Diese Position mußte sie teuer bezahlen, denn 1792 kam es im Verlauf der Revolutionswirren zu zahlreichen Morden im Umfeld der Königsfamilie, denen auch MARIE-VICTOIRE zum Opfer fiel. Die Überlieferung spricht davon, daß der Kopf der Frau unter dem Gegröle der Menge, aufgespießt auf einer Lanze, durch die Straßen getragen wurde.

Heute geht es hier weniger blutig zu. Bekannt ist der Ort für Tonverarbeitung und das ***Nationalgestüt***.

Sehenswertes

Collégiale Notre-Dame. Hoch über der Stadt ragen die Mauern der Stiftskirche auf, deren Anfänge auf das 13. Jh. datieren. Der Turm erinnert eher an eine Festung denn an ein Gotteshaus. Nach großen Zerstörungen wurde die Kirche immer wieder erneuert, so daß viele Teile aus dem 16./17. Jh. stammen. Von hier oben ist die Aussicht über den Ort sehr gut. Öffnungszeiten: Im Juli und August 9.00-18.00 Uhr.

Eglise St-Jean. Die Kirche stammt aus dem 15. Jh. Bemerkenswert ist ihr achteckiger Turm.

Eglise St-Martin. Bereits im 11. Jh. wurde das Gotteshaus errichtet, jedoch im 16. Jh. stark umgebaut. Aus frühester Zeit stammt das hölzerne Vordach über dem Tor.

Place Martray. An diesem zentralen Platz der Stadt stehen einige hübsche Fachwerkhäuser aus dem 15. und 16. Jh. Beachtenswert ist das Maison du Bourreau aus dem 15. Jh., das auch als ***Haus des Henkers*** in die Stadtgeschichte eingegangen ist. Hier lebte der jeweilge Henker Lamballes. Da nach Auskunft des Office de Tourisme auch der Pranger, also ein Teil seiner Wirkungsstätte, auf dem Platz vor dem Haus stand, hatte er keinen sehr weiten Weg zur Arbeit.

Im Haus des Henkers befinden sich heute das Office de Tourisme, das Musée du Vieux Lamballe und das Musée Mathurin-Méheut.

Musée du Vieux Lamballe. Das Volkskundemuseum zeigt Exponate aus den Töpferwerkstätten des Ortes, historische Bilder und Fotos sowie Trachten.

Musée Mathurin-Méheut. Zu Ehren des in Lamballe geborenen Malers MATHURIN MÉHEUT (1882-1958) wurde diese Ausstellung einiger seiner Werke ins Leben gerufen. Viele der Bilder zeigen Szenen aus dem bretonischen Alltag.

Öffnungszeiten: Beide Museen sind vom 1.6. bis zum 30.9. 10.00-12.00 Uhr und 14.30-18.30 Uhr geöffnet, der Eintritt beträgt pro Museum 8 FF.

Das Gestüt. Am Place du Champ de Foire liegt das zweitgrößte französische Gestüt (HARAS NATIONAL). Bereits 1825 wurde das Gestüt gegründet, um Nutztiere zu züchten. Heute wird nach wie vor gezüchtet und ausgebildet. Etwa 100 Hengste stehen dem Gestüt zur Verfügung, um in der Bretagne als Deckhengste eingesetzt zu werden. Zwischen dem 15.7. und 30.9. finden täglich Führungen statt, bei denen alle interessanten Bereiche der Anlage anschaulich vorgestellt werden.

Im Sommer (meist Juli und August) werden verschiedene Turniere veranstaltet.

Öffnungszeiten: Außerhalb der Führungen täglich 9.30-12.00 Uhr und 14.00-17.00 Uhr. Führungen 14.00-16.30 Uhr.

Praktische Hinweise

Information

•***Office de Tourisme***, Maison du Bourreau, 22402 Lamballe, Place du Martray, Tel. 96.31.05.38

Unterkunft

•***Hôtel La Tête Noire***, Rue du Four, Tel. 96.31.09.93. Das kleine Haus liegt im Zentrum der Stadt, fast gegenüber dem Haus des Henkers. Kleine, aber saubere Zimmer ab 120 FF.

•***Hôtel Les Alizés***, La Ville-ès-Lan, im Industrieviertel, Tel. 96.31.16.37. 32 funktional, aber stillos eingerichtete saubere Zimmer. Motelähnlich. Zimmer ab 280 FF.

•***Hôtel La Tour d'Argent***, Rue Docteur Lavergne, Tel. 96.31.01.37. Recht einfache Zimmer, dafür einigermaßen zentral, ab 150 FF.

•***Camping Municipal St-Sauveur***, Tel. 96.31.00.61. Der kleine Platz (35 Stellplätze) ist nur vom 24.6. bis zum 6.9. geöffnet. Er befindet sich im Nordosten der Stadt an der Rue Saint-Sauveur.

•***Camping An Manoir de la Villeneuve***, Tel. 96.31.01.71. Ebenfalls sehr kleine Anlage (25 Stellplätze) im Bereich eines Gutes. Geöffnet vom 15.6. bis 15.9.

Essen und Trinken

•***Fast-Food*** gibt es in der Bar des Hôtels La Tête Noire.

•Wenn es mehr sein soll, lohnt ein Besuch des ***Le Pieure***.

•Die ***Pizzeria/Crêperie/Grill*** bietet eine breite Palette leckerer Pizzen und Crêpes/Galettes, im Sommer sogar im efeuumwachsenen Garten. Rue Saint-Jacques 19, gegenüber der Post, Tel. 96.34.71.50.

•Spezialisten für Meeresfrüchte (besonders Jakobsmuscheln) sind die Köche im ***Le Connétable***, Rue Paul-Langevin 9, Tel. 96.31.03.50.

Anreise/Weiterreise

•***Mit dem Zug:*** Der Ort liegt an der Hauptstrecke von Paris über Rennes nach Brest (Linie 2). Züge verkehren auch regelmäßig über Lamballe auf der Strecke Rennes – St-Brieuc (Linie 3) und Dol – Dinan – St- Brieuc (Linie 8).

•***Mit dem Bus:*** Von der Bushaltestelle am Bahnhof aus fahren regelmäßig Busse (Linie 37) zur Smaragdküste. Haltestellen besitzen die Orte Le Val-André, Pléneuf, Erquy, Sables-d'Or und Fréhel. In der anderen Richtung fahren die Busse bis St-Brieuc.

•***Mit dem PKW:*** Lamballe liegt als zentraler Punkt im Bereich etlicher Straßen. Die N 12 führt südlich des Ortes von Rennes nach Brest (über St-Brieuc). Zur Smaragdküste gelangt man über die D 791 (Le Val-André), die D 768/D 13 (Matignon/St-Cast) und die D 768 (Dinard). Die N 176 führt direkt nach Dinan. In südlicher Richtung gelangt man über die D 768 nach Loudéac oder über die D 14, dann D 792, dann D 6 nach Mauron.

Umgebung von Lamballe

Jugon-les-Lacs

Etwa 20 km südöstlich Lamballes befindet sich dieser kleine Ort am Ufer des 64 ha großen Sees. Der historische Ort lockt vor allem Wassersportler an, denen die Küstengewässer zu stark überlaufen sind.

Château de la Hunaudaye

Das bereits im 13. Jh. errichtete Schloß blickt auf eine lange, bewegte Geschichte, stark geprägt von den Erbfolgekriegen, zurück. Zugbrücken führen noch heute ins Innere der Ruine, deren Türme majestätisch gen Himmel ragen.

Besichtigungen sind von Mai bis September möglich, täglich 10.00-12.00 Uhr und 14.30-18.00 Uhr. Sonntags im April und September nur 14.30-19.00 Uhr.

Im Juli und August finden Donnerstag abends um 21.30 und 22.45 Uhr sogenannte ***Spectacles en Nocturne***, also eine Art nächtlicher Burgspiele, statt. Auskünfte und Reservierungen unter Tel. 96.34.82.10.

Anreise

- Über die D 16. Das Schloß liegt etwa 9 km von Jugon entfernt.

La Ferme du Saint-Esprit-des-Lois

Der typisch bretonische Bauernhof ist 1974 zu einer Art Museum umgebaut worden, nachdem er fast zur Ruine verfallen war. Heute können hier alle bäuerlichen Einrichtungen, wie Ställe, Schmiede, Keller und Backraum, besichtigt werden.

Öffnungszeiten: Vom 1.7. bis 31.8. täglich 10.00-12.00 Uhr und 14.00-19.00 Uhr. Zusätzlich sonntags in der Zeit vom 1.4. bis 30.9. 14.00-19.00 Uhr. Tel. 96.34.14.67.

Anreise

- Von Jugon aus auf der D 16 bis Le Fresne (etwa 4 km). Kurz hinter dem Ort links abbiegen, Richtung Plédéliac (D 55).

Unterkunft

- ***Hôtel La Grande Fontaine***, Tel. 96.31.61.29, ab 150 FF.
- ***Hôtel Le Petit Palace***, Tel. 96.31.65.24, ab 180 FF.
- ***Camping Le Bocage***, Tel. 96.31.60.16. Komplett und gut ausgestatteter Platz mit 180 Stellplätzen am Flußufer. Geöffnet vom 1.5. bis 30.9.

St-Brieuc

Die heutige Hauptstadt des Départements Côtes d'Armor (bis 1988 Côte-du-Nord) liegt einige Kilometer ***vom Meer entfernt***. Trotzdem versucht die Tourismuswerbung mit dem Slogan "Saint-Brieuc, das Meer an der Stadt, die Stadt am Meer" Urlauber in das Handels- und Industriezentrum zu locken. Trotz guter Infrastruktur, etlichen Hotels und Restaurants gelingt dies bisher nicht so recht, wollen doch die meisten Touristen die wilde Schönheit der Küste genießen und weniger Stadturlaub machen.

Die Geschichte der Stadt beginnt bereits im 6. Jh. mit dem walisischen ***Mönch Brieuc***, der sich hier niedergelassen haben soll. Er ist einer der sieben Gründerheiligen der Stadt. Heute steht an der Stelle, an der er sein Kloster errichtet haben soll, die Fontaine Saint-Brieuc (Rue Ruffelet, nahe der Rue Notre-Dame). Der mittlerweile trockene Brunnen bekam im 15. Jh. eine Überdachung. Andere Quellen geben an, die heutige Kathedrale stehe an der Stelle seines Klosters.

Ein weiteres wichtiges Datum in der Geschichte der Stadt ist das Jahr 1799. In diesem Jahr gelang es den ***königstreuen Chouans,*** die Stadt einzunehmen. Bei den Kämpfen wurde u.a. der damalige Bürgermeister Poulain-Corbion, ein Anhänger der Republik, der sich den Chouans tapfer entgegenstellte, getötet.

Wenig ruhmreiche Jahre folgten auch in der weiteren Geschichte. Zwischen 1832 und 1852 herrschten ***Cholera-Epidemien***, denen Hunderte zum Opfer fielen. In unserem Jahrhundert erlebte die Stadt zwischen 1940 und 1944 die ***deutsche Besatzung***, allerdings seit 1970 auch die Partnerschaft mit dem deutschen Alsdorf.

Zwei weithin sichtbare Viadukte überspannen die beiden ***Flüsse*** Gouedic und Gouet, von denen die Gouet, in ein neues Bett gezwängt, zum modernen Hafen Le Légué führt.

Sehenswertes

Kathedrale St-Etienne. Der festungsartige Bau, der nur wenig an ein Gotteshaus erinnert, stammt zum Teil aus dem 12./13. Jh. Der eigenartige Bau resultiert aus der Tatsache, daß die Stadt über keine Burg oder Stadtmauern verfügte, so daß die Kathedrale als Schutz genutzt wurde. Im 14. Jh. zunächst von den Engländern zerstört, wurde sie bereits wenig später wieder aufgebaut. Im 18. Jh. drohte das Schiff einzustürzen, Restaurierungsarbeiten wurden im zeitgenössischen Stil durchgeführt. Während der Revolution wurde die Kathedrale als Stallgebäude zweckentfremdet, das Mobiliar zerstört.

Von außen wird der festungsartige Charakter besonders deutlich; der 28 m hohe ***Tour Brieuc*** verfügt im oberen Bereich sogar über Schießscharten. Im Turm befindet sich ein mit feinen Bögen ausgestattetes Portal. Der ***Tour du Midi*** (33 m hoch) besitzt breite Öffnungen, die auch mittelalterlichen Kriegsgeräten Einlaß boten. Am Hauptportal zwischen den beiden Türmen sind noch Elemente aus dem 12./13. Jh. erhalten.

Musée d'Histoire. Das 1986 neu eröffnete historische Museum der Stadt zeigt in seinen Ausstellungsräumen allerlei Wissenswertes zur regionalen Entwicklung während des 19. Jh. Eine sehr reichhaltige Sammlung volkskundlicher, archäologischer und historischer Zeugnisse ermöglicht dem Besucher Einblicke in die Bereiche Fischfang, Seefahrt, Landentwicklung und Urbanisierung, Textil- und Leinenherstellung und das soziale Leben. Eine ständige Ausstellung ist dem Thema "Fünf Jahrhunderte keltische Zivilisation" gewidmet. Neben Exponaten zum Leben und Handwerk jener Zeit, die bei Straßenbauarbeiten gefunden wurden, ist eine kleine Statue mit einer Leier, vermutlich eine musizierende Göttin, beeindruckend.

Öffnungszeiten: ganzjährig dienstags bis sonntags 9.30-11.45 Uhr und 13.30-17.45 Uhr. Eintritt 8 FF. Cour Francis-Renaud, Rue des Lycéens Martyrs, Tel. 96.62.55.20.

Grandes Promenades. Die Parkanlage mit herrlichem Baumbestand umgibt den Justizpalast. Im Sommer kann man hier schön spazierengehen und nebenbei einen Blick auf Statuen (Die Bretonin aus Le Goëlo, von FRANCIS RENAUD) und einige Büsten bekannter Schriftsteller (z.B. VILLIERS DE L'ISLE-ADAM) werfen.

Die Altstadt. Hübsche alte Häuser und enge Gassen bestimmen das Bild im Bereich des Place du Martray, an der Kathedrale bis zur Rue Charbonnerie. Beachtenswert sind die ***alten Markthallen***, die leider in den letzten Jahren teilweise durch neue ersetzt bzw. ergänzt wurden. Proteste aus der Bevölkerung, die eine zu starke Beeinträchtigung des Stadtbildes befürchteten, waren die Folge; wie so oft verhallten die Proteste erfolglos!

Jeden Samstag verwandelt sich die Altstadt in einen riesigen ***Markt.*** Innerhalb und außerhalb der Hallen wird praktisch alles angeboten, was das Herz begehrt. Achtung: Einige Straßen werden anläßlich des Marktes gesperrt oder sind nur in einer Richtung befahrbar.

Praktische Hinweise

Information

•***Office de Tourisme***, Rue Saint-Gouéno 7, 22008 St-Brieuc, Tel. 96.33.32.50.

Unterkunft

Handels- und Industriestädte verfügen immer über ein breites Hotelangebot, so auch St-Brieuc.

•***Hôtel/Restaurant Le Duguesclin***, Place Duguesclin 2, Tel. 96.33.11.58. 17 Zimmer mit recht guter Ausstattung, etwas außerhalb des Zentrums, nahe des Busterminals. Zimmer mit einem großen Bett, das für 2 Personen reicht, ab 160 FF.

•***Hôtel/Restaurant La Grille***, Rue des 3-Frères-Le-Goff 6, Tel. 96.33.36.18. Das familiäre, gemütliche 6-Zimmer-Hotel liegt in unmittelbarer Nähe der Altstadt. Zimmer ab 100 FF (1 großes Bett).

•***Nuit d'Hôtel***, Trégueux, Rond Point de Brézillet, Tel. 96.78.17.37. Das gut ausgestattete Motel liegt ein paar Kilometer außerhalb des Stadtzentrums an der Ausfallstraße nach Loudéac/Lorient. 63 Zimmer ab 150 FF.

- ***Jugendherberge***, Manoir de la Ville-Guyomard, les Villages, Tel. 96.78.70.70. Einige Kilometer außerhalb des Zentrums befindet sich die Jugendherberge in einem Herrensitz aus dem 15. Jh. Zum Service gehört u.a. ein Fahrradverleih.

In der Umgebung der Stadt befinden sich zudem fünf Campingplätze:

- ***Camping Les Vallées***, 22000 St-Brieuc, Tel. 96.94.05.05.
- ***Camping La Ville-Hervy***, Rue de Martin-Plage, 22190 Plerin, Tel. 96.73.02.40, geöffnet vom 15.6. bis 15.9.
- ***Camping Le Roc de L'Hervieu***, Rue d'Estienne-d'Orves, 22590 Pordic, Tel. 96.79.30.12, geöffnet vom 1.5. bis 30.9., Stellplätze für Wohnmobile.
- ***Camping Municipal***, Rue de la Clôture-Neuve, 22150 Ploeuc-sur-Lie, Tel. 96.42.10.33, geöffnet vom 15.6. bis 15.9.
- ***Camping Bellevue***, Pointe des Guettes, 22120 Hillion, Tel. 96.32.20.39, geöffnet vom 1.4. bis 30.9., Stellplätze für Wohnmobile.

Essen und Trinken

- ***Crêperie La Fée Morgane***, Rue Houvenagle, Tel. 96.52.09.11. Neben leckeren Crêpes ist die Crêperie auf Meeresfrüchte spezialisiert.
- ***Crêperie des Promenades***, Rue des Promenades 18, Tel. 96.33.28.59.
- ***La Clé de Sol,*** Boulevard Waldeck-Rousseau 8, Tel. 96.61.22.05, für Freunde von Meeresfrüchten und Fischgerichten.
- ***La Proue***, Rue Fardel 7, Tel. 96.61.17.57, gemütliche Pizzeria mit Pizza vom holzgefeuerten Ofen.
- ***Tandoori***, Rue des 3-Frères-Le-Goff 11, Tel. 96.61.84.02. Indische Spezialitäten.

Anreise/Weiterreise

- ***Mit dem Zug:*** Der Bahnhof der Stadt liegt an der Strecke Paris – Brest. Von hier bestehen Verbindungen nach Brest, Morlaix, Guingamp, Lamballe, Dinan, Rennes und Loudéac.
- ***Mit dem Bus:*** Busse der Linie 37 fahren täglich in Richtung St-Cast. In Richtung Paimpol (über Binic und St-Quay) verkehrt mehrmals täglich die Linie 39. Über Guingamp führt die Linie 44 durchs Hinterland Richtung Lannion.
- In südwestlicher Richtung führt die Linie 45 über Quintin, Corlay, St-Nicolas-du-Pélem und Rostrenen nach Carhaix.
- ***Mit dem Auto:*** St-Brieuc liegt verkehrsgünstig an der N 12, die von Rennes über Lamballe in Richtung Brest führt. Die D 786 führt entlang der Küste in nördlicher Richtung bis Paimpol. Schneller wird Paimpol über die D 6 erreicht, da hier nicht so viele kleine Orte zu durchfahren sind. In südwestlicher Richtung (Rostrenen) führt die D 790, in Richtung Loudéac/Pontivy die D 700. Östlich entlang der Küste (Cap Fréhel/Fort La Latte) lohnt der Weg über die D 786.

Umgebung von St-Brieuc

Moncontour de Bretagne

Diese als "petite cité de caractère" klassifizierte Kleinstadt liegt am Ufer des Evron. Alte Gassen, Reste der ehemaligen Stadtmauer und die Kirche St-Mathurin lohnen einen Ausflug in die nur gut 20 km südöstlich von St-Brieuc liegende Stadt.

Die strategisch günstige Lage ließ dem Ort schon seit dem 12. Jh. ***militärische Bedeutung*** zukommen. Im 17. Jh. kämpfte César de Vendôme, der "seigneur" des Ortes, gegen König Louis XIII. Richelieu ließ daraufhin die Burg zerstören. Ungefähr zur Mitte des 17. Jh. erhielt Moncontour ***wirtschaftliche Bedeutung*** durch den Handel mit Hanf und Leinen, die bis nach Spanien exportiert wurden. Während der Revolution schlug sich der Ort auf die Seite der Republikaner.

Lohnend ist ein Besuch der erhaltenen ***Stadttore*** Porte d'En-Haut, Poterne St-Jean und Porte d'En-Bas.

Die ***Eglise St-Mathurin*** stammt aus dem 16. Jh., der Kirchturm ist noch vollständig erhalten. Aus diesem Jahrhundert kann auch noch eine Pietà bewundert werden. Zu Pfingsten ist die Kirche Schauplatz eines Pardon.

Information

- ***Office de Tourisme***, geöffnet im Juli und August, 22510 Moncontour, Tel. 96.73.41.05. Das Büro befindet sich nahe der Kirche. In der übrigen Zeit steht das Bürgermeisteramt (Mairie) zu Auskünften zur Verfügung.

Anreise

- Von St-Brieuc (22 km) führt die D 1 direkt zum Ort. Die D 768, die durch Moncontour hindurchführt, stellt die Ost-West-Verbindung zwischen Lamballe (16 km) und Loudéac (22 km) her.

Quintin

Die Kleinstadt am Rand des Gouettales, die heute recht beschaulich wirkt, trägt das Prädikat "Petite Cité de caractère". Im 17. und 18. Jh. war sie eine der bedeutendsten Städte der ***Leinenherstellung*** der Bretagne. Etliche tausend Leinenweber lebten und arbeiteten hier und brachten der Stadt ihren Wohlstand. Die Stoffe wurden hauptsächlich für die Herstellung von Kopfbedeckungen verwendet. Auch der Handel mit Übersee, besonders Amerika, florierte. Mit der Revolution begann der Verfall dieses Wirtschaftszweiges.

Vom einstigen Wohlstand zeugt noch heute eine ***hübsche Altstadt*** mit Häusern aus dem 16. bis 18. Jh., bei denen die typischen vorspringenden Obergeschosse noch heute vielfach erhalten sind. Viele dieser Häuser befinden sich im Bereich der Grand Rue, des angrenzenden Place 1830, der Rue au Lait und am Place du Martray (hier ist die Stadtverwaltung untergebracht).

Erst im 19. Jh. wurde die Kirche des Ortes auf den Grundmauern des ursprünglich an dieser Stelle stehenden Stiftes errichtet. Sie ist der ***Notre-Dame-de-Délivrance*** (Empfängnis) geweiht. Die im Inneren aufbewahrte Marien-Statue wird besonders von Schwangeren verehrt. An jedem 2. Sonntag im Mai findet ihr zu Ehren ein Pardon statt, der bei Schwangeren zu einer leichten Geburt beitragen soll. Eine ganz besonders wertvolle Reliquie der Kirche ist ein Stück Stoff, das aus dem Gürtel Marias stammen soll. Ein Schloßherr Quintins hat es angeblich um 1250 von einem Kreuzzug aus Jerusalem mitgebracht. Die Taufsteine im Querschiff stammen aus dem 14. Jh. Zeugnis von der Weltoffenheit des Ortes legen die Weihwasserbecken ab, deren Schalen aus indonesischen Muscheln, genauer Tridacna-Muscheln, bestehen.

Auf dem Weg vom Kirchenportal zum Place 1830 führt die Rue Notre-Dame an der ***Fontaine Notre-Dame de la Porte*** vorbei, einem Brunnen aus dem 15. Jh., von dem heute nur noch die Bedachung und eine Marienstatue erhalten sind.

Das Schloß oder richtiger ***die Schlösser*** Quintins stammen aus dem 17. und 18. Jh. Beide befinden sich im selben Park. Diese Bauwerke gehen auf das 12. Jh. zurück. 1202 wurde zum ersten Mal ein Schloß in dieser Gegend erwähnt, das zu dieser Zeit noch zum Besitz der Familie von Penthièvre gehörte. 1227 wurde aus Henri de Penthièvre mit neuem Namen Henri d'Avaugour, der seinen gesamten Besitz seinem Bruder Geoffroy I. Boterel vererbte. Mit dieser Erbschaft entstand das erste unabhängige Lehen Quintin. Mit dem Aussterben der Boterels ging das Lehen an Geoffroy du Perrier über, einem Neffen der Familie. Die Herrscher Quintins stellten sich Ende des 15. Jh. zusammen mit dem französischen König gegen François II., den Herzog der Bretagne. 1487 wurde das Schloß daraufhin angegriffen und abgebrannt. Zu Anfang des 16. Jh. konnte es aber wiederaufgebaut werden. Mitte des 16. Jh. kam mit dem Marquise de Nesle, Renée de Rieux, der Protestantismus in die Gegend von Quintin. Während der folgenden Glaubenskriege wurde das Schloß wiederum zerstört. Anfang des 17. Jh. erhielt Herzog Henri de la Trémoille das Lehen. 1638 erwarb dessen Schwager, der Marquis de la Moussaye, das Gebiet und begann 1645 mit dem Bau des noch heute existierenden Schlosses. Die ursprünglichen Nebengebäude wurden später umgebaut und erweitert, so daß im 18. Jh. das zweite Schloß entstand.

Das Schloß verfügt über eine Fächersammlung, Porzellan aus Meißen und

China (über die Compagnie des Indes), Siegel und Porträts der Ahnen, eine Urkunden- und Unterschriftensammlung und, besonders beeindruckend, einen Granitherd aus dem 18. Jh., einen der letzten Frankreichs.

Öffnungszeiten: vom 15.3. bis 31.5. 10.30-12.00 Uhr und 14.00-17.00 Uhr (außer dienstags), vom 1.6. bis 1.11. täglich 10.00-19.00 Uhr. Eintritt 20 FF. Tel. 96.74.94.79.

La Roche Longue. Nahe dem Ort steht dieser fast 5 m hohe Menhir in einem Feld. Zu erreichen über die Avenue du Général de Gaulle, die in Richtung St-Brieuc führt. Hinter dem See links in die Route de la Roche Longue abbiegen.

Information

•***Office du Tourisme***, Place 1830 Nr. 6, 22800 Quintin, Tel. 96.74.01.51.

Unterkunft

•***Hôtel/Restaurant du Commerce***, Rue Rochenen 2, Tel. 96.74.94.67. Gemütlich-rustikal eingerichtetes Haus mit 13 Zimmern. Ganzjährig geöffnet, ab 150 FF.

•***Chambres d'Hôtes*** im etwa 2,5 km nördlich gelegenen Dorf Saint-Eutrope, bei Marie-Hélène Le Roux, Tel. 96.74.97.56. Zimmer z.T. mit Bad, sonst Gemeinschaftsbad, ab 180 FF für 2 Personen.

•***Camping Municipal du Lac***, Tel. 96.74.92.54. Der 32 Einheiten große Platz liegt nahe der Stadt am Ufer der Gouet. Der Platz ist vom 1.4. bis zum 1.11. geöffnet, Anschlüsse für Wohnmobile sind vorhanden.

Essen und Trinken

•***Restaurant du Commerce***, Tel. 96.74.94.67, gute Küche (Spezialität: Meeresfrüchte) mit unterschiedlich teuren Menüs.

•***Bar-Restaurant Gilbert Rolland***, Place de la Poste, Tel. 96.74.80.06. Gutbürgerliche Küche der Region.

•***Crêperie du Château***, Rue du Vau de Gouet 16, Tel. 96.74.92.39. Gute Crêpes, Galettes und Pizza. Leckere Sorbets zum Dessert.

Anreise/Weiterreise

•***Mit dem Zug:*** Quintin liegt an einer Nebenstrecke der Bahn, die zweimal täglich zwischen St-Brieuc und Loudéac (Linie 18) verkehrt. Der Bahnhof befindet sich in einem Vorort an der D 790, etwa 2,5 km vom Zentrum entfernt.

•***Mit dem Bus:*** Bis zu viermal täglich fahren die Busse der Linie 45 auf der Strecke St-Brieuc – Carhaix über Quintin. Weitere Stationen sind Corlay, St-Nicolas-du-Pélem und Rostrenen.

•***Mit dem Auto:*** Quintin liegt an der D 790, die von St-Brieuc (20 km) im Nordosten, Corlay (15 km) und St-Nicolas-du-Pélem (23 km) bis Rostrenen (38 km) im Südwesten führt. Die durch den Ort führende D 7 mündet im Norden (bei Châtelaudren, 18 km) auf die N 12, die von St-Brieuc über Guingamp in Richtung Brest führt. Im Süden erreicht sie die D 700, auf der man weiter in Richtung Loudéac (28 km) gelangt. Bei Uzel (15 km, an der D 700) besteht die Möglichkeit, in Richtung Mur-de-Bretagne (Lac de Guerlédan) auf die D 35 zu gelangen.

Pointe du Roselier

Über die D 36 erreicht man von St-Brieuc/Ortsteil Plérin aus diese Landzunge, auf der Spazierwege zum ***Wandern*** einladen. Eindrucksvolle Blicke hat man über die Bucht von St-Brieuc (im Süden) und nördlich die Küste hinauf, bei klarer Sicht sogar bis St. Quay-Portrieux. Wanderfreunde können von hier aus dem GR 34 entlang der Küste bis Paimpol oder auch Perros-Guirec folgen.

Von der Landzunge aus kann man auch den ***Martin Plage*** erkennen, der aber nur durch einen kurzen Umweg durch das Hinterland zu erreichen ist. Nach etwa 2,5 km zweigt eine Straße zum Strand ab. Von hier aus erreicht man über La Ville-Fontaine den ***Strand von les Rosaires***.

Pordic

Über die D 786 erreicht man nach wenigen Kilometern den kleinen Ort, dessen extrem lange, aber sehr hübsch gearbeitete Kirchturmspitze weithin sichtbar ist.

Durch den Ort führt eine 3 km lange Zufahrt zum kleinen Hafen und zu einer kleinen Badebucht. Der Weg lohnt jedoch besonders wegen der herrlichen Aussicht von der ***Pointe du Pordic*** aus.

Pordic blickt auf eine lange ***Geschichte*** zurück. Bereits in prähistorischer Zeit hatte der Ort seine Bedeutung. Auf den Hügeln von Bernin entstand eine römische Siedlung, das Camp de César. Im Mittelalter gab es in der Umgebung etliche Herrensitze. 1514 erhielt die Stadt vom französischen König FRANÇOIS I. das Privileg, sechs große Märkte im Jahr durchzuführen. Dazu kam noch ein städtischer Markt pro Woche. Dieses Privileg erhielt 22 Jahre später (1836) große Bedeutung, als die Stadt lange Prozesse gegen Binic um das Recht auf eine Hafenzone verlor. Von jetzt war die Landwirtschaft der entscheidende Wirtschaftsfaktor.

Unterkunft

- ***Chambres d'Hôtes***, in Le Pré Péan bei Marie-Irène Gaubert, Tel. 96.79.00.32, und in Saint-Halory bei Henriette Trehen, Tel. 96.79.41.11.
- ***Camping*** Les Madeires, Tel. 96.79.02.48, geöffnet vom 1.6. bis 30.9., geeignet für Wohnmobile.
- ***Camping*** Le Roc de l'Hervieu, Tel. 96.79.30.12, geöffnet vom 1.5. bis 1.10.

Binic

Die Geschichte des Ortes, der ursprünglich der Hafenort der Gemeinde Etables war, geht bis ins Neolithikum zurück. Heute findet sich hier nur noch ein Menhir, nachdem im Mittelalter die Christianisierung vorangetrieben wurde. In Cullerette (zwischen Binic und Lantic) und auf dem Butte des Bernais finden sich heute noch ***Spuren römischer Besiedelung***, so z.B. die Reste des Camp de César (um 56 v. Chr.). Auf den Klippen von La Banche stehen noch heute die Ruinen einer 500 m langen Befestigungsmauer.

Im 17. Jh. war der Ort ein wichtiger Hafen für den Dorschfang vor Neufundland. Die Bedeutung des ***Hafenortes*** wird heute an erhalten gebliebenen hübschen Häusern entlang des Quai Jean-Bart deutlich.

Der kleine Hafenort, der sich recht malerisch zu beiden Seiten der Mündung des Ic erstreckt, die fast in Ortsmitte in den

Pecten jacobaeus, die Jakobsmuschel: das Kilo für 58 Franc (WK)

Hafen fließt, zeigt im Frühjahr noch echte Beschaulichkeit, verwandelt sich aber im Sommer in einen recht ***turbulenten Urlaubsort***, der noch weiter ausgebaut werden soll. Die Werbung verspricht ein Paradies für Segler, Surfer und Wanderer, die das heidebewachsene Hinterland erkunden können.

Die ***Strände*** Binics sind sehr stark von den Gezeiten abhängig. Konkret bedeutet dies, daß bei Niedrigwasser ein sehr breiter Strand entsteht, da das Meer sehr weit zurückgeht. Umgekehrt bleiben bei Hochwasserstand nur sehr wenige Sandflecken erhalten.

Reizvoll ist der ***Markt,*** der Donnerstag vormittags den Hafen belebt.

Praktische Hinweise

Information

• ***Office de Tourisme***, Esplanade de la Blanche, 22520 Binic, Tel. 06.73.60.12. Das Büro liegt direkt an der Mole.

Unterkunft

• Der Ort besitzt ein großes Angebot an ***Appartements*** und ***Ferienhäusern***. Auskünfte und Vermittlungen übernimmt das Office de Tourisme.

• ***Hôtel Benhuyc***, nahe dem Hafen, Tel. 96.73.39.00. Das Haus gehört zur Kette der Best Western Hotels. Der gute Komfort hat seinen Preis: 300 FF.

Sonstiges

• ***Zoo du Moulin de Richard:*** Der Zoo befindet sich beim Ort Trégomeur. Der Zoo ist hauptsächlich Arten aus Afrika, Amerika und Australien gewidmet. Eine Streichelwiese mit heimischen Arten gehört auch zum Programm. Die Anlage ist von Mai bis September durchgehend geöffnet, sonst nur nachmittags. Eintritt 35 FF. Tel. 96.79.01.07.

• ***Ausflug nach Bréhat:*** Zwischen Juni und September verkehrt ein Fährboot der Linie Les Vedettes de Bréhat entlang der Küste zwischen Binic, St.-Quay-Portrieux und Ile de Bréhat. Die Tour beginnt in Binic gegen 8.30 Uhr, Rückkehr gegen 19.30 Uhr. Auskünfte und Tickets beim Office de Tourisme (96.73.60.12). Erwachsene bezahlen 160 FF, Kinder 110 FF.

Etables-sur-Mer

Auf einer leichten Anhöhe liegt der kleine Ort oberhalb der Küste. In der Ortsmitte ist die ***Kirche,*** die zum Teil auf das 14. Jh. zurückgeht, mit ihrer runden Kuppel bemerkenswert.

Wer in Binic nicht den Strandfreuden frönen konnte, hat an den beiden ***Stränden*** dieses Ortes, dem Plage de Godelins und dem Plage du Moulin, nun ausgiebig Gelegenheit zum Sonnenbad. Ein bedeutender Einwohner war ***René-Yves Creston***, der u.a. JEAN CHARCOT in die Arktis begleitete, und später die Museen von Quimper und Rennes aufbaute, bevor er Direktor des Museums von St-Brieuc wurde.

Sehenswertes

Notre-Dame-de-l'Espérance. In Richtung St-Quay-Portrieux liegt die Kirche zwischen Straße und Küste. Nach einer Epidemie wurde die Kirche im 19. Jh. hier zum Dank für den Sieg über die Krankheit errichtet, die so viele Menschen das Leben gekostet hatte.

La Croix du Calvaire. Der ehemalige Pilgerort wurde im 15. Jh. geschaffen. An der Basis der Säule befinden sich eine Pietà und eine Statue der Heiligen Catherine. Das mit Engeln und Blättern verzierte Kapitell zeigt im Westen Christus und heilige Frauen, im Osten Maria mit Kind.

Eglise St-Jean-Baptiste. Das Fundament der Kirche stammt aus dem 15. Jh., Chor und Turm aus dem 18. Jh. Besonders eindrucksvoll sind eine Altarwand, die Sainte Anne gewidmet ist, ein aus vielfarbigem Marmor gebauter Altar und die aus Italien stammende Statue Maria-Santissima Bambina.

Praktische Hinweise

• Im ***Office de Tourisme*** werden Karten für die Fahrt nach Bréhat von Binic oder St-Quay-Portrieux aus verkauft (Tel. 96.70.65.41).

●***Camping L'Abri Côtier***, Tel. 96.70.61.57. Sehr komfortabler Platz mit 140 Einheiten. Geöffnet vom 1.4. bis 30.9.

St-Quay-Portrieux

Ehemals bestand der heutige Ort aus den beiden ***Gemeinden Portrieux und St-Quay***. Sie waren nicht nur verwaltungspolitisch, sondern auch geographisch durch die ins Meer hinausragende Landzunge Pointe de St-Quay voneinander getrennt. Im Laufe der Jahrhunderte wuchsen die beiden Orte jedoch zusammen: Portrieux, der ehemalige wichtige Hochseefischereihafen, dessen Flotte bis Neufundland zum Fang ausfuhr, und St-Quay, der ursprünglich verschlafenere Ort, der allerdings seit dem letzten Jahrhundert den Tourismus als wichtigen Wirtschaftszweig erkannte und eine entsprechende Infrastruktur (sogar mit Casino) aufbaute, Strände waren bereits vorhanden.

Fischfang wird immer weniger lukrativ, seit die Fangerträge wegen Wasserverschmutzung und Überfischung zurückgehen.

Die Fischerei beschränkt sich in den letzten Jahren vornehmlich auf den Fang von Krebsen und das Einbringen von Muscheln (besonders Jacobsmuscheln) in den küstennahen Gewässern.

Auch der Ortsteil Portrieux öffnet sich immer mehr dem Tourismus. Der neue Hafen, der nicht mehr gezeitenabhängig ist und damit annähernd exakte Fährverbindungen garantieren kann, wird nun auch als Hafen für die VEDETTES DE BRÉHAT genutzt, die von hier Tagesausflüge nach Ile de Bréhat unternehmen. Auch die Anlage eines Seglerhafens soll zum weiteren Ausbau des Tourismus beitragen.

Der ***Sentier des Douaniers*** (Zöllnerpfad) führt als Küstenweg in etwa 1-1,5 Std. von Portrieux aus bis nach St-Quay. Ausgangspunkt ist der Hafen von Portrieux. Der Weg führt entlang dem Plage de la Comtesse (mit Aussicht auf die küstennahe Ile de la Comtesse) vorbei am Leuchtturm. Von hier oben hat man, gutes Wetter vorausgesetzt, herrliche Blicke bis nach Bréhat im Norden und St-Brieuc im Süden. In leichtem Gefälle geht es dann abwärts nach St-Quay. Hier herrschen Luxusvillen aus dem vorigen Jahrhundert vor. Schließlich passiert man das Casino und gelangt zum Endpunkt des Pfades, zum Strand von St- Quay.

Praktische Hinweise

Information

●***Office de Tourisme***, Rue Jeanne d'Arc 17, 22410 St-Quay-Portrieux, Tel. 96.70.40.64. Hier werden neben allen Informationen auch Ausflugsfahrten in die Umgebung angeboten. Im Sommer, zwischen Juni und September, werden hier Tickets für die Fahrten der VEDETTES DE BRÉHAT (Erwachsene 145 FF, Kinder 100 FF) verkauft. Abfahrt um 8.45 Uhr, Rückkehr gegen 19.00 Uhr.

●***Syndicat d'Initiative***, Rue de l'Yset 21, Tel. 96.70.46.02.

Unterkunft

●***Hôtel Le Gerbot D'Avoine***, Boulevard du Littoral 2, Tel. 96.70.40.09. Das Haus wirkt teilweise etwas altmodisch. Die 20 Zimmer werden ab 185 FF vermietet.

●***Hôtel Le Bretagne***, Quai de la République 36, Tel. 96.70.40.91. Einfaches Haus, Zimmer z.T. mit Meerblick, aber ohne WC. Das Hotel liegt direkt an der Promenade. Geöffnet vom 1.4. bis 30.10. Zimmer ab 180 FF.

●***Hôtel Ker Moor***, Rue du Sénégal 13, Tel. 96.70.52.22. Das Hotel am Ort. Im großzügigen Garten mit subtropischer Vegetation vermittelt das Hotel so etwas wie Kolonialstilatmosphäre. Die 29 Zimmer sind bestens ausgestattet, haben allerdings auch stolze Preise ab 400 FF.

●***Camping Bellevue***, Tel. 96.70.41.84. Der Platz liegt am nördlichen Ortsausgang, oberhalb des Strandes. Gute Ausstattung und Meeresnähe zeichnen den Platz mit seinen 200 Einheiten aus. Geöffnet vom 1.5. bis 15.9.

Sonstiges

●***Markt:*** am Hafen Montag morgens, am Place de Verdun freitags.

Weiterreise

•Etliche Landzungen, wilde Klippen und Strände bilden den Rahmen der weiteren Fahrt in Richtung Norden. Wer über Zeit und Muße verfügt, kann von der D 786 aus jederzeit das Meer und die Küste erreichen.

Paimpol

25 km nordwestlich von St-Quay-Portrieux liegt dieser ehemalige Hochseefischereihafen, dessen Fischer früher bis Island fuhren. Der romantisch gelegene Hafenort mit seiner schönen Vegetation, die im milden Klima besonders gut gedeiht, ließ den Ort schon im vorigen Jahrhundert zum bevorzugten ***Domizil von Künstlern*** und Schriftstellern werden. Bekannt wurde der Ort durch den Autor PIERRE LOTI (1850-1923), der hier seinen weltberühmten Roman "Les Pêcheurs d'Islande" ("Die Islandfischer") verfaßte. Er beschreibt eine Lebens- und Liebesgeschichte im Paimpol des 19. Jh., in der das harte tägliche Leben der Bretonen sehr gut zum Ausdruck kommt. LOTI wohnte zu dieser Zeit im Haus an der Ecke Rue de l'Eglise/Place Martray. Hier wohnt im Roman auch die Hauptfigur Gaud.

Heute gibt sich der Ort ganz als ***Urlaubsort***. Die Atmosphäre im Hafen wird durch Hotels, Restaurants, Crêperien, Bars und Cafés bestimmt, die allerdings insgesamt ein recht hohes Preisniveau zeigen.

Schön ist ein Spaziergang in der ***Altstadt,*** die im Bereich des Place Martray, der Rue de l'Eglise und der Rue du Lavoir noch über guterhaltene Gebäude, teilweise aus dem 16. Jh., verfügt. Am Place de Verdun findet sich ein Kirchturm aus dem 18. Jh. Er ist das einzige Relikt einer hier ursprünglich im 13. Jh. errichteten Kirche, die im 16. Jh. Pfarrkirche wurde, bevor sie dem Abriß anheimfiel. Auf dem Platz steht das Denkmal des Dichters THÉODORE BOTREL (1868-1925), der sich, aus Paris kommend, hier in Verehrung bretonischer Lebensart niederließ und schließlich in Pont-Aven starb.

Das Musée de la Mer ist eine Art Heimatmuseum, das das Leben der Bevölkerung der Gegend, den Fischfang und nicht zuletzt die berühmten Bürger LOTI und BOTREL vorstellt.

Öffnungszeiten: von Ende Juni bis Anfang September 9.00-12.00 Uhr und 13.30-19.00 Uhr. Eintritt 15 FF.

Auf der Landzunge der Pointe de Guilben findet sich der schöne ***Plage Panoramique,*** der zum (Sonnen-) Baden einlädt.

Praktische Hinweise

Information

•***Office de Tourisme***, Rue Pierre Feutren, 22500 Paimpol, Tel. 96.20.83.16.

Unterkunft

•***Hôtel Le Duguay-Trouin***, Quai Duguay-Trouin, Tel. 96.20.80.76. Unmittelbar am Hafen.

•***Hôtel Le Repaire de Kerroc'h***, Quai Morand, Tel. 96.20.50.13. Gute Lage mit Blick auf den Hafen. Gehobener Standard. Zimmer ab 400 FF.

•***Hôtel Les Chalutiers***, Quai Morand 5, Tel. 96.20.82.15. Das Hotel am Hafen besitzt 21 Zimmer. Geöffnet vom 4.4. bis 10.10. Ab 100 FF.

•***Jugendherberge***, Château de Kéraoul, Tel. 96.20.83.60.

•Außerhalb der Stadt ***Chambres d'Hôtes*** bei Jeannette Le Goaster, in Kerloury, Tel. 96.20.85.23. Ab 150 FF. Bei der Familie wird auch Englisch gesprochen!

•***Camping Municipal Cruckin Kerity***, Tel. 96.20.78.47. Der Platz, der von Mitte April bis Mitte September geöffnet ist, besitzt 200 Stellplätze. Akzeptabler Komfort.

Essen und Trinken

•Gemütlich Crêpes essen kann man in der ***Crêperie L'Escale*** und der ***l'Islandais***.

•Gute Pizza gibt es in der Pizzeria ***Le Grand Pavois***. Alle drei direkt am Hafen.

Sonstiges

•***Fahrradverleih:*** M. LE GALL, Avenue du Général

Leclerc, Tel. 96.20.58.44, und QUENECH DU, Route de Lanvollan, Tel. 96.20.75.94.
●*Markt:* dienstags, Place du Martray.

Anreise/Weiterreise

●*Mit dem Bus:* Entlang der Küste (D 786) fahren täglich bis zu sechsmal Busse der Linie 39 zwischen Paimpol und St-Brieuc. Weitere Stationen sind Plouha, St-Quay (Office de Tourisme und Portrieux), Etables-sur-mer, Binic und Pordic. Busse dieser Linie fahren zudem bis zu dreimal täglich über Paimpol hinaus bis Pleubian (über Lézardieux). In Richtung Guingamp verkehrt die Linie 11 (bis zu viermal täglich) über die D 787.

●*Mit dem Auto:* Von Paimpol kann man St-Brieuc über die malerische Küstenstraße (D 786), zumindest im Sommer aber durch viel Verkehr und häufige Ortsdurchfahrten behindert, erreichen oder schneller über die weiter im Inland verlaufende D 7 bis Lannebert, hier auf die D 6 über Lanvollon bis St-Brieuc.

Guingamp erreicht man über die D 786 bis Lézardrieux und biegt hier auf die D 787 ab, die über Pontrieux zum Ziel führt. Die D 786 führt weiter in Richtung Tréguier und Lannion.

●*Mit dem Schiff:* Von der 6 km vom Zentrum entfernten Landzunge Pointe de l'Arcouest bestehen regelmäßige Fährverbindungen zur Insel Bréhat. Die Zahl der Verbindungen und deren Abfahrtszeiten richten sich nach der jeweiligen Saison.

Umgebung von Paimpol

Abbaye de Beauport

Die Ruinen der Abtei aus dem 13. Jh. liegt malerisch inmitten grüner Landschaft, oberhalb des Meeres direkt an der Küste, am südöstlichen Ortsausgang Paimpols (an der D 786). Ende des 18. Jh. wurde der Gründungsorden (Prämonstratenser) aufgelöst, das Kloster verfiel. Typisch bretonische Granitsäulen und gotische Stilelemente zeichnen dieses Bauwerk aus. Die Mönche lenkten jahrhun-

Goélette aus Paimpol, ein Toppsegelschoner, der nur im Topp des Großmastes ein Rahsegel hat.

dertelang das Geschick der Bevölkerung, indem sie Pfründe eintrieben (z.B. die Salzsteuer) und der wirtschaftlichen Entwicklung der Region Vorschub leisteten. Heute befindet sich das in den Wirren der Revolution stark beschädigte Gebäude in Privatbesitz.

Öffnungszeiten: Juni bis September 9.00-12.00 Uhr und 14.00-19.00 Uhr, sonst nach telefonischer Vereinbarung, Tel. 96.20.81.59. Eintritt 10 FF.

Zur Pointe de l'Arcouest

In nördlicher Richtung führt die D 789 zur äußersten Spitze der Landzunge mit Fähranbindung zur Ile de Bréhat. Unterwegs lohnen Stops beim ***Tour de Kerroc'h***, einem guten Aussichtspunkt über die Küste, in Ploubazlanec, einem Dorf, das eine traurige, aber leider realistische Chronik führt. "Verschollen auf See" (Perdu en mer) lautet die Inschrift der Mauer, in der zahllose Namen auf See gebliebener Fischer aufgelistet sind. Vom Ort aus kann ***Porz-Even*** erreicht werden. Herrliche Blicke übers Meer, durch Inselchen und Felsen und entlang der Küste sind garantiert.

Von ***Pointe de l'Arcouest*** aus fahren Fähren zur Ile de Bréhat, die im Hintergrund gut erkennbar ist. Entlang der wilden, zerklüfteten Küste kann gut gewandert werden.

Man erreicht das Schloß auch vom Wasser. (WK)

Château de la Roche-Jagu

Am westlichen Ufer der Trieux überragt das Schloß aus dem 15. Jh., das zum einen herrschaftliches Wohngebäude und gleichzeitig eine Art Trutzburg war, die Flußschleife. Bereits im 11. Jh. wurde hier eine erste Burg errichtet, die jedoch drei Jahrhunderte später den Erbfolgekriegen zum Opfer fiel.

Das Gebäude befindet sich im Besitz des Départements, dessen Verwaltung hier unter anderem wechselnden Ausstellungen Raum bietet.

Öffnungszeiten: Anfang Juni bis Mitte Oktober 10.00-12.00 Uhr und 14.00-19.00 Uhr. Eintritt 22 FF, Kinder 15 FF.

Anreise: Von Paimpol aus in Richtung Lézardieux über die D 786. Kurz vor dem Ort überspannt eine über 150 m lange Hängebrücke die Trieux-Mündung. Hinter der Brücke auf die D 787 (Richtung Guingamp). Die Ausschilderung zum Schloß erfolgt nach etwa 10 km.

Côte de Granit Rose

Ile de Bréhat

Nirgendwo in Frankreich wachsen die Hortensien großartiger als auf diesem Eiland, knapp 2 km nördlich der Pointe de l'Arcouest und 6 km nördlich von Paimpol.

Statt von der Ile de Bréhat müßte eigentlich vom Archipel von Bréhat gesprochen werden, denn neben den beiden ***Hauptinseln*** (ca. 4 km lang und 1,5 km breit), die durch eine Brücke miteinander verbunden sind, gibt es noch weitere 6 ***Nebeninseln***, die meisten kaum größer als ein Golfplatz, sowie 80 größere ***Felsen***, die noch bei Hochwasser aus dem Meer hervorschauen.

Von den Bewohnern der Insel wird gern der Kosename L'Ile aux Fleurs (Insel der Blumen) benutzt. Dies ist auch nicht übertrieben, denn dank des durch den Golfstrom, hervorgerufenen milden Klimas wachsen hier vielerorts zahlreiche ***subtropische Gewächse***. Vor allem auf der Südinsel mit dem Hauptort Le Bourg, an der auch die Fähren anlegen, gedeihen Palmen, Zypressen, Eukalyptus, Mimosen, Feigen, Agaven, Oleander und Kamelien.

In ***Port-Clos***, dem bei Niedrigwasser trockenfallenden kleinen Naturhafen, der in einer felsigen kleinen Bucht am Südufer der Hauptinsel liegt, legen die Personenfähren an, die im Sommer täglich Hunderte von ***Inselbesuchern*** vom Festland herübertransportieren. Im August erhöht sich so die Einwohnerzahl von etwa 500 auf das Achtfache, doch da Bréhat autofrei ist, verkraftet die Insel dies ohne größere Probleme.

Auf Bréhat geht man zu Fuß oder fährt Rad. Früher gab es hier noch zahlreiche Pferdefuhrwerke, die aber zunehmend durch ***Traktoren*** ersetzt werden. Ursprünglich nur für den landwirtschaftlichen Einsatz herübergeholt, dienen sie immer mehr als PKW-Ersatz, so daß inzwischen Traktorbeschränkungen diskutiert werden.

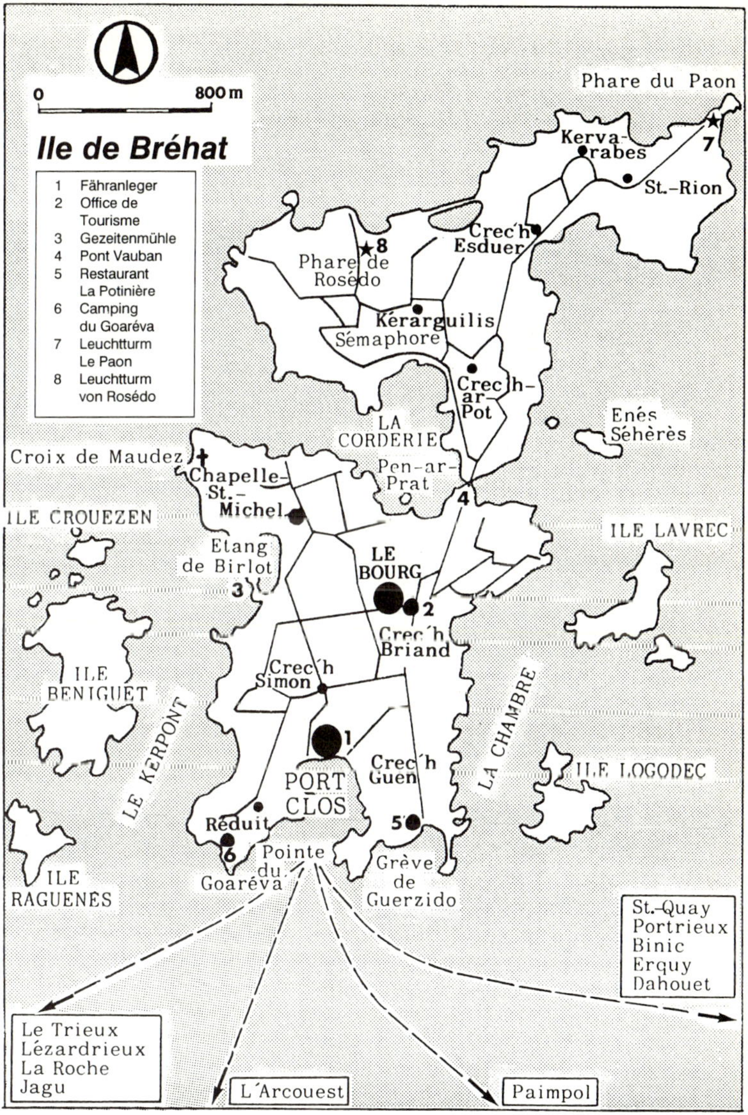
0
800 m
Ile de Bréhat
1 Fähranleger
2 Office de Tourisme
3 Gezeitenmühle
4 Pont Vauban
5 Restaurant La Potinière
6 Camping du Goaréva
7 Leuchtturm Le Paon
8 Leuchtturm von Rosédo
Phare du Paon
Kervarabes
St.-Rion
Crec'h Esduer
Phare de Rosédo
Kérarguilis
Sémaphore
Crec'h-ar-Pot
LA CORDERIE
Enés Séhérès
Croix de Maudez
Chapelle-St.-Michel
Pen-ar-Prat
ILE CROUEZEN
ILE LAVREC
Etang de Birlot
LE BOURG
Crec'h Briand
ILE BENIGUET
Crec'h Simon
LE KERPONT
LA CHAMBRE
PORT CLOS
Crec'h Guen
ILE LOGODEC
Réduit
Pointe du Goaréva
Grève de Guerzido
ILE RAGUENES
St.-Quay Portrieux Binic Erquy Dahouet
Le Trieux Lézardrieux La Roche Jagu
L'Arcouest
Paimpol

Die ***Landwirtschaft*** beschränkt sich auf Gemüseanbau, der aber auch nur noch wenige Familien ernähren kann. Überwiegend wird heute das Geld im Juli und August mit Vermietung von Wohnungen oder in anderen Sparten des Tourismus verdient.

Südinsel

Zentrum der im Vergleich zur kahlen Nordinsel vegetationsreichen Südinsel ist ***Le Bourg*** mit etwa 50 Häuschen, die aus dem rosafarbenen Granit gebaut wurden, aus dem auch das gesamte Archipel besteht. Mannshohe Hortensien und Agaven zieren die Vorgärten und geben dem Ort, zusammen mit den alten Platanen auf dem Dorfplatz, eine fast mediterrane Atmosphäre.

Die ***Dorfkirche*** aus dem 12. Jh. wurde im 18. Jh. erweitert und mit einem sehr originellen Turm verschönert. Sehenswert sind die Kanzel aus dem 16. Jh., der Altar von 1680 und das Ex-Voto der Reder-Mor, einem Modell der letzten besegelten Fregatte der französischen Marine. ***Seefahrt*** war jahrhundertelang die Haupteinnahmequelle der Bréhatins. Bereits im 15. Jh. fuhren die Söhne der Insel auf den Kabeljaufängern von Paimpol bis zu den Neufundlandbänken, und es heißt, daß Kolumbus neben Navigationsunterlagen arabischer Astronomen auch Hinweise auf einen Kontinent im Westen nutzte, die von einem bretonischen Kapitän stammten, dessen Heimat Bréhat war. Mitte des letzten Jahrhunderts ernährten sich etwa 1.600 Inselbewohner vom Kabeljaufang. Damals war La Corderie, die tief ins Land einschneidende Bucht am Nordufer der Südinsel, Heimathafen der 40 Schiffe.

Am Südufer der Bucht führt ein Wanderweg (Circuit de la Croix de Maudez) hinauf zur kleinen ***Chapelle St-Michel***. Der Aufstieg lohnt sich in erster Linie wegen des schönen Rundblicks über das Archipel: Im Westen und Südwesten die Inseln Crouezen, Béniguet und Réguenes, dahinter das Festland der Côte de Granit Rose, im Osten und Südosten die Inseln Lavrec und Logodec. Besonders auf Béniguet schlugen im 17. und 18. Jh. Piraten und Schmuggler ihre Waren um.

Der Kirchturm von Bourg (WK)

Von der Kapelle führt der Weg im Westen weiter zum ***Croix de Maudez***, einem steinernen Kreuz am Ufer, das zum Schutz der Seefahrer hier im 18. Jh. aufgestellt wurde. Etwa 500 Meter weiter südöstlich erreicht man ein kleines Gewässer mit Wehr neben einer Ruine. Das verfallene Gebäude, die ***Moulin de Birlot***, war einst eine Gezeitenmühle (moulin à marée), in der die Wasserkraft von Ebbe und Flut zum Mahlen von Korn genutzt wurde.

Im Süden führt der Weg zurück nach Port-Clos. Wer nach der Inselwanderung baden möchte, kann dies an einem der beiden ***Strände*** Plage du Guerzido, etwa 500 m südöstlich von Port-Clos, oder am

Plage de l'Eglise, etwa 200 m östlich von Le Bourg. Gegenüber liegt die Insel Lavrec, auf der im 5. Jh. der walisische Mönch BUDOC ein Kloster gründete, von dem jedoch nichts mehr erhalten ist.

Nordinsel

Um die Nordinsel kennenzulernen, empfehlen sich zwei ***markierte Wege***, die beide in Le Bourg beginnen, der Circuit du Rosédo (4 km) und der Circuit du Phare du Paon (6 km). Beide führen zunächst nordwärts zur Brücke Pont ar Prad oder ***Pont Vauban***, die die beiden Hauptinseln miteinander verbindet.

Die ***Landschaft*** der kahlen Nordinsel erinnert mit sattem, leicht hügeligem Grasland und der herb zerklüfteten Felsküste ein wenig an Irland. Nur wenige Häuser stehen hier, und es gibt sicherlich mehr Schafe und Kühe als Menschen.

Der Circuit du Phare du Paon führt zum ***Leuchtturm*** Le Paon an der Nordostspitze. Eigentümlich geformte, riesige rotbraune Granitbrocken bilden eine Küstenlandschaft, wie sie nicht eindrucksvoller sein könnte.

Auf dem Circuit du Rosédo umwandert man die Westhälfte bis zum zweiten Leuchtturm, dem ***Phare du Rosédo***. Mit einer Reichweite von 37 Kilometern bildet er das Verbindungsglied in der Kette der Leuchttürme der Nordbretagne zwischen Cap Fréhel im Osten und den Sept-Iles bei Paimpol im Westen.

Praktische Hinweise

Information

•***Office de Tourisme***, 22870 Bréhat, Tel. 96.20.04.15.

Unterkunft

•***Hôtel/Restaurant Bellevue***, Port-Clos, Tel. 96.20.00.05. Gepflegtes, traditionelles Haus direkt am Hafen. 18 nett eingerichtete Zimmer mit Dusche und WC, allerdings nur mit Halbpension ab 360 FF/Person. Zum Hotel gehört ein Fahrradverleih. Geöffnet vom 15.2. bis 4.1.

•***Hôtel/Restaurant La Vieille Auberge***, Le Bourg, Tel. 96.20.00.24. Rustikales altes Gebäude im rosafarbenen Granit der Insel. 15 im bretonischen Stil eingerichtete Zimmer, allerdings auch nur mit Halbpension ab 340 FF/Person.

•***Camping du Goaréva***, an der Südwestspitze, etwa 500 m von Port-Clos entfernt. Einfacher, aber sehr schöner Platz im Pinienwald, zwischen der Ruine der Zitadelle und der Felsküste. Anmeldung in der Mairie, Tel. 96.20.00.36.

Essen und Trinken

Neben den Restaurants der Hotels gibt es etwa ein Dutzend kleinerer Restaurants und Crêperien.

•***La Potinière***, am Plage de Guerzido, Tel. 96.20.00.29. Panoramarestaurant mit Menüs und Snacks.

•***Le Chardon Bleu***, Le Bourg, Tel. 96.20.00.08. Restaurant, Bar und Eiscafé unter einem Dach.

•***Crêperie Ty Jeannette***, Route du Bourg, Tel. 96.20.00.53. Einfache sympathische Crêperie mit Tante-Emma-Laden.

•***Au Bon Acceuil***, Route de St-Michel in Le Bourg, Tel. 96.20.02.22. Crêperie für die schnelle Mahlzeit zwischendurch auf einer schönen Blumenterrasse.

Die Inseln sind durch ihre Hortensien berühmt

Sonstiges

●***Segeln:*** Les Albatros, Tel. 96.20.00.95 (Sommer) und 96.79.05.97 (Winter), ganzjährig geöffnete Segelschule am Plage de Guerzido.

●***Tennis:*** Tel. 96.20.00.36. Vier Gemeindeplätze in Le Bourg.

●***Fahrradverleih:*** Mme Dalibot, Port-Clos, Tel. 96.20.03.51.

●***Gepäck- und Personentransport:*** Société Mével, Tel. 96.20.01.39. Mit Traktor ab Port-Clos.

Anreise/Weiterreise

●***Personenfähren der Vedettes de Bréhat*** fahren ganzjährig mehrmals täglich von der Pointe de l'Arcouest, nördlich Paimpols, zur Inselgruppe. Vom 1.1. bis 31.3. fünfmal, vom 1.4. bis 30.9. 11mal, vom 1.10. bis 31.12. 5 bis 7mal täglich. Hin- und Rückfahrt kosten 35/29 FF. Auskunft und Tickets am Fähranleger an der Pointe de l'Arcouest im Büro der Vedettes de Bréhat, Tel. 96.55.86.99. Zwischen Juni und September bestehen zudem Fährverbindungen von/nach Erquy, Le Val-André, Dahouet, St-Quay-Portrieux und Binic, jeweils mit Vedettes de Bréhat.

●Am Anleger gibt es zahlreiche kostenlose ***Parkplätze***.

Tréguier

Die Kleinstadt auf der Hochfläche über der Mündung des Jaudy ist schon seit Jahrhunderten ein ***religiöses Zentrum*** und Bischofssitz gewesen. Schon im 5. Jh. wurde hier von Saint Tudwal ein Kloster gegründet, das später zum Bistum wurde.

Im 9. Jh. zerstörten ***Wikinger*** die Stadt. Im 14. Jh. begann der ***Bau der Kathedrale***, woraufhin sich viele Kunstmaler, Bildhauer und Buchdrucker in der Stadt ansiedelten. Die Buchdruckerkunst entwickelte sich hier sehr rasch. 1485 erschien das Buch "Les Costumes de Bretagne", 1499 "Le Cathlicon", ein bretonisch-französisch-lateinisches Wörterbuch. Die ***Religionskriege*** führten im 16. Jh. erneut zur Zerstörung der Stadt. In den Wirren der ***Revolution*** wurde die Kathedrale wieder in Mitleidenschaft gezo-

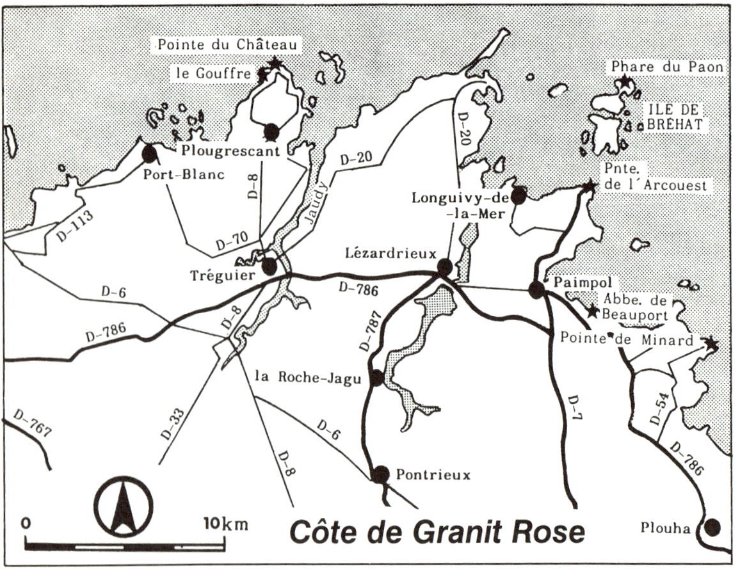

gen und geplündert. Im 19. Jh. gelangte der Ort zur ***wirtschaftlichen Blüte***; die Leinenverarbeitung und der Export von Frühobst und Gemüse florierten.

Noch heute sichtbares Zeichen der religiösen Vergangenheit ist der ***Dom Saint-Tudwal***. Im Laufe der Jahrhunderte oft restauriert, lassen sich vom ursprünglichen Gebäude drei Teile unterschiedlicher Epochen erkennen. Der mächtige Hastingsturm aus dem 11. und 12. Jh., dessen Säulen z.T. noch mit keltischen Motiven verziert sind, schließt sich an das Mittelschiff und den Chor aus dem 14. Jh. (gotischer Stil) an. Dieser Teil der Kirche wurde zwischen 1339 und 1400 erbaut, häufig unterbrochen durch Kriege.

Aus dem 16. und 17. Jh. stammen die hölzernen Figuren St-Yves in der Herzogskapelle. 1890 wurde im Dom ein Grabmal für St. Yves an der Stelle errichtet, an der er 1303 beigesetzt wurde. Viele "Merci"-Tafeln liegen hinter der Brüstung des Grabmals. Herzog JEAN V. ließ direkt daneben eine Kapelle errichten, um im Tod neben dem Heiligen zu ruhen.

In den Wänden des Seitenschiffes finden sich Grabplatten (15. Jh.) verschiedener Ritter, deren Liegefiguren noch deutlich erkennbar sind.

Die Sakristei, die den Kirchenschatz beherbergt, zu dem u.a. ein Teil des Gebetsbuches St. Yves und dessen Eichensarg gehören, wird durch den Hastingsturm erreicht.

Ein zweiter Ausgang im Hastingsturm führt zum Cloître bzw. zum Kreuzgang des Klosters. Unter den Arkaden aus dem 15. Jh. gibt es einige Liegefiguren.

Praktische Hinweise

Information

•***Syndicat d'Initiative***, Mairie de Tréguier, 22220 Tréguier, Tel. 96.92.30.19.

Anreise/Weiterreise

•***Mit dem Bus:*** Zwischen Paimpol und Lannion verkehren täglich Busse via Tréguier über die D 786.

•***Mit dem Auto:*** Die D 786 verbindet Tréguier mit Paimpol im Osten und Lannion im Westen. Die D 8 führt in die landschaftlich sehr reizvolle nördliche Halbinsel, u.a. nach Plougrescant. Richtung Süden (Guingamp) nimmt man die D 8. Nach Perros-Guirec fährt man zunächst auf der D 786 bis Pont-Losquet. Hier auf die D 6.

Plougrescant

Liebhaber rauher und ***pittoresker Küstenlandschaften*** kommen westlich und östlich der Jaudy-Mündung voll auf ihre Kosten. Besonders eindrucksvoll ist das Gebiet zwischen dem Jaudy, Port-Blanc im Westen und der Pointe du Château im Norden. Kleine Strandbuchten, Fischerhäfen und bizarr geformte Felsformationen, aus denen Phantasiebegabte sogar Tiergestalten erkennen können, bestimmen das Bild der Landschaft.

Je nach Jahreszeit herrscht milder bis stürmischer ***Westwind***, der Gischt über die küstennahen Bereiche trägt. Malerisch dahingleitende Wolkenfelder (wolkenlose Tage sind selten) unterstreichen den Reiz der Küste.

Der schönste und meistbesuchte Küstenbereich ist die äußerste nördliche Region nahe dem Ort Plougrescant. Zunächst der östlichen Küstenstraße folgend, gelangt man über den kleinen, zwischen Felsen scheinbar eingezwängten Ort Pors-Hir zum äußersten Punkt der Landzunge, der ***Pointe du Château***. In der Umgebung der Landspitze befinden sich die meistfotografierten Postkartenmotive der Bretagne, die Häuser zwischen den Felsen. Besonders beeindruckend sind die kleinen Häuschen bei ***Le Gouffre*** (dem Schlund). Hier erwecken die Häuser den Anschein, sich zwischen Granitfelsen zu zwängen oder sich an sie anzuschmiegen. Im Hintergrund der anbrandende Atlantik, im Vordergrund eher ruhige Wasserflächen,

Dicht an den Felsen geschmiegt: Haus am Meer (EH)

Überbleibsel der letzten Flut, blauer Himmel mit eingestreuten Kumuluswolken – ein Fest für die Augen!

Plougrescant selbst ist ein ruhiger, beschaulicher Ort, der nur als Ausgangspunkt für Wanderungen zur Küste von Bedeutung ist.

Praktische Hinweise

Information

- ***Mairie***, 22820 Plougrescant, Tel. 96.92.51.18.

Unterkunft

- ***Chambres d'hôtes***, Mme Janvier, Kernévez, Route du Gouffre, Tel. 96.92.52.67. Zimmer ab 210 FF.
- ***Camping Le Varlen***, Tel. 96.92.52.15. Der Drei-Sterne-Platz bietet gute Stellplätze in der Nähe des Meeres. Insgesamt stehen hier ganzjährig 65 Einheiten zur Verfügung. In den Sommermonaten ist telefonische Anmeldung ratsam.
- ***Camping Municipal Beg Ar Vilin***, Tel. 96 92.56.15. Weniger gut ausgestattet, bietet der vom 15.6. bis 15.9. geöffnete Platz 100 Einheiten Stellplätze.

Sonstiges

- ***Wanderfreunde*** können sich den Reiz der Landschaft von Plougrescant aus erwandern. Neben dem GR 34, der sich auch hier entlang der Küste erstreckt, gibt es in der Umgebung Rundwanderwege der Gemeinde. Genauere Auskünfte erteilt man in der Mairie.

Anreise

- ***Mit dem Bus:*** Es besteht täglich mehrfach eine Busverbindung mit Tréguier.
- ***Mit dem PKW:*** Die D 8 verbindet den Ort mit Tréguier, die D 31 führt in südwestlicher Richtung nach Penvénan und weiter zur D 6, der Hauptverbindung Richtung Perros-Guirec.

Port-Blanc

Ruhe und Abgeschiedenheit bestimmen diesen Fischereihafen und Ferienort. Jenseits des allgemeinen Trubels wird hier demjenigen echte Erholung geboten, der sie im Spiel der Wellen, im Wind und der wettergezeichneten Landschaft sucht.

Auch hier kommen Wanderfreunde entlang des GR 34 auf ihre Kosten.

Praktische Hinweise

Unterkunft

•***Hôtel Le Rocher***, Tel. 96.92.64.97. Das kleine Hotel (10 Zimmer ab 160 FF) ist nur vom 15.6. bis 15.9. geöffnet.

Anreise/Weiterreise

•***Mit dem PKW:*** Von Penvénan im Hinterland über die D 74 oder entlang der Küste in westlicher Richtung über die D 113 bis Trévou-Tréguignec.

Perros-Guirec

Dieser Abschnitt der Côte de Granit Rose ist zu einem der ***beliebtesten Urlaubsgebiete*** der Nord-Bretagne geworden. Er reicht von Perros-Guirec bis Trégastel im Westen und weiter von Trébeurden bis nach Lannion im Süden.

Zu den 8.000 hier ganzjährig lebenden Einwohnern gesellen sich in den Hauptreisemonaten noch Tausende von Touristen.

Auch hier beherrschen bizarre Felsformationen, die ungebremste Kraft des anbrandenden Atlantiks, feinsandige Badebuchten und im Frühjahr und Sommer blühende Ginster- und Heidekrautgesellschaften das Landschaftsbild.

Perros-Guirec ist der Hauptort der gesamten Region.

Der ***Name des Ortes*** stammt vermutlich vom Wort Pen-Ros (Spitze des Hügels) und dem Namen GUIREC, einem walisischen Mönch, der im 7. Jh. in dieser Region die christliche Lehre verbreitete.

Sehenswertes

Eglise St-Jacques. Diese Pfarrkirche wurde bereits im 12. Jh. aus rosa Granit erbaut. Aus dieser Zeit stammt noch das romanische Kirchenschiff. Im 14. Jh. wurde es um ein gotisches ergänzt. Interessant ist der Altar (17. Jh.) mit seinem Aufsatz aus 19 Figuren. Außen befindet sich, nahe der Bucht von Trestraou, ein Calvaire mit dem Namen Kroaz ar Skin. Besichtigungen sind im Juli und August täglich (außer sonntags) zwischen 10.00 und 12.30 Uhr und 14.30 und 17.30 Uhr möglich.

Chapelle de La Clarté. Wenige Kilometer vom Stadtzentrum entfernt steht eine ebenfalls aus rosa Granit errichtete Kapelle (15. Jh.) im Dörfchen La Clarté. Alljährlich zum 15. August findet hier ein Pardon statt, da die heilige Jungfrau von La Clarté die Schutzheilige der Seeleute ist. Der enge Bezug zur See wird auch durch den hohen Turm aus dem 18. Jh. ausgedrückt, der im Nebel zur Orientierung der Schiffe dient. Aus Dankbarkeit befestigten Seeleute vor dem Altar Schiffsmodelle. Besichtigungen: im Juli/August täglich (außer sonntags) 10.00-12.30 Uhr und 15.00-18.30 Uhr.

Manoir de Pont-Couennec. Der viereckige Turm dieses Herrensitzes aus dem 15. und 16. Jh. ist schon aus großerer Entfernung erkennbar. Beiderseits wurden rechteckige Gebäudeteile angebaut. Das Gebäude am Stadtrand Richtung Lannion ist zwischen Juli und September zu besichtigen, Info unter Tel. 96.91.-26.21.

Le Musée de Ciro. In diesem Wachsfigurenmuseum befinden sich alle tragenden Gestalten, die bei den Themen Bretagne, Revolution, Chouannerie und dem Trégor von 1900 von Bedeutung sind. Öffnungszeiten vom 15. Juni bis 15. September täglich 10.30-12.30 Uhr und 14.30-19.30 Uhr. Ab September dann (außer montags) 10.30-12.30 Uhr. Tel. 96.91.23.45. Eintritt 17 FF, Kinder 8 FF.

Praktische Hinweise

Information

•***Office de Tourisme***, Place de l'Hôtel de Ville,

Unterkunft

Als Zentrum der Region bietet der Ort ein enormes Angebot an Unterkünften. Sie reichen vom Spitzenhotel bis zum B & B. Zumindest während der Hauptreisezeit sollte eine Reservierung erfolgen. Günstig ist es, sich vom Office de Tourisme vorab den jeweils aktuellsten Guide d'Accueil (Unterkunftsverzeichnis) zuschicken zu lassen.

●***Hôtel Le Printania***, Rue des Bons-Enfants, Tel. 96.46.01.10. Das beste Hotel am Ort gehört zur Best Western Kette. Zimmer ab 540 FF.

●***Les Feux des Iles***, Boulevard Clémenceau 53, Tel. 96.23.22.94. Gut ausgestattetes kleines Hotel mit Blick auf Les Sept-Iles. Zimmer ab 350 FF.

●***Hôtel Le Saint-Yves***, Rue Saint-Yves, Tel. 96.23.21.31. Weniger internationales Flair und

1	Promenade de la Bastille	8	Maison du Littoral
2	Hôtel des Rochers	9	Stadtpark
3	Chapelle Saint-Guirec	10	Camping du Ranloien
4	Office de Tourisme	11	West-Camping
5	Hôtel de L'Europe	12	Hôtel La Bonne Auberge
6	Hôtel du Parc	13	Camping Trestaou
7	Hôtel du Phare	14	Camping La Claire Fontaine

mehr den typisch regionalen Charme vermittelt dieses Hotel, das leider an der Hauptstraße liegt. Zimmer ab 150 FF.

•***Hôtel de la Mairie***, Place de l'Hôtel de Ville, Tel. 96.23.22.41. Preiswert und zentral sind die wichtigsten Attribute dieses kleinen, sauberen Hauses am Bürgermeisteramt. Ab 150 FF.

•***Hôtel Le Gulf Stream***, Rue des Sept-Iles 26, Tel. 96.23.21.86. Das einfache, kleine Hotel liegt am Trestraou-Strand, mit Panoramablick über den Strand und die Sept-Iles. Zimmer ab 140 FF.

•***Hôtel La Bonne Auberge***, Place de la Chapelle, Tel. 96.91.46.05. Der Vorteil des Hotels, im Ortsteil La Clarté nahe der Kapelle zu stehen und damit vom Massentourismus verschont zu sein, wird um dem 15. August (Pardon) zu seinem Nachteil. Zu

15 Casino
16 Hôtel Le Printania
17 Busbahnhof
18 Musée du Cire
19 Hôtel Le Saint-Yves
20 Eglise Saint-Jacques
21 Hôtel Les Feux des Iles
22 Hôtel Le Gulf Stream
23 Hôtel de la Mairie
24 Pointe du Chateau
25 Chapelle de La Clarté
26 West-Camping

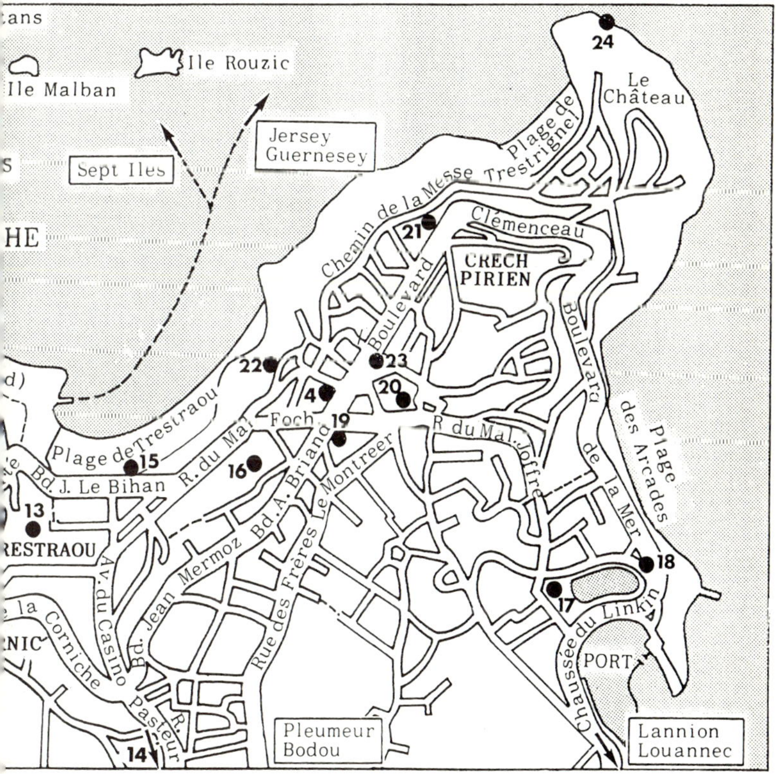

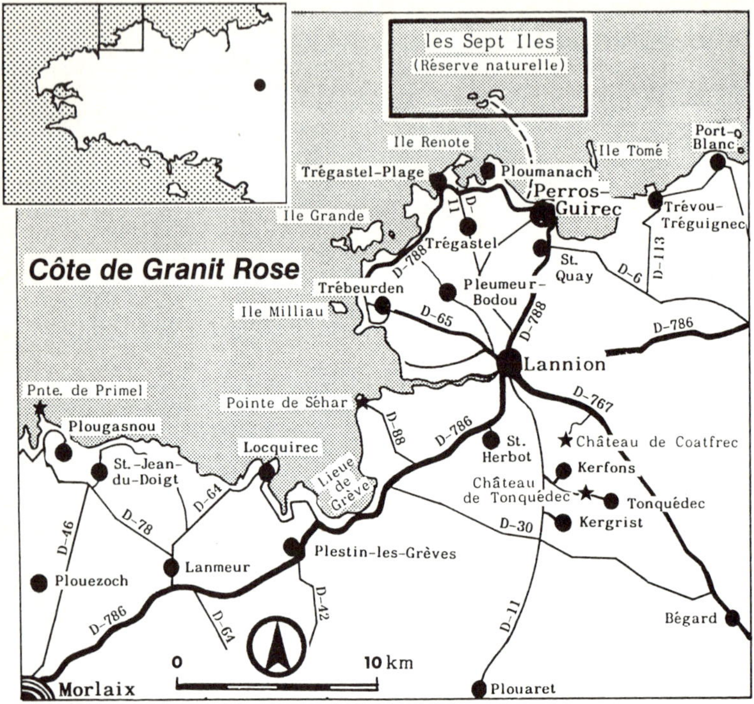

dieser Zeit kommen wahre Menschenmassen in den verschlafenen Ort. Zimmer ab 130 FF.

•***Camping du Ranolien***, Chemin du Ranolien, Tel. 96.91.43.58. Mit 450 Stellplätzen und einem umfassenden Freizeitangebot der beste Platz der Region. Geöffnet vom 1.2. bis 15.11.

•***Camping Trestraou***, Avenue du Casino, Tel. 96.23.08.11. 3-Sterne-Platz, der auch Stellplätze für Wohnmobile bietet. Geöffnet vom 1.5. bis 10.9.

•***Camping La Claire Fontaine***, Rue de Toul ar Lann, Tel. 96.23.03.55. Ähnliche Ausstattung wie Trestraou Camping. Liegt leider 1,5 km vom Strand entfernt. Geöffnet vom 1.5. bis 30.9.

Essen und Trinken

In den meisten Hotels finden sich auch Restaurants. Das beste Restaurant gehört zum Luxushotel Le Printania, Tel. 96.46.01.10. Hier wird mit Blick auf die Sept-Iles gespeist.

•***Crêperie Ty Guen***, Tel. 96.91.48.84. Diese typisch bretonische Crêperie bietet hervorragende Meeresfrüchte auf der Speisekarte.

•***Crêperie de Trestraou***, Boulevard Thalassa, Tel. 96.23.04.34. Neben Crêpes und Galettes gibt es hier alle Arten schneller Snacks, Salate und Eis.

•***Melody Blues***, Galerie du Linkin, Tel. 96.91.00.78. Außer montags finden hier Jazz-Liebhaber abends ab 18.00 Uhr gute Unterhaltungsmöglichkeiten.

Sonstiges

•***Fahrradverleih:*** PERROS-DEUX ROUES, Boulevard Aristide-Briand 41, Tel. 96.91.03.33; LE COANT, Rue Ernest-Renan 6, Tel. 96.23.26.11.

•***Casino:*** Plage de Trestraou, Tel. 96.23.20.51. Täglich von 14.00 (Automaten) bzw. 21.30 Uhr (Tischspiele) bis 4.00 Uhr besteht die Möglichkeit, die Urlaubskasse aufzubessern.

•***Wassersport:*** CENTRE NAUTIQUE, Plage de Trestraou, Tel. 96.23.25.62. Vermietung von Booten und Ausbildung.

●***Tauchen:*** PERROS PLONGÉE, Boulevard A.-Briand, Tel. 96.23.22.13.

●***Tennis:*** CLUB MUNICIPAL PERROSIEN, Rue de Kerabram, Tel. 96.23.01.33.

●***Markt:*** freitags

●***Le Petit Train:*** S.A.R.L. Le Goéland, Tel. 96.38.83.23. Sightseeing Tour mit einem Zug auf Rädern. Abfahrt z.B. im Hafen, bei der Mairie und am Plage de Trestraou täglich um 14.45, 16.20 und 17.55 Uhr. Preis. 35 FF/Kinder 15 FF.

Anreise/Weiterreise

●***Mit dem Bus:*** Im gesamten Gebiet fahren mehrfach täglich Busse der Gesellschaft CAF zwischen Perros-Guirec, Lannion, Ploumanac'h, Trégastel und Trébeurden. Anschluß an überregionale Busse bzw. die Bahn besteht allerdings nur in Lannion.

●***Mit dem PKW:*** Die D 788 verbindet den Ort mit Lannion im Süden und führt entlang der Küste bis Trébeurden. In Richtung Westen führt die D 6 zunächst bis zur Kreuzung mit der D 786 bei Pont-Losquet, über die man nach Tréguier und Paimpol gelangt.

Wanderungen

Im Bereich des Ortes bieten sich verschiedene, jeweils etwa zweistündige Wanderungen an.

Der ***Hafenbereich*** (4 km, 1,5 Std.): Vom Bassin du Linkin führt der Weg zunächst zum Musée de Cire. Über die Mole zum Fischerhafen, dem man bis zum Kai Rue Anatole-Le Braz folgt. Über die Rue Ernest-Renan bis zur Kreuzung Tréguier/Lannion. Biegt man rechts ab, kommt man zum Manoir de Pont-Couennec. Hier mußte im Mittelalter ein Brückenzoll gezahlt werden. Die Rue du Colombier führt am ehemaligen Taubenschlag des Manoirs vorbei zur Rue Feunteun-Léo, die am Bois d'Amour endet. Wieder zur Rue du Colombier zurück bis zur Rue Laennec und zum Hafen. Von dort aus führt die Rue de Landerval ins Zentrum.

Entlang der Küste (5 km, 2 Std.): Vom Rathausplatz zunächst in die Rue de Pors-Nevez und dann weiter über den Chemin de la Messe. Dieser Weg führt zum Plage de Trestrignel, unterwegs ergeben sich Ausblicke auf die Sept-Iles und Ploumanac'h. Der Weg führt über den Strand zur Rue Maurice-Denis, benannt nach einem Maler, dessen Villa heute in der Mauer von einer Gedenktafel geziert wird. Ein Pfad führt zur Pointe du Château, einem Aussichtspunkt, dessen Name vermutlich an die Befestigungsmauer im 3. Jh. erinnert. Über die Rue Maurice-Denis gelangt man, vorbei am Kreuz von M. Du Pré de Saint-Maur, zur Rue de Trestignel. Über den Boulevard de la Mer, dann die Rue de Goas An Abat und die Rue Hilda-Gélis-Didot entlang führt der Weg zum Marktplatz, von dort zur Eglise St-Jacques.

Der ***Zöllnerpfad*** (5 km 2,5 Std.): Vom Plage de Trestraou zunächst über den Boulevard Joseph-Le Bihan, bis der Sentier Douaniers abzweigt. Dieser Zöllnerpfad führt entlang der Küste bis nach Ploumanac'h. An vielen Stellen bieten sich herrliche Ausblicke auf die Küste mit ihren bizarr geformten Felsen. Nahe dem Leuchtturm Min-Ru befindet sich das Maison du Littoral, in dem wechselnde Ausstellungen zu unterschiedlichen Themen, hauptsächlich allerdings zum regionalen Küstenschutz, gezeigt werden. Endpunkt ist der Hafen von Ploumanac'h.

Ausflugsfahrten

Vom Hafen in Perros-Guirec bzw. vom Plage de Trestraou aus werden regelmäßig ***Schiffstouren zu den Sept-Iles*** und deren Vogelschutzkolonien unternommen. Die Touren dauern zwischen 2 und 3 Stunden und kosten zwischen 60 und 80 FF (Kinder 45 bis 50 FF).

Daneben besteht die Möglichkeit zu Fahrten mit ***Glasbodenbooten*** (55 FF) und ganztägigen ***Angelfahrten*** (120 FF/Kinder 80 FF). Auskünfte über diese Fahrten der VEDETTES BLANCHES erteilt das Office de Tourisme (Tel. 96.23.21.15) oder erhält man direkt am Trestraou-Strand (Tel. 96.23.22.47).

Ploumanac'h

Für einige ein touristisches Muß, für andere eher ein Alptraum (zumindest im Sommer). So oder in irgendeiner Schattierung dazwischen erscheint der ehemals kleine Ort, der heute ein touristisches Zentrum für junge Familien geworden ist. Aus Richtung Perros-Guirec bzw. Trégastel kommend, muß man schon aufpassen, um die Stadtgrenzen dieser drei Orte überhaupt noch wahrzunehmen. Immer mehr wachsen sie im Zuge des boomenden Tourismus zusammen.

Sehenswertes

Parc Municipal. Der Stadtpark zwischen Pors-Rolland und Pors-Kamor lohnt unbegingt einen Besuch. Hier sind zahllose Felsformationen mit Namen wie "Hase", "Teufelsschloß" oder "Schildkröte" bezeichnet, die mit etwas Phantasie ihrem Namen alle Ehre machen.

In der Bucht von Ploumanac'h soll SAINT GUIREC, der Schutzpatron von Perros, angekommen sein. Zu seinen Ehren wurde im 13. Jh. die ***Kapelle St-Guirec*** errichtet, die auf einem Sockel aus rosa Granit steht. Nahe der Kapelle befindet sich das Oratorium mit der Statue SAINT GUIRECS. Der Sage nach müssen heiratswillige Mädchen im Jahr der geplanten Hochzeit der Statue eine Nadel in die Nase stecken, um Glück zu haben. Das Ergebnis ist deutlich sichtbar.

Château Costaérès. Leider ist ein Besuch dieses herrlichen Bauwerks vom Ende des letzten Jahrhunderts nicht möglich. Betrachten läßt sich das Schloß, das auf einer Insel vor der Küst steht, aber gut von der Promenade de la Bastille aus. Errichtet wurde es von dem polnischen Architekten BRUNO ABAKANOWICZ, und 1898 diente es dem Schriftsteller SEIENCKEIWICZ ("Quo vadis") als Aufenthaltsort.

Maison du Littoral. Am Chemin des Douaniers steht dieses Haus des Küstenschutzvereins, in dem Ausstellungen zur Biologie und Geologie stattfinden. Es ist zwischen dem 15.6. und 15.9. täglich 10.00-19.00 auf Tel. 96.91 62.77.

Praktische Hinweise

Information

•***Office de Tourisme***, Rue St-Guirec, 22700 Perros-Guirec-Ploumanac'h, Tel. 96.91.40.61. Ist nur während der Hauptsaison besetzt.

Unterkunft

•***Hôtel des Rochers***, Chemin de la Pointe, Tel. 96.91.44.49. Komfortabel ausgestattet und zentral, mit Preisen ab 275 FF dafür noch recht preiswert.

•***Hôtel Le Phare***, Rue Saint-Guirec 39, Tel. 96.91.41.19. Komfortabel ausgestattete Zimmer sowie eine schöne Gartenanlage bestimmen das Ambiente des Hauses. Zimmer ab 230 FF.

•***Hôtel du Parc***, Parking Ploumanac'h, Tel. 96.91.40.80. Das ebenfalls gut ausgestattete Haus, malerisch aus Granit gebaut, liegt nahe der interessanten Ziele. Zimmer ab 160 FF.

•***Hôtel de L'Europe***, Rue St-Guirec 158, Tel. 96.91.40.76. Nur 20 m vom Strand entfernt, gut ausgestattet und mit Preisen ab 200 FF durchaus preiswert, eine lohnende Adresse.

•***Camping***, West Camping, Carrefour de Ploumanac'h, Tel. 96.91.43.82. Recht einfach ausgestatteter Platz für etwa 50 Einheiten.

Essen und Trinken

•***Restaurant Les Dervinis***, Rue Saint-Guirec 170, Tel. 96.91.62.53. Hier gibt es gute Meeresfrüchte, Fischgerichte und Salate.

Sonstiges

•***Tauchen:*** CENTRE DE PLONGÉE PERROSIEN, Cale du Bateau de Sauvetage, Tel. 96.91.16.07.

•***Tennis:*** MUNICIPAUX DE PLOUMANAC'H, Rue Saint-Guirec, Tel. 96.91.60.31.

Anreise/Weiterreise

•***Mit dem PKW:*** Der Ort liegt etwa 5 km westlich von Perros-Guirec und 3 km östlich von Trégastel. Die drei Orte sind über die D 788 miteinander verbunden.

Um von Ploumanac'h in Richtung Pleumeur-Bodou oder Lannion zu gelangen, empfiehlt es sich, zunächst auf der D 788 in westlicher Richtung zu fahren und kurz vor Trégastel auf die D 11 nach Süden abzubiegen.

Augenschmaus eines polnischen Architekten: das Schloß Costaérès (WK)

Les Sept Iles

Irgend jemand muß hier beim Zählen durcheinander gekommen sein (SEPT = sieben). Auf jeden Fall sind es keine sieben Inseln, die hier etwa 6 km nördlich vor Perros-Guirec aus dem Wasser ragen. Bei Hochwasser lassen sich etwa ein Dutzend Inseln und größere Felsen mit einer Gesamtfläche von ca. 60 ha zählen, bei Niedrigwasser sind es mehr als dreimal so viele. Diese Inseln sind Frankreichs bedeutendstes Vogelschutzgebiet.

Die Verwirrung mit der Anzahl geht aber noch weiter. Werden nur die Inseln, die Vegetation besitzen (Gräser und Farne), berücksichtigt, bleiben sechs übrig: Ile de Bono, Ile-aux-Moines, Ile Malban, Rouzic, Ile Plate und Le Cerf.

Nur ***Ile-aux-Moines***, die mit 39 m höchste Insel, kann besucht werden. Alle anderen Inseln sind den etwa 12.000 Vogelpaaren vorbehalten, die hier nisten. Zu ihnen gehören Baßtölpel, Trottellummen, Papageientaucher, Kormorane, Austernfischer, Sturmtaucher, Tordalke, Silber-, Sturm- und Dreizehenmöwen.

Eine Besonderheit zeigt sich im Sonnenlicht auf ***Rouzic***. Stellenweise erscheint die östlichste Insel wie weißgetüncht. Es handelt sich um den Kot der etwa 6.000 Baßtölpelpaare, die hier ihre einzige Brutstätte in Frankreich haben und diese im Mai/Juni weidlich nutzen. Papageientaucher leben hier nur noch in geringer Anzahl, nachdem die Ölpest von 1978 (Amoco Cadiz) ihren Bestand sehr stark dezimiert hat.

Die ***Geschichte des Vogelschutzgebietes*** geht auf die Zeit der Jahrhundertwende zurück. Auf Rouzic gab es damals noch derartig viele Papageientaucher, daß die Fischer aus Perros-Guirec und Ploumanac'h um ihren Fang fürchteten und die Vögel zu Hunderten töteten. Eine Gruppe engagierter Ornithologen versuchte, gegen den Vogelmord vorzugehen und forderte eine Schutzzone. 1912 wurde zunächst Rouzic, 1976 wurden dann alle Inseln des Gebietes zum Vogelschutzgebiet erklärt. Der Schutz gilt auch für die Seehunde, die häufig zwischen Ile-aux-Moines und Ile Malban beobachtet werden können.

Heute nutzen die Behörden neueste technische Möglichkeiten, um das Schutzgebiet zu überwachen. Videokameras senden ständig Bilder von den Inseln zur Zentrale, der ***Station Ornithologique de l'Ile Grande***, nördlich von Trébeurden. Im Informationszentrum dieser Station (Tel. 96.91.91.40) werden neben den Direktaufnahmen per Videokamera Filme und Diavorführungen angeboten, die in das Vogelschutzgebiet einführen. Eine weitere Aufgabe der Station ist die Pflege kranker und ölverschmierter Seevögel.

Besucher des Vogelschutzgebietes können zwischen einer reinen Beobachtungsbootstour und einer Tour mit ***Landgang auf Ile-aux-Moines*** wählen. Obwohl diese Insel von weniger Arten bewohnt wird als die Nachbarinseln, lohnt ein Landgang. Hier begegnet man noch der reinen Natur, die am Festland so ausgeprägt nicht mehr zu finden ist. Ein schmaler Pfad führt vom Anleger zwischen Felsen und dichtem Farnbewuchs hinauf zum Leuchtturm. Von oben schweift der Blick über das ganze Archipel bis zur Côte de Granit Rose im Süden. Am Südhang stehen noch die Reste einer Festung, die von VAUBAN, dem Spezialisten für militärische Bauwerke LOUIS' XIV., hier Ende des 17. Jh. errichtet wurde.

Älter als die Festung sind die Ruinen eines Klosters, dessen Gründung vermutlich auf das 6. Jh. zurückgeht. SAINT GUIREC, ein Mönch aus Cornwall, von den Sachsen aus seiner Heimat vertrieben, lebte hier einige Zeit in einer Einsiedelei, bevor er mit anderen aus Britannien stammenden Mönchen die Christianisierung Nordwest-Frankreichs einleitete. Das Kloster gab der Insel ihren Namen Ile-aux-Moines (Insel der Mönche).

Praktische Hinweise

Anreise

Zwei Gesellschaften organisieren Touren zu den Sept Iles. Die Abfahrtszeiten hängen von den Gezeiten ab, sind also täglich verschieden.

- ***LPO*** (LIGUE POUR LA PROTECTION DES OISEAUX), Tel. 96.91.91.40, bietet mit ihren beiden Booten "L'Oiseau des Iles" und "Ploumanac'h" Beobachtungstouren mit Landgang (80 FF/ Kinder 50 FF, 2,5 Std.) oder ohne (60 FF/Kinder 40 FF, 75 Min.) an. An Bord werden Ferngläser zur Verfügung gestellt. Die Begleitung übernehmen Ornithologen. Tickets erhält man am Anleger im Hafen von Ploumanac'h oder am Plage de Trestraou bei Perros-Guirec.
- ***Vedettes Blanches***, Tel. 96.23.22.47, bieten ein ähnliches Programm (ohne Fernglasverleih), allerdings etwas preiswerter. Die Tour ohne Landgang (75 Min.) kostet 50 FF/Kinder 40 FF. Mit Landgang (2,5 Std.) kostet sie 70 FF/Kinder 45 FF. Tickets bekommt man am Anleger am Plage de Trestraou.

Trégastel

Dieser kleine Ort besteht aus zwei Teilen. Direkt an der Küste liegt Trégastel-Plage, der bekannte ***Badeort***, etwa 4 km weiter im Landesinneren Trégastel-Bourg, der touristisch weniger bedeutende Ortsteil.

Faszinierend ist auch in diesem Seebad die bizarre Struktur der ***Felsformationen***, in denen Phantasiebegabte auch wieder Tiere (z.B. eine Schildkröte) oder Fabelwesen erkennen können.

Sehenswertes

Le Moulin à Marée. Diese Gezeitenmühle wurde 1375 auf dem Deich zwischen der Gemeinde Trégastel und Perros errichtet. Ursprünglich diente sie zum Mahlen von Weizen, wobei die Kraft von Ebbe und Flut genutzt wurde. Im Zuge wirtschaftlicher Veränderungen wurde sie 1925 stillgelegt. In den Sommermonaten finden kostenlose Führungen statt.

Öffnungszeiten: Juni/September täglich (außer dienstags) von 15.00 bis 18.30 Uhr, im Juli/August täglich von 10.00 bis 19.00 Uhr. Chaussée du Port, Tel. 96.23.47.48.

Die benachbarte Gezeitenmühle aus dem 19. Jh. kann nicht besichtigt werden. Sie dient allerdings als Ausgangspunkt für Wanderungen in den ***Traouiero-Tälern***. In diesen von faszinierender Flora und Fauna gekennzeichneten Tälern leben der Sage nach Kobolde (KORRIGANS) und andere mystische bretonische Gestalten. Wanderungen können individuell oder in Gruppen erfolgen. Geführte Wanderungen beginnen im Sommer mehrfach wöchentlich gegen 9.00 Uhr. Der Preis beträgt 10 FF. Festes Schuhwerk ist erforderlich, um die Felslandschaft mit ihrer Moos- und Farnvegetation richtig erkunden zu können.

Das Aquarium. In natürlichen Grotten wurde am Boulevard du Coz-Pors das Meeresaquarium (Tel. 96.23.88.67) eingerichtet. Du Père Eternel, eine Statue, bewacht denEingang.

Öffnungszeiten: Juli/August täglich von 9.00-20.00 Uhr, von Ostern bis Juni und im September täglich 10.00-12.00 Uhr und 14.00-18.00 Uhr, in den Winterferien 14.00-17.00 Uhr. Eintritt 20/10 FF.

Dolmen und Allée couverte de Kerguntuil. Auch in dieser Region stehen die steinern Zeugen der Frühgeschichte. Die Anlage ist über die D 11 bis Kerguntuil und von dort zur D 788 zu erreichen. Kurz vor der D 788 zweigt der Weg nach links ab. Beide Monumente stehen auf dem Feld nahe einem Gehöft.

Praktische Hinweise

Information

•***Syndicat d'Initiative***, Place St-Anne, 22730 Trégastel, Tel. 96.23.88.67.

Unterkunft

•***Armoric Hôtel***, Plage du Coz-Pors, Tel. 96.23.88.16. Größtes Hotel mit 48 Zimmern, direkt am Strand. Komfortabel ausgestattet. Geöffnet vom 1.5. bis 30.9., Zimmer ab 330 FF.

•***Hôtel Beau Séjour***, Plage du Coz-Pors, Tel. 96.23.88.02. Kleines Hotel der Mittelklasse. Gute Zimmerausstattung. Geöffnet vom 1.4. bis 30.10., Zimmer ab 280 FF.

•***Hôtel de la Corniche***, Rue Charles le Goffic, Tel. 96.23.88.15. Obwohl die Zimmer zum Teil einfach ausgestattet sind, besitzt das Hotel eine nette Atmosphäre. Geöffnet vom 1.5. bis 30.9., Zimmer ab 200 FF.

•***Hôtel des Bains***, Rue de Général de Gaulle, Tel. 96.23.88.09. Sehr einfach ausgestattete Zimmer und Bad/WC. Allerdings recht nah am Strand. Geöffnet vom 1.4. bis 15.10., Zimmer ab 170 FF.

•***Camping Tourony***, Tel. 96.23.86.61. Recht gut ausgestatteter Platz für 100 Wohneinheiten. Nah am Ortsausgang in Richtung Ploumanac'h. Versorgungseinrichtungen auch für Wohnmobile. Geöffnet vom 1.6. bis 15.9.

•***Camping Le Golven***, Tel. 96.23.87.77. Der Platz (160 Einheiten) liegt am Ortsausgang in Richtung Trébeurden. Neben der üblichen 3-Sterne-Ausstattung gehören ein Restaurant und Minigolfplatz zum Gelände. Geöffnet vom 15.5. bis 10.9.

Sonstiges

•***Reiten:*** ECOLE D'EQUITATION DE TRÉGASTEL, Crec'h Léo, Tel. 96.23.86.14, und PONEY CLUB DE RULAN, Route de Lannion, Tel. 96.23.85.29.

•***Markt***: montags

Anreise/Weiterreise

•***Mit dem Bus:*** Die regionalen Busse verkehren mehrfach täglich auf der Strecke Perros-Guirec, Ploumanac'h, Trégastel, Trébeurden, Pleumeur-Bodou und Lannion. Erst in Lannion bestehen Anschlußmöglichkeiten an überregionale Linien.

•***Mit dem PKW:*** Trégastel ist durch die D 788 in östlicher Richtung mit Ploumanac'h/Perros-Guirec und in westlicher mit Trébeurden verbunden. Die D 11 führt nach Lannion.

Ile Grande

Auf dem Weg zwischen Trégastel und Trébeurden besteht bei dem Dorf Penvern die Möglichkeit, über eine Brücke zur vorgelagerten kleinen Insel zu fahren. Erst bei Flut zeigt sich deutlich, daß Ile Grande, das flache 2 km lange und 1 km breite Stück Land, überhaupt eine Insel ist, denn nur dann ist die Brücke vom Meer unterspült. Ein Ausflug lohnt wegen des ***Vogelreservats***, in dem u.a. auch Baßtölpel leben. Die Station Ornithologique befindet sich nahe dem Ortseingang. Verwaltet wird sie über die Vogelwarte in Pleumeur-Bodou (Tel. 96.91.91.40). Von hier aus werden auch ornithologische Wanderungen organisiert.

Trébeurden

Tourismus ist auch hier das einträglichste Geschäft. Statt mit faszinierenden Felsmonumenten lockt Trébeurden aber eher mit ***schönen Stränden*** in den Sommermonaten scharenweise die Touristen an. Wer nicht nur dem Sonnenbad frönen mag, dem ermöglichen Spaziergänge zur Pointe de Bihit, nach Le Castel und zur Chapelle du Christ eindrucksvolle Blicke über die (Küsten-) Landschaft.

Strände und Inseln

Plage de Goas-Treiz. Der nördlichste Strand des Ortes verfügt über keinerlei Einrichtungen.

Plage de Pors-Termen. Grünanlagen begrenzen den Sandstrand, der mit dem angrenzenden Plage de Tresmeur den Hauptstrand bildet. Umkleidekabinen, Rettungsdienst, Snack-Bars etc. gehören dazu.

Plage de Tresmeur. Der Hauptstrand ist entsprechend gut ausgestattet, allerdings auch meist sehr gut besucht.

Plage de Pors-Mabo. Da der Strand etwas außerhalb liegt, besteht hier eher die Chance, Ruhe zu finden. Sand- und Felsstrand.

Ile Milliau und Ile Molène. Die beiden vorgelagerten Inseln faszinieren Naturliebhaber durch ihre Flora und Fauna, zu der auch seltene Seevögel gehören. Zudem ist das Gebiet geologisch interessant. Informationen zu Führungen, der einzigen Zugangsmöglichkeit zum Gebiet, unter Tel. 96.23.68.28.

Praktische Hinweise

Information

- ***Office de Tourisme***, Place de Crec'h Hery, 22560 Trébeurden, Tel. 96.23.51.64

Unterkunft

- ***Manoir de Lan Kerellec***, Lan Kerellec, Tel. 96.23.50.09. Exklusives Hotel im Herrenhausstil mit hervorragender Ausstattung. Geöffnet vom 15.3. bis 15.11., Zimmer ab 550 FF.
- ***Hôtel du Toeno***, Corniche Goas Trez, Tel. 96.23.68.78. Die Ausstattung entspricht der Mittelklasse. Zimmer ab 280 FF.
- ***Family Hôtel***, Place de Crec'h Hery, Tel. 96.23.50.31. Zum Teil recht einfach ausgestattete Zimmer ab 170 FF.
- ***Auberge de Jeunesse***, im Ortsteil Toeno, Tel. 96.23.52.22.
- ***Camping Armor-Loisirs***, Pors-Mabo, Tel. 96.23.52.31. Auf dem Platz am südlichen Ende des Ortes stehen 122 Stellplätze zur Verfügung. Die Anlage oberhalb der Küste bietet einen herrlichen Überblick. Geöffnet von Juni bis September.
- ***Camping Roz-Armor***, Plage de Pors-Mabo, Tel. 96.23.58.12. Auch dieser kleine Platz (35 Einheiten) mit herrlichem Panorama liegt oberhalb des Strandes.

Essen und Trinken

- ***Manoir de Lan Kerellec***, Tel. 96.23.50.09. Im besten Hotel am Ort kann man auch am besten essen. Serviert werden hier lokale Spezialitäten.

Sonstiges

- ***Markt:*** dienstags
- ***Fahrradverleih***, Shell Station, Guezennec, Tel. 96.23.52.61
- ***Segelschule:*** Ecole de Voile, Tresmeur, Tel. 96.23.51.35.

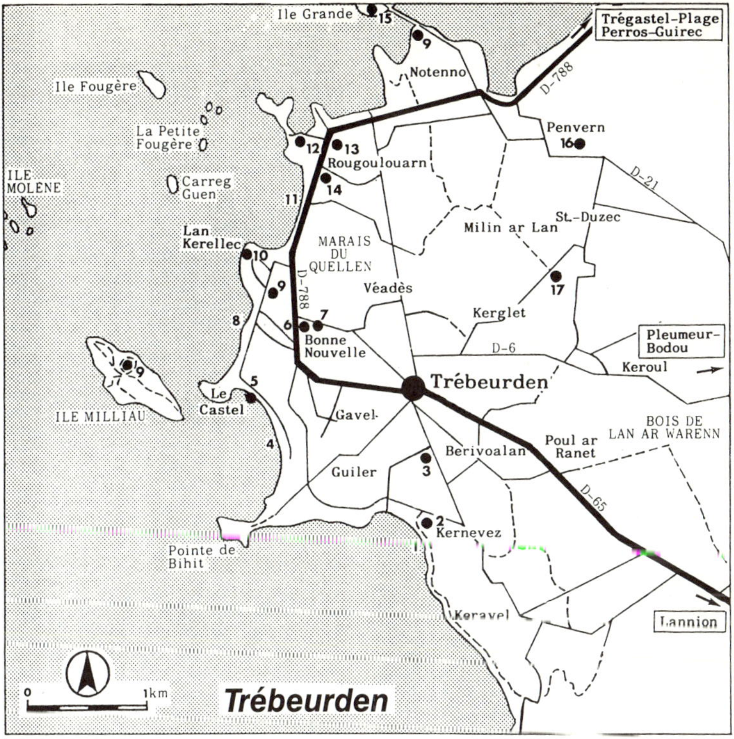

1	Plage de Pors-Mabo
2	Camping Roz-Armor
3	Camping Armor-Loisirs
4	Plage de Tresmeur
5	Wassersportschule
6	Family Hôtel
7	Office de Tourisme
8	Plage de Pors-Termen
9	Dolmen

10	Manoir de Lan Kerellec
11	Plage de Goaz-Treiz
12	Jugendherberge
13	Hôtel du Toeno
14	Tauchschule
15	Vogelschutzstation/ Ile Grande
16	Menhir de St. Duzec
17	Reitschule

•***Kayakverleih:*** Pors-Termen, Tel. 96.23.64.98.

•***Reiten:*** Relais Equestre d'Armor, Tel. 96.23.-63.95: La Ferme aux poneys, Kerglet, Tel. 96.23.67.13.

•***Tennis:*** Lan-Kerellec, Tel. 96.23.65.37; Bonne-Nouvelle, Tel. 96.23.57.26; und Tennis municipaux, Tel. 96.23.58.70.

Anreise/Weiterreise

•***Mit dem Bus:*** Das regionale Busnetz verbindet die Orte der Côte de Granit rose miteinander. Überregionale Verkehrsmittel nur über Lannion.

•***Mit dem PKW:*** In nördlicher Richtung führt die D 788 über Penvern nach Trégastel. Über die D 65 gelangt man ins südöstlich gelegene Lannion. Pleurmeur-Bodou ist über die D 6 erreichbar.

Pleurmeur-Bodou

Eigentlich wäre der Ort recht uninteressant, wenn es hier nicht die riesige Kuppel der Fernmeldestation gäbe.

Radom. Das Fernmeldemuseum schildert die Geschichte der Fernmeldetechnik, wobei solche Themen wie unterseeische Kabel ebenso angemessen behandelt werden wie die aktuelle Satellitenübertragung.

Öffnungszeiten: Juli/August täglich 10.00-19.00 Uhr; April, Mai, Juni, September täglich 10.00-18.00 Uhr (im April samstags geschlossen); sonst 13.30-17.30 Uhr (außer samstags). Eintritt 35/25 FF. Informationen unter 96.46.63.81.

Planetarium. Unter einer sphärischen Kuppel haben einige hundert Menschen täglich Gelegenheit, eine Reise durchs All zu unternehmen. Eine Astronomie-Ausstellung gehört mit zur Besichtigung.

Öffnungszeiten: Juli und August täglich 10.00-19.00 Uhr. Eintritt 32/21 FF. Infos unter Tel. 96.91.83.78.

Village Gaulois. Nahe dem Planetarium wurde recht naturgetreu ein Dorf der Gallier nachgebaut. Öffnungszeiten: Vom 11.4. bis 4.7. und vom 6.9. bis 26.9. täglich (außer samstags) 13.30-18.00 Uhr, vom 5.7. bis 5.9. 10.00-19.00 Uhr. Eintritt 10 FF. Infos unter Tel. 96.91.83.95.

Station Ornithologique. Informationen zur Vogelwarte auf Ile Grande mit Dias und Videovorführung.

Öffnungszeiten täglich 10.00-13.00 Uhr und 14.30-19.00 Uhr (samstags und sonntags vormittags geschlossen). Infos unter 96.91.91.40.

Château de Kerduel. Der Sage nach soll hier im 6. Jh. schon König Artus gelebt haben. Das heutige Schloß wurde im 16. bis 18. Jh. erbaut. Es liegt malerisch inmitten eines herrlichen Parks mit Schloßteich. Nur die Außenanlagen können besichtigt werden.

Altes Gehöft mit Hortensienstrauch (MK)

Öffnungszeiten: von Ostern bis September 9.30-13.00 Uhr, sonst nur sonntags 9.00-12.00 Uhr, Tel. 96.48.79.72.

Menhir de St-Uzec. Etwa 3,5 km westlich (Richtung Ile Grande) steht einer der bekanntesten Menhire der Bretagne. Nicht etwa imposante Maße zeichnen diesen Stein aus, sondern die Tatsache, daß er vom Christentum übernommen wurde. Auf seiner Spitze errichtete die katholische Kirche ein Kreuz.

Praktische Hinweise

Unterkunft

- ***Golf Hôtel de Saint-Samson***, einige Kilometer entfernt in Saint-Samson, Tel. 96.23.87.34. Mittelklassehotel ab 350 FF.
- ***Camping Municipal Landrellec***, Tel. 96.23.87.92. Sehr einfacher Platz für 100 Wohneinheiten. Geöffnet vom 15.6. bis 15.9.

Lannion

Die Stadt, die nur wenige Kilometer von der Küste entfernt liegt, steht oft abseits des touristischen Interesses. Meist wird sie nur als ***Durchgangsstation*** genutzt, da von hier aus Bahn-, Bus- und Flugverbindungen bestehen. Trotz ihrer Lage im Hinterland war und ist die Stadt ein ***Hafenort***, der über den Léguer mit dem Meer verbunden ist.

Charme besitzt die Stadt hauptsächlich wegen ihrer vielen erhalten gebliebenen ***alten Häuser***, die z.T. noch aus dem 15. und 16. Jh. stammen. Die meisten dieser Häuser, die heute vielfach in neuem Glanz erstrahlen, da sich hier oft Boutiquen und andere exklusive Geschäfte niedergelassen haben, befinden sich im Bereich der Straßen Rue des Chapeliers, Place du Centre und Rue Geoffroy-de-Pont-Blanc. Dem Ritter zu Ehren, der sich hier während der Erbfolgekriege besonders heldenhaft schlug, wurde ein ***Kreuz*** an der Einmündung der Rue Cie-Roger-de-Barbé in eine Mauer eingebaut.

Bereits im 12. Jh. wurde die ***Eglise de Brélévenez*** vom Templerorden oberhalb der Stadt errichtet. Über 140 Stufen muß derjenige von der Rue de la Trinité aus erklimmen, der das Gotteshaus zu Fuß besuchen möchte. Von oben schweift dann bei gutem Wetter der Blick über die ganze Region. Im Inneren der Kirche lohnt besonders das Weihwasserbecken einen Blick, da es ursprünglich als Maß für Getreide diente, um die Steuern einzutreiben. Aus dem 17. Jh. stammen die Altaraufsätze, während ein Teil der Krypta noch ursprünglich romanisch ist.

Praktische Hinweise

Information

- ***Office de Tourisme,*** Les Quais, 22300 Lannion, Tel. 96.37.07.35.

Unterkunft

- ***Hôtel Climat de France***, Place E. Laurent, Tel. 96.48.70.18. Mit 47 Zimmern größtes Hotel der Stadt. Komfortabel und sauber. Zimmer ab 260 FF.
- ***Hôtel La Porte de France***, Rue Jean Savidan, Tel. 96.46.54.81. Kleines Hotel, das sehr zentral liegt. Ebenfalls komfortabel ausgestattet. Zimmer ab 260 FF.
- ***Auberge de Jeunesse***, Rue du 73e Territorial, Tel. 96.37.91.28. Das Haus liegt nahe dem Bahnhof. Hier werden Fahrräder vermietet.
- ***Camping Beg Leguer***, Lannion Servel, Tel. 96.47.25.00. Der Platz (200 Einheiten) liegt einige Kilometer westlich der Stadt. Hier findet sich eine komplette und komfortable Campingplatzausstattung.

Sonstiges

- ***Parken:*** Am besten am östlichen Ufer des Léguer auf einem der großen Parkplätze.

Anreise/Weiterreise

- ***Mit dem Flugzeug:*** Nördlich der Stadt befindet sich der kleine Regionalflughafen mit täglicher Verbindung nach Paris. Tel. 96.48.42.92.
- ***Mit der Bahn:*** Vom Bahnhof (Tel. 96.37.03.01) der Stadt aus fahren täglich mehrfach Züge über Plouaret nach St-Brieuc und zurück. In Plouaret besteht die Möglichkeit, auf die Hauptstrecke

Immer wieder begegnet man dem Hermelin (WK)

nach Brest bzw. Rennes umzusteigen.

●***Mit dem Bus:*** Busse der regionalen CAT (Tel. 96.37.02.40) fahren mehrfach täglich zu den Küstenorten der Côte de Granit Rose. Überregionale Busse fahren vom Busbahnhof an der Allée du Palais de la Justice täglich über Guingamp nach St-Brieuc.

●***Mit dem PKW:*** Die D 768 führt in östlicher Richtung nach Tréguier, in westlicher Richtung nach Morlaix. 18 km südöstlich liegt Guingamp, erreichbar über die D 767. 20 km südlich verläuft die N 12, die Verbindung zwischen Brest und Rennes, die über die D 11 (über Plouaret) erreicht wird. Zur Küste führen die D 788 (Perros-Guirec), die D 11 (Trégastel), die D 21 (Ile Grande) und die D 65 (Trébeurden).

Umgebung von Lannion

Manoir de Kerprigent

Der Herrensitz stammt aus dem Mittelalter, als hier die einflußreiche Familie KERPRIGENT lebte. Eine Besichtigung ist nur von außen nach Voranmeldung (Tel. 96.48.31.53.) möglich. Öffnungszeiten: Juni bis Oktober samstags und sonntags 10.00-18.00 Uhr.

●***Anreise:*** Das Gebäude befindet sich in Servel, an der D 65 in Richtung Trébeurden.

Château du Cruguil

Der Herrensitz stammte ursprünglich aus dem 16. Jh., wurde aber Mitte des 19. Jh. umgebaut. Aus dieser Zeit stammen auch die französischen Parkanlagen. Heute befindet sich das Anwesen im Besitz der Nachfahren der Grafen von Lannion. Besichtigung nach Voranmeldung (Tel. 96.48.42.26) zwischen Juli und August von 14.00-18.00 Uhr möglich. Eintritt 20 FF, nur außen: 10 FF.

●***Anreise:*** Über die D 788 in Richtung Perros-Guirec bis Cruguil.

Chapelle de Kerfons

Noch aus dem 15. Jh. stammt diese Kapelle. Einzige Ausnahme bildet ein Teil des Querschiffes, das aus dem 16. Jh. stammt. Die kleine Kapelle besitzt eine Krypta und einen hölzernen Lettner (Renaissance). Wandtafeln zeigen Magdalena, Barbara und die Apostel. Das Licht fällt durch bunte Fenster aus dem 16. Jh. in den Altarraum.

●***Anreise:*** Über die D 11 bis Plouberze. Hier auf die D 31 und dann der Beschilderung folgen.

Château de Tonquédec

Heute stehen nur noch Ruinen der einst stolzen Burg aus dem 15. Jh. Beteiligt am Werk der Zerstörung war Kardinal RICHELIEU. Die Reste können besichtigt werden.

Öffnungszeiten: Juli/August 11.00-20.00 Uhr, April, Mai, Juni und September 14.00-19.00 Uhr, Oktober sonntags 14.00-19.00 Uhr, die restliche Jahreszeit nur nach Anmeldung (Tel. 96.47.18.63). Eintritt: 20 FF/15 FF.

●***Anreise:*** Über die D 11 bis Plouberze, dort auf die D 31 und über den Abzweig nach Kerfons der Ausschilderung folgen.

Château de Kergrist

1427 wurde dieses Schloß errichtet, dann aber im 17. und 18. Jh. umgebaut. Aus dem 16. Jh. ist eine hohe Fassade erhalten, die mit einer Lukarne versehen ist. Der Garten wurde im englischen Stil angelegt, was zu der Zeit der letzte Schrei war.

Öffnungszeiten: Ostern, an den Wochenenden im Mai und von Juni bis September täglich 11.00-12.30 Uhr und 14.00-18.30 Uhr. Eintritt 20 FF bzw. 15 FF (nur Park), Kinder 5 FF. Tel. 96.38.91.44.

●***Anreise:*** Über die D 11 in Richtung Plouaret. Etwa 1,5 km vor der Einmündung der D 30 nach links abbiegen.

Granit war das bevorzugte Baumaterial (WK)

Château de Rosanbo

Vier Hektar Parklandschaft umgeben das Schloß aus dem 14. Jh., das bis ins 19. Jh. hinein immer wieder umgebaut wurde. Eine Führung im Inneren zeigt die Küchen und Speisesäle, den bretonischen Saal und die Bibliothek CLAUDE LE PELETIERS, eines Ministers LOUIS' XI. mit über 8.000 Büchern.

Öffnungszeiten: Juli/August täglich 10.30-18.30 Uhr, April und Oktober sonntags 14.00-18.00 Uhr, in der übrigen Zeit zwischen Ostern und September täglich 14.00-18.00 Uhr. Eintritt 27 FF/17 FF.

●***Anreise:*** Über die D 11 bis Plouaret. Hier auf die D 32 bis Lanvellec und dann weiter in Richtung Plufur. Kurz hinter Lanvellec führt die Straße zum Schloß.

Chapelle des Sept-Saints

Diese Kapelle (18. Jh.), die die Kapelle der Siebenschläfer genannt wird, steht auf einem Dolmen. Eine Tür im Querschiff ermöglicht den Zugang zum Dolmen. Hier befindet sich die Stätte, an der die Siebenschläfer von Ephesos verehrt werden, jene sieben Christen, die in Ephesos (Kleinasien) auf Befehl des römischen Kaisers lebendig eingemauert wurden, einschliefen und erst erwachten, als das Christentum zu einer anerkannten Religion geworden war. Alljährlich am 4. Sonntag im Juli finden deshalb hier Wallfahrten statt.

●***Anreise:*** Über die D 11 in Richtung Plouaret. Vor dem Ort auf die D 74 in Richtung Pluzunet abbiegen.

Département Finistère

Von Lannion führt die D 786 direkt zum "Ende der Welt", besser "Ende der Erde", denn hier beginnt das Departement Finistère (bret. "Pen-Ar-Bed"), wo für die frühgeschichtlichen Vorfahren die Erde im Westen endete. Danach kam nur noch das Meer.

Locquirec

Sehenswertes

Direkt westlich der Grenze zwischen den Départements Côtes-d'Armor und Finistère führt die landschaftlich reizvolle, aber kurvenreiche Küstenstraße Corniche de l' Armorique (D 64) in den im Sommer sehr ***lebendigen Badeort*** Locquirec. Zweifellos darf man den Ort zu einem der empfehlenswertesten Ferienzentren der Nord-Bretagne zählen. Umgeben von zahlreichen feinen Sandstränden und einem recht waldreichen hügeligen Hinterland bieten sich dem sportlich orientierten Aktivurlauber hier ebenso viele Möglichkeiten wie dem nur Ruhe und Entspannung suchenden Menschen.

Die recht dichte, homogene Bebauung des ***Ortszentrums*** stammt überwiegend aus der ersten Hälfte unseres Jahrhunderts und konzentriert sich auf die felsige Halbinsel zwischen den beiden etwa 500 m langen Sandstränden Plage du Fond de la Baie im Osten und Plage des Sables Blancs im Nordwesten. Einige ältere Villen mit zum Teil prächtigen subtropischen Pflanzen in den Vorgärten erinnern daran, daß Locquirec auch schon um die Jahrhundertwende ein beliebter Wohnort der Wohlhabenden war.

Während die unmittelbare Umgebung des kleinen Hafens mit den zahlreichen Restaurants, Boutiquen und Wassersportgeschäften recht quirlig ist, findet man an den ***sechs Stränden*** außerhalb des Zentrums etwas mehr Ruhe, allerdings keine Einsamkeit.

Der ruhigste Platz im August ist wohl in der ***Eglise Saint-Jacques*** im Ortszentrum nahe beim Hafen. Die im 17. Jh. erbaute Kirche besitzt eine beeindruckende holzgeschnitzte Altarwand, die die Passionsgeschichte darstellt. Der kleine Calvaire neben der Kirche wurde im 16. Jh. errichtet. Falls die Kirche verschlossen ist, bekommt man beim Recteur im nahegelegenen Presbytère (Tel. 98.67.42.32) den Schlüssel.

Die Umgebung von Locquirec läßt sich gut zu Fuß erschließen. Ein schöner ***Küstenwanderweg*** beginnt am Südrand des langen Sandstrands Plage du Fond de la Baie, dort über die Brücke (D 42) und dann links ab parallel zum Meer, vorbei an der Chapelle Ste-Barbe bis zum Felskap Pointe de Plestin. Von hier schaut man auf das gesamte Küstenpanorama von Locquirec und Umgebung. Östlich folgt der Rundweg weiter der Küste, bevor wieder die Chapelle Ste-Barbe erreicht (ca. 7 km Länge) wird.

Westlich von Locquirec beginnt ebenfalls ein ***Rundweg***, der an den Stränden Pors-a-Villiec, Les Sables Blancs und Moulin de la Rive nach ca. 3 km landeinwärts in Richtung Süden führt. Hinter dem Dörfchen Trèmedern geht es vorbei an der kleinen Kapelle Notre-Dame-de-la-Joie, die vor allem wegen ihrer hölzernen Kanzel aus dem 16. Jh. sehenswert ist. Der Rundweg erreicht nach weiteren 3 km den Südstrand von Locquirec, Plage du Fond de la Baie (Gesamtlänge ca. 11 km).

Praktische Hinweise

Unterkunft

•***Hôtel/Restaurant des Sables Blancs***, am gleichnamigen Strand, Rue Sables Blancs, Tel. 98.67.42.07. Ein kleines, gut geführtes Hotel mit 10 netten Zimmern ab 190 FF.

•***Hôtel des Bains***, Rue de l'Eglise, Tel. 98.67.41.02. Das größte Hotel des Ortes im Ortszentrum in Strandnähe erinnert baulich an die Zeit, als noch die Haute-Bourgeoisie hier Urlaub machte. Heute sind die 62 überwiegend einfach eingerichteten Zimmer ab 190 FF zu haben. Geöffnet ist von Ostern bis Ende Oktober.

•***Hôtel du Port***, Place du Port, Tel. 98.67.42.10. Ein kleines freundliches Haus am Hafen mit 10 ebenfalls einfachen Zimmern ab 185 FF, z.T. mit Meerblick, geöffnet vom 1.4. bis 30.9.

•***Camping Le Moulin de la Rive***, Rue Lézingard, Tel. 98.79.30.39 oder 98.67.44.94. Am westlichen Ortseingang, relativ kleiner Platz nahe am Strand auf einer Anhöhe. Er umfaßt 50 Stellplätze, einen

Wohnwagenverleih, einen kleinen Laden und einen Fahrradverleih. Geöffnet vom 1.4. bis 15.9.

●***Camping Les Pins-Toul ar Goué***, Tel. 98.67.40.85 oder 98.67.42.20. Platz mit 250 Einheiten am Südrand des großen Strandes, wenig Schatten, dafür aber direkt am Meer. Sanitäreinrichtungen in mittlerem Standard, geöffnet vom 1.4. bis zum 15.9.

Essen und Trinken

●***Brasserie de la Plage***, Place du Port, Tel. 98.79.30.70. Mit Blick auf die Hafenmole von der großen Terrasse läßt sich hier mitten im Sommertrubel speisen. Menüs ab 90 FF.

●Etwas ruhiger liegt ***La Bourriche***, Rue de l'Eglise, Tel. 98.67.42.83, Menü ab 85 FF.

●Unter den Crêperien empfehlen wir die ***Crêperie du Port***, Rue de l'Eglise, Tel. 98.67.43.12, nicht zuletzt wegen ihrer verlockenden Eiskarte.

Sonstiges

●***Segeln:*** Direkt am Hafen, Place du Port, Tel. 98.67.44.57, liegt die Basis der Ecole de Voile, die Kurse auf Surfboards, Optimisten, Jollen und Katamaranen anbieten.

●***Tauchen:*** Guy Landilevêque leitet die Basis, auf der neben Kursen auch Ausfahrten für ausgebildete Taucher an Bord der Ar Gwella II für maximal 15 Personen angeboten werden.

●***Tennis:*** Tennis Municipal, Terrain des Sports, Fond de la Baie, Tel. 98.67.43.73. Tennis Club, Route de Keraloas 16, Tel. 98.67.40.78.

●***Fahrradverleih:*** M. Le Scour, im Ortsteil Kerboulic, Tel. 98.67.42.13.

●***Bootsfahrten:*** Die Reederei Vedettes de l'Ile de Batz, Tel. 98.61.78.87, bietet folgende Fahrten an: Von Locquirec nach Südwesten in die Baie de Morlaix, herum um die Gefängnisinsel "Château du Taureau", deren Festung ursprünglich im 16. Jh. zur Verteidigung gegen die Engländer errichtet worden war und weiter zur Ile de Batz. Mehrere Fahrten täglich im Juli und August ab Hafenmole. Dauer ca. 2,5 Stunden, Preise: 70 FF für Erwachsene und 40 FF für Kinder. Daneben gibt es die Möglichkeit einer Angelfahrt. Dauer der Fahrt ca. 2,5 Stunden. Die Ausrüstung wird gestellt. Preise: 100 FF für Erwachsene und 70 FF für Kinder. Tickets bekommt man im Office de Tourisme, Place du Port, 29241 Locquirec, Tel. 98.67.40.83.

Anreise/Weiterreise

●***Mit dem Auto:*** über die D 64/D 786 nach Lannion und Morlaix.

●***Mit dem Bus:*** besteht eine Verbindung nach Morlaix und Lannion (Linie 18) mit täglich zwei Abfahrten ab Hafen.

Umgebung von Locquirec

Die geologische Struktur der rotbraunen Felsküste, die im Osten etwa bei Paimpol beginnt, setzt sich nach Westen fort bis zur ***Pointe de Primel*** am östlichen Rand der Baie de Morlaix. Von Locquirec führt ein reizvoller Wanderweg 12 km weit bis nach Primel. Nahe der Pointe de Primel konkurrieren vier kleinere Orte um die Gunst und die Francs der Urlauber: St-Jean-du-Doigt, Plougasnou, Primel-Trégastel und Le Diben.

Das Dorf ***Saint-Jean-du-Doigt*** (von Locquirec über die D 64 bis Lanmeur, dann die D 78 ca. 6 km nach Nordwesten) erlangt einmal im Jahr ganz besondere Bedeutung: Am 23. Juni findet das große ***Pardon de la Saint-Jean*** statt, dessen Ursprung darin begründet ist, daß in der Dorfkirche seit dem 15. Jh. ein Glied des rechten Zeigefingers von Johannes dem Täufer als Reliquie aufbewahrt wird. Es heißt, daß der Knochen die Fähigkeit besitzt, Augenleiden zu heilen, und tatsächlich hat im Jahre 1505 hier die Herzogin Anne de Bretagne erfolgreich für die Heilung des Augenleidens ihres Gemahls gebetet. Das Pardon wird heutzutage mit einem weltlichen Tanz-Fest verbunden, auf dem am 24. Juni ein riesiges Feuer angezündet wird ("Les Feux de la Fête de Saint-Jean"). Der historische Ursprung liegt wohl in rituellen Feierlichkeiten unserer frühen Vorfahren, die zur Sommersonnenwende (21. Juni) mit Feuern und Opfern die Geister der Sonne ehrten.

Der Nachbarort ***Plougasnou*** lockt ebenfalls mit Weltlichem und Sakralem: Das Weltliche passiert entblößt am ca. 500 m langen Sandstrand am Nordrand des Ortes, das Sakrale in der mehr als 400 Jahre alten Kirche, die architektonisch interessante Elemente aus verschiedenen Jahrhunderten besitzt: drei romanische Bögen an der rechten Seitenwand, ein Renaissance-Gewölbe und ein Tabernakel aus dem 18. Jh. Plougasnou ist für die meisten Sommerurlauber aber vor allem wegen der Einkaufsmöglichkeiten für den täglichen Bedarf interessant.

Das ca. 2 km nördlicher gelegene ***Primel-Trégastel*** ist ähnlich wie Ploumanac'h bei Perros-Guirec von der wilden rostbraunen bis rosaroten Granitküste geprägt. 48 m hoch ragt die felsige ***Halbinsel Pointe de Primel*** ins Meer. Archäologische Funde haben bewiesen, daß schon etwa 8000 v. Chr. die Landspitze bewohnt war. Und natürlich haben die Militärstrategen aller Jahrhunderte die günstige Lage mit bestem Blick auf die Baie de Morlaix als Ausguck genutzt.

Ein kleiner, aber schattenloser und im Sommer recht dicht belegter ***Campingplatz*** befindet sich direkt am Ansatz der Halbinsel zwischen felsiger Küste im Westen und einem Kiesstrand im Osten. Der etwa 500 m lange ***Sandstrand*** im Ort Primel-Trégastel ist nicht sehr empfehlenswert, denn er liegt direkt an der vielbefahrenen Hauptdurchgangsstraße. Bei Hochwasser drängen sich die Sonnenanbeter auf wenigen Metern Breite zwischen Wasser und Straße.

Die bei Westwind (und das ist die Hauptwindrichtung) sehr geschützte Bucht westlich von Primel stellt einen idealen ***Naturhafen*** dar. Und so überrascht es nicht, daß zahlreiche Fischer dieses Angebot der Natur nutzen.

Die D 46 führt südlich um die Bucht herum in den Fischerort ***Le Diben***. Nahe der Betonmole, an der die Boote bei Hochwasser anlegen, ist es möglich, fangfrischen Fisch direkt zu kaufen.

Frischer geht es kaum: vom Kutter direkt zum Verkauf (WK)

Côte du Léon

Morlaix

Einige Kilometer landeinwärts des Rivière de Morlaix oder Dossen liegt die Handelsstadt. Dank ihrer günstigen Lage gehörte sie früher zu den größten Städten der Bretagne. Hier befand sich ein ***wichtiger Seehafen***, der u.a. für die Westindische Companie von großer Bedeutung war.

Über den ***Namen der Stadt*** gibt es verschiedene Gerüchte. Eines besagt, der Name stehe im Zusammenhang mit einer Begebenheit, die sich 1522 beim Angriff englischer Seeleute zugetragen haben soll. Die Eindringlinge konnten ungehindert an Land gehen, da die Bewohner zu einem großen Fest außerhalb der Stadt versammelt waren. Die Engländer entdeckten die Weinvorräte der Stadt, betranken sich und vergaßen den Rückzug. Als die Bewohner vom Fest zurückkehrten, entdeckten sie die Betrunkenen und vertrieben sie unter dem Motto "S'ilc to mordent, mords-les!" (Wenn sie Dich beißen, beiße sie!). Ob es sich bei diesem Wortspiel nun um eine Anspielung auf den Namen Morlaix handelt, der nach anderen Quellen von einer römischen Bezeichnung der Siedlung abgeleitet worden sein soll, oder tatsächlich zu seiner Festigung beigetragen hat, konnte angeblich bisher nicht endgültig belegt werden.

Wirtschaftlichen Aufschwung erlebte die Stadt besonders im 18. Jh. Zu dieser Zeit gründete die Westindische Companie hier die Ferme genannte ***Tabakfabrik,*** die das Handelsmonopol besaß. Monopole bedeuten aber immer recht hohe Verkaufspreise der jeweiligen Ware. So auch hier. Die Bretonen versuchten, dieses Monopol mit Schmuggel zu unterlaufen. Sie kauften meist in England Tabakprodukte aller Art und brachten sie hier an Land, nicht immer mit viel Erfolg, da die Westindische Companie mit ihren Angestellten bemüht war, Schmuggler und deren Waren aufzubringen.

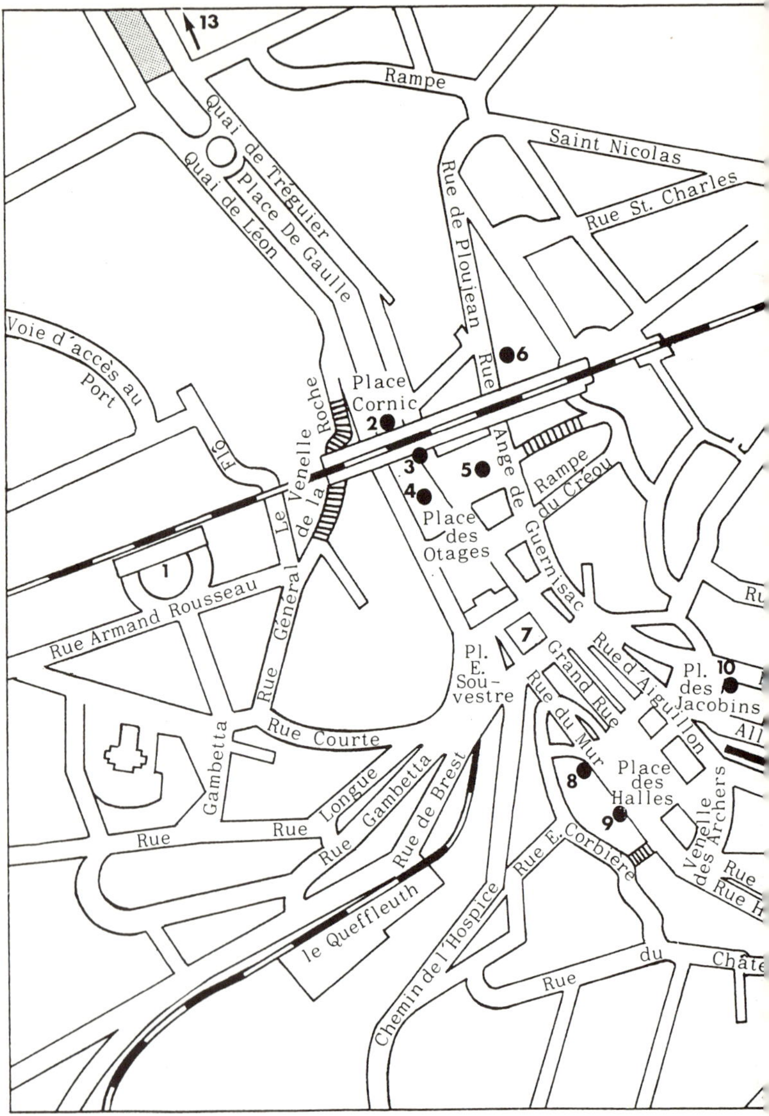

13
Rampe
Saint Nicolas
Rue St. Charles
Quai de Tréguier
Place De Gaulle
Quai de Léon
Rue de Ploujean
Voie d'accès au Port
Flô
Le Venelle de la Roche
Place Cornic
2
3
4
5
6
Rue Ange de Guernisac
Rampe du Créou
Place des Otages
1
Rue Armand Rousseau
Rue Général
7
Pl. E. Souvestre
Grand Rue
Rue du Mur
Rue d'Aiguillon
10
Pl. des Jacobins
Place des Halles
8
9
Venelle des Archers
Rue Courte
Gambetta
Rue Longue
Rue Gambetta
Rue de Brest
Rue
Rue E. Corbière
le Queffleuth
Chemin de l'Hospice
Rue du Châte

1	Bahnhof
2	Busbahnhof
3	Viadukt
4	Office de Tourisme
5	Eglise Saint-Mélaine
6	Hôtel Saint-Mélaine
7	Hôtel D'Europe
8	Hôtel des Halles
9	Maison de la Reine Anne
10	Musée des Jacobins
11	Eglise Saint-Mathieu
12	Jugendherberge
13	Hôtel Fontaine

Der bekannteste Mann der Stadt ist ***Charles Cornic***, der zunächst als Korsar zur See fuhr und später in der königlichen Marine Dienst tat. Seine bürgerliche Herkunft bereitete ihm jedoch so große Probleme unter den adeligen Offizieren, daß er den Dienst quittierte. Während der Revolution versuchte man, ihm ein neues Kommando zu übertragen, um ihn erneut zu Ehren kommen zu lassen. Sein hohes Alter ließ ihn aber ablehnen.

Sehenswertes

Viaduc. Bereits weithin sichtbar überragt der Viadukt (258 m lang, über 50 m hoch) die Stadt. 1864 wurde diese Eisenbahnbrücke gebaut, um die Bahnverbindung Paris – Brest fertigzustellen. Dem Bauwerk mußten damals viele Gebäude weichen.

Eglise St-Mélaine. Schon 1489 wurde das Gotteshaus im Flamboyantstil errichtet. Vieles mutet recht modern an. Dies liegt am Wiederaufbau nach den Zerstörungen während der Bombardierung durch alliierte Verbände im 2. Weltkrieg. Beeindruckend ist das aus dem 17. Jh. stammende Orgelgehäuse.

Von der Kirche aus führt die Rue Ange-de-Guernisac mit ihren herrlichen alten Häusern, von denen etliche noch mit Erkern versehen sind, zum Place des Viar-

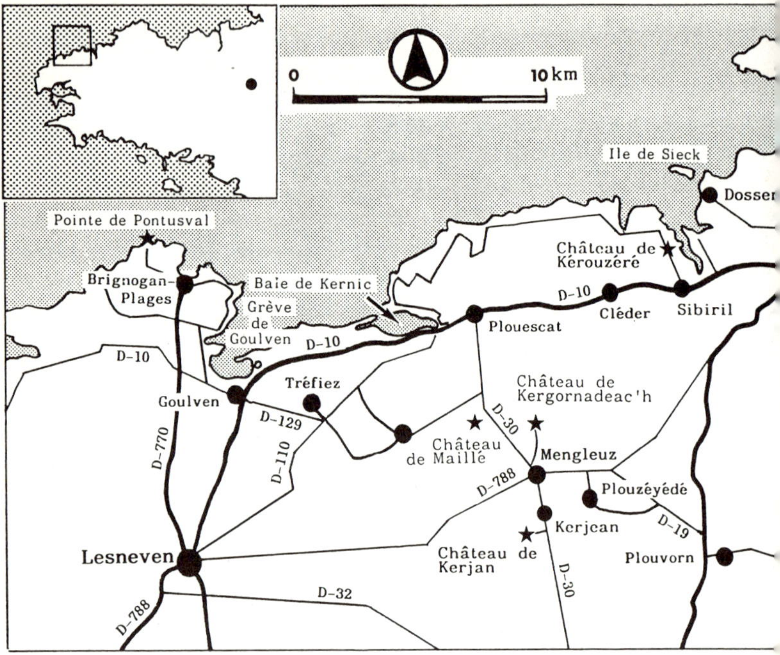

mes. Vom südöstlichen Ende des Platzes gelangt man über die Rue des Vignes zum Place des Jacobins. Hier befindet sich das ehemalige Jacobinerkloster, das später zur Kaserne umgewandelt wurde und heute das ***Musée des Jacobins*** beherbergt. Neben einer jährlich wechselnden Themenausstellung sind hier ständig Exponate zur Stadtgeschichte, zur Archäologie, Kunst, Möbel und landwirtschaftliches Gerät ausgestellt.

Öffnungszeiten: Juli/August täglich 10-12.30 Uhr und 14.00-18.30 Uhr, sonst täglich (außer dienstags) 10-12 Uhr und 14-18 Uhr. Tel. 98.88.68.88.

Eglise St-Mathieu. Vom ursprünglichen Gebäude aus dem 16. Jh. ist nur noch der Turm erkennbar. Nach weitgehendem Verfall wurde sie 1824 komplett restauriert und ist somit heute eher uninteressant. Lohnend ist ein Blick auf eine Marienstatue, die aufgeklappt werden kann und dann die Dreifaltigkeit zeigt.

Maison de la Reine Anne. Das dreistöckige Haus in der Rue Du Mur 33 soll 1505 ANNE DE BRETAGNE bei ihrem Besuch in der Stadt als Wohnsitz gedient haben. Die Obergeschosse ragen vor, so daß der Eindruck einer leicht geneigten Silhouette entsteht. Heiligenstatuen und ornamentale Verzierungen beherrschen die Fassade. Das Gebäude wurde um einen Innenhof herum errichtet, der nach oben hin verglast ist. Diese Bauweise gab den Häusern den Namen "Laternen-Haus", da das Licht durch den Innenhof in alle anderen Räume gelangte. Eine Wendeltreppe im Renaissance-Stil führt im Innenhof

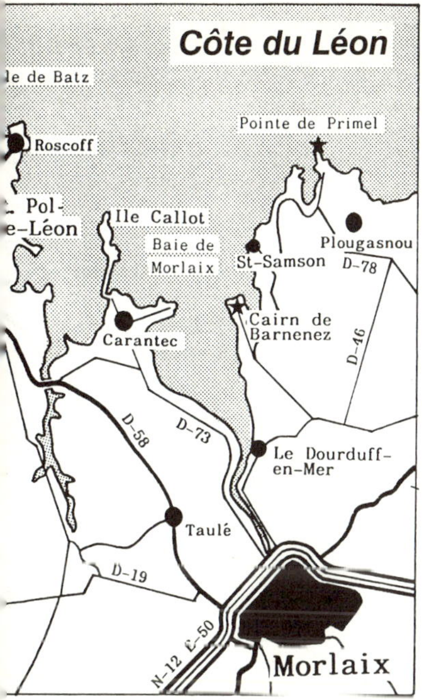

zu den einzelnen Stockwerken. Ihr Mittelstück wurde aus einem Stück geschnitzt und mit verschiedenen Figuren verziert.

Geöffnet: Juli/Aug. täglich (außer sonntags) 10.30-18.00 Uhr.

Grande Rue und Place des Otages. Die Grande Rue, eine Fußgängerzone, war einst die Hauptstraße des Handelsortes. Heute ist sie mit ihren alten Häusern zu einem Kleinod geworden, wobei uns der Gegensatz von alt und neu in Form moderner Geschäfte und Boutiquen nicht unbedingt nachteilig erscheint. Auch in dieser Straße stehen noch einige Laternen-Häuser (z.B. Nr. 8).

Der der Eglise St-Mélaine gegenüberliegende ***Place des Otages*** dient dem Gedenken an die von deutschen Soldaten getöteten Bretonen.

Praktische Hinweise

Information

•***Office de Tourisme***, Place des Otages, 29600 Morlaix, Tel. 98.62.14.94.

Unterkunft

•***Hôtel D'Europe***, Rue d'Aiguillon 1, Tel. 98.88.35.30. Das beste und teuerste Haus am Ort. Die Ausstattung entspricht der Mittelklasse. Zimmer ab 315 FF.

•***Hôtel Fontaine***, Route de Lannion, Tel. 98.62.09.55. Außerhalb der Stadt, in der Nähe des Flughafens. Das Hotel ist gut ausgestattet und besitzt einen kleinen Garten. Zimmer ab 250 FF.

•***Hôtel Saint-Melaine***, Rue Ange-de-Guernissac 75/77, Tel. 98.88.08.78. Einfach eingerichtete, aber saubere Zimmer sehr nah am Viadukt. Zimmer ab 120 FF.

•***Hôtel des Halles***, Rue du Mur 23, Tel. 98.88.03.86. Einfache Zimmer ohne Bad, dafür im Zentrum der Stadt. Zimmer ab 100 FF.

•***Auberge de Jeunesse***, Route de Paris 3, Tel. 98.88.13.63.

Essen und Trinken

•***Restaurant de la Reine Anne***, Rue du Mur 45, Tel. 98.88.08.29.

•***La Table de Rabelais***, Rue au Fil 9, Tel. 98.88.83.73. Traditionell bretonische Küche, Meeresfrüchte.

•***La Cave des Jacobins***, Venelle des Halles, Tel. 98.88.05.54. Hervorragende Weine.

Sonstiges

•***Bahnhof***, Tel. 98.63.56.24.

•***Flughafen***, Tel. 98.88.00.36.

•***Autoverleih***: ABL, Tel. 98.88.35.19 (gegenüber dem Bahnhof); EUROPCAR, Tel. 98.62.11.94, Rue des Lavoirs.

•***Parken***: Im Bereich des Viaduktes, zwischen dem Place Charles de Gaulle und dem Place des Otages.

•***Fahrradverleih***: HENRI LE GALL, Rue de Callac 1, Tel. 98.88.60.47.

Anreise/Weiterreise

•***Mit dem Flugzeug:*** Der kleine Flugplatz außerhalb der Stadt wird meist von Geschäftsleuten genutzt, steht aber auch Urlaubern für regionale Flüge (Morlaix – Brest, Morlaix – Lannion) zur Verfügung. Informationen unter Tel. 98.88.00.36.

•***Mit der Bahn:*** Morlaix liegt an der Hauptstrecke Paris – Brest. Auf dieser Strecke bestehen täglich Zugverbindungen. Zusätzliche Verbindungen gibt es nach Guingamp und St-Brieuc sowie über Landerneau nach Brest. Eine weniger stark befahrene Strecke führt über St-Pol-de-Léon nach Roscoff. Auskünfte über SNCF, Tel. 98.88.55.00.

•***Mit dem Bus:*** Es bestehen vom Busbahnhof (am Viadukt) aus täglich ***Busverbindungen*** über Huelgoat nach Carhaix.

•***Mit dem PKW:*** Die N 12, die Verbindung Rennes – Brest, führt durch Morlaix hindurch. In nordöstlicher Richtung führt die D 786 zunächst nach Plestin-les-Graves und dann weiter nach Lannion. Plougasnou erreicht man über die D 46. Carantec, St-Pol-de-Léon und Roscoff sind über die D 58 (nordwestliche Richtung) erreichbar. Ins Landesinnere führen die D 785 zum Roc'h Trévezel und die D 769 nach Huelgoat.

Umgebung von Morlaix

Plougonven

Liebhaber umfriedeter Pfarrbezirke kommen in diesem kleinen Ort südöstlich von Morlaix auf ihre Kosten. Die Kirche stammt aus der Zeit zwischen 1481 und 1532. Bemerkenswert ist der Turm mit seinem Balkon. Ebenfalls von 1532 stammt das Beinhaus. Schlichter im Vergleich zu den anderen Bauwerken ist die Kapelle von 1746 gehalten. Der Calvaire (1554) wird oft als einer der schönsten der Region beschrieben. Leider vergessen einige Autoren, daß alle Gebäude des Pfarrbezirks zwar aus den oben genannten Jahren stammen, zum Teil aber so oft umgebaut oder renoviert wurden, daß Etliches nicht mehr sehr ursprünglich wirkt. Besonders ausgeprägt ist dies am Calvaire zu sehen, der 1898 vollständig überarbeitet wurde.

•***Anreise:*** Der Ort liegt etwa 12 km südöstlich von Morlaix an der D 9.

Le Dourduff-en-Mer

Ein Ausflug in den kleinen Hafenort (etwa 6 km nördlich von Morlaix) lohnt vor allem wegen des ***Observatoire ornithologique,*** einem Vogelbeobachtungshaus, in dem Identifizierungstafeln bereitstehen, um bei der Beobachtung von Wasservögeln einzelne Arten zu erkennen. Morgens und abends besteht die beste Gelegenheit, seltene Vögel im Watt des Rivière de Morlaix zu entdecken. Das Häuschen liegt etwa 300 m nördlich des Hafens und ist 24 Stunden täglich kostenlos geöffnet.

Liebhaber von Muscheln können sie frisch und preiswert direkt vom Fischer im Hafen kaufen.

Cairn de Barnenez

Am Ostufer der Baie de Morlaix befinden sich auf der Halbinsel Kernéléhen zwei etwa 7.000 Jahre alte Grabhügel der Megalith-Kultur, sogenannte Cairns, die zu den größten ihrer Art in Europa zählen. Solche Cairns (bret. CARN) bestehen aus flachen aufeinandergeschichteten Steinplatten über Dolmen.

Zwischen 1955 und 1968 wurde der Cairn freigelegt und genauer untersucht. Unter anderem konnte festgestellt werden, daß das Bauwerk ***in zwei Etappen*** errichtet wurde, die etwa 500 Jahre auseinanderliegen. Der erste Bauabschnitt begann ca. 4.900 v. Chr. Granit aus einem 2 km entfernten Steinbruch wurde dazu verwendet, zunächst 5 Dolmen (G, G', H, I und J) zu bedecken. Später kamen dann die Dolmen A, B, C, D, E und F hinzu, deren Bedeckung aus dem Dolorit der Umgebung hergestellt wurde. Tonscherben, die mit Hilfe der Radiocarbonmethode untersucht wurden, ließen diese recht genaue Datierung zu. Knochenfunde gab es kaum. Vermutlich ist dies darauf zurückzuführen, daß vom Boden angesäuertes Wasser einsickerte und die Reste zersetzte. Leider konnte der Cairn (75 m lang, etwa 25 m breit und 6 m hoch) nur teilweise restauriert werden, da ein Bauunternehmer bis 1954 die Steine als Straßenbaumaterial abtrug. An der Westseite liegen deshalb vier Gräber frei.

Bei den Kammern C und D läßt sich sehr gut deren Bauweise erkennen. Es handelt sich um eine ***Kuppelbauweise,*** bei der sich einzelne Steine gegenseitig stützen (auf Gavrinis hingegen wurden große Steinplatten verwendet).

Die Gänge C und D sind für ***Besucher*** geöffnet. Steinritzereien und andere Verzierungen sind hier nicht zu finden. Andere ***Funde,*** wie z.B. Tonscherben, Holzkohlenreste, Pfeilspitzen und polierte Äxte können im Musée Préhistorique Finistérien in St-Guénolé-Penmarc'h (Südfinistère) besichtigt werden.

Angeblich sollen die Gänge der Dolmen im Mittelalter Ort mystischer Dämonenbeschwörungen gewesen sein, sicher ist jedoch nur eine Begebenheit aus dem Jahr 1935, als sich eine Kuh in den Dolmen C verirrt hatte, dort steckenblieb und erst von einem Dutzend Männer wieder befreit werden konnte.

Öffnungszeiten: Vom 1.4. bis 30.9. täglich 10.00-13.00 Uhr und 14.00-18.30 Uhr. Stündliche Führungen. Eintritt 27 FF/18 FF. Anreise über die D 76 von Morlaix über Plouézoch.

St-Samson

Rund 15 km nördlich von Morlaix bzw. 1 km nördlich von Térénez liegt der schönste Strand der Umgebung. Der helle Sand in einer von Felsen begrenzten Bucht lockt im August sehr viele Besucher an, obwohl es keine Infrastruktur gibt. Erst in Térénez besteht die Möglichkeit, etwas zu essen oder zu trinken, z.B. in der Bar Les Embruns.

Unterkunft

•***Camping Baie de Térénez***, Tel. 98.67.26.80. Der Platz liegt nahe dem Cairn von Barnenez und etwa 1,5 km vom Strand entfernt. Er gehört zu den besten der Region. Zur Ausstattung des durch Bäume beschatteten Geländes gehören ein Pool, Restaurant und Wohnwagenverleih. Geöffnet von Ostern bis 30.9.

Carantec

Zwischen den Mündungen des Rivière de Morlaix im Osten und des Penzé im Westen streckt sich eine durch felsige Kaps und bogenförmige Sandstrände interessant zergliederte Halbinsel ins Meer, an deren Nordufer der reizvolle Badeort Carantec liegt. Keine klotzigen Hotels, sondern ***historisch gewachsene Bebauung*** im traditionell bretonischen Stil, keine Durchgangsstraße parallel zum Strand, sondern schmale kurvenreiche Straßen, die zu den diskret angelegten, meist von Bäumen umgebenen Parkplätzen an die vier Strände des Ortes führen. Zweifellos gibt es auch in Carantec im Sommer zu viele Autos (kein Wunder bei dem Freizeitangebot), aber mit einer hundertjährigen Tourismuserfahrung ist es der Gemeindeverwaltung hier gelungen, eine touristische Infrastruktur zu entwickeln, die ***hohe Besucherzahlen*** verkraftet, ohne den Eindruck von Menschenmassen entstehen zu lassen. Landschaftsschutz wird hier seit langem ganz groß geschrieben.

Und so gibt es mehrere ***kleine Halbinseln***, die nur zu Fuß kennengelernt werden können. Vor der Küste liegen mehrere ***Vogelschutzinseln*** und die bei Niedrigwasser über einen schmalen Damm erreichbare ***Ile Callot***. Die landschaftliche Perle der Baie de Morlaix darf nur von zwei Dutzend Inselbewohnern mit dem Auto befahren werden.

Ile Callot läßt sich gut zu Fuß innerhalb weniger Stunden umrunden und bietet sich als reizvolle Alternative zum Faulenzen am Strand an. Der bei Niedrigwasser trockenliegende Damm beginnt im Nordwestzipfel des Ortes zwischen den beiden Stränden La Grève Blanche und Plage du Port.

Eine vorgelagerte Insel ganz besonderer Art ist das ***Chateau du Taureau***, ca. 2 km nordöstlich des Ortszentrums. Das kleine Felseneiland Le Taureau (der Stier) wurde im Jahre 1544 genutzt, um eine direkt bis an die Hochwasser-Uferlinie reichende Festungsanlage zur Verteidigung vor allem gegen englische Kriegsschiffe zu errichten, eine Konsequenz des englischen Angriffs auf Morlaix einige Jahre zuvor. Die später unter LUDWIG XIV. verbesserte Festung erfüllte ihren abschreckenden Zweck so gut, daß man sie im 18. Jh. zusätzlich als Gefängnis nutzte. Der aus jüngster Zeit stammende Versuch, hier eine Segelschule einzurichten, scheiterte, und so dient das Château du Taureau heute nur noch den mit Ausflugsbooten um die Insel gefahrenen Urlaubern als schauerlich romantisches Motiv.

Zwischen dem Grève Blanche und dem Plage Kélenn, dem Hauptstrand Carantecs weiter östlich, trägt eine natürliche Felsenplattform den einprägsamen Namen ***La Chaise du Curé*** (der Stuhl des Priesters). Von hier aus überschaut man wunderbar das Gesamtpanorama der Baie de Morlaix.

Am benachbarten ca. 500 m langen ***Plage Kélenn*** bieten verschiedene Strandclubs und Surfschulen Animationen für Kinder ebenso wie für ältere Sportbegeisterte. Mehrere Strandbars sorgen für den Flüssigkeitsnachschub.

Praktische Hinweise

Information

•***Office de Tourisme***, Rue Pasteur 4, Tel. 98.67.00.43, 29660 Carantec.

Unterkunft

•***Hôtel/Restaurant Le Pors Pol***, Rue Surcouff 7, Tel. 98.67.00.52. Ruhig gelegenes, seriöses Mittelklassehotel mit 30 geschmackvoll eingerichteten Zimmern, von denen 14 Meerblick besitzen. Ab 180 FF; geöffnet vom 10.4. bis 20.9.

•***Hôtel/Restaurant Le Relais***, Rue Albert Louppe 17, Tel. 98.67.00.42. Zentral gelegenes einfaches Haus mit 20 Zimmern ab 135 FF; das ganze Jahr über geöffnet.

•***Camping Les Mouettes***, La Grande Grève, Tel. 98.67.02.46. Am südwestlichen Ortsrand nahe der Straße nach St-Pol. Sehr komfortabel ausgestatteter Platz für 220 Camper auf mit zahlreichen Bäumen und Hecken unterteiltem Areal; beheiztes Schwimmbecken, hervorragende Sanitäreinrichtungen; geöffnet von Ostern bis 30. September.

•***Camping à la Ferme***, Les Hortensias, ca. 2 km südlich von Carantec im Dorf Kermen, Tel. 98.67.08.63. Ein kleiner, familiärer Platz am Bauernhof für 25 Camper mit Liebe zum Landleben. Kinder können sich um die Tiere auf dem Hof kümmern.

Essen und Trinken

•Für Freunde von Fisch und anderen Meerestieren bietet sich an: ***Le Pors Pol***, Rue Surcouff 7, mit Fischmenüs ab 90 FF.

•***Le Cabestan***, Le Port, Tel. 98.67.01.87, an der Hafenmole westlich des Zentrums, schöne Speiseterrasse mit Blick auf das Meer, Menüs ab 100 FF, dienstags geschlossen.

•***Paradiso***, Rue Foch 41, Tel. 98.67.09.10. Ein kleines Lokal für Freunde der italienischen Küche, Pizza ab 35 FF.

•***Crêperie Ty Breizh***, an der Kirche, Place de la Libération 5, Tel. 98.67.04.93. Traditionelle Crêperie, in der auch einfache Fischgerichte serviert werden. Montags geschlossen.

Sonstiges

•***Segeln/Surfen:*** Das CENTRE NAUTIQUE DE CARANTEC am Plage du Kélenn, Tel. 98.67.01.12, bietet Kurse auf Surfboards, Optimisten, Laser und Katamaranen an.

•***Tauchen:*** CLUB DE PLONGÉE DE CARANTEC, Plage du Kélenn, Tel. 98.67.95.37. Mit 2 Spezialbooten für Taucher werden Ausfahrten für Fortgeschrittene und Ausbildungskurse durchgeführt. 2 Kompressoren und 30 Ausrüstungen stehen zur Verfügung.

•***Tennis:*** TENNIS CLUB DES DEUX BAIES, Le Ménéyer, Tel. 98.67.93.59. TENNIS CLUB DE PEN AL LANN, Allée du Cosmeur 1, Tel. 98.67.00.47.

•***Golf:*** Südöstlich des Zentrums nahe des Plage du Clouet wurde 1993 ein 9-Löcher-Gelände mit einer Gesamtlänge von 2.425 m eingerichtet.

•***Fahrradverleih:*** M. JACQ, Rue Pasteur 15, Tel. 98.67.01.67. Vermietet Fahrräder und MTBs.

•***Reiten:*** Das Office de Tourisme vermittelt Ausritte verschiedenster Art.

•***Bootsverleih:*** M. FAUQUEUX an der Straße nach Morlaix, Tel. 98.67.03.43, vermietet kleinere und größere Motorboote.

•***Bootsausflüge:*** Die Reederei VEDETTES DE L'ILE DE BATZ, Tel. 98.61.78.87 oder 98.61.79.66, veranstaltet Fahrten durch die Baie de Morlaix (zweistündig) und um die Festungsinsel Château du Taureau sowie Tagesfahrten zur Ile de Batz. Ab-

fahrtzeiten und Tickets im Office de Tourisme.
•***Markttag:*** Donnerstags auf dem Place de la Mairie.
•***Einkaufstip:*** Die "Viviers de Carantec" am südlichen Ortseingang bieten Direktverkauf von Fisch, Muscheln und Schalentieren.

Anreise/Weiterreise

•***Mit dem Auto:*** Von Morlaix über die D 58 (12 km) oder landschaftlich schöner parallel zum Fluß auf der D 173.

St-Pol-de-Léon

Es war im 6. Jh., als der gallische Mönch POL-AURÉLIEN, der spätere ***Saint Pol***, sein Kloster auf der Ile de Batz verließ, um die in Sünde gefallenen Bewohner der gallo-romanischen Stadt Castellum Leonense Pagus wieder auf den rechten Weg zu bringen. Offensichtlich war er erfolgreich, denn die bekehrte Stadt änderte ihm zu

Der "Ceinture Dorée"

Übersetzt "der Goldene Gürtel", beschreibt der Begriff die extrem produktive **Gemüseanbauregion,** die von Morlaix bis Plouescat, westlich von Roscoff, reicht. Mehr als zwei Drittel der französischen Produktion von Blumenkohl, Artischocken und Schalotten werden hier geerntet. Das ***milde Klima*** macht es möglich. Zwar sind die Sommer nicht sehr warm, doch entscheidender ist, daß die Winter nicht sehr kalt sind. Aufgrund des Golfstromes kommt es nur sehr selten zu Frost. Die Côte du Léon hat zusammen mit der Côte des Abers die geringsten jährlichen Temperaturschwankungen Frankreichs.

Dies bedeutet, daß das Frühjahr eher beginnt und der Herbst später endet. Als Folge können viele Gemüsearten ***zweimal im Jahr geerntet*** werden. Die im 15. Jh. aus Italien nach Frankreich eingeführte ***Artischocke*** war lange Zeit Hauptanbaugemüse, solange bis EG-Beschlüsse die Produktion eingrenzten. Heute wachsen auf den Léon-Feldern neben Artischocken in großem Umfang Blumenkohl, Kartoffeln und verschiedene Frühgemüse.

Das Gold des "Ceinture Dorée" liegt heute immer häufiger auf den Bankkonten großer Agrarunternehmen als in den Taschen der Bauern

Für Feinschmecker: Artischockenanbau im Ceinture Dorée (WK)

Ehren ihren Namen. St-Pol-de-Léon wurde Bischofssitz und entwickelte sich zu einer bretonischen ***Hochburg der katholischen Kirche***, deren Einfluß erst unter Napoléon Bonaparte an Bedeutung verlor.

Und so überrascht es nicht, daß hier einer der höchsten Kirchtürme Frankreichs, der höchste der gesamten Bretagne, die Stadt überragt. Vauban, zwar kein Kirchenbaumeister, aber als erster Baumeister für Verteidigungsbauten unter Ludwig XIV. zweifelsfrei eine architektonische Kapazität, beurteilte den 78 m hohen ***Turm der Notre-Dame du Kreisker*** als das "gewagteste Gebäude, das er je gesehen hat". Die im 16. Jh. erbaute Kirche (offiziell wird sie trotz ihrer Größe als "Chapelle" bezeichnet) an der Rue du Général Leclerc im Stadtzentrum kann man nicht verfehlen, denn gleichgültig, aus welcher Richtung man kommt, ob aus den Artischockenfeldern des Léon-Hinterlandes oder aus England mit der Fähre, der im gotischen Flamboyant-Stil erbaute Turm weist den Weg in die Stadt. Mit seinen zahlreichen Fenstern und Öffnungen, mehr als 80 insgesamt, diente er zeitweise auch als Ausguck, um militärische Gegner zu erspähen. Wer sich die 172 Stufen zutraut, erreicht in 40 m Höhe eine Plattform, die einen grandiosen Blick über Roscoff hinweg auf das Meer sowie über die gesamte Baie de Morlaix erlaubt. Der Eingang zur engen Wendeltreppe befindet sich links neben dem ca. 300 Jahre alten Hauptaltar, der nach dem Vorbild des Altars der Basilika von Le Folgoët geschaffen wurde.

Zurück auf der Rue du Général Leclerc, erreicht man nach ca. 500 m, leicht bergauf gehend die ***Kathedrale von St-Pol.*** Zwar sind ihre Türme im Vergleich zum Kreisker-Turm nicht sehr hoch (55 m), doch besitzt die vom 13. bis zum 16. Jh. auf den Fundamenten einer romanischen Basilika erbauten Kirche in ihrem Innern etliche sehenswerte Kostbarkeiten: Ein kunstvoll in Eiche geschnitztes Chorgestühl aus dem 16. Jh., eine Christusfigur aus dem 15. Jh., eine Orgel aus dem 17. Jh. sowie einen Hauptaltar in schwarzem Marmor. Unter einer ebenfalls aus schwarzem Marmor gearbeiteten Grabplatte in der Chora liegen die sterblichen Überreste des ersten Bischofs und Namensgebers der Stadt, Saint Pol. Eine etwas makabre Besonderheit befindet sich in der Sakristei: Die Schädel von 35 hochgestellten Persönlichkeiten der Stadt aus verschiedenen Jahrhunderten sind in kleinen Kästchen mit Fenstern zur Besichtigung freigegeben.

Wer nach alledem etwas weltliche Zerstreuung benötigt, dem sei ein ***Einkaufsbummel*** durch die zahlreichen Geschäfte der Altstadt zwischen den beiden Kirchen empfohlen. Hier prägen modern gestaltete Schaufenster in jahrhundertealten Gebäuden das Bild.

Spaziergänge in ruhigerer Umgebung sind möglich östlich des Zentrums entlang der Wasserfront des alten, bei Niedrigwasser trockenfallenden Hafens. Der etwa 1 km lange Wellenbrecher am Nordrand der Bucht führt auf die ehemalige ***Insel Rocher Ste-Anne***, von der man in parkähnlicher Umgebung einen wunderbaren Blick auf den Hafen oder nach Nordosten in die Baie de Morlaix hat. Zahlreiche Bänke und ein interessanter Kinderspielplatz machen die Halbinsel zu einem idealen Ort für ein Picknick.

Die modernen Gebäude in der Verlängerung des Wellenbrechers beherbergen die sehr aktive ***Segelschule*** von St-Pol. Die Aktivitäten sind allerdings durch die Gezeiten etwa 3 Stunden vor bis 3 Stunden nach Niedrigwasser stark eingeschränkt.

Wer lediglich einen ***Strand*** sucht, um im Meer zu schwimmen oder in der Sonne zu liegen, der sollte lieber ins benachbarte Carantec fahren, wo die Strände landschaftlich reizvoller liegen als in St-Pol nördlich des Hafens (Plage de Ste-Anne und Plage de Kersaliou).

Praktische Hinweise

Information

●***Office de Tourisme***, Place de l'Evêché, 29250 St-Pol-de-Léon, Tel. 98.69.05.69.

Unterkunft

●***Hôtel de France***, Rue des Minimes, Tel. 98.29.14.14. Gepflegtes Hotel der oberen Mittelklasse nahe dem Zentrum und dennoch ruhig gelegen mit großem Garten. 2 Suiten und 24 zum Teil konservativ-luxuriös eingerichtete Zimmer ab 300 FF. Ganzjährig geöffnet.

●***Hôtel-Motel Le Kerisnel***, Route de Plouénan (D 75) südlich außerhalb der Stadt, Tel. 98.29.05.60. 21 modern eingerichtete Zimmer, auf mehrere kleine Gebäude verteilt, ab 200 FF. Ebenfalls ganzjährig geöffnet.

●***Hôtel/Restaurant Le Passiflore***, La Gare, Tel. 98.69.00.52. Einfaches Haus am Bahnhof mit schlichten, aber hellen, sauberen Zimmern ab 180 FF. Ganzjährig geöffnet.

●Das ***Office de Tourisme*** gibt eine Liste von Privatvermietern heraus. Empfehlenswert: Mme J. L. Riou in Kerdréveil-Lopréden/bei Plouénan, Tel. 98.69.50.50. Auf dem Bauernhof ca. 10 km südlich von St-Pol (D 75) werden zwei einfache, aber saubere Zimmer zu 140 FF vermietet. Die nette, ältere, aber sehr vitale und gesprächige Bäuerin spricht neben französisch fließend bretonisch. Wer gern alte Geschichten hört, ist hier richtig.

●***Camping Ar Kloguor***, Route de Sainte-Anne, Tel. 98.69.18.81. Auf einem Hügel nördlich des Hafens von St-Pol in Strandnähe. Eine nach Lage, Gestaltung und Komfort herausragende Anlage. 110 großzügig angelegte, durch zahlreiche Bäume und Büsche voneinander getrennte Einheiten. Ein eigenes Schwimmbecken, ein Restaurant und hervorragende Sanitäreinrichtungen bieten hohen Komfort. Geöffnet 1.4.-30.9.

Essen und Trinken

●***Le Kreisker***, Rue de Général Leclerc 34, Tel. 98.69.01.45. Das Bar-Café-Restaurant direkt gegenüber der Notre-Dame du Kreisker bietet von einfachen Zwischenmahlzeiten bis zu anspruchsvolleren Menüs ab 65 FF viele Variationen.

●***Auberge de Pen ar Prat***, Route de Plouénan, Tel. 98.29.07.33. Jean-Paul und Marie Le Gall bieten im rustikalen Rahmen neben verschiedenen Menüs ab 90 FF als Spezialität Spanferkel vom Bio-Bauernhof auf dem Holzkohlegrill.

●***Crêperie/Salon de Thé Les Fromentines***, Rue Cadiou 18, Tel. 98.69.23.52. Ca. 100 m unterhalb des Kreiskers werden Crêpes, Salate und Eisbecher angeboten. Die Spezialität sind Algencrêpes.

●***Crêperie/Snack Ty Korn***, Rue des Minimes 17, Tel. 98.69.25.14. Nettes, kleines Lokal mit gutem, preiswertem Crêpes-Angebot.

●Einkaufstip für Kuchenfreunde: Einen wirklich hervorragenden Far breton gibt es in der ***Boulangerie du Kreisker***, ca. 50 m unterhalb des Kreiskers in der Rue Cadiou.

Sonstiges

●***Segeln, Surfen, Kayak:*** Centre Nautique de St-Pol-de-Léon, Rue Ste-Anne, Tel. 98.69.07.09. Ein großes Wassersport-Ausbildungszentrum am Ende des Hafendammes (Le Sillon) mit einem Kursangebot für Kinder, Jugendliche und Erwachsene auf Surfbrett, Optimist, Jolle und Sportkatamaran. Ebenfalls Verleih dieser Sportgeräte und Kayaks (auch stundenweise).

●***Markt:*** Dienstags auf dem Place de la Mairie.

Anreise/Weiterreise

●***Mit dem Auto:*** Von Morlaix ca. 16 km über die D 58, länger, aber schöner über Carantec (D 33) entlang dem Ufer des Rivière de Morlaix.

●***Mit dem Bus:*** Ein Bus fährt fünfmal täglich nach Morlaix und Roscoff. Die Haltestelle befindet sich direkt am Kreisker.

●***Mit dem Zug:*** Eine Zugverbindung gibt es zweimal täglich nach Morlaix und Roscoff.

Umgebung von St-Pol-de-Léon

Château de Kerjean

Louis XIII. nannte es eines der schönsten Herrenhäuser seines Reiches. Das aus dem späten 16. Jh. stammende Renaissance-Schloß liegt inmitten eines 20 ha großen Parks nahe beim Dorf St-Vougay, ca. 14 km südwestlich von St-Pol-de-Léon (D 788 zuerst in Richtung Landivisiau, dann in Richtung Lesneven; beschildert).

Eine abweisende, quadratisch das Schloß umfassende ***Festungsmauer*** erinnert daran, daß einst die Religionskriege das Leben unsicher machten. Durch ein mit vielfältiger Ornamentik gestaltetes ***Hauptportal*** erreicht man einen großen Innenhof, um den herum die drei Flügel des Schlosses angelegt wurden. Der Ostteil des ***Hauptgebäudes*** zeigt noch die Spuren der Verwüstungen eines Brandes im 18. Jh.

Während der Revolution wurde ein Teil der Nationalgarde hier untergebracht, die Schloßherrin wurde guillotiniert und das Mobiliar versteigert. Seit 1911 sind die Gebäude in staatlichem Besitz.

Die Schloßbesichtigung umfaßt mehrere Säle, die Kapelle, die Küche sowie das ***Musée du Mobilier régional***, in dem neben traditionellen Möbeln (kein Schloßmobiliar!) auch Kleidung und Trachten der letzten drei Jahrhunderte ausgestellt sind. Eine ***Diashow*** zeigt die Geschichte des Schlosses und seiner Umgebung. Während der Sommermonate wird durch Ausstellungen und Theateraufführungen die Kultur des 17. und 18. Jh. lebendig dargestellt. Besonders eindrucksvoll ist hierbei eine ***nächtliche Führung*** durch die Gebäude mit einer Theatergruppe, die die historischen Räume originalgetreu mit Leben füllt.

Öffnungszeiten: 13.6.-30.6. und 1.9.-15.9. täglich 10.00-18.00 Uhr (dienstags geschlossen). Vom 1.7.-31.8. täglich 10.00-19.00 Uhr. Der Eintritt kostet für Erwachsene 25 FF und für Kinder 5 FF. Informationen über Theateraufführungen und Ausstellungen unter Tel. 98.69.93.69.

Château de Kérouzéré

Ca. 1 km nördlich des kleinen Ortes Sibiril, 5 km westlich von St-Pol (D 10 in Richtung Plouescat), weist eine Allee den Weg zu der märchenhaft erscheinenden Burg aus dem 15. Jh.

Während der Religionskriege wurde die Burg beschädigt, weshalb heute von ursprünglich vier Wehrtürmen der Südwestturm fehlt. Die Besichtigung der Räume und Säle ist in der Saison unter Führung mehrmals täglich möglich, sonst nur zweimal pro Woche. Die Zeiten sind beim Office de Tourisme in St-Pol-de-Léon, Roscoff und Plouescat zu erfahren. Eintritt: Erwachsene 14 FF/Kinder 7 FF.

Traditionsbewußte Bretonen bei einer Folkloreveranstaltung (WK)

Roscoff

Für mehr als 300.000 Durchreisende pro Jahr ist Roscoff nichts weiter als ein ***Fährhafen*** auf dem Weg nach England oder Irland. Daß Roscoff eine historisch interessante und architektonisch sehenswerte Altstadt besitzt, können die Fährschiffreisenden kaum vermuten, denn der 1973 erbaute, sehr funktionelle, aber ästhetisch wenig ansprechende neue Fährhafen Port du Bloscon ca. 1 km östlich des Altstadtzentrums außerhalb der Stadt ist direkt an die Hauptverkehrsader nach Morlaix (D 58) angebunden, so daß der eilige Autoreisende vom wahren Roscoff nichts sieht.

Und er versäumt etwas, denn Seeräuberei und Kolonialhandel, aber auch Fischerei und ozeanographische Forschung haben dem im 16. Jh. erstmalig mit einer langen Steinmole befestigten Hafen ein markantes Profil gegeben. Der Wohlstand der Reeder, Händler, Juristen, aber auch der Piraten-Kapitäne des 16., 17. und 18. Jh. spiegelt sich wider in aufwendig gebauten ***Granit-Häusern,*** deren Fassaden mit phantasievollen Steinmetzarbeiten dekoriert sind, wie z.B. in der Rue Armand-Rousseau und am Place Lacazé-Duthiers nahe dem alten Hafen unweit der Kirche.

Das Gotteshaus ***Notre-Dame-de-Kroaz-Batz*** ist allein schon die Anreise wert, denn kaum eine andere bretonische Kirche besitzt einen so originell gebauten Glockenturm. Auf fünf Etagen verteilt, bilden nach oben hin immer kleiner werdende, teils freistehende Rundtürmchen eine luftige Einheit, in der vier Glocken frei sichtbar den Ton angeben. Finanziert wurde das aufwendige Bauwerk aus dem frühen 16. Jh. von Kaufleuten und Korsaren, deren gewinnbringende Caravellen, in Stein gehauen, die Außenwände der Kirche schmücken.

In der Rue Amiral-Réveillère am alten Hafen befindet sich eines der bekanntesten Häuser der Stadt, das ***Maison de Marie Stuart***, von dem es heißt, daß die Prinzessin im Alter von sechs Jahren hier auf der Durchreise übernachtet hat, bevor sie mit François II. verlobt wurde. Leider bestätigen die Stadtarchive die Existenz des Hauses im Jahre 1548, dem Jahr der Verlobung, nicht. Dennoch ist das fast festungsähnliche Gebäude mit seinem von Arkaden umgebenen Innenhof sehenswert.

Zu England hatte Roscoff schon immer bessere Beziehungen als andere bretonische Häfen, denn von hier aus wurde das auf der Insel beliebte französische Gemüse verschifft, insbesondere Zwiebeln, Knoblauch und Artischocken. Die Zwiebel war es schließlich, die in den ersten drei Jahrzehnten unseres Jahrhunderts auch ärmeren Roscoviten (so nennen sich die Einwohner von Roscoff) ein Auskommen ermöglichte. Eine neue Verkaufsmethode hatte sich durchgesetzt. Etwa 20 Zwiebelbauern taten sich jeweils zusammen, charterten einen kleinen Frachtensegler und brachten ihre in England beliebten Knollen dort selbst zum Endverbraucher. Die ***französischen Zwiebelverkäufer***, JOHNNIES genannt, zogen mit Fahrrädern, beladen mit Zwiebelsäckchen, in südenglischen Häfen von Portsmouth bis Penzance von Haus zu Haus und strichen so den Verdienst der Zwischenhändler selbst ein. Gegen 1930 zogen so ca. 1300 Johnnies aus Roscoff und Umgebung in England von Tür zu Tür. Nach einigen Jahren Verkaufserfahrung sprachen viele Johnnies so gut englisch, daß sie im Handel zwischen Frankreich und England einträglichere Geschäfte als den Verkauf an der Haustür beginnen konnten.

Seit 1974 hat der Gemüsehandel, vor allem aber der Personentransport von und nach England und Irland, eine neue Dimension bekommen. Ein Geschäftsmann aus Roscoff gründete damals die Reederei "Brittany-Ferries", die seitdem mehrmals wöchentlich mit großen ***Fährschif-***

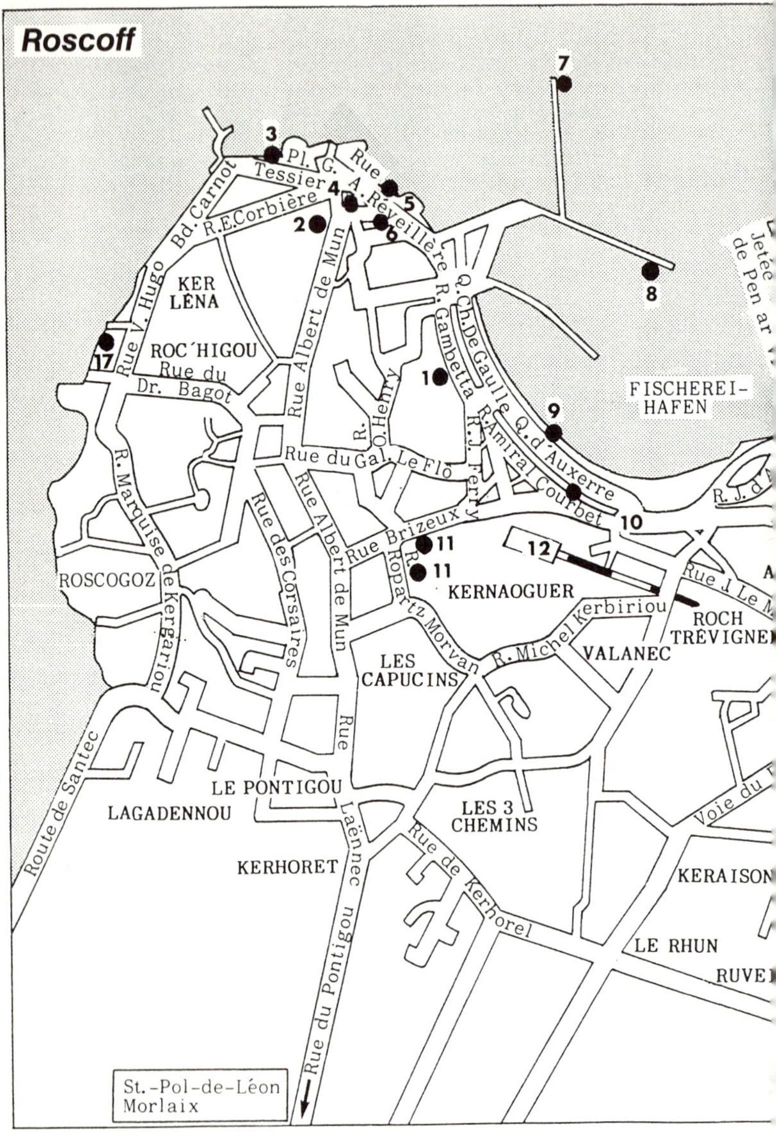
Roscoff
7
3
Pl. G. Tessier
Rue A. Réveillère
4
5
2
6
R.E.Corbière
Bd. Carnot
8
KER LÈNA
Rue V. Hugo
Q. Ch. De Gaulle
R. Gambetta
ROC'HIGOU
17
Rue du Dr. Bagot
1
R. O. Henry
Rue Albert de Mun
FISCHEREI-HAFEN
9
Q. d'Auxerre
R. Amiral Courbet
R. J. Ferry
Rue du Gal. Le Flô
R. Marquise de Kergariou
Rue des Corsaires
Rue Albert de Mun
Rue Brizeux
11
11
R. Ropartz Morvan
12
10
KERNAOGUER
ROSCOGOZ
R. Michel Kerbiriou
VALANEC
LES CAPUCINS
Route de Santec
Rue Laënnec
LE PONTIGOU
LAGADENNOU
LES 3 CHEMINS
KERHORET
Rue de Kerhorel
LE RHUN
Rue du Pontigou
St.-Pol-de-Léon
Morlaix

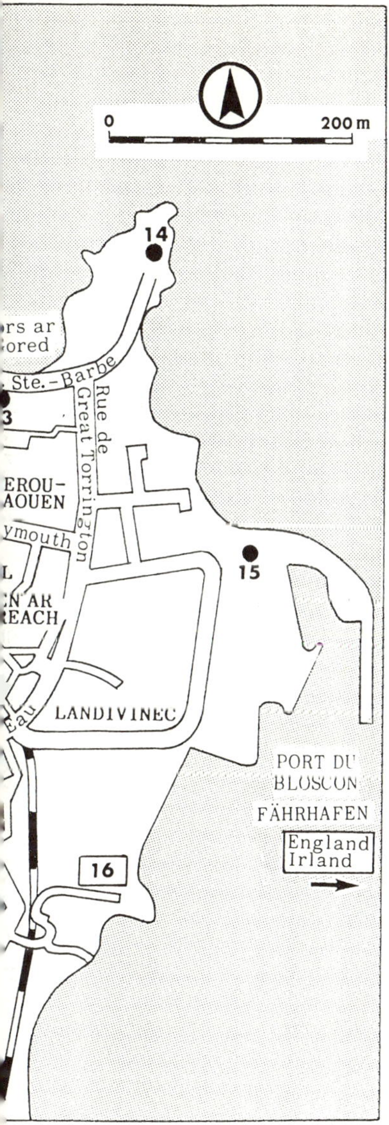

1 Office de Tourisme
2 Hôtel l'Angleterre
3 Institut de Recherche Scientifique Océanographique
4 Eglise Notre-Dame de Kroaz-Batz
5 Hôtel/Restaurant Les Chardons Bleus
6 Maison de Maria Stuart
7 Fähranleger nach Ile de Batz bei Niedrigwasser
8 Fähranleger nach Ile de Batz bei Hochwasser
9 Segelschule
10 Hôtel/Restaurant Les Alizés
11 Fahrradverleih
12 Bahnhof
13 Hôtel/Restaurant Le Brittany
14 Chapelle Sainte-Barbe
15 Fähren nach England und Irland
16 Jardin Exotique
17 Thalassotherapie-Zentrum Roc Kroum

fen die Verbindungen zwischen Roscoff und Plymouth sowie Roscoff-Cork/Südirland herstellt. Die so geschaffenen Arbeitsplätze wurden dringend benötigt, denn die Fischerei konnte schon in den 70er Jahren nicht mehr allzuviele Familien ernähren. Heute haben sich die verbliebenen ***Fischer*** von Roscoff (ca. ein Dutzend Schiffe) auf den Fang von Krustentieren, vor allem auf Taschenkrebse, spezialisiert. Der Absatz des Fangs ist ganzjährig gesichert, denn neben den zahlreichen Restaurants und zum Teil sehr luxuriösen Hotels gibt es zwei ***Thalassotherapie-Zentren,*** Roc Kroum und Ker Léna, die auch in den Wintermonaten nicht über mangelnde Kundschaft klagen können. Im Jahre 1899 wurde in Roscoff von Dr. Louis Bagot das erste Thalassotherapie-Zentrum Frankreichs errichtet. Die keimtötende, regenerierende Wirkung des Meerwassers wird in verschiedenen Anwendungen ausgenutzt. Die Ernährung beinhaltet Produkte des Meeres.

Für diejenigen, die über meeresbiologische Zusammenhänge mehr erfahren wollen, gibt es in Roscoff eine gute Adresse: Das ***Institut de Recherche***

Scientifique Océanographique am Place Georges Teissier (Tel. 98.29.23.23). Das meeresbiologische Forschungsinstitut verfügt über ein Informationszentrum mit großem Aquarium, das eine Direktverbindung zum Meer besitzt. In 40 Becken ist die Fauna und Flora des Nordatlantiks zu bewundern: Seepferde, Conger, Kraken, Katzenhaie und viele andere Fischarten.

Öffnungszeiten: Von Ostern bis zum 14. September ist 10.00-12.30 Uhr und 13.30-18.00 Uhr geöffnet. Vom 15. September bis zum 4. Oktober nur 13.30-18.00 Uhr. Die Eintrittspreise betragen 25 FF für Erwachsene und 12 FF für Kinder.

Weitere Sehenswürdigkeiten sind die schlichte, als Navigationshilfe weißgetünchte ***Chapelle Ste-Barbe*** von 1619 auf einer felsigen Halbinsel östlich des alten Hafens sowie der ***Jardin Exotique*** südlich des modernen Fährhafens Port du Bloscon, ein botanischer Garten mit außereuropäischen Pflanzen. Der Garten ist ganzjährig geöffnet. Der Eintritt ist frei.

Praktische Hinweise

Information

•***Office de Tourisme***, Rue Gambetta 46, 29681 Roscoff, Tel. 98.61.12.13.

Unterkunft

Roscoff verfügt über 15 Hotels, alle in mittlerer bis gehobener Kategorie einzuordnen.

•***Château-Hôtel Le Brittany***, Boulevard Ste-Barbe, Tel. 98.69.70.78. Topadresse am Meer östlich des alten Hafens. Das burgähnliche Granitgebäude aus dem 17. Jh. beherbergt 25 Zimmer mit jedem wünschenswerten Komfort ab 360 FF. Sauna und Schwimmbad inklusive. Geöffnet von Ostern bis Ende November.

•***Hôtel/Restaurant Les Chardons Bleus***, Rue Amiral Réveillère 4, Tel. 98.69.72.03. Das sehr gut geführte Haus befindet sich im Zentrum nahe der Kirche. 10 gepflegte Zimmer ab 260 FF. Geöffnet ist vom 8.2. bis 25.11.

•***Hôtel d' Angleterre***, Rue Albert de Mun 28, Tel. 98.69.70.42. Ebenfalls zentral gelegenes, in Granit gebautes burgähnliches Gebäude mit 40 zum Teil sehr komfortablen Zimmern ab 160 FF. Geöffnet ist von Ostern bis Mitte Oktober.

•***Hôtel Les Alizés***, Quai d' Auxerre, Tel. 98.69.72.22, am alten Hafen, nahe der Segelschule, ganzjährig geöffnetes Mittelklassehotel mit 18 gepflegten Zimmern ab 150 FF.

•***Camping Penharidy***, Tel. 98.69.70.86. Auf der gleichnamigen Halbinsel ca. 2 km westlich der Stadt am Meer. 200 Stellplätze leider fast ohne Vegetation, mittlerer Sanitärstandard.

Essen und Trinken

•***Le Yachtman***, Boulevard Ste-Barbe, Tel. 98.69.70.78. Das Spitzenrestaurant gehört zum Hôtel Le Brittany. Im eleganten Speisesaal mit Meerblick werden Menüs ab 120 FF angeboten.

•***Les Chardons Bleus*** im gleichnamigen Hotel. Regional bekanntes, gutes Speiselokal für Fischmenüs und Fruits de Mer, von Einheimischen zu Recht empfohlen. Preise ab 85 FF.

•***Le Surcouf***, Rue A. Réveillère 14, Tel. 98.69.71.89. Zentral gelegenes im Stil der 20er Jahre eingerichtetes Speiselokal mit variantenreichen Menüs ab 65 FF.

•***Crêperie La Chandeleur***, Rue A. Réveillère 34, Tel. 98.69.70.23. Nette Crêperie in Hafennähe mit sehr gutem Preis-Leistungsverhältnis. Spezialität: Crème-fraîche-Backapfel, mit Calvados flambiert.

Sonstiges

•***Segeln:*** Centre Nautique, Quai d' Auxerre, Tel. 98.69.72.79.

•***Tennis:*** Club C. Sanséau, Tel. 98.69.74.95.

•***Fahrradverleih:*** F. Desbordes, Rue Brizeux 13, Tel. 98.69.72.44; und am SNCF-Bahnhof, Rue R. Morvan, Tel. 98.69.70.20.

•***Thalado:*** Av. Victor Hugo 2, Tel. 98.69.77.05. Ein Algeninformationszentrum mit Film- und Diavorführungen über die Biologie der Algen und deren Nutzen für die Ernährung des Menschen. Verkauf von Algenprodukten.

•***Stadtbesichtigung:*** "Le Petit Train". Mit einem Mini-Zug wird in den Sommermonaten eine 40minütige kommentierte Stadtrundfahrt ab dem Parkplatz am alten Hafen durchgeführt. Insbesondere für Familien mit Kindern empfehlenswert. Für Erwachsene kostet die Fahrt 25 FF und für Kinder 15 FF.

•***Einkaufstips:*** Société La Langouste, Tel 98.69.76.00. Boulevard Ste-Barbe. Direktverkauf von Langusten, Hummern und Taschenkrebsen zu günstigen Preisen.

•***Markt:*** Mittwochs am Quai d' Auxerre.

Anreise/Weiterreise:

•***Mit dem Auto:*** Von/nach Morlaix über die D 58 (ca. 20 km).

•***Mit dem Zug:*** Zweimal täglich gibt es eine Zugverbindung nach Morlaix, Gare SNCF, Tel. 98.69.70.20.
•***Mit dem Bus:*** Fünfmal täglich gibt es eine Verbindung nach Morlaix. Die Haltestelle befindet sich am Hafen, Quai d' Auxerre.
•***Fähren:*** Die Reederei Vedettes de l'Ile de Batz, Tel. 98.61.78.87 oder 98.61.79.66, verbindet ganzjährig täglich mindestens zweimal, im Sommer bis zu 20mal, Roscoff mit Ile de Batz.

Der Anleger befindet sich gezeitenabhängig am Anfang oder Ende der langen Mole am alten Hafen. Die Hin- und Rückfahrt kostet für Erwachsene 26 FF und für Kinder 13 FF. Ebenfalls angeboten werden Fahrten durch die Baie de Morlaix.

Die ***Reederei Brittany Ferries*** mit Sitz im Port du Bloscon (Nouveau Port) ca. 2 km östlich des Zentrums betreibt Fährlinien mit Autotransport täglich nach Plymouth in Südengland und zweimal wöchentlich nach Cork in Südirland und Santander in Nordspanien. Tel. 98.29.28.28

Ile de Batz

Die 700 Bewohner der kleinen Insel nennen sie lieber Enez Vaz, wie ihr bretonischer Name lautet, denn sie sind zuallererst Bretonen und erst an zweiter Stelle Franzosen. Die etwa 3,5 km lange und 1 km breite Insel liegt etwa 2 km nördlich des Hafens von Roscoff.

Batz ist vor allem eine ***erholsame Insel,*** auf der scheinbar die Uhren langsamer laufen. Autos sind seltener als Traktoren, denn wichtiger als der Personenverkehr ist der Transport von Gemüse und Blumen, einer wichtigen Einnahmequelle der Inselbewohner. Artischocken, Kartoffeln, Blumenkohl, Tomaten, Endivien und Knoblauch gedeihen prächtig, denn das

Ile de Batz

1 Tour ar Serpent (Schlangenloch)
2 Camping Municipal
3 Le Grand Hôtel Morran
4 Marine-Funkstation
5 Jugendherberge
6 Jardin Georges Delaselle
7 Chapelle Sainte-Anne

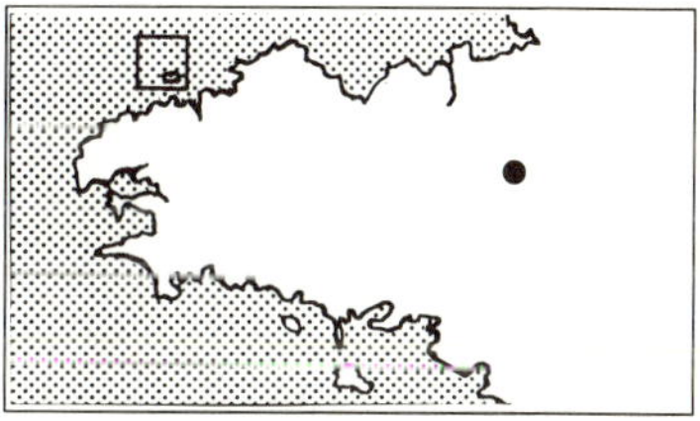

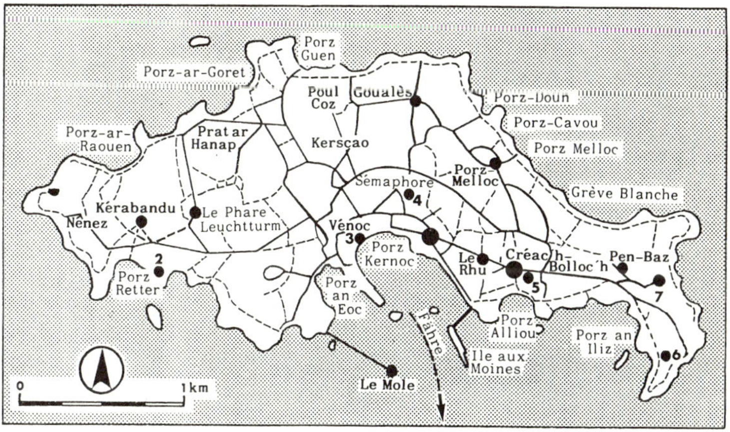

Klima wird stark vom Golfstrom bestimmt (durchschnittlich nur zwei Frosttage jährlich). Die Vegetation ist hier in der Regel der des Festlandes um einen Monat voraus. Die Bauern betreiben eine weitgehend ***ökologisch orientierte Landwirtschaft***, bei der Meeresalgen zur Düngung verwendet werden. Über zwei Drittel der leicht hügeligen Insel (der Leuchtturm Grand Phare steht auf der mit 26 m höchsten Erhebung) sind mit Gemüsefeldern bedeckt. Schmale Straßen und Wege durchkreuzen die unregelmäßig angelegten Felder und verbinden die Dörfchen der Insel miteinander.

Wie die meisten kleinen Weiler, liegen auch die Hauptorte der Insel, ***Porz Kernoc'h und Créac'h-Bolloc'h***, auf der dem Festland zugewandten Südhälfte. Entlang der Nordküste erstreckt sich nur von Schafen genutztes Grasland. Hier befinden sich auch einige ***Sandstrände,*** die auch im Hochsommer ruhig bleiben. Zu den schönsten gehört der 500 m lange Grève Blanche an der Nordostküste. Daneben gibt es noch etwa 30 felsenumgebene Sandbuchten, gleichmäßig um die Insel verteilt.

Die Ruhe der Insel suchte auch GEORGES DELASELLE, der 1897 todkrank aus Paris hierherzog. Seine Ärzte gaben ihm noch zwei Jahre zu leben, die er einem lange gehegten Wunsch widmen wollte, dem Anlegen eines subtropischen Gartens. Freunde besorgten ihm unterschiedlichste Pflanzen aus subtropischen Regionen der Erde. DELASELLE gelang es, im milden Klima der Insel einen Garten anzulegen, der seinesgleichen auf dem Kontinent suchte. Offensichtlich schöpfte er aus dieser kreativen Tätigkeit in gesunder Umgebung so viel Kraft, daß er schließlich sogar seine Ärzte überlebte. Der ***Jardin Georges Delaselle*** (auch JAR-

Der Hafen von Ile de Batz (WK)

DIN COLONIAL genannt) liegt im äußersten Südosten der Insel. Hier wachsen Palmen, Zypressen, Mimosen, Feigen, Eukalyptus und verschiedene andere exotische Pflanzen.

Öffnungszeiten: Vom 1. Mai bis 14. Juni täglich außer dienstags und freitags, vom 15. Juni bis 15. September täglich und vom 16. September bis 18. November samstags, sonntags und montags jeweils 14.00-18.00 Uhr. Stündlich Führungen. Tel. 98.61.75.65. Eintritt 10/5 FF.

Im Westen der Insel kann der ***Leuchtturm*** besichtigt werden. 43 m hoch ragt der Granitturm, der 1836 errichtet wurde, auf. 209 Stufen führen zur Lampenetage, in der, 69 Meter über dem Meeresspiegel, zwischen Sonnenuntergang und Sonnenaufgang alle 25 Sekunden 4 weiße Blitze die Navigation im westlichen Ärmelkanal erleichtern. Zur Besichtigung ist allerdings eine Voranmeldung unter der Telefonnummer .98.61.77.87 erforderlich.

Wanderwege führen entlang der Küste rings um die Insel (insgesamt 9 km). Knapp 1 km westlich vom Leuchtturm führt der Rundweg zu einem länglichen Felsen, dem ***Toul ar Sarpent*** oder Trou du Serpent (Schlangenloch). Hier besiegte der Legende nach SAINT POL, einer der wundertätigen Mönche, die im 5. und 6. Jh. begannen, die Bretagne zu christianisieren, den Inseldrachen, der bis dahin die Bevölkerung terrorisiert hatte. SAINT POL (oder POL-AURÉLIEN) gründete im Osten von Batz, in der Nähe des Dörfchens Pen-Baz und des heutigen Jardin Georges Delaselle, im 6. Jh. ein kleines Kloster, auf dessen Grundmauern im 12. Jh. die ***Chapelle Sainte-Anne*** errichtet wurde. Die heute noch erhaltenen Ruinen stammen von dieser Kapelle.

Praktische Hinweise

Information

•***Office de Tourisme***, 29253 Ile de Batz, Tel. 98.61.75.70.

Unterkunft

•***Hôtel-Restaurant Le Grand Hôtel Morran***, Porz Kernoc'h, Tel. 98.61.78.00. 30 Zimmer ab 100 FF, geöffnet vom 1.2. bis 31.11. Sehr schön ist die Terrasse des Restaurants mit Blick auf den Hafen.

•***Hôtel Ker Noel***, Rupodou, Tel. 98.61.79.98. Einfaches Hotel mit 9 Zimmern ab 150 FF. Ganzjährig geöffnet.

•***Auberge de Jeunesse Internationale Maritime***, Creac'h Bolloc'h, Tel. 98.41.88.66/98.41.90.41. Neben Schlafgelegenheiten werden hier Wassersportmöglichkeiten für Jugendliche bis zu 18 Jahren angeboten. Zudem gibt es Kurse in traditioneller bretonischer Musik. Geöffnet vom 1.4. bis zum 30.9.

•***Camping Municipal***, Tel. 98.61.77.76. Die Anlage ist zwar einfach, dafür aber direkt am Strand, nördlich vom Leuchtturm. Etwa 50 Stellplätze. Anmeldung in der Mairie in Porz Kernoc'h.

Essen und Trinken

•***Restaurant Roch Ar Mor***, Porz Kernoc'h, Tel. 98.61.78.28.

●*Crêperie-Restaurant-Salon de Thé Les Couleurs du Temps*, Porz Kernoc'h, Tel. 98.61.75.75. Empfehlenswertes Lokal mit schöner Terrasse mit Meerblick. Besonders gut: der bretonische Gemüseeintopf Kig Ha Farz. Geöffnet von Ostern bis zum 30.9.

●*Crêperie Ty Yann*, an der Ostküste, nahe beim Jardin Georges Delaselle, Tel. 98.61.78.66.

Sonstiges

●*Fahrradverleih:* M. Le Saout, am Fähranleger, Tel. 98.61.77.65.

●*Reiten:* Mme. Thérèse, Tel. 98.61.78.91, organisiert Inselrundritte mit Führung.

Anreise/Weiterreise

●Ganzjährig verkehren mindestens achtmal täglich Personenfähren zwischen Roscoff und Porz Kernoc'h. Die Schiffe legen bei Hochwasser von der Mole im alten Hafen Roscoffs, bei Niedrigwasser vom Ende der großen Landungsbrücke (L"Estacade) ab. Die Fahrt dauert 15 bis 20 Minuten. Preise (Hin- und Rückfahrt) 28/13 FF. Auskunft und Tickets bei Vedettes de l'Ile de Batz, am Hafen in Roscoff, Tel. 98.61.78.87; oder bei Compagnie Maritime Armein, Tel. 98.61.77.75

●Im Juli und August bieten die Vedettes de l'Ile de Batz auch Fahrten zur Insel von Carantec, Morlaix und Plougasnou aus an.

Ile de Siec

Etwa 5 km westlich von Roscoff liegt vor dem Küstendorf ***Dossen*** (auf der D 58 bis St-Pol-de-Léon, dann rechts ab) die kleine, kahle, aber für eine Wanderung reizvolle Insel Siec. Der Ort Dossen, von dem bei Niedrigwasser die Insel zu Fuß über die bei Hochwasser überspülte Sandbank erreichbar ist, läßt sich von Roscoff aus, entlang der Küste wandernd, erreichen.

Ile de Siec, etwa 1 km lang, wird von zwei Familien und einigen Schafen bewohnt. Ein ideales Ziel zur Entspannung, keine Läden, keine Autos, keine Hotels. Man sollte sich allerdings mit den Gezeiten vertraut machen (Gezeitentabelle an der Hafenmeisterei von Roscoff), um auf dem Rückweg nicht schwimmen zu müssen. Spätestens zwei Stunden nach Niedrigwasser muß man wieder am Festland sein. Wenn man etwa zwei Stunden vor Niedrigwasser (frz. basse mer) auf die Insel geht, bleiben einem vier Stunden.

Vor der Insel ankern im Sommer Segler (WK)

Plouescat

Wer nur auf der Durchreise ist, der wird sich wohl mit einer kurzen Besichtigung der aus dem 15. Jh. stammenden schiefergedeckten ***Markthalle*** mit ihrem imposanten eichenen Dachgestühl begnügen. Die als "Monument historique" eingestufte Halle, früher im Besitz der Grafen von Kérouzéré, bildet jeden Samstagmorgen das Zentrum eines bunten Marktes.

Zwar bietet die Kleinstadt nicht viel kulturhistorisch Sehenswertes, doch bildet sie einen günstigen Ausgangspunkt, um von einer ruhig gelegenen Basis aus ***Ausflüge*** zum Beispiel in die umfriedeten Pfarrbezirke (frz. ENCLOS PAROISSIAUX) nach Le Folgoët, nach Brest oder Morlaix oder an die Côte des Abers zu machen; alles im Radius von maximal 40 km. Die etwa 4 km vom Ortszentrum gelegenen ***Strände*** besitzen zwar kein mondänes Flair, dafür aber Natur pur und nur dünne Besiedelung im Hinterland.

Unmittelbar am Meeresufer befindet sich am Strand von Kernic eine sehenswerte megalithische Kultstätte aus dem 3. Jahrtausend v. Chr., der Dolmen von ***Créac'h-ar-Vren.*** Die jungsteinzeitliche Anlage unterscheidet sich von anderen vor allem durch das steinerne Oval, das den zentralen Dolmen umgibt. In der näheren Umgebung stehen die ***Menhire von Cam-Louis und Lannerien***. Im kleinen, bei Niedrigwasser trockenfallenden ***Fischerhafen Pors-Guen*** liegen keine Yachten, und am südlich angrenzenden sehr schönen Sandstrand Pors-Meur gibt es keine Animationsangebote und keine Hot-Dog-Buden. Für manchen Reisenden ein Grund mehr, genau hier ein paar Tage zu verbringen.

Insgesamt 10 ***Strände,*** manche in winzigen Felsbuchten gelegen, verteilen sich auf etwa 5 km Küstenlinie. Bei Strandseglern besonders bekannt ist die ***Baie du Kernic***, wo auf fast 2 km Länge die windgetriebenen Rennmaschinen eine ideale Strandpiste finden. Westlich der Baie du Kernic ändert sich die Küstenlandschaft urplötzlich, keine Felsen mehr, keine Buchten, sondern eine auf ca. 7 km Länge sich hinziehende Dünenlandschaft, genannt ***Dunes de Keremma***. Der Küstenstreifen wurde zwar zum Naturschutzgebiet erklärt, doch durfte ein Campingplatz in Strandnähe errichtet werden.

Praktische Hinweise

Information

•***Office de Tourisme***, Rue Saint-Julien 3, 29430 Plouescat, Tel. 98.69.62.18.

Unterkunft

•***Hôtel La Caravelle***, Rue du Calvaire 20, Tel. 98.69.61.75. Das ganzjährig geöffnete Mittelklassehotel im Ortszentrum besitzt 16 geschmackvoll eingerichtete Zimmer ab 180 FF.

•***Hôtel La Baie du Kernic***, Rue de Brest 100, Tel. 98.69.63.41. Einfaches Hotel am westlichen Ortseingang in Meeresnähe. 25 schlichte, aber saubere Zimmer ab 140 FF.

•***Camping:*** Die beiden Plätze nördlich bzw. westlich des Ortes CAMPING MUNICIPAL POULFOËN und CAMPING MUNICIPAL DE LA BAIE DU KERNIC liegen zwar in Strandnähe, bieten aber wenig Schutz oder Schatten. Empfehlenswerter ist der Platz CAMPING MUNICIPAL DE KEREMMA ca. 6 km westlich von Pluescat (D 10 in Richtung Lesneven) in einer einzigartigen Dünenlandschaft, Tel. 98.61.62.79. 250 Stellplätze verteilen sich auf etwa 2 ha Fläche, die durch Bäume und Sträucher aufgelockert ist. Strandnähe, gute Versorgungs- und Sanitäreinrichtungen machen den Platz zur ersten Wahl in der Gegend. Geöffnet ist vom 15.6. bis 15.9.

Essen und Trinken

•***Restaurant L'Azou***, Rue du Général-Leclerc 8b, Tel. 98.69.60.16. Das direkt an der Kirche gelegene Restaurant ist die erste Adresse für Fruits de Mer und Fisch-Menüs ab 80 FF.

•***Crêperie La Dentelière***, Rue du Général-Leclerc 20, Tel. 98.69.61.84. Nette, einfache und preiswerte Crêperie im Zentrum.

•***Crêperie Ar Porsguen-Chez Mimi***, Am Hafen Pors-Guen, Tel. 98.69.68.04. Was die Bar und Crêperie besonders interessant macht, ist der zum Haus gehörige Boules-Platz, der Gästen für das urfranzösische Kugelspiel zur Verfügung steht.

Sonstiges

•***Segeln/Strandsegeln:*** Im CENTRE NAUTIQUE MUNICIPAL, Tel. 98.69.63.25, werden unter anderem auch Lehrgänge im Strandsegeln angeboten. Auch die Ausleihe der Sportgeräte ist möglich.

•***Tennis:*** 2 Plätze im Zentrum (Tel. 98.69.62.18) und 4 Plätze in Pors-Guen am Hafen (Tel. 98 69. 86.36).

•***Fahrradverleih:*** CYCLE LE DUFF, Rue de Brest 34, Tel. 98.69.88.73.

Anreise/Weiterreise

•***Mit dem Auto:*** Über die D 10 von St-Pol-de-Léon über Cléder oder von Lesneven über die D 125 bis Goulven, dort auf die D 10.

Umgebung von Plouescat

Château de Maillé

Ca. 4 km südlich von Plouescat (D 30 in Richtung Mengleuz bzw. Landiviseau) befindet sich das 1550 erbaute Herrenhaus rechts der Straße (beschildert). Die lange Fassade der im 19. Jh. angebauten Wohnräume kontrastiert mit den älteren, im Renaissance-Stil errichteten Gebäudeteilen. Eine Besichtigung lohnt vor allem wegen der aufwendigen, großen Wandmalereien, die im 17. Jh. entstanden sind. Öffnungszeiten: 1.7.-15.9. von 10.00 bis 18.00 Uhr, montags geschlossen, Tel. 98.61.44.68.

Château de Kergornadeac'h

Ein Besuch kann mit dem von Château de Maillé gut verbunden werden, denn das Château de Kergornadeac'h befindet sich nur ca. 4 km entfernt. Man fährt die D 30 weiter bis kurz vor Mengleuz, dann links ab in Richtung Quéran. Nach etwa 1,5 km erscheint links der Straße das Château, besser gesagt die Ruine des Schlosses, denn das 1630 entstandene Gebäude wurde im Jahre 1760 von seinem Besitzer aufgegeben. Kriege und der Zahn der Zeit haben ihre Spuren hinterlassen. Am besten erhalten sind die vier runden Wehrtürme, die die Ecken der rechteckigen Anlage befestigen. Zwar gibt es keine offizielle Besichtigung, aber auch die Außenansicht lohnt die Anreise.

Enclos Paroissiaux

(Die umfriedeten Pfarrbezirke)

Eines der typischen Kunstwerke bretonischer Dörfer ist der umfriedete Pfarrbezirk. In der Zeit des 16. und 17. Jh. wurden besonders im Nordwesten zahlreiche Komplexe dieser Art erschaffen.

Der umfriedete Pfarrbezirk ist eigentlich zunächst nichts anderes als das ***Kirchengelände,*** zu dem früher auch der Friedhof gehörte, der heute aber häufig an anderer Stelle angelegt wird. Allerdings war der gesamte Bereich von einer Mauer umgeben, also umfriedet.

Vier ***charakteristische Bauwerke*** kennzeichnen den Enclos paroissial. Der Eingang zum Pfarrbezirk führt durch die PORTE TRIOMPHALE, das Triumphtor. Zum Inneren des Enclos gehören dann noch die unübersehbare Kirche (L'ÉGLISE), das eher unscheinbare Beinhaus (L'OSSUAIRE) und der CALVAIRE, der oft wenig treffend als Kalvarienberg übersetzt wird.

Triumphtore

Das Triumphtor ist meist ein sehr aufwendig gestaltetes monumentales Bauwerk, das dem Besucher des Pfarrbezirks auch heute noch recht deutlich werden läßt, ein besonderes Grundstück zu betreten. Die enge Verbindung der Bevölkerung zum katholischen Glauben wird hier besonders deutlich. Durchquerten die Bretonen einst das Tor, ließen sie den Alltag hinter sich und konnten in Ruhe Gott und verstorbenen Familienmitgliedern gedenken oder Freunden begegnen.

Beinhäuser

Der Bau von Beinhäusern hatte weniger mit Religiösität als mehr mit praktischen Erwägungen zu tun. Die im Pfarrbezirk integrierten Friedhöfe litten zunehmend unter Platzmangel, so daß bei neuen Bestattungen alte Grabstätten genutzt werden mußten. Vielfach wurden dann aber noch Knochen gefunden, die exhumiert und in einem extra zu diesem Zweck errichteten Gebäude, dem Beinhaus, aufbewahrt wurden. Belüftungsschlitze sorgten für akzeptable Luftverhältnisse. Später erweiterte man diese Gebäude oder baute größere, die, mit Schreinen versehen, zusätzlich als Kapelle dienten. In einigen dieser ehemaligen Beinhäuser sind heute kleine Museen zur lokalen Kirchengeschichte untergebracht.

Calvaires

Die Calvaires sind ein so typisch bretonisches Bauwerk, daß dieser Begriff schwer ins Deutsche übersetzt werden kann. Die übliche ***deutsche Übersetzung "Kalvarienberg"*** ist eigentlich falsch, zumindest aber irreführend. Von einem Berg ist bei diesen Denkmälern in aller Regel nichts zu finden. Vielmehr entstand der Begriff CALVAIRE 1680, abgeleitet vom Wort COUVAIRE (Schädel) vom Ende des 12. Jh. und dem CALVARIAE LOCUS (Ort des Schädels) aus dem Kirchenlatein, der gleichbedeutend mit dem hebräischen GOLGATHA (Schädelstätte) ist, an der Jesus ans Kreuz geschlagen wurde.

In Granit gemeißelt oder durch aufgestellte Figuren, immer jedoch vom Kreuz Jesu überragt (oft wird sein Kreuz von den Kreuzen der beiden anderen Gekreuzigten flankiert), stellt der Calvaire die ***Passionsgeschichte*** dar. Calvaires erheben aber keinen Anspruch auf biblische Vollständigkeit, sondern zeigen meist in einfacher, rustikaler, gerade dadurch aber sehr detaillierter Form und Gesichtskon-

Das Beinhaus von Sizun (EH)

turierung einzelne Szenen der langen Geschichte. Je nachdem, welche Episode den Bildhauer besonders beeindruckte, wurde diese stärker akzentuiert, andere dafür ausgelassen. Die Rangposition der Dargestellten ist durch die Figurengröße ersichtlich. Viele Figuren werden interessanterweise in der traditionellen Kleidung ihrer Entstehungszeit und nicht, wie eigentlich historisch korrekt, in der Kleidung der dargestellten Epoche gezeigt.

Nun zu den fast immer ***dargestellten Szenen***: Marias Vermählung, Verkündigung, Heimsuchung, Geburt von Jesus, Anbetung durch die Hirten und die Heiligen Drei Könige, Taufe, Einzug in Jerusalem, Abendmahl, Fußwaschung, der Ölberg, Judaskuß, Gefangennahme Jesu, Jesus vor Kaiphas und Herodes, Pilatus wäscht seine Hände, Geißelung und Dornenkrönung, Tragen des Kreuzes, Jesus stürzt unter der Last, Kreuzabnahme, Salbung und Grablegung, Auferstehung. Bei einigen Calvaires findet sich der Eingang in die Hölle als letzte Szene.

Oft stimmt die dargestellte Abfolge nicht mit der zeitlichen überein. Dies ist vermutlich ebenfalls mit künstlerischer Freiheit erklärbar, die einige Bildhauer dazu bewogen haben mag, bestimmte Szenen ausschließlich unter ästhetischen Gesichtspunkten zu komponieren.

Inmitten jedes Calvaire ragt das ***Kreuz Christi*** empor. In vielen Fällen wird es von den zwei Kreuzen der Schächer (der Begriff stammt aus dem Althochdeutschen und bedeutet "Räuber"), die mit ihm gekreuzigt wurden, flankiert.

Reiterfiguren als Symbol der Wächter oder Frauen stehen dem Kreuz Jesu nahe. In der Regel folgt dann eine Szene, in der Maria den Toten in ihren Armen hält, die ***Pietà.*** An einigen Calvaires sind auch Engel dargestellt. Auf dem großen Sockel des Calvaires, der von einer Balustrade umgeben ist, sind dann einzelne ***Szenen der Leidensgeschichte*** dargestellt. An den Ecken finden sich häufig kleine Nischen mit Statuen der Evangelisten. Ein Altar, der dem jeweiligen Schutzpatron der Kirche geweiht ist, befindet sich am Fuß des Sockels.

Früher wurde am Calvaire der ***kirchliche Unterricht*** abgehalten. Der Dorfpfarrer konnte seine Predigt sehr plastisch untermauern, indem er bei bestimmten Stellen auf die entsprechende Szene am Calvaire deutete.

Vermutlich lag der ***Sinn dieser Calvaires***, die fast ausschließlich in ländlichen Gegenden zu finden sind, darin, der bodenständigen Landbevölkerung, die zur Blütezeit der Calvaires eher kirchenverdrossen war oder zu werden drohte, mit anschaulichen Darstellungen den katholischen Glauben nahezubringen. Dazu dienten sicherlich auch die Darstellungen von Ankou, dem Tod, der am Beinhaus, oft auch am Calvaire, als knöcherner Sensenmann ständig anwesend ist und jedem ins Gedächtnis ruft, wie vergänglich das eigene Leben ist.

Der Calvaire von Pleyben (EH)

Besonders ***schöne Calvaires*** findet man heute in Pleyben, Guimiliau, Plougastel-Daoulas, Plougonven, Saint-Thégonnec und Guéhenno.

Heute sind die Calvaires und die Enclos paroissiaux zumindest im Sommer Anziehungspunkte für Tausende von ***Touristen,*** gleichzeitig aber immer noch Orte der christlichen Besinnung. Rücksichtnahme auf Kirchgänger und Zurückhaltung sollten selbstverständlich sein, werden aber leider oft vermißt.

Die Pracht der Calvaires und Enclos, die heute oft noch durch die flechten- und moosbewachsenen Granitsteine unterstrichen wird, gab Historikern Rätsel auf, da sie besonders in den kleinsten Orten extrem auffällig ist. Die Lösung ist jedoch recht simpel. Lange Zeit lagen viele ***Gemeinden im Wettstreit*** miteinander, ihren Pfarrbezirk möglichst pompös auszugestalten. Gab es im Ort X ein herrliches Tor, baute man schleunigst im Nachbarort Y einen mächtigen Calvaire und so fort. Besonders schöne Relikte dieser Wettbewerbe sind noch heute die Enclos von Saint-Thégonnec, Guimiliau und Lampaul-Guimiliau. Alle drei Orte liegen recht nahe beieinander, so daß die Möglichkeit besteht, sie an einem Tag zu besuchen.

Lampaul-Guimiliau

Der kleine Ort in der Nähe von Morlaix und Landerneau war im 16. und 17. Jh. wie etliche andere Orte der Umgebung wirtschaftlich von der Leinenverarbeitung abhängig. Märkte für ihre Produkte fanden die Händler vornehmlich in Südeuropa und England. Im 18. Jh. wurde der Handel mit England gesperrt, und viele Orte versanken im Elend. Die Bürger Lampauls stellten ihre Produktion jedoch sehr rasch auf Gerberei um, so daß dem

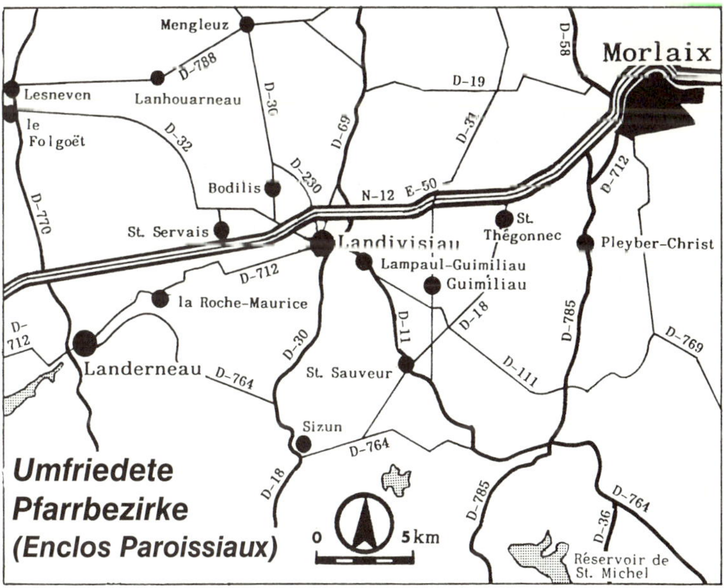

Umfriedete Pfarrbezirke (Enclos Paroissiaux)

Wohlstand kein Abbruch getan wurde. Dieser Wohlstand drückte sich im Entstehen eines noch heute vollständig erhaltenen Pfarrbezirks aus, der von reichen Bauern und Händlern initiiert und vom Adel (u.a. den Familien COSQUER und DE LA SALLE) finanziert wurde.

Der Enclos

Der Zugang zum Pfarrbezirk führt durch ein ***Triumphtor,*** das 1668 erbaut wurde. Die Besonderheit des Tores besteht in den drei Kreuzen, die (ähnlich einem Calvaire) auf der Oberseite stehen.

Der eigentliche ***Calvaire*** steht im Hof. Im Gegensatz zu anderen Beispielen dieser Bauwerke besteht er hier nur aus drei Kreuzen. Sie krönen eine Säule, die entfernt an einen Baumstamm erinnert. Jesus und die Schächer hängen an Kreuzen, während Engel wahrscheinlich blutauffangend dargestellt sind. Die Pietà auf der gegenüberliegenden Seite ist nur in Resten erhalten.

GUILLAUME KERLEZROUX (er war auch am Bau des Kirchturmes von Pleyben beteiligt) errichtete 1667 das ***Beinhaus,*** das auch als Grabkapelle diente. Die Kapelle ist der Dreifaltigkeit geweiht. Im Inneren findet sich ein Auferstehungsaltar mit Heiligen-Statuen.

Die ***Kirche*** ist das eigentliche Prunkstück dieses Enclos. Markantes äußeres Merkmal der Kirche ist der merkwürdig stumpf endende Glockenturm (1573). Dies ist nicht etwa aufgrund einer besonderen architektonischen Eingebung so konstruiert worden, sondern spiegelt allenfalls die Macht des Himmels wieder. 1809 schlug ein Blitz in den Turm ein und zerstörte dessen Spitze.

1533 wurde im ersten Abschnitt des Baus die südliche Vorhalle errichtet, die noch heute von den 12 Apostelstatuen und einem Weihwasserbecken aus Kersanton-Stein geziert wird. Dieser Stein stammt aus der Gegend von Brest und eignet sich gut für Steinmetzarbeiten.

Im Inneren der Kirche fällt als erstes die relative Helligkeit auf, die sonst in vielen anderen Kirchen fehlt. Besondere Aufmerksamkeit verdient der Passionsaltar (links vom Chor) aus dem 17. Jh., dessen zentrales Hochbild nicht aus der Bretagne, sondern aus Flandern stammt. Rechts des Chores steht ein Altar, der Johannes dem Täufer gewidmet ist. Auch dieses Kunstwerk stammt aus dem 17. Jh. und zeigt Stationen aus dem Leben von Jesus.

Vor dem Hauptaltar im Langschiff befindet sich der Triumphbalken aus dem 16. Jh. Der Balken ist mit Schnitzereien versehen, die das Leben und Leiden Jesu darstellen (Westseite). Gegenüber findet sich eine Darstellung zur Weissagung des Lebens Jesu aus sibyllinischer Sicht.

Riesig erscheint der Taufstein als kleine Kapelle innerhalb der Kirche. Vermutlich durch achteckige italienische Taufkapellen angeregt, entstand um das eigentliche Becken (1651) herum eine hölzerne Umrandung mit beschnitztem Baldachin.

Die Pietà (1530), links vom Taufstein, besteht aus einer sechsköpfigen Figurengruppe, die aus einem Stück geschnitzt wurde.

Schließlich noch ein Blick auf die Grablegung (1676). ANTOINE CHAVAGNAC, ein Bildhauer aus Brest, verwendete Kalkstein von der Loire für die 8 Figuren (von links nach rechts: Joseph von Arimathia, hl. Frau am Grab, Maria Magdalena, Maria, Johannes, hl. Frau am Grab, Gamaliel und Nikodemus), die sich halbkreisförmig um den liegenden Jesus gruppieren.

Guimiliau

Der Name des kleinen Dorfes mit seinem bemerkenswert gut erhaltenen Enclos setzt sich aus GUI, was soviel wie Marktflecken bedeutet, und MILIAU, gemeint ist der ***Heilige Miliau***, zusammen. Dieser Heilige wird entweder als Prinz aus Aleth, einem Gebiet im Ille-et-Vilaine, oder als

Karte siehe S. 219

Missionar beschrieben, der im 5. bzw. 6. Jh. von den Britischen Inseln aufs Festland kam. Die lokale Legende erzählt, Miliau sei etwa im 6. Jh. der König von Cornouaille gewesen. Sein eigener Bruder Rivode enthauptete ihn, als seine Frau Haurille einen Sohn bekam und Rivode so um sein Erbe fürchten mußte. Angeblich soll Miliau dann seinen Kopf in den Händen getragen haben.

Der Bau des Enclos geht auf das günstige Zusammenwirken von gottesfürchtigen Menschen in der Umgebung, wohlhabenden Mäzenen, vor allem unter den Grundbesitzern und Händlern, den Julots oder Tuchwebern, und dem künstlerischen Können der Werkstätten von Morlaix und Landivisiau, deren einzelne Architekten nicht bekannt sind, zurück.

Der Pfarrbezirk ist besonders wegen seines ***Calvaires*** besuchenswert. Hinter dem Triumphtor steht der Calvaire aus der Zeit 1581-1588. 200 Figuren stellen das Leben und Leiden Jesu dar, allerdings auch hier nicht chronologisch, sondern in einzelnen willkürlich aneinandergereihten Szenen. Beachtenswert ist die Darstellung über dem Abendmahl, die an Catell-Gollet erinnern soll. Die Magd Katharina hatte ihren sündigen Lebenswandel bei der Beichte verschwiegen und geriet in ihrem Leben in immer größere Schwierigkeiten. Die verwerflichste Tat war der Diebstahl einer Hostie, die sie ihrem vermeintlichen Liebhaber, tatsächlich war er der Teufel, übergab. Das Ende vom Lied war die Bestrafung der Magd, die nun ewig in der Hölle schmoren muß.

Das ***Beinhaus*** des Pfarrbezirks stammt aus der Mitte des 17. Jh. Von der Außenkanzel aus konnte der Pfarrer besonders zu Allerseelen seine Predigt halten und natürlich gebührend an Ankou erinnern.

Die ***Kirche*** beeindruckt durch ihre von der Gotik und Renaissance beeinflußte Vorhalle und ihre Wölbungen und Reliefs im Inneren. Auch hier wieder zu beiden Seiten der Eingangshalle die 12 Apostel. In der Altarwand ist der mittlere Bereich der Legende um Miliau gewidmet.

Insgesamt ist die Kirche recht schlicht gehalten, doch lohnt trotz dieser Schlichtheit vor allem ein Blick auf den Taufstein, der auch hier wieder als fast eigenständige kleine Kapelle erscheint.

Die Kanzel ist an den Ecken mit vier Sibyllen versehen, mystischen Gestalten, die weissagen können.

Saint-Thégonnec

Der Ort trägt den Namen eines Heiligen, der mit dem Heiligen Paulus Aurelianus, dem Gründer des Bistums Léon, übers Land zog. Nach einer anderen Meinung war Saint Thégonnec ein Anhänger des Heiligen Guénolé, dem Abt von Landévennec. Die Bewohner erzielten ihren Wohlstand durch Papiermühlen, Flachs- und Leinenverarbeitung und Pferdezucht. Die Begüterten wollten, zumal sie religiös gefestigt waren, natürlich nicht hinter den Nachbarorten Guimiliau und Lampaul-Guimiliau zurückstehen und begannen ebenfalls mit dem Bau eines Pfarrbezirks.

Der ***Triumphbogen*** (1587) besteht aus vier mächtigen Pfeilern. Die beiden mittleren sind durch Arkaden verbunden. Sie tragen eine Reihe von Nischen mit muschelförmigem Dach. Unter dem mittleren Giebel sind Gott und die Jungfrau Maria mit Engeln dargestellt. Der Fries zeigt einen bretonischen Vers, der übersetzt "Heilige Maria, Du unsere Zuflucht, steh uns bei, wir flehen zu Dir, Du höchste Fürsprecherin der Sünder" lautet.

Das ***Beinhaus*** (1676) stammt von Jean le Bescond, einem Architekten aus Carhaix. Monumental und schön zeigt sich dieses Meisterwerk bretonischer Baukunst. Lanzettfenster zieren die Apsis. Drei Glockentürmchen geben zusammen mit Laternen dem Ganzen eine herrliche Silhouette. Über der Tür befindet sich eine Statue Pol de Léons. Im Fries der beiden Stockwerke findet sich eine lateinische Inschrift, deren Übersetzung lautet: "Oh Sünder, tuet Buße, solange Ihr noch lebt, denn wir Toten haben dazu keine Gelegenheit mehr. Betet für uns Abgeschiedene, denn eines Tages werdet auch ihr gestorben sein. Dann ruhet in Frieden. Es ist ein guter und frommer Gedanke, für die verstorbenen Gläubigen zu beten. Requiescant in pace. Amen. Nodie mihi, cras tibi."

Im Inneren der Kapelle befindet sich ein Altar mit rotgoldener Retabel. Die Grablegung von 1702 stammt von J. LESPAIGNOL.

Der ***Calvaire*** aus dem Jahr 1610 zeigt drei Kreuze. Jesus wird von Reitern flankiert, vier Engel fangen das Blut seiner Wunden mit Kelchen auf. Auf dem Quader unter den Kreuzen wird der Leidensweg Jesu in Figurengruppen dargestellt.

Die ***Kirche*** wird zunächst durch ihren mächtigen Glockenturm sichtbar, dessen Bau 1599 begann und erst 1623 endete. Der ursprüngliche Turm von 1563 verschwindet fast vollständig im Schatten des später errichteten Turmes.

In den Nischen des Turmes befinden sich die Statuen des HEILIGEN THÉGONNEC, des HEILIGEN NIKOLAUS und des Apostels JOHANNES. Unter dem Vorbau des Portals finden sich die Apostel THOMAS, PETRUS, JACOBUS und JOHANNES.

Die Kanzel (1683) besitzt sehr schönes Schnitzwerk, das die vier Kardinaltugenden darstellt. Auf Tafeln zwischen den Tugenden finden sich die Evangelisten. Geschnitzte Täfelungen weisen auch die Apsis und das Querschiff auf. Der Rosenkranzaltar (1679 und 1734) stammt von LA FALMY, einem Tischler aus Morlaix, und JACQUES LESPAIGNOL. In der Mitte sieht man die Übergabe des Rosenkranzes an den HEILIGEN DOMINICUS und die HEILIGE KATHARINA VON SIENA. 15 Medaillons symbolisieren die Geheimnisse des Rosenkranzes. Über allem wacht der HEILIGE POL DE LÉON, zu dessen Füßen ruht der Drache, der das Heidentum darstellt. Etwas höher befinden sich eine Darstellung der Errettung einer Seele aus dem Fegefeuer

Praktische Hinweise

Unterkunft

•***Hôtel de l'Enclos***, Lampaul-Guimiliau, Tel. 98.68.77.08, 36 gut eingerichtete Zimmer ab 260 FF.

•***Auberge St-Thégonnec***, St-Thégonnec, Tel. 98.79.61.18. Erst seit 1990 gibt es das kleine, aber saubere Hotel mit 20 komfortablen Zimmern. Zimmer ab 240 FF.

•***Gîtes d'étape***, Le Cloître, 29410 Le Plessis, M Jean René Prouff, Tel. 98.79.70.78. Bis zu 35 Wanderer finden hier ein Bett.

Essen und Trinken

•In Guimiliau finden sich mehrere Restaurants und Bars, von denen uns das ***Restaurant/Crêperie An Chapeu*** am besten gefiel.

Information

•In den Pfarrbezirken steht den Besuchern unterschiedliches, vor allem unterschiedlich gutes ***Informationsmaterial*** zur Verfügung. Beeindruckt hat uns die gute Organisation in St-Thégonnec, wo man u.a. mehrsprachige Kirchenführer zum Ausleihen für den Rundgang verteilt. Bitte anschließend zurückgeben!!

•In Guimiliau stehen im Sommer Studenten zu ***Fremdenführungen*** zur Verfügung. Man wird auf dem Kirchhof angesprochen. Allerdings sind die Führungen nur französischsprachig.

•Zu allen Pfarrbezirken gibt es sehr übersichtliche ***Büchlein*** der Edition Jos.

Anreise/Weiterreise

•***Mit dem Auto:*** Alle drei Orte liegen nahe der N 12, die von Morlaix in Richtung Brest führt. Die D 118 führt nach St-Thégonnec, die D 31 nach Guimiliau und die D 111 nach Lampaul-Guimiliau. Alle drei Straßen münden südlich bei St-Sauveur auf die D 18, die von hier Richtung Sizun/Le Faou führt, bzw. auf die D 11 (ebenfalls bei St-Sauveur), die in südöstlicher Richtung über Commana zum Roc'h Trévezel weiterführt. Aus Richtung St-Pol folgt man am besten der D 69 oder der D 31 bis zu deren Kreuzung mit der N 12.

•***Mit der Bahn:*** Die Linie 5 der SNCF verkehrt täglich mehrmals zwischen Brest und Morlaix. Auf der Strecke werden bis zu 11 Stops an Wochentagen und ein Stop sonntags in St-Thégonnec und Guimiliau eingelegt.

Côte des Abers

Überblick

Der äußerste Nordwesten der Bretagne sollte vielleicht eher den Namen Côte des Naufrages (***Küste der Schiffbrüchigen***) tragen, denn kein anderer Küstenstrich ist so vielen Schiffen zum Verhängnis geworden wie dieser. Hunderte von Felsen und Untiefen ziehen sich zwischen Brignogan an der Grenze zur Côte du Léon und Le Conquet westlich von Brest weit ins Meer hinein und warten auf die Schiffe, die es geschafft haben, die gefährlichen Gestade von Ouessant, der wilden, westlichsten aller französischen Inseln, unbeschadet zu passieren.

Die wohl bekannteste Schiffskatastrophe ereignete sich 1978, als an dieser Küste vor dem kleinen Hafen Portsall der 250.000-Tonnen-***Öltanker Amoco Cadiz*** nach einem Ruderschaden auf die Felsen trieb und mit seinerÖlladung den größten Teil der bretonischen Nordküste unter einen schwarzen Teppich legte. Die sichtbaren Spuren sind seit vielen Jahren von Mensch und Natur beseitigt worden, aber der Schock sitzt tief im Bewußtsein der Küstenbewohner.

Aber ist ein bretonisch-keltisches Wort und bedeutet Flußmündung. Hier oben im Nordwesten sind diese ***Flußmündungen*** besonders weit und tief ins Land eingeschnitten, vergleichbar mit Fjorden, deren leicht hügeliges Hinterland für Getreide- und Viehwirtschaft genutzt wird. Die starken ***Gezeitenströme*** mit einem Tidenhub von bis zu 9 m wirken sich in den drei größten Abers, Aber-Wrac'h, Aber-Benoît und Aber-Ildut bis weit ins Hinterland aus.

Die Côte des Abers ist nichts für Leute, die großartige Kulturdenkmäler besichtigen wollen. Wer hierher kommt, sucht und findet eine vom Sommertouristenrummel weitgehend verschonte Landschaft mit einer ***wilden Felsküste***, einzelnen atemberaubend schönen Naturstränden, die hier übrigens meist nicht als "Plage", sondern als "Grève" bezeichnet werden und ein ruhiges Inland mit einigen sympathisch provinziellen Kleinstädten.

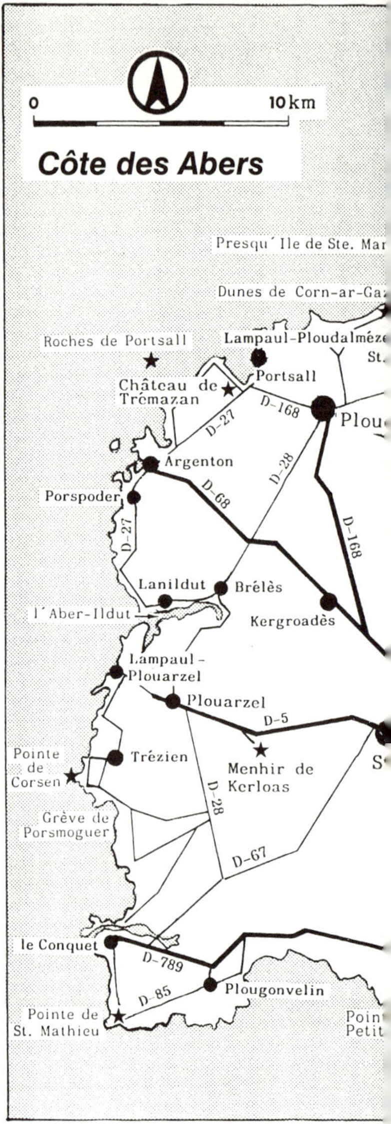

Brignogan-Plages

Es ist mehr die Umgebung als der Ort selbst, die Brignogan zu einem interessanten Reiseziel macht. Wie der Namenszusatz "Plage" schon andeutet, dreht sich hier alles um den Strand oder besser gesagt die ***Strände,*** denn davon besitzt Brignogan ein gutes Dutzend. Kolossale Granitbrocken liegen wild an den Rändern der halbkreisförmigen Bucht, in deren Scheitel die Häuser der Gemeinde gebaut wurden.

Während die beiden meistbesuchten Strände ***Plage du Petit Nice*** und ***Plage des Crapauds*** am Westufer der Bucht von Brignogan mit Strandbars, Kinderspiel- und Sporteinrichtungen recht belebt sind, bieten im Osten der ***Plage du Lividic*** und im Nordwesten außerhalb der Bucht der ***Plage des Chardons Bleus*** eine natürliche, zum Teil wildromantische Badekulisse. Besonders der letztgenannte unweit der ***Pointe de Pontusval***, einem Kap mit besonders gigantischen Felsformationen, besitzt eine herbe Schönheit.

Auf dem Weg dorthin (beschildert) führt die Straße vorbei an einem christianisierten ***Menhir,*** genannt ***Men-Marz***, der Wunderstein. Der ca. 8 m hohe Hinkelstein trägt ein steinernes Kreuz auf seiner Spitze, von dem es heißt, daß es von evangelisierenden Mönchen im 6. Jh. unter der Anleitung von Pol-Aurélien, dem späteren ersten Bischof von St-Pol de Léon, aus dem Granit gemeißelt wurde. Kurz vor der Pointe de Pontusval, dort wo zwischen den Häusern rechts und links der Straße meterhohe rundgeschliffene Granitbuckel wie Riesenkartoffeln in den Gärten liegen, erinnert die kleine ***Chapel-***

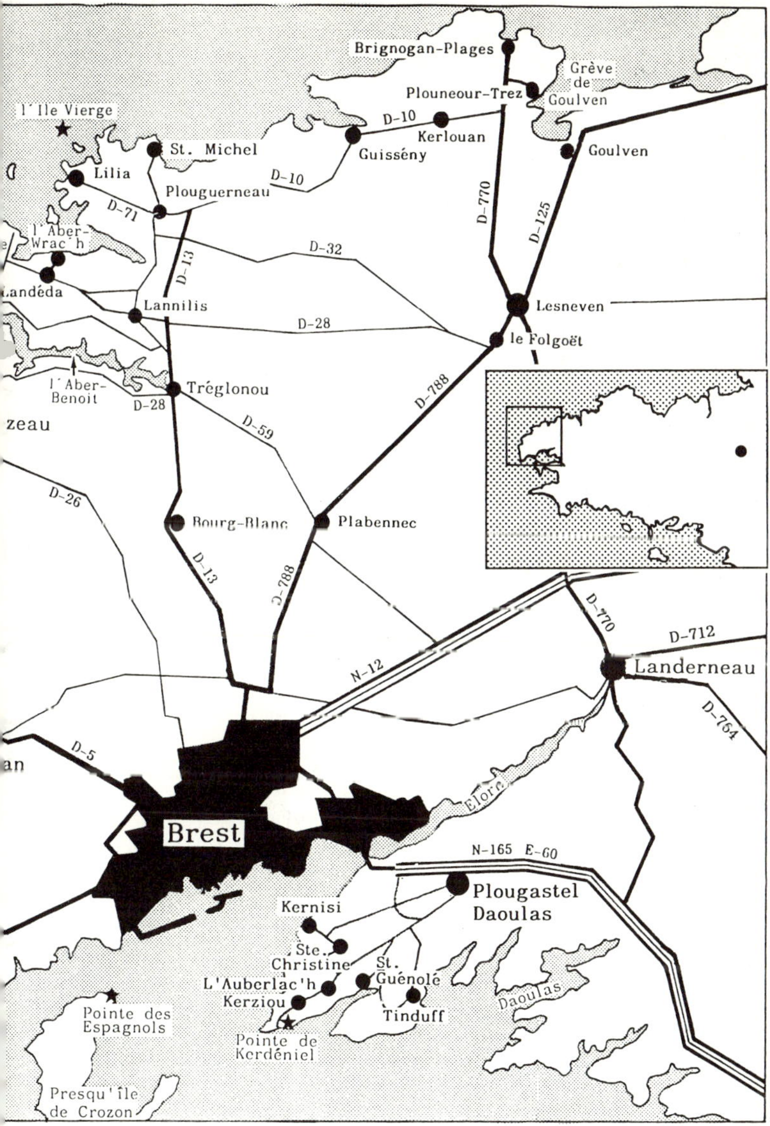

Brignogan-Plages
Plouneour-Trez
Grève de Goulven
l'Ile Vierge
D-10
Kerlouan
Guissény
St. Michel
Lilia
D-10
Plouguerneau
Goulven
D-71
D-770
D-125
l'Aber-Wrac'h
D-32
D-13
Landéda
Lannilis
Lesneven
D-28
le Folgoët
l'Aber-Benoit
D-28
Tréglonou
D-788
zeau
D-59
D-26
Bourg-Blanc
Plabennec
D-13
D-788
D-770
D-712
N-12
Landerneau
D-764
D-5
an
Elorn
Brest
N-165 E-60
Plougastel Daoulas
Kernisi
Ste. Christine
St. Guénolé
L'Auberlac'h
Kerziou
Tinduff
Daoulas
Pointe des Espagnols
Pointe de Kerdéniel
Presqu'île de Crozon

le Pol an die Gründung eines Klosters, das POL-AURÉLIEN hier im 6. Jh. errichten ließ. Ein landschaftlich reizvoller Fußweg führt von der Pointe de Pontusval am Meer entlang zurück in die Bucht von Brignogan.

Das ***Ladenangebot*** reicht für den Einkauf der Grundnahrungsmittel. Wer mehr will, der muß nach Lesneven (8 km südlich, D 770) oder nach Plouguerneau (16 km westlich, D 10) fahren.

Praktische Hinweise

Information

- ***Office de Tourisme***, Rue de l'Eglise 4/6, 29890 Brignogan-Plages, Tel. 98.83.41.08.

Unterkunft

- ***Hôtel/Restaurant Castel Regis***, Pontusval, Tel. 98.83.40.22. Sehr schön in parkähnlichem Gelände auf einer kleinen Halbinsel zwischen Hafen und Strand gelegenes Hotel mit eigenem Schwimmbad, Sauna und Tennis-Platz. 21 sehr gepflegte Zimmer ab 260 FF. Geschlossen von Ende Oktober bis Ostern.
- ***Hôtel Ar Reder Mor***, Avenue du Général-de-Gaulle 35, Tel. 98.83.40.09. Einfaches Hotel im Ortszentrum mit 26 Zimmern ab 160 FF. Geöffnet 1.5.-31.10.
- ***Hôtel/Restaurant Le Chaudron d'Argent*** im Nachbarort Plonéour-Trez, Tel. 98.83.41.18, südlich des Plage du Lividic. Einfaches, aber sympathisches, ruhig gelegenes Hotel mit 10 Zimmern ab 180 FF. Geöffnet 1.6.-31.9.
- ***Camping du Phare***, Route du Phare, Tel. 98.83.45.06. Nahe der Pointe de Pontusval liegt dieser 3,5 ha große Platz mit 144 Einheiten direkt am Meer. Neben Campingmöglichkeiten werden auch kleine Holzbungalows angeboten. Die Sanitärausstattung wie das sonstige Komfortangebot sind überdurchschnittlich im Vergleich zu anderen Plätzen der Umgebung. Geöffnet ist von Ostern bis zum 25. September.

Essen und Trinken

- Die beste Adresse für gute Menüs ist das ***Castel Regis***. Verschiedene Menüs mit und ohne Fisch ab 80 FF.
- ***Bar/Restaurant La Corniche,*** Rue de la Corniche, Tel. 98.83.40.04, ein heißer Tip für Freunde der Fruits de Mer, die mit Meerblick speisen möchten.
- ***Grill Les Hespérides***, im Nachbardörfchen Plounéour-Trez, Tel. 98.83.52.64. Endlich einmal kein Fisch, werden einige sagen. Verschiedene Fleischgerichte vom Holzkohlegrill werden ab 50 FF geboten. Das Lokal, zu dem eine Discothek gehört, hat nur abends 19.30-24.00 Uhr geöffnet.
- ***Pizzeria La Calzone***, Avenue Général-de-Gaulle 20, Tel. 98.83.49.46. Hervorragende Pizzas (auch zum Mitnehmen) werden zu angemessenen Preisen geboten (ab 30 FF).

Sonstiges

- ***Segeln/Surfen:*** CENTRE NAUTIQUE DE BRIGNOGAN, Plage des Crapauds, Tel. 98.83.44.76. Die Boote werden auch stundenweise vermietet.
- ***Tennis:*** TENNIS DU GARO, Tel. 98.83.43.11, am Ostufer der Bucht.
- ***Fahrradverleih:*** J. B. CASTEL, Place de la Liberté, Tel. 98.83.45.98.
- ***Markttag:*** Freitags auf dem Place de la Liberté.

Anreise/Weiterreise

- ***Mit dem Auto:*** Von/nach Lesnéven über die D 770 (ca. 10 km).
- ***Mit dem Bus:*** Es besteht eine Verbindung nach Brest über Lesnéven, Le Flogoët und Plabennec mindestens neunmal täglich.

L'Aber-Wrac'h

Nur wenige Bretagne-Reisende verlaufen sich hierher. Von Morlaix oder St-Pol de Léon fahren die meisten direkt in Richtung Brest oder nach Crozon und versäumen es, eine der interessantesten bretonischen Landschaftsformen kennenzulernen, den ***Aber.*** Die fjordähnlichen, von den Gezeiten stark geprägten Flußmündungen nordwestlich von Brest sind allerdings mit dem Auto nur sehr oberflächlich kennenzulernen. Einige kleine Fußwege führen hier und da an das zum Teil dichtbewaldete Ufer. Für einen umfassenden Eindruck ist ein kleines Boot unabdinglich. Aber das ist kein Problem, denn auch führerscheinfreie Boote werden verliehen, und seit kurzem gibt es auch einzelne ***Ausflugsboote*** für Urlauber ohne Skipper-Ambitionen.

Ankern erlaubt: Mündung des L'Aber-Wrac'h (WK)

Vom Wasser aus erlebt man dann auf ca. 10 km Länge die gesamte Palette ***maritim geprägter Landschaftsformen***, angefangen mit der sich grollend brechenden Atlantikdünung im fels- und untiefengespickten Mündungsbereich, vor der Halbinsel Ste-Marguerite bis hin zu friedlicher Flußuferstimmung bei Paluden, wo Wasservögel ihre Nahrung unter bis an die Wasseroberfläche herunterwachsenden Bäumen suchen. Dazwischen kleine Naturhäfen, die neuerdings immer häufiger auch von englischen, holländischen, deutschen und sogar amerikanischen Seglern entdeckt werden.

Und was essen all die Leute? Fisch und Austern! Während in den ruhigeren Uferzonen ***Austernkulturen*** angelegt sind, haben unternehmerisch denkende Fischer in den strömungsstarken Mündungsbereichen ***Fischfarmen*** eingerichtet und fangen heute die Meerforelle mit dem Kescher.

Ort L'Aber-Wrac'h

L'Aber-Wrac'h nennt sich auch das Dorf mit Yachthafen und einigen Fischerbooten am Westufer der Mündung. Zwar wird der Ort überwiegend von Segelschülern und Yachties besucht, aber auch ohne Wassersportambitionen läßt es sich am geschutzt gelegenen, 300 m langen Sandstrand der westlich angrenzenden Baie des Anges herrlich entspannen. Die naheliegenden Ruinen sind die Reste eines Klosters, das hier im Jahre 1507 von Cordeliers-Mönchen (Franziskaner) erbaut wurde.

Plouguerneau

Weitere echte ***Traumstrände*** liegen gegenüber am Ostufer des Aber bei St-Cava und Lilia, erreichbar über Plouguerneau in Richtung Nordwesten (D 71). Plouguerneau selbst bietet sich als Versorgungs-

Der Große und der Kleine: Leuchttürme auf der Ile Vierge (WK)

zentrum an, sofern man sich entschlossen hat, ein paar Tage in dieser Gegend zu verbringen. An Sehenswürdigkeiten sind zu nennen das kleine, aber interessante ***Musée Maritime*** an der Route de St-Michel in Plouguerneau (Tel. 98.04 60.30) und der mit 82,5 m höchste Leuchtturm Europas auf der Ile Vierge. Das Museum beschreibt vor allem das Leben der Algenfischer (GOÉMONIERS), die hier seit Jahrhunderten für landwirtschaftliche Düngung, aber auch für Ernährung und medizinische Zwecke (z.B. Jodgewinnung) dem Meer bestimmte Algenarten entrissen. Daneben sind verschiedene Wrackfunde aus der Umgebung ausgestellt. Öffnungszeiten: Von Ostern bis zum 31. September täglich 14.00-18.00 Uhr. Von Oktober bis Ostern nur samstags zur gleichen Zeit. Eintritt: Erwachsene 15 FF, Kinder 8 FF.

Der Leuchtturm auf Ile Vierge

Die Besichtigung der buchstäblich größten Attraktion der Gegend, des ganz in Granit gebauten 82,5 m hohen Leuchtturms auf Ile Vierge, erfordert zuvor eine kurze ***Bootsfahrt,*** denn die kleine, ca. 2 km nördlich von Lilia liegende Insel ist nur bei extremem Springniedrigwasser barfuß erreichbar. Im Juli und August fahren kleine Fischerboote vom Anleger in Lilia aus je nach Bedarf stündlich oder öfter hinüber zur ***sagenumwobenen Ile Vierge***, von der es heißt, daß hier vor der Küste in grauer Vorzeit (möglicherweise im 5. Jh. v. Chr.) eine Stadt namens Tolente von den Fluten verschlungen wurde. Die Parallele zur Legende um die versunkene Stadt Ys bei Douarnenez oder in der Baie des Trépassés (vgl. Kap. Sizun-Halbinsel) ist offensichtlich.

Bevor der Blick vom ***höchsten Leuchtturm Europas*** in die Ferne schweifen kann, müssen 365 Stufen erklommen werden. Die Anstrengung lohnt sich allerdings nur an einem Tag mit guter Sicht. An manchen Tagen (im Sommer leider selten) ist es möglich, im Osten bis zur Ile de Batz und im Südwesten bis Ouessant jeweils 40 km weit zu schauen. Bei Nacht erleichtert das alle fünf Sekunden aufblitzende Leuchtfeuer den Schiffen die Standortbestimmung. Der Lichtschein trägt 50 km über das Meer. Bis zum Jahre 1902 sicherte der 33 m hohe kleine Bruder die Schiffahrt. In seinem Sockel wohnen heute die beiden Leuchtturmwärter.

Die ***Besichtigung*** ist ganzjährig 11.00-12.00 Uhr und 15.00-18.00 Uhr möglich (Tel. 98.04.78.01). Falls in Lilia kein Boot für die Überfahrt am Anleger liegt, kann man unter Tel. 98.04.73.09 oder 98.04.75 .99 die Passage vereinbaren.

La Grève Blanche

Ebenfalls an der Küste nördlich von Plouguerneau (D 32 in Richtung St-Michel) befindet sich unweit des Sandstrandes La Grève Blanche eine archäologische Ausgrabungsstätte mit dem Namen ***Iliz Koz Tréménac'h*** (bret.: Iliz Koz – alte Kirche). Im 18. Jh. wurde hier in einer Sturmflut eine im 14. Jh. erbaute Kirche zerstört und bei weiteren Stürmen vom Dünensand langsam begraben. Ausgrabungen im Jahre 1970 brachten neben den Kirchenfundamenten 63 gravierte Grabplatten aus dem Mittelalter ans Tageslicht. Die Fundstätte ist vom 1.6. bis 31.9. täglich 10.00-12.00 Uhr und 15.00-18.00 Uhr zu besichtigen. Eintritt: 10/5 FF.

Praktische Hinweise

Information

●***Office de Tourisme***, Place Auditoire 1, 29870 Lannilis, Tel. 98.04.05.43.

●***Office de Tourisme***, Place de l'Europe, 29880 Plouguerneau, Tel. 98.04.70.93.

Unterkunft

●***Hôtel Baie des Anges***, L'Aber-Wrac'h, Tel. 98.04.90.04. Günstig in Strandnähe gelegenes Mittelklassehotel an der gleichnamigen Bucht mit 17 recht komfortablen Zimmern ab 180 F, geöffnet von Ostern bis 31. Oktober.

●***Hôtel/Restaurant Le Castel Ac'h***, Tel. 98.04.70.11, an der Bucht von Lilia 4 km nordwestlich von Plouguerneau (D 71). Das sehr ordentlich geführte neue Haus besitzt 29 freundliche Zimmer, zum Teil mit Meerblick ab 170 FF. In den 3 Speisesälen mit Blick auf die Bucht werden gute Menüs ab 75 FF angeboten. Das Haus ist ganzjährig geöffnet.

●***Hôtel L'Auberge des Abers***, Lannilis, Place de l'Auditoire, Tel. 98.04.00.29. Von Plouguerneau ca. 4 km über die D 113 bis in das Marktstädtchen Lannilis. Zentral gelegenes Mittelklassehotel mit 17 netten Zimmern ab 180 FF.

●***Camping des Abers*** in l'Aber-Wrac'h – Ste-Marguerite, Tel. 98.04.93.35, sehr schön in hügeligem Gelände 50 m vom Meer gelegener Platz mit zahlreichen trennenden Bäumen und Hecken, 180 Stellplätzen auf 4,5 ha Fläche und sehr guten Sanitäranlagen. Der Platzverwalter spricht deutsch: Geöffnet 1.6.-15.9.

●***Camping La Grève Blanche***, Plouguerneau, St-Michel, Tel.98.04.70.35. Nahe beim gleichnamigen ca. 500 m langen Strand. 100 Plätze in schöner Lage, allerdings ohne Bäume, mittlerer Sanitärstandard, Fahrradverleih, geöffnet 1.6.-15.9.

Essen und Trinken

●***Trouz Ar Mor***, Plouguerneau-Le Correjou, Tel. 98.04.71.61. gepflegtes Speiselokal an der Bucht von Le Correjou. Im hellen Speisesaal mit Meerblick werden Menüs ab 80 FF serviert.

●***Crêperie Le Lizen***, Plouguerneau, Route de St-Michel (D 32), Tel. 98.04.62.23, gemütliche Atmosphäre in einem traditionellen, reetgedeckten Haus.

Sonstiges

●***Segeln/Surfen:*** Club Nautique de Plouguerneau, Port du Correjou 8, Tel. 98.04.50.46; Centre de Voiles Landéda, Port de l'Aber-Wrac'h, Tel. 98.04.90.94.

●***Bootsfahrten:*** Das Office de Tourisme in Lannilis organisiert einstündige Bootsausflüge ab Port de Paluden (Anleger zwischen Plouguerneau und Lannilis) über die Gesamtlänge des Aber-Wrac'h mit Erklärungen zur Geographie, Wirtschaft und Geschichte der Region. Die Fahrt kostet 50/25 FF. Tickets an Bord oder im Office de Tourisme, Tel. 98.04.05.43.

●***Reiten:*** Les Chevaux de Kervent, Plouguerneau,

Tel. 98.04.52.45 oder 98.04.48.12. Der Reitstall am östlichen Ortsrand (Richtung Lilia) organisiert Ausritte entlang der Küste.

- ***Fahrradverleih:*** MÉCAMOB, Rue du Verger 6, Plouguerneau, Tel. 98.04.64.67; ABER SERVICE, Rue Jean-Baptiste-de-la-Salle, Tel. 98.04.15.31.
- ***Markt:*** Lannilis, mittwochs auf dem Place Leclerc; Plouguerneau, donnerstags auf dem Place de l'Europe.

Anreise/Weiterreise

- ***Mit dem Auto:*** Von/nach Brest 20 km südlich über die D 13. Von/nach Ploudalmézeau 13 km westlich von Lannilis über die D 28.
- ***Mit dem Bus:*** Mindestens achtmal täglich fährt ein Bus zwischen Lilia, Plouguerneau, Lannilis, Landéda, l'Aber-Wrac'h Port, Bourg-Blanc und Brest.

L'Aber-Benoît

Der westliche Nachbar-Aber, dessen Mündung nur etwa 5 km von l'Aber-Wrac'h entfernt liegt, wird noch seltener von Landreisenden besucht als sein östlicher Konkurrent. Seefahrern hingegen war er immer schon als ein gut vor Stürmen ***geschützter Naturhafen*** mit ähnlichem Fjordcharakter wie l'Aber-Wrac'h bekannt. Zwischen hügeligen Wiesen und kleinen Laubwäldern schlängelt sich der 8 km lange Meeresarm schiffbar tief ins Inland der Côte des Abers bis zum Dörfchen Tréglonou, wo die Landstraße von Lannilis nach Ploudalmézeau (D 28) das Wasser überquert.

Menhir de Locmajan

Ca. 3 km weiter westlich (in Richtung Ploudalmézeau) steht direkt an der Straße die kleine ***Chapelle de Locmajan*** aus dem 17. Jh. und in unmittelbarer Nähe der 5 m hohe Menhir de Locmajan, von dem es heißt, daß er ebenso wie die Tausenden anderen Menhire in der Bretagne bis zur Jahrhundertwende für mystische ***Fruchbarkeitsriten*** genutzt wurde. In vielen Dörfern der gesamten Bretagne erzählen die älteren Leute von dem Brauch ihrer Großeltern, in der Hochzeitsnacht die unbekleideten Körper am Menhir zu reiben. Der Mann erhoffte sich damit, einen Sohn zu zeugen, die Frau hingegen versprach sich von dem Ritus einen positiven Einfluß auf den Ehesegen im allgemeinen. Vielleicht sollte man angesichts der hohen Scheidungsrate heutzutage wieder neue Menhire aufstellen ...

St-Pabu

Noch einen weiteren Kilometer in westlicher Richtung geht es rechts ab nach St-Pabu, einem ***ehemaligen Fischerdörfchen*** mit einer Kaimauer, die heute mehr von Seglern als von Fischern zum Anlegen genutzt wird. Am gegenüberliegenden Ufer wird das durch die starken Gezeitenströme immer wieder erneuerte Meerwasser für die ***Zucht von Austern*** genutzt. Die Ruhe des verschlafenen, kleinen Hafens wird nur hin und wieder durch das Knattern eines Außenbordmotors gestört. Das Westufer des Mündungsbereiches ca. 2 km nordwestlich von St-Pabu (Richtung Lampaul-Ploudalmézeau) ist durch eine reizvolle einsame ***Dünenlandschaft*** gekennzeichnet. Les Dunes de Corn-ar-Gazel, so nennt sich der ökologisch intakte Küstenstreifen mit einem Sandstrand, bei dessen Anblick wohl die Tourismus-Manager anderer Orte vor Neid erblassen würden.

Ploudalmézeau

Der nächstgelegene größere Ort mit ***Einkaufsmöglichkeiten,*** Post, Banken u.s.w. liegt ca. 5 km landeinwärts: Ploudalmézeau. Die Kleinstadt ist mehr durch die Person ihres ***Bürgermeisters*** als durch touristische Sehenswürdigkeiten bekannt geworden, denn er war es, der nach der Tankerkatastrophe der Amoco-Cadiz hier 1978 die Initiative ergriff und eine Interessengemeinschaft der geschädigten Küstenbewohner gründete, um ihre juristischen Schritte gegen die AMOCO-COMPANY zu koordinieren.

Praktische Hinweise

Information

•***Office de Tourisme***, Place Chanoine Grall, 29830 Ploudalmézeau, Tel. 98.48.11.88.

Unterkunft

•***Hôtel/Restaurant des Voyageurs***, Place de l'Eglise in Ploudalmézeau, Tel. 98.48.10.13. Das zentral gelegene, seriös geführte Mittelklassehotel verfügt über 9 Zimmer ab 170 FF. Das Restaurant hat in der Region einen guten Ruf. Es wird sogar von Gault-Millau empfohlen und bietet dennoch Menüs schon ab 75 FF.

•***Camping de l'Aber-Benoît***, Tel. 98.89.76.25. Schön gelegener Platz mit 200 Einheiten nahe den Dünen von Corn-ar-Gazel direkt am Meer. Die Sanitärausstattung ist überdurchschnittlich und die Zusatzangebote sind vielseitig: Bungalow-Vermietung, Einkaufsmöglichkeit, Fahrradverleih, verschiedene Sportangebote, Tennisplatz und sogar Konzerte werden geboten. Geöffnet von Ostern bis zum 30.9.

•***Camping Municipal Les Dunes***, Tel. 98.48.09.84, ebenfalls nahe der Dünenküste bei Corn-ar-Gazel, allerdings einfacher ausgestattet als Camping de l'Aber-Benoît. Dennoch sind die 100 Stellplätze empfehlenswert.

Essen und Trinken

•***Le Chybeck***, St-Pabu, Tel. 98.89.85.71. Restaurant mit raffinierter Küche direkt am Meer bei den Dünen von Corn-ar-Gazel. Gute Menüs ab 80 FF im freundlichen Speisesaal mit Meerblick.

•***La Perle Noire***, Taverne, Restaurant, Pizzeria, Rue Henri Provostic 12 in Ploudalmézeau, Tel. 98.48.09.71. Ein exotisch gestaltetes Lokal mit einem unkonventionellen, phantasievollen Speiseangebot von verschiedenen Kontinenten. Menüs ab 50 FF.

•***Crêperie de l'Aber-Benoît***, St-Pabu, Tel. 98.89.86.26. Romantisch zwischen hohen Bäumen am Aber gelegenes altes Granithaus (ca. 300 m von der Kirche bergab) mit einer ursprünglichen Crêperie im traditionellen Stil.

•***Crêperie Panoramique du Château d'Eau***, Ploudalmézeau, Tel. 98.48.15.88. Keine Schloßcrêperie, sondern sehr originell gelegene Bar-Crêperie in 50 m Höhe auf dem Wasserturm von Ploudalmézeau mit 360-Grad-Rundblick. Aufstieg wahlweise mit Fahrstuhl oder über 278 Stufen.

Sonstiges

•***Segeln:*** ECOLE DE VOILE, Corn-ar-Gazel, Tel. 98.04.97.03.

•***Fahrradverleih:*** Camping de l'Aber-Benoît

•***Reiten:*** RANCH B, Tel. 98.89.86.09, ca. 2 km nördlich von Ploudalmézeau im Dorf Stréat-Veur. Angeboten werden Ausbildung, aber auch Ausritte zum Strand.

•***Markt:*** montags, Place de l'Eglise.

Portsall

Am Ende der Hafenmole liegt ein riesiger, halb zerbrochener Anker. Er stammt von der Amoco-Cadiz. Portsall und Amoco-Cadiz, diese zwei Namen sind seit dem 16. März 1978, dem Tag der bisher ***größten Öltankerkatastrophe Europas***, miteinander assoziiert. Der kleine Naturhafen, 4 km nordwestlich von Ploudalmézeau (D 168), wurde als erster von dem schwarzen Teppich bedeckt, der 230.000 Tonnen Rohöl binnen weniger Tage über 300 km Küstenlinie von der Pointe de St-Mathieu westlich von Brest bis zur Ile de Bréhat bei Paimpol verteilte. Seevögel, Fische, Austernkulturen, Algen, die gesamte Fauna und Flora wurde flächendeckend getötet. Die wirtschaftlichen Folgen im Tourismusbereich zerstörten Tausende von Existenzen.

Zusammen mit dem Militär arbeiteten Zigtausende von freiwilligen Helfern an der ***Reinigung der Küste***, was sich jedoch oft als Sisyphus-Arbeit erwies. Schließlich erledigten die Winterstürme mehrerer Jahre den Rest der Arbeit, und heute erinnern nur noch einige rostige Stahlplatten auf dem Roche de Men Goulven in den Roches de Portsall, ca. 2 km vor der Küste, an das ***Wrack der Amoco-Cadiz***. Bei extremem Springniedrigwasser im Frühjahr und Herbst zur Tag- und Nachtgleiche schauen noch Reste des Wracks aus der Wasseroberfläche heraus.

Die sichtbaren Spuren der Ölverschmutzung der Küste sind glücklicherweise seit vielen Jahren verschwunden. Langfristige Folgen am Meeresboden lassen sich nur schwer beurteilen. Was die ***finanziellen Folgen*** betrifft, so wurde nach 13jähriger Prozeßführung nach mehreren Berufungen erst im Juli 1991 die Amoco-Transport-Company zur Zahlung von 1,3 Milliarden Francs ***Schadensersatz*** verurteilt (zum Vergleich: 1989 zahlte der Exxon-Konzern nach der Havarie der Exxon-Valdez in Alaska umgerechnet 7,5 Milliarden Francs Schadensersatz ohne großen Prozeß). Davon beanspruchte der französische Staat den Löwenanteil von ca. 1 Milliarde, und der Rest ging an die 90 betroffenen Küstengemeinden. Welche Fischer, welche Geschäftsleute wieviel Schadensersatz bekommen, darum wird in vielen Orten noch heute gestritten.

Abgesehen von dem Riesen-Anker auf der Hafenmole erinnert in Portsall nichts mehr sichtbar an die "marée noire" (schwarze Tide), wie die Katastrophe hier genannt wird. Der kleine, bei Niedrigwasser trockenfallende ***Naturhafen*** in einer vor den Südweststürmen geschützten Bucht dient nur kleinen Fischerbooten als Heimathafen.

Praktische Hinweise

- Ihren Fang verkaufen die Fischer überwiegend an die wenigen Restaurants im Ort. Hier ist besonders zu empfehlen das ***Maison de la Mer*** (Tel. 98.48.69.77), dessen Speisesaal mit Blick auf die Hafeneinfahrt weniger durch Dekorationen oder Innenarchitektur als vielmehr durch die wirklich imposanten Plateaux de Fruits de Mer auffällt, die hier hochaufgetürmt serviert werden.
- Wer ein einfaches Zimmer sucht, findet es ab 150 FF im ***Hôtel de Bretagne*** (Tel. 98.48.63.03) am Ortseingang.
- Zwei kleine Strände am Westufer der Bucht und eine ***Segelschule*** Club Nautique de Portsall, Rue du Port, Tel. 98.48.77.49, ermöglichen Beschäftigung am und auf dem Wasser.

Zwischen Portsall und Lanildut

Auf dem weiteren Weg nach Südwesten in Richtung Argenton und Lanildut sollte man in Kersaint, dem westlichen Vorort von Portsall, lieber die D 27 a entlang der Küste als die kürzere Direktverbindung über die D 27 wählen, denn sonst versäumt man einen der landschaftlich schönsten Küstenabschnitte der Côte des Abers.

Doch bevor 2 km nördlich an der Pointe de Trémazan das offene Meer erreicht wird, gibt es einen historisch-architektonischen Leckerbissen. Direkt hinter der Abzweigung nach rechts auf die D 27 a führt links ein kleiner Weg zur ***Ruine des Château de Trémazan***. Die ehemalige Burgfestung wurde in der Mitte des 13. Jh. mit Finanzmitteln aus den Kreuzzügen errichtet. Wild wuchert die Natur in den einstigen Wallgräben, und Ginstergebüsch bedeckt große Teile der seit langem eingestürzten Wohngemächer, aber der 30 m hohe Burgfried (Donjon) trotzt bisher noch erfolgreich dem Verfall. Der noch recht gut erhaltene Taubenturm, ca. 300 m östlich der Burgruine, zeugt von der ehemaligen Gesamtausdehnung der Burganlage. Wann die Gebäude dem Verfall preisgegeben wurden, ist nicht genau bekannt, doch weiß man, daß im 18. Jh. noch einige Räumlichkeiten von Bauern als Ställe genutzt wurden. Der Zutritt ist aus Sicherheitsgründen untersagt.

Im Dörfchen ***Trémazan*** beginnt der wohl schönste Abschnitt der Küste: Sattgrüne Wiesen (nach einem sonnigen Sommer vielleicht auch etwas bräunlicher) bedecken eine hügelige unbebaute Landschaft, die in gelben Sandstränden zwischen rotbraunen Felsen ihre Grenze im Meer findet. Die langgezogene Atlantikdünung rollt dumpf dröhnend auf diese naturbelassene Küste. Für ein hautnahes Erlebnis empfiehlt es sich, das Auto in

Mit Meerblick: die Burgruine von Trémazan (WK)

Trémazan stehenzulassen und dem schmalen Küstenwanderweg bis Argenton zu Fuß zu folgen.

Der wie Portsall in einer geschützten Bucht liegende Naturhafen ***Argenton*** war vermutlich schon von den griechischen Seefahrern der Antike im Rahmen des Zinnhandels mit England als Schutzhafen benutzt worden, denn 1960 wurde hier eine Goldmünze aus Kyrene, einer griechischen Kolonie in Nordafrika gefunden, die sich auf das 4. Jh. v. Chr. datieren ließ. Ansonsten hat das verschlafene Argenton, abgesehen von einem ***kleinen Dolmen*** neben der Chapelle St-Gonvel am westlichen Ortsausgang, wenig zu bieten. Ein Tip für eine Crêpe zwischendurch: die niedliche Crêperie Ty Gwechall, Rue de l'Europe 109, Tel. 98.89.55.54, in einem urigen Haus aus dem 17. Jh. ebenfalls am Ortsausgang in Richtung Porspoder und Lanildut.

Ab Argenton wieder auf der D 27 angekommen, ändert sich das Landschaftsbild. Zwar behält der Küstenraum mit goldgelben Stränden zwischen rotbraunen Felskaps seine Reize, doch die Bebauung nimmt deutlich zu. Parallel zur Straße ziehen sich auf beiden Seiten Siedlungen und einige reizlose Campingplätze hin bis an die Mündung des Aber-Ildut bei Lanildut. Nur die Halbinsel ***St-Laurent*** bei ***Porspoder*** ist einen Zwischenaufenthalt wert mit ihren wunderschönen, im Juli und August aber recht stark besuchten Stränden. Zum kahlen, staubigen Camping Municipal Les Dunes in Porspoder gibt es reizvollere Alternativen bei Lanildut 6 km südlicher.

Sammlern von Megalithkultur-Fotos weist ein kleines Schild am linken Straßenrand südlich von Porspoder den Weg zu einem Dolmen mit einem sogenannten ***Menhir indicateur***. Vielleicht einem Grabstein vergleichbar, steht ein etwa 3 m hoher Menhir ca. 50 m vor einem Dolmen. Warum unsere Vorfahren vor ca. 5000 Jahren einige ihrer Dolmen mit einem Menhir dekorierten, andere jedoch ohne Menhir blieben, ist unbekannt. Manchmal wird vermutet, es handle sich um die Kennzeichnung einer bedeutungsvollen Himmelsrichtung wie etwa z.B. der Sonnenaufgangspeilung am 21.6., dem Tag der Sommersonnenwende. Angesichts der Vielfalt andernorts gemessener Richtungen zwischen Dolmen und zugehörigen Menhiren läßt sich diese These jedoch nicht aufrechterhalten.

Aber-Ildut

Kennen Sie den Obelisken vom Place de la Concorde, den NAPOLÉON aus Luxor nach Paris bringen ließ? Er steht auf einem Sockel, dessen Granit aus dem Uferstein des Aber-Ildut stammt. Der ***rosarote Granit*** aus Lanildut, dem kleinen Fischer- und Yachthafen an der westlichsten der drei Aber-Mündungen, gehörte bis in die 60er Jahre unseres Jahrhunderts zu den wichtigsten Wirtschaftsgütern des Ortes. Der Abbau wurde inzwischen aus Kostengründen eingestellt.

Landschaftlich unterscheidet sich der Aber-Ildut von den beiden anderen Abers kaum: Hinter einer durch die starken Gezeiten (Tidenhub bis zu 8 m) geprägten ***felsigen Uferzone*** beginnt eine landwirtschaftlich genutzte Hügellandschaft, die hier und dort von kleinen Wäldchen unterbrochen ist.

Lanildut

Lanildut am Nordufer und Brélès am östlichen Ende des Fjordes sind ruhige, historisch gewachsene Orte mit zum Teil sehr alten Granithäusern, deren Erbauer ihr Geld im Seehandel verdient haben. Der Hafen von Lanildut diente seit dem Mittelalter als Umschlagplatz für Holz, Granit, Getreide, Wein, Fisch und Algen. Insbesondere das Anlanden der um die Insel Ouessant und Molène gewonnenen ***Algen*** ist nach wie vor ein wichtiger Arbeitsbereich im Hafen von Lanildut. Auffällig sind die pontonähnlichen Algenernteboote mit ihren Greifbaggern auf dem Vordeck. Die Algen werden hier vom Frühjahr bis in den Herbst hinein täglich tonnenweise auf Lastwagen verladen, die die jodhaltige Ladung zur chemischen Weiterverarbeitung nach Landerneau bringen. Hauptsächlich wird es dort zur Sodagewinnung verwendet.

Der Aber-Ildut läßt sich gut zu Fuß erkunden. Ein kleiner Weg führt am Wasser entlang bis zum ***Rocher du Crapaud*** (Krötenfelsen) an der Mündung, wo die Angler oft ihr Glück versuchen.

Lampaul-Plouarzel

Das Südufer des Aber besteht vorwiegend aus unbebauter Natur. Lediglich im Mündungsbereich gegenüber des Rocher du Crapaud grenzen die Häuser des im Sommer touristisch recht aktiven Orts Lampaul-Plouarzel bis ans Wasser. Lampaul-Plouarzel erstreckt sich auf etwa 4 km Küstenlinie südlich der Aber-Mündung. Leider wurde die Landschaft durch ***Hunderte von Ferienhäusern*** und Wohnkomplexen in geradezu chaotischer Weise zersiedelt. Zahlreiche, meist reizlose ***staubige Campingplätze*** liegen in Talmulden zwischen den Bebauungsgebieten und beherbergen im Juli und August Tausende von Campern, die vor allem wegen der zweifellos schönen Badebuchten mit sauberen Sandstränden hierher kommen. Der ***Grève de Gouérou*** gehört sicherlich zu den schönsten Stränden der Westbretagne.

Praktische Hinweise

Information

•***Office de Tourisme***, 29810 Plouarzel-Bourg, Tel. 98.89.69.46; und in 29840 Porspoder, in der Rue de l'Europe 61, Tel. 98.89.93.52.

Unterkunft

●***Hôtel Pen Ar Bed in Porspoder***, Tel. 98.89. 90.28. Ein einfaches, preiswertes Haus ca. 4 km nördlich der Aber-Mündung in Küstennähe. 12 ebenso einfache wie saubere Zimmer ab 140 FF, geöffnet 1.4.-30.9.

●Wer ein komfortableres Hotel sucht, sollte nach ***St-Renan***, (von Lampaul-Plouarzel ca. 10 km östlich über die D 5) oder nach ***Conquet*** (ca. 11 km südlich über die D 28) fahren.

●***Camping du Tromeur***, Tel. 98.04.31.13, ca. 1 km nördlich von Lanidut (beschildert). Sehr großzügig gestaltete Anlage mit 90 großen, durch Bäume und Hecken voneinander getrennten Stellplätzen in hügeligem Gelände. Die Sanitäranlagen sind vorbildlich. Geöffnet ist er von Ostern bis zum 30.9.

●***Aire Naturelle de Camping***, Tel. 98.04.33.96. Ein kleiner Zeltplatz im Ortsteil Ruludu bei Lanidut mit 20 Einheiten für Leute, die außer Natur nicht viel brauchen. Geöffnet 1.6.-30.9.

●***Camping Municipal de Porspaul***, Tel. 98.84 03.56 oder 98.84.01.13 in Lampaul-Plouarzel. Recht großer Platz mit 200 Einheiten und guter Sanitärausstattung, geöffnet 1.6.-15.9.

Essen und Trinken

●***Restaurant Le Neptune***, Lanildut, Tel. 98.04. 30.03. Ein sympathisches Speiselokal in Ortsmitte direkt am Wasser, in dem regional bekannt gute Fischmenüs ab 80 FF serviert werden.

●***La Chaloupe***, am Hafen von Lampaul-Plouarzel (Porspol), Tel. 98.84.01.19. Kleines, einfaches, preiswertes Restaurant mit sehr reichhaltigen Menüs ab 65 FF.

●***Crêperie Lambaol***, Lampaul-Plouarzel Le Bourg, Tel. 98.48.13.64. Nettes Lokal für eine kleine Zwischenmahlzeit.

●***Crêperie Ty Forn***, Plouarzel, Tel. 98.89.65.77. In dem ehemaligen Bauernhof werden in rustikalem Rahmen sehr schmackhafte Crêpes serviert.

●***Le Galway***, Rue de l'Europe 87, Porspoder, Tel. 98.89.55.44. Eine gemütliche Bar/Brasserie mit irischem Touch.

Sonstiges

●***Segeln:*** Base Nautique de Plouarzel, Tel. 98.89.69.46.

●***Tennis:*** Court Municipal, Tel. 98.89.69.46.

●***Fahrradverleih:*** Im Office de Tourisme von Lampaul-Plouarzel, Tel. 98.89.52.62, oder Perchoc Cycles, Mergouez-Porspoder, Tel. 98.89.52.62.

●***Reiten:*** Le Ranch Blue Nash Ruscumunoc, Plouarzel, Tel. 98.89.30.05.

●***Golf:*** Golf des Abers, Kerhoaden, Plouarzel, Tel. 98.89.68.33, 18 Löcher und Putting green.

Anreise/Weiterreise

●***Mit dem Auto:*** Von/nach Brest ca. 20 km über

Riesenphallus: der größte bretonische Menhir (WK)

Zwischen dem Aber Ildut und Le Conquet

Menhir de Kerloas

Wer will ihn nicht sehen, den ***größten*** noch stehenden ***Menhir der Bretagne***? Am Rand eines Getreidefeldes, umgeben von Ginsterbüschen, ragt er 11 m in die Höhe, der Menhir de Kerloas. Von Plouarzel kommend, fährt man ca. 2 km über die D 5 in Richtung St-Renan. Dann rechts ab der Beschilderung "Menhir" noch weitere 2 km folgen.

Abgesehen von seiner Höhe unterscheidet sich dieser Menhir in zweierlei Hinsicht von allen anderen: Seine ***Spitze*** erscheint wie abgeschlagen. Hat hier in geraumer Vorzeit ein Blitz eingeschlagen? Außerdem besitzt er unten in ca. 1,2 m Höhe zwei augenähnliche ***Beulen.*** Waren dies die Stellen, an denen man sich in der Hochzeitsnacht den Bauch reiben mußte, um die Ehe nicht scheitern zu lassen, wie es noch im 19. Jh. Brauch war?

Pointe de Corsen/Phare de Trézien

Finistère – Pen ar Bed – Ende der Erde, hier an der Pointe de Corsen und nicht etwa an der bekannteren Pointe du Raz 40 km weiter südlich, liegt die ***westlichste aller bretonischen Felsnasen*** am Festland. Bedingt durch den Schutz der vorgelagerten Inseln Ouessant, Molène, Quéménès und einiger weiterer kleiner Eilande rollt die See hier nicht so grandios wie an der exponierteren Pointe du Raz, aber dennoch lohnt der Blick aus 40 m Höhe über den felsigen Abgrund auf den ***Chenal du Four*** und den ***Chenal de la Helle***. Dies sind die Passagen zwischen Ouessant und dem Festland, die vor der Amoco-Cadiz-Katastrophe von der Großschiffahrt häufig als Abkürzung genutzt wurden.

Seit 1978 dürfen nur noch Segler und kleinere Motorschiffe die strömungs- und nebelreichen Gewässer östlich von Ouessant befahren. Der 37 m hohe ***Phare de Trézien*** etwa 1 km vor der Pointe de Corsen erleichtert bei Nacht mit seinem sek-

Ländliche Idylle: An der Côte des Aber (WK)

torbegrenzten Leitfeuer die gefährliche Durchfahrt. In den Sommermonaten kann der 100 Jahre alte Turm besichtigt werden (10.00-12.00 Uhr und 15.00-18.00 Uhr). Anfahrt über die D 28 bei Plouarzel, von dort in Richtung Trézien, Pointe de Corsen (beschildert).

Grève de Porsmoguer

Etwa 1 km südöstlich der Pointe de Corsen (Richtung Ploumoguer) befindet sich in einer tief eingeschnittenen Bucht der wunderschöne Badestrand Grève de Porsmogeur, 200 m reinster gelber Sand, Natur pur, ohne jegliche touristische Angebote. An schönen Tagen muß man allerdings damit rechnen, die Naturschönheit mit vielen anderen Menschen zu teilen.

Richtung Süden

Vom Aber-Ildut weiter nach Süden in Richtung des Fähr- und Fischereihafens Le Conquet führen verschiedene kleine Straßen teilweise an der Küste entlang, z.T. auch durch das hügelige ländliche Hinterland. Camper und Wohnmobilfahrer haben reiche Auswahl zwischen meist kleineren Campings Municipal oder Camping à la Ferme (auf dem Bauernhof), von wo aus die nähere Umgebung Le Conquet, St-Renan, Pointe de St-Mathieu, Plougonvelin und Brest erkundet werden kann.

Ein sehr empfehlenswerter ***Wanderweg*** folgt der Küste von Lampaul-Plouarzel bis Le Conquet. Bei sehr guter Sicht erkennt man am Horizont von Nordwesten nach Südwesten die Inseln Ouessant, Balanec, Molène, Quéménès und Béniguet in einem Seegebiet, von dem es heißt, daß hier die besten Krustentiere Europas gefangen werden. Tatsache ist, daß vor der europäischen Festlandsküste nirgendwo die ***Wasserqualität*** besser ist als bei der Ile d'Ouessant.

Le Conquet

Der wirtschaftlich ***blühende Fischerei- und Fährhafen*** kurz vor der Einfahrt in die Bucht von Brest hatte schon im Mittelalter eine große Bedeutung im Seehandel zwischen der Iberischen Halbinsel und Nordeuropa. Seine vor Stürmen geschützte Lage an der südlichsten der Aber-Mündungen, dem Croaë, ermöglichte es, daß sein Warenumschlag bis ins 18. Jh. größer war als der von Brest.

Die leichte Erreichbarkeit des Hafens brachte allerdings den militärstrategischen Nachteil mit sich, feindliche Schiffe nicht früh genug abwehren zu können. Wiederholte ***Angriffe englischer Kriegsschiffe***, bei denen die Stadt fast vollständig verwüstet wurde, bewegten im 18. Jh. mehr und mehr Geschäftsleute, ihre Kontore im besser zu schützenden Brest einzurichten. Der ***wirtschaftliche Niedergang*** setzte ein, und erst mit der Entwicklung des Tourismus gegen 1960 begann die Stadt wieder aufzublühen.

Die Schaffung einer regelmäßigen ***Fährverbindung*** zu den Inseln Molène und Ouessant sowie die Aktivierung der Fischerei für den Fang von teuer zu verkaufenden Schalentieren brachte wachsenden Verdienst. Insbesondere der ***Taschenkrebs*** (hier nicht TOURTEAU oder CRABE, sondern DORMEUR genannt), der auf keinem Plateau de Fruits de Mer fehlen darf, wird hier täglich tonnenweise angelandet. Heute fischen etwa 40 Boote mit Heimathafen Le Conquet in den Gewässern zwischen Ile d'Ouessant und Ile de Sein, dem Mer d'Iroise. Rund um die Uhr werden hier die Krustentiere (CRUSTACÉS) gefangen. Und was nicht nach Paris verkauft wird, geht in die heimischen Restaurants, von denen es nicht wenige gibt.

Vom Marktplatz nahe der Kirche führen verschiedene schmale Gassen hinunter zum ***Hafen,*** wo auch der große Parkplatz für die Autos der Reisenden nach Molène oder Ouessant liegt. Der Digue St-Christoph, die Anlegemole der Fischer, begrenzt den Fährhafen flußaufwärts.

Etwa 200 m weiter direkt am Wasser fällt ein sehr altes Fachwerkhaus auf, das ***Maison des Seigneurs***. Es ist eines der wenigen Häuser, die die Zerstörung der Stadt durch englische Kriegsschiffe 1558 überstanden haben. Leider ist es nur von außen zu besichtigen.

Nach weiteren 400 m am Wasser entlang flußaufwärts kommt man zur Fußgängerbrücke Passerelle du Croae, über die das Nordufer erreicht wird. Bei schönem Wetter lockt hier hinter dem Hügel der 2 km lange ***Plage des Blancs Sablons***, der auch für kleinere Kinder geeignet ist. Wem mehr nach Wandern ist, der folge links der Brücke nach Westen dem kleinen Küstenwanderweg auf die ***Presqu'île de Kermorvan***. Die zum Naturschutzgebiet erklärte Halbinsel mit dem eckigen ***Kermorvan-Leuchtturm*** an der Spitze läßt sich in etwa einer Stunde umrunden. Vom Fuß des automatisierten Leuchtturms aus eröffnet sich eine beeindruckende Perspektive über den Chenal du Four hinüber zu den vorgelagerten Vogelschutzinseln Béniguet und Quéménès sowie zur 12 km entfernten bewohnten Ile Molène.

Falls das Wetter für die Kermorvan-Wanderung zu schlecht ist, bietet sich eine sehenswerte Alternative im ***Musée d'Histoire Locale et de Vie Maritime en Iroise***. Das 1990 eröffnete Museum für maritime Lokalgeschichte am Place de Brest (Tel. 98.89.14.41) dokumentiert eindrucksvoll die Arbeit der Krustentierfischer und der Tangfischer. Öffnungszeiten: Juli und August 10.00-12.00 Uhr und 14.00-18.00 Uhr. Montags wie viele Museen geschlossen.

Praktische Hinweise

Information

•***Office de Tourisme***, Place de Brest, 29217 Le Conquet, Tel. 98.89.11.31.

Unterkunft

•***Corrotel-Restaurant La Pointe de Saint-Mathieu***, Tel. 98.89.00.19, am gleichnamigen Leuchtturmkap 4 km südlich von Le Conquet (D 85). Sehr stilvolles Haus nahe der alten Abtei von St-Mathieu mit 15 sehr geschmackvollen Zimmern ab 300 FF, ganzjährig geöffnet.

•***Hôtel/Restaurant de la Pointe Sainte-Barbe***, Pointe Ste-Barbe, Tel. 98.89.00.26. Großes Mittelklassehotel direkt am Meer am seeseitigen Rand des Hafens mit 49 recht komfortabel eingerichteten Zimmern ab 180 FF. Geöffnet 18.12.-10.11.

•***Hôtel/Restaurant de Bretagne***, Rue Lieutenant Jourden 6, Tel. 98.89.00.02. Schlichteres Haus an der Hauptdurchgangsstraße mit 17 Zimmern ab 140 FF, geöffnet 15.3.-15.11.

•***Camping Municipal Le Théven***, Blancs Sablons, Tel. 98.89.06.90. Großzügig angelegte Anlage zwischen dem Plage des Blancs Sablons und der Kermorvan-Halbinsel mit 450 Stellplätzen in mit Büschen und Bäumen schön gestalteter Umgebung. Gute Sanitärausstattung und ein breites Zusatzangebot wie Laden, Tennisplatz, Kinderspielplatz und Wohnwagenverleih lassen den Platz als sehr empfehlenswert erscheinen. Geöffnet von Ostern bis 15. Oktober.

•***Camping de la Presqu'île de Kermorvan***, Les Blancs Sablons, Tel. 98.89.01.64. Ebenfalls sehr schön gelegener Platz auf der Kermorvan-Halbinsel mit 66 Stellplätzen und guten Sanitäranlagen, geöffnet vom 16.6. bis 31.8.

Essen und Trinken

•***La Taverne du Port***, Rue St-Christophe 18, Tel. 98.89.10.90. Im Erdgeschoß eine gemütliche Bierkneipe im maritimen Stil und darüber ein kleines sympathisches Restaurant mit verschiedenen Menüs ab 75 FF.

•***Crêperie/Grill Les Boucaniers***, Rue Poncelin 3, Tel. 98.89.06.25. Wie wir meinen, das interessanteste Lokal der Stadt: In einem urigen Granithaus aus dem 17. Jh. in Ortsmitte ist diese Crêperie mit ihrem historischen Mobiliar, den alten Hafenbildern und etlichen maritimen Sammlungsstücken schon fast ein Museum mit Restaurationsbetrieb. Nicht selten wird abends das alte Klavier zu bretonischen Seefahrtsliedern gespielt. Neben Crêpes werden auch einfache Grillgerichte angeboten.

•***Bar/Café Félix-Au Vieux Logis***, Rue Poncelin 5, Tel. 98.89.01.77. Ein gemütliches Café in typisch französischem Sinne, also auch mit Bierausschank.

Sonstiges

•***Tauchen/Angeln:*** Das Office de Tourisme, Tel. 98.89.11.31, vermittelt Fahrten.

Fanggeräte im Hafen von Le Conquet (WK)

•***Tennis:*** Die vier Municipalplätze werden über die Mairie (Tel. 98.89.00.07) vermietet.

•***Reiten:*** Ausritte entlang der Küste unter Tel. 98.89.13.44.

•***Bootsverleih:*** Bleu Soleil-Croaë, Tel. 98.89.15.75.

•***Bauernhofaktivitäten:*** Auf der Ferme pédagogique de Keringar in Lochrist, ca. 1 km südlich des Zentrums, Tel. 98.89.13.44, können Kinder und Erwachsene jeweils mittwochs in verschiedene bäuerliche Tätigkeiten eingewiesen werden: Tierpflege, Gartenbau, Weben, Kochen unter Anleitung.

•***Einkaufstip:*** Krustentiere direkt vom Fischerboot bei Jean Pierre Jestin, Lale St-Christoph am Hafen, Tel. 98.89.00.01.

•***Markt:*** Dienstags neben der Kirche.

Anreise/Weiterreise

•***Mit dem Auto:*** Von/nach Brest ca. 20 km über die D 789.

•***Mit dem Bus:*** Täglich verkehrt mindestens fünfmal täglich (samstags dreimal) ein Bus zwischen Le Conquet und Brest sowie zur Pointe de St-Mathieu. Haltestelle im Zentrum nahe der Kirche.

•***Fähren:*** Die Reederei Pen Ar Bed, Tel. 98.89.02.12, verbindet ganzjährig täglich einmal Le Conquet mit den Inseln Molène und Ouessant. Das Schiff kommt morgens von Brest und fährt via Le Conquet, Molène nach Ouessant. Nachmittags dieselbe Strecke zurück bis Brest. Fahrdauer Le Conquet – Ouessant ca. 1 1/4 Stunde. Fahrpreise (einfache Fahrt): Le Conquet – Molène 61/35 FF, Le Conquet – Ouessant 65/37 FF. Tickets im Fährenbüro am Hafen.

Einbahnstraßen auf dem Meer

Der Ärmelkanal ist die meistbefahrene Wasserstraße der Welt. "Warum sieht man dann niemals große Frachter?" mag sich der Reisende an der nordbretonischen Küste zum Beispiel bei einem Besuch auf dem Leuchtturm der Ile Vierge fragen.

Bis 1978 sah man hier Frachter und Tanker nahe, zu nahe vor der Küste. Bis dahin wählten die Kapitäne der Großschiffahrt aus Kostengründen den ***kürzesten Weg aus der Biskaya*** in den Ärmelkanal, haarscharf vorbei an der Insel Ouessant und den Roches de Portsall. Bei technischen Problemen und schwerer See hoffte man leichtfertig auf die effektive Hilfe der Hochseeschlepper aus Brest.

Immer wieder kam es zwar zu Schiffbrüchen, aber Konsequenzen wurden erst gezogen, als 1978 die ***Ölkatastrophe der Amoco-Cadiz*** schließlich zum Handeln zwang. Noch im selben Jahr wurden die Schiffahrtsvorschriften vor der Nordwestküste der Bretagne deutlich verschärft. Seitdem darf kein Tanker oder Frachter von mehr als 70 m Länge näher als 13 km an die Küste heran. Der zu fahrende Kurs ist durch sogenannte ***Verkehrstrennungsgebiete*** festgelegt, einer Bahn auf dem Meer, die von den Schiffen wie von einem Auto auf der Autobahn eingehalten werden muß. Von diesen Bahnen gibt es nördlich von Ouessant und Portsall insgesamt drei, zwei im West-Ost-Verkehr und eine im Ost-West-Verkehr, jeweils mit ca. 10 km Breite. Leistungsstarke Radarstationen entlang der Küste kontrollieren die Einhaltung der Vorschriften, und im Falle eines Verstoßes ist binnen weniger Minuten ein Patrouillenboot der französischen Marine beim Verkehrssünder. Die südlichste der "Einbahnstraßen" liegt mit ca. 35 km Sicherheitsabstand von der Küste so weit entfernt, daß selbst von einem hohen Kap aus keine Schiffe gesehen werden können. Seit Einrichtung dieses Verkehrstrennungsgebietes kam es hier nicht mehr zu gravierenden Havarien.

Karte siehe S. 224

Brest

Brest zählt zu den bedeutendsten Großstädten der Bretagne. Im Unterschied zu anderen Städten beruht seine Bedeutung jedoch nicht so sehr auf wirtschaftlicher Stärke oder reicher kultureller Entwicklung, sondern eher auf einer zweifelhaft-rühmlichen ***militärischen Vergangenheit und Gegenwart***.

Archäologische Funde belegen, daß schon die römischen Feldherren die ***günstige Lage*** der Stadt erkannten und hier Befestigungen und Hafenanlagen errichteten, denn die Stadt am Meer wird nach Norden durch die Léon-Landmasse und nach Süden durch die Crozon-Halbinsel geschützt. Die Einfahrt in die riesige Bucht (150 km^2) vor der Stadt, die Rade de Brest, ließ sich entsprechend leicht schützen.

Während der ***Erbfolgekriege*** im 14. Jh. verbündete JEAN DE MONTFORT sich mit den Engländern, ließ sie hier ihren Stützpunkt errichten und konnte mit ihrer Hilfe das Kriegsglück auf seine Seite ziehen. Zu seinem Leidwesen ließen sich die Engländer aber nicht so leicht wieder vertreiben, sondern setzten sich hier etwa 50 Jahre fest.

RICHELIEU ließ etliche Arsenale in der Stadt errichten, COLBERT folgte im 17. Jh. seinen Ideen und schuf hier in seiner Eigenschaft als Marineminister eine Schule der Kriegsmarine. Zugleich rüstete er die Kriegsmarine technisch auf, so daß Brest zum ***größten Marinestützpunkt Frankreichs*** avancierte. Den letzten Schliff erhielten die Befestigungen der Stadt dann unter VAUBAN, dem berühmten Minister und Bauherren unter LOUIS XIV.

Im Verlauf dieser wechselvollen Geschichte, die im wesentlichen von der Kriegsmaschinerie und ihrer zerstörenden Macht handelt, entstanden einige beeindruckende Bauwerke, die dann aber im Verlauf des ***2. Weltkrieges*** fast alle vollständig zerstört wurden (welche Ironie des Schicksals). Als die Engländer ihre Stützpunkte an der französischen Küste aufgeben mußten, versuchten sie, die Marineanlagen Brests so weit wie möglich zu vernichten. Die nachrückenden deutschen Truppen erkannten auch den Wert der Stadt und setzten alles daran, die Anlagen wieder instand zu setzen. Von da an ging es hin und her. Alliierte Bomber bemühten sich bis zum Ende des Krieges, Brest zu zerstören, die deutschen Soldaten verteidigten die Stadt erbittert. Die deutsche Marine baute den Hafen zu einem der größten U-Boot-Stützpunkte aus. Im Spätsommer 1944 konnte die Stadt von den alliierten Verbänden zurückerobert werden, allerdings erst nach über 40 Tagen erbitterter Kämpfe und der damit nahezu völligen Zerstörung der Altstadt.

Nach Kriegsende begann der ***Wiederaufbau.*** Rasch und kostengünstig lautete die Devise. Das Ergebnis ist heute sichtbar. Gerade, mehrspurige Straßen, Neubauten der 50er und 60er Jahre und sehr wenig von dem, was fast alle anderen Städte der Bretagne auszeichnet, wie eine Altstadt oder historische Gebäude.

Heute ist Brest wieder eine bedeutende Hafenstadt und wird wieder überwiegend militärisch genutzt, u.a. von französischen ***Atom-U-Booten.*** Der Handelshafen Brest spielt trotz wachsender Umschlagszahlen (etwa 2 Mio. t/Jahr) nach wie vor eine untergeordnete Rolle.

Sehenswertes

Infolge der starken Kriegsschäden sind nur wenige historische Gebäude erhalten. Fast alles Sehenswerte der Stadt hat in irgendeiner Form mit dem Meer zu tun.

Le Château. Die Festung der Stadt ist eines der wenigen historischen Gebäude Brests. Schon zur Zeit der Römer wachte hier eine Befestigung über die Einfahrt in die Penfeld. Zwischen dem 12. und 17. Jh. ließen die Baumeister der Könige mächtige Türme errichten. Zeitweilig diente die Anlage als Gefängnis und als

Überstand Jahrhunderte: das Schloß von Brest (EH)

Hier überstand nichts den Krieg: Marinehafen (EH)

Hauptquartier der Armee. Auch die Festung litt unter den Bombardements des 2. Weltkrieges. Die Mauer mußte an vielen Stollen wiederaufgebaut werden.

Im Inneren der Festung sind die Préfecture Maritime (Seefahrtsamt) und das ***Musée de la Marine*** (Marinemuseum) untergebracht. Nur das Museum kann besichtigt werden. Auf dem geschichtsträchtigen Boden werden hier Gemälde, Waffen, Modelle und Ausrüstungsgegenstände der Marine ausgestellt. Hinzu kommen geschichtliche Aspekte der Festung, so z.B. die Kapelle, in der ANNE DE BRETAGNE betete und die Darstellung des Bagnos der Stadt.

Öffnungszeiten: Täglich, außer dienstags, 9.15-11.30 Uhr und 14.00-17.30 Uhr, Eintritt 24/12 FF. Tel. 98.22.12.39.

Tour Tanguy. Gegenüber der Festung steht ein weiteres historisches Bauwerk der Stadt. Auch dieser Turm wurde 1944 zerstört, konnte aber später originalgetreu wiederaufgebaut werden. Er beherbergt ein stadtgeschichtliches Museum, das das Brest vor 1939 in Dioramen darstellt.

Öffnungszeiten: Von Juni bis September täglich 10.00-12.00 Uhr und 14.00-19.00 Uhr. Von Oktober bis Mai mittwochs und donnerstags 14.00-17.00 Uhr, samstags und sonntags 14.00-18.00 Uhr. Eintritt frei. Square Pierre Péron, Tel. 98.00.88.60.

Musée des Beaux-Arts. Im Museum der schönen Künste werden Werke italienischer, flämischer und französischer Künstler des 17. bis 20. Jh. ausgestellt. Ein Teil der Ausstellung widmet sich der Schule von Pont-Aven. Hinzu kommen zeitgenössische Kunst und Ausstellungen zu wechselnden Themen.

Öffnungszeiten: Täglich, außer dienstags, 10.00-11.45 Uhr und 14.00-18.45 Uhr, sonntags 14.00-18.45 Uhr. Eintritt frei. Rue Traverse 22, Tel. 98.44.66.27.

Le Mémorial-Fort Montbarrey. Die schon 1776 erbaute Befestigungsanlage liegt außerhalb des Stadtzentrums an der Straße nach Le Conquet. Heute ist hier ein Museum über den 2. Weltkrieg untergebracht.

Öffnungszeiten: Täglich, außer dienstags, 10.00-12.00 und 14.00-18.00 Uhr. Eintritt 20/10 FF. Allée Bir-Hakeim, Route du Conquet, Tel. 98.05.39.46.

Le Cours Dajot. Über 600 m Länge erstreckt sich diese Promenade mit stetem Blick auf die Hafenanlagen der Stadt, die 1769 von Strafgefangenen in harter Fronarbeit erbaut werden mußte.

Monument Américain. Mitten im Cours Dajot steht das amerikanische Monument in Pink. Es soll an die Landung der Amerikaner 1917 erinnern, wurde am 4. Juli 1941 zerstört und 1958 wiederaufgebaut.

Pont de Recouvrance. Nahe dem Château führt die Straße über die größte Hebebrücke Europas. An 64 m hohen Trägern wird ein 87 m langes Stück Straße in die Höhe gezogen, um Schiffen die Einfahrt in den Hafenbereich Penfeld zu ermöglichen, 530 Tonnen Gewicht müssen dazu bewegt werden.

1	Château	6	Office de Tourisme/ Place de la Liberté	11	Konsulat
2	Tour Tanguy	7	Bahnhof/Busbahnhof	12	Océanapolis, Yachthafen
3	Hebebrücke	8	Hôtel de la Gare	13	Jugendherberge
4	Hôtel de la Rade, Musée des Beaux-Arts	9	Hôtel Bellevue	14	Hôtel de la Corniche
5	Cours Dajot	10	Markthallen	15	Fort Montbarrey
				16	Camping du Goulet

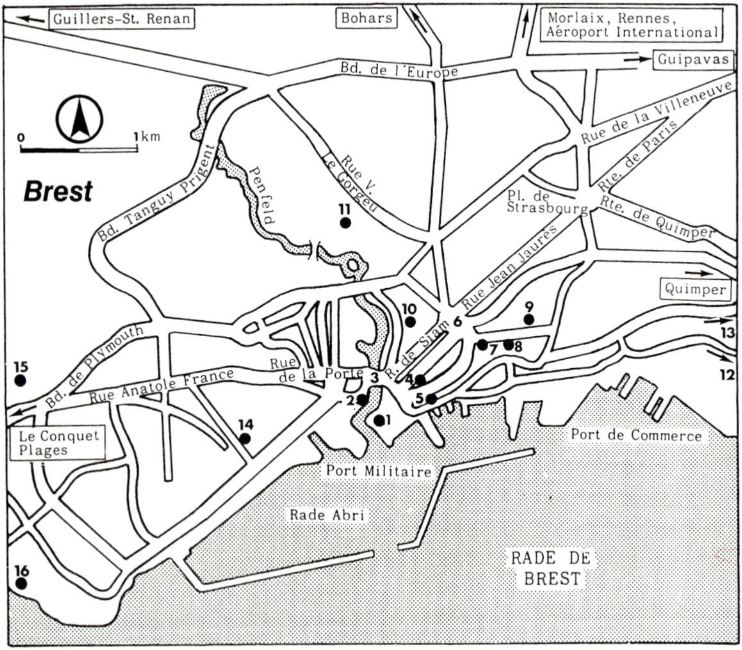

Océanopolis. Auf 2.600 m^2 Fläche finden sich riesige Aquarien, die die Flora und Fauna des Nordatlantiks zeigen, und die Besucher können anhand von Videos, Diaserien und Computern ihre Kenntnisse über ozeanographische und meeresbiologische Themen auf interessante Weise erweitern. Ökologische Zusammenhänge im Leben von Walen, Delphinen und Seevögeln werden ebenso anschaulich dargestellt wie die Entstehung von Wetter- und Klimaveränderungen. Eine Robbenhöhle und ein Spielbereich für kleinere Kinder ergänzen das Spektakel.

Öffnungszeiten: Vom 1.5. bis 30.9. täglich 9.30-18.00 Uhr, von 1.10. bis 30.4. dienstags bis freitags 9.30-17.00 Uhr, montags 14.00-17.00 Uhr, an Wochenenden 9.30-18.00 Uhr. Eintritt: über 25 Jahre 50 FF, 18-25 Jahre 40 FF, 4-17 Jahre 30 FF. Port de Plaisance du Moulin Blanc, Tel. 98.34.40.40.

Anreise: Mit dem Bus Nr. 7 in Richtung Port de Plaisance. Abfahrt am Bahnhof und am Château. Mit dem PKW in Richtung Plougastel-Daoulas, dann der Ausschilderung folgen.

Markthallen. Gegenüber der 1957 erbauten St-Louis-Kirche am gleichnamigen Platz befinden sich Hallen, in denen allerlei Eß- und Trinkbares sowie Souvenirs erworben werden können.

Praktische Hinweise

Information

•***Office de Tourisme de Brest***, Place de la Liberté, 29266 Brest, Tel. 98.44.24.96.

•***Konsulat der BRD***, M. Barsuss, Square Cdt. l'Herminier 9, Tel. 98.44.35.59.

Unterkunft

Das Angebot an Zimmern ist groß und preislich recht breit gefächert.

•***Abalis Hôtel***, Avenue Georges Clémenceau 7, Tel. 98.44.21.86. Direkt im Zentrum liegt das Hotel der gehobenen Mittelklasse. Gäste parken in der hauseigenen Garage. Zimmer ab 220 FF.

•***Hôtel de la Corniche***, Rue Amiral Nicol 1, Tel. 98.45.12.42. Komfortabel bis luxuriös zeigt sich das Hotel nahe dem Militärhafen, etwas außerhalb des Zentrums. Zimmer ab 360 FF.

•***Hôtel de la Gare***, Boulevard Gambetta 4, Tel. 98.44.47.01. Im Stadtzentrum, nahe dem Bahnhof, befindet sich das gerade renovierte Hotel der Mittelklasse. Die ordentlich eingerichteten Zimmer sind ihren Preis (ab 210 FF) wert.

•***Hôtel Bellevue***, Rue Victor Hugo 53, Tel. 98.80.51.78. Ebenfalls im Zentrum. 27 komfortabel eingerichtete Zimmer ab 220 FF. Leider kein eigener Parkplatz.

•***Hôtel de la Rade***, Rue de Siam 6, Tel. 98.44.47.76. Preiswert und gut, so lassen sich die einfach eingerichteten Zimmer beschreiben. Ab 130 FF.

Außerhalb der Stadt liegen ebenfalls zwei gute Hotels, die sich für Stadtmüde eignen oder denjenigen ansprechen, der nur auf der Durchreise ist:

•***B & B Hôtel***, Z.I. de Kergaradec, Avenue du Baron Lacrosse, Tel. 98.34.46.46. Funktionale saubere Zimmer im Motel-Stil ab 150 FF.

•***Relais Confortel***, Z.A. de Kerjean, Avenue du Gal de Gaulle, Tel. 98.28.28.44. Gut ausgestattete Zimmer, bei denen auch vom gesamten Ambiente her kaum Motel-Eindruck entsteht. Ab 250 FF.

•***Auberge de Jeunesse***, Rue de Kerbriant, Tel. 98.41.90.41. Die Jugendherberge liegt am Yachthafen (Port de Plaisance). Zimmer ab 61 FF. Erreichbar mit Bus Nr. 72 (Innenstadt), 5 und 8.

•***Camping du Goulet***, Ste-Anne-du-Portzic, Tel. 98.45.86.84. 6 Kilometer außerhalb des Zentrums liegt derganzjährig geöffnete, einfache Platz.

Essen und Trinken

•***Crêperie Moderne***, Rue Algésiras 34, Tel. 98.44.44.36. Im Angebot sind bretonische Spezialitäten.

•***Crêperie du Château***, Rue Boussingault 26, Tel. 98.44.66.89.

•***Restaurant Le Pré Vert***, Place Maurice Gillet 1, Tel. 98.43.19.29. Das Restaurant ist auf Langusten, Fisch und Austern spezialisiert.

•***Restaurant la Jonquière***, Rue de Siam 12, Tel. 98.46.05.52.

•***Le Pen-Duick***, direkt am Océanapolis, Tel. 98.42.10.88.

•***Disco Arpège***, Rue Neptune 11, Tel. 98.44.94.88.

Sonstiges

•***Fahrradverleih:*** S.A. Lennez Viot, Place Maurice Gillet 10, Tel. 98.44.57.18.

•***Wassersport:*** U.S.A.M, Centre Nautique du Moulin Blanc, Tel. 98.02.36.73.

●*Tauchen:* GROUPE MANCHE ATLANTIQUE DE PLONGÉE, Port de Commerce, 1er éperon, Tel. 98.43.15.11.
●*Golf*: SWIN GOLF DE BREST, Traon-Bihan, Tel. 98.05.27.22.
●*Einkaufen:* LES LUTINS, Rue de Siam 5. Der Laden für Souvenirs aus der Bretagne und maritimes Outfit.
●*Bootsausflüge:* VEDETTES ARMORICAINES, Port de Commerce, 1er Bassin, Tel. 98.44.44.04. Die Gesellschaft bietet täglich kürzere und längere Rundfahrten in der Umgebung von Brest an.

Anreise/Weiterreise

●*Mit dem Flugzeug:* Der Flughafen Brest-Guipavas liegt nordöstlich der Stadt. Von hier bestehen regelmäßige Flugverbindungen nach Paris und Ouessant.
●*Mit der Bahn:* Vom Bahnhof der Stadt fahren regelmäßig zahlreiche Züge entlang der Nordküste in Richtung Rennes/Paris bzw. Richtung Quimper/Vannes. Hinzu kommen Kurzstrecken zu Orten in der näheren Umgebung.
●*Mit dem Bus:* Busse fahren vom Busbahnhof aus in Richtung Le Conquet, Roscoff, Morlaix, Châteaulin, Quimper, Le Fret und Camaret.
●*Stadtbusse:* Vom Place Liberté aus ist die Stadt mit einem dichten Busnetz überzogen, so daß das Auto meist geparkt bleiben kann. Hilfreich ist der Streckenplan für den Busverkehr, der beim Office de Tourisme erhältlich ist.
●*Fährverbindungen:* Vom Port de Commerce bestehen Fährverbindungen nach Le Conquet, Molène und Ouessant (Auskunft, Tel. 98.80.24.68) sowie zur Crozon-Halbinsel nach Le Fret (Auskunft, Tel. 98.44.44.04).
●*Mit dem PKW:* Brest liegt verkehrsgünstig am Schnittpunkt der N 12 (Richtung Rennes) und der N 165 (Richtung Quimper/Nantes). In westlicher Richtung führt die D 789 nach Le Conquet und die D 5 nach St-Renan. Zur Nordküste führen die D 13 (Lannilis) und die D 788 (Le Folgoët). Landerneau ist über D 712 zu erreichen.

Umgebung von Brest

Pointe du Petit-Minou

Es gibt zwei Möglichkeiten, das felsige Kap am Goulet de Brest, der See-Einfahrt in die Rade de Brest, zu erreichen. Die schlechtere: Mit dem Auto ca. 8 km über die D 789 in Richtung Le Conquet, dann nach Süden auf die D 38 abbiegen, die nach ca. 2 km zur Küste führt. Die bessere: Das Auto am westlichen Stadtrand von Brest, am Leuchtturm von Sainte-Anne du Portzic, abstellen und von dort zu Fuß dem wunderschönen Küstenwanderweg (5 km) bis zur Pointe du Petit-Minou folgen.

An der Pointe du Petit-Minou befindet sich ein ***Fort,*** das dem auf Ile Bertheaume ähnelt. Wie alle Festungen des 17. Jh. am Goulet de Brest wurde auch diese im 1. und 2. Weltkrieg weitergenutzt.

Die Landzunge, die man im Süden sieht, ist die ***Pointe des Espagnols***, die Nordspitze der Crozon-Halbinsel. Der Name geht auf die Zeit spanischer Besetzung der Landspitze während der Religionskriege (Ende des 16. Jh.) zurück.

Saint-Renan

Die Bilderbuchkleinstadt liegt 10 Kilometer nordwestlich von Brest. Ein Besuch lohnt vor allem wegen ihres ***spätmittelalterlichen Altstadtkerns*** am Place de la Mairie und in der Rue de l'Eglise. Imposante Fachwerk- und Granitgebäude aus dem 15., 16. und 17. Jh. demonstrieren den einstigen Wohlstand, der hier im Handel zwischen der Großstadt Brest und den Häfen entlang der Küste erwirtschaftet wurde.

Heute blüht der Handel vor allem am Markttag (samstags). Saint-Renan ist das ***Marktzentrum*** des Aber-Hinterlandes. Hier lohnt vor allem der Einkauf bäuerlicher Erzeugnisse.

Musée d'Histoire Locale. In der Rue

La Scala: der Marktplatz von Saint-Renan (WK)

Saint-Mathieu 16, Tel. 98.84.22.54, befindet sich das Museum für Regionalgeschichte. Zwischen alten Möbeln des Léon und Trachten von der Aber-Küste wird anhand von historischen Dokumenten und Zeichnungen die Geschichte der Gegend dargestellt. Öffnungszeiten: Nur im Juli und August 15.00-18.00 Uhr, sonntags geschlossen. Eintritt 10/5 FF.

Ein heißer Tip für Crêpes-Liebhaber: La Maison d'Autrefois, eine ***vorzügliche Crêperie*** in Saint-Renan, Rue de l'Eglise 7, Tel. 98.84.22.67, in einem der ältesten Fachwerkhäuser der Stadt.

Menhir de Kerloas

Vier Kilometer westlich von Saint-Renan steht der ***größte noch aufrecht stehende Menhir*** der Bretagne. Bevor ein Blitz im 18. Jh. die Spitze beschädigte, war er etwa 11 m hoch. Seitdem fehlt ein Meter. Sein grob rechteckiger Querschnitt zeugt vom Arbeitseinsatz der Steinmetze.

Umstritten ist nach wie vor, ***wann er errichtet wurde***. Tonscherben aus der älteren Bronzezeit, die am Fuß des Kolosses gefunden wurden, weisen auf etwa 1.700 v. Chr. Im Vergleich mit anderen Menhiren, die auf ähnliche Art datiert wurden (z.B. Menhir de Kergadiou bei Lanildut und Menhir de Saint-Uzec bei Plomeur-Bodou), ist dieser 1.000 Jahre zu jung.

Weniger umstritten war bis zur Jahrhundertwende der Glaube an die ***magischen Kräfte*** des phallusähnlichen Steines. Um gesunde Kinder zu bekommen, war es wichtig, daß die junge Braut in der Hochzeitsnacht ihren nackten Körper am Menhir rieb.

Anreise

- Über die kleine Parallelstraße zur D 5 in Richtung Plouarzel, die ca. 1 km südwestlich des Ortes von der D 67 (Le Conquet) abzweigt, fahren.

Das Kloster aus dem 6. Jh. mit dem Leuchtturm aus dem 19. Jh. (WK)

Ile Bertheaume

5 Kilometer östlich der Pointe de Saint-Mathieu und 15 Kilometer westlich von Brest liegt der Ort Plougonvelin. Während der Ort selbst nichts Außergewöhnliches bietet, locken der 400 m lange ***Strand Trez-Hir*** und die 600 m südlich liegende Insel Bertheaume Besucher hierher.

Ursprünglich wurde das felsige Eiland militärisch genutzt. Schon im Mittelalter befand sich eine ***Burg auf der Insel***, die nur bei Niedrigwasser zu Fuß erreicht werden kann. Strategisch war der Ort gut gewählt, denn 20 Stunden am Tag wird die Insel von der Natur geschützt. Selbstverständlich erkannte auch Vauban, der Festungsspezialist Louis's XIV., deren Wert und ließ hier im 17. Jh. eine von dicken Mauern umgebene ***Kanonenbatterie*** errichten. Bevorzugte Ziele waren englische Schiffe, die ihrerseits in regelmäßigen Abständen versuchten, Teile der französischen Küste unter ihre Herrschaft zu bringen. Es galt schließlich, den Weintransport aus den englisch besetzten Gebieten bei Bordeaux nach England zu sichern. Je mehr Inseln und Häfen (wie z.B. Belle-Ile, Groix, Iles de Glénan, Concarneau) besetzt waren, desto sicherer waren auch die Transporte.

Die Batterie wurde im 18. Jh. durch ***Kasernen*** erweitert, die heute friedlichen Zwecken dienen: Ein kleines Museum für Lokalgeschichte wird gerade aufgebaut, und auf dem ehemaligen Exerzierplatz gibt es im Sommer Musik und Theater.

Öffnungszeiten: 15.6. bis 15.9. täglich 10.00-12.00 Uhr und 13.30-18.30 Uhr, vom 16.9. bis 15.10. und vom 15.2. bis 14.6. nur mittwochs, donnerstags, samstags und sonntags 14.00-18.00 Uhr. Eintritt 15/5 FF. Auskunft im Office de Tourisme in Plougonvelin, Tel. 98.48.30.18.

Wandern

• Von Bertheaume aus führt ein landschaftlich sehr reizvoller Küstenwanderweg oberhalb der

Steilküste nach Westen bis zur Pointe de Saint-Mathieu (etwa 6 km).

Anreise

- Über die D 789 bis Plougonvelin. Im Ort der Ausschilderung folgen.

Pointe de Saint-Mathieu

Bei den Kelten hieß dieses Kap Penn Ar Bed, der Anfang (nicht das Ende) der Welt.

Etwa 20 Kilometer westlich von Brest, in Richtung Le Conquet, kennzeichnet ein 37 m hoher Leuchtturm, der ***Phare de Saint-Mathieu***, in unmittelbarer Nähe einer Klosterruine das Südende der Aber-Küste und zugleich die Westgrenze der Einfahrt in die Bucht von Brest.

Direkt an der 20 m hohen Steilküste wurde hier vermutlich schon im 6. Jh. ein ***Kloster*** gegründet, in dem der Sage nach der Schädel des Apostels MATTHÄUS im Reliquienschrein aufbewahrt wurde. Leider wurde das Kloster im 13. Jh. geplündert und zerstört, so daß sich keine Beweise mehr für die Behauptung finden lassen. Die Mauerreste der heute noch erhaltenen Ruine stammen vom Kloster, das im 16. Jh. von Benediktinermönchen wiederaufgebaut wurde. Sie standen in Verbindung mit der Abtei von Landévennec, dem damaligen kirchlich-kulturellen Zentrum. Außer der kleinen Kirche Notre-Dame-des-Grâces ist davon nichts erhalten geblieben. Während der Revolution wurde das Kloster aufgegeben, die Steine verkaufte man als Baumaterial.

Schon der Turm der Klosterkirche diente seit 1740 als ***Leuchtturm.*** 1835 wurde dann der heute noch vorhandene rotweiße Turm errichtet. 167 Stufen führen zur Lampenetage hinauf.

Im Nordwesten kann die 24 Kilometer entfernt liegende Insel Ouessant bei klarer Sicht ausgemacht werden. Davor liegen Molène und nahe der Küste die wegen ihrer starken Strömungen gefährliche Passge des Chenal du Four.

Der Leuchtturmwärter erzählt gerne von der Geschichte des Turmes. Heute wird der Lichtblitz durch Halogen-Optik über 56 Kilometer weit ausgesendet. Öffnungszeiten: Juli und August täglich 10.30-12.00 Uhr und 15.00-19.00 Uhr, sonst nach Absprache (Tel. 98.89.00.17). Der Eintritt ist kostenlos, der Wärter freut sich über Trinkgeld (10 FF sind üblich).

Anreise

- Über die D 789 in Richtung Le Conquet.

Presqu'île de Plougastel

Zwischen dem Elorn und dem Rivière de Daoulas strecken sich vor der Haustür Brests fünf Landspitzen wie die Finger einer Hand nach Südwesten in die Rade de Brest. Die autobahnähnliche N 165, die am Hauptort Plougastel-Daoulas vorbeiführt, begrenzt zum Inland hin eine hügelige, von der nahen Großstadt weitgehend ***unberührte Halbinsel***, auf der Bauern und Fischer in kleinen Dörfern ein noch provinzielles Leben führen.

Der ***Garten von Brest***, wie die Halbinsel gern genannt wird, bekam diesen Beinamen wegen des fruchtbaren Bodens und der klimatisch günstigen Lage, die zusammen Garant für ertragreiche Ernten sind. Vom 16. bis 19. Jh. wurde auf den Feldern überwiegend Flachs zur Herstellung von Leinentüchern angebaut. Im 18. Jh. kam der ***Erdbeeranbau*** hinzu. Der Verkauf, vor allem nach England, war so gewinnbringend, daß sich Mitte des 19. Jh. die Mehrzahl der Bauern auf den Anbau der beliebten Früchte spezialisierte. Bis heute wird der Name Plougastel mit Erdbeeren assoziiert. In vielen Konditoreien der Bretagne und in allen Spirituosenläden findet man den berühmten Erdbeerlikör "Liqueur de Fraises de Plougastel". Der Höhepunkt der Produktion wurde 1952 mit ca. 6.000 t erreicht. Inzwischen haben sich die Erdbeerbauern überwiegend auf Gemüse und Blumen umgestellt, nachdem andere Regionen Süd- und Westeuropas erfolgreich im Erdbeergeschäft konkurrieren.

Der ***Calvaire von Plougastel-Daoulas.*** Bereits 1598 wurde beschlossen, einen großen Calvaire zu errichten, um einer großen Pestepidemie Einhalt zu gebieten, die schon über die Hälfte der Stadtbevölkerung hinweggerafft hatte. Spenden aus der Bevölkerung waren fast das einzige Finanzierungsmittel. Diejenigen, die überlebt hatten, gaben aus Freude und in der Hoffnung, mit den christlichen Symbolen künftiges Unheil abzuwenden.

Der Calvaire zeigt das Leben Jesu mit besonderer ***Betonung der Passionsgeschichte***. Insgesamt sind 181 Figuren dargestellt, die ursprünglich polychrom bemalt waren. Aufgrund der starken Ähnlichkeiten mit dem berühmten Calvaire von Guimiliau wird angenommen, daß beide vom selben Steinmetz stammen. Im Gegensatz zum Calvaire von Guimiliau wurden hier allerdings ***zwei verschiedenen Gesteinsarten*** verwendet: gelblicher Granit aus Logonna (südwestlich von Daoulas) für den Sockel und dunkelgrauer Kersanton-Granit für die Figuren. Kersanton ist ein kleines Dorf bei Hôpital-Camfrout, südlich Daoulas, das dem dort gebrochenen Gestein seinen Namen gibt. Die gräuliche Granitart ist durch eine feine Körnung gekennzeichnet, die die Verarbeitung erleichtert. Dennoch ist der Stein sehr alterungsbeständig.

Als im August 1944 amerikanische Flugzeuge die deutschen Stellungen in Brest und Plougastel-Daoulas bombardierten, wurden leider auch die kulturhistorisch bedeutenden Kirchenbauwerke stark beschädigt. Dank amerikanischer Spenden konnten 1948/49 die Pfarrkirche und der ***Calvaire restauriert*** werden.

Abgesehen von dem berühmten Calvaire in Plougastel-Daoulas bietet die Halbinsel wenig Spektakuläres, dafür aber eine Landschaft, die sich mit ihren kleinen Straßen (wenige Autos) und Küstenwanderwegen für ***Radtouren und Wanderungen*** anbietet.

Empfehlenswerte Routen

- Von Plougastel-Daoulas mit dem Auto oder Rad bis ***Kernisi*** (4 km). Von dort zu Fuß oder mit dem Rad parallel zur Küste bis zum kleinen Fischerhafen ***Le Caro***, weiter in südwestlicher Richtung zur ***Pointe de Kerdéniel***, mit schönem Blick über das Meer zur Presqu'île de Crozon. Die benachbarte Pointe de l'Armorique ist leider ein militärisches Sperrgebiet. Der Weg führt zurück nach Nordosten, vorbei an drei Menhiren beim Dörfchen ***Kerziou*** zum Hafen ***l'Auberlac'h***. Hier legten im letzten Jahrhundert die englischen Dampfschiffe ab, vollbeladen mit den gerade bei den Briten sehr beliebten Erdbeeren. Von L'Auberlac'h zurück über ***Saint-Adrien*** (Kapelle aus dem 16. Jh.) und ***Sainte-Christine*** nach Kernisi (Gesamtlänge 11 km).
- Der Weg läßt sich mit einem Abstecher nach Osten ins Dörfchen ***Saint-Guénolé*** (auch hier eine schöne Kapelle aus dem 16. Jh.) und dann zum Hafen ***Tinduff*** erweitern. Hier wird nachmittags (gegen 17.00 Uhr) Fisch fangfrisch vom Boot aus verkauft. Am Hafen befindet sich eine Zuchtstation für Jacobsmuscheln. Der Rückweg führt dann wieder über St-Guénolé und St-Adrien nach Kernisi.

Fahrradverleih

- In Plougastel-Daoulas können Fahrräder beim Office de Tourisme (Tel. 98.40.34.98) und bei STAR-CYCLES, Rue Mathurin-Thomas 14 (Tel. 98.40.38.44) gemietet werden.

Landerneau

Träge fließen die Wasser des Elorn dahin, und ähnlich ruhig, zumindest in touristischer Hinsicht, zeigt sich auch die Stadt.

Es erscheint merkwürdig, daß das ***verschlafen wirkende Städtchen*** am Ufer des Elorn einst die Hauptstadt des Léon gewesen ist. Doch seine geographische Lage nahe der Grenze zwischen Léon und Cournouaille und die Beschiffbarkeit

Nicht so groß wie der Ponte-Vecchio, aber ebenfalls bewohnt: Pont de Rohan (EH)

des Flusses bis in die Stadt hinein ließen Landerneau bereits seit dem 16. Jh. unter den ROHANS zu großer Bedeutung gelangen. Insgesamt lohnt ein Besuch eigentlich nur, wenn der Ort gerade "auf dem Weg" liegt.

Sehenswertes

Pont de Rohan. Die nach den Grafen benannte Brücke stammt aus dem Jahr 1510. Das Besondere an dem Bauwerk ist die Tatsache, daß sie zu den wenigen Brücken Europas zählt, die bewohnt sind. Neben Wohnhäusern befinden sich auf der Brücke, die Léon mit Cournouaille (daher auch die Namen der am rechten und linken Ufer verlaufenden Straßen Quai de Léon und Quai de Cornouaille) verbindet, einige Boutiquen und Souvenirgeschäfte.

Eglise St-Houardon. Diese Kirche, die zum überwiegenden Teil 1860 umgebaut wurde, besitzt von ihrer ursprünglichen Renaissanceanlage noch den Torbogen.

Eglise St-Thomas-de-Cantorbéry. Am südlichen Flußufer befindet sich diese im 16. Jh. errichtete Kirche, die dem Erzbischof von Canterbury geweiht wurde.

Zu beiden Seiten des Ufers, besonders im Bereich der Brücke, stehen auch heute noch hübsche Häuser aus dem 17. Jh. Es lohnt ein Blick auf das ***Maison d'Anne*** (1668) am Place du Général de Gaulle 9, das ***Maison de Rohan*** (1662) am Place du Marché und den ***Brunnen*** am Place des 4-Pompers.

Praktische Hinweise

Information

•***Office de Tourisme***, Pont de Rohan, 29800 Landerneau, Tel. 98.85.13.09.

Unterkunft

•***Hôtel Le Clos du Pontic***, Rue du Pontic, Tel. 98.21.50.91. Das 32-Zimmer-Haus bietet der Stadt angemessenen Komfort. Zimmer ab 300 FF.

Anreise/Weiterreise

•***Mit der Bahn:*** Landerneau liegt verkehrsgünstig an der Hauptstrecke Paris – Rennes – Brest, so daß regelmäßige Verbindungen bestehen. Eine Zusteigemöglichkeit besteht auch für Züge, die von Brest nach Morlaix bzw. in südlicher Richtung über Quimper, Lorient und Vannes bis Nantes fahren.

•***Mit dem Bus:*** Busse fahren von hier aus in alle anderen Orte der Umgebung. Die Haltestelle befindet sich am Bahnhof.

•***Mit dem PKW:*** Landerneau liegt etwa 5 km südlich der N 12, die von Brest nach Rennes führt. Die D 770 verbindet die Stadt mit Le Folgoët im Norden und Plougastel-Daoulas im Süden. Ins Landesinnere führen die D 764 (Richtung Sizun) und die D 712 (Richtung Landivisiau/Lampaul-Guimiliau).

Le Folgoët

Der kleine, verträumte Ort ist seit dem 15. Jh. eine wichtige Wallfahrtsstätte. Wie um so viele heilige Stätten rankt sich auch um Le Folgoët eine ***Legende.*** Der Name bedeutet in der Übersetzung "Verrückter des Waldes" und soll angeblich auf den Bettler und geistig behinderten SALOMON hindeuten, der hier einst lebte und das Gespött der Leute auf sich zog. Besonders lustig empfand es die Bevölkerung, daß er ständig "Ave Maria" vor sich hin brabbelte. Sein armseliges Leben fristete er im Wald, aus dem er sich nur hervortraute, um zu betteln. Nach seinem Tod und der Beisetzung registrierten die Bewohner plötzlich, daß aus seinem Grab eine wunderschöne Lilie wuchs, die bei genauer Untersuchung in seinem geöffneten Mund wurzelte und zudem eine Aufschrift trug – Ave Maria! Ein Wunder!

Dies nahm die Bevölkerung zum Anlaß, hier die ***Basilika Notre-Dame-du-Folgoët*** zu errichten. So hübsch die Geschichte auch sein mag, wahrscheinlich wurde die Basilika aber von JEAN DE MONTFORT errichtet, da er die Franzosen im Erbfolgekrieg besiegen konnte und so den himmlischen Mächten seinen Dank zeigen wollte. Auf jeden Fall lohnt ein Besuch der herrlichen Kirche, die erst im 15. Jh. fertiggestellt werden konnte. An der Fassade stehen mehrere Statuen, eine davon zeigt JEAN DE MONTFORT. Eindrucksvoll ist auch der Brunnen hinter der Kirche unter einem Flamboyantbogen. Den Innenraum der Kirche zieren fünf Altäre, eine Fensterrose über dem Chor, durch die das Licht im eigentümlichen Glanz die Kirche erhellt, und ein Lettner aus Granit.

Praktische Hinweise

Pardon

Pilgerfahrten finden im Frühjahr und Spätsommer statt. Besonders viele Menschen kommen hier am 8. September zusammen. Voraussetzung ist allerdings, daß der 8.9. ein Sonntag ist, sonst findet der Pardon am ersten Sonntag im September statt.

Anreise/Weiterreise

•***Mit dem Bus:*** Le Folgoët bzw. der Nachbarort Lesneven liegen an der häufig frequentierten Strecke Brest – Roscoff.

•***Mit dem PKW:*** Die D 788 führt von Brest über Le Folgoët weiter nach St-Pol-de-Léon. Zur Küste gelangt man über die D 28 (Lannilis), die D 125 (Plouescat) oder die D 770 (Brignogan), die in südlicher Richtung über Landerneau nach Daoulas führt.

Lesneven

Nur etwa 2 km von Le Folgoët entfernt liegt der kleine Ort. Hier befindet sich das ***Musée du Léon,*** das Ausstellungsstücke von der Vorgeschichte bis heute zeigt. Rue de la Marne 12, Tel. 98.21.17.18. Öffnungszeiten: Das Museum ist von April bis Oktober ganztägig außer dienstags geöffnet. Eintritt 10 FF.

Ile d'Ouessant (bret. Enez Eussa)

"Qui voit Ouessant voit son sang." (Wer Ouessant sieht, sieht sein Blut) ist ein warnender Spruch der bretonischen Fischer. Die westlichste französische Felseninsel ist im Laufe der Jahrhunderte Tausenden von Seefahrern zum Verhängnis geworden. Unzählige Felsen und Untiefen, zwischen denen ***tückische Gezeitenströme*** mit bis zu 9 Knoten (17 km/h) ein Schiff vom Kurs abbringen, umgeben die von ***Stürmen*** kahlgefetzte Insel. Windgeschwindigkeiten von bis zu 150 km/h sind an manchen Tagen zwischen Oktober und März durchaus nicht ungewöhnlich. Am 15.10.87 wurde das bisherige Maximum mit 200 km/h gemessen. Der Sommer bringt zwar weniger Stürme, aber dafür macht dann oft der ***Nebel*** eine Annäherung an die Insel gefährlich. Statistisch hält das Seegebiet zwischen Ouessant und Brest den europäischen Nebelrekord mit etwa 10 Nebeltagen pro Monat während des Hochsommers. Aber keine Sorge: Die 1991 neu in Dienst gestellte Fähre "Enez Eussa III" ist mit zwei Radargeräten ausgerüstet.

Ouessant ähnelt in seinen ***Umrissen*** der Zange eines Taschenkrebses. Die maximal 60 m hohe Insel ist mit ca. 7 km Länge und 4 km Breite gut per Fahrrad zu erkunden. Zahlreiche ***Wanderwege*** führen über die Insel und entlang der Küste.

Das leicht hügelige Gras- und Heideland ist mit flachen Steinmauern in Hunderte kleiner Parzellen unterteilt, auf denen ebensoviele ***Schafe*** weiden, wie Menschen auf der Insel leben (etwa 800).

Der überwiegende Teil der ***Bevölkerung*** lebt nicht im Hauptort Lampaul im Westen der Insel, sondern recht gleichmäßig über die Insel verteilt in meist bescheidenen, isoliert stehenden Bauernhäusern. Allerdings leben nur noch wenige Familien von der ***Landwirtschaft*** (Getreide- und Gemüseanbau, Schafzucht), denn das traditionelle Erbrecht auf Ouessant hat die Gehöfte in viele zu kleine Flächen zerteilt. ***Fischerei*** war zu keiner Zeit eine Haupteinkommensquelle, nicht weil der Fisch fehlte, sondern weil die Insel keinen sicheren Hafen hat. Die Bucht von Lampaul ist den Stürmen schutzlos ausgesetzt, und jeder Bau einer größeren Hafenmole wurde vom nächsten Wintersturm zerstört. Die Bucht von Stiff im Osten, hier legt die Fähre an, hat zu große Wassertiefen für den Bau einer größeren Mole. So blieb den Ouessantins (so nennen sich die Einwohner) nur die Landwirtschaft, der Dienst auf fremden Schiffen und ... die Strandräuberei.

Allerdings ist die Zahl der nachgewiesenen ***Hilfeleistungen für havarierte Schiffe*** erheblich größer als die der Wrackplünderungen. So lief am 16. Juni 1896 das englische Passagierschiff "Drummond Castle" südlich von Ouessant in dichtem Nebel auf eine Untiefe und sank binnen 5 Minuten. 3 von 251 Passagieren konnten mit Booten von Ouessant am nächsten Tag gerettet werden. Mehr als 200 Ertrunkene wurden auf die Insel gebracht. Die Einheimischen nähten die Leichen in Bettücher ein und bewahrten sie bis zur Bestattung hinter der Kirche von Lampaul auf. Die geborgenen Habseligkeiten wurden später den Hinterbliebenen in England übergeben. Zum Dank für den Einsatz stiftete Queen ***Victoria*** den Ouessantins Geld zum Bau des Kirchturmes von Lampaul.

In unserem Jahrhundert wurde die ***Navigation entlang der*** französischen ***Westspitze*** durch den vermehrten Bau von Leuchttürmen und die Einrichtung einer zuverlässigen Betonnung der Schiffahrtswege erheblich erleichtert. In Verbindung mit moderner Navigationsausrüstung an Bord führte dies in den letzten 50 Jahren zu einer drastischen Verringerung der Zahl von Havarien.

Der ***Schiffsverkehr*** wird rund um die Uhr im Radius von 50 sm (90 km) vom auffälligen Radarturm nahe der Baie du Stiff (Fähranleger) aus überwacht. Jedes Schiff ist verpflichtet, Position, Kurs und Ladung über Funk mitzuteilen. Der gesamte Schiffsverkehr (bis zu 100 Schiffe täglich) verläuft autobahnähnlich auf zwei "Fahrbahnen" von jeweils 10 sm Breite. Ein Verlassen der "Fahrbahn" ist nicht gestattet. Schiffe mit gefährlicher Ladung (z.B. Öltanker) müssen einen Sicherheitsabstand von 7 Seemeilen zur Küste einhalten. Wird dieses Regime nicht eingehalten, so interveniert ein ständig patrouillierendes Marinefahrzeug. Empfindliche Geldstrafen sind die Folge.

Auf Ouessant herrscht noch die klassische ***Rollenverteilung in der Familie***. Während die Männer das Geld für ihre Angehörigen hauptsächlich in der Marine (Brest ist erster Marinehafen Frankreichs) oder in der Handelsschiffahrt verdienen, kümmern sich die Frauen um Haus und Kinder. Es gibt hier etwa doppelt so viele erwachsene Frauen wie Männer, denn der Broterwerb ist auf der Insel schwierig. Lediglich in den Sommermonaten lassen sich aus dem Tourismus einige Francs durch Zimmervermietung oder den Verkauf von Inselprodukten, wie Web- und Strickwaren aus Schafwolle, verdienen.

Meist sind die ***Inselbesucher*** Tagestouristen, doch läßt sich der Reiz der Insel nicht an einem Tage erfassen. Zu Fuß sollte man etwa 3-4 Tage ansetzen, mit dem Rad mindestens 2, um die Insel kennenzulernen.

Übernachtungsmöglichkeiten gibt es im Sommer bei Einheimischen (Vermittlung über das Office de Tourisme). Dies ist empfehlenswerter als ein Zimmer in einem der vier nicht übermäßig gepflegten Hotels.

Ouessant ist als westlichster Teil des "Parc Naturel Régional d'Armorique" ins-

Altes Haus mit Blumenschmuck (WK)

besondere für den naturinteressierten Reisenden ein lohnendes Ziel. Die UNESCO verlieh der Insel 1988 den Titel ***"Réserve de la Biosphère"***, was z.B. angesichts einer Seehundkolonie im Nordosten vor der Halbinsel Cadoran und einer Vielzahl selten gewordener Seevögel (wie z.B. Papageientaucher), die hier im Frühjahr und im Frühsommer nisten, sicherlich angemessen ist. Auch die ***Wasserqualität*** muß wohl überdurchschnittlich sein, denn nirgendwo sonst werden noch so viele Hummer und Langusten gefangen wie vor den Küsten von Ouessant.

Die Einwohner sind stolz auf ihre Öko-Insel und wissen, was sie zu verteidigen haben. Direkt am Fähranleger machen große Schilder an der Hafenmauer in verschiedenen Sprachen auf die Notwendigkeit aufmerksam, die Natur zu erhalten und als Besucher rücksichtsvoll zu sein.

Sehenswertes

Das ***Ecomusée d'Ouessant*** (Maison du Niou) in Niou Uhella liegt ca. 1,5 km westlich Lampauls. In zwei für die Insel typischen schiefergedeckten Granithäusern wird die im 19. Jh. übliche Inneneinrichtung gezeigt. Jeweils ein Kamin an den Stirnseiten des Hauses, dazwischen optimal genutzt der kleine Wohn- und Schlafbereich. Blauweiß gestrichene Originalmöbel und Dekorationselemente aus dem letzten Jahrhundert vermitteln die damalige Wohnatmosphäre. Die zahlreichen Gebetssymbole erinnern daran, daß hier die Frau im Haus den größten Teil des Jahres in Sorge um ihren zur See fahrenden Mann oder Sohn verbrachte.

Öffnungszeiten: 1.10.-31.3. 14.00-16.00 Uhr, 1.4.-31.5. 14.00-18.30 Uhr, 1.6.-30.9. 10.30-18.30 Uhr, montags geschlossen, Eintritt 20/10 FF. Tel. 98.48.86.37.

In der Nähe des Ecomusée, ca. 500 m südlich, steht eine der letzten kleinen ***Windmühlen,*** die im vorigen Jahrhundert zum Mahlen von Getreide eingesetzt wurden.

Das ***Musée des Phares et Balises*** befindet sich an der Westküste, ca. 2,5 km westlich von Lampaul im Sockelgebäude des Créac'h-Leuchtturms. Im Sockel des stärksten Leuchtturmes Europas (Phare du Créac'h, 34 Seemeilen = 63 km Reichweite) wird die Geschichte der Entwicklung von Leuchttürmen und Seezeichen dargestellt. Anhand von Originalen (Lampen, Linsensystemen und Reflektoren), aber auch mit Modellen, Videofilmen und einer Multivisionsschau wird der Besucher über die technischen Probleme beim Bau von Leuchttürmen informiert. Neben dem technischen Aspekt werden aber auch die schwierigen Lebensbedingungen von Leuchtturmwärtern beschrieben. In einem Nebenraum befindet sich eine besonders interessante Abteilung über Wracktauchen und Wrackfunde.

Öffnungszeiten: 1.10.-31.3. 14.00-16.00 Uhr, 1.4.-31.5. 14.00-18.30 Uhr, 1.6.-30.9. 10.30-18.30 Uhr, Eintritt 28/14 FF. Tel. 98.48.80.70. Der Leuchtturm selbst ist leider nicht zu besichtigen.

Die ***Pointe de Pern*** ist die äußerste Westspitze der Insel, ca. 3.5 km westlich von Lampaul. In einer grandios zerklüfteten Küstenlandschaft steht direkt am felsigen Ufer die Ruine einer Kapelle, genannt ***"Villa des Tempêtes"*** (Villa der Stürme). In ihr befand sich von 1885 bis 1900 ein Nebelhorn, das mit Wasserdampf betrieben wurde. Das Dampfnebelhorn war notwendig geworden, nachdem zuvor der Versuch gescheitert war, den notwendigen Luftdruck durch eine Pumpe zu erzeugen, die ihrerseits von im Kreis laufenden Pferden angetrieben wurde.

Vor der Küste steht der ***Leuchtturm Nividic***, der als einziger Leuchtturm Europas über eine Seilbahn erreichbar ist. Deutlich erkennt man die zwei Zwischenpfeiler für das verbindende Stahlseil. Die originelle Einrichtung war im vorigen Jahrhundert notwendig, als der

Leuchtturm noch bemannt war. Heute arbeitet er automatisch. Die Wassertiefe in seiner Umgebung reicht nicht aus, um ein Versorgungsboot heranfahren zu lassen.

Halbinsel Cadoran. An der Nordspitze von Ouessant, ca. 4 km nordöstlich von Lampaul. Vor der Ostseite der Halbinsel liegt die kleine Insel Bouyou Glaz. Hier sammeln sich im Winter ein gutes Dutzend Seehunde, aber auch im Sommerhalbjahr kann man mit etwas Geduld an dieser Stelle vor der Küste einzelne Seehunde sehen.

Phare du Stiff. Der Leuchtturm auf der Ostseite von Ouessant (ca. 3,5 km nordöstlich von Lampaul) wurde im Jahre 1699 in Betrieb genommen. Damals besaß er eine Petroleumlampe. Fünf Jahre zuvor ließ hier der für seine Befestigungsanlagen berühmte VAUBAN einen Wachturm bauen, von dem aus die strategisch wichtige Passage zwischen Ouessant und dem Festland, der Chenal du Four, überwacht werden konnte. Der Phare du Stiff ist ganzjährig 10.00-18.00 Uhr zu besichtigen. Eine offizielle Eintrittsgebühr gibt es nicht, doch sollte man dem Angestellten der Seezeichenbehörde (es gibt hier aufgrund der Automatisierung keinen echten Leuchtturmwächter mehr) ein angemessenes Trinkgeld geben.

Wer mehrere Tage auf Ouessant verbringt, sollte sich abends die besonders bei diesigem Wetter eindrucksvolle

1 Fähranleger
2 Office de Tourisme
3 Ecomusée M.d. Niou
4 Leuchtturm und Museum
5 Villa des Tempêtes
6 Cromlec'h von Penn Arlan

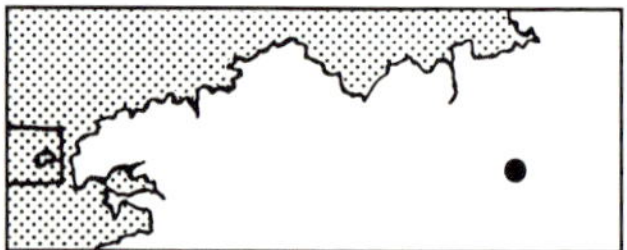

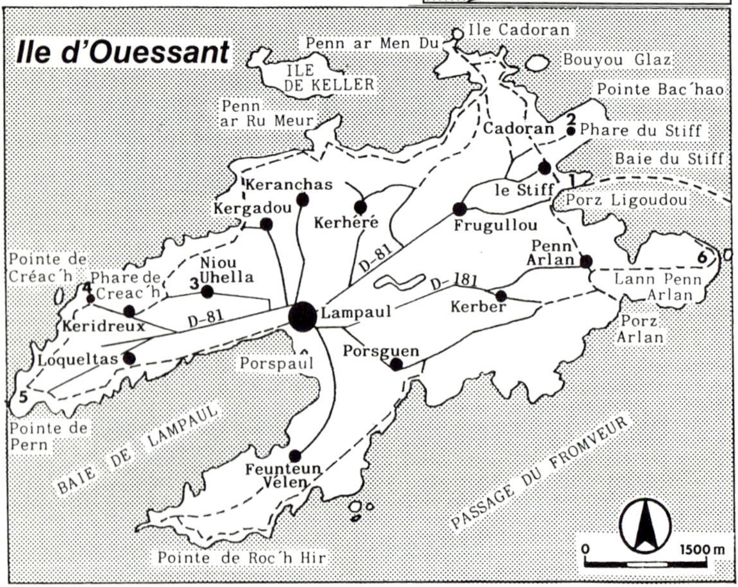

Leuchtturmshow nicht entgehen lassen: Während im Westen der Phare du Créac'h alle 10 Sekunden seine beiden weißen Megastrahlen 34 Seemeilen weit über den Horizont schickt, konkurriert damit im Osten der Phare du Stiff alle 20 Sekunden mit seinen zwei roten Blitzen, die 24 Seemeilen weit reichen. Erzeugt werden die Blitze durch eine Optik mit 2 Linseneinrichtungen, die um eine ständig leuchtende Lichtquelle rotieren.

Unübersehbar steht nahe dem Phare du Stiff der 1978 erbaute 140 m hohe ***Radarturm,*** von dem die gesamte Schiffahrt im Radius von 50 Seemeilen überwacht wird. Eine Besichtigung ist leider nicht möglich. Hingegen könnten Sie ihre Überredungskünste bei den Marinesoldaten am Sémaphore, dem kleineren eckigen Beobachtungsturm, 300 m südlich des Phare du Stiff, einsetzen, um von dort oben einmal über das Meer und auf einen Radarschirm zu schauen. Offiziell darf zwar niemand hoch, aber es werden Ausnahmen gemacht.

Halbinsel Ponn Arlan. Auf der eiförmigen Halbinsel im Osten (ca. 4 km von Lampaul) haben Menschen des Neolithikums eindrucksvolle Spuren hinterlassen. Vor etwa 4.500 Jahren wurden hier ähnlich wie z.B. in Carnac mehrere Monhire in ovaler Form aufgestellt, ein ***Cromlec'h.*** Zwar ist seine Bedeutung genauso wie andernorts unbekannt, doch erscheint gerade an diesem Ort, direkt an der Ostküste, die Hypothese des Peilsystems zur Erfassung der wechselnden Richtung des Sonnenaufganges im Laufe der Jahreszeiten als besonders einleuchtend.

In unmittelbarer Nähe des Cromlec'hs befindet sich das kleine Gebetskreuz ***Croix de Saint-Paul***. Die Insellegende erzählt, daß die Felsbuckel in der Umgebung angeblich die Kratzspuren der Krallen des flüchtenden Teufels zeigen. Einmal jährlich (am 29. September) findet eine kleine Insel-Wallfahrt (Pardon) hierher statt.

Im südlichen Ansatz der Halbinsel öffnet sich die kleine, bei West- und Nordwind geschützte ***Bucht Porz Arlan*** zwischen den Felsen. Die kleine Steinmole weist darauf hin, daß hier früher ein kleiner Hafen war. In der Tat legte hier die erste reguläre Inselfähre, die dampfgetriebene "Louise", 1880 erstmalig an. Bis in die 30er Jahre blieb Porz Arlan Fähranlegestelle, sofern der Wind und die See es erlaubten.

Vom alten Fähranleger blickt man in Richtung Südosten zum ***Kéréon-Leuchtfeuer*** mitten in der berüchtigtsten Wasserstraße Europas, dem Fromveur. Die Passage zwischen den Felsen von Molène im Süden und der Südküste von Ouessant zeigt ihren schiffeverschlingenden Charakter immer dann, wenn ein starker Ebbstrom bei Voll- oder Neumond (Springzeit) gegen einen Südweststurm läuft. Dann baut sich eine steile Kreuzsee mit mehr als 15 m hohen Wellen auf. Selbst große Frachter sind hier im hohen Seegang gesunken. Verständlich, daß seit den 60er Jahren die Passage für die Handelsschiffahrt gesperrt ist.

Lampaul

Der Inselhauptort ist vor allem aus rein praktischen Gründen von Interesse, denn hier befinden sich neben den wenigen Einkaufsmöglichkeiten die Bank, die Post, das Office de Tourisme und vier recht bescheidene Hotels.

Sehenswert ist nebem dem von Queen Victoria gestifteten Kirchturm (s.o.) der Friedhof und dort speziell das kleine Gebetshäuschen, in dem die ***Proella-Kreuze*** der auf See verschollenen Angehörigen aufbewahrt werden. Die Proella war ein bis 1962 üblicher Inselritus, bei dem der auf See Verschollene symbolisch in Form eines Kreuzes aus Kerzenwachs beigesetzt wurde. Etwa 3 bis 4 Tage nach der Benachrichtigung über den Tod des zur See gefahrenen Mannes oder Sohnes versammelte sich die trauernde Familie um ein auf ein weißes Tuch gelegtes Kreuz aus Kerzenwachs und betete von Sonnenunter- bis Sonnenaufgang, um die Seele des Ertrunkenen zurück an Land zu holen. Daher der Name "Proella", was soviel wie "Rückkehr an Land" bedeutet (bret. BRO = Land). Am Morgen nach der durchwachten Nacht kam der Priester und leitete die symbolische Beisetzungszeremonie unter Anteilnahme aller Familien des Dorfes. Das Wachskreuz wurde schließlich in dem kleinen Mausoleum auf dem Friedhof als Ersatz beigesetzt.

Die Inschrift auf dem Proella-Häuschen lautet übersetzt "Hier legen wir die Proella-Kreuze nieder im Gedenken an unsere Seeleute, die fern ihrer Heimat durch Kriege, Krankheiten oder Schiffbruch starben."

Praktische Hinweise

Information

•***Office de Tourisme***, 29242 Ouessant-Lampaul, Tel. 98.48.85.83, gegenüber der Kirche.

Unterkunft

Vier Hotels, alle in Lampaul, 50-200 m westlich der Kirche. Der Komfort und die Sauberkeit entsprechen nicht dem am Festland in der entsprechenden Preisklasse üblichen Niveau.

•***Hôtel/Restaurant Le Fromveur***, Tel. 98.48.81. 30. 17 einfache Zimmer ab 180 FF.

•***Hôtel/Restaurant l'Océan***, Tel. 98.48.80.03. Der ungepflegte äußere Eindruck täuscht leider nicht. Zimmer ab 180 FF.

•***Hôtel/Restaurant Roc'h Ar Mor***, Tel. 98.48.80. 19. Etwas gepflegter als die ersten beiden Hotels, 15 Zimmer, z.T. mit Meerblick, ab 200 FF. Auf der Terrasse werden im Sommer Speisen serviert. Blick auf die Bucht von Lampaul.

•***Hôtel/Restaurant La Duchesse Anne***, Tel. 98.48.80.25. Einzeln stehendes, etwas nostalgisch anmutendes Haus mit 8 einfachen Zimmern ab 200 FF.

•***Privatzimmer*** werden ganzjährig vom Office de Tourisme vermittelt.

•***Camping Municipal Pen Ar Bed***, Tel. 98.48.80. 06 (Gemeindeamt, Mairie) oder 98.48.84.65. Etwas außerhalb von Lampaul in Richtung Süden. Einfacher Platz für ca. 100 Zelte mit dem notwendigsten Komfort. Geöffnet März bis November.

Essen und Trinken

Auf Ouessant kann man, abgesehen von den Schalentieren (sofern sie gut zubereitet sind), nur wenige lukullische Höhepunkte genießen.

•Von den o.g. Hotels/Restaurants beherbergt das ***Roc'h Ar Mor*** das empfehlenswerteste Speiselokal, nicht zuletzt wegen seiner schönen Terrasse. Übliche Fisch- und Fleischgerichte ab 80 FF.

•Ein Tip für Selbstversorger: Probieren Sie einmal aus der Bäckerei das ***"pain aux algues"***, eine Brotsorte, die mit Algen angereichert ist.

Sonstiges

•***Segeln:*** CENTRE NAUTIQUE DU KORNOG, am Hafen von Lampaul, Tel. 98.48.85.81. Ausbildung auf Jollen, Surfboards und Katamaranen.

•***Reiten:*** TY CRENN EQUITATION, Tel. 98.48.83.58. Inselwanderungen auf dem Pferderücken. 1 Stunde 70 FF, halbtägig 190 FF.

•***Tauchen:*** CLUB DE PLONGÉE OUESSANT-SUBAQUA, Tel. 98.48.83.84. Basen in Lampaul und Baie du Stiff. Mit zwei großen Schlauchbooten werden Untiefen und Wracks angefahren, 150 FF pro Fahrt.

•***Fahrradverleih:*** SAVINA, in Lampaul und direkt am Fähranleger in der Baie du Stiff, Tel. 98.48.80.44.

•***Inselrundfahrt:*** Im Minibus, R. QUANTIN, Lampaul, Tel. 98.48.85.95.

•***Diskothek:*** LE KEO, in Lampaul, zwar weniger Show als am Festland, aber heiße Rhythmen bis 4.00 Uhr morgens.

•***Einkaufstip:*** Web- und Strickwaren aus Schafwolle von der Insel bei TI-A-DREUZ, 300 m vom Ortszentrum Lampauls, unterhalb der Kirche.

Anreise/Weiterreise

•***Mit dem Flugzeug:*** FINIST'AIR, 15minütiger Flug ab Brest-Guipavas, Tel. 98.84.64.87. 650 FF für Hin- und Rückflug, Kinder von 2 bis 12 Jahren 325 FF.

•***Mit dem Schiff:*** COMPAGNIE PENN AR BED, im Gare Maritime de Brest, Tel. 98.80.24.68, im Gare Maritime du Conquet, Tel. 98.89.02.12, im Gare Maritime d'Ouessant, Tel. 98.48.80.13. Ab Brest zweistündige Fahrt (180 FF, Kinder bis 10 Jahre 90 FF, Hin- und Rückfahrt), ab Le Conquet einstündige Fahrt (150 FF, Kinder bis 10 Jahre 75 FF, Hin- und Rückfahrt). Die Fähre legt auf dem Hin- und Rückweg kurz auf der Insel Molène an. Preis Ouessant – Molène 40 FF, Kinder 20 FF.

•***Transport auf der Insel:*** Zwischen dem Fähranleger in Baie du Stiff und dem Hauptort Lampaul verkehrt ein alter Omnibus (10 FF/einfache Fahrt).

Molène

Die fast kreisrunde Insel mit etwa 1 km Durchmesser und ca. 60 ha Fläche ist nicht nur kahl, sondern heißt auch so. Der Name MOLÈNE leitet sich vom bretonischen MOAL ENEZ ab, das übersetzt ***"kahle Insel"*** bedeutet. Liebevoll nennen die Einwohner ihre Insel aber auch Ar Skreo, der bretonische Name der Seeschwalbe. Der Wind bläst derartig stürmisch vom offenen Atlantik aus über die Insel, so daß sich einzelne kleine Bäume und Sträucher nur im Schutz der etwa 180 Häuser in der nordöstlichen Inselhälfte halten können. Das ***Klima*** ist allerdings so mild, daß z.B. Narzissen und Gänseblümchen sogar zu Weihnachten in freier Natur blühen.

Ungefähr im Jahr 500 ging hier der irische Mönch ***Saint Ronan*** an Land, um die rüde Fischergemeinde zu christianisieren. Noch heute heißt eine kleine Bucht im Norden der Insel Porz-Ronan. Offensichtlich waren die Christianisierungsbemühungen sehr erfolgreich, denn heute gibt es auf der Insel nicht einmal eine Gendarmerie. Bei Bedarf kommt einmal im Monat ein Polizist von Le Conquet herüber. Normalerweise regeln die etwa 280 Einwohner ider Insel hre Probleme untereinander ohne staatliche Polizeikontrolle.

Der sonst in Steuerangelegenheiten nicht bescheidene LOUIS XIV. gewährte den Inselbewohnern das Privileg der ***Steuerfreiheit,*** doch nicht aus Menschenliebe, weil das Leben auf der Insel so hart war, sondern als Gegenleistung für Lotsendienste, um die königlichen Schiffe sicher durch die navigatorisch extrem schwierigen Gewässer der Westbretagne zu führen. Die Steuererleichterungen haben sich sogar ohne König bis heute gehalten.

"Qui voit Molène voit sa peine". Hier im

Inselbewohner (WK)

gefährlichsten Seegebiet Europas hat jede Insel ihren Warnspruch: "Wer Molène sieht, sieht seine Leiden". Genau wie auf Ouessant gehörten ***Schiffbruch*** und Tod durch Ertrinken schon immer zur Inselgeschichte, nicht zuletzt deshalb, weil die Männer von Molène, im Gegensatz zu denen von Ouessant, immer schon Fischer waren. Molène besitzt einen relativ ***geschützten Naturhafen,*** der nur bei starkem Nordwind unruhig wird. Doch Nordwind ist hier recht selten, die Stürme kommen in der Regel aus Südwest bis Nordwest.

Die ***Lebensgrundlagen*** der 80 Insel-Familien bilden der Fischfang, Dienst in der Marine oder der Handelsschiffahrt, Schafzucht und im Sommer ein wenig der Tourismus. Als bürokratiegewohnter Festlandeuropäer wird man nachdenklich, wenn man erfährt, daß es auf Molène keine bürokratisch erfaßten Grundstücksgrenzen gibt, keine Grundbucheintragungen und dennoch keinen Streit, wie der Bürgermeister versichert. Das Aufeinanderangewiesensein auf diesem kleinen, sturmgewohnten Eiland hat eine ***Sozialgemeinschaft*** geprägt, die ihresgleichen auf dem Festland sucht.

Ihre Andersartigkeit drückt sich schließlich sogar in der ***Tageszeit*** aus: Auf Molène geht die Uhr eine Stunde nach. Wie in England, wird hier die Tageszeit nach der GMT (= U.T.) festgelegt. Die Einwohner nennen dies ihre natürliche Sonnenzeit und erreichen damit, daß die Sonne tatsächlich zur Mittagszeit gegen 12.00 Uhr im Zenit steht, während dies z.B. in Bonn nach unserer Sommeruhrzeit erst gegen 13.30 Uhr der Fall ist.

Sehenswertes

Rund um die Insel führt ein ca. 6 km langer Fußweg die Küste entlang. Mit ein wenig Geduld und etwas Glück ist es möglich, von einem Uferfelsen an der Westküste aus ***Seehunde*** oder auch ***Delphine*** zu sehen. Fernglas nicht vergessen! Leider werden Sie während der Inselumrundung aber auch entdecken, daß der Müll an der Küste verbrannt wird, obwohl die Insel zum Parc Naturel Régional d'Armorique gehört.

Sollten Sie zufällig bei Springzeit (Voll- oder Neumond) auf Molène sein, so ist es möglich, mit einem Führer bei Niedrigwasser zur 2 km südlich gelegenen ***Vogelschutzinsel Triélen*** zu wandern. Auskunft darüber beim Bürgermeisteramt (Mairie) am Hafen.

Falls die Tide einen solchen Ausflug nicht zuläßt, können Sie dennoch einen Blick auf die Molène umgebenden kleinen Inseln (Bannec und Balanec im Nordwesten, Triélen im Süden, Quéménès und Béniguet im Südosten) werfen: Auf dem 25 m hohen Inselgipfel steht der 1980 außer Dienst gestellte ***Marinebeobachtungsturm*** (SÉMAPHORE), von dessen oberer Etage man in 40 m Höhe einen wunderbaren Ausblick über das gesamte Archipel genießt, sofern nicht gerade Nebel herrscht. Im Treppenhaus befindet sich eine kleine Ausstellung über die Einsätze der Seenotrettungsgesellschaft SNSM. Da nur 10 FF Eintrittsgeld genommen werden, ist vielleicht noch eine kleine Spende in das Schiffchen drin.

Öffnungszeiten: Ganzjährig 11.00-13.00 und 15.00-17.00 Uhr. (Manchmal muß man klingeln!)

Mitten im Ort unweit der Post befindet sich ein kleines Museum, das ***Musée du Drummond Castle***. Das englische Passagierschiff "Drummond Castle" lief 1896 in dichtem Nebel auf eine Untiefe zwischen Molène und Ouessant. Von den 251 Passagieren wurden nur 3 gerettet (s.u. Ouessant). Im Museum werden Einzelheiten des Schiffbruchs beschrieben und einige Wrackteile ausgestellt. Ferner gibt es interessante Darstellungen zur Flora und Fauna der Insel. Eintritt 5 FF (Kinder 3 FF), geöffnet vom 15.6. bis 15.9. 10.30-12.30 Uhr und 15.00-17.00 Uhr.

Praktische Hinweise

Unterkunft

●***Kastell An Doal***, Tel. 98.07.39.11. Das sehr saubere, traditionelle Hotel mit 10 komfortablen Zimmern (ab 220 FF mit Bad/WC) liegt direkt oberhalb des kleinen Hafens an der Klönecke der Fischer.

●***Camping Municipal***, Tel. 98.07.39.05 (Mairie). Der sehr einfache Platz für ca. 40 Zelte bietet den nötigsten Komfort.

Essen und Trinken

●Für Selbstversorger gibt es einen kleinen ***Selbstbedienungsladen*** im Ortszentrum.

●Die Fischer trinken ihren Muscadet oder ihr Bier in der kleinen ***Bar L'Iroise***, 40 m unterhalb des Lebensmittelgeschäftes.

●Für eine gute Fischmahlzeit empfehlen wir das ***Kastell An Doal*** (etwa 300 m vom Hotel entfernt). Das Restaurant 200 m oberhalb der Hafenmole ist besser, als es das wenig attraktive Gebäude vermuten läßt. Eine Top-Adresse für Freunde von Schalentieren. Menü ab 80 FF. In der Bar gibt es vier irische Biersorten. Tel. 98.07.38.64.

Anreise/Weiterreise

●Es besteht eine ***Fährverbindung*** von Brest oder Le Conquet aus. COMPAGNIE PENN AR BED, Tel. 98.89.02.12 (Le Conquet) oder 98.80.24.68 (Brest). Ab Brest 1,5 Stunden Fahrzeit (175 FF, Kinder 85 FF), ab Le Conquet 0,5 Stunden Fahrzeit (145 FF, Kinder 70 FF).

Wie fängt man einen Hummer?

Schalentiere wie Hummer und Languste, aber vor allem die in größerer Zahl vorkommenden Taschenkrebse, Seespinnen und Krabben, werden an der gesamten europäischen Atlantikküste in Körben gefangen. In Frankreich heißen diese ***Körbe "casier".*** Dabei handelt es sich um ein quader-, zylinder-, halbkugel- oder halbzylinderförmiges Fanggerät, dessen Umhüllung eine Gitterstruktur mit einer Öffnung hat, die so konstruiert ist, daß das zu fangende Tier zwar in den Korb hineinkann, aber kaum wieder herausfindet. Der Boden des Casier ist meist mit einer Steinplatte beschwert, auf der der ***Köder,*** ein Makrelenkopf oder ein Stück von einem zerschnittenen Conger (Seeaal), liegt.

Interessant ist, daß die verschiedenen Schalentierarten nicht etwa mit verschiedenen Ködern, sondern mit ***verschieden geformten Körben*** gefangen werden. Der Hummer geht nicht in den Taschenkrebskorb, und die Seespinne verirrt sich nur sehr selten in einen Hummerkorb. Die Erfahrung hat gezeigt, welche Form für welches Tier am geeignetsten ist.

Die Casiers werden nicht einzeln gesetzt. Meist sind 15 bis 20 gleichartige Körbe mit je 10 m Abstand durch eine lange Leine miteinander verbunden. An den beiden Enden der Leine befinden sich jeweils ein ***Schwimmkörper mit Stange und Fähnchen,*** die dem Fischer das Wiederfinden und Anheben des Fanggeschirrs ermöglichen. Diese Fangtechnik wird nur in Küstennähe und dort etwa bei 5 m bis 40 m Wassertiefe eingesetzt. Eine Casier-Leine bleibt in der Regel 2 bis 4 Tage im Wasser, bevor sie zum ***Bergen des Fanges*** an die Oberfläche geholt wird.

Presqu'île de Crozon

Überblick

Die in drei Finger zergliederte Halbinsel zwischen der Rade de Brest im Norden und der Baie de Douarnenez im Süden gehört zu den interessantesten, weil vielgestaltigsten Gegenden der Bretagne. Neben den bretagnetypischen ***guten Wassersportmöglichkeiten*** entlang der Küste bietet die bisher vom Tourismus- und Ferienwohnungsboom ***weitgehend unberührte Landschaft*** gerade Wanderern und Radfahrern eine breite Palette von Möglichkeiten. Die zurückhaltende, ökologisch orientierte Bebauung erklärt sich dadurch, daß etwa zwei Drittel der Halbinsel zum ***Parc Naturel Régional d'Armorique*** gehören, zusammen mit den Inseln Ouessant, Molène und Sein sowie den Monts d'Arrée im bergigen Hinterland. ***Schöne Badestrände*** sind gleichmäßig auf die gesamte Küste verteilt, meist eingerahmt von hohen Felskaps.

Zwischen der grandiosen Steilküste der drei Finger in der Westhälfte und dem alles überragenden Berg Ménez-Hom im Osten erstreckt sich eine hügelige, zum Teil landwirtschaftlich genutzte, zum Teil natürlich belassene ***Landschaft:*** Dichte Heide bedeckt große Teile der drei Finger im Westen. Nur wenige Bäume und Sträucher trotzen den Winterstürmen. Weiter landeinwärts wird das Vegetationsbild durch einzelne Laubwälder zwischen Viehweiden und kleinen Dörfern aufgelockert.

Größere Orte mit einer touristischen Infrastruktur gibt es nur zwei: Camaret, der ehemals bedeutungsvolle Langustenfischerhafen im Westen und Crozon-Morgat, der Hauptort der Halbinsel an der Südküste. Die ***strategisch wichtige Lage*** an der Einfahrt in die Bucht von Brest (Rade de Brest) machte insbesondere die Nordwest- und Nordküste bei den Militärs aller Jahrhunderte interessant. Die Pointe des Espagnols im Norden erinnert an die spanische Besetzung im späten 16. Jh. VAUBAN, Frankreichs oberster Festungsbaumeister des 17. Jh., hinterließ seine Verteidigungsbauten ebenso wie die Nazi-Wehrmacht, die die Küste mit Betonbunkern bepflasterte. Und so wundert es nicht, wenn heutzutage französische Atom-U-Boote als wichtigstes Element der "Force de Frappe" an der Landzunge Ile Longue gegenüber von Brest stationiert sind. Dies ist natürlich militärisches Sperrgebiet.

Camaret

Bis in die 30er Jahre unseres Jahrhunderts war Camaret Frankreichs ***Langustenfischerhafen*** Nr. 1. Aber auch damals schon mußten die bretonischen Fischer die wertvollen Krustentiere in außereuropäischen Gewässern (Mauretanien, Nordwest-Afrika) fangen, denn die heimatlichen Fangergebnisse konnten die Nachfrage nicht decken. Camaret verlor als Heimathafen und spezialisierter Werftstandort für die Boote der Langustenfischer seine Bedeutung in den 60er Jahren, als die Langusten in zunehmender Zahl per Flugzeug nach Europa transportiert wurden.

Das heutige Camaret besitzt zwar noch den Charme eines einst aktiven Fischerhafens, ist jedoch zunehmend vom touristischen Kommerz abhängig. Im Schutze eines langen Naturdammes, dem Sillon, liegt heute ein ***moderner Yachthafen,*** wo

Der typische Langustenfischer war eine Gaffelketsch mit einem Topsegel am Großmast.

Jede Menge Feuerholz: Schiffswracks am Strand von Camaret (WK)

noch vor 50 Jahren Langustenfänger ihre Ladung löschten. An der landseitig gegenüberliegenden Hafenpier legen nur noch wenige Fischerboote an, meist sind es sogenannte "Caseyeurs", die mit speziellen Fangkörben auf Taschenkrebsfang gehen.

Parallel zur Pier reihen sich entlang des ***Quai Gustave Toudouze*** auf fast einem Kilometer Länge zahlreiche Restaurants, Hotels, Bars und Boutiquen dicht aneinander. Mit Blick auf den Hafen läßt es sich hier trotz der vorbeifahrenden Autos nett vor einem Café im Freien sitzen, denn die vielen auf der Straße hin- und herlaufenden Leute verhindern schnelles Autofahren.

Seinen historisch größten Tag hatte Camaret ***im Jahre 1694,*** als eine alliierte Flotte holländischer und englischer Kriegsschiffe den Hafen angriff, um die Stadt zu erobern. Nur fünf Jahre zuvor hatte LOUIS XIV. den strategisch wichtigen Hafen durch seinen Experten für Verteidigungsbauten, VAUBAN, militärisch befestigen lassen. Die Investition lohnte sich, denn die Feinde wurden vernichtend geschlagen. Bei nur 45 Verletzten auf französischer Seite wurden über 1.000 Engländer und Holländer getötet und mehrere hundert gefangengenommen. Wie damals die Schlacht verlaufen sein mag, läßt sich am besten vom ***Tour Vauban*** aus vorstellen. Der Festungsturm, von dem die damalige Schlacht geleitet wurde, steht am Ende des Hafendammes Le Sillon und ist in den Sommermonaten zu besichtigen. Das bisher im Turm befindliche Marinemuseum wurde leider vor kurzem geschlossen.

Nur 100 m neben dem Tour Vauban befindet sich als friedlicher Gegenpol zur Militärfestung die ebenfalls im 17. Jh. erbaute kleine ***Chapelle Notre-Dame-de-Rocamadour.*** Der Namensursprung ist nicht eindeutig geklärt. Ob er sich vom bretonischen ROC'H AM A DOUR (Fels mitten im Wasser) ableitet oder ob er zu Ehren der schwarzen MARIA VON ROCAMADOUR (eine Etappe auf dem Pilgerweg nach Santiago de Corpostela) gewählt wurde, ist umstritten. Für die zweite Deutung spricht die Tatsache, daß Camaret traditionell von Pilgern Nordeuropas als Zwischenetappe auf dem Seeweg nach Spanien besucht wurde. Sehenswert sind einige Votiv-Schiffe, die gerettete Seeleute gestiftet haben.

Praktische Hinweise

Information

•***Office de Tourisme***, Place Charles-de-Gaulle, 29570 Camaret, Tel. 98.27.93.60.

Unterkunft

•***Hôtel/Restaurant de France***, Quai Gustave Toudouse 19, Tel. 98.27.93.06. Zentral liegendes, modernes, gut geführtes Haus direkt am Hafen mit 22 Zimmern ab 220 FF. Im Restaurant bekommt man neben verschiedenen Menüs ab 85 FF auch gegrillte Languste (220 FF). Geöffnet ist von Ostern bis zum 4. November.

•***Hôtel/Restaurant Thalassa***, Quai du Styvel, Tel. 98.27.86.44. Größeres Mittelklassehotel am Nordrand des Hafens mit 45 komfortablen Zimmern ab 290 FF, zum Teil mit Loggia und Meerblick, eigenes Schwimmbad, geöffnet 1.4.-30.9.

•***Hôtel Vauban***, ebenfalls am Quai du Styvel, Tel. 98.27.91.36, einfaches Haus mit 14 ebenso einfachen Zimmern ab 150 FF, geöffnet 1.2.-30.11.

•***Camping de Lambézen***, Tel. 98.27.91.41. Nahe der D 355 in Richtung Pointe des Espagnols (beschildert). Ca. 2 ha großer, schattenarmer, aber sonst schön gelegener Platz, 500 m vom Meer entfernt mit 88 Stellplätzen. Komfortabel ausgestattete Anlage mit vorbildlichen Sanitäranlagen und eigenem Schwimmbad, geöffnet 1.4.-30.9.

•***Camping de la Plage de Trez Rouz***, Tel. 98.27.93.96, ebenfalls nahe der D 355 östlich der Stadt. Etwas niedrigeres Komfortniveau als in Lambézen, dafür aber direkt am Strand, 80 Stellplätze, geöffnet ist von Ostern bis zum 30.9.

•***Camping Les Pieds dans l'Eau St-Fiacre***, Tel. 98.27.62.43. Ca. 3 km östlich von Camaret bei Le Fret. Ruhig gelegener Platz mit 90 Einheiten auf ca. 2 ha Fläche in Meeresnähe, gute Sanitäranlagen, geöffnet 15.6.-15.9.

•***Auberge de Jeunesse***, Route de Toulinguet, Tel. 98.27.87.95, am westlichen Ortsrand, geöffnet 1.6.-30.9.

Essen und Trinken

•***Restaurant/Bar "Chez Philippe"***, Quai Toudouse 22, Tel. 98.27.90.41. Kleines, nettes Hafenrestaurant mit Fischmenüs ab 75 FF, verführerische Eiskarte.

•***Café de la Marine***, Quai Toudouse 27, Tel. 98.27.84.65, kein Familiencafé, aber eine gemütliche Bierkneipe mit 30 Biersorten und viel Folk-Musik, am Hafen neben dem Hôtel de France.

•***Crêperie Rocamadour***, Quai Kleber 11, Tel. 98.27.93.17. In rustikaler Umgebung werden wohlschmeckende Crêpes serviert.

Sonstiges

•***Segeln, Surfen, Tauchen:*** Alles unter einem Dach. Im CLUB LÉO LAGRANGE, Quai Téphanie, Tel. 98.27.90.49, einem der größten Wassersportzentren der West-Bretagne, finden Kurse statt. Schwerpunkt ist allerdings das Preßlufttauchen. Mit vier ehemaligen Fischkuttern werden Tauchfahrten zu vorgelagerten Wracks und Untiefen durchgeführt. Unterbringung wahlweise im Clubgebäude in 2- oder 4-Bett-Zimmern.

•***Tennis:*** TENNIS CLUB DE CAMARET, Stade Municipal, Tel. 98.27.84.33.

•***Fahrradverleih:*** BAR LA FLIBUSTE, Quai Toudouze, Tel. 98.27.95.42.

Anreise/Weiterreise

•***Mit dem Bus:*** Eine Buslinie mit Haltestelle am Hafen verbindet Camaret mit Quimper mindestens 3 x täglich via Crozon, Telgruc, Argol, St-Nic, Locronan. Eine zweite Linie verbindet mindestens 2 x täglich mit Brest via Crozon, Telgruc, Argol und Landévennec.

•***Mit dem Schiff:*** Vom kleinen Hafen Le Fret, 7 km östlich von Camaret (D 55), verkehrt zwischen Ostern und Ende September täglich 3 x eine Fußgängerfähre (auch Fahrradtransport) zum gegenüberliegenden Brest. Tickets werden an Bord ausgestellt. Preise: Hin- und Rückfahrt 90 FF für Erwachsene und 50 FF für Kinder. Einfache Fahrt 60/35 FF. Auskunft bei VEDETTES ARMORICAINES im Handelshafen von Brest, Tel. 98.44.44.04.

•***Mit dem Auto:*** Von Châteaulin über die D 887 oder von Le Faou über die D 791.

Umgebung von Camaret

Alignements de Lagatjar

Am südwestlichen Ortsrand an der Straße zur Pointe de Penhir (D 8) befindet sich eine ***megalithische Kultstätte,*** die vor etwa 5000 Jahren errichtet wurde. 143 Menhire bilden in ***drei Reihen eine U-Form,*** die nach Nordwesten offen ist. Leider sind seriöse archäologische Auswertungen der heutigen Steinreihen hier nicht mehr möglich, weil in den vergangenen Jahrhunderten zahlreiche Menhire als Baumaterial abtransportiert wurden. Auch die Position der heute das U bildenden 143 Menhire ist vermutlich nicht historisch exakt, denn im Jahre 1928 wurden die schon vor Jahrhunderten ***umgefallenen Steine*** unter nicht archäologisch kontrollierten Umständen ***wieder aufgerichtet.***

Ob, wie von Einheimischen behauptet, eine Beziehung zwischen der Stellung der Menhire und der Auf- oder ***Untergangsrichtung des Sternbildes Pleiaden*** besteht, kann aufgrund der nicht bekannten Originalstellung der Steine nicht mehr genau geprüft werden. Hinzu kommt, daß sich die Peilungen der Auf- und Untergänge im Laufe von Jahrhunderten ändern, während sich die Kultur-Epoche des Megalithikums über einen Zeitraum von ca. 1.500 Jahren erstreckte und die Reihen wohl kaum nur für einen kurzzeitig sinnvollen Zweck aufgestellt wurden. Es liegen keine gesicherten Kenntnisse darüber vor, zu welchem Zweck die Menhir-Reihen aufgestellt wurden. Alle astronomischen Interpretationsversuche blieben ohne wissenschaftliche Anerkennung. Die am häufigsten vertretene Hypothese lautet, daß es sich um eine Kultstätte im Zusammenhang mit Bestattungsriten gehandelt hat. Näheres dazu siehe Kapitel Megalithen der Bretagne.

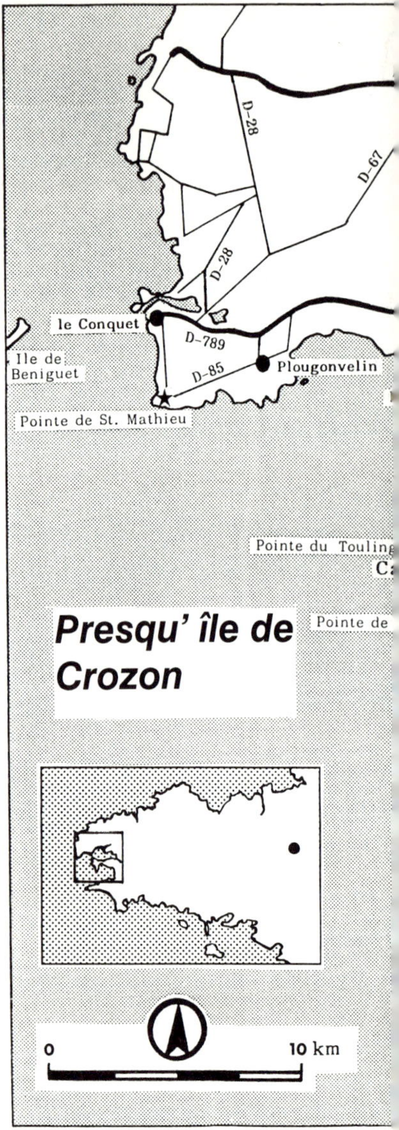

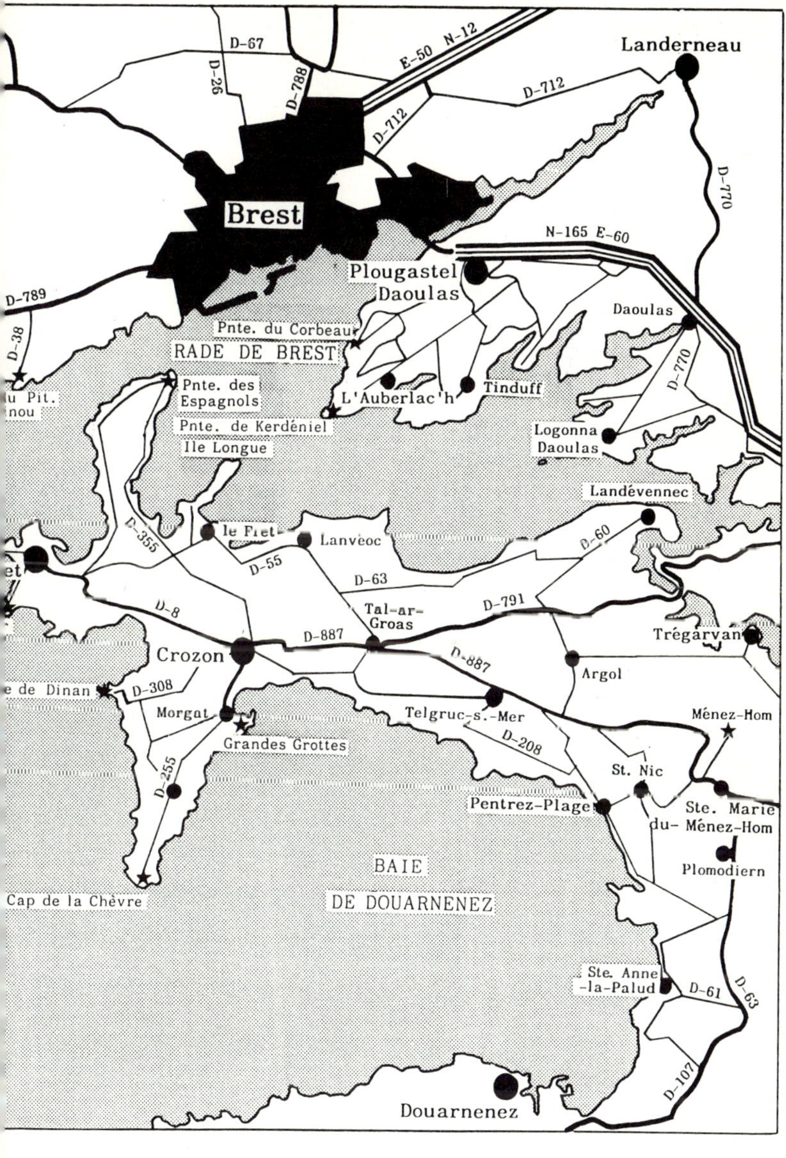

Landerneau
D-67
D-26
D-788
E-50 N-12
D-712
D-712
D-770
Brest
N-165 E-60
Plougastel
Daoulas
D-789
D-38
Pnte. du Corbeau
RADE DE BREST
Daoulas
D-770
Tinduff
L'Auberlac'h
Pnte. des
Espagnols
Pnte. de Kerdéniel
Ile Longue
Logonna
Daoulas
Landévennec
D-355
le Fret
Lanvéoc
D-55
D-60
D-63
D-8
Tal-ar-
Groas
D-791
D-887
Crozon
D-887
Trégarvan
Argol
D-308
Morgat
Grandes Grottes
Telgruc-s.-Mer
D-208
Ménez-Hom
St. Nic
D-255
Pentrez-Plage
Ste. Marie
du- Ménez-Hom
Plomodiern
BAIE
DE DOUARNENEZ
Cap de la Chèvre
Ste. Anne
-la-Palud
D-61
D-63
D-107
Douarnenez

Pointe de Penhir

Die Presqu'île de Crozon besitzt insgesamt sechs weit ins Meer hinausragende Felskaps, von denen die Pointe de Penhir mit Abstand das ***eindrucksvollste Panorama*** bietet: Aus 70 m Höhe schaut man hinab auf die lange Dünung des Atlantiks. Der zerklüftete Granit der Steilküste setzt sich im Meer in Form einiger Felseninseln fort, den ***Tas de Pois*** (Erbsenhaufen). Neben der Pointe du Raz und dem Cap-Fréhel gehört die Pointe de Penhir sicherlich zu den ***meistbesuchten Kaps*** der Bretagne. Im Sommer parken hier an manchen Tagen hunderte von Bussen, aber dank der Lage im Parc Naturel Régional d'Armorique durften sich keine Geschäftsleute niederlassen. Das einzige Bauwerk auf dem Kap ist ein riesiges ***Kreuz,*** das an die im 2. Weltkrieg gefallenen französischen Soldaten errichtet wurde.

Bei ***guter Sicht,*** aber dies ist gerade im Juli und August leider selten der Fall, erkennt man im Nordwesten in 14 km Entfernung die Pointe St-Mathieu und im Südwesten die Pointe du Raz in 26 km Entfernung. Bei diesigem Wetter erscheinen nur noch in südöstlicher Richtung die Pointe de Dinan (5 km) und das Cap de la Chèvre (10 km entfernt). Besonders eindrucksvoll ist der ***Ausblick in klarer Nacht,*** wenn zu den Reflexionen des Mondlichtes die zahlreichen Leuchttürme und Leuchttonnen blitzen und blinken.

Nur bei Tageslicht hingegen sollte man (mit gutem Schuhwerk) die ***Kletterpartie*** wagen, die über einen schmalen Pfad hinunter in die Zone der zerstäubenden Gischt führt.

Etwa auf halbem Weg zwischen Camaret und der Pointe de Penhir liegt mahnend nahe der Straße das ***Kriegsmuseum*** "Mémorial International de la Bataille de l'Atlantique". Untergebracht in einem

Erbsenhaufen am Weltenende: Pointe de Penhir (WK)

umgestalteten ehemaligen deutschen Bunker des Atlantikwalls, wird mittels Urkunden und Schiffsmodellen an die Atlantikschlacht erinnert.

Öffnungszeiten: von Ostern bis Ende September täglich 10.00-19.00 Uhr. Eintritt: 16 FF für Erwachsene und 10 FF für Kinder, Tel. 98.27.92.58.

Pointe des Espagnols

Nordöstlich von Camaret (D 355) ragt die von Heide und Ginster bedeckte ***Landzunge von Roscanvel*** mit dem Kap d'Espagnol nach Norden in die Einfahrt zur Rade de Brest. Der Name erinnert an die hier errichteten spanischen Befestigungsanlagen aus dem 16 Jh.

Die Landzunge erkundet man am besten zu Fuß oder mit dem Fahrrad, denn die schönsten Aussichtspunkte mit Blick aufs Meer sind nicht direkt mit dem Auto erreichbar. Vorbei am ***Plage du Trez Rouz*** (Strand des roten Sandes), dessen Name auf das Blut englischer und holländischer Soldaten hinweist, die hier 1694 von VAUBANS Truppen geschlagen wurden, erreicht man nach ca. 3 km die ***Pointe des Capucins*** und nach weiteren 4 km die ***Pointe des Espagnols.***

Nur 2 km breit ist hier die Passage in die geschützte Ankerbucht von Brest, und dementsprechend war dieser Standort immer schon bei den strategisch denkenden Militärs begehrt. Auch heute noch sind Teile der Halbinsel als ***militärische Sperrgebiete*** gekennzeichnet. Von der Pointe des Espagnols sieht man nicht nur den Hafen von Brest, sondern in südöstlicher Richtung in 4 km Entfernung die ebenfalls nur für Militärs zugängliche kleine Halbinsel Ile Longue mit dem geheimsten aller französischen Militärgeheimnisse, der Basis der Atom-U-Boote.

Der nahegelegene kleine ***Fischerhafen Le Fret*** liegt außerhalb des Sperrgebietes und ist vor allem wegen seiner Fährverbindung nach Brest von Interesse.

Crozon-Morgat

Der Doppelort im Süden der Halbinsel ist im Juli und August ***stark touristisch geprägt.*** Während Crozon mehr aus praktischen Gründen, wie Einkaufen, Geld wechseln usw., von Interesse ist, wird Morgat wegen seiner Strände und seines Hafens mit einem breiten Wassersportangebot sowie wegen seiner vielfältigen Unterkunftsmöglichkeiten aufgesucht.

Wer mit dem Einkauf in Crozon etwas Kultur verbinden möchte, sollte die ***Eglise Saint-Pierre*** im Ortszentrum besuchen. Zwar ist das von 1900 stammende Gebäude von außen relativ uninteressant, umso sehenswerter ist aber die hölzerne, polychrom bemalte Altarwand aus dem späten 16. Jh. Auf insgesamt 29 geschnitzten Bildern wird die Geschichte der 10.000 Söldner des römischen Kaisers HADRIAN dargestellt, die gegen den Willen ihres Herrschers zum christlichen Glauben konvertierten und dafür gekreuzigt am Berg Ararat als Märtyrer starben.

Morgat, früher kleiner Fischerhafen, heute überwiegend ***Yachthafen und Wassersportzentrum,*** liegt an einem schönen, ca. 1 km langen Sandstrand etwa 2 km südlich von Crozon. Die beiden Orte gehen mit ihrer Bebauung fließend ineinander über. Der Sommertourismus hat in Morgat Tradition. Einige Villen aus der Jahrhundertwende weisen darauf hin, daß hier schon vor hundert Jahren nicht nur gearbeitet wurde. Entlang des im Sommer mehr als ***gut besuchten Strandes*** gibt es die üblichen Animations- und Erfrischungsangebote.

Doch nicht nur die ausgezeichneten Bade- und Erholungsmöglichkeiten machten Morgat schon vor einem Jahrhundert bekannt. Beliebt war schon damals ein Besuch der ***Meeresgrotten*** zu beiden Seiten des großen Strandes. Die kleineren, am Nordrand des großen Strandes am Übergang zum Plage de Porzic, sind bei Niedrigwasser zu Fuß erreichbar, die größeren, südlich des Hafens, können mit einem Boot angefahren werden. Am eindrucksvollsten ist die "Grotte de l'Autel" mit ca. 90 m Tiefe und bei Niedrigwasser etwa 15 m Höhe. Der Name der Grotte (frz. AUTEL = Altar) rührt von einem altarähnlichen Felsen inmitten des Felsengewölbes, das durch die farbigen Lichtreflexe an den quarzhaltigen Felsen ein dramatisches Bild entwickelt.

Praktische Hinweise

Information

•***Office de Tourisme***, Boulevard de Pralognan, 29160 Crozon, Tel. 98.26.17.18.

Unterkunft

•***Hôtel Moderne***, in Crozon, Rue Alsace-Lorraine 61, Tel. 98.27.00.10. Unauffälliges Mittelklassehotel mit 37 preisgünstigen Zimmern ab 160 FF, ganzjährig geöffnet.

•***Hôtel/Restaurant de la Ville d'Ys***, in Morgat, Quai Cador, Tel. 98.27.06.49, nahe der großen Hafenmole. 42 recht komfortable, aber wegen der Strandnähe auch recht teure Zimmer ab 300 FF. Geöffnet von Ostern bis Ende September.

•***Hôtel/Restaurant du Kador***, Boulevard de la Plage 42, Tel. 98.27.05.68, im Zentrum von Morgat, direkt am Strand. Das von März bis Dezember geöffnete Mittelklassehotel verfügt über 22 Zimmer ab 220 FF und ein eigenes Schwimmbad. In der Saison muß allerdings Halbpension gebucht werden (pro Person ab 270 FF).

•***Camping La Plage de Goulien***, Tel. 98.27.17.10 im Ortsteil Goulien ca. 3 km westlich von Crozon an der landschaftlich sehr reizvollen Bucht Anse de Dinan mit schönem Sandstrand, 90 Stellplätze, die überwiegend von Bäumen und Büschen umgeben sind, geöffnet 10.6.-20.9.

•***Weitere Campingplätze*** siehe Umgebung.

Essen und Trinken

•***Restaurant Le Roof***, Boulevard de la France Libre, Tel. 98.27.08.40, an der Hauptverbindungsstraße zwischen Crozon und Morgat. Regional für seine gute Fischküche bekanntes Speiselokal mit Menüs ab 100 FF.

•***Crêperie du Ménez-Gorre***, Rue de Poulpatré 86, Tel. 98.27.19.66. Am östlichen Ortseingang von Crozon (D 887). In dem markanten Granitgebäude verbirgt sich mehr als nur eine einfache Crêperie. In gepflegt-rustikaler Atmosphäre werden neben 86 vorzüglichen Crêpes-Variationen auch Fruits de Mer und tolleDesserts serviert.

•***Restaurant Le Mutin Gourmand***, Rue Graveran 1, im Zentrum von Crozon, Tel. 98.27.06.51. Traditionelle gute Küche auch für Leute, die keinen Fisch mögen, ab 140 FF. Montags geschlossen.

•***Bar Ty Aresketer***, Rue du Cap de la Chèvre 1, in Morgat am Hafen, Tel. 98.27.18.49. Urige Bierkneipe mit 16 Biersorten aus aller Welt.

Sonstiges

•***Bootsfahrten:*** Zu den Grotten. Drei Veranstalter bieten täglich von Mai bis September eine etwa 45minütige Fahrt zum Preis von 30 FF für Erwachsene und 26 FF für Kinder an. Die Abfahrtszeiten variieren gezeitenabhängig. VEDETTES ROSMEUR, Tel. 98.27.10.71, VEDETTES SIRÈNES, Tel. 98.27.22.50, und VEDETTES LES GROTTES, Tel. 98.27.26.90. Tickets bekommt man an Bord. Abfahrt am Yachthafen.

•***Segelschule:*** CENTRE NAUTIQUE DE CROZON/MORGAT, Port de Morgat, Tel. 98.27.01.98. Ausbildung auf Jollen, Sportkatamaranen und Surfboards.

•***Surfboardverleih:*** M. PRAT, Route de Châteaulin, Tel. 98.27.12.51, und Point-Passion-Plage, Tel. 98.26.24.90, direkt am Strand.

•***Bootsverleih:*** M. TERTU, Tel. 98.26.26.90. Angelboote, Motor- und Segelboote.

•***Tauchen:*** CENTRE PLONGÉE JSA, Port de Morgat, Tel. 98.27.05.00 oder 98.26.25.77. Die sehr moderne Tauchbasis mit gutem Ruf verfügt über 50 Ausrüstungen und drei Boote, mit denen neben Ausbildung auch Individualtouren in der Baie de Douarnenez durchgeführt werden.

•***Reiten:*** CENTRE EQUESTRE DE MORGAT, Boulevard de la France Libre, Tel. 98.27.03.99.

•***Fahrradverleih:*** NATURE ET EVASION, Boulevard de la France Libre 79, Tel. 98.26.22.11. Verleih von Fahrrädern und Mountainbikes sowie organisierte Gruppenfahrten mit Führer.

•***Tennis:*** TENNIS CLUB, Courts du Loch, Morgat, Tel. 98.26.14.03.

•***Strandanimation:*** CLUB DES BÉLUGAS am Plage de Morgat sowie Club du Portzic.

•***Discothek:*** LE CHALUDY, zwischen Crozon und Tal Ar Groas, Tel. 98.27.51.69.

•***Markt:*** Am 2. und 4. Mittwoch des Monats auf dem Place de l'Eglise in Crozon.

Anreise/Weiterreise

•***Mit dem Auto:*** Über die D 887 von Châteaulin oder über die D 791 von Le Faou.

•***Mit dem Bus:*** Ein Bus fährt 3 x täglich nach Quimper über Telgruc, Argol, St-Nic, Locronan sowie 2 x täglich nach Brest über Telgruc, Argol und Landévennec.

Umgebung von Crozon-Morgat

Maison des Minéraux

Route du Cap de la Chèvre im Dorf St-Hernot, Tel. 98.27.19.73, 3 km südwestlich von Morgat (D 225). Ein ***Naturkundemuseum,*** das eine der bedeutendsten Mineraliensammlungen der Bretagne besitzt. In einem Lehrgarten wird die Flora der Westbretagne erklärt. Die Darstellungsform spricht gerade auch Kinder an.

Öffnungszeiten: 1. bis 30.6. 10.30-12.30 Uhr und 14.00-19.00 Uhr. Vom 1.7. bis 30.9. 10.30.-19.00 Uhr. In der Zeit vom 1.10. bis 31.5. ist 14.00-17.30 Uhr geöffnet. Eintritt 18/10 FF.

Château de Dinan

Ca. 5 km westlich von Crozon erreicht man über die D 308 das 65 m hohe Felskap ***Pointe de Dinan*** mit grandiosem Ausblick auf den Atlantik. Die Pointe de Penhir 4 km im Nordwesten, das Cap de la Chèvre 7 km südlich. Sie suchen die Burg (Château)? Nun, der photogene Felsen, der vom Meer torähnlich unterspült wurde, trägt diesen Namen.

Cap de la Chèvre

Über die D 225 erreicht man nach 7 km in südwestlicher Richtung von Morgat das Ziegenkap (CHÈVRE = Ziege). Die Straße führt durch eine einzigartige Heidelandschaft, die sich allerdings noch intensiver genießen läßt, wenn man statt mit dem Auto zu fahren zu Fuß geht. Ein ***Wanderweg*** führt vom Hafen von Morgat parallel zur Küste in etwa 100 m Höhe über dem Meer bis zur Pointe de la Chèvre und von dort weiter nach Norden bis zur Pointe de Dinan. Wem der gesamte Weg zu lang ist, der kann sein Auto z.B. in St-Hernot (s. Maison des Minéraux) stehenlassen, von dort ca. 1 km nach Osten durch die Heide- und Graslandschaft bis ans Meer zur Pointe de St-Hernot gehen. Hier verläuft wieder der Küstenwanderweg zum Cap de la Chèvre. Von dort sind es ca. 4 km.

Am Kap erwartet den Wanderer eine wild zerklüftete ca. 100 m hohe Felsküste mit Blick zur Pointe du Raz, 17 km entfernt im Südwesten. Bei sehr guter ***Sicht*** (im Sommer leider selten) erkennt man die flache legendenreiche Ile de Sein am Horizont. Die beste Uhrzeit am Kap ist der frühe Morgen oder der Abend, denn dann ist man nicht nur (fast) allein, sondern dann ist auch das Licht am eindrucksvollsten.

Strände östlich von Crozon

Östlich von Crozon-Morgat zeigt die Küste ein wechselndes Landschaftsbild. Felsige Abschnitte wechseln mit zum Teil recht schönen Stränden. Besonders erwähnenswert sind die Strände Plage de l'Aber südwestlich des Ortes ***Tal-Ar-Groas***, Plage de Trez-Bellec bei ***Telgruc-sur-Mer*** und Pentrez-Plage beim kleinen Küstenort ***St-Nic*** am südlichen Rand der Halbinsel.

Unterkunft

Die genannten Orte selbst sind vor allem wegen der Unterkunftsmöglichkeiten interessant. Neben zahlreichen Ferienwohnungen gibt es viele schön gelegene Campingplätze, von denen wir folgende nennen möchten:

- ***Camping de l'Aber***, Tel. 98.27.02.96, im ca. 3 km östlich von Crozon liegenden Ortsteil Tal Ar Groas. Ruhig gelegener Platz für Camper, die kein breites Animationsangebot brauchen. 100 Stellplätze auf 1,5 ha Fläche zwischen viel Grün. Sandstrand in ca. 300 m Entfernung, ganzjährig geöffnet.
- ***Camping Le Panoramic,*** Tel. 98.27.78.41, bei Telgruc s. Mer direkt am Strand. Wegen seiner Lage und seines hohen Komforts sehr empfehlenswerte Anlage mit 193 Stellplätzen zum Teil unter Bäumen, geöffnet 15.5.-15.9.
- ***Camping de la Plage de Pors Ar Vag,*** Tel. 98.81.51.42, bei St-Nic-Pentrez. Kleiner, aber sehr

schön oberhalb einer Badebucht liegender Platz mit 65 Einheiten auf 1 ha Fläche, geöffnet von Ostern bis zum 31.10.

- ***Camping de l'Iroise,*** Tel. 98.81.52.72, ebenfalls bei St-Nic-Pentrez am Strand Pors Ar Vag. Sehr großzügig angelegter Platz mit guten Sanitäranlagen und breitem Zusatzangebot wie Tennisplatz, Minigolf und Lebensmittelladen. 132 Stellplätze allerdings mit wenig Schatten, geöffnet 1.4.-25.10.

Im Osten der Presqu'île de Crozon

Ménez-Hom

Aus der leicht hügeligen Landschaft zwischen der Baie de Douarnenez im Südwesten und dem Mäandertal der Aulne im Nordosten ragt der vor langer Zeit verloschene Vulkan als kahler, durch Erosion abgerundeter Kegel auf. 330 m Höhe sind für bretonische Verhältnisse beachtlich, und so ist es nicht verwunderlich, daß der Ménez-Hom der ***meisterklommene Berg der Bretagne*** ist. Allerdings wird die Kletterkraft meist von Automotoren aufgebracht, denn eine breite Straße (D 83) führt von der Hauptstraße zwischen Châteaulin und Crozon (D 887) fast bis hinauf zur Kuppe auf einen großen Parkplatz.

Nach weiteren 300 m Fußmarsch ist das Ziel erreicht, und eine Orientierungstafel erklärt, was man alles in der Ferne sieht (bzw. sehen könnte, wenn nur die Sicht besser wäre). Falls Sie ein paar Tage in der Gegend sind, lohnt es sich, den Tag des Bergbesuches gezielt nach der Wetterlage auszuwählen, um ***optimale Fernsicht*** zu haben. Die beste Sicht herrscht mit Sicherheit, direkt nachdem ein Tiefdruckgebiet mit seinem Regen durchgezogen ist und der Himmel bei Nordwestwind gerade aufklart, denn dann ist die Luftfeuchtigkeit am geringsten. Die schlechtesten Sichtweiten treten in der Regel bei Südwind auf. Meist reicht die Sicht, um im Südwesten das Cap de la Chèvre (24 km Entfernung) und im Nordwesten die Bucht von Brest (ca. 20 km) zu erkennen. Wenn der Tag gut gewählt wurde, ist es möglich, im Südwesten bis zur Ile de Sein vor der Pointe du Raz (50 km) und im Nordwesten bis zur Pointe Saint-Mathieu (42 km) zu schauen. An einem solchen Tag erkennt man landeinwärts 32 km entfernt im Nordosten den höchsten Berg der Bretagne, den Roc Trévézel (384 m). Am 15. August findet jährlich ein ***Fest-Noz*** mit viel bretonischer Musik auf der Bergkuppe statt.

Aus bretonischem Granit: der Pfarrbezirk (WK)

Sainte-Marie-du-Ménez-Hom

Das kleine Dorf, 2 km südlich des Ménez-Hom an der D 887, besitzt einen ***umfriedeten Pfarrbezirk*** (ENCLOS PAROISSAL), der, gemessen an der heutigen Bedeutungslosigkeit des Ortes, wegen seiner Größe überrascht. Durch ein hohes bogenförmiges Tor von 1739 betritt man den Innenhof, wo sich der im 16. Jh. erbaute Calvaire befindet. Leider wurde er vor einigen Jahren von einem Winterorkan teilweise beschädigt. In der Kapelle beeindrucken die geschnitzten Altarwände mit Darstellungen von Maria, einigen Aposteln sowie den bretonischen Heiligen SAINTE BARBE und SAINT LAURENT.

Falls Sie nach dem Kapellenbesuch den leiblichen Bedürfnissen nachkommen möchten, so bietet sich die 50 m entfernt ebenfalls an der Dorfstraße liegende ***Crêperie Skeud An Amzer*** geradezu an. In einem alten Granit-Bauernhaus gibt es hier nicht nur schmackhafte Crêpes, sondern auch Produkte des Bauernhofes .

Argol

Wie in Sainte-Marie-du-Ménez-Hom auch hier ein ***umfriedeter Pfarrbezirk*** in einem unscheinbaren Dorf. Am eindrucksvollsten ist hier das monumentale Eingangsportal im bretonischen Renaissance-Stil von 1659. Die Reiterstatue auf der Frontseite stellt ***König Gradlon,*** den legendären König von Cornouaille aus dem 6. Jh., dar, der hier als weltliche Legendenfigur in einem religiösem Rahmen wiederzufinden ist. Es gibt in der Bretagne nur zwei Darstellungen des sagenumwobenen Königs von Cornouaille. Die zweite befindet sich an der Fassade der Kathedrale Saint-Corentin in Quimper. Der einfache Calvaire im Innenhof trägt die Jahreszahl 1593 an seinem Sockel. In der Kapelle befinden sich zwei sehenswerte Altarwände.

Le Musée du Cidre

Eher weltlichen Genüssen widmet sich das Musée du Cidre, ca. 2 km nördlich von Argol an der D 791 gelegen. Im Gebäude eines traditionellen Bauernhofes wird neben der Herstellungstechnik des Cidre (Cidre Fermier) das gesamte Arbeitsumfeld eines Apfelbauern dargestellt, bis hin zur Bienenzucht, die indirekt (Befruchtung der Blüten) den Cidre erst ermöglicht. In einem verführerisch attraktiven Verkaufsraum werden die Produkte der Ferme angeboten (Dégustation und Verkauf): Apfelsaft, Cidre, Chouchen, Honig, Obst und Gemüse.

Musée du Cidre, Vergers de Kermarzin, Tel. 98.27.73.26 oder 98.27.34.13. Öffnungszeiten: 15.4.-15.6. täglich 14.00-19.00 Uhr, 16,6.-30.9. täglich 10.00-19.00 Uhr. Eintrittspreise 25/10 FF.

Musée de l'Ecole Rurale-Trégarvan

Im kleinen Dorf Trégarvan am Ufer der Aulne etwa 7 km östlich von Argol (D 60) ist ein Museum ganz besonderer Art zu besichtigen: Ein ***Dorfschulmuseum,*** in dem mit Originaleinrichtung der 30er Jahre die Atmosphäre einer Dorf-Grundschule wiedererschaffen wurde. Lange Holzbänke, Schiefertafeln, Tafeltexte, die einen Einblick in die Normen der damaligen Zeit ermöglichen.

Öffnungszeiten: 1.4.-31.5. und 16.9.-1.11. nur an Sonn- und Feiertagen 14.00-18.00 Uhr. Vom 1.6. bis 15.9. täglich 13.30-19.00 Uhr. Eintrittspreise: 20/10 FF. Tel. 98.26.04.72.

Landévennec

Dort, wo die Aulne zusammen mit dem Rivière du Faou in die Rade de Brest mündet, streckt sich eine Landzunge ins Meer, die schon in gallo-romanischer Zeit wegen ihres windgeschützten Klimas bevorzugtes Siedlungsgebiet war. Urteilt man nach der Vegetation in den Gärten der nicht gerade ärmlichen Häuser könnte man den kleinen Ort Landévennec an der Südostspitze der Halbinsel am Mittelmeer vermuten, würde nicht zwischen Mimosen, Camelien, Palmen, Feigenbäumen und Cypressen immer wieder der Granit als Baumaterial der Häuser auf die Bretagne hinweisen.

Der klimabegünstigte Ort ist aber vor allem durch die 1.500jährige wechselhafte Geschichte seiner neuerdings wieder aktiven Abtei bekannt. Im 5. Jh. existierte am Nordufer der Aulne-Mündung auf der kleinen Insel Tibidy eine klosterähnliche Mönchsgemeinschaft, der auch WINWALOE, der spätere ***Saint-Guénolé*** (= GWENNOLÉ), angehörte. Er war der Sohn britischer Auswanderer aus Irland oder Wales. Seine starke christliche Überzeugungskraft, aber auch seine herausragenden medizinischen Fähigkeiten ließen ihn bald zu höheren Würden kommen, und so gründete er zusammen mit 11 weiteren Mönchen im Jahre 485 auf der Tibidy gegenüberliegenden Halbinsel das ***Kloster Landévennec.*** Das Kloster entwickelte sich zur Abtei und organisierte die weitere Christianisierung Armorikas (was später die Bretagne wurde) nach irisch-keltischen Klosterregeln. LUDWIG DER FROMME veranlaßte im Jahre 819, daß die Ordensregeln der Benediktiner übernommen wurden.

Zu Beginn des 10. Jh. wurde die Abtei von plündernden Normannen ***niedergebrannt,*** und die Mönche flohen in andere Benediktinerklöster Frankreichs. Der Verehrungskult um Saint-Guénolé wurde so auch in das bretonische Inland getragen. Landévennec war vorübergehend aufgegeben, erstrahlte jedoch im 12. Jh. neu als ***romanisches Kloster.*** Nach einem wechselhaften Schicksal zwischen bretonischem Erbfolgekrieg, englischen Plünderungen und Ausräuberungen der Abtei während der Religionskriege setzte die französische Revolution dem klösterlichen Leben ein Ende. Am 21. Mai 1792 wurden die ***Abteigebäude versteigert.*** Die Mauern wurden abgetragen und als Baumaterial z.B. für die Arkaden am Pouliguen-Markt in Brest verwendet.

Die langsam von Vegetation zuwuchernde Ruine diente 150 Jahre lang romantischen Malern als Bildvorlage, bis im Jahre 1950 schließlich eine ***junge Benediktinergemeinschaft*** beschloß, einen Neuanfang zu wagen. Neben den romanischen und gotischen Gemäuerresten entstand eine neue Abtei, in der heute ca. 40 Benediktiner leben.

Nach umfangreichen archäologischen Grabungen können die zum Teil restaurierten Ruinen der ehemaligen Klostergebäude besichtigt werden. Speziell die ***Reste der romanischen Abteikirche*** aus dem 11. und 12. Jh. sind besonders interessant. Der Grundriß gleicht dem der Kirchen von St-Gildas de Rhuys und von Loctudy. Im südlichen Querschiff, so konnte nach alten Urkunden rekonstruiert werden, befand sich in der "Ur-Kirche" das Grabmal des Heiligen GUÉNOLÉ und, aber dies ist umstritten, des Königs GRADLON aus der sagenumwobenen Stadt Ys.

In einem 1990 eingeweihten ***Museum*** wird anhand archäologischer Funde und geretteter historischer Relikte die Entwicklung der Abtei dargestellt. Landkarten, Urkunden, Stiche, Manuskripte, alte Handschriften sind ebenso ausgestellt wie ein Reliquienkreuz aus Elfenbein aus dem 8. Jh. und ein Holzsarkophag aus dem 9. Jh. Im Gegensatz zur Mehrzahl aller französischen Museen gibt es hier Erklärungstexte, unter anderem auch in Deutsch.

Öffnungszeiten: 1.10. bis 30.4 täglich (außer dienstags) 14.00-18.00 Uhr. Vom 1.5. bis 30.9. täglich 10.00-19.00 Uhr und sonntags 12.00-19.00 Uhr. Eintritt 25/15 FF. Association Abati Landévennec, Tel. 98.27.35.90.

Anreise

- Von Le Faou über die D 791 in Richtung Crozon. Ca. 6 km westlich der großen Hängebrücke Pont de Térénez beim Ort Les Quatre Chemins nach Nordosten auf die D 60, dann noch ca. 6 km bis Landévennec.

Zwischen der Halbinsel von Crozon und den Monts d'Arrée

Châteaulin

Das zentrale Gebiet des ***Parc Naturel Régional d'Armorique*** läßt sich geographisch durch die Eckpunkte Châteaulin, Pleyben, Brasparts, Commana, Sizun und le Faou eingrenzen.

Schon von weitem erkennt der Autofahrer, daß die Stadt nunmehr recht nahe liegt. Ein riesiger ***Viadukt*** überspannt die in zahlreichen Schleifen dahinfließende ***Aulne,*** den mit 145 km längsten Fluß des Finistère. Die Stadt hat sich parallel zu beiden Seiten des Flusses angesiedelt. Direkt am Flußufer verlaufen die Kaianlagen, die auch zum Spaziergang einladen, die übrigen Häuser stehen hangaufwärts.

In der Vergangenheit wurde die Stadt als ein ***Zentrum der Lachsfischerei*** so bekannt, daß der Lachs sogar ins Stadtwappen aufgenommen wurde. In der Zeit zwischen März und April wandern die Lachse den Fluß aufwärts. Sie müssen dabei die Schnellen nahe der Schleusen überspringen, und hier warten dann die Angler.

Neben der Lachsfischerei hat der Ort durch zwei Männer der neueren Geschichte eher traurigen Ruhm erworben. Nahe dem Flußufer steht die ***Statue von Jean Moulin,*** einem Resistance-Führer während der deutschen Besetzung Frankreichs, der von dem SS-Offizier KLAUS BARBIE hingerichtet wurde. Die Inschrift auf dem Stein lautet "mourir sans parler" (sterben ohne zu reden).

Auch in Châteaulin lohnt es, Kirchen zu besichtigen. Die ***Kirche Saint-Idunet*** (1867) besitzt sehr schöne Altaraufsätze aus dem 18. Jh. Durch die Rue Graveran erreicht man die ***Chapelle Notre-Dame,*** die oberhalb der Stadt als letzter Rest einer ehemaligen Burg der Grafen von Cornouaille steht. Die kleine Kapelle aus dem 15. Jh. liegt in einem kleinen umfriedeten Pfarrbezirk, dessen Beinhaus aus dem 16. Jh. stammt. Von hier oben hat man einen herrlichen Blick über die Aulne.

Praktische Hinweise

Information

•***Office de Tourisme***, 29150 Châteaulin, Tel. 98.86.02.11.

Unterkunft

•***Hôtel Le Chrismas***, Rue des Ecoles, Tel. 98.86.01.24, gemütliche, saubere Zimmer ab 120 FF.
•***Hôtel Au Bon Accueil***, Port-Launay, Tel. 98.86.15.77. Gutes Mittelklassehotel mit 53 Zimmern ab 140 FF.
•***Château du Bot***, M. Le Bihan, 29500 Pont de Buis, Tel. 98.26.93.90. Das Haus liegt zwar etwa 8 km nördlich der Stadt, wer es sich jedoch leisten kann, bekommt hier Luxus fürs Geld. Neben zwei großen Zimmern mit geschmackvoll rustikaler Einrichtung gibt es auch zwei Suiten von 80 m². Leider beginnen die Preise erst bei 450 FF. Erreichbar über die N 165 bis Pont de Buis Nord, dann auf die D 47.

Essen und Trinken

•Empfehlenswert ist der ***Klonakilty Pub,*** zugleich Piano Bar und Irish Pub mit netter Atmosphäre in der Rue de l'Eglise, etwa 50 m von der Kirche entfernt am Fluß.

Sonstiges

•***Angelscheine*** sind in den Angelgeschäften der Stadt erhältlich.

Anreise/Weiterreise

•***Mit dem Bus:*** Die Buslinie 48 verkehrt bis zu 5mal täglich zwischen Châteaulin und Carhaix. Auf der Route liegt auch Pleyben.
Auf der Strecke Quimper – Brest fährt die Buslinie 54 täglich 6mal über Châteaulin. Weitere Orte auf dieser Route sind Port Launay und le Faou.
•***Mit der Bahn:*** Châteaulin besitzt einen Bahnhof, der über die Zuglinie 17 wochentags 8mal, sonntags 5mal mit Brest und Quimper verbunden ist. Der Zug fährt von Quimper aus Richtung Lorient/Vannes weiter. Die Linie 19 verkehrt 8mal täglich (sonntags 5mal) zwischen Brest und Quimper.
•***Mit dem Auto:*** Der Ort liegt nahe der N 165 (Brest – Quimper – Vannes), von der man in Höhe Châteaulin auf die N 787 abbiegen muß.

Aus westlicher Richtung (Pleyben) erreicht man den Ort über die N 787. Über die D 887 ist Châteaulin mit der Crozon-Halbinsel und über die D 107 mit Douarnenez verbunden.

Umgebung von Châteaulin

Port-Launay

Port-Launay, nur wenige Kilometer nördlich der Stadt, war früher ein bedeutender Hafen. Heute erinnern nur die Kais, die im Frühjahr und Sommer herrlich mit Blumen geschmückt sind, an diese Zeit.

Saint-Ségal

In Saint-Ségal, etwa 1 km nördlich der Stadt, steht die ***Chapelle de Saint-Sébastien*** aus dem 16. und 17. Jh. mit einem kleinen Calvaire.

Größere ***Calvaire-Anlagen*** finden sich in St-Vennec (etwa 9 km südlich über die D 770) und im noch einmal 7 km weiter entfernten Quilinen (über die D 770).

Cast

Cast ist ein kleiner Ort, etwa 7 km südwestlich der Stadt, an der D 107. Neben der ***Kirche St-Jérome*** aus dem 16. Jh. und einem Calvaire lockt hier ein ***Denkmal des Schutzpatrons der Jäger,*** des Heiligen HUBERTUS. Es stammt wahrscheinlich von 1525. Der Schutzpatron kniet neben seinem Pferd und Hunden vor einem Hirsch mit Kreuz nieder.

Pleyben

Der Ort besitzt nach Meinung etlicher Kenner einen der schönsten ***umfriedeten Pfarrbezirke*** der Bretagne. Jeden ersten Sonntag im August ist er Schauplatz eines Pardon.

Der Eingang zum Gelände führt durch das Tor aus dem Jahre 1725. Früher diente der innen liegende Platz als Friedhof. Ein echtes Meisterwerk ist der ***Calvaire,***

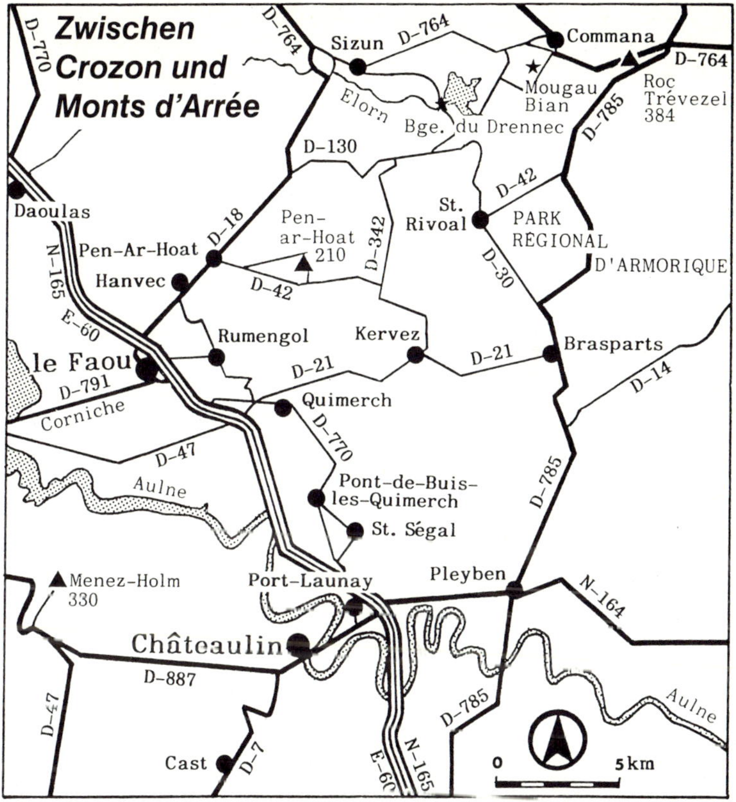

der 1555 erbaut wurde. Vermutlich wurde er etwa 200 Jahre später aber erst mit seinem kompletten Schmuck versehen, eventuell stand er sogar ursprünglich an einem anderen Platz des Kirchhofes. Die Darstellung der Fußwaschung und einzelne andere Aspekte wurden 1650 ergänzt. Wer das Leben Jesu hier genau betrachten möchte, beginnt an der Stelle, die die Verkündigung darstellen soll. Von hier aus geht's gegen den Uhrzeigersinn um die Anlage herum.

Im ehemaligen ***Beinhaus*** (1550), einem der ältesten in der Bretagne, werden heute Ausstellungen gezeigt.

Die ***Kirche*** wurde 1564 erbaut und im 19. Jh. restauriert. Auffallend sind die beiden sehr unterschiedlichen Türme. Während der linke mit seinen gotischen Verzierungen eher filigran wirkt, ist der im Renaissancestil gebaute Glockenturm massiv und wuchtig. Er wurde zwischen 1588 und 1642 errichtet. Nach seinem Muster entstanden dann etliche weitere bretonische Glockentürme. Die Saint Germain d'Auxerrois geweihte Kirche zeigt seine Statue an der Südseite des großen Turmes.

Praktische Hinweise

Information

●***Syndicat d'Initiative***, Place de Gaulle, 29190 Pleyben, Tel. 98.26.68.11.

Unterkunft/Essen und Trinken

●***Auberge du Poisson Blanc***, in der Ortsmitte, Tel. 98.73.34.76. Das kleine Haus mit sechs Zimmern bietet recht komfortable Zimmer ab 220 FF. Das Essen ist hier zudem sehr gut und preiswert.

●***Hôtel au Gai Logis***, hinter der Kirche, Tel. 98.26.63.71. Kleines gemütliches Hotel mit nur vier Zimmern ab 120 FF.

●***Camping Municipal,*** Pont Coblant, etwa 7 km außerhalb des Ortes an der D 785. Der Platz ist vom 15.6. bis 15.9. geöffnet. Es gibt etwa 100 Stellplätze. Tel. 98.73.31.22.

Anreise/Weiterreise

●***Mit dem Bus:*** Der Ort liegt an der Strecke zwischen Châteaulin und Carhaix, die täglich 3- bis 5mal (sonntags einmal) von der Linie 48 angefahren wird. Busse der CAT Finistère verkehren 3mal täglich zwischen Quimper und Morlaix, via Pleyben und Brasparts.

●***Mit dem Auto:*** Die N 787 verbindet Pleyben mit Châteaulin im Westen und Carhaix im Osten. In Richtung Norden führt die D 785 über Brasparts Richtung Morlaix und in südlicher Richtung nach Quimper.

Umgebung von Pleyben

Pont-Coblant

In diesem Ort können ***Kanus und Hausboote*** gemietet werden. Die Vermittlung erfolgt durch M. Mercier, Crabing-Loisirs, Rue de Frout 20, 29000 Quimper, Tel. 98.95.14.02, oder direkt vor Ort unter 98.73.34.69. In der Moulin de Pont-Coblant, 29190 Pleyben, Tel. 98.73.31.22, er-

Kein Hausboot: alte Sinagot aus Morbihan (WK)

hält man genaue Auskünfte. Hier werden nicht nur Boote, sondern auch Betten in der sauberen Jugendherberge vermittelt.

Von Pleyben aus führt die Route nun am westlichen Rand der Monts d'Arrée (s. dort) über die D 785 durch Brasparts, vorbei am Mont St-Michel in Richtung Roc'h Trévezel. 2,5 km nördlich Brasparts lohnt ein Abstecher über die D 30 nach St-Rivoaol mit dem ***Maison Cornec.*** Über die D 42 erreicht man wieder die D 785. 2,5 km vor Roc'h Trévezel zweigt die D 11 nach Commana ab.

Commana

Auch hier, im ehemaligen Hauptort der lumpensammelnden Pilhaourien, befindet sich wieder ein kleiner ***umfriedeter Pfarrbezirk.*** Allerdings lohnt die zwischen dem 17. und 18. Jh. errichtete Anlage mit ihrer überladen wirkenden Kirche einen Besuch vor allem dann nicht, wenn bereits andere umfriedete Pfarrbezirke besichtigt wurden.

Nahe dem Ort liegt aber ein Ecomusée des Monts d'Arrée, die ***Moulins de Kerouat.*** In der alten Wassermühle werden altes Mobiliar, Kleidung und Dinge des täglichen Lebens ausgestellt. Öffnungszeiten: täglich (außer samstags) 15.3. bis 30.6. und vom 1.9. bis 31.10. 14.00-18.00 Uhr, vom 1.7. bis 31.8. 11.00-19.00 Uhr, Tel. 98.68.87.76.

Im Rathaus befindet sich ein ***Musée d'Art Sacral.*** Hier werden Kunstgegenstände und Informationen zur Kirchenkunst ausgestellt. Das Museum ist täglich zu den Bürozeiten geöffnet, Tel. 98.78.00.46.

Praktische Hinweise

Unterkunft

- ***Gîte d'étape***, Mme Bergeron, Place de l'Eglise 3, Tel. 98.78.01.80. Einfache, saubere Herberge für bis zu 36 Personen, ab etwa 60 FF/Person im Doppelzimmer.
- ***Chambres d'Hôtes***, Michel Lesignor in Kerfornedic, Tel. 98.78.06.26, vermietet zwei einfach ausgestattete Zimmer ab 200 FF.

Anreise/Weiterreise

- Commana liegt an der D 764, die in westlicher Richtung über Sizun nach Landerneau und in östlicher Richtung über Roc'h Trévezel nach Huelgoat führt. Diese Straße kreuzt bei Roc'h Trévezel die D 785, die von Morlaix über Pleyben in Richtung Quimper führt.
- Über die D 11 erreicht man den etwa 20 km nordwestlich liegenden Ort Landivisiau.

Umgebung von Commana

Allée Couverte du Mougau-Bihan

Knapp 2 km südlich des Ortes liegt diese 14 m lange Grabkammer. Angeblich soll sie zu den schönsten Anlagen der Bretagne zählen. Wahrscheinlich bedeckte sie ursprünglich ein Tumulus aus Erde, der aber wohl im Laufe der Jahrtausende der Erosion anheimgefallen ist. 18 Granitplatten bilden die Wände der Grabanlage, die im Inneren über 10 m lang und etwa 1,5 m breit ist. Einzelne Platten sind mit Einmeißelungen versehen, die als Axt, Dolche und weibliche Brüste identifiziert werden können. Vor allem die Brüste deuten darauf hin, daß diese Grabanlage unter den Schutz der Muttergöttin gestellt war.

Anreise

- Von Commana aus in südlicher Richtung die D 764 überqueren und Richtung Mougau-Bihan fahren. Die Anlage liegt dann südöstlich des Weilers.

Sizun

Ein weiteres Dorf mit ***Enclos Paroissial,*** der allerdings wieder zu den sehenswerten der Region gehört. Der Eingang zum Enclos wird durch ein dreibogiges Tor gebildet, das an einen römischen Triumphbogen erinnert. Das Tor wurde zwischen 1588 und 1590 errichtet. Die Kirche stammt aus dem 16. Jh., wurde allerdings in den folgenden Jahrhunderten umgebaut bzw. ergänzt. Altar und Taufbecken stammen aus dem 17. Jh. Besonders die Decke lohnt einen Blick wegen der geschnitzten Ornamente. Im ehemaligen Beinhaus befindet sich nunmehr eine Kapelle, die heute ein Museum mit recht guten Informationen zum früheren Alltags- und religiösen Leben der Stadt beherbergt.

Maison de la Rivière, de l'Eau et de la Pêche. Dieses Museum ist in der Moulin de Vergraon untergebracht. Angeln, das Leben im Fluß und ökologische Aspekte stehen im Vordergrund der Ausstellung, zu der auch Videovorführungen gehören. Öffnungszeiten: 1.10. bis 31.3. 14.00-17.30 Uhr, 1.4. bis 31.5. 14.00-18.00 Uhr, 1. bis 30.6. und 1. bis 30.9. 10.30-12.30 Uhr und 13.30-17.30 Uhr, 1.7.-31.8. 10.30-19.00 Uhr, Tel. 98.68.86.33. 15 FF kostet es Eintritt.

Maison de la Pisciculture – Barrage du Drennec. Am Drennec-Stausee werden dem Besucher die biologischen und technischen Zusammenhänge der Wasserbeschaffenheit und der Fischzucht vermittelt. In den Außenanlagen können Fischzuchten unterschiedlicher Entwicklungsstufen besichtigt werden. Öffnungszeiten: 1. bis 30.6. und 1. bis 30.9. täglich 13.30-17.30 Uhr, sonntags 10.30-12.30 Uhr und 13.30-18.00 Uhr, vom 1.7. bis 31.8. 10.30-12.30 Uhr und 13.30-18.00 Uhr. Eintritt 15 FF, Tel. 98.68.86.33 oder 98.68.84.07. Der Stausee liegt etwa 4 km südöstlich der Stadt, nahe der D 30, am Elorn.

Ein beliebtes Freizeitvergnügen der Bretonen: mit dem Boot unterwegs (WK)

Praktische Hinweise

Unterkunft

•***Hôtel/Restaurant des Voyageurs***, Rue de l'Argoat, Tel. 98.68.80.35. Das preiswerte Hotel (ab 130 FF) liegt neben der Kirche in Ortsmitte. Ordentliche, aber einfache Zimmer.

•***Hôtel/Restaurant Le Clos des 4 Saisons***, im Nachbarort Milin-Kerroc'h, Tel. 98.68.80.19, bietet etwas mehr Komfort, ist aber ebenfalls recht preiswert, ab 140 FF.

•***Camping du Gollen.*** Der kleine und einfache Platz (29 Einheiten) liegt nahe dem Stausee, Tel. 98.68.80.13. Geöffnet vom 15.4. bis 30.9. Saubere Sanitärblöcke.

Essen und Trinken

•Wer nicht in den o.g. Restaurants essen möchte, kann schräg gegenüber der Kirche in der ***Crêperie/Bar l'Orée des Monts*** einkehren oder die ***Crêperie/Salon de Thé de l'Argoat*** am Eingang zur Kirche aufsuchen.

Anreise/Weiterreise

•Sizun liegt 17 km südöstlich von Landerneau an der D 764, die in östlicher Richtung über Commana und Roc'h Trévezel nach Huelgoat führt. Über die D 764 und dann nördlich die D 30 erreicht man Landivisiau. Die D 30 führt in südöstlicher Richtung nach St-Rivoal. Die D 33 verbindet den Ort in westlicher Richtung mit Daoulas (ca. 16 km). Mit Le Faou im Südwesten (ca. 17 km) und St-Thégonnec (ca. 30 km) im Norden ist der Ort über die D 18 verbunden.

Umgebung von Sizun

In südwestlicher Richtung lohnt nach etwa 2,5 km der Besuch in der täglich geöffneten ***Töpferei*** direkt an der D 18.

Aussichtspunkt Pen-ar-Hoat

Etwa 8 km südwestlich von Sizun zweigt kurz vor Hanvec die Straße zum Aussichtspunkt Pen-ar-Hoat ab. Der 210 m hohe Punkt kann in etwa 30 Minuten Fußweg erreicht werden. Bei gutem Wetter lohnt die Aussicht von oben auf die Hügel der Monts d'Arrée und Montagnes Noires bis hin zur Bucht von Brest. Von hier überblickt man auch den Forêt du Cranou mit einem dichten Laubbaumbestand.

Domaine de Ménez-Meur

Auf dem Gelände dieses Anwesens in ***Hanvec*** ist eine Art ***Heimattierpark*** untergebracht. Hinzu kommen zahlreiche Wild- und Hausrinder fernerer Länder. Der Park kann vom 1.6. bis 30.9. 10.00-19.00 Uhr, vom 1.10. bis 30.4. 10.00-12.00 Uhr und 13.00-18.00 Uhr, vom 1.5. bis 31.5. 13.30-17.30 Uhr besucht werden. Außer zwischen Juni und September ist der Park samstags geschlossen. Tel. 98.68.81.71 und 98.21.90.69. Eintritt: 15 FF.

Le Faou

Am Ufer des Faou liegt das gleichnamige Städtchen, das noch heute über viele hübsche ***Häuser aus dem 16. Jh.*** verfügt. Schiefer bedeckt viele Dächer und gibt dem Ort bei gutem Wetter ein sehr malerisches Bild. Oberhalb der Hafenanlagen steht die ***Kirche*** aus dem 16. Jh. Im Sommer lassen sich viele Maler und Fotografen von der Stimmung in der kleinen Stadt inspirieren.

Praktische Hinweise

Information

•***Office de Tourisme***, 29580 Le Faou, Tel. 98.81.06.85 oder 98.81.90.44

Unterkunft

•***Gîte d'étape,*** Melle le Gall, Rue Général de Gaulle 10, Tel. 98.81.96.20. Hier können bis zu 10 Personen übernachten.

•***Hôtel Aqualys,*** Tel. 98.81.05.01. Gutes Mittelklassehotel ab 240 FF.

•***Hôtel Le Relais de la Place,*** Tel. 98.81.91.19. Ebenfalls Mittelklasse, aber mit Zimmern ab 130 FF erheblich preiswerter.

Farbtupfer im Frühling: blühender Ginster (WK)

Anreise/Weiterreise

- ***Mit dem Bus:*** Der Ort liegt an der Strecke Quimper – Brest, die täglich etwa 10mal von der Linie 54 befahren wird.
- ***Mit dem Auto:*** Die Hauptverbindungsstraße ist die N 164, die von Quimper/Châteaulin in Richtung Brest führt. Die D 18 führt in nordöstlicher Richtung bis Sizun. Die D 791, die Corniche, führt in Richtung Crozon-Halbinsel. 2 km östlich liegt Rumengol an der D 42.

Umgebung von Le Faou

Rumengol

Rumengol liegt ca. 2 km östlich von Le Faou. Die Kirche des Ortes (16. Jh.) ist Ausgangspunkt der bekanntesten ***Pardons*** der Bretagne, zu denen jährlich Tausende zusammenkommen. Am Trinitatis-Sonntag findet hier das größte Pardon statt. Am 15. August ein weiteres, das König GRADLON gewidmet ist, der hier die erste Kapelle erbaut haben soll.

Die Corniche

Diese erhöhte Küstenstraße windet sich in zahlreichen Kurven entlang der Mündung des Faou. Sie ist Teil der D 791, die über die ***Pont de Térénez,*** die ursprünglich längste Hängebrücke Frankreichs, mit der Crozon-Halbinsel verbunden ist.

Aussichtspunkt bei Quimerch

Auf dem Weg in Richtung Châteaulin hat man von hier aus noch einmal einen herrlichen Rundblick über die gesamte Gegend bis weit auf die Crozon-Halbinsel hinaus.

Côte de Cornouaille

Überblick

Jeder Bretagnereisende hört früher oder später von der bei den Seefahrern aller Jahrhunderte gefürchteten Landspitze ***La Pointe du Raz.*** Doch das navigatorisch gefährliche Kap bildet lediglich das westliche Ende einer ca. 30 km langen Halbinsel mit dem Namen ***Cap Sizun*** (nicht verwechseln mit der Stadt Sizun 30 km östlich von Brest). Im Norden wird sie von der Baie de Douarnenez und im Süden von der Baie d'Audierne begrenzt.

Westlich der Pointe du Raz liegt die sturmgeprägte ***Ile de Sein*** im Meer, umgeben von Hunderten kleinerer und größerer Felsen und Untiefen, die im Laufe der Jahrhunderte unzähligen Schiffen zum Verhängnis geworden sind. Hier bekam der gesamte Westen der Bretagne seinen Namen: ***Finistère*** (FINIS TERRAE, LA FIN DE LA TERRE, das Ende der Welt).

Eine wild zerklüftete, 60-80 m hohe ***Felsküste*** mit nur wenigen kleinen Sandbuchten erstreckt sich vom sehr aktiven Fischerhafen Douarnenez nach Westen bis zur Pointe du Raz und von dort in südöstlicher Richtung bis nach Audierne, einem Hafen, dessen Aktivitäten sich mehr und mehr weg vom Fischfang, hin zur Freizeitseefahrt entwickeln.

Das leicht hügelige, dünn besiedelte ***Inland der Halbinsel*** wird überwiegend landwirtschaftlich genutzt. Kleine Ortschaften zwischen Feldern, jede mit ihrer eigenen Kirche oder Kapelle, gehen zum Teil auf keltische, zum Teil auf gallo-romanische Gründungen zurück.

Das Cap Sizun, bei den Römern GOBOERUM PROMONTORIUM genannt, bildet die Nordgrenze der ***Region Cornouaille,*** die im Südosten bei Quimperlé bis an den Fluß Laïta reicht. Im Gespräch mit Franzosen kann es schnell zu einer Verwechslung mit der englischen Grafschaft Cornwall kommen, denn auch Cornwall wird in Frankreich Cornouaille genannt. Tatsächlich gibt es hierfür eine historische Begründung: Neben irischen Mönchen waren es auch Ordensbrüder aus Südwestengland, die hier die christliche Missionierung der westfranzösischen Halbinsel begannen. Neben dem christlichen Glauben brachten Sie auch ihre Orts- und Regionsnamen mit, so wie es 1200 Jahre später irische Auswanderer in Nordamerika machten.

Douarnenez

Schon die ***Römer*** ließen sich von hier mit Fischspezialitäten versorgen. Für sie war Douarnenez nicht nur als Schutzhafen südlich der schwierigen Passage über den Ärmelkanal nach Britannien geschätzt, sondern hier ließen sie auch ihr im ganzen Reich hochgeschätztes "Garum" herstellen, eine würzige Fischpaste zum Verfeinern von Speisen.

Die günstige, sturmgeschützte Lage an einem fischreichen Gewässer ließ Douarnenez im Laufe der Jahrhunderte zu ***einem der wichtigsten Fischereihäfen Frankreichs*** werden (heute auf Platz 6).

Einen Entwicklungshöhepunkt erlebte die Stadt Mitte des 19. Jh., als es nach der Erfindung der Konservendose durch NICOLAS APPERT möglich wurde, Fisch langfristig haltbar zu machen und ***Konserven*** auch in entferntere Gebiete zu verkaufen. Insbesondere die Sardine, die ab 1836 als Konserve in französischer Monopolstellung weltweit zu hohen Preisen verkauft wurde, brachte den Händlern von Douarnenez Wohlstand und den Fischern und Konservenfabrikarbeitern ein erträgliches Auskommen. Bis zur Jahrhundertmitte hatten sich 35 ***Fischfabriken*** hier angesiedelt mit Arbeitsplätzen für die halbe Stadtbevölkerung. Um so dramatischer war der Einbruch, als gegen 1880 plötzlich die Sardinenschwärme ausblieben. Nach drei Jahren sehr gerin-

Das Hafenpanorama im Abendlicht (WK)

ger Fänge waren von 35 Fabriken nur noch ganze acht übriggeblieben. Stadtweite ***Massenarbeitslosigkeit und Armut*** kennzeichneten die einst beneidete Hafenstadt. Der Zustand änderte sich erst etwa 20 Jahre später mit der langsamen Einführung neuer Fischereitechniken auf größeren Booten. Auch die Sardinenschwärme kamen wieder, ebenso unerwartet, wie sie zuvor ausgeblieben waren. Möglicherweise als Folge der Lebensumstände der vergangenen zwei Jahrzehnte wählte die Bevölkerung von Douarnenez im Jahre 1921 als erste Stadt Frankreichs einen kommunistischen Bürgermeister.

Das ***heutige Douarnenez*** hat drei Gesichter: Der moderne Fischereihafen mit seinen Hallen und Reparaturbetrieben, die Café, Restaurant- und Kneipenstraßen am alten Port du Rosmeur, dem eigentlichen Zentrum, und der mehr auf Badetourismusorientierte Stadtteil Tréboul mit seinem Renommierstrand Plage des Sables Blancs. Der ***neue Hafen*** ist, abgesehen von einem Spaziergang entlang der ca. 600 m langen Mole, vor allem ab 23.00 Uhr interessant, wenn die Hochseefischer ihren Fang anlanden. An welchen Tagen Auktionen (in der Regel gegen 6.30 Uhr) stattfinden, kann man in der Versteigerungshalle (Criée), Tel. 98.92.02.40, erfragen.

Der ***alte Hafen*** Port du Rosmeur am Quai du Grand Port, südlich des neuen Hafens, dient heute nur noch den kleinen Küstenfischerbooten und den Freizeitfischern als Liegeplatz. Hier lagen in der Mitte des 19. Jh. Hunderte von Sardinenfischern Bordwand an Bordwand.

Um die Kenntnisse für den Bau und den Einsatz der historischen hölzernen Fischerboote nicht in Vergessenheit geraten zu lassen, wurde im Jahre 1981 im ehemaligen Seemannsheim (Abri du Marin) die ***Vereinigung "Le Chasse-Marée"*** gegründet, mit dem Ziel, alle erreichbaren Materialien über die historische französische Küstenfischerei zusammenzutragen und zu veröffentlichen. Inzwischen ist daraus ein gut florierender Verlag geworden mit den vierteljährlich erscheinenden Zeitschriften "Chasse-Marée" und "Ar Men", erstere mit rein maritimem Bezug, letztere, um die Geschichte der bäuerlichen Kultur darzustellen (in jedem Zeitschriftenladen erhältlich).

Doch einigen Mitarbeitern war die theoretische Behandlung des Themas nicht genug. Und so entstand die Idee, in Douarnenez ein Freilichtmuseum für restaurierte Holzfischerboote und andere historisch interessante Schiffe aufzubauen. Das Ergebnis jahrelanger Bemühungen kann sich sehen lassen: Der alte Flußhafen Port-Rhu zwischen Douarnenez-Zentrum und dem wohlhabenderen Ortsteil Tréboul im Westen wurde zum 1993 eingeweihten größten ***Museumshafen*** Europas umgestaltet. Von den ca. 40 an Bojen und Kais liegenden historischen Booten und Schiffen sind fünf dem Besucher zugänglich. An Land wird anhand von weiteren 200 Holzbooten aus ganz Europa die Schiffsbautradition der letzten zwei Jahrhunderte vor Augen geführt. In jahrelanger Restaurationsarbeit wurden alte Frachtensegler, Fischerboote, ein außer Dienst gestelltes Feuerschiff, ein alter Dampfschlepper und andere historisch interessante Boote größtenteils wieder in seetüchtigen Zustand gebracht.

Neben einem Hafenbesuch an Bord ist es auch möglich, mit der Sardinenschaluppe "Solveig", der Yawl "Ariane" oder der Galeasse "Anna-Rosa" einen ***Tag auf See*** zu verbringen. Nähere Auskünfte dazu im Museumsbüro, Quai du Port-Rhu, Tel. 98.92.34.90 oder 98.92 65.20.

An Land wird der Eindruck abgerundet durch maritime Exponate im Gebäude des ***Musée du Bateau,*** Place de l'Enfer, Tel. 98.92.65.20. Das Haus war im vorigen Jahrhundert Teil einer Sardinen-Konservenfabrik und beherbergt heute neben französischen Holzbooten u. a. auch irische und portugiesische Kleinboote, an

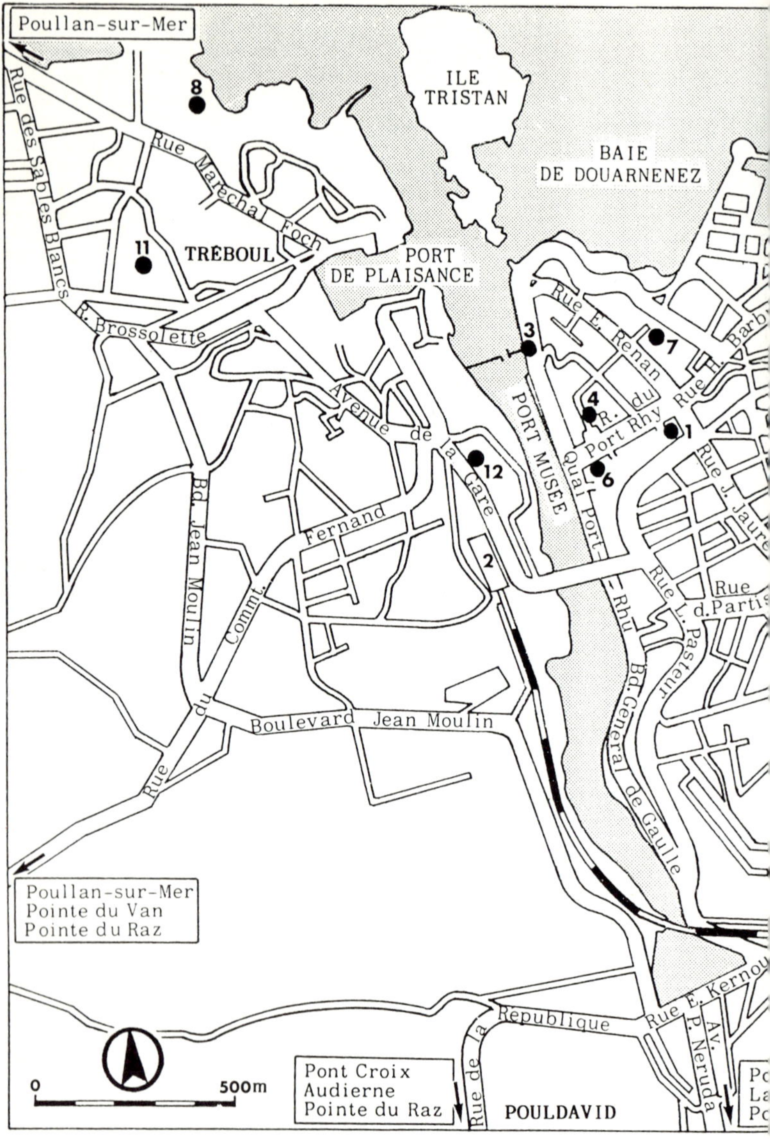
Poullan-sur-Mer
ILE TRISTAN
BAIE DE DOUARNENEZ
Rue des Sables Blancs
Rue Maréchal Foch
TRÉBOUL
PORT DE PLAISANCE
R. Brossolette
Rue E. Renan
Rue H. Barb
R. du Port Rhy
PORT MUSÉE
Quai Port-Rhu
Avenue de la Gare
Rue J. Jaurè
Bd. Jean Moulin
Fernand
Commt.
Rue d.Partis
Rue L. Pasteur
Bd. Général de Gaulle
Rue du
Boulevard Jean Moulin
Poullan-sur-Mer
Pointe du Van
Pointe du Raz
Rue E. Kernou
République
Rue de la
Rue
P. Neruda
Av.
0
500m
Pont Croix
Audierne
Pointe du Raz
POULDAVID
1
2
3
4
6
7
8
11
12

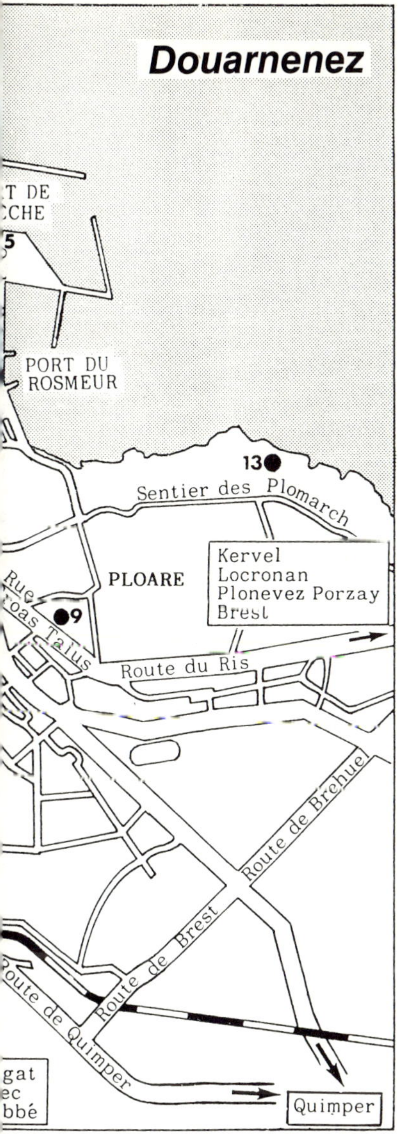

1	Office de Tourisme
2	Bahnhof SNCF
3	Eingänge zum Museumshafen
4	Chapelle St-Michel
5	Fischauktionshalle
6	Musée du Bateau
7	Hôtel/Restaurant Le Clos de Vallombreuse
8	Hôtel/Restaurant de la Plage des Sables Blancs
9	Hôtel/Restaurant Le Kériolet
10	Hôtel/Restaurant de la Rade
11	Camping Municipal Le Bois d'Isis
12	Fahrradverleih La Bécane
13	Ausgrabungsgebiet Les Plomarc'h

denen dargestellt wird, wie ein Holzboot gebaut ist. Ohnehin bildet die Erklärung des ***Bootsbaus*** den Schwerpunkt der gesamten Museumshafenanlage. Und für besonders hoch motivierte Besucher wird das Angebot gemacht, den Bootsbau hier selbst zu erlernen. Langfristig beabsichtigt die Museumsleitung, hier am Port-Rhu mehrere Ausbildungsplätze für Bootsbauer, Segelmacher, Mastenbauer, Tischler und Schmiede anzubieten, um so der maritimen Tradition ein professionelles Fundament zu geben. Im Sommer werden am Kai zwischen Mastenbauern, Seilern und Segelmachern Sardinen gegrillt, Makrelen geräuchert und Langustinen gekocht.

Der Museumshafen ist täglich 10.00-19.00 Uhr geöffnet. Eintrittspreise: 65/25 FF. Die relativ hohen Eintrittspreise sind angesichts der Breite und Einzigartigkeit des Gebotenen angemessen. Außerhalb des Sommers (13.9.-30.4.) sind die Preise ca. 20% niedriger.

Während die Hauptkirche von Douarnenez, ***Eglise du Sacré-Coeur*** (gebaut 1874), eher uninteressant ist, bieten zwei kleinere Kapellen doch einige sehenswerte Datails: Die ***Chapelle Sainte-Hélène*** in der Rue Anatole-France (oberhalb des Port du Rosmeur) im gotischen Flamboyant-Stil erbaut, besitzt zwei schöne Fenster mit Glasarbeiten aus dem 16. Jh. An der Rue du Port-Rhu, ca. 100 m entfernt vom Musée du Bateau, steht die 1663 erbaute ***Chapelle St-Michel,*** die wegen ihres ungewöhnlichen Kuppelturmes auf einem Stadtspaziergang nicht übersehen werden sollte. Im südlichen Vorort Ploaré steht die wegen ihres 85 m hohen gotischen Turmes sehenswerte ***Eglise Saint-Herlé*** von 1548.

Wem nach all den Besichtigungen der Sinn eher nach einem Bad im Meer steht, der findet zwei Alternativen: Der beliebteste und belebteste ***Sandstrand*** befindet sich im ***Ortsteil Tréboul,*** wo zum Teil recht teure Hotels, stolze Villen unter Pinien und eine gepflegte Uferpromenade dem Ganzen einen leicht mondänen Touch geben. Wer es lieber etwas einfacher mag, der sollte in Hafennähe (keine Angst, das Wasser ist aufgrund des starken Tidenhubs sauber) westlich des Port de Pêche am ***Plage des Dames*** schwimmen gehen.

Praktische Hinweise

Information

•***Office de Tourisme***, Rue du Docteur Mével 2, 29100 Douarnenez, Tel. 98.92.13.35.

Unterkunft

•***Hôtel/Restaurant Le Clos de Vallombreuse***, Rue E. d'Orves 7, Tel. 98.92.63.64. Eines der besten Häuser am Ort, eigenes Schwimmbad, ruhige Lage, 20 sehr komfortable Zimmer ab 390 FF, ganzjährig geöffnet.

•***Grand Hôtel de la Plage des Sables Blancs***, Tréboul, Tel. 98.74.00.21, das recht einnehmende Gebäude liegt direkt oberhalb des Sandstrandes, schöne Speiseterrasse. Die 92 zum Teil geradezu luxuriösen Zimmer bieten überwiegend Meerblick. Preise ab 220 FF, geöffnet 30.4.-30.9.

•***Hôtel/Restaurant Le Kériolet***, Rue du Croas Talud 29, Tel. 98.92.16.69. Einfaches Stadthotel für Zwischenübernachtungen mit 8 preiswerten Zimmern ab 160 FF, ganzjährig geöffnet.

•***Hôtel de la Rade***, Quai du Grand Port 31, Tel. 98.92.01.81. Preiswertes Hotel direkt am Port du Rosmeur über einer beliebten Hafenkneipe. Kein Hotel für Familien, aber durchaus geeignet für Leute, die spät ins Bett gehen. 12 saubere Zimmer ab 140 FF, kein Restaurant, ganzjährig geöffnet.

•***Camping Le Pil Koad***, ca. 6 km von Douarnenez beim Ort Poullan-s.-Mer, Tel. 98.74.26.39. Ruhiger, sehr komfortabler Platz, der geeignet ist, um die Gegend von hier aus kennenzulernen. Sehr gute Sanitäreinrichtung und ein breites Zusatzangebot wie z.B. Schwimmbad, Restaurant, Wohnwagenverleih und Fahrradverleih, Kinderbetreuung. Der Platz ist von Ostern bis Ende September geöffnet.

•***Camping Municipal Le Bois d'Isis, in Tréboul***, Tel. 98.74.05.67, ca. 500 m oberhalb des großen Strandes. 150 Stellplätze, schön zwischen Bäumen und Hecken gelegen, gute Sanitäreinrichtung. Außer den üblichen Angeboten auch ein Fahrradverleih, geöffnet von Ostern bis zum 15.9.

Essen und Trinken

•***Restaurant l'Océan***, Quai du Petit Port, Ecke Rue Anatole-France, Tel. 98.92.29.09. Nettes, kleines Fischrestaurant.

•***Restaurant Le Tristan***, Rue du Rosmeur 25, Tel. 98.92.20.17. Ebenfalls nahe beim alten Hafen Rosmeur, stadtbekanntes gutes Mittelklasselokal mit Menüs ab 85 FF.

•***Restaurant Au Gouter breton***, Rue Jean-Jaures 36, Tel. 98.92.02.74. Nettes, kleines Lokal in Stadtnähe. Empfehlenswert sind z.B. auch die Crêpes mit Fisch oder Hummerfüllung. Sonntag mittags geschlossen.

•***Bar Aux Loups de Mer***, Quai du Grand Port, Tel. 98.92.01.81. Beliebtes Lokal am Port du Rosmeur im Erdgeschoß des Hotels de la Rade. Ob bei Regen drinnen oder bei Sonne draußen auf dem Bürgersteig mit Blick auf den Hafen, für einen Café, eine Limonade oder ein Bier zwischendurch genau der richtige Platz.

•***Pub Le Pourquois-Pas?***, Quai de Port-Rhu, Tel. 98.92.76.13. Maritim-rustikales Hafenlokal am Museumshafen mit irischem Bier vom Faß. Hier treffen sich die Holzbootsegler. Mit etwas Glück erleben Sie abends spontan gesungene bretonische oder irische Lieder. Samstags Livemusik.

•Ein Tip für Kuchenfreunde: ***La Maison du Kouign Amann "Le Moing",*** Rue Jean-Jaures 5, Tel. 98.92.01.40. Eine verführerische Konditorei mit Salon de Thé, die den besten Kouign Amann der Sizun-Halbinsel bäckt.

Sonstiges

•***Segelschule:*** Centre Nautique Municipal, Rue Abbé Le Gall, Tel. 98.74.13.79. Auf einer Flotte von insgesamt 120 Wassersportfahrzeugen werden Kurse für Anfänger und Fortgeschrittene angeboten.

•***Segeln:*** Die Leitung des Port-Musée in Port-Rhu bietet Halbtagestörns auf alten Gaffelseglern, un-

Urwüchsige Felsen: die Pointe du Raz (WK)

Segelschiffe

haben die Entwicklung und Kultur der bretonischen Küstenbevölkerung über Jahrhunderte geprägt.

Die unten abgebildete, etwa 100 Jahre alte, "Notre-Dame-de-Bécherel" trägt 2 ***Luggersegel*** und eine Fock. Um die teuren Baumwollsegel vor dem Verrotten zu bewahren, wurde das Tuch mit einer rotbraunen Flüssigkeit imprägniert.

Heute sind die Segel aus Dacron, einer dehnungsunemfindlichen Polyesterfaser, die in Frankreich Tergal heißt. Sie werden nur noch aus optischen Gründen gefärbt.

Der für den Golfe du Morbihan kennzeichnende Bootstyp war die ***Sinagot.*** Das Bild rechts zeigt, daß es auch heute noch Werften gibt, die solche Boote nachbauen. Der Rumpf wird mit einer simplen Karweel-Beplankung versehen, bei der die einzelnen Planken auf Stoß aneinander gesetzt und die Fugen mit teergetränkter Baumwolle kalfatert werden. Als Zugeständnis an die Moderne werden die Spanten mit Schrauben verbunden.

Der ***Magnetkompaß*** wurde auf Schif-

fen nicht erst seit Columbus benutzt. Schon vor 2000 Jahren kannten die Chinesen diese Navigationshilfe. Der unten abgebildete Steuerkompaß in dekorativen, antimagnetischem Messinggehäuse ist kein Sammlerstück, sondern zeigt seit vielen Jahrzehnten dem Rudergänger des Marine-Ausbildungsschiffes "Le Mutin" den Kurs.

Bild links und unten: WK, oben EH

Leuchttürme

waren oft nicht nur maritime Zweckbauten; sie dienten auch als ***Statussymbol*** der Häfen oder Inseln, deren Identifikation sie bei Nacht sichern sollten und sollen. Allerdings haben die eindrucksvollen Türme im elektronischen Zeitalter durch Radar und GPS-Satellitennavigation einen Teil ihrer Bedeutung verloren.

Vor der Küste von Ouessant trotzt der aus Granitsteinen gemauerte Turm LA JUMENT dem Atlantik. In dem roten Lampenhaus mit den Nebelhörnern am Geländer

wurde im vorigen Jahrhundert ein Petroleumbrenner eingesetzt. Oft verhinderten Stürme den pünktlichen Wechsel der Leuchtturmwärter per Boot.

Heute wird La Jument zusammen mit dem Phare du Créac'h (Bild rechts unten) auf der Ile d'Ouessant von Land aus elektrisch gesteuert. Längst wurden die Petroleumlampen durch lichtstarke Jodlampen ersetzt, die allerdings entgegen dem Anschein nicht blinken.
Die Besichtigung eines Leuchtturmes,

Bild links der von Goulphar, Belle-Ile, läßt die Technik verstehen:
Vor der fest installierten, konstant leuchtenden Lampe dreht sich in einem Gestell ein Linsensystem. Es ist mit den 1810 von Augustin Fresnel erfundenen ***Stufenlinsen*** bestückt. Sie bündeln das Licht auf zwei oder drei Strahlen, die auf den Horizont gerichtet sind. Die Drehung erzeugt den Blitzeindruck, der sich nach einem festen Zeitintervall wiederholt. Die Blitzfolge nennt man auch Kennung.

Alle Fotos: WK

Hafeneinfahrten

werden meist durch Leuchtfeuer markiert, backbord (links) der rote, steuerbord der grüne, von der Seeseite aus gesehen.

Hinter dem Turm an der Hafenmole von Sauzon auf Belle-Ile, Bild unten, legen die Fischkutter an, um ihren Fang anzulanden. Der Turm trägt eine Wetterfahne auf der Spitze.

Das Hafenfeuer von Houat, Bild rechts, wird zur spirituellen Unterstützung von einer Marienstatue geziert.

Der alte Turm La Vieille auf dem Bild rechts unten,markiert die bei Seeleuten gefürchtete Passage des Raz de Sein vor der Felsspitze der Pointe du Raz. Während der kleinere Turm links automatisiert wurde, garantieren auf La Vieille auch heute noch drei Wärter das Funktionieren des Leuchtfeuers. Sie werden im zweiwöchigen Rhythmus abgelöst.

Alle Fotos: WK

Leben am Meer

Die nach Originalplänen eines Thunfischfängers der Jahrhundertwende nachgebaute “Le Mutin” dient heute als Ausbildungsschiff der Marine. Mit Toppsegel über dem Gaffelgroß hat sie gerade unter Vollzeug den Hafen von Camaret verlassen. Die Radarantenne im Besanmast (hinten) weist auf Zugeständnisse an die heutige Zeit hin.

Der gut geschützte Hafen von Douarnenez, unten rechts im Bild, wird nicht nur

von Fischern und Kleinbootseglern gern genutzt. Alljährlich kommen im Sommer historische Großsegler wie die abgebildete englische Barkentine "Kaskelot", um unter Paradebeflaggung in den Museumshafen Port-Rhu einzulaufen.

Die rundum geschützte Bucht von Ster Wenn, Bild rechts, an der Nordküste von Belle-Ile bietet einen bei Seglern und Fischern geschätzten Ankerplatz.

Alle Fotos: WK

Schiffswracks

von Holzbooten sind wohl nur noch für Kaminbesitzer und historisch interessierte Schiffbaustudenten von Interesse.

An dem unfreiwilligen Längsschnitt durch einen Kutterrumpf auf dem Bild unten läßt sich gut die traditionelle Spantenbauweise studieren. Das Plattgattheck und der steile Steven sind kennzeichnend für bretonische Fischerboote. Nur selten findet man Wracks am Strand wie hier auf der Insel Houst; meist verrotten die alten Holzrümpfe auf regelrechten ***Schiffsfriedhöfen*** in stillen Flußmündun-

gen oder hinteren Hafenwinkeln wie rechts oben in Camaret oder rechts unten in Etel.

Aufgrund der hohen Kosten und des zunehmenden Mangels an europäischen Bootsbauhölzern wie Eiche und Lärche stellten sich in den 60er Jahren die meisten bretonischen Werften auf die Verarbeitung von Stahl und Kunststoff um. Holzrümpfe können bei guter Pflege mit Farben, Ölen und Teer ein Jahrhundert überdauern, sofern sie nicht zu lange an Land stehen und austrocknen.

Allerdings vergammeln auch Kunststoffrümpfe durch ***Osmose***, einem chemischen Umwandlungsprozess. Wenn Seewasser durch winzige Risse in die Kunststoffschicht eindringt und dort auf Reste des Härters trifft, entsteht eine neue Substanz, die mehr Volumen beansprucht und so langsam den Rumpf sprengt. Dies führte zu einer Reihe von Prozessen gegen bretonische Werften.

Foto unten: MK, sonst WK

Essen

Die Speisekarte der Bretagne ist von der Küstennähe geprägt.

Seit dem Ende des 19. Jahrhunderts werden in der Bretagne ***Austern*** gezüchtet. Die heutige Art, die HUÎTRE CREUSE, wurde aus Japan importiert, da die französische und die portugiesische Art einer Krankheit zum Opfer gefallen waren. Auf dem großen Bild sieht man einen Austernfischer mit seiner Ausbeute am Ufer des Rivière d'Etel im Morbihan. Von hier aus gelangen die Austern zur den Restauranнts in ganz Europa.

Eine weitere Spezialität ist der ***Taschenkrebs.*** Rechts versucht der Fischer gerade seinen Fang einer Kundin schmackhaft zu machen. Zum Aufbrechen der Panzer der gekochten Krebse braucht man bei Tisch eine Zange, hier ist der Heimwerker eindeutig im Vorteil. In den Restaurants werden dazu spezielle Schalenknacker gereicht.

Wer sich mit der Zubereitung einer ***Languste*** nicht auskennt, kann beim Kauf in der Poissonnerie, dem Fischgeschäft, ruhig nachfragen.

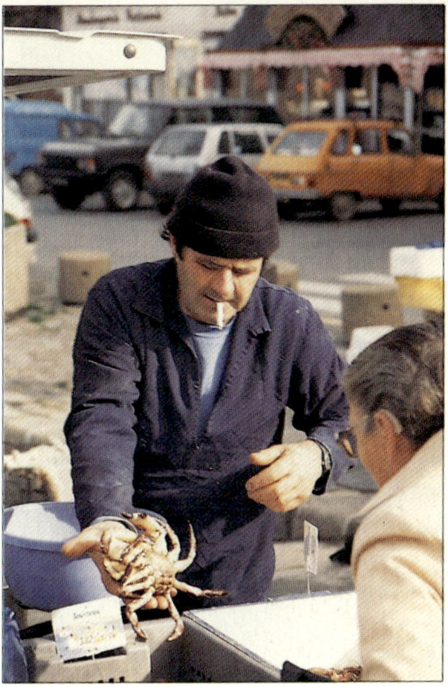

Foto links: MK, sonst WK

Große Steine

In der Fachsprache heißen sie Megalithen. Der Begriff geht auf das grichische Mega (groß) und Lithos (Stein) zurück. Sie sind eine der großen Sehenswürdigkeiten der Bretagne. Die Steine wurden in der Jungsteinzeit etwa zwischen 4000 und 1500 v. Chr. errichtet. Der mit Asterix bekannt gewordene Hinkelstein nennt sich bretonisch ***Menhir.*** Er steht in der Regel allein wie der auf dem Foto rechts auf der Rhuys-Halbinsel.

Stehen die Menhire nicht einzeln, sondern in Reihen, heißen sie in Frankreich

Alignements. Die auf dem großen Bild erkennbaren Alignements de Lagatjar bei Camaret zählen neben denen von Carnac zu den sehenswertesten.

Die kulturelle Bedeutung dieser Steinsetzungen ist bis heute nicht eindeutig geklärt. Zwar wurden die Menhire bis in unser Jahrhundert hinein als Fruchtbarkeitssymbol verehrt, doch waren es ursprünglich möglicherweise lediglich Grabsteine herausragender Sippenangehöriger.

Astronomische Interpretationen der Alignements ließen sich in keinem Fall sicher belegen. Lediglich die Sonderform der ***Allée Couverte*** wie die von La Roche-Aux-*Fees* unten rechts ließ sich als eine Art Generationengrab identifizieren.

Großes Foto: WK, sonst MK

Kirchliches

ist in der bretonischen Architektur herausragend. Besonders sehenswert sind die umfriedeten Pfarrbezirke, die ***Enclos Paroissiaux***. Dieses von einer Mauer mit Eingangstorbogen umgebene Gelände wurde traditionell mit der Kirche, dem Beinhaus und dem ***Calvaire*** bebaut. So wie die meisten, zeigt auch der älteste der bretonischen Calvaires, der von Tronoën, in Granit gemeißelte Szenen aus der Passionsgeschichte, die je nach dem

Verständnis des Künstlers mehr oder weniger stark abstrahiert wurden.

Fensterlos schlicht, aber wehrhaft aus Granit erbaut, ein kleines Glockentürmchen über dem Giebel, so steht die Chapelle Saint-Clair, auf dem Bild rechts, stellvertretend für viele Dorfkapellen.

Das Gebetshäuschen von Belz-Etel auf dem Bild unten wird von einem keltischen Kreuz verziert, wie man es auch aus Irland kennt.

Photos: links und unten WK, oben MK

Bretonische Identität

Etwa 6000 Menschen sprechen auch heute noch ***bretonisch,*** eine Sprache, die wie das Gaelic aus Wales oder das irische Gaeltacht keltische Wurzeln besitzt. Im Zuge eines stärker werdenden bretonischen Selbstbewußtseins werden immer mehr Ortsschilder zweisprachig ausgeführt.

Zu den bretonischen ***Identitätssymbolen*** gehört der Hermelin, der - meist in stilisierter Form - gern zu dekorativen Zwecken benutzt wird. Auf dem Bild

rechts unten ziert er ein Hinweisschild einer Crêperie.

Die ***Trachten,*** wie sie bis in die 50er Jahre zu allen festlichen Anlässen von Bretonen getragen wurden, sind selten geworden. Abgesehen von folkloristischen Veranstaltungen wie auf dem Festival Interceltique von Lorient im Bild rechts oben tragen nur noch einige alte Frauen auf dem Lande im westlichen Finistère die traditionelle Kleidung.

Foto unten: EH, sonst WK

Stadt und Land

Vor den meisten Häusern auf dem Lande wachsen ***Hortensien,*** wie im Vorgarten des Hauses in Houat auf dem Bild links.

Die Häuser auf dem Land in Meeresnähe sind oft mit ***Reet*** gedeckt. In den Städten baute man traditionell mit Granit. In Le Mont Saint Michel, auf dem oberen Bild, sieht man auch Häuser, bei denen nur das Erdgeschoß aus Stein ist. Dies nennt man das ***Rustica-Geschoß***. Die oberen Stockwerke wurden aus Kostengründen aus Holz gebaut.

Fotos: links und oben EH, unten MK

ter anderem auch auf der Anna-Rosa, einer norwegischen Galeasse aus dem letzten Jahrhundert. Preise: 140/90 FF, Tel. 98.74.37.37.

- ***Bootsverleih:*** JROISE NAUTIQUE, Port de Plaisance, Tréboul, Tel. 98.74.29.38. Verleih von Segelbooten und Schlauchbooten. Verkauf von Bootsausrüstung.
- ***Surfen:*** LE BIHAN SURF SCHOOL, Plage des Sables Blancs, Tréboul Tel. 98.74.22.39. Surfkurse und Verleih von Surfboards.
- ***Tauchen:*** DOUARNENEZ AQUA CLUB, Plage des Sables Blancs, Trébouche, Tel. 98.74.17.36. Für Anfänger und Fortgeschrittene.
- ***Reiten:*** CENTRE EQUESTRE, Poney-Club Pen-Foennec in Tréboul, Tel. 98.74.29.72.
- ***Tennis:*** TENNIS DES SABLES BLANCS, 6 Plätze an der Rue Sables Blancs, Tréboul, Tel. 98.74.08.18.
- ***Fahrradverleih:*** LA BÉCANE, Avenue de la Gare 42, Tel. 98.74.20.07.
- ***Markt:*** Täglich in den Markthallen (LES HALLES), Rue Anatole-France, dazu montags und freitags unter freiem Himmel in der Rue Henri-Barbusse.
- ***Discothek:*** LA FRÉGATE in Tréboul, Les Sables Blancs, Tel. 98.74.00.68.
- ***Einkaufstip:*** Gute und preiswerte Fischkonserven (Jacobsmuscheln, Makrele, Thun) gibt es im Direktverkauf ab Fabrik bei COBRECO, in der Zone Industrielle de Lannugat, Tel. 98.92.32.08.
- ***Angel- und Fischereiausrüstungen*** in großer Auswahl biotet: COOPÉRATIVE MARITIME, Port de Pêche, Tel. 98.92.14.00, am Fischereihafen, sowie COMPTOIR MARITIME, Quai de l'Yser, Tréboul, Tel. 98.74.33.68. Hier werden auch Tauchausrüstungen verkauft und Preßluftflaschen gefüllt.

Anreise/Weiterreise

- ***Mit dem Auto:*** Von/nach Quimper über die D 765 (17 km).
- ***Mit dem Bus:*** Eine Buslinie verbindet Douarnenez einerseits mit Quimper (mindestens 5 x täglich) und andererseits mit der Pointe du Raz über Audierne, Primelin, Plogoff.
- ***Zugverbindungen:*** Mindestens 9 x täglich besteht eine Verbindung von/nach Quimper und 3 x täglich zur Pointe du Raz über Pont Croix, Audierne, Plogoff

Umgebung von Douarnenez

Les Plomarc'h

Vom alten Hafen Port du Rosmeur führt der Küstenwanderweg Sentier des Plomarc'h nach Osten ca 2,5 km weit bis zum sehr flach ins Meer abfallenden Plage du Ris. Knapp auf halbem Weg befindet sich die archäologische Fundstätte Les Plomarc'h in einem im vorigen Jahrhundert verfallenen, vor kurzem aber als Gîte d'Etape mit Übernachtungsmöglichkeit ***restaurierten Fischerdorf.*** Bei Ausgrabungen fanden sich neben verschiedenen römischen Gräbern und einzelnen Marmorstatuen auch 16 etwa 4 m große Gefäße, die zur Herstellung von Garum, einer in der Antike zum Würzen von Speisen sehr beliebten Fischpaste, benutzt wurden. Leider haben die Archäologen die Fundstellen nach der Grabung wieder zugeschüttet. Nur wenn das Gras frisch gemäht wird, kann man die Ränder der Gefäße sehen.

Der Ort wurde nachweislich vom 1. bis 4. Jh. von Römern bewohnt. Bis ins 19. Jh. lebten hier Fischer und Handwerker. Von den einst 23 ***Wohnhäusern*** des 19. Jh. wurden nur drei vollständig restauriert, die heute eine Art kostenloses Freilichtmuseum (nur von außen kostenlos zu besichtigen, innen privat) darstellen.

Dolmen von Lesconil

Am Yachthafen von Tréboul beginnt ein markierter Wanderweg von 9 km Länge, der im Ortsteil Le Croaz Men an einem Menhir vorbeiführt und nach etwa 2 km das Dörfchen Lesconil erreicht. Dort befindet sich am nordwestlichen Ortsrand eine megalithische Kultstätte besonderer Art: Ein ***Langgrab*** (Allée Couverte), bei dem die sonst üblicherweise senkrecht aufgestellten Tragsteine so schräg ge-

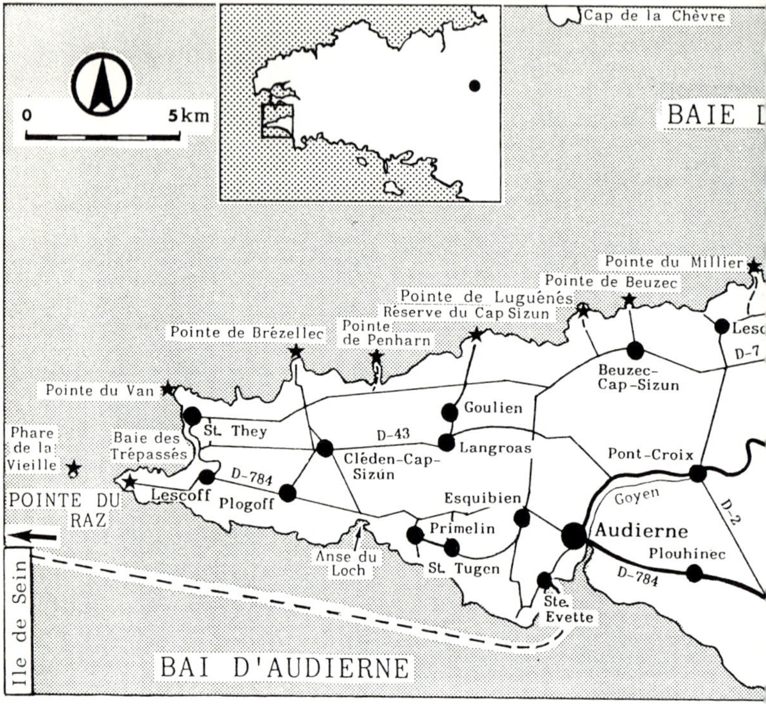

geneinander geneigt sind, daß sie sich gegenseitig halten und so die sonst waagerechten Deckenplatten überflüssig werden. Von hier führt der Wanderweg nach Norden an die Steilküste. Mit Blick auf die Baie de Douarnenez geht es parallel zur Küste in östlicher Richtung zurück nach Tréboul.

Die vorgelagerte kleine ***Insel Tristan,*** die im späten 16. Jh. von dem menschenverachtenden Banditen La Fontenelle als Basis für seine Raubzüge genutzt wurde, befindet sich in Privatbesitz und ist nicht zu besichtigen.

Locronan

Der wegen seines historischen Stadtbildes zwar recht interessante, im Sommer aber völlig überlaufene kleine Ort ca. 10 km östlich von Douarnenez (D 7) erscheint, sofern man früh genug aufsteht, wie im 17. Jh. stehengeblieben. Loc-Ronan, der ***heilige Ort des Ronan,*** der hier im 6. Jh. im nahegelegenen Forêt de Nevet zuerst eine Einsiedelei, dann ein Kloster gegründet hat, um den Bretonen das Evangelium zu bringen.

Die um den Kirchplatz herum gebauten mehrstöckigen Granithäuser aus dem 16., 17. und 18. Jh. zeugen von einer Epoche des Reichtums, der sich vor allem auf die Herstellung und den Verkauf

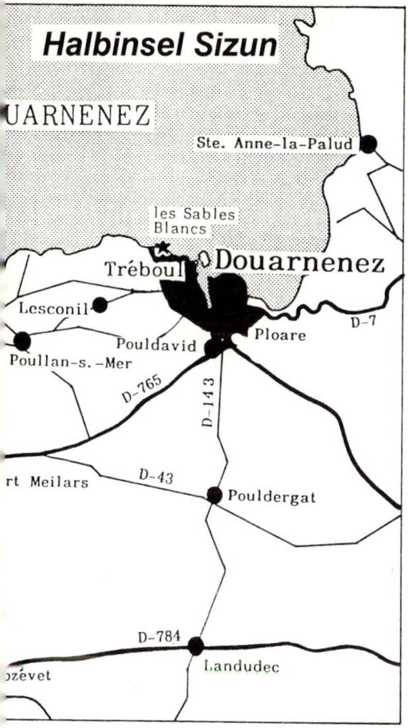

von Leinentuch zur Herstellung von Segeln gründete. ***Segeltuch*** aus Locronan war das beste Tuch, was Segelmacher zwischen Schottland und Spanien verarbeiteten. Der spanische König orderte Tuch für die Segel seiner Armada hier in Locronan, und selbstverständlich waren die Frachtensegler der berühmten "Compagnie des Indes" aus Lorient mit Segeln ausgerüstet, deren Tuch aus Locronan stammte.

Doch ausländische Konkurrenz im späten 18. Jh., die industrielle englische Tuchproduktion im 19. Jh. und schließlich die Umstellung der Schiffahrt auf Dampfmaschinenantrieb ließen Locronan langsam verarmen, bis plötzlich nach dem 2. Weltkrieg ein Bürgermeister erkannte, daß sich die eindrucksvolle historisch gewachsene und vor allem gut erhaltene Granit-Bausubstanz im ***Fremdenverkehr*** vermarkten ließe. Das heute autofreie Ortszentrum um den alten Ziehbrunnen vor der Eglise Saint-Ronan mit seinen kostspielig gebauten Granithäusern der Juristen, Offiziere und Händler aus den goldenen Zeiten wurde mehrfach als ***Kulisse*** für Kino- und Fernsehfilme genutzt, wie z.B. für die Filme "Chouans" von PHILIPPE DE BROCA und "Tess" von ROMAN POLANSKI. Auch die ZDF-Abenteuerreihe "Silas" wurde zum Teil hier gedreht.

Die alles überragende ***Eglise Saint-Ronan*** stammt aus dem 15. Jh. Ihre aufwendige spätgotische Architektur wurde, noch bevor das große Geld im Tuchhandel verdient wurde, durch die finanzielle Unterstützung der Herzöge der Bretagne ermöglicht. Dem heute etwas stumpf erscheinenden Glockenturm fehlt die ehemals außergewöhnlich hohe Spitze, die nach wiederholter Zerstörung durch Blitze im 18. und 19. Jh. schließlich nicht wieder aufgebaut wurde.

Rechts an die Kirche herangesetzt wurde im frühen 16. Jh. die Chapelle du Pénity, die das geradezu dramatisch gebaute ***Grab von Saint Ronan*** beherbergt. Von sechs etwa lebensgroßen Engeln getragen, liegt das Hochrelief des heiligen Missionars, der mit seinem Bischofsstab in der linken ein Ungeheuer tötet, während er mit seiner rechten Hand die unter ihm knieenden Pilger segnet. Tatsächlich war SAINT RONAN wohl in seinem irdischen Dasein alles andere als zimperlich, wie verschiedene Legenden über ihn berichten. Seine sterblichen Überreste sind in einem Reliquienschrein aufbewahrt, der sich auf dem Kapellenaltar befindet.

Alle sechs Jahre, das nächste Mal 1995, findet am 2. und 3. Sonntag im Juli eines der bedeutungsvollsten Pardons der Bretagne hier in Locronan statt: ***La Grande Troménie*** (bret. TRO-MINIHY; frz. LE TOUR DE

LA MONTAGNE; der Gang um den Berg). Seit dem 11. Jh. wird dieser Wallfahrtsgang von 12 km Länge um den Montagne de Locronan östlich des Ortes abgeschritten, wobei an 12 festgelegten Gebetspunkten aus dem Evangelium gelesen wird. Daß sich auch in der traditionell so verwurzelten Bretagne die Sitten langsam ändern, zeigt sich zum Beispiel daran, daß das noch im vorigen Jahrhundert bestehende Verbot, während des Pardons außer zum Gebet zu sprechen, heute nicht mehr beachtet wird. Doch immer noch gilt die Drohung, daß jeder gläubige Bretone, der nicht zu seinen Lebzeiten mindestens einmal die Troménie mitgemacht hat, diese im Tode unter Qualen nachholen muß, denn dann muß er sich mit der Geschwindigkeit einer Sarglänge pro Tag über die 12 km schleppen. Aber wie so oft gibt es auch hier eine Hintertür: Statt einmal an der großen Troménie teilzunehmen, ist es möglich, die Erlösung zu finden, indem man sich dreimal an der jährlich stattfindenden ***kleinen Troménie*** beteiligt. Die 4 km lange Kurzfassung des Pardon findet ebenfalls am 2. Sonntag im Juli statt. Die Tradition geht auf die Gewohnheiten von SAINT RONAN selbst zurück, der, wie es heißt, den Tag mit einem Meditationsgang durch den Wald von Nevet begann. Sonntags wählte er die 12 km lange Runde um den Berg, der heute seinen Namen trägt.

Die allermeisten Besucher des Ortes kommen allerdings weniger aus religiösen Motiven. Vielmehr interessieren sie sich für die ***Kunsthandwerksläden,*** Ateliers und Gemäldeausstellungen in rustikalen Gemäuern. Viele Läden haben sich auf kunsthandwerkliche Webwaren spezialisiert und haben einen ähnlichen Verkaufserfolg wie vor 250 Jahren die französische Ostindienkompagnie mit ihrer Verkaufsniederlassung für Gewürze, Tee, Seide und Parfüm schräg gegenüber der Kirche.

Essen und Trinken

- Eine sehr empfehlenswerte Crêperie befindet sich ebenfalls schräg gegenüber der Eglise St-Ronan am Brunnen: ***Bar/Crêperie Ty Coz,*** gute Crêpes in stilechter Atmosphäre. Leider ist es hier meist so voll, daß man ohne Reservierung (Tel. 98.91.70.79) keinen Platz bekommt.

Anreise

- Eine ***Busverbindung*** besteht 5 x täglich mit Camaret, Chateaulin, Quimper, Douarnenez.

Rundfahrt auf der Halbinsel Sizun

Zwischen Douarnenez und der Pointe de Raz

Von Douarnenez aus lernt man das Cap Sizun am besten kennen, wenn man statt der Hauptstraße nach Audierne (D 765 über Pont-Croix) die kleinere, nördlicher verlaufende D 7 über Poullan-sur-Mer, Beuzec bis zur Pointe du Van nördlich der Pointe du Raz wählt. Von dieser Straße führen alle 3-4 km kleinere Straßen oder Wege rechts ab in Richtung Meer. Manche enden als Fußweg in winzigen Felsbuchten, andere führen zu Felskaps über der 60-80 m hohen zerklüfteten Steilküste.

Besonders schöne Aussichtsmöglichkeiten auf die Baie de Douarnenez hinüber zur Presquîle de Crozon mit dem ca. 9 km entfernten Cap de la Chèvre (siehe Kap. Crozon) bieten sich bei Lescogan auf der ***Pointe du Millier*** sowie bei Beuzec auf der ***Pointe de Beuzec*** und der ***Pointe de Luguénés.***

In der Landschaft unregelmäßig verstreut, stößt man hier und da auf einzeln stehende ***Menhire,*** die bezeugen, daß die Halbinsel schon im Neolithikum bewohnt war. Auch mehr oder weniger gut erhaltene ***Dolmen*** sind vereinzelt zu finden, wie zum Beispiel bei Lescogan in Richtung Kergol Vraz.

Unweit des Ortes Beuzec findet an der Küste bei Kastel-Coz am 2. Sonntag im August alljährlich unter freiem Himmel ein internationales Musik- und Folkfestival statt, das ***Fête des Bruyères.*** 8.000-10.000 Besucher sind keine Seltenheit.

Ca. 5 km westlich von Beuzec führt eine Straße rechts ab in das 25 ha große Vogelschutzgebiet ***Réserve Ornithologique Michel-Hervé-Julien*** (auch genannt "Reserve Naturelle de Goulien"). Unter Beachtung der Verhaltensregeln, die auf Schildern am Eingang angebracht sind, ist es möglich, vom 15.3. bis 31.8. jeweils 10.00-12.00 Uhr und 14.00-18.00 Uhr einen Teil des Gebietes ohne Führer zu betreten. Im Juli und August stehen Führer zur Verfügung, mit denen das gesamte Gebiet oberhalb der Steilküste betreten werden kann. Die Führung dauert etwa eine Stunde und kostet 20 FF (10 FF für Kinder). Etwa ab Januar kommen die Dreizehenmöwen (Larus tridactyla), ca. 700 Paare, und der Eissturmvogel (Fulmarus glacialis), ca. 20 Paare, von See zurück auf die Felsen. Der Nestbau beginnt im März/April, und im Mai schlüpfen die Jungen. Ähnliche Nistzeiten, manche Arten etwa einen Monat später, haben die am Cap Sizun ebenfalls vorkommenden Trottellummen (Uria aalge) und die Tordalken (Alca torda), von denen noch jeweils etwa 50 Paare hier nisten. Die zuletzt 1980 beobachtete Kolonie von Papageientauchern (Fratercula artica) existiert leider nicht mehr. Neben den typischen Seevögeln sind auch einige selten gewordene Landvögel zu beobachten, wie Alpenkrähen (Pyrrhocorax pyrrhocorax) und Kolkraben (Corvus corax). Die beste Beobachtungszeit liegt zwischen April bis Mitte Juli. Nähere Auskünfte sind zu erhalten bei Réserve Biologique Michel-Hervé-Julien, Chemin de Kérisit, 29770 Goulien, Tel. 98.70.13.53.

Zurück auf der D 7, geht es nach 3 km zur ***Pointe de Penharn*** und nach weiteren 2 km rechts ab zur ***Pointe de Brézellec***, beides eindrucksvolle, etwa 80 m über Meeresniveau liegende Felsspitzen mit grandiosem Ausblick und wenig Menschen, denn die meisten fahren in ungeduldiger Erwartung auf den großen Blick nach Westen gleich weiter in Richtung Pointe du Raz.

Ein Zwischenstop mit kleinem Spaziergang sollte allerdings vor der Kletterpartie am Raz eingelegt werden und zwar an der ***Pointe du Van.*** Nur wenige Meter von der Steilküste entfernt trotzt die kleine Chapelle Saint-They seit etwa 350 Jahren den Atlantikstürmen. Im Nordosten sieht man das Cap de la Chèvre (16 km entfernt) und links davon weiter die Pointe de Pen-Hir bei Camaret mit der vorgelagerten Inselgruppe Le Tas de Pois (22 km entfernt). Ganz im Norden erkennt man bei guter Sicht in 30 km Entfernung die Pointe St-Mathieu, und im Südwesten da liegt sie also, die Pointe du Raz, die Landspitze, bis zu der vor mehr als 4.000 Jahren ein uns nur durch Menhire und Dolmen schemenhaft bekanntes Volk der Sonne nach Westen gefolgt ist.

Zwischen der Pointe du Van und der Pointe du Raz versteckt sich ein Traumstrand an einer legendären Bucht: ***La Baie des Trépassés*** (die Bucht der Verschiedenen). Nach der Legende warten die Seelen der Verstorbenen hier um Mitternacht am Strand auf die Totenbarke, die sie hinausträgt in das Paradies hinter dem Horizont. In keltischer Zeit, so lautet die Überlieferung, wurden die Körper verstorbener Druiden hier am Strand zwischen der Pointe du Van und der Pointe du Raz in ein Boot gebettet und zur 10 km westlich gelegenen Insel Sein hinübergesegelt, um dort in geweihter Erde beigesetzt zu werden.

In Zeiten, als die Seefahrt noch gefährlicher war als heute, wurden hier, bedingt durch die besondere Konstellation der Meeresströmungen am Kap, immer wieder die Leichname ertrunkener Seeleute an den Strand gespült. Die überwiegend in Armut lebenden Küstenbewohner waren mehr an der Ladung eines im Sturm auf die Felsen gelaufenen Schiffes interessiert als an der Rettung der Überlebenden oder der Bestattung der Ertrunkenen. Ob tatsächlich vor der Einführung von Nacht-Navigationshilfen wie Leuchttürmen und Leuchttonnen die Bewohner der westbretonischen Halbinseln irreführend plazierte Feuer angezündet haben, um Schiffe auf die Felsen zu locken, ist umstritten. Zumindest wurden aber die Stürme als ein gewinnbringendes Geschenk des Himmels angesehen.

In verschiedenen bretonischen Sagen wird eine in grauer Vorzeit vom Meer verschlungene ***Stadt Ys*** erwähnt. Ys könnte man als das bretonische Atlantis bezeichnen, denn es war eine reiche, glückliche Stadt ohne Probleme bis zu dem Tage, als die sensationslüsterne Tochter DAHUT des Königs GRADLON mit dem verbotenen Schlüssel das Deichtor öffnete, das die Stadt bis dahin vor den Meeresfluten geschützt hatte. Wo genau Ys versunken ist, ist ebenso umstritten wie die Frage, ob es die Stadt jemals gegeben hat. Doch es heißt, daß Ys wohl hier an der Baie des Trépassés oder in der Baie de Douarnenez zwischen Tréboul und St-Nic gelegen hat. Vielleicht findet der Reisende sein persönliches Ys: für ein paar Tage in einem der beiden wirklich traumhaft gelegenen Hotels am ca. 1 km langen Sandstrand der auch bei Surfern beliebten Bucht.

Südlich der Baie des Trépassés mündet die D 7 im Ort Lescoff auf die D 784, die nach Osten über Plogoff nach Audierne führt und nach 3 km in westlicher Richtung auf einem riesigen Parkplatz endet. Nach Zahlung von 10 FF Parkgebühr ist es dann endlich soweit.

La Pointe du Raz

Am Anfang ein Schock: Autos, Autos, Autos. Im Juli und August kommen hier

Kleine Felsenkapelle an der Pointe Du Van (MK)

Kletterer an der Pointe Du Raz. Im Hintergrund die Leuchttürme La Vieille und La Plate (WK)

nach 10.00 Uhr morgens schnell 500 Blechkarossen zusammen. Vom wilden Kap nichts zu sehen, ein häßliches Gebäude mit Kitschläden, Bars, Crêperien und öffentlichem WC verdeckt den Blick nach Westen. Glücklicherweise liegt in der Schublade des Umweltrates des Département Finistère schon ein konkreter Plan, die Pointe du Raz zum ***Landschaftsschutzgebiet zu erklären*** mit der Konsequenz, daß die Kommerz-Gebäude abgerissen werden müssen. Bei Lescoff in etwa 1,5 km Abstand vom Kap soll dann eine weniger schützenswerte Fläche für Geschäfte und Parkplätze zur Verfügung gestellt werden. Erste ***Versuche der Renaturisierung*** der von Millionen Touristenschritten verdichteten Bodenoberfläche werden durch Kanalisierung der Menschenmassen auf begrenzte Wege ermöglicht. Die kleinen biologischen Bodentestflächen hinter dem Geschäftskomplex zeigen, daß sich recht schnell wieder Gräser, Moose und Flechten entwickeln können, sofern der Mensch ihnen eine Chance läßt.

Wenn Sie festes Schuhwerk angezogen haben, kann die ***Kletterpartie*** über die Felsen beginnen. Anfangs führen noch erkennbare Wege zwischen den Felsen hindurch. Aber bald türmen sich wild zerklüftete Granitbrocken übereinander. Stellenweise ist ein sicherer Gang nur noch dank der stählernen Führungsseile möglich. Je weiter man sich der Westspitze nähert, um so schmaler wird das Kap, und zuletzt schaut man auf beiden Seiten des felsigen Pfades in tiefe Spalten, in denen sich unten die Atlantikdünung grollend bricht. Bei mittelmäßiger Bergsteigerfähigkeit dauert es etwa eine halbe Stunde, bis ***der westlichste Punkt*** mit Blick auf die Leuchttürme La Vieille und La Plate erreicht ist. Am Horizont zeichnet sich bei klarem Wetter, in 8 km Entfernung die flache, in den letzten hundert

Jahren viermal überflutete Ile de Sein ab.

Die ***Passage*** zwischen der Pointe du Raz und der Insel Sein mit dem Namen ***Raz de Sein*** ist auch heute noch, im Zeitalter perfektionierter Navigation, eine Herausforderung für den Steuermann, denn es ist nicht möglich, zu beliebiger Zeit die Durchfahrt zu passieren. Solange der Wind schwach weht, sind lediglich die im 6-Stunden-Rhythmus wechselnden, bei Springzeit bis zu 7 Knoten starken Gezeitenströme bei der zeitlichen Planung der Passage zu berücksichtigen. Sobald aber der Wind zunimmt und quer oder gegen den Gezeitenstrom bläst, baut sich eine steile Kreuzsee auf, die schnell 5 m und höher wird. Doch 6 Stunden später, wenn Wind und Strom in die gleiche Richtung setzen (die Flut setzt nach Norden, die Ebbe nach Süden), stellt die Passage kein Problem mehr dar, es sei denn, daß das Boot in einen der Neerströme (Gegenströmungen in Ufernähe) gerät, in denen dann das Wasser kocht, während es im Hauptstrom ruhig bleibt. Um bei Nacht den Schiffen die Passage zu erleichtern, besitzen die ***drei Leuchtfeuer*** La Vieille (der eckige Granitturm), La Plate (der kleine gelbschwarze Turm) und Tévennec (der Turm auf dem Felsen im Nordeingang ins Raz) verschiedenfarbige Leitsektoren, die den richtigen Weg weisen. Im Winter kann das Meer hier derartig toben, daß der 33 m hohe Turm La Vieille mehr als zur Hälfte in den brechenden Wellenkämmen verschwindet. Im Raz sieht man keine großen Schiffe, denn nach den verschiedenen Öltankerkatastrophen im westlichen Ärmelkanal wurden sämtliche gefährlichen Passagen vor der französischen Küste für Schiffe ab 90 m Länge gesperrt.

Anreise/Weiterreise

- Die Pointe du Raz ist als Hauptausflugsziel im Westen sehr gut mit öffentlichen Bussen erreichbar. Es bestehen Verbindungen von Quimper über Pouldreuzic, Plozévet, Plouhinec, Audierne, Primelin, Plogoff (6 x täglich) sowie ebenfalls von Quimper über Douarnenez, Pont-Croix, Audierne, Primelin, Plogoff (4 x täglich).

Plogoff

Der Ort mit seiner kleinen Chapelle Notre-Dame-Du-Bon-Voyage aus dem späten 17. Jh. und den Gruppen von eng aneinandergebauten, vor dem Wind geduckten Häuschen ist vor allem den französischen Grünen (LES ÉCOLOGISTES) ein Begriff. Als Ende der siebziger Jahre hier ein ***Atomkraftwerk*** gebaut werden sollte, kam es sehr schnell zu massivem Widerstand in der Bevölkerung. Zehntausende Bretonen verteidigten mit eisernem Willen und zeitweise auch in Straßenschlachten gegen die CRS (COMPAGNIE RÉPUBLIQUAINE DE SÉCURITÉ), eine militärisch orientierte Einsatztruppe der französischen Polizei, ihre Pointe du Raz, sicherlich zum Teil auch aus rein finanziellen und nicht nur ökologischen Gründen. FRANÇOIS MITTERRAND, damals noch nicht Präsident, nutzte die Situation für seinen Wahlkampf und versprach, sich für die Pointe du Raz als atomfreie Zone einzusetzen. Nach mehr als vierjährigem Widerstand wurde 1981 das Bauprojekt aufgegeben.

Völlig unspektakulär, dafür aber einfach malerisch sind die beiden winzigen ***Miniatur-Naturhäfen*** Plogoffs, hineingebaut zwischen günstig gelegene Felsvorsprünge bei Pendreff und Penneac'h.

Cléden

Das Pfarrzentrum besitzt eine sehenswerte Kirche aus dem 12. Jh., die ***Eglise Saint-Clet.*** Ihr 32 m hoher Granitturm ähnelt dem der Kirche von Pont-Croix.

Ganz in der Nähe, ca. 2 km östlich (D 43) im Dörfchen ***Langroas*** steht die ebenfalls sehenswerte kleine ***Chapelle Notre-Dame-de-Pitié*** mit einem schlichten Calvaire inmitten einer fast kreisrunden Steinmauer.

Primelin und St-Tugen

Etwa 6 km vor Audierne führt die D 784 hinunter zum Meer an die außer bei Südwind geschützte ***Sandbucht Anse du Loch.*** Am ca. 200 m langen Strand parallel zur Straße ist man durch die Autos etwas belästigt, aber am kleineren Strand nahe des Wellenbrechers läßt sich gut eine Badepause einlegen. Die Bucht wird von den Bewohnern von Primelin als Hafen genutzt. Während der Ort Primelin hauptsächlich für Mieter von Ferienwohnungen interessant ist, besitzt das benachbarte St-Tugen (von der D 784 ca. 500 m nach Süden abbiegen) eine kirchengeschichtliche Rarität: ***La Chapelle Saint-Tugen.*** Die 1535 erbaute und im 17. Jh. erweiterte kleine Kirche im gotischen Flamboyant-Stil steht nach den Überlieferungen am Ort einer ehemals megalithischen, dann später gallo-romanischen Kultstätte. Der Altarstein des Hauptaltars war zuvor vermutlich ein Deckstein des Dolmen, der hier bis ins 16. Jh. stand. Im Chor befindet sich die Statue des Saint Tugen, der zu Lebzeiten nicht nur das Christentum verbreitete, sondern gleichzeitig Zahnheilkunde betrieb. Am Sonntag vor dem Johannistag (24. Juni) findet hier das vielbesuchte ***Pardon de Saint-Tugen*** statt.

Unterkunft auf der Halbinsel Sizun

•***Hôtel/Restaurant Le Relais de la Pointe du Van***, Cléden-Cap-Sizun, Tel. 98.70.62.79. Modernes Gebäude am legendären Strand der Baie des Trépassés mit 25 komfortabel eingerichteten Zimmern ab 320 FF, geöffnet vom 1.4. bis 30.9.

•***Hôtel/Restaurant de la Baie des Trépassés***, Plogoff, Tel. 98.70.61.34. Das zweite der beiden traumhaft gelegenen, aber phantasielos gebauten Hotels direkt am Strand zwischen Pointe du Van und Pointe du Raz. Ordentliches Haus mit 27 zum Teil einfachen, zum Teil recht großzügigen Zimmern ab 170 FF, geöffnet vom 9.2. bis 5.1. Im Juli/August kann das Hotel nur mit Halbpension (ab 270 FF) gebucht werden.

•***Hôtel/Restaurant Ker-Moor***, Plogoff, Tel. 98.70.62.06. Traditionelles Mittelklassehotel am Strand der Bucht Anse du Loch mit 19 nett eingerichteten Zimmern ab 190 FF, ganzjährig geöffnet.

•***Camping de Pors Péron***, Beuzec, Tel. 98.70.40.24 oder 98.70.40.01. Kleiner, einfacher, für die Erkundung der Nordküste des Cap Sizun günstig gelegener Platz auf halbem Wege zwischen Douarnenez und der Pointe du Raz (D 7). 48 Stellplätze auf 2 ha Fläche, gute Sanitäreinrichtung, aber außer Wohnwagenverleih keine weiteren Einrichtungen, geöffnet 1.4.-31.10., 300 m vom Meer entfernt.

•***Camping à la Ferme***, Cléden, Tel. 98.70.66.78. Ca. 2 km nordöstlich von Plogoff, sehr ruhig gelegener Platz für Familien, die eher eine bäuerliche Umgebung als Strandnähe suchen. 25 Stellplätze neben zu mietenden Wohnwagen, gute Sanitärausstattung, aber sonst keine Angebote, geöffnet 1.3.-31.10.

•***Camping Municipal Kermalero,*** Primelen, Tel. 98.74.84.75. Ein kleiner, aber ansprechender Platz mit 60 Einheiten auf halbem Weg zwischen Audierne und der Pointe du Raz (D 784), 300 m zum Strand der Anse du Loch, neben ordentlichen Sanitäreinrichtungen (behindertengerecht) gibt es einen Tennisplatz und einen Spielplatz, geöffnet ist vom 15.4. bis zum 15.9.

Mit solchen Körben fängt man Taschenkrebse (WK)

Audierne

Der im 15. Jh. bedeutungsvolle Fischereihafen 10 km östlich der Pointe du Raz lebt heutzutage überwiegend von einem ***familienorientierten Sommertourismus.*** Seine landschaftlich reizvolle Lage am Westufer des Goyen, zwischen der Felsküste der Sizun-Halbinsel und dem längsten bretonischen Sandstrand, der im Südosten nach 25 km Länge bei Penmarc'h endet, macht den Ort zu einem der beliebtesten Ferienzentren der Cornouaille.

Von den ca. 90 ***Fischerbooten,*** die Mitte des letzten Jahrhunderts die zahlreichen Konservenfabriken belieferten, sind nur noch ein gutes Dutzend übriggeblieben, die heute auf den Fang von Taschenkrebsen, Seespinnen, Hummer, Langusten und Garnelen spezialisiert sind. Im oberen Hafenteil, nahe des Place de la Liberté und der Brücke über den Goyen (D 784), wo sich heute der Yachthafen befindet, waren früher die Liegeplätze der hölzernen Thunfischerboote, deren Rümpfe inzwischen etwas flußabwärts in Locqueran auf der Ostseite des Flusses langsam vermodern.

In der Rue du Mole Nr. 1, erreichbar über den Quai Pelletan (Hauptstraße zum Hafen), befinden sich 20 große Seewasserbecken für Schalentiere, die auf den Verkauf warten: Eine kostenlose Besichtigung ist möglich (Les Grand Viviers, Tel.: 98.70.10.04.).

Ein Fußweg führt den Fluß entlang zum Meer, wo ca. 2 km südöstlich von Audierne ein schöner, relativ ruhiger Strand, ***Plage de Kersiny***, beginnt. Der Hauptstrand von Audierne, ***Plage de Ste-Evette,*** liegt etwa 2 km südwestlich des Hafens im Hôtel/Restaurant-geprägten Vorort Ste-Evette. Auf ca. 1 km Strandlänge können sich die Sonnenhungrigen verteilen. Segelschulen und Sport-Animationsclubs sorgen für Urlaubsaktivitäten. Die nur langsam zunehmende Wassertiefe macht den Strand auch für kleine Kinder ungefährlich. Ein langer Wellenbrecher am Südende des Strandes schützt im Sommer eine große Zahl an Bojen liegender Segel- und Motorboote vor der Atlantikdünung.

Hier am Wellenbrecher ist auch die Anlegestelle der ***Personenfähren,*** die täglich mindestens einmal zur sturmgeprägten ***Ile de Sein*** vor der Pointe du Raz ablegen.

Bei schlechtem Wetter hat Audierne nicht allzuviel zu bieten. Neben den oben genannten Fischbecken sind an Sehenswürdigkeiten nur noch das kleine ***Heimatmuseum La Chaumière*** in der Rue de l'Amiral-Guépratte Nr. 5 und die aus dem 17. Jh. stammende ***Eglise St-Raymond-Nonna*** zu nennen. Das Museum La Chaumière (Tel. 98.70.13.20) zeigt hauptsächlich bretonische Möbel und Haushaltsgeräte aus dem 17., 18. und 19. Jh. Es ist zwischen dem 1.6. und 30.9. täglich 10.00-12.00 Uhr und 15.00-18.00 Uhr geöffnet. Eintritt: 17/12 FF.

Praktische Hinweise

Information

- ***Office de Tourisme***, Place de la Liberté, 29770 Audierne, Tel. 98.70.12.20.

Unterkunft

- ***Hôtel/Restaurant Le Goyen,*** Quai Pelletan, Tel. 98.70.08.88. Bestes Haus am Platz, etwas unterhalb des Hafens am Fluß, 29 luxuriös eingerichtete Zimmer ab 350 FF, Restaurant der bretonischen Spitzenklasse, ganzjährig geöffnet.
- ***Hôtel/Restaurant Au Roi Gradlon***, Plage d'Audierne, Tel. 98.70.04.51. Gutes Mittelklassehotel direkt am Strand in Richtung Ste-Evette. 19 Zimmer (etwa die Hälfte mit Meerblick) mit zum Teil traditioneller, zum Teil moderner Einrichtung ab 270 FF. Ganzjährig geöffnet.
- ***Hôtel/Restaurant Le Cabestan*** im Vorort Esquibien, Tel. 98.70.08.82, ca. 2 km westlich vom Zentrum. Ein Mittelklassehaus für Leute, denen Strandnähe nicht so wichtig ist, dafür aber ein günstiges Preis-Leistungsverhältnis. 17 ordentliche Zimmer ab 160 FF, geöffnet vom 1.5.-30.9.
- ***Hôtel/Restaurant L'Horizon***, Rue J. J. Rous-

seau 40, Tel. 98.70.09.91. Größtes und preiswertestes Haus von Audierne nahe der Straße nach Ste-Evette. 50 zum Teil recht einfach eingerichtete Zimmer ab 140 FF. Geöffnet 15.3.-30.11.

•***Camping Le Moténo***, Plouhinec, Tel. 97.36.76.63. Ca. 4 km östlich von Audierne, unweit des Plage de Kersiny, sehr schöner, ruhig gelegener Platz der Oberklasse mit 230 Stellplätzen zwischen viel Grün. Sehr gute Sanitärausstattung, dazu Schwimmbad, Wohnwagenverleih, Restaurant und Fahrradverleih, geöffnet von Ostern bis zum 15. Oktober.

•***Camping La Corniche***, Plozévet, Tel. 98.91.33.94. Sehr empfehlenswerter Platz, allerdings ca. 10 km südöstlich von Audierne (D 784) beim Dorf Plozévet, 80 mit Büschen begrenzte Stellplätze, ca. 1 km zum Strand, ähnliches Komfort-Angebot wie Le Moténo, geöffnet vom 1.5.-30.9.

Die Campingplätze in Strandnähe von Audierne sind allesamt einfacher ausgestattet und weniger schön gelegen als die der südöstlichen oder nördlichen Umgebung. Am empfehlenswertesten sind:

•***Camping Kerhuon,*** Ste-Evette, Tel. 98.70.10.91. Kleiner einfacher Platz mit 50 Stellplätzen zum Teil zwischen Hecken, 500 m zum Strand, geöffnet vom 15.6.-15.9.

•***Camping Municipal de Kersiny***, Plouhinec-Kersiny, Tel. 98.70.87.33. Am Strand von Kersiny, ca. 2 km südöstlich der Goyen-Mündung, Mittelklasseplatz mit 100 Stellplätzen und ordentlicher Sanitärausstattung, geöffnet 1.6.-15.9.

Essen und Trinken

•***Restaurant La Goélette***, Quai Pelletan 6, Tel. 98.70.29.06. Ein kleines, aber gepflegtes Fischrestaurant am Hafen, Menü ab 75 FF, ganzjährig geöffnet.

•***Restaurant J. Donnart***, Rue du 14 Juillet 1, Tel. 98.70.18.73. Ein ebenfalls auf Meerestiere spezialisiertes Restaurant mit sehr schöner Speiseterrasse, Menü ab 75 FF.

•***Le Bar Breton***, am Hafen, Tel. 98.70.10.95. Einfaches, preiswertes Restaurant mit Bar. Wenn Sie kein phantasievolles Menü wünschen, sondern preiswert satt werden wollen, verlangen Sie das "Menue ouvrier" zu 50 FF.

•***Crêperie de la Plage***, am Hauptstrand, Tel. 98.70.19.88. Neben Crêpes gibt es Salate und eine gute Eisauswahl.

Sonstiges

•***Surfen/Segeln:*** Club Nautique de la Baie d'Audierne, Plage de Ste-Evette, Tel. 98.70.21.69. Die Segelschule bietet Ausbildung für Kinder ab 7 Jahre auf Optimisten und Mini-Surfboards und für ältere Interessenten auf Surfboards, Jollen und Sportkatamaranen. Ebenfalls Verleih von Surfboards und Jollen.

•***Tauchen:*** Das Cap Sizun ist ein sehr interessantes Tauchrevier (Untiefen, Wracks), zum Teil allerdings mit starken Strömungen. Les Plongeurs du Cap, Ste-Evette, Tel. 98.70.03.90. Anfängerausbildung und Ausfahrten für ausgebildete Taucher mit dem Kutter Le Bass Loc'h für 20 Taucher.

•***Strandanimation für Kinder:*** Les Dauphins, Plage de Ste-Evette, Tel. 98.70.41.66, und Club des Diaoulig, Plage de Kersiny, Tel. 98.70.41.66.

•***Tennis:*** 4 Plätze in Strandnähe bei Ste-Evette, M. Le Cras, Tel. 98.70.05.50.

•***Reiten:*** In Plogoff, Centre Equestre de Feunteun Aod, Tel. 98.70.67.40. In Plouhinec, Centre Equestre de Lambabu, Tel. 98.70.76.00.

•***Fahrradverleih:*** Garage Bosser, Rue du 14 Juillet, Tel. 98.70.10.52.

•***Discothek:*** La Casba, am Strand in Richtung Ste-Evette.

•***Markt:*** Samstags auf dem Place de la Liberté und dem Place de la République.

Anreise/Weiterreise

•***Bootsausflüge:*** Die beiden Reedereien Penn Ar Bed und Vedettes Biniou verkehren ganzjährig zwischen Audierne / Ste-Evette und der Ile de Sein. Die "Enez Sun" von Penn Ar Bed ist das größere Schiff (250 Passagiere) und dementsprechend bei schlechtem Wetter zu bevorzugen. Penn Ar Bed, Tel. 98.70.02.37 oder 98.70.02.38. Täglich mindestens eine Fahrt, zwischen 8.7. und 6.9. täglich 3 Fahrten. Fahrtdauer 1 Stunde. Preise für die Hin- und Rückfahrt 110 FF, Kinder (4-10 J.) 55 FF. Tickets und Auskünfte im Fährbüro am Kai in Ste-Evette.

Vedettes Biniou, Tel. 98.70.21.15 oder 98.70.13.78, tägliche Fahrten zur Ile de Sein 23.5.-7.7. 1 x täglich, 8.7.-28.8. 3 x täglich, 29.8.-31.8. 2 x täglich und 1.9-20.9. 1 x täglich. Die Schiffe der Vedettes Biniou sind nur halb so groß wie die "Enez Sun" von Penn Ar Bed. Entsprechend direkter ist das Erlebnis auf dem Wasser, vor allem bei viel Wind. Fahrpreise (Hin- und Rückfahrt) 105 FF/ Kinder (4-10 J.) 53 FF. Tickets und Auskunft im Büro am Quai Pelletan oder in Ste-Evette am Kai.

•***Mit dem Bus:*** Tägliche Verbindung nach Quimper über Plouhinec, Plozévet, Pouldreuzic mindestens 5 x täglich, sowie zur Pointe du Raz über Esquibien, Primelin und Plogoff mindestens 4 x täglich. Eine andere Linie fährt über Pont-Croix nach Douarnenez 4 x täglich. Die Haltestelle befindet sich am Ende des Hafens, Place de la Liberté.

Pont-Croix

Der Goyen, heute zwischen Audierne und Pont-Croix, 4 km flußabwärts, stark verlandet, war im Mittelalter unter Ausnutzung der Gezeiten auf diesem Abschnitt schiffbar. Pont-Croix konnte sich dadurch zu einem Handelszentrum entwickeln, dessen Bedeutung noch heute durch die imposante ***Eglise Notre-Dame-de-Roscudon*** zum Ausdruck kommt. Der im 13. Jh. erbauten Kirche wurde im 15. Jh. der 67 m hohe Turm hinzugefügt, der seinerseits im 19. Jh. als Vorlage für die Türme der Kathedrale von Quimper diente. Besonders schöne gotische Steinmetzarbeiten aus dem 15. Jh. sind über dem Portal an der Südseite zu bewundern.

Unweit der Kirche führt eine mittelalterliche, kopfsteingepflasterte Gasse, ***La Grande Rue Chère,*** recht steil in langen Stufen hinunter an den Goyen, wo ein schöner Uferweg bis nach Audierne führt. Auf halber Höhe der Grande Rue Chère befindet sich bergab rechts die empfehlenswerte, sehr rustikale ***Crêperie de la Grande Rue Chère,*** Tel. 98.70.52.34.

Ile de Sein

Mit der Fähre "Enez Sun", die den keltischen Namen der Insel trägt, dauert es eine gute Stunde, um von Audierne aus das sturmgeplagte Inselchen zu erreichen.

Zunächst geht es 15 km entlang der steilen Südküste der Sizun-Halbinsel bis zur Pointe du Raz. 8 km westlich dieses bei Fischern und Seglern gefürchteten französischen Kap Horns liegt das Inselchen Sein am Ende der Passage Raz de Sein. "Qui voit Sein, voit sa fin." (Wer Sein sieht, sieht sein Ende) hieß es Mitte des letzten Jahrhunderts, als Leuchttürme und andere Hilfsmittel auf See noch nicht in ausreichender Zahl zur Verfügung standen. Zudem gehört dieses mit Felsen und Untiefen gespickte Seegebiet zu den Gewässern mit den ***stärksten Strömungen*** und der ***größten Nebelhäufigkeit*** Europas. Hunderte von Segelschiffen sind im Laufe der Jahrhunderte auf den Untiefen rund um die Insel gestrandet, sehr zur Freude der Sénans (so nennen sich die Inselbewohner), die die Ladungen und das Holz der Planken als Gabe des Himmels ansahen.

Der karge Flecken Land konnte die Bewohner noch nie ernähren. Die ***Fischerei,*** insbesondere der Hummer-, Langusten- und Taschenkrebsfang war und ist Lebensgrundlage der Sénans. Nicht ohne Grund wurde der ***Hummer zum Wappentier*** der Insel.

Auf der 2 km langen und nur 50 bis 500 m breiten Insel, die den Nordatlantikstürmen schutzlos ausgeliefert ist, besitzen ***Sträucher und Bäume Seltenheitswert.*** Nur in Nähe der Häuser gedeihen zwischen Natursteinmauern ein paar Kartoffel- und Gemüsepflanzen. Zum Windschutz wurden die Häuser des Dorfes so nahe aneinander gebaut, daß durch die ***schmalen Gassen*** gerade ein Faß gerollt werden konnte. Zumindest besagen dies die Annalen der Insel. Autos haben hier keine Chance.

Immer wieder mußten die Sénans ihr durchschnittlich nur 2 Meter hohes Stück Land vor ***Sturmfluten*** verteidigen. Allein in den letzten hundert Jahren wurde die Insel viermal während der Winterstürme vollständig überflutet, zuletzt 1924, als in einer Novembernacht zahlreiche Häuser zerstört wurden. Im Süden, nahe dem Leuchtturm, sind noch die Grundmauern der Häuser erkennbar, die einst ein Dorf bildeten. Damals flohen die Bewohner in den Kirchturm. Wer keinen Platz mehr darin fand, kletterte auf sein eigenes Dach. Und dennoch, wer hier geboren wurde, möchte hier auch alt werden. Jun-

Delphine vor der Ile de Sein (WK)

gen und Mädchen müssen nach der Grundschulzeit die Insel verlassen, um am Festland ihre Schulausbildung abzuschließen und einen Beruf zu erlernen.

Der Sommertourismus bringt einigen Familien ein Zubrot, das zusammen mit den Einkünften aus der Fischerei oder dem Gehalt des zur See fahrenden Mannes ein akzeptables Auskommen ermöglicht. Erleichtert wird das Leben der 400 Bewohner dadurch, daß schon seit 1670 nach einem Gesetz Colberts die ***Einkünfte*** der Inselbewohner ***unversteuert*** bleiben. Unversteuert blieben auch die "Gewinne" aus den ***Wrackplünderungen,*** die zwar schon seit dem 17. Jh. offiziell verboten waren, die aber bis ins 19. Jh. nach dem ungeschriebenen "Gesetz des Meeres" (LA LOI DE LA MER) üblich waren. Unbewiesen bleibt die Behauptung, die Insulaner hätten bis ins 18. Jh. hinein nachts falsche Navigationsfeuer angezündet, um dem Schicksal der Schiffe nachzuhelfen. Bekannt ist aber, daß sie nach der Christianisierung durch Mönche der Abtei von Landévennec (im 17. Jh.) auch mit Hilfe des Gebetes versuchten, die Zahl gestrandeter Schiffe zu erhöhen.

Schiffbrüchige wurden in der Regel für den Preis der Schiffsladung auf der Insel versorgt und sicher aufs Festland gebracht. 1866 wurde hier eine Station der SNSM (Société Nationale de Sauvetage en Mer) mit einem unsinkbaren Ruderboot (seit 1931 motorisiert) eingerichtet. Seitdem versuchen die Männer von Sein, oft unter Einsatz ihres Lebens, in Not geratenen Seeleuten zu Hilfe zu kommen.

Der ***Leuchtturm*** der Insel wurde 1945 errichtet, nachdem der bisherige aus dem Jahre 1838 im Krieg zerstört worden war. Zusammen mit dem ***Leuchtfeuer von Ar-Men*** (westlich der Insel) erleichtert der 49 m hohe Turm die Navigation in der Chaussée de Sein, einem gefürchteten Felsen- und Untiefengebiet, das sich von Sein aus westlich noch ca. 20 km ins Meer hinauszieht.

Ein Fußweg führt vom Dorf zum Leuchtturm, vorbei an der Eglise Saint-Guénolé. Die schlichte Kirche wurde im 19. Jh. erbaut. Unmittelbar benachbart stehen die zwei ***Menhire Les Causeurs*** (die Schwätzer). Niemand kennt den Ursprung des Namens. Einen Beleg für die Besiedelung der Insel bzw. deren Nutzung zu Kultzwecken liefern archäologische Funde aus dem Neolithikum.

Besondere Bedeutung für die Inselbewohner kommt dem ***Bischof Saint Guénolé*** (5. Jh.) zu, denn nach einer Legende ist es ihm zu verdanken, daß die Insel heute frei von den Einflüssen des Teufels ist. Polizei und Richter sind somit arbeitslos. Die Sage berichtet, der Teufel traf eines Tages den hochangesehenen SAINT GUÉNOLÉ und fragte ihn, ob er als einflußreicher Christ den Bewohnern Seins das Leben nicht durch eine Brücke zur Pointe du Raz erleichtern könnte. Der Heilige nahm etwas Seewasser und blies es von seiner Hand über das Meer. Dank Petrus' Hilfe gefror das zerstäubte Wasser zu einer Brücke aus Eis, die bis zum Festland reichte. SAINT GUÉNOLÉ, gefolgt vom Teufel, unternahm sofort einen Test der Stabilität des Bauwerks. Des Teufels glühend heiße Füße brachten die Brücke zum Schmelzen, gerade in dem Moment, als der Höllenfürst mitten auf ihr stand. Er stürzte in die brodelnde See des Raz de Sein und flehte um Hilfe. SAINT GUÉNOLÉ gewährte diese Hilfe, stellte jedoch als Bedingung, der Teufel dürfe die Insel nie wieder betreten.

Praktische Hinweise

Unterkunft

•***Hôtel/Crêperie Les Trois Dauphins***, Quai des Paimpolais, Tel. 98.70.92.09. Das gut geführte Hotel am Hafen hat 7 nette Zimmer, die in der Einrichtung an die Kabinen auf Passagierdampfern erinnern. Ab 200 FF. Im Restaurant werden Crêpes, Salate und Meeresfrüchte serviert. Geöffnet von Ostern bis Pfingsten und während der Schulferien. Anmeldung ist ratsam.

•***Camping***, unter einfachsten Bedingungen, auf dem Gemeindegelände, südlich des Dorfes. Anmeldung in der Mairie, Tel. 98.70.90.35.

Essen und Trinken

•***Chez Brigitte***, Quai des Paimpolais 14, Tel. 98.70.91.83. Vom Speisesaal im 1. Stock herrlicher Blick bis zur Pointe du Raz. Spezialität: Hummerragout mit Algen als Gemüse.

Anreise/Weiterreise

•Zwei Fährgesellschaften fahren regelmäßig zwischen der Insel und dem Festland. Der Anleger befindet sich in Sainte-Evette, etwa 3 km westlich von Audierne, nahe dem Strand Plage d'Audierne.

Näheres siehe unter "Audierne, Anreise/Weiterreise"

Pays Bigouden

Zwischen dem längsten aller bretonischen Sandstrände an der Baie d'Audierne im Westen und dem Odet im Osten liegt südwestlich von Quimper das Pays Bigouden, dessen Name von den ungewöhnlich hochgezogenen ***Festtagshaartrachten*** (Coiffe-Bigoudène) übernommen wurde, die hier häufiger als anderswo auch heute noch stolz von vielen alten Frauen zum Kirchgang getragen werden.

Die stolze Fortsetzung bretonischer Traditionen kommt auch darin zum Ausdruck, daß es nirgendwo sonst in der Bretagne so viele ältere, aber auch jüngere Menschen gibt, die noch die keltisch verwurzelte ***bretonische Sprache*** sprechen. Im nahegelegenen Quimper gibt es Schulen (Lycées), wo das Abitur mit Bretonisch als zweiter Fremdsprache abgelegt wird.

Das Pays Bigouden gilt mit Recht nach wie vor als einer der vom Sommertourismus am wenigsten beeinflußten Küstenabschnitte der Bretagne. Dies gilt sowohl für die sandige, ***weitgehend unbebaute Westküste*** als auch für den dichter besiedelten Süden.

Entlang der ca. 20 km langen felsigen Südküste reihen sich die sechs nach der Fläche kleinen, aber wirtschaftlich sehr ***aktiven Fischereihäfen*** Saint-Guénolé, Kérity, Guilvinec, Léchiagat, Lesconil und Loctudy fast ohne erkennbare Grenzen in der Bebauung aneinander. ***Fischerei*** wird hier so groß geschrieben, daß für Segelyachten und andere Freizeitboote nur am Rande etwas Raum bleibt.

Die Ansteuerung von See her durch das Labyrinth von Klippen ist so schwierig, daß sich nur selten größere Segelboote hierher trauen. Im Gegensatz zu vielen anderen bretonischen Häfen wurden hier die Fischer nicht durch die expandierende Freizeitflotte mehr und mehr in ihrer Hafennutzung eingeschränkt. Im Gegenteil: Moderne Technik und gut durchorganisierte Hafen-Infrastrukturen ließen hier die traditionellen Fischerhäfen zu effektiven Umschlagplätzen für Fisch und Schalentiere wachsen.

Zwischen St-Guénolé und Loctudy wird jährlich mehr Frischfisch (ungefroren) angelandet als in irgendeinem anderen Hafen Europas. Allerdings schauen die etwa 2000 Fischer und Seeleute, die hier auf mehr als 600 Schiffen ihr Geld verdienen, eher pessimistisch in die Zukunft, denn durch Billigimporte aus dem Ausland verfallen die Preise auf den Auktionen (leider nicht in den Fischgeschäften!). Hinzu kommt, daß durch den Einsatz von immer perfekterer Fangtechnik die Bestände in den letzten Jahren ***überfischt*** wurden. Für die Fischer entsteht ein Teufelskreis: Wenn die Preise verfallen, muß versucht werden, mit einem neuen, größeren Boot, modernerer Fischortungselektronik und perfektioniertem Fanggeschirr mehr Fisch zu fangen. Doch für den Kauf muß der Fischer in der Regel Schulden machen. Die zusätzliche Zinsbelastung veranlaßt ihn, mehr zu fischen, als es aufgrund der natürlichen Fortpflanzung der Fische vertretbar wäre. Also schrumpfen die Fischbestände weiter, was langfristig die ***Exi-***

Pays Bigouden: Hauptsächlich einsame Strände (WK)

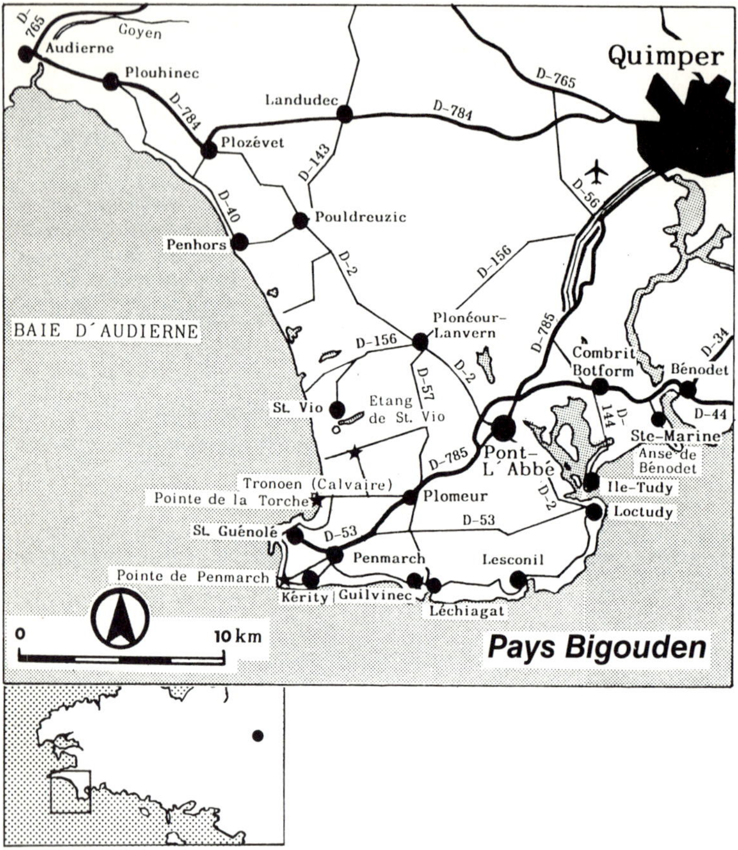

stenz vieler Fischer bedroht. Während die größten Boote (über 12 m Länge) meist als Netzfänger (Chalutier) eingesetzt werden, stellen die kleineren den Meerestieren mit Körben, sog. Casiers, nach (s. Exkurs), um je nach Jahreszeit Taschenkrebse, Seespinnen, Krabben und (heutzutage seltener) Langusten oder Hummer zu fangen.

Im späten Mittelalter gab es für die Seefahrer des Pays Bigouden eine einträglichere Geldquelle als den Fischfang: Kerity, der kleine Hafen an der Pointe de Penmarc'h, hatte bis ins 16. Jh. hinein die Monopolrechte für den ***Transport von Bordeaux- und Loire-Weinen*** nach England und Holland. Mehr als 200 Handelsschiffe mit Heimathafen Kerity brachten der Stadt und ihrer Umgebung Reichtum, bis Ende des 16. Jh. mit den Religionskriegen der Handel fast vollständig zum Erliegen kam.

Während an der Südküste in der Fischerei und den angegliederten Hafenbetrieben das Geld verdient wird, hat an der Westküste zwischen Audierne und Pointe de Penmarc'h in letzter Zeit der ***Sommertourismus*** einige, wenngleich wenige Arbeitsplätze geschaffen.

Mit ca. 25 km Länge erstreckt sich im Westen der ***längste Sandstrand der Bretagne.*** Nur wenige kleine Küstendörfer wie Pors-Poulhan, Plozévet oder Penhors unterbrechen die natürliche Dünenlandschaft, und selbst im Sommer gibt es, abgesehen von der Umgebung der Campingplätze, noch einsame Strandabschnitte.

Ganz anders allerdings im Süden an der Pointe de la Torche, dem absoluten Top-Spot für ***Funboardsurfer.*** Vor der kleinen, aber wegen ihrer gewaltigen brechenden Seen bekannten Felsnase toben sich Funboard-Fans aus ganz Europa aus, denn nirgendwo läßt es sich besser springen oder vor der rollenden Welle Slalom fahren. Auch außerhalb der Saison, wenn es kälter wird, finden hier Meisterschaften statt.

Im flachen Hinterland wird viel ***Landwirtschaft*** betrieben, hauptsächlich Getreide- und Gemüseanbau. Winzige Dörfer, alle mit ihrer eigenen Kapelle, liegen verstreut zwischen den Feldern, ein ***ideales Gebiet für Radtouren,*** sofern man die Verbindungsstraßen zwischen Audierne, Pont-l'Abbé und den Häfen der Südküste meidet.

Sollten Sie in Ihrem Osterurlaub auf einer Tour westlich von Plomeur plötzlich meinen, Sie seien mitten in Holland, so ist der Eindruck nicht ganz falsch. Vor zwei Jahrzehnten kaufte ein holländischer ***Tulpenzüchter*** hier Ackerflächen auf und pflanzte Tulpenzwiebeln im großen Stil. Die Idee war für die Bretagne originell und wurde das große Geschäft. Seitdem ist das Pays Bigouden im Frühjahr westlich von Plomeur auf weiten Flächen nicht grün, sondern weiß, rosa oder gelb.

Pont-l'Abbé

Die kulturelle Hauptstadt des Pays Bigouden 18 km südöstlich von Quimper (D 785) trägt ihren ***Namen nach einer Brücke*** (frz. PONT), die die Mönche der Abtei (frz. ABBAYE) von Loctudy hier im 8. Jh. über den Fluß bauten, ein Vorläufer der heutigen Brücke gegenüber vom Château am oberen Ende des Flußhafens. Die freundliche Kleinstadt besitzt ***zahlreiche historische Gebäude,*** die aus einer Zeit stammen, als Pont-l'Abbé noch politisches Zentrum des Süd-Finistère war (heute Quimper).

Sehenswertes

Château und Musée Bigouden. Direkt am Flußufer nahe der Brücke, die der Stadt den Namen gab, bauten im 12. Jh. die Barone du Pont eine Festung, die im Laufe der Jahrhunderte häufiger den Besitzer wechselte. Nach den Religionskriegen in königliche Hand gefallen, wurde sie 1675 im Bauernaufstand der sog. "Bonnets Rouges" (Rotkappen) stark zerstört, und alle Archive wurden verbrannt. Während der französischen Revolution diente das Château als Gefängnis, bevor es zum Volksbesitz erklärt wurde. Während der Restaurierungen und Umbauten im 18. Jh. wurde an den aus dem 13. Jh. stammenden Wehrturm (DONJON) der Gebäudeteil gesetzt, der seit 1836 vom Stadtrat zu Verwaltungszwecken genutzt wird, das heutige Hôtel de Ville.

Im mittelalterlichen Donjon befindet sich das ***Musée Bigouden*** (Tel. 98.87.24.44). Im Erdgeschoß wird anhand alter Karten, Dokumente und Modelle die historische Entwicklung des Pays Bigouden und der Stadt Pont-l'Abbé dargestellt. Eine wuchtige Steintreppe führt in die erste Etage, wo altes Mobiliar, Geschirr, Handwerksgeräte und ähnliches das Leben der Bauern und Handwerker veranschaulicht. Die zweite Etage ist ganz den Bigouden-

Trachten gewidmet. Sämtliche Variationen der Coiffe-Bigoudène, der ungewöhnlich hochgezogenen, reich bestickten Spitzenhäubchen sind hier zusammen mit den dazugehörigen Kleidern ausgestellt. Unter dem Dach schließlich wird mit Schiffsmodellen, altem Bordwerkzeug und historischen Navigationsgeräten gezeigt, was Seefahrt bedeutete, als es noch keine Elektronik an Bord gab.

Geöffnet ist von Ostern bis zum 31. Mai 14.00-18.00 Uhr. Vom 1. Juni bis zum 30. September sind die Öffnungszeiten 9.00-12.00 Uhr und 14.00-18.30 Uhr. Eintritt: 12 FF für Erwachsene und 6 FF für Kinder. Außer am 2. Sonntag im Juli zum Fête des Brodeuses (Stickerinnenfest) bleibt das Museum an Sonn- und Feiertagen geschlossen.

L'Eglise de Lambour. Ca. 300 m nördlich des Flußhafens (2. Straße rechts nördlich der Brücke) liegt an der Rue de Lambour die interessante Kirchenruine. Ihr Turm wurde zusammen mit denen fünf weiterer Bigouden-Kirchen im Jahre 1675 auf Weisung LOUIS'S XIV. zerstört als Antwort auf die Bauernrevolte, die als Révolte des Bonnets Rouges (Rotkappen-Revolte) oder auch Révolte du Papier Timbré (Stempelpapier-Revolte) in die bretonische Geschichte eingegangen ist. Die Kirche stammt aus dem frühen 16. Jh. und besitzt eine auch heute noch trotz allen Verfalls schöne Fassade im Flamboyant-Stil. Altäre und Statuen, die einst die Kirche zierten, sind größtenteils in die auf der anderen Hafenseite gelegene Kirche Notre-Dame-des-Carmes überführt worden.

Eglise Notre-Dame-des-Carmes. Auf die Bitte des Baron du Pont errichteten Karmeliter-Mönche im Jahre 1411 diese vor allem wegen der großen, kunstvoll gearbeiteten Rosette im Chor bekannte Kirche. Der Turm, 1603 aufgesetzt, fällt in seiner fast süddeutsch erscheinenden Form im Vergleich zu den sonst schmalen bretonischenTürmen aus dem Rahmen.

Praktische Hinweise

Information

- ***Office de Tourisme***, Rue du Château, 29120 Pont-l'Abbé, Tel. 98.87.24.44.

Unterkunft

- ***Château de Kernuz***, Route de Penmarc'h (D 785), Tel. 98.87.01.59. In einem 15 ha großen Park liegt dieses kleine Château/Manoir, 1 km südlich der Stadt. Das Gebäude stammt aus dem 16. Jh. und beherbergt 18 sehr komfortabel eingerichtete Zimmer, die ab 350 FF vermietet werden. Ein beheiztes Schwimmbad steht den Gästen zur Verfügung. Geöffnet ist vom 1. April bis zum 30. September.
- ***Hôtel/Restaurant de Bretagne***, Place de la République 24, Tel. 98.87.17.22. Ein gepflegtes Mittelklassehotel im Zentrum von Pont-l'Abbé. 20 ordentliche Zimmer ab 230 FF. Menüs im Restaurant ab 95 FF. Ganzjährig geöffnet.
- ***Camping L'Ecureuil,*** Route de Bénodet (D 44), Tel. 98.87.03.39. Zwar ca. 5 km vom Strand, aber dafür in ruhiger, waldreicher Lage, bietet das großzügig angelegte Areal 100 Stellplätze. Dazu Tennisplatz, Minigolf, Restaurant und Wohnwagenverleih. Geöffnet ist vom 15.6. bis 15.9.

Essen und Trinken

- ***Restaurant de la Marine***, Quai St-Laurent 2, Tel. 98.87.02.17, nahe des Châteaus an der Brücke. Nettes traditionelles Lokal mit Fisch und Fleisch-Menüs ab 70 FF. Montags geschlossen.
- ***Crêperie Bigoudène***, Rue du Général-de-Gaulle 33, Tel. 98.87.20.41. Stadtbekannt gute, rustikal eingerichtete Crêperie, in der die traditionelle Buchweizencrêpe nicht von modernen Phantasiecrêpes verdrängt wurde.

Sonstiges

- ***Fahrradverleih:*** MICHEL LE LOCH, Place de la République 28, Tel. 98.87.12.41; ALBIN SCOTET, Rue Lamartine 3, Tel. 98.87.32.65.
- ***Tauchen:*** AQUA-CLUB, Tel. 98.82.10.67 oder 98.82.06.89 (nach 20.00 Uhr). Ausbildung und Ausfahrten für Fortgeschrittene.
- ***Reiten:*** CLUB HIPPIQUE DE ROSQUERNO, Tel. 98.87.34.62.
- ***Einkaufstip:*** BOUTIQUE LE MINOR, Quai Saint-Laurent 5, Tel. 98.87.07.22. Hier können Sie geschmackvolle Mitbringsel, wie bretonische Webwaren und Stickereien, kaufen, die für die Region typisch sind.
- ***Markttag:*** Donnerstags am Place Gambetta und Place de la République.

Anreise/Weiterreise

●***Mit dem PKW:*** Von Quimper ca. 15 km südwestlich entlang der D 785.

●***Mit dem Bus:*** Mindestens 4 x täglich nach Quimper und nach Loctudy. Die Haltestelle ist an der Südseite der Pont-Neuf (300 m westlich vom Château) und an der Rue Jules Ferry (Seitenstraße der Rue du Général-de-Gaulle).

Umgebung von Pont-l'Abbé

La Maison du Pays Bigouden (Ecomusée)

Die Außenstelle des Musée Bigouden befindet sich an der D 2 in Richtung Loctudy, ca. 3 km südöstlich von Pont-l'Abbé, im zum Museum umgebauten Bauernhof La Ferme de Kervazégan (Tel. 98.87 24 44). Das Leben der Bauern um die Jahrhundertwende ist hier in authentlscher Umgebung mit den dazugehörigen Möbeln und Geräten dokumentiert. Geöffnet ist vom 1.6. bis 30.9. 10.00-12.15 Uhr und 15.00-18.30 Uhr. An Sonn- und Feiertagen ist geschlossen.

Musée de la Musique Mécanique

Das Privatmuseum für mechanische Musikwiedergabegeräte in Combrit-Botforn an der D 44, ca. 3 km nordöstlich von Pont-l'Abbé (Richtung Bénodet), zeigt eine Vielzahl voll funktionsfähiger, zum Teil sehr origineller Musikautomaten von der Spieluhr bis zur mechanischen Musik-Box. Die Führung in französisch, englisch oder deutsch dauert ca. 1 Stunde. Der Eintritt kostet für Erwachsene 20 FF und für Kinder 10 FF. Geöffnet ist vom 1. Mai bis zum 30. September täglich 14.00-19.00 Uhr. Vom 1. Oktober bis zum 30. April ist nur sonntags geöffnet. Tel. 98.56.36.03.

La Maison de la Baie d'Audierne-Etang de St-Vio

Erst 1990 wurde in Tréguennec bei Plonéour-Lanvern (von Pont-l'Abbé über die D 2, D 156) dieses ***Zentrum für biologische Öffentlichkeitsarbeit*** gegründet. Während des Sommers werden von montags bis samstags Führungen durch die botanisch und ornithologisch interessante Umgebung unter sachkundiger Leitung angeboten (Kosten: 30 FF pro Führung). Im Haus selbst werden Vorträge zu biologischen Themen gehalten, die die Fauna und Flora des Küstenstreifens entlang der Baie d'Audierne näher beschreiben. Ausstellungen und eine öffentliche Bibliothek ergänzen das Angebot. Anforderung des Sommerprogramms bei: Maison de la Baie d'Audierne, St-Vio, 29720 Tréguennec, Tel. 98.82.61.76

Tronoën

Der ***älteste Calvaire der Bretagne*** steht hier in einsamer unbebauter Landschaft am Südrand der Baie d'Audierne neben der 500 Jahre alten Kirche Notre-Dame de Tronoën. Zu erreichen von Pont-l'Abbé über Plomeur (D 785), weiter in Richtung Pointe de la Torche, dann nach 3 km rechts ab (beschildert).

Das genaue Erbauungsdatum ist nicht bekannt, aber es wird angenommen, daß der ***Calvaire de Notre-Dame de Tronoën*** zwischen 1450 und 1460 hier errichtet wurde, wenige Jahre nach Fertigstellung der kleinen Kirche, in deren Hof er steht. In zwei Ebenen sind etwa 100 Personendarstellungen, überwiegend als Relief aus dem quaderförmigen Granitklotz herausgearbeitet. Darüber trotzen die drei Kreuze von Golgatha auf granitenen Säulen den atlantischen Winterstürmen. Die Jesusfigur am mittleren Kreuz wurde wohl aus härterem Granit geschlagen als die Basisfigur, denn die anderen, vor allem auf der Süd- und Westseite der Hauptwindrichtung ausgesetzten Darstellungen haben in fünf Jahrhunderten stärker unter den Witterungseinflüssen gelitten. Feinere Details wie Gesichter und Hände sind hier nicht mehr zu erkennen, doch genau dies verleiht dem Calvaire eine ungewöhnliche Ausdruckskraft.

Auch ohne Erklärungen identifizierbare Szenen sind die auf der Ostseite dargestellte nackt im Bett liegende Maria mit Jesuskind und die Fußwaschung Jesu (der heutigen Straße zugewandt).

Die Bauweise der kleinen ***Kirche Notre-Dame de Tronoën*** ist insofern ungewöhnlich, als der Turm sich auf halber Gebäudelänge befindet und so zusammen mit den beiden rechts und links des Turmes angesetzten Portalen eine Quersymmetrie statt der sonst üblichen Längssymmetrie entsteht.

Saint-Guénolé

Der westlichste aller Bigouden-Häfen ist zugleich einer der aktivsten. Hinter den jüngst verlängerten Kaianlagen wurde eine moderne Fischauktionshalle (Criée) mit angegliederten riesigen Gefrierhallen vor wenigen Jahren neu errichtet.

Sehenswertes

Les Rochers. Nördlich des Hafens zerschlägt sich die Dünung des Nordatlantiks in wilden Felsformationen mit furchterregenden Namen wie La Roche des Victimes (Fels der Opfer), Le Trou de l'Enfer (Höllenloch), Le Bénitier du Diable (Weihwasserkessel des Teufels). Bei Sturm fliegt die hier zerstäubende Gischt der Wellen bis in die Straßen des Zentrums. Nicht selten werden hier große Wolfsbarsche (frz. BAR) und Meeräschen (frz. MULET) von Freizeitfischern geangelt. Ein Küstenweg führt nördlich zur ca. 2 km

Jesus aus härterem Granit: der Calvaire von Notre Dame de Tronoën (WK)

entfernten Pointe de la Torche und weitere 25 km am Strand entlang bis Audierne.

Pointe de la Torche. Die kleine Felshalbinsel (bret. Beg an Dorchenn, die Hügelspitze), eingerahmt von den beiden Sandstränden Plage de Pors-Carn und Plage de Tronoën, ist nicht nur bei Fun-Board-Surfern wegen der alljährlich dort stattfindenden Meisterschaften bekannt, sondern auch bei Archäologen, denn auf dem höchsten Punkt haben die neolithischen Vorfahren etwa 3.000 v. Chr. zur Ehre ihrer verstorbenen Fürsten einen Tumulus mit heute frei zugänglichem Dolmen errichtet. Verstreut über das Pays Bigouden, wurden über 700 überwiegend einzeln stehende Menhire gefunden.

Eglise Saint-Guénolé. Sehenswert ist der aus dem 15. Jh. stammende Turm der Kirchenruine mit seiner Reliefdarstellung eines Handelsschiffs als Symbol des vom Mittelalter bis ins 16. Jh. durch Seehandel erwirtschafteten Reichtums der Region. Teile des Mauerwerks der alten Kirche wurden zum Bau einer kleinen Kapelle im Château de Kernuz westlich von Pont-l'Abbé benutzt. Die benachbarte neue Kirche stammt von 1954.

Musée de Préhistoire Finistérienne. Östlich der Rochers am Strand Pors-Carn, Tel. 98.58.60.35. Es ist nach dem Museum von Carnac wohl das zweitgrößte Museum für Vor- und Frühgeschichte der Bretagne. Neben zahlreichen Funden aus der Alt-, Mittel- und Jungsteinzeit sind auch einige Exponate aus gallischer Zeit bis hinein ins Mittelalter zu sehen. Außerhalb des Gebäudes sind einige Menhire, ein Dolmen sowie römische Stelen in neuer Umgebung aufgerichtet. Geöffnet ist vom 1.6. bis 30.9. täglich (außer sonntags) morgens 10.00-12.00 Uhr und 14.00-18.00 Uhr.

Anreise/Weiterreise

- Ein Bus fährt mindestens 4 x täglich über Penmarc'h und Plomeur nach Quimper.

Penmarc'h

Die Großgemeinde am gleichnamigen Kap (Pointe de Penmarc'h) ist vor allem wegen ihres starken, das gesamte Pays Bigouden überstrahlenden ***Leuchtturmes Phare de Eckmühl*** bekannt. Der 65 m hohe, ganz aus Granit gebaute Turm schickt zwischen Sonnenuntergang und Sonnenaufgang alle 5 Sekunden seinen weißen Strahl ca. 50 km weit über das Meer und das Land.

Der ***ungewöhnliche deutsche Name*** kam folgendermaßen zustande: Die 1892 in Paris verstorbene Marquise de Blocvuerille, Tochter des napoleonischen Generals ***Davout,*** vermachte dem französischen Staat das damalige Vermögen von 300.000 Francs unter der Bedingung, daß mit dem Geld ein Leuchtturm an einem gefährlichen Kap der französischen Küste gebaut werden sollte, benannt mit dem Namenstitel ihres Vaters. General Davout hatte im Jahre 1809 den napoleonischen Truppen in Bayern in der Schlacht von Eckmühl zum Sieg verholfen und war deshalb von Bonaparte zum Prinzen von Eckmühl ernannt worden. Im Jahre 1897 wurde der Leuchtturm eingeweiht und der viel zu schwache kleine Vorgänger, heute direkt neben der Marinefunkstation (Sémaphore), außer Dienst gestellt.

Wer sich die 307 Stufen zutraut, kann den Leuchtturm ganzjährig täglich 10.00-12.00 Uhr und 14.30-17.30 Uhr besichtigen, Tel. 98.58.61.17. Direkt unterhalb der Lampenetage gibt es in ca. 55 m Höhe einen Rundbalkon mit einer ***phantastischen Aussicht*** über das Meer und das Bigouden-Land.

Der im Osten erkennbare, heute wirtschaftlich bedeutungslose ***Hafen Kérity*** war bis ins 16. Jh. der wichtigste Warenumschlagsplatz im Pays Bigouden zwischen Land- und Seetransport. Von den Schäden in den Wirren der Religionskriege am Ende des 16. Jh. hatte sich die Region jahrhundertelang nicht erholen kön-

Eine Stange Granit: Phare de Eckmühl, rechts sein kleinerer Vorgänger (WK)

nen. Und als in den 50er Jahren unseres Jahrhunderts sich ein Aufschwung abzeichnete, wurden die Häfen von St-Guénolé, Le Guilvinec und Loctudy, in geschützterer Lage als Kérity, ausgebaut. Heute wird Kérity überwiegend von Freizeitfischern für kleine Boote genutzt. Außer dem vielbesuchten Leuchtturm bietet Penmarc'h noch zwei weitere lohnende Ausflugsziele.

Sehenswertes

Eglise Saint-Nonna. 1506 während der wirtschaftlichen Blütezeit im gotischen Flamboyant-Stil erbaut, sollte ihr imposanter Bau den Reichtum des Ortes widerspiegeln. Beidseitig des Portals erinnern in Stein gemeißelte Darstellungen von Schiffen an den maritimen Ursprung des Reichtums.

Chapelle Notre-Dame-de-la-Joie. Die mehr als 500 Jahre alte Kapelle direkt am Meeresufer, ca. 600 m nördlich des Leuchtturmes, ist alljährlich am 15. August Ziel eines Pardon, das auf die Tradition zurückgeht, an diesem Ort als geretteter Schiffbrüchiger der Jungfrau Maria zu danken. Tatsächlich war die Pointe de Penmarc'h vor Errichtung des Phare de Eckmühl nach der Pointe du Raz das zweitgefürchtetste Kap der Westbretagne. Neben der Kapelle steht ein kleiner Calvaire, der stark unter den Winterstürmen gelitten hat.

Praktische Hinweise

Information

●***Office de Tourisme***, B.P. Place Jules-Ferry, 29760 Penmarc'h, Tel. 98.58.81.44.

Unterkunft

●***Hôtel/Restaurant de la Mer***, Rue Francis-Péron 184, Tel. 98.58.62.22. Ein traditionelles, sympathisches Hotel mit 15 Zimmern ab 230 FF, zum Teil mit Meerblick. Vom 15.1. bis 28.2. ist das Hotel geschlossen.

●***Hôtel Le Sterenn***, Rue de la Joie, Tel. 98.58.

60.36. Das nahe des Phare de Eckmühl gelegene gute Mittelklassehotel besitzt 16 ordentliche Zimmer ab 280 FF. Geöffnet ist vom 12.4. bis 11.10.

•***Camping Domaine de la Joie***, Rue de la Joie, Tel. 98.58.63.24. Zwischen Eckmühl und dem Hafen von St-Guénolé liegt ca. 100 m von einem kleinen Sandstrand entfernt der etwas schattenarme Platz. Er hat 260 Stellplätze, sehr gute Sanitäreinrichtungen und ein eigenes beheiztes Schwimmbad. Geöffnet vom 1.4. bis 15.10.

Essen und Trinken

•***Restaurant Le Doris***, Quai Lamartine, in Kérity, Tel. 98.58.60.62. Ein einfaches, sympathisches Hafenlokal, das vor allem für Fruits de Mer empfohlen werden kann (ab 60 FF). Vom Speisesaal in der 1. Etage hat man einen schönen Blick auf den Hafen von Kérity. Ganzjährig geöffnet.

•***La Tour Carrée***, Rue P. Semard 225, Tel. 98.58.87.11, ebenfalls in Richtung St-Guénolé. Menüs ab 95 FF, keine Haute-Cuisine, aber reichlich.

•***Crêperie Ty Rozell***, Rue Lucien Le Lay, Tel. 98.58.88.56. Eine nette Crêperie, wo neben Crêpes auch einfache Menüs zu interessanten Preisen angeboten werden (ab 50 FF).

•***Crêperie Men Lann Du***, Tel. 98.82.01.06. An der Straße nach Plomeur (D 53/D 785) liegt diese sowohl hinsichtlich der Qualität der Crêpes als auch der Atmosphäre herausragende Crêperie. Im reetgedeckten, traditionell bretonischen Haus werden hervorragende Crêpes zu vernünftigen Preisen serviert. In der Saison ist eine Reservierung sinnvoll. Der Weg lohnt sich! Ganzjährig geöffnet.

Sonstiges

•***Segeln:*** Cercle de Voile de Penmarc'h-Kérity, Tel. 98.58.60.19. Ausbildung auf Fun-Boards, Optimisten, Jollen und Katamaranen. Dazu werden Touren auf traditionellen Holzbooten angeboten.

•***Surfen:*** Speed-Evasion, La Torche, Tel. 98.58.56.20. Ausbildung in Wellen- und Fun-Board-Surfen, auch Verleih von Boards und Mountainbikes. Originelles Extra: Strandsegelkurse auf heißen, dreirädrigen Segelflitzern.

•***Reiten:*** Centre Equestre de la Joie Kerzulan, Tel. 98.58.79.60.

•***Tennis:*** Tennis-Club Stade Municipal, Tel. 98.58.52.75, und im Camping de la Plage, Tel. 98.58.61.90.

•***Fahrradverleih:*** Speed-Evasion La Torche, Tel. 98.58.56.20.

•***Fischereiartikel:*** Coopérative Maritime, Terre Plein du Port, Tel. 98.58.66.24.

•***Markt:*** Freitag am Place Auguste-Dupuy.

Anreise/Weiterreise

•***Mit dem Bus:*** Viermal täglich fährt ein Bus nach St-Guénolé und in Gegenrichtung nach Le Guilvinec, Pleumeur und Quimper.

Le Guilvinec

Der sehr aktive Fischereihafen bildet zusammen mit den Werften, Konservenfabriken und Geschäften etwa seit der Jahrhundertwende das neue ***wirtschaftliche Zentrum des Pays Bigouden.*** Gemessen an der angelandeten Frischfischtonnage liegt Le Guilvinec auf Platz 4 aller bretonischen Häfen. Hier gibt es zwar, abgesehen von ein paar einzeln stehenden Menhiren, keine kulturhistorischen Sehenswürdigkeiten, dafür aber ***quirliges Hafenleben.*** Ein Spaziergang entlang der Kaianlagen ist besonders am späten Nachmittag ein Erlebnis, wenn die Fischer ihren Fang einbringen. Neben Steinbutt,

Seezunge, Conger, Makrele, Seehecht, Seelachs, Seeteufel und Wittling wird in Le Guilvinec in großer Menge die Tiefseegarnele (Langoustine) angelandet.

Die sehenswerte ***Fischauktion*** in der Criée (Auktionshalle) findet täglich zweimal montags bis freitags jeweils um 7.00 Uhr und um 17.30 Uhr statt. Tel. 98.58.11.40.

Die ***Freizeitschiffahrt*** hat sich im südlichen Hafenteil vor dem Nachbarort Léchiagat ihre Liegeplätze gesichert.

Zwischen den beiden Häfen Le Guilvinec und Kérity, 4 km weiter westlich, erstreckt sich ein schöner ***Sandstrand,*** der im August allerdings recht gut besucht ist. Wer mehr Einsamkeit sucht, sollte lieber an die Baie d'Audierne westlich von Plonéour-Lanvern fahren (D 57/D 156).

Praktische Hinweise

Information

•***Office de Tourisme***, Rue de la Marine, 29730 Le Guilvinec, Tel. 98.58.29.29

Unterkunft

•***Hôtel/Restaurant du Centre,*** Rue du Général-de-Gaulle 16, Tel. 98.58.10.44. Ein gutes Mittelklassehaus mit geschmackvoller Einrichtung, 17 freundlich helle Zimmer ab 230 FF. Im Restaurant gibt es überwiegend Fischgerichte.

•***Hôtel/Restaurant du Port***, Avenue du Port 53, Tel. 98.58.10.10. Das empfehlenswerte Mittelklassehotel befindet sich auf der Südseite des Hafens im Nachbarort Léchiagat. 40 komfortable Zimmer ab 260 FF. Im Restaurant liegt der Schwerpunkt der angebotenen Speisen auf Fisch und Fruits de Mer (ab 100 FF). Geöffnet vom 7.1. bis 30.12.

•***Camping de la Plage***, Tel. 98.58.61.90. Sehr gepflegte Anlage mit 410 Stellplätzen. Die Sanitärausstattung (behindertengerecht) wie auch das Freizeitangebot sind überdurchschnittlich: beheiztes Schwimmbad, Tennisplatz, Minigolf, Fahrradverleih, Wohnwagenverleih und Restaurant, geöffnet ist vom 1.5. bis 15.9.

Essen und Trinken

Neben den beiden oben genannten Hotels mit sehr guten Fisch-Restaurants sind ferner empfehlenswert:

•***La Rose du Vent***, Rue du 8. Mai, Tel. 98.58.10.56, im Ortsteil Treffiagat, ca. 1 km nordöstlich des Hafens. Wohlschmeckende Menüs ab

Im Fischereihafen von Le Guilvinec (MK)

50 FF, außer am Samstag ist das Lokal abends geschlossen.

●***L'Auberge du Port***, Rue de la Marine 74, Tel. 98.58.14.60, breite Auswahl an verschiedenen Menüs (ab 80 FF). Die dekorative Gestaltung des Lokals mit historischen Schiffsmodellen zwischen den Tischen ist allein schon den Besuch wert.

●***Le Rabelais***, Rue Raymond Le Corre 51, Tel. 98.58.15.49. Sicherlich die gemütlichste Bierkneipe am Ort. Guinness vom Faß und historisch-maritimes Intérieur.

Sonstiges

●***Angelfahrten:*** Morgens um 7.00 Uhr und abends um 19.00 Uhr fährt die "Yannick" zum Freizeitangeln aufs Meer. Anmeldung im Hôtel du Port, Léchiagat, Tel. 98.58.10.10, Fahrpreis 140 FF. Nachmittags wird um 14.00 Uhr und um 16.00 Uhr eine Spazierfahrt für 60 FF angeboten.

●***Segeln:*** Centre Nautique de Léchiagat, Tel. 98.80.08.84 oder 98.58.21.58. Wahlweise mit oder ohne Unterkunft können Segelkurse auf Optimist, Jolle, Katamaran oder Surfboard belegt werden. Ebenfalls angeboten werden einwöchige Ausbildungstörns auf 9-10 m großen Yachten nach Groix und Belle-Ile

●***Tauchen:*** Bigouden Raniket Ar Mor, Tel. 98.90.08.32.

●***Tennis:*** Stade Municipal, Tel. 98.38.95.20; Camping de la Plage, Tel. 98.58.61.90

●***Fischereiausrüstung:*** Coopérative Maritime, Terre Plein du Port, Tel. 98.58.87.56.

●***Fahrradverleih:*** M. Peuziat, Rue de la Paix, Tel. 98.58.20.17.

●***Werftbesichtigung:*** Die Chantier Naval Hénaff am östlichen Hafenrand baut und repariert Holzboote. Eine Besichtigung ist möglich.

●***Markt:*** Dienstags in der Ortsmitte.

●***Einkaufstip:*** In der Conserverie artisanale Guil-Marée am Fischereihafen werden direkt an Endverbraucher Fischsuppen, Fischpasteten und Hummersuppen als Konserve verkauft. Geöffnet vom 15.6. bis 15.9.

Anreise/Weiterreise

●Eine Buslinie verbindet Le Guilvinec mindestens 4 x täglich mit Penmarc'h-St-Guénolé sowie mit Pleumeur-Quimper.

Lesconil

Ca. 4 km östlich von Guilvinec-Léchiagat liegt an einer kleinen Flußmündung der von West nach Ost gesehen fünfte Bigouden-Hafen Lesconil, ein selbst im Sommer eher ***ruhiger, niedlicher Hafen*** für einige Küstenfischer und ein Dutzend Segler. Nur wenn gegen 17.00 Uhr der Fang der Boote zum Verkauf in die Criée gebracht wird, kommt mehr Leben auf.

Der Ort selbst besteht aus ein paar hundert weißgetünchten ***typischen Finistère-Häusern,*** vier traditionellen Hotels mit Restaurant und ein paar Läden. In unmittelbarer Nachbarschaft liegen einige ***schöne Sandstrände,*** die zusammen mit den nahe gelegenen, ***gut ausgestatteten Campingplätzen*** Lesconil zu einem interessanten Ort für Leute machen, die keinen Urlaubsrummel, sondern entspannte Atmosphäre suchen, um von hier aus das Pays Bigouden kennenzulernen.

Praktische Hinweise

Information

●***Office de Tourisme,*** Place de la Résistance, 29740 Plobannalec-Lesconil, Tel. 98.87.86.99

Unterkunft/Essen und Trinken

●***Hôtel/Restaurant de la Plage***, Rue Joliot Curie, Tel. 98.87.80.05. Gutes Mittelklassehotel mit 28 Zimmern ab 260 FF. Fisch-Restaurant mit Menüs ab 100 FF. Der Wirt vermittelt Angelfahrten mit den Motorbooten "Yannick" und "La Torche", die in der Saison zweimal täglich zum Fischfang ab Le Guilvinec oder Lesconil (je nach Interesse) auslaufen (Preis 140 FF). Geöffnet ist vom 25.4. bis 30.9.

●***Hôtel/Restaurant du Port***, Rue du Port 2-4, Tel. 98.87.81.07. Einfaches, aber ordentliches Haus direkt am Hafen mit 26 Zimmern ab 190 FF. Geöffnet ist vom 1.5. bis 30.9.

●***Camping Manoir de Kerlut***, Tel. 98.82.23.89. Ein Edel-Campingplatz oberster Kategorie in ländlicher Umgebung. Maximales Sanitär- und Komfortniveau, unter anderem beheiztes großes Schwimmbad, Waschmaschinen mit Trocknern, Grillplätze, Tennisplatz, Fahrradverleih. Der Platz hat 240 Stellplätze und liegt 1 km vom Strand entfernt. Geöffnet ist vom 15.5. bis 15.9.

•***Camping de la Grande Plage***, Rue Paul Langevin 23, Tel.98.87.83.64. Ebenfalls sehr großzügig gestaltete Anlage mit 80 Stellplätzen zwischen Hecken und Bäumen, zwar ohne Schwimmbad, dafür aber in Strandnähe (200 m). Sehr gute Sanitäranlagen, dazu Restaurant, Lebensmittelladen, Waschmaschinen u. a. Geöffnet 20.3.-30.9.

Anreise/Weiterreise

•***Mit dem Bus:*** Es besteht eine regelmäßige Busverbindung nach Quimper über Loctudy-Pont-l'Abbé, 4 x täglich.

Loctudy

Der östlichste der Bigouden-Fischereihäfen liegt am Südufer der Mündung des Rivière de Pont-l'Abbé gegenüber der Halbinsel Ile-Tudy. Der Name geht auf den später heiliggesprochenen irischen Mönch ***Saint Tudy*** zurück, der im 6. Jh. im Rahmen der Christianisierung der Bretagne hier, wie auch auf der Insel Groix, erste Gebetshäuser bauen ließ, die später zu Klöstern erweitert wurden.

Fischers Fritz und seine Frau (WK)

Wegen der geschützten Lage wurde hier schon in gallischer Zeit ein ***Hafen*** angelegt. Die seit den 50er Jahren stark expandierende Fischereiflotte hat vor ca. 15 Jahren einen neuen, erweiterten Hafen bekommen, inklusive der dazugehörigen Infrastruktur wie Werften, Kühlhäuser, Lagerhallen und Ausrüstungsläden. Direkt daneben wurde vor kurzem ein ***Yachthafen*** angelegt.

Im westlichen Teil des Ortes befindet sich die zu Anfang des 12. Jh. erbaute ***Eglise Saint-Tudy.*** Der klare romanische Stil der tragenden Säulen im Inneren der Kirche wird immer wieder bewundert. Interessant sind die symmetrischen Doppelschneckenmuster an den Kapitellen, die sich ganz ähnlich in den Bruststickereien der Bigouden-Trachten wiederfinden. Äußerlich wurde der Stil durch Umbauten im 15. und 18. Jh. stark verändert, insbesondere durch die neue Fassade von 1760 mit dem typisch bretonischen spitzen Glockenturm aus Granit.

Loctudy begann zu Ende des letzten Jahrhunderts, sich zu einem ***Erholungsort der Bourgeoisie*** von Quimper und Pont-l'Abbé zu entwickeln. Heute sind es eher Mittelstandsfamilien mit Kindern, die hierher nicht zuletzt wegen der ***schönen Sandstrände*** östlich des Ortes (Plage de Langoz) und 500 m gegenüber des Hafens auf der Halbinsel Ile-Tudy (Plage de l'Anse und Plage du Téven) kommen.

Praktische Hinweise

Information

•***Office de Tourisme***, Place de la Mairie, 29750 Loctudy, Tel. 98.87.53.78.

Unterkunft

•***Hôtel Tudy,*** Tel. 98.87.42.99, direkt am Hafen gegenüber der Criée über einer Bar. Ein kleines Hotel ohne Restaurant mit 9 Zimmern ab 280 FF. Einzelne kleine Appartements ab 1.900 FF pro

Woche. Ganzjährig geöffnet.

•***Hôtel de Bretagne,*** Rue du Port 19, Tel. 98.87.40.21, einfaches Hotel der unteren Preisklasse mit 12 Zimmern ab 150 FF. Geöffnet vom 10.6. bis 20.9.

•***Camping Les Mouettes,*** Rue Penhador 6, Tel. 98.87.43.51. Schöner, durch Hecken unterteilter Platz in Strandnähe zwar ohne Freizeitangebote, aber dafür schön gelegen und mit guten sanitären Einrichtungen. 74 Stellplätze, geöffnet 15.3.-30.9.

•***Camping Kergall,*** Plage de Langoz, Tel. 98.87.45.93. Der Platz mit 100 Einheiten liegt ebenfalls direkt am Meer, einfache, aber saubere Ausstattung. Geöffnet vom 15.3. bis 30.9.

Essen und Trinken

•***Restaurant Le Relais de Lodonnec,*** Rue des Tulipes 3, Tel. 98.87.55.34. Maritim eingerichtetes Speiselokal am Plage de Lodonnec mit Schwerpunkt auf Fisch und Fruits de Mer, nicht billig, aber gut. Menü ab 100 FF, montags geschlossen.

•***Crêperie Kreisker,*** Rue du Général-de-Gaulle 1, Tel. 98.87.56.00. Schlichte Einrichtung, aber gute, günstige Crêpes.

•***Crêperie La Chouannerie,*** Rue S. Guizou 5 b, Tel. 98.87.49.52, ebenfalls empfehlenswert.

•***Café du Port,*** Rue du Port, am Hafen neben den Kühlhallen. Traditionelle Hafenkneipe für ein Bier oder einen Kaffee.

Sonstiges

•***Bootsausflüge:*** Die Reederei VEDETTES DE L'ODET bietet ab Loctudy Fahrten zu den Glénan-Inseln und in den bei Bénodet mündenden Rivière de l'Odet.

Zu den Glénan-Inseln fährt montags, mittwochs und freitags 2 x täglich vom 15.6. bis 9.7. und täglich vom 10.6. bis 6.9. ein Boot. Die Fahrt dauert ca. 1,5 Stunden und kostet für die Hin- und Rückfahrt 100/50 FF.

In den Odet: vom 15.6. bis 9.7. Di., Do., Sa., So. und vom 10.6. bis 6.9. täglich eine Fahrt. Für die Hin- und Rückfahrt kostet es 100 FF für Erwachsene und 50 FF für Kinder. Fahrtdauer ca. 3 Stunden.

•***Segeln:*** CERCLE NAUTIQUE DE LOCTUDY, Plage de Langoz, Tel. 98.87.42.84. Ausbildung auf Surfboard, Jolle und Katamaran. Verleih von Jollen und Surfbrettern.

•***Bootsverleih:*** LOCATION BATEAUX, Rue du Général-de-Gaulle, Tel. 98.87.42.00. Auskünfte dazu sind auch am Yachthafen in der Capitainerie erhältlich.

•***Fahrradverleih:*** M. BENKELLATE, am Yachthafen, Tel. 98.87.42.00.

•***Fischereibedarf:*** COOPÉRATIVE MARITIME, am Fischereihafen, neben den Kühlhallen.

•***Einkaufstip:*** Fisch, Austern und Schalentiere werden am Fischereihafen von Ouest-Océan und Pêcherie des Iles günstig verkauft. Riesige Auswahl.

•***Markt:*** Dienstags auf dem Place des Anciens-Combattants.

Weiterreise

•***Fähre nach Ile-Tudy***: Eine kleine Personenfähre (PASSEUR) fährt in der Saison stündlich ab Yachthafen von 9.00 Uhr bis 20.00 Uhr.

Umgebung von Loctudy

Château/Manoir de Kerazan

Östlich der Straße nach Pont-l'Abbé (D 2) liegt ca. 2 km außerhalb von Loctudy das Manoir de Kerazan, Residenz der Seigneurs de Kerazan, in einem ***weitläufigen Park*** mit vielen alten, hohen Bäumen. Von dem ursprünglichen Bau aus dem 16. Jh. existiert nur noch ein Seitenflügel. Die anderen Gebäudeteile stammen aus dem 18. Jh. Der Herrensitz beherbergt unter anderem eine ***Gemäldesammlung*** mit Werken bretonischer Maler aus dem 16. bis 20. Jh. sowie eine ***Sammlung "Faïence de Quimper"*** mit seltenen Stücken von ALFRED BEAU, dem Keramik-Meister, der den Quimper-Stil wesentlich geprägt hat.

Geöffnet ist zu Ostern und vom 1.6. bis 15.9. 10.00-12.00 Uhr und 14.00-18.00 Uhr. Dienstags ist geschlossen. Eintritt: 28/16 FF. Tel. 98.87.43.84 oder 98.87. 40.40.

Menhir de Penglaouic

Nicht irgendein Menhir, sondern einer, der die Absenkung des Festlandes der letzten drei Jahrtausende sehr deutlich vor Augen führt, befindet sich am Ufer des Rivière de Pont-l'Abbé etwa auf der Mitte zwischen Loctudy und Pont-l'Abbé (D 2), zwischen Rosquerno und Queffen (von Loctudy aus rechts ab). Man könnte ihn als historischen Gezeitenmesser bezeichnen, denn ja nach Tide schaut er mal mehr, mal weniger aus dem Wasser.

Ile-Tudy

Um zum 500 m entfernten Nachbarort Ile-Tudy zu gelangen, gibt es drei Möglichkeiten: Die erste heißt schwimmen, was aber angesichts der meist starken Strömung im Mündungsbereich des Rivière de Pont-l'Abbé nicht empfehlenswert ist. Die zweite wäre, mit dem Auto ca. 16 km um die binnenseeähnliche Wasserfläche zwischen Loctudy, Pont-l'Abbé und Ile-Tudy herumzufahren, was bei 500 m Luftlinie kaum sinnvoll sein kann. Also wählt man die dritte Möglichkeit: Vom Yachthafen Loctudy fährt während der Saison täglich im stündlichen Rhythmus eine kleine ***Fußgängerfähre*** (PASSEUR) von morgens um 9.00 Uhr bis abends um 20.00 Uhr hinüber zu der kleinen Halbinsel, die dicht, aber hübsch bebaut ist.

Der wunderschöne ***Plage du Téven*** auf der Ostseite erstreckt sich 6 km lang bis an die Mündung des Odet bei Sainte-Marine gegenüber von Bénodet. Ile-Tudy ist auch hinsichtlich der Unterkunftsmöglichkeiten interessant.

Unterkunft

●***Hôtel/Restaurant des Dunes***, Avenue de Bretagne 9, Tel. 98.56.43.55. Traditionelles Haus mit 12 nett eingerichteten Zimmern ab 260 FF. Geöffnet ist vom 1.6. bis 20.9.

●***Hôtel/Restaurant Euromer,*** Avenue du Téven 6, Tel. 98.56.39.27. Modernes, großes Mittelklassehotel in Strandnähe mit 62 freundlich hellen Zimmern ab 190 FF sowie einigen kleinen Apparte-

Mit den letzten Strahlen der Nachmittagssonne ...(MK)

ments, die pro Woche ab 1.100 FF vermietet werden. Geöffnet vom 1.4. bis 15.11.

●***Camping Pen Ar Pallud,*** Avenue du Téven, Tel. 98.56.39.27. Ein sehr schön gelegener, großzügig gestalteter Platz mit 60 Einheiten nahe des Oststrandes Plage du Téven. Hervorragende sanitäre Einrichtungen (behindertengerecht), Schwimmbad, Restaurant und Wohnwagenverleih. Geöffnet vom 1.6. bis 15.9.; drei weitere einfache Plätze befinden sich ebenfalls auf der Halbinsel.

Sonstiges

●***Segelschule:*** Außerdem gibt es eine sehr aktive Segelschule auf Ile-Tudy: CENTRE NAUTIQUE DE L'ILE-TUDY, Rue des Mousses 1, Tel. 98.56.43.10. Von der Wassergewöhnung für 5- bis 7jährige bis zur Regattaschulung auf Sportkatamaranen für Speed-Freaks wird fast alles geboten.

●***Fahrradverleih:*** LOCALOISIRS, Avenue des Sports, Tel. 98.56.43.54

Quimper

15 Kilometer von der bretonischen Südküste entfernt liegt die ehemalige Verwaltungshauptstadt der Cornouaille. Der ***Name der Stadt*** stammt vom bretonischen KEMPER, Zusammenfluß, und weist auf die Lage am Zusammenfluß von Odet und Steir. Lange Zeit war die älteste Stadt der Bretagne auch der Sitz des Bischofs.

Der erste Bischof soll der Legende nach ***Saint Corentin*** gewesen sein (daher auch der ehemalige Name Quimper-Corentin), jener legendäre Heilige, der irgendwann zwischen dem 4. und 7. Jahrhundert über den Kanal von Cornwall in die Region kam. Er soll sich sein Leben lang ausschließlich von einem einzigen Wunderfisch ernährt haben, den er jeweils tagsüber halb verspeiste und am nächsten Tag vollständig regeneriert vorfand – bereit zur nächsten Mahlzeit. König GRADLON, der sagenumwobene englische König, soll ihn, den er als Berater sehr schätzte, als Bischof eingesetzt haben.

König Gradlon ist jener legendäre Erbauer von ***Ys, der mystischen Stadt*** in der Bucht von Douarnenez. Mächtige Wallanlagen schützten die Stadt vor den Fluten des Meeres. Eintritt durch die Schleusentore hatte nur der, der einen Schlüssel besaß, in diesem Fall nur GRADLON und seine Tochter. Die Bewohner von Ys gestalteten sich ihr Leben sehr angenehm und freizügig. DAHUT, die Tochter GRADLONS, tat sich durch besonders unmoralisches Leben hervor und scheute sich auch nicht vor einer Liaison mit dem Teufel. Der führte Böses im Schilde, erbat als Zeichen ihrer Liebe den Schlüssel zur Stadt von DAHUT und öffnete gemeinsam mit ihr die Schleusen. Ys versank in den Fluten. GRADLON konnte sich auf einem Pferd retten. Zuerst trug das Pferd auch noch DAHUT, war dann aber zu schwach, der Flut mit beiden zu entkommen. GRADLON folgte einer göttlichen Stimme, andere Quellen behaupten, es sei SAINT

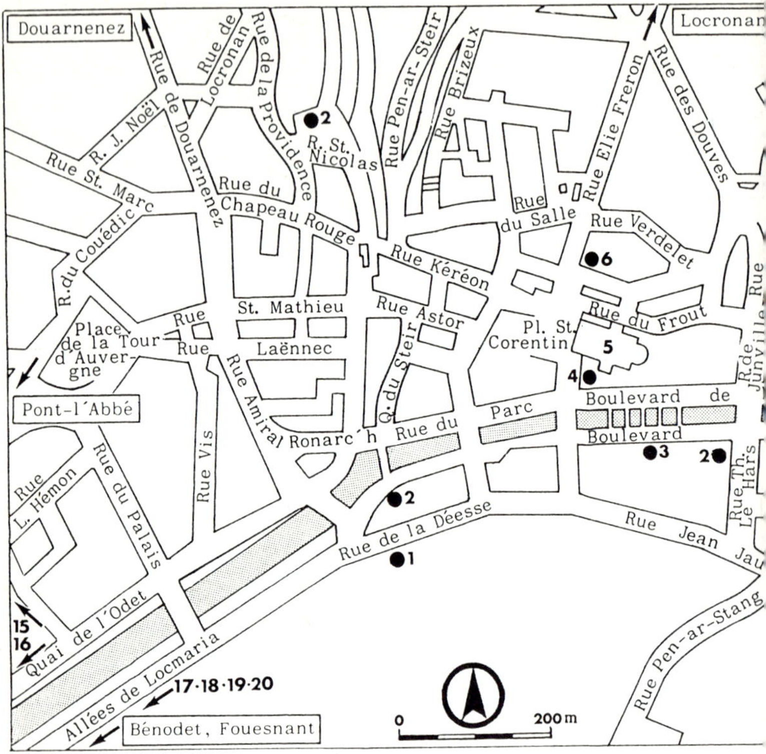

CORENTINS Weisung gewesen, und ließ DAHUT zurück. Anschließend gründete er dann Quimper mit CORENTIN als Bischof. Der Legende nach soll DAHUT nun das Leben einer Nixe führen, die Glocken von Ys läuten und Lieder singen, nur um Seefahrer zu betören und Menschen ins Verderben zu locken. Aber Ys soll auch wieder auftauchen, allerdings erst, wenn das Gegenstück Par-Ys (Paris) untergeht!

Vom Odet durchzogen, liegt Quimper am Fuß des Mont Frugy malerisch im Tal. Zahlreiche ***niedrige Brücken*** über den Odet bilden besonders im Sommer mit ihren Geranienkästen einen hübschen Blickpunkt.

So geschäftig sich die Stadt auch gibt, entsteht doch nicht die sonst häufig mit der Geschäftigkeit einhergehende Hast. In der ***Altstadt*** fehlt der Verkehr oder wurde auf so schmale Straßen verbannt, daß Rasen nicht möglich ist. Auch heute noch zeigen sich im Bereich der Altstadt bauliche Zeugen der bretonischen Geschichte, allerdings renoviert und frisch bemalt.

Zum Ende des 17. Jh. entwickelte sich in der Stadt ein neuer Geschäftszweig: Die Herstellung von ***Fayence-Tonwaren.*** Die Produktion genießt heute immer noch bedeutenden Ruf.

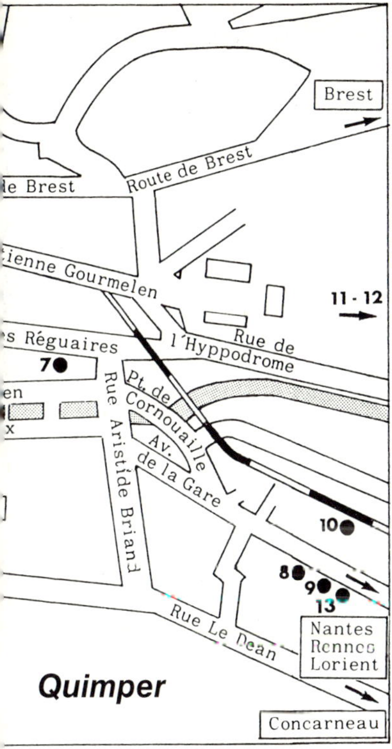

1 Office de Tourisme
2 Parkplätze
3 Hôtel Dupleix
4 Musée Breton
5 Kathedrale Saint-Corentin
6 Musée des Beaux-Arts
7 Hôtel La Tour d'Auvergne
8 Hôtel Arcade
9 Hôtel Pascal
10 Bahnhof
11 Hôtel IBIS
12 Hôtel Les Balladins
13 Hôtel Terminus
14 Hôtel Gradlon
15 Jugendherberge
16 Musée de la Crêpe
17 Musée de la Faïence
18 Faïencewerkstatt HB Henriot
19 Faiencewerkstatt Kéraluc
20 Novotel

Sehenswertes

La Cathédrale Saint-Corentin. Alles beherrschend und weithin sichtbar ragen die spitzen Türme der Kathedrale über Quimper auf. Der Bau begann bereits 1240, konnte aber erst 1856 mit dem Errichten der Kirchturmspitzen endgültig abgeschlossen werden.

Granit ist das vorherrschende Baumaterial, das der Kirche aber trotzdem kein wuchtiges Aussehen verleiht. 1424 wurde das Kirchenschiff, in der Achse abweichend vom bereits zuvor fertiggestellten Chor, erbaut. Warum BERTRAND DE ROSMADEC diese geometrische Verschiebung vornahm, ist ungeklärt.

1840 mußte bereits das gesamte Gebäude restauriert werden. Monseigneur GRAVERAN verlangte ab Mitte des 19. Jh. eine Gemeindeabgabe, den "sou de Saint-Corentin". Mit Hilfe dieses Geldes konnte er dann den Bau feiner Steinspitzen zwischen 1854 und 1856 initiieren. Da der Zahn der Zeit auch an historischen Gebäuden nagt, sah sich der Bischof schon 1991 veranlaßt, umfangreiche Renovierungsarbeiten in Auftrag zu geben. Sie sollen 1994 endlich abgeschlossen werden. Die Kathedrale kann aber trotzdem besichtigt werden.

Im Inneren finden sich zahlreiche Heiligen-Statuen. Besonders interessant sind die Reliefdarstellungen des Lebens SAINT CORENTINS an der Kanzel aus dem 17. Jh.

Eine ***Reiterstatue*** stellt ***König Gradlon*** dar. Damit ist Quimper einer der zwei Orte der Bretagne (außer Argol auf der Sizun-Halbinsel) mit einer Darstellung des Königs von Ys. Als älteste Zeugin der Gotik in der Bretagne erscheint sie recht schmucklos.

Musée des Beaux Arts. Im Museum der schönen Künste werden bedeutende Werke aus der Zeit vom 16. bis zum 20. Jh. ausgestellt. Besondere Aufmerksamkeit ließ man den Künstlern der Schule von Pont-Aven angedeihen, die mit etlichen Werken vertreten sind. Zwei Räume stehen unter dem Titel "Bretonische Malerei" und "Werke von Max Jacob". Neben Zeichnungen und Stichen sind hier auch Manuskripte und Gedichte von M. JACOB zu sehen. Zwischen den beiden Weltkriegen beeinflußte er zusammen mit COCTEAU und PICASSO die intellektuelle Szene Frankreichs, wurde später von den deutschen Besatzern verhaftet und schließlich 1944 im Konzentrationslager umgebracht.

Öffnungszeiten: Von Mai bis 15. September täglich, außer dienstags, 10.00-12.00 Uhr und 14.00-19.30 Uhr, in der übrigen Zeit nur bis 18.00 Uhr. Place Saint-Corentin, Tel. 98.95.45.20.

Musée Départemental Breton. Das Volkskundemuseum des Finistère und der Cournouaille konzentriert sich auf die Darstellung der geschichtlichen Entwicklung in der Region. Angefangen mit der gallo-römischen Zeit über Menhire und Riten bis hin in unsere Epoche, werden Exponate aus den Bereichen Archäologie, Trachten, Volkskunst und Mobiliar ausgestellt. Eine Sammlung ist eigens dem Thema Fayence gewidmet.

Öffnungszeiten: Von Juni bis September täglich 10.00-18.00 Uhr, sonst nur bis 16.30 Uhr, außer dienstags und feiertags. Eintritt 20/10 FF. Jardin de l'ancien Eveche, Tel. 98.95.21.60.

Musée de la Crêpe. Im Crêpe-Museum Quimpers gibt es neben der Geschichte der Crêpe auch Beispiele für diese Kochkunst. Öffnungszeiten: Von montags bis freitags 9.00-12.00 Uhr und 14.00-17.00 Uhr, im Juli und August 10.00-18.00 Uhr. Route de Pont-l'Abbé (etwa 3 km außerhalb der Stadt), Tel. 98.52.91.92.

Musée de la Faïence Jules Verlingue. Das Fayencemuseum im Stadtteil Locmaria stellt die Entwicklung und Herstellung von Fayencen dar. Diese Handwerkskunst stammt noch vom 17. Jh. aus Südfrankreich. Später entwickelte sie sich dann auch in Quimper, da u.a. Ton aus dem Odet zur Herstellung verwendet wird.

Öffnungszeiten: Vom 5. Mai bis 30. Oktober montags bis samstags 10.00-18.00 Uhr. Eintritt 25/20 FF. Rue J.B. Bousquet 14, Locmaria, Tel. 98.90.12.72.

Fayencewerkstätten. Die Fabriken HB Henriot und Keraluc können ebenfalls besichtigt werden. Alteingesessen ist HB (La Hubaudière-Bousquet). 1968 kam es zum Zusammenschluß mit HENRIOT. 1984 übernahm eine amerikanische Gesellschaft die Anlagen, investierte und verhalf der Fabrik erneut zu Popularität. Bereits 1946 hatte sich der damalige Geschäftsführer HB's von der Firma getrennt und seine eigene Werkstatt gegründet: KÉRALUC. Auch sie ist noch heute am Markt vertreten, wenn auch in geringerem Maße. HB HENRIOT, Rue Haute, Locmaria, Tel. 98.90.09.36; Öffnungszeiten ganztägig von montags bis freitags, Eintritt 12 FF/10 FF. KÉRALUC, Rue du Pt. Sadate 71, Créac'h Gwen, Tel. 98.53.04.50.

Die Altstadt. Alte Häuser, wenig Verkehr, geschnitzte Fassaden und Figuren zieren den Bereich zwischen der Kathedrale, den Ufern des Odet und des Steir und der Rue Kéréon. Hier locken auch etliche Geschäfte mit Antiquitäten, Mode, Nützlichem und Nippes zum Kauf.

Wer völlig erschöpft von Kultur und Konsum ein gemütliches Plätzchen sucht, dem sei der kleine ***Place au Beurre*** empfohlen. Hier befinden sich mehrere sehr gute Crêperien, die zum Besuch einladen. Der Name des Platzes stammt übrigens vom Verkauf der gesalzenen Butter, die hier aus großen Gefäßen mit Holzlöffeln geschöpft und gehandelt wurde.

Nur schwer läßt sich heute vorstellen, daß in der Rue des Boucheries, der ***Metzgergasse,*** früher das Blut geschlachteter Tiere im Rinnstein floß. Im Haus Nr. 14 kann man eine Spezialität der Stadt kaufen, die ***Torchette.*** Das Krokantgebäck mit Rosinen, Nüssen und Mandeln wird hier bei "Boule de Neige" hergestellt.

Praktische Hinweise

Information

- ***Office de Tourisme,*** Rue de la Déesse 7, 29000 Quimper, Tel. 98.53.04.05. Direkt am Place de la Résistance. Hier ist auch ein großer Parkplatz.

Unterkunft

- ***Hôtel Pascal,*** Avenue de la Gare 17, Tel. 98.90.00.81. Kleines, einfaches Hotel direkt am Bahnhof. Zimmer ab 150 FF.
- ***Hôtel Terminus,*** Avenue de la Gare 15, Tel. 98.90.00.63. Preiswert und einfach. Zimmer ab 145 FF.
- ***Hôtel Arcade,*** Avenue de la Gare, 21 Bis, Tel. 98.90.31.71. Gut ausgestattetes Hotel mit 63 Zimmern. Die Zimmer sind weniger gemütlich eingerichtet. Ab 290 FF.
- ***La Tour d'Auvergne,*** Rue des Reguaires 13, Tel. 98.95.08.70. 43 Zimmer besitzt das Mittelklassehotel, die allesamt recht gut und dem Preis (ab 260 FF) angemessen eingerichtet sind.
- ***Hôtel Gradlon,*** Rue de Brest 30, Tel. 98.95.04.39. Gemütlich bis altmodisch, so der Eindruck in diesem Mittelklassehotel, das recht komfortabel eingerichtete Zimmer besitzt. Im Sommer lädt der Garten zum Verweilen ein. Ab 320 FF.
- ***Hôtel Dupleix,*** Quai Dupleix, Tel. 98.90.53.35. Gehobene Kategorie verrät schon der Eingangsbereich, die komplett eingerichteten Zimmer (ab 340 FF) hinterlassen den gleichen Eindruck.
- ***Novotel Quimper,*** Rue du Poher 2, Tel. 98.90.46.26. Mit Preisen ab 475 FF liegt das Novotel im oberen Bereich der Preisskala, bietet dafür aber

Hier werden Austern und Muscheln gereinigt (MK)

auch den bekannt guten Standard der Hotelkette, inklusive Pool.

•Außerhalb des Zentrums liegen noch das ***Hôtel Les Baladin*** (Route de Coray, Tel. 98.59.55.00, ab 210 FF) und das ***Hôtel IBIS*** (Rue Gustave Eiffel, Tel. 98.90.53.80, ab 290 FF). Beide sind im Motelstil modern und sauber eingerichtete Übernachtungsanlagen.

•***Auberge de Jeunesse,*** Avenue des Oiseaux 6, Tel. 98.55.41.67.

•***Camping Orangerie de Lanniron,*** Tel. 98.90. 62.02. Auf dem Gelände des Schlosses aus dem 18. Jh. ist ein kompletter und sehr luxuriöser Campingplatz entstanden. Reservierung erforderlich.

Essen und Trinken

•Wie schon erwähnt, befinden sich am Place au Beurre drei Crêperien, die ***Crêperie du Sallé,*** die ***Crêperie La Krampouzerie*** und die beste, die ***Crêperie de la Place au Beurre.***

Sonstiges

•***Fayencen*** können überall in der Stadt gekauft werden. Besonders groß ist die Auswahl im MAISON A. BRETON LA CIVETTE, Tel. 98.95.34.13, das links vom Portal der Kathedrale durch die mit Tellern geschmückte Fassade auffällt.

•***Ausflüge*** in die Umgebung werden von verschiedenen Veranstaltern angeboten. Bustouren organisieren BRETAGNE VOYAGES SÉLECTOUR, Rue du Parc 20, Tel. 98.95.61.24; und TOURISME VERNEY, Boulevard de Kerguélen 5, Tel. 98.95.02.36. Mit der VEDETTTES DE L'ODET geht's auf das Wasser des Odet. Auskunft beim Office de Tourisme, am Bootsanleger oder unter Tel. 98.57.00.58.

•***Stadtrundfahrten*** werden mit dem Petit Train (40 Minuten) ab der Rue Kéréon durchgeführt (Tel. 98.53.00.16). Die Alternative bietet eine Kutschfahrt ab der Rue Saint-François (Tel. 98.55.72.43).

•***Parken:*** Großparkplätze befinden sich an der Allées de Locmaria und der Rue de la Providence.

•***Feste:*** Alljährlich Ende Juli findet in Quimper das farbenprächtige FESTIVAL DE COURNOUAILLE statt. Tanz, Spiele und Umzüge bilden den Rahmen dieses Spektakels.

Anreise/Weiterreise

•***Mit dem Flugzeug:*** Etwa 7 km außerhalb der Stadt liegt der Flughafen Quimpers, von dem regelmäßig Flüge nach Paris und Brest starten.

•***Mit dem Zug:*** Die Stadt liegt an der Hauptstrecke Brest – Nantes – Bordeaux. Daneben gibt es gute Verbindungen über Rennes nach Paris und über Vannes nach Redon.

•***Mit dem Bus:*** Hervorragende Verbindungen bestehen in der Umgebung in Richtung Douarnenez, Pointe du Raz, Audierne, Pont-l'Abbé, Concarneau, Quimperlé, Châteaulin, Camaret und Brest. Zusätzlich gibt es über Rosporden und Châteaulin Anschlußmöglichkeiten ins Landesinnere.

•***Mit dem PKW:*** Wichtigste Straßenverbindung ist die N 165, die Fernstraße von Brest nach Nantes. In Richtung Crozon-Halbinsel führt die D 63. Die D 765 zieht sich über Douarnenez (23 km) bis nach Audierne hin, das auch direkt über die D 784 erreichbar ist. Die Südküste ist über die Straßen D 785 (Pont-l'Abbé), die D 34 (Bénodet) und die D 783 (Concarneau) erreichbar. In nordöstlicher Richtung führt die D 15 (Gourin) ins Landesinnere.

Umgebung von Quimper

Site du Stangala

70 m hoch liegt dieser Aussichtspunkt über dem Odet, den man nach einem schönen halbstündigen Spaziergang vom Parkplatz aus erreicht. Im Hintergrund erscheint der kleine Ort Tréauzon. Ein eindrucksvolles Panorama.

•***Anreise:*** Von Quimper zunächst nordöstlich in Richtung Quéllenec und kurz vor dem Ort links abbiegen (ausgeschildert).

Calvaire St-Venec

1556 wurde der Calvaire St-Venecs errichtet. Interessant ist der dreieckige Grundriß des Bauwerks.

Unterwegs besteht die Möglichkeit, beim ***Calvaire de Quilinen*** anzuhalten. Auch hier ist der dreieckige Grundriß des 1550 errichteten Calvaires bemerkenswert. Die beiden Schächer sind hier in ihrem Schmerz und mit von Jesus abgewendetem Gesicht dargestellt.

•***Anreise:*** Von Quimper aus nördlich über die D 770, zunächst bis Quilinen und dann weiter bis St-Venec.

Bénodet

Der schon um die Jahrhundertwende ***beliebte Badeort*** liegt an der Mündung des Odet, des schönsten Flusses Frankreichs, wie die Bewohner von Bénodet gerne behaupten. Künstler wie EMILE ZOLA, MARCEL PROUST und SARAH BERNHARDT schwärmten von den Qualitäten des Seebades an der Grenze des Pays Bigouden zum Pays Fouesnantais, und zu Beginn des 20. Jh. wurde Bénodet zu einem Mode-Urlaubsort ersten Ranges. Das ***mondäne Casino*** am beliebten Strand Plage du Trez stammt aus dieser Zeit und betont den kulturellen Abstand zu den rauhen Fischerhäfen im Pays Bigouden westlich der Odet-Mündung.

Die zum Teil ***subtropische Vegetation*** in den Gärten der Villen am Meer beweist, daß das Klima der Südbretagne östlich der Pointe de Penmarc'h deutlich milder ist als weiter im Nordwesten. Magnolien, Palmen, Mimosen und Agaven überstehen hier den Winter im Freien ohne größere Probleme.

Interessante Spazierwege führen nördlich der Stadt vorbei am Yachthafen Port de Penfoul in eine bei Niedrigwasser trockenfallende Bucht, in der verrottende Fischerboote aus Holz langsam wieder zu Natur werden, sowie südöstlich des Zentrums entlang der Küste (Corniche de la Plage) zur ***Pointe de Bénodet,*** einem Felskap mit herrlichem Ausblick hinüber zu den Iles de Glénan, 18 km entfernt im Süden am Horizont. Im Westen sieht man von hier die Halbinsel Ile-Tudy an der Mündung des Rivière de Pont-l'Abbé und im Südosten hinter einer 4 km langen Landzunge, die die Lagune La Mer Blanche vom Ozean trennt, die Pointe de Mousterlin.

Eine Aussichtsplattform mit Trainingsmöglichkeit für die Beine bietet der Leuchtturm ***Phare de la Pyramide*** in 48 m Höhe direkt südlich des Anlegers der Odet-Fähren (nur in der Saison, 15. Juni bis 10. September, 10.00-12.00 Uhr geöffnet).

Sehenswert ist auch die im 13. Jh. erbaute und im 16. u. 19. Jh. vergrößerte ***Eglise Saint-Thomas*** unweit des Fähranlegers. Die Kirche wurde in Gedenken an den Erzbischof von Canterbury, THOMAS BECKET, errichtet, der im Jahre 1170 auf Anweisung des englischen Königs HENRY II. ermordet wurde, weil er sich mit sozialem Engagement dem König entgegengesetzt hatte. Die im Inneren der Kirche befindliche Marienstatue Notre-Dame de Bénodet war bis in unser Jahrhundert hinein Zielpunkt eines Pardons, denn es hieß, daß die Statue Kopfkrankheiten heilen könne.

Für Aktivurlauber bietet Bénodet eine Vielzahl an Möglichkeiten. Im Vordergrund steht natürlich der ***Wassersport:*** Kanu- oder Kayakfahrten auf dem Odet, Surfen vor den kilometerlangen Stränden südöstlich in Richtung Beg Meil oder auf der Lagune La Mer Blanche, Segeltörns zu den Iles de Glénan oder einfach Schwimmen am Strand vor dem Casino.

Praktische Hinweise

Information

•***Office de Tourisme,*** Avenue de la Plage 51 und Place du Général-de-Gaulle, 29950 Bénodet, Tel. 98.57.00.14

Unterkunft

Bénodet verfügt über ein breit gefächertes Angebot an Hotels und Campingplätzen der Ober- und Mittelklasse. Der gute Ruf des Ortes als Seebad mit Flair wirkt sich natürlich auf die Preise aus.

•***Hostellerie Abbatiale,*** Avenue de l'Odet, Tel. 98.57.05.11. Luxuriöses Oberklassenhotel in Hafennähe. 61 Zimmer mit dem Preisniveau entsprechendem Komfort ab 380 FF, zum Teil mit Blick auf den Odet, angegliedertem Spitzenrestaurant La Voile/ l'Or und eigenen Tennisplätzen. Ganzjährig geöffnet.

•***Hôtel/Restaurant Kastel Moor,*** Avenue de la Plage, Tel. 98.57.05.01. Ebenfalls eines der besten Häuser am Platz, 200 m zum Strand, eigene Tennis- und Squash-Plätze, incl. Schwimmbad in parkähnlicher Umgebung zwischen hohen alten

Pinien. 87 sehr großzügig ausgestattete Zimmer ab 440 FF, zum Teil mit Balkon. Geöffnet ist von Ostern bis Ende September. Das Hotel arbeitet mit dem 150 m entfernten ***Hôtel Ker Moor*** zusammen.

●***Hôtel/Restaurant Le Minaret-L'Alhambra,*** Corniche de l'Estuaire, Tel. 98.57.03.13. Der etwas orientalisch anmutende Bau mit schöner Terrasse am Odet südlich des Stadtzentrums betont den bewußt südländischen Stil des Hauses, mediterrane Atmosphäre im Speisesaal wie auch in den 21 freundlich hellen Zimmern, zum Teil mit Blick auf die Flußmündung, ab 270 FF. Geöffnet ist von Ostern bis Ende September.

●***Hôtel à l'Ancre de Marine,*** Avenue de l'Odet 5, Tel. 98.57.05.29. Ordentliches Mittelklassehotel in interessanter Lage direkt am Hafen, 25 ansprechend eingerichtete Zimmer ab 220 FF. Im Panorama-Restaurant mit Blick über Hafen und Fluß gibt es Menüs ab 69 FF, ganzjährig geöffnet.

1	Office de Tourisme	8	Hostellerie Abbatiale
2	Odet-Fähren und Ausflugsboote	9	Hôtel Kastel Moor
3	Yachthafen	10	Hôtel Le Minaret
4	Casino	11	Hôtel à l'Ancre de Marie
5	Eglise St. Thomas	12	Camping de la Pointe St-Gilles
6	Phare de la Pyramide (Leuchtturm)	13	Camping Port de Plaisance
7	Fort du Coq	14	Fahrradverleih

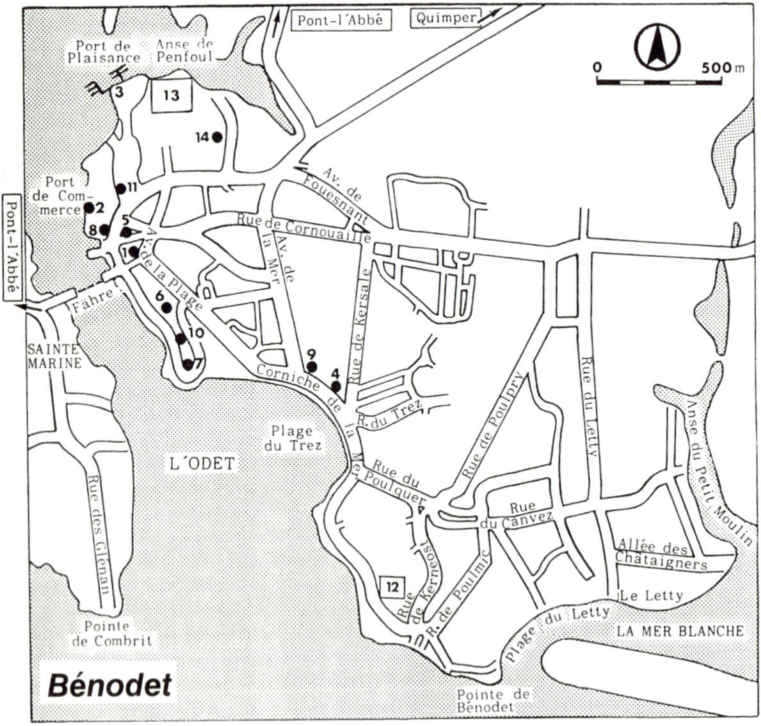

●***Camping de la Pointe St-Gilles,*** Corniche de la Mer, Tel. 98.57.05.37, ca. 1 km südöstlich vom Zentrum in unmittelbarer Strandnähe, 486 parzellierte Plätze zwischen Hecken und Bäumen, sehr gute Sanitäranlagen, beheiztes Schwimmbad, geöffnet vom 1. Mai bis 30. September.

●***Camping Port de Plaisance,*** Penfoul, Tel. 98.57.02.38, nördlich des Ortszentrums am Yachthafen von Penfoul, betont ruhige Lage, aber kein Strand in unmittelbarer Nähe, auf 4 ha Fläche verteilen sich 240 Plätze, zum Teil von hohen Bäumen umgeben. Sanitäranlagen und Freizeitangebote auf höherem Niveau, Schwimmbad, Tennisplatz, Restaurant, Fahrradverleih, Wohnwagenverleih, geöffnet 15.4.-30.9.

●Drei ***weitere Plätze*** mit etwas kleinerem Angebot an Freizeitaktivitäten, aber gutem Sanitärstandard befinden sich südöstlich der Stadt am Meer.

Essen und Trinken

Neben den oben genannten Restaurants in den Hotels können besonders empfohlen werden:

●***Restaurant Gwel Kaer,*** Avenue de la Plage, Tel. 98.57.04.38, schöne Speiseterrasse mit direktem Zugang zum Strand, Fischmenüs ab 120 FF, ganzjährig geöffnet.

●***La Ferme du Letty,*** Le Letty-Izella, Tel. 90.57.01.27. Im Gebäude eines ehemaligen Bauernhofes ca. 2 km südöstlich des Zentrums an der Lagune La Mer Blanche liegt dieses interessante Lokal. Exzellente Küche, die auch von Einheimischen empfohlen wird. Menü ab 120 FF.

●***Cidre-Tip:*** Der im Nachbarort Fouesnant gekelterte Cidre ist einer der besten der Bretagne. Man bekommt ihn in allen Lebensmittelläden der Gegend, auch in Bénodot.

Unter den 14 Crêperien von Bénodet sind besonders empfehlenswert:

●***La Boulange,*** Rue de l'Eglise 11, Tel. 98.57.17.71. Zwar dient der alte Backofen im Speiseraum nur noch dekorativen Zwecken, aber die gute bretonische Crêpes-Tradition wird hier auf hohem Niveau bei günstigen Preisen weitergeführt.

●***Le Panier d'œufs,*** Avenue de la Plage, Tel. 98.57.19.35, günstiges Preis-Leistungs-Verhältnis.

●***Chez Mimi,*** Moulin du Pont in Pleuven, Tel. 98.54.62.02. Die in der Gegend wohlbekannte und gelobte Crêperie liegt leider außerhalb von Bénedot, aber der Weg lohnt sich. Ca. 5 km nach Nordwesten über Clohars-Fouesnant nach Pleuven, dort nah am Kreisverkehr. Hier wird die Kunst der Crêpes-Zubereitung auf höchstem Niveau zelebriert. Eine Reservierung ist im Sommer sinnvoll!

Sonstiges

●Die Reederei Vedettes de l'Odet, Avenue de l'Odet 2, Tel. 98.57.00.58, bietet ***Fahrten zu den Glénan-Inseln*** und auf dem Odet bis Quimper an. Zu den Glénan-Inseln: 21.-30.4.: dienstags und samstags, 1.5.-14.6.: dienstags, donnerstags und samstags, 15.6.-6.9.: täglich, 7.9.-20.9.: dienstags, donnerstags und sonntags. Der Fahrpreis beträgt 100 FF für Erwachsene, 50 FF für Kinder. Tickets gibt es am Anleger oder im Office de Tourisme.

●***Flußfahrt auf dem Odet:*** 16. bis 30.4. montags, mittwochs, donnerstags, freitags und sonntags, 1.5. bis 27.9 täglich. In Abhängigkeit von der Tide ist an manchen Tagen ein Landgang in Quimper möglich. Tickets ebenfalls am Anleger oder im Office de Tourisme. Die Preise betragen 100 FF für Erwachsene und 50 FF für Kinder.

●Falls Sie einen Bootsführerschein besitzen, (Sportbootführerschein-Binnen reicht) können Sie die Odet-Fahrt auch individuell mit einem ***gecharterten Motorboot*** organisieren. Charterboote bei: Location de Bateaux Le Solent am Yachthafen Penfoul, Tel. 98.57.26.02, oder bei L.V.A. Loisir, gleiche Adresse, Tel. 98.57.15.82 (beide Agenturen verchartern auch Segelyachten). Wichtig ist, daß bei schwacher Motorisierung des Bootes die Gezeiten beachtet werden, das heißt flußaufwärts mit der Flut, flußabwärts mit der Ebbe, denn der Odet fließt bei Springzeit an den Engstellen mit bis zu 10 km/h.

●***Segelschulen:*** U.C.P.A. im Ortsteil Le Letty und am Plage du Treiz, Tel. 98.57.03.26. Ausbildung für Anfänger und Fortgeschrittene auf Surfboard, Jolle und Sportkatamaran zum Teil in der Lagune La Mer Blanche, zum Teil auf dem offenen Meer. Wahlweise mit Unterkunft und Verpflegung.

●***Surfboardverleih:*** Duck Jibe, Anenue de la Plage 50b, Tel. 98.57.24.01.

●***Kanu- und Kayakfahrten:*** Club de Quimper-Bénodet im Centre Culturel, Rue du Phare, Tel. 98.57.17.10 oder 98.57.24.01.

●***Tauchen:*** Centre International de Plongée (C.I.P.) Les Glénans mit Basis auf den Iles de Glénans, Ile Saint-Nicolas, Tel. 98.97.21.19.

●***Tennis:*** Tennis de l'Anse de Penfoul, Tel. 98.57.04.34; Tennis-Club-Bénodétois im Ortsteil Le Poulpry, Tel. 98.57.16.15.

●***Golf:*** Golf de l'Odet im 4 km entfernten Clohars-Fouesnant, Tel. 98.54.87.88, 130 ha, 18 Löcher. Zur Anlage gehört das sehr moderne und komfortable Hotel-Restaurant Eurogreen, in dem auch Golf-Ausbildung angeboten wird. Tel. 98.82.84.86.

●***Reiten:*** Club Hippique Le Lasso, Route de Kernéost, Tel. 98.54.67.07.

●***Fahrradverleih:*** Cycletty, Rue de Kerhos 20 und Rue Charcot, Tel. 98.57.18.32.

•***Diskothek:*** LE YANNICK-CLUB, Route de Fouesnant (D 44), Tel. 98.57.03.99
•***Casino:*** Corniche de la Plage, Tel. 98.57.04.16.

Anreise/Weiterreise

•***Mit dem Auto:*** Von/nach Quimper über D 34.
•***Mit dem Bus:*** Mindestens 8 x täglich Verbindung nach Quimper über Menez-St-Jean und Ty-Glas (D 34). Freitags fährt ein Bus zum Markt nach Concarneau. Haltestellen am Hauptstrand und am Hafen.
•***Fähren:*** Zu den Iles de Glénan s. unter Sonstiges.

Umgebung von Bénodet

Flußfahrt auf dem Odet

Ob mit den Vedettes de l'Odet oder mit einem gemieteten Boot, auf jeden Fall ist die Fahrt auf dem Fluß ein Reiseerlebnis, das man sich nicht entgehen lassen sollte. Der Odet ist zwar bis Quimper bei Hochwasser schiffbar (abhängig vom Tiefgang des Schiffes, maximal 2 m) doch endet die Fahrt nach Norden meist ca. 3 km südlich von Quimper in der ***Bucht von Kérogan,*** wo der Odet in einer weiten Kurve einen seeähnlichen Charakter annimmt und bei Nippzeit (s. Kapitel Gezeiten) auch bei Hochwasser sehr flach wird.

Von Bénodet bis hierher sind es etwa 11 km, auf denen der Fluß zum Teil stark mäandrierend durch eine sehr hügelige, ***waldreiche Landschaft*** fließt. Laubbäume wachsen hinunter bis direkt an das felsige Ufer, und mancherorts stehen kleine Herrensitze (Manoirs), alte Mühlen, Ruinen von Kapellen, Märchenschlösser oder rustikale Granitvillen an ***seichten Seitenbuchten.*** Am eindrucksvollsten ist die Fahrt sicherlich mit einem Schlauchboot oder einer kleinen Segeljolle, denn dann sind Abstecher in die verträumten flachen Seitenarme möglich. Nur an ganz wenigen Stellen ist der Fluß von Land her zu erreichen, doch auch dort führt der Weg meist nicht sehr weit, denn Fußwege entlang des Ufers wurden nicht angelegt, zumal das Land überwiegend in Privatbesitz ist.

Musée de la Musique Mécanique

An der D 44 in Richtung Pont l'Abbé liegt im Ort Botforn-en-Combrit das originelle Museum der Musikautomaten. Von alten Spieluhren bis zu Vorläufern der Musicbox wird die historische Entwicklung dieser Technik dargestellt. Die Führung (wahlweise Französisch, Englisch oder Deutsch) dauert etwa 1 Stunde. Eintritt 20 FF für Erwachsene und 10 FF für Kinder. Geöffnet ist vom 1.5. bis 30.9. täglich 14.00-19.00 Uhr. Vom 1.10. bis 30.4. ist nur sonntags geöffnet. Tel. 98.56.36.03.

Sainte-Marine

Bénodet gegenüber, auf der anderen Seite des Odet, liegt der kleine Ort Sainte-Marine, der in der Saison stündlich von 8.00 Uhr bis 20.00 Uhr mit einer ***Fußgängerfähre*** (PASSEUR) erreichbar ist. Sainte-Marine ist ein hübscher kleiner Edel-Wohnort, der für den Urlauber vor allem wegen seines 4 km ***langen Sandstrands*** interessant ist. Er erstreckt sich bis Ile-Tudy und ist aufgrund seiner etwas abgelegenen Lage deutlich weniger besucht als die Strände südöstlich von Bénodet. Wer auf sein Auto nicht verzichten kann, muß den Odet auf der D 44 überqueren (Pont de Cornouaille) und nach 1 km südlich abbiegen in Richtung Sainte-Marine/Pointe de Combrit, dann noch etwa 2 km weiter bis ans Meer. Zu Fuß ist es hingegen nur 1 km vom Fähranleger.

Clohars-Fouesnant

Der kleine Ort liegt ca. 4 km nordöstlich von Bénodet, erreichbar über Ménez-St-

Alter Herrensitz am Ufer des Odet (WK)

Jean (D 34). Sehenswert sind die ***Eglise Saint-Hilaire*** aus dem 15. Jh. mit schönen Steinmetzarbeiten ebenfalls aus dem 15. Jh. am Südportal und die ***Chapelle Saint-Tudy,*** deren Name an die Christianisierung der Südbretagne durch den irischen Mönch SAINT TUDY erinnert. Das Jahr der Erbauung ist nicht genau bekannt, aber der in seiner schlichten Schönheit beeindruckende Baustil läßt auf das 12. Jh. schließen.

Pointe de Mousterlin

Das Felskap auf halbem Weg zwischen Bénodet und Beg-Meil zwischen zwei jeweils ca. 5 km langen Sandstränden ist der ideale Ausgangspunkt für ***lange Strandspaziergänge,*** nach Nordwesten entlang der Lagune La Mer Blanche oder nach Osten entlang einer zum Teil wilden Dünenlandschaft, in deren Hinterland noch einige Sümpfe den Lebensraum für eine Feuchtgebietsfauna und -flora bilden, die aufgrund der Zersiedlung der Landschaft und der landwirtschaftlichen Bodennutzung auch in Frankreich immer seltener wird.

Die Pointe de Mousterlin ***in einer klaren Nacht*** zu besuchen ist von besonderem Reiz, denn dann leuchten, blitzen und blinken die verschiedenen Leuchttürme, Baken und Tonnen von Loctudy im Westen, den Glénan-Inseln im Süden bis zur Pointe de Trévignon im Südosten über das Meer. Der helle, drehende Lichtstrahl, der im Westen alle 5 Sekunden waagerecht über das Pays Bigouden hinwegfegt, kommt vom nicht sichtbaren Leuchtturm Eckmühl, der 24 km entfernt ist.

Fouesnant

Der Ort auf halbem Weg zwischen Bénodet und Concarneau (D 44) ist vor allem für die hohe ***Qualität seines Cidre*** bekannt. Um den Titel "Bester Cidre der Bretagne" gebührend zu feiern, findet jedes Jahr im Juli das Fête des Pommiers (Fest der Apfelbäume) statt.

Der wenig touristische Ort besitzt eine eindrucksvolle romanische Kirche aus dem 12. Jh., die allerdings im 18. Jh. teilweise verändert wurde. Neben dem charakteristischen Grundriß zeugen vor allem die tragenden Granitsäulen mit den verzierten Kapitellen von ihren romanischen Erbauern.

Im Nachbarort La Forêt-Fouesnant ist die kleine Kirche ***Notre-Dame-d'Izel*** aus dem 15. Jh. ein lohnendes Ziel. Markant ist der mit einer Kuppel abgeschlossene Nebenturm über dem Eingangsportal neben dem kunstvoll aus Granit gearbeiteten Hauptturm. Im Kirchhof befindet sich ein Calvaire ebenfalls aus dem 15. Jh.

La Forêt-Fouesnant ist der maritime Ableger Fouesnants. Die Bedeutung des alten, bei Niedrigwasser trockenfallenden Hafens am Nordrand der Baie de la Forêt ging allerdings mit dem Bau des neuen ***Hafens Port-la-Forêt*** deutlich zurück. Port-la-Forêt ist eine moderne Marina mit wenig Ausstrahlung und uninteressanter Umgebung. Wesentlich lohnender ist der etwa 8 km lange Wanderweg am Ufer entlang bis zum ***Plage des Sables Blancs*** am Nordwestrand von Concarneau. Der Weg führt vorbei an den kleinen Buchten von Saint-Laurent und Saint-Jean, streckenweise gesäumt von dichter Vegetation, die bis direkt ans Ufer reicht.

Unterkunft

Abgesehen von seinen Sehenswürdigkeiten, hat Fouesnant zusammen mit seinen Nachbarorten eine Vielzahl von Hotels und Campingplätzen anzubieten. Insbesondere an der landschaftlich reizvollen schmalen Landzunge Cap-Coz liegen zwei empfehlenswerte Hotel-Restaurants:

- ***Hôtel Celtique,*** Avenue de la Pointe 26, Tel. 98.56.01.79, klassisches Hotelgebäude direkt am Strand, mit 62 gut ausgestatteten Zimmern ab 290 FF. Geöffnet von Ostern bis 30.9.
- ***Hôtel de la Pointe du Cap-Coz,*** Avenue de la Pointe 81, Tel. 98.56.01.63, 19 einfache, aber saubere Zimmer mit Meerblick ab 220 FF. Geöffnet vom 14.2.-31.12.
- ***Camping Kerscolper,*** Descente de Bellevue, Tel. 98.56.09.48, am Westrand des Plage de Cap-Coz, 300 m zum Meer, 150 Stellplätze, gute Sanitärausstattung, Fahrradverleih, geöffnet von Ostern bis zum 30. September.

Beg-Meil

Das Kap der Mühle, so lautet übersetzt der Name des kleinen Urlaubsortes ca. 5 km südlich von Fouesnant (D 45) auf der Westseite der Bucht von Concarneau. Im Winter ist hier jedes nichtbretonische Auto ein Ereignis, aber von Juni bis September gehört Beg-Meil ganz den Urlau-

Strand mit Seglern südlich von Fouesnant (WK)

bern. Hohe Zypressen und Pinien (zum Teil im Jahrhundert-Orkan von 1987 leider stark beschädigt) säumen die ***wunderschönen Sandstrände,*** die zwischen kleinen Felsvorsprüngen das Küstenbild prägen. Nach Westen erstreckt sich einer der schönsten bretonischen Dünenstrände 5 km weit bis zur Pointe de Mousterlin. Nach Norden setzt sich die Strandlandschaft in Form aneinandergereihter kleiner Badebuchten 4 km weit fort bis Cap-Coz.

Praktische Hinweise

Unterkunft

Im Hinterland wie auch in Strandnähe wurden zwischen mehr oder weniger phantasiereich gebauten Feriensiedlungen einige Hotels und mehrere Campingplätze errichtet.

●***Hôtel de Bretagne,*** Rue des Glénan 16, Tel. 98.94.98.04. Auf einem 1 ha großen Areal gibt es neben 30 geschmackvoll eingerichteten Zimmern in zwei getrennten Gebäuden ein Restaurant mit renommiert guter Küche, dazu ein beheiztes Schwimmbad im Freien. Zimmer ab 290 FF (im Juli und August 330 FF), geöffnet von Ostern bis Ende September.

●***Camping La Roche Percée,*** Allée de la Roche-Percée, Tel. 98.94.94.15, am Ortseingang an einer ruhigen Seitenstraße. Sehr gute Sanitäreinrichtungen, breites Freizeitangebot, unter anderem beheiztes Schwimmbad, origineller Spielplatz, Restaurant, Fahrradverleih, 145 durch Hecken begrenzte Stellplätze, geöffnet von Ostern bis Ende September.

Sonstiges

●Die kleine ***Personenfähre*** Jeanne-Yvonne verkehrt vom 21.6. bis 6.9. täglich mindestens dreimal zwischen Beg-Meil und Concarneau. Tickets (55/35 FF für Hin- und Rückfahrt) sind im Büro der Reederei "Glenn" an der Pier oder auch an Bord erhältlich.

Concarneau

"Konk-Kerné", so heißt die vielbesuchte Hafenstadt keltisch-bretonisch, was man mit "Schutzhafen von Cornouaille" übersetzen könnte.

Mönche der einflußreichen Abtei von Landévennec von der Crozon-Halbinsel waren es, die hier im 10. Jh. an der Mündung des Flüßchens Moros auf einer Insel ein kleines Kloster errichteten. Die heute im Sommer von Touristenströmen überschwemmte ***Altstadt "La Ville Close"*** befindet sich auf eben dieser Insel, die allerdings seit dem 12. Jh. dank einer Brücke nur noch eine Halbinsel ist. Die autofreie Ville Close zieht mit ihren überwiegend aus dem 17. Jh. stammenden historischen Gassen und Befestigungsmauern jährlich Hunderttausende von Besuchern an.

Der absolute Eis, Cidre- und Crêpes-Verkaufsrekord wird alljährlich zum ***Fête des Filets Bleus*** in der dritten Augustwoche erreicht, wenn zwischen den Festungsmauern der Ville Close, rings um den Fischereihafen und auch am Yachthafen das große Sommerspektakel abgeht: Folkloristische Umzüge, bretonische Seemannslieder, Spielgaudi im Hafenbecken und über allem der Duft von gegrillten Sardinen. Der Ursprung dieses Festes liegt im Anfang dieses Jahrhunderts, als mehrere Jahre aufeinanderfolgend die sonst regelmäßig dier Küste entlangziehenden Sardinenschwärme aus unbekanntem Grund ausblieben. Sardinen waren die Haupteinnahmequelle der etwa 800 Fischer von Concarneau, und so führte das Ausbleiben des Fangs schnell zu Armut, ja Hungersnot. Deshalb wurde im Jahre 1905 von Künstlern der Südbretagne eine Benefiz-Show veranstaltet, deren Erlös an die Familien von Concarneau ging. Die Idee war erfolgreich, und als die Sardinenschwärme wiederkamen, wurde einmal jährlich im August einfach weitergefeiert.

Sehenswertes in der Ville Close

Das klassische Concarneau-Erinnerungsfoto wird üblicherweise am imposanten ***Eingang in der wuchtigen Stadtmauer*** neben dem Uhrenturm mit altem Anker im Vordergrund gemacht. Doch gerade diese Kulisse ist historisch eher uninteressant, denn der jahrhundertealt erscheinende Turm mit Sonnenuhr stammt von 1906.

Interessanter ist ein ***Gang auf der Stadtmauer,*** direkt hinter dem Haupttor führt ein Weg links hoch (s. Schild: "A l'Assault des Remparts"). Für 10/5 FF bekommt man nicht nur den Eintritt, sondern wahlweise auf Französisch, Spanisch oder Englisch per Walkman historische Erklärungen während des Ganges um die von VAUBAN, dem Spezialisten LOUIS' XIV. für Verteidigungsbauten, befestigte Anlage. Geöffnet ist täglich 10.00-19.30 Uhr.

Der Uhrturm im Hafen (WK)

Die beiden Wehrtürme, ***Tour du Major*** im Norden und ***Tour du Gouverneur*** im Süden nahe dem Haupttor, wurden Ende des 17. Jh. zusammen mit weiteren Befestigungen an die schon vorhandene Mauer angebaut. Leider ist kein vollständiger Rundgang rings um die Ville Close auf der Mauer möglich.

Ein kostenloser Aufgang zu einem anderen Teil der Stadtmauer ist möglich im Osten der Ville Close beim ***Tour du Passage***, erreichbar über die Hauptgasse Rue Vauban und weiter bis zum Ende der Rue St-Guénolé. Der schöne Ausblick vom Tour du Passage geht über den Yachthafen hinweg zur felsengesäumten Hafeneinfahrt.

In der ***Rue Vauban,*** der Hauptstraße der Ville Close, reihen sich Cafés, Kunsthandwerksläden, Crêperien und Souvenirläden aneinander. Hier befindet sich auch gleich hinter dem Stadttor links das Fischereimuseum, ***Musée de la Pêche*** (Tel. 98.97.10.20), im alten Militärarsenal. Im Vordergrund steht die Erklärung der Fischfangtechnik und ihrer geschichtlichen Entwicklung. Die verschiedenen Bootstypen und Fangtechniken werden nicht nur anhand von Modellen und Diavorführungen beschrieben. Im Außenbereich des Museums können zwei außer Dienst gestellte Original-Fischerboote aus den 60er Jahren, die “Hémérica” und die “Racleur-d'Océan”, vom Kommandostand bis zum Maschinenraum besichtigt werden. Geöffnet ist vom 15.6. bis 15.9. in der Zeit von 9.30 bis 12.30 Uhr und von 14.00 bis 18.00 Uhr. Der Eintritt beträgt 30/20 FF.

Die Rue Vauban endet nach etwa 200 m am ***Place-Saint-Guénolé,*** der von verschiedenen interessanten Crêperien und Restaurants umgeben ist. Das naheliegende kleine Tor in der Stadtmauer am Anfang der Rue Saint-Guénolé hatte bis ins 18. Jh. eine besonders wichtige Bedeutung, auf die schon der Name hinweist: ***La Porte au Vin.*** Durch das Weintor wurden regelmäßig die Fässer, gefüllt mit Bordeaux-Wein, in die Ville Close gebracht. Die Weintransporter konnten am angrenzenden Kai direkt anlegen. Die Rue-Saint-Guénolé endet nahe des Wehrturmes ***Tour du Passage,*** dessen Name darauf hinweist, daß direkt an seinem Sockel die Überfahrt (Passage) quer über den Hafen zum Ostteil der Stadt möglich ist. Eine kleine ***Personenfähre*** (le passeur) verbindet die Ville Close mit dem gegenüberliegenden Ufer (Preis: 3 FF). Direkt südlich des Tour du Passage führen Treppen hinauf auf die Stadtmauer (hier kostenlos), von wo der Blick auf den Yachthafen und die Hafeneinfahrt fällt.

Fischereihafen (Port de Pêche)

Der Hafen liegt nördlich der Ville Close und wird durch die beiden Kaianlagen Quai Carnot und Quai d'Aiguillon begrenzt. Ersterer ist Anleger für die großen Hochseetrawler, letzterer für die Küstenschiffe. Erst seit dem Anfang dieses Jh. hat sich Concarneau zu ***einem der größten Fischereihäfen Frankreichs*** entwickelt. Heute liegt die Stadt, gemessen an der angelandeten Fischtonnage, auf Platz 3 hinter Boulogne und Lorient. Ca. 1.000 Seeleute und noch einmal etwa 1.000 Beschäftigte an Land finden Arbeit beim Fang, im Verkauf und beim Transport der hier angelandeten Fische. Hinzu kommen die Arbeitsplätze im Bereich der Werften und der Zulieferindustrie. Von den etwa 200 ***Fischereifahrzeugen*** mit Heimathafen Concarneau (Abkürzung CC auf dem Rumpf) sind etwa 70 Hochseetrawler, die ihre Fanggebiete im Nordatlantik haben, und etwa 40 Thunfischfänger, die überwiegend vor der afrikanischen Westküste und im Indischen Ozean fischen. Die verbleibenden 90 Schiffe und Boote werden in der Küstenfischerei eingesetzt, zum Teil als Netzfänger (CHALUTIER) für Schwarmfische wie Makrelen und Sardinen, zum Teil als Korbfänger

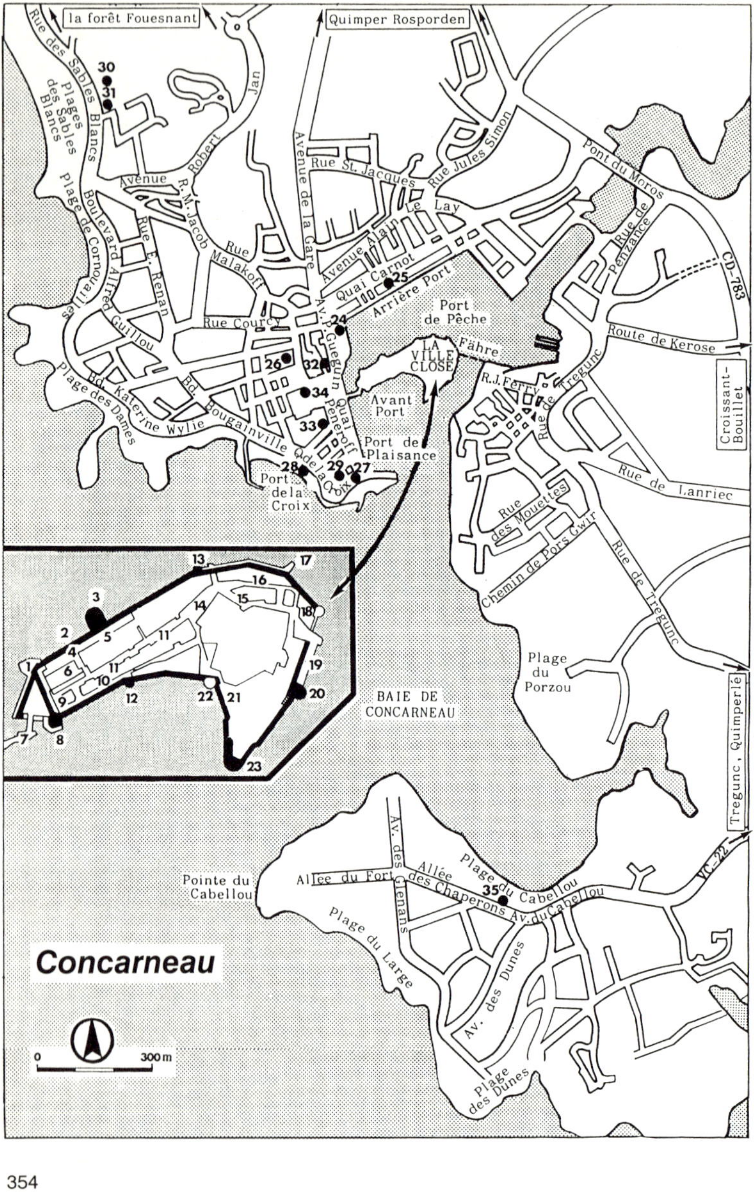
la forêt Fouesnant
Quimper Rosporden
Rue des Sables Blancs
Plages des Sables Blancs
Plage de Cornouailles
Boulevard Alfred Guillou
Avenue R.M. Jacob
Robert Jan
Rue E. Renan
Rue Malakoff
Avenue de la Gare
Rue St. Jacques
Rue Jules Simon
Pont du Moros
Le Lay
Avenue Alain
Quai Carnot
Arrière Port
Port de Pêche
Rue de Penzance
CD-783
Route de Kerose
Croissant-Bouillet
Rue Courcy
Av. P. Guéguin
LA VILLE CLOSE
Fähre
R.J. Ferry
Rue de Tregunc
Quai Peneroff
Avant Port
Port de Plaisance
Plage des Dames
Bd. Katerine Wylie
Bd. Bougainville
Q. de la Croix
Port de la Croix
Rue de Lanriec
Rue des Mouettes
Chemin de Pors Gwir
Rue de Tregunc
Plage du Porzou
BAIE DE CONCARNEAU
Tregunc, Quimperlé
VC-22
Pointe du Cabellou
Allee du Fort
Av. des Glenans
Allée des Chaperons
Plage du Cabellou
Av. du Cabellou
Plage du Large
Av. des Dunes
Plage des Dunes
Concarneau
0
300 m
1
2
3
4
5
6
7
8
9
10
11
12
13
14
15
16
17
18
19
20
21
22
23
24
25
26
27
28
29
30
31
32
33
34
35

Concarneau

1 Tour du Major
2 Port de Pêche
3 Tour Neuve
4 WC
5 Rue Militaire
6 Musée de la Pêche
7 Eingang
8 Tour du Gouverneur
9 Garten
10 Rue Theophile Louarn
11 Rue Vauban
12 Tour de la Fortune
13 Tour aux Vins
14 Place Saint-Guénolé
15 Rue de l'Eglise
16 Rue Saint Guénolé
17 Tour du Port
18 Jardin Théâtre
19 Quai du Passage
20 Tour du Passage
21 Zugang zu den Befestigungsanlagen
22 Tour du Hâvre
23 Le Fer à Cheval
24 Office de Tourisme
25 Fischauktionshalle
26 Post
27 Laboratoire de Biologie Marine / Marinarium
28 Chapelle de la Croix
29 Jugendherberge
30 Hôtel L'Océan
31 Hôtel Tu Chupen Gwen
32 Grand Hôtel
33 Restaurant Chez Armande
34 Markthalle
35 Hôtel La Bonne Auberge

(CASEYEUR), um Taschenkrebse, Seespinnen, Langusten und (selten) Hummer zu fangen.

Wer das Anlanden des Fanges der Hochseetrawler miterleben will, sollte zwischen Mitternacht und 7.00 Uhr morgens in die ***Fischauktionshalle*** (la Criée) am Quai Carnot gehen (Mo. bis Do.). Hier findet auch die Versteigerung statt. Auch das Office de Tourisme am Quai d'Aiguillon (Tel. 98.97.01.44) organisiert Führungen durch die Fischauktionshalle.

Weiteres Sehenswertes

Laboratoire de Biologie Marine/ Marinarium. Am Place de la Croix, ca. 300 m westlich des Yachthafens am Meer mit direkter Seewasserzufuhr für die zahlreichen Aquarien und Zuchtbecken, in denen die Fauna und Flora der französischen Atlantikküste zu bewundern ist. Weitere Erklärungen werden mittels Diavorführungen und Videos gegeben. Tel. 98.97.06.59., geöffnet 30.3.-30.9. täglich 10.00-12.00 Uhr und 14.00-18.30 Uhr. Vom 8.7. bis 26.8. ist täglich 10.00-18.30 Uhr geöffnet. Eintritt: 20/12 FF.

Chapelle de la Croix. Quai de la Croix unweit des Marinariums. Die kleine Kapelle aus dem 16. Jh. nahe des Leuchtturmes La Croix direkt am Meer drückt mit ihren maritim-religiösen Dekorationselementen (Votif-Schiff "Saint-Guénolé" und Bild eines "Pardon de la Mer") die tief religiöse Haltung der vergangenen Fischergenerationen aus. Eine Gedenkstatue neben der Kapelle erinnert an die im Meer ertrunkenen Fischer.

Strände. Die meisten Concarneau-Besucher kommen in erster Linie, um die Ville Close und den Fischereihafen kennenzulernen, weniger, um hier Badeurlaub zu machen. Zwar bietet der ca. 500 m lange Plage des Sables Blancs nordwestlich der Stadt sowie der fast ebensolange Plage du Cabellou südöstlich des Hafens auf der Ostseite der Bucht von

Concarneau gute Bademöglichkeiten und die üblichen Animationsangebote, doch landschaftlich reizvoller sind die Strände der Nachbarorte Bénodet, Beg-Meil, Fouesnant und Trégunc.

Praktische Hinweise

Information

•***Office de Tourisme,*** B. P. 529, Place Duguesclin, 29185 Concarneau, Tel. 98.97.01.44

Unterkunft

•***Hôtel L'Océan,*** direkt am Plage des Sables-Blancs, Tel. 98.50.53.50, eines der besten Hotels der Gegend mit Restaurant. 40 sehr komfortable Zimmer zum Teil mit Balkon und Blick auf den Ozean, ab 480 FF. Ganzjährig geöffnet.

•***Hôtel Ty Chupen Gwenn,*** Plage des Sables-Blancs, Tel. 98.97.01.43, kleines, gut geführtes Hotel mit 15 Zimmern in Strandnähe. Zimmer mit Bad und WC ab 260 FF, ganzjährig geöffnet, kein Restaurant.

•***Grand Hôtel,*** Avenue Pierre-Guéguin Nr. 1, Tel. 98.97.00.28, im Zentrum, schräg gegenüber der Ville Close, 33 Zimmer mit üblicher Einrichtung ab 160 FF, kein Restaurant. Geöffnet 10.4.-10.10.

•***Hôtel La Bonne Auberge,*** im Ostteil der Stadt am Plage du Cabellou, Tel. 98.97.04.30, 16 einfach eingerichtete Zimmer ab 110 FF zum Teil mit Meerblick, geöffnet von Mai bis September.

•***Jugendherberge*** (Auberge de Jeunesse) neben dem Marinarium am Plage de la Croix, Tel. 98.97.03.47. Ein großes, gut eingerichtetes Haus am Meer.

•***Camping Les Prés Verts,*** Tel. 98.97.09.74. Ca. 3 km nordwestlich des Zentrums am Strand von Kernou, geeignet für einen längeren Aufenthalt, 150 schön angelegte Plätze, Baumbestand, gute Sanitäreinrichtung und Lebensmittelladen, geöffnet von Ostern bis 15. September.

•***Camping Lochrist,*** Tel. 98.97.25.95, einfacher Platz nahe der Straße nach Quimper (D 783). 100 Plätze in ländlicher Umgebung, ordentliche Sanitäreinrichtung. Geöffnet 15.5.-15.9.

•Fünf weitere und für einen längeren Aufenthalt interessante Campingplätze liegen in der Umgebung bei Trévignon im Südosten und bei Fouesnant, Beg-Meil und Bénodet im Westen (s. Umgebung von Concarneau).

Essen und Trinken

•***Restaurant Chez Armande,*** Avenue du Docteur Nicolas 15 b, Tel. 98.97.00.76, gegenüber vom

Nördlich der Ville Close: der Fischereihafen (WK)

Yachthafen. Das kleine, aber feine Lokal darf wohl als das beste Restaurant der Stadt bezeichnet werden. Erlesene Fischmenüs in maritim-gepflegter Atmosphäre ab 120 FF. Reservierung dringend zu empfehlen.

●***Restaurant Le Galion,*** Rue Saint-Guénolé 15, Tel. 98.97.30.16, in der Ville Close in einem historischen Gebäude. Hier werden phantasiereiche Menüs (z.B. St.-Peters-Fisch in Rhabarbersauce) in rustikal-maritimer Umgebung serviert. Nicht billig, aber gut! Montags ist geschlossen.

●***Restaurant La Godille,*** Avenue Pierre-Guéguin 20, Tel. 98.97.75.85, an der Fischauktionshalle.

●***Crêperie des Remparts,*** Rue Th.-Louarn 31 in der Ville Close, Tel. 98.50.65.66, rustikal, typisch bretonisch.

●***Crêperie A La Porte au Vin,*** Place Saint-Guénolé 9, Tel. 98.97.38.11, in der Ville Close, schöne Terrasse mit Blick auf historische Fassaden.

●***Crêperie Ti Clémentine,*** Quai de la Croix, Tel. 98.97.21.05, nahe der Chapelle de la Croix und dem gleichnahmigen Leuchtturm. Gemütlich eingerichtete Crêperie mit Riesenauswahl und köstlichen Crêpes. Ganzjährig geöffnet.

●***Bar Les Moutons,*** Quai Peneroff, gegenüber vom Yachthafen, leider wurde vor kurzem die gemütliche alte Holzeinrichtung durch modernere Möbel ersetzt, dennoch nett, freundliche Bedienung, große Auswahl an verschiedenen Bieren.

●***Bar Le Hublot,*** ebenfalls am Quai Peneroff schräg gegenüber der Ville Close, Stammkneipe vieler Segler.

●***Bar Le Vauban,*** In der Ville Close, Rue Vauban 22, rustikal gemütliche Atmosphäre.

Sonstiges

●Die ***Markthallen*** (Les Halles) direkt gegenüber der Ville Close bieten täglich eine sehr praktische, zentral gelegene Einkaufsmöglichkeit für alle wichtigen Lebensmittel, besonders natürlich Fisch.

●Ein Tip für Freunde von Krustentieren: ***"Les Viviers de Concarneau"*** hinter dem Marinarium am Place de la Croix verkaufen täglich lebende Langusten, Hummer, Taschenkrebse und Seespinnen zu niedrigen Preisen, geöffnet 8.00-12.00 Uhr und 15.00-19.00 Uhr. Sonntags 9.00-12.00 Uhr.

●Die Hauptstraße für Einkäufe verschiedenster Art ist die ***Rue Dumont d'Urville*** oberhalb der Markthalle.

●***Markt*** ist freitags am Place Jean Jaures.

●***Segelschulen:*** CENTRE NAUTIQUE DES GLÉNAN, Rue Alfred-Le-Ray, Tel. 98.97.14.84. Die bekannteste und, wie viele meinen, auch beste französische Segelschule mit Ausbildungsangeboten auf verschiedenen Bootstypen von der Jolle über den Sportkatamaran bis zur Hochseeyacht. Basis auf den Iles des Glénan (siehe unter Ausflüge).

●***Bootsverleih:*** LOCABELLOU, Rue J. M. Le Scour 13, Tel. 98.90.58.52, mit Surfboard, Jollen und Sportkatamaranen am Plage du Cabellou; LOCABATO, Avenue du Docteur Nicolas 17, Tel. 98.97.04.77. Segelyachten und Motorboote ab 8 m Länge.

●***Tauchen:*** CENTRE INTERNATIONAL DE PLONGÉE (C.I.P.), Les Glénans, Tel. 98.97.21.19, mit Basis auf der Glénan-Insel Saint-Nicolas. Ausbildung und Exkursionen für erfahrene Taucher, Wracktauchgänge; AQUA CLUB CONCARNOIS, Tel. 98.97.24.36; GROLLEAU, Avenue de la Gare 133, Tel. 98.97.49.54. Verleih und Reparatur von Tauchausrüstungen, Kompressor zum Füllen; CLUB CONCARNOIS DE PLONGÉE mit Basis direkt vor der Fischauktionshalle (Criée), Quai d'Aiguillon.

●***Tennis:*** Mehrere Plätze in der Rue Duperré 1, Tel. 98.97.13.45.

●***Fahrradverleih:*** CYCLETTY, Avenue du Doctuer Nicolas 12, gegenüber der Ville Close, Tel. 98.50.60.66.

●***Angelfahrten:*** PÊCHE EN MER mit der Santa-Maria (15 m lang) ab Yachthafen, Tel. 98.50.69.01. Täglich vom 1.4. bis 30.9.

●***Biologische Exkursionen*** werden vom Office de Tourisme organisiert mit den Zielen: Iles de Glénan, Rivière d'Aven, Trévignon.

●***Discothek:*** LE WINDSOR, Rue de Kersalé, Tel. 98.97.57.87, geöffnet Fr./Sa./So. von 22.30-5.00 Uhr.

Bootsausflüge

●Die Reederei VEDETTES DE L'ODET, Tel. 98.57.00.58 oder 98.50.72.12, bietet Fahrten zwischen Concarneau und den ***Glénan-Inseln*** von April bis September mindestens zweimal wöchentlich (dienstags, donnerstags oder samstags), vom 10.7. bis 6.9. täglich, an. Das turbinengetriebene Boot "Hydrojet" hat seinen Anleger am Yachthafen. Auskunft und Tickets an Bord oder im Office de Tourisme. Preise: 190/100 FF.

●Auf den Glénan-Inseln angekommen, besteht die Gelegenheit, mit dem ***Halb-U-Boot "Capitaine Némo"*** der gleichen Reederei die Unterwasserwelt der Inseln kennenzulernen. Das 27 m lange Doppelrumpfschiff hat unter der Wasserlinie hinter dicken Glasscheiben 52 Sitzplätze mit Blick in die Tiefe. Auskunft siehe oben. Preise: 80 FF/40 FF.

●Weiterhin bieten die VEDETTES DE L'ODET ***Flußfahrten auf dem Odet*** von Concarneau aus. Vom 1.5. bis 9.7. und 7.9. bis 20.9. legt dreimal wöchentlich (Mo./Mi./Fr.) und vom 10.7. bis 6.9. täglich um 14.00 Uhr ein Schiff vom Yachthafen ab. Die 4stündige Fahrt kostet 100/50 FF, Tickets bekommt man an Bord oder im Office de Tourisme. Auskünfte Tel. 98.57.00.58.

•Die Konkurrenz-Reederei Vedettes Glenn bietet ebenfalls ***Fahrten auf dem Odet*** ab Concarneau an. Vom 7.6. bis 9.7. Di., Do., Sa. um 14.30 Uhr, 15.7.-30.8. täglich um 14.30 Uhr, 1.9.-26.9. Di., Do., Sa. um 14.30 Uhr. Die Preise liegen 5 FF unter denen der Vedettes de l'Odet. Auskünfte im Büro am Yachthafen, Tel. 98.97.10.31, oder im Office de Tourisme.

•***Personenfähre von Concarneau nach Beg-Meil:*** Das kleine Fährboot "Jeanne-Yvonne" der Reederei Vedettes Glenn bringt täglich dreimal vom 21.6. bis 9.7. und 31.8. bis 6.9. und vom 10.6. bis 30.8. (täglich 6mal) maximal 30 Personen von Concarneau zu den wunderschönen Badestränden von Beg-Meil, ca. 6 km westlich von Concarneau. Fahrtdauer ca. 30 Minuten. Preise: 55 FF/35 FF (Hin- und Rückfahrt). Anleger am Yachthafen, Tickets an Bord, Tel. 98.97.10.31.

Anreise/Weiterreise

•***Mit dem Bus:*** Haupthaltestelle der Linie Concarneau-Rosporden am Quai d'Aiguillon, 6mal täglich, Tel. 98.93.06.98. Linie Quimper – Concarneau – Quimperlé über Forêt-Fouesnant nach Quimper bzw. über Trégunc, Pont-Aven, Riec-s.-Bélon, Moelan nach Quimperlé 7 x täglich, Tel. 98.56.96.72. Freitags, am Markttag, fährt ein Bus nach Bénodet.

•***Mit dem Zug:*** Der nächste Bahnhof ist in Rosporden an der Linie Vannes – Quimper, SNCF, Tel. 98.59.20.15.

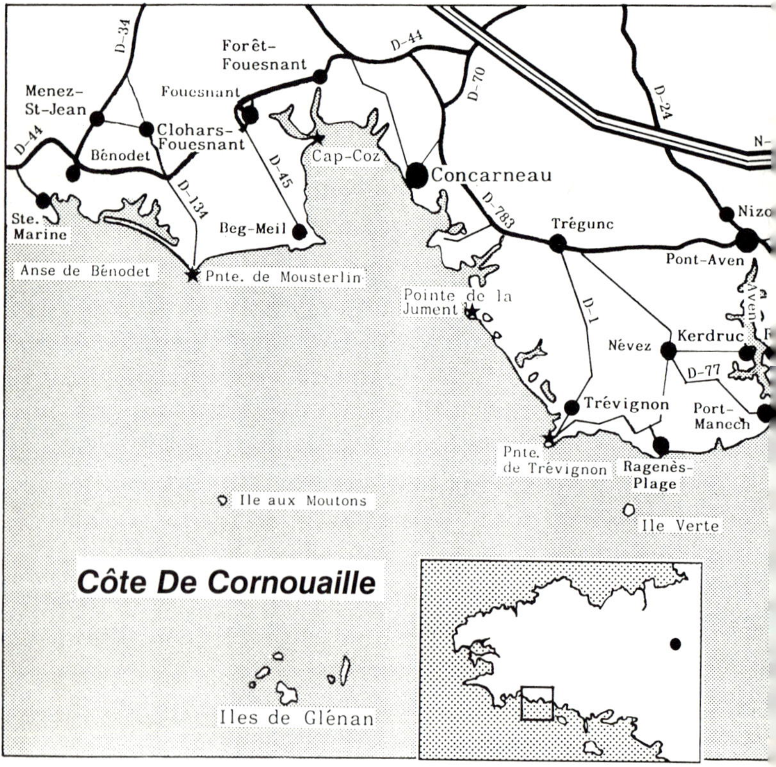

•***Mit dem PKW:*** Concarneau liegt an der D 783, ca. 16 km südöstlich von Quimper und 12 km westlich von Pont-Aven.

Baies de Saint-Jean und Saint-Laurent

Am Plage des Sables Blancs von Concarneau beginnt ein sehr schöner Wanderweg von ca. 8 km Länge, der am Meer entlang zu den malerischen Buchten von Saint-Jean und Saint-Laurent führt. Die zum Teil sehr dicht stehenden Bäume reichen meist bis ans Ufer heran. Der Weg endet in La Forêt-Fouesnant.

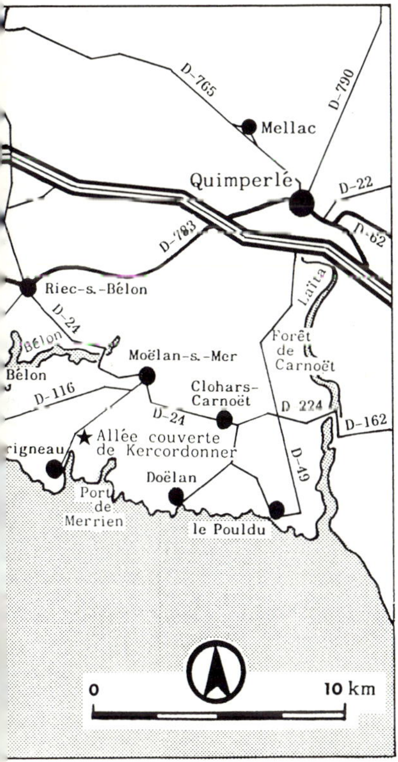

Umgebung von Concarneau

Iles de Glénan

Etwa 10 Seemeilen (18 km) südwestlich von Concarneau und ebensoweit südöstlich von Bénodet liegt das flache Archipel vor der Küste von Cornouaille. Neben den ***acht Hauptinseln*** Penfret, Ile du Loc'h, Ile Cigogne, Bananec, Saint-Nicolas, Drénec, Brunec und Quignénec gibt es noch ein gutes Dutzend kleinerer, bei Hochwasser nur knapp über die Wasseroberfläche hinausragender Inselchen, meist kaum größer als ein Dorfplatz. Gemeinsam ist allen die für Schiffe ***risikoreiche Anfahrt*** wegen der vielen Felsen und Untiefen in Inselnähe. Doch die phantastisch sauberen ***Strände mit glasklarem Wasser*** sind das Risiko wert. Und so ankern bei gutem Wetter vor Penfret oder zwischen Bananec und Saint-Nicolas viele Segel- und Motorboote.

Saint-Nicolas

Die kleinen Passagierschiffe hingegen legen meist am Anleger von Saint-Nicolas, der einzigen Insel mit einem ***Restaurant*** (La Boucane, Tel. 98.50.69.00), an. Interessant ist das große **Hummer- und Langustenbecken** direkt vor dem Lokal, in dem den Krustentieren eine letzte Galgenfrist gewährt wird, bevor sie einen Feinschmeckergaumen beglücken. Auf St-Nicolas befindet sich auch die Basis der bekannten ***Tauchschule*** "Centre International de Plongée Les Glénans" (Tel. 98.97.21.19/Sommer oder 98.97.46.66/ Winter), die im interessantesten Tauchgebiet der Südbretagne Kurse für Anfänger und Wracktauchgänge für Fortgeschrittene anbietet.

Wem es reicht, an der Wasseroberfläche zu bleiben, der findet eine traumhaft schöne Sandbucht mit sauberem, gelbem Sand am Ostufer. Bei Niedrigwasser ist es möglich, über eine Barre zu der Nachbarinsel Bananec hinüberzugehen.

Im Inneren unterscheidet sich St-Nicolas kaum von allen anderen Inseln: Eine von Winterstürmen kurz gehaltene Grasnarbe, Heideflächen, Ginster und Brombeergestrüpp. Allerdings gibt es für Botaniker einen besonderen Grund, die Insel aufzusuchen: die ***Narcisse de Glénan*** (Narcissus triandrus), eine blaßgelbe, fast weiße Narzissenart, die in Frankreich nur hier vorkommt, und von der es heißt, daß die Phönizier sie hierher gebracht haben. Sie blüht im Mai/Juni.

Penfret

Ca. 2 Seemeilen (3,5 km) östlich von St-Nicolas liegt die größte der Glénan-Inseln, Penfret. An ihrem Nordwestufer gibt es einen Strand, dessen Beschaffenheit in ganz Europa einzigartig ist, denn der "Sand" besteht zum großen Teil aus im Laufe von Jahrmillionen ***zermahlenen Korallenblöcken,*** die hier zu einer Zeit im Meer wuchsen, als die Bretagne in den Tropen lag. Unmöglich? Keineswegs, denn die Stellung der Drehachse der Erde hat sich im Laufe von Jahrmillionen geändert, und mit ihr die Klimazonen.

Auf Penfret wurde im Jahre 1947 Frankreichs ***bekannteste Segelschule*** gegründet, das "Centre Nautique des Glénans". Vom Surfen bis zur Hochseenavigation wird auf allen Niveaus seriöse Ausbildung angeboten. Die verschiedenen Bootsgruppen sind auf vier Inseln verteilt. Neben Penfret gibt es Basen auf Drennec, Cigogne und Bananec. Die spartanische Unterbringung der Segelschüler gehört mit zur Ausbildungsphilosophie, denn Segeln wird hier als Auseinandersetzung mit der maritimen Natur verstanden. Adresse: Centre Nautique des Glénans, Rue Alfred Le Ray 4, 29900 Concarneau, Tel. 98.97.14.84.

Ile du Loc'h

Die südlichste der Glénan-Inseln ist die Ile du Loc'h, deren Name sich von einem lagunenähnlichen ***See im Inselinneren*** ableitet (Loc'h = keltisch: See).

Die langsam verfallenden Gemäuer im Westen stammen von einer ehemaligen Fabrik, in der aus Meeresalgen Soda gewonnen wurde. ***Algen*** werden überall in der Bretagne wirtschaftlich in verschiedener Weise genutzt. Neben der Nutzung als Dünger und zur Gewinnung von Jod (Rotalgen) werden seit kurzem spezielle Arten auch als Nahrungsmittel angeboten.

Ile Cigogne

Auf der Ile Cigogne, einer der kleineren Inseln, die etwa in der Mitte des Archipels liegt, sieht man schon von weitem eine ***Festung,*** die fast die halbe Inselfläche bedeckt. Es sind die heute vom Centre Nautique (s.o.) als Unterkunft für Segelschüler genutzten Gemäuer einer Garnison, die hier im 18. Jh. englische Piraten vertreiben sollte.

Anreise

- Es gibt verschiedene Verbindungen mit kleinen ***Personenfähren.*** Die Vedettes de l'Odet bieten von April bis September täglich mehrere Überfahrten von Bénodet, Beg-Meil, Loctudy, Concarneau, Port-La-Forêt und Quimper aus an. Die Preise: je nach Abfahrtshafen etwa 100 FF (Kinder 50 FF), von Quimper 200 FF (Kinder 100 FF), Vedettes de l'Odet, Bénodet, Tel. 98.57.00.58.
- Auf den Glénans angekommen, bietet Capitaine Némo eine ***Unterwasserreise*** an: Mit einem 27 m langen Passagierkatamaran, dessen Rümpfe unter der Wasserlinie mit Bullaugen versehen sind, kann der Glénan-Reisende, dem das Tauchen mit Preßluftgerät zu schwierig erscheint, die Unterwasserwelt trocken aus der U-Boot-Perspektive erleben. 52 Plätze, Preise: 80 FF (Kinder 40 FF). "Capitaine Némo", Vedettes de l'Odet, Tel. 98.57.00.58, Tickets können zusammen mit denen für die Überfahrt vom Festland gebucht werden.

Unterkunft

- Es gibt ***weder Hotels noch Campingplätze.*** Nur den Schülern der Segel- oder Tauchschule wird eine (sehr einfache) Unterkunft angeboten.

Trégunc

Zu einem Besuch lädt weniger der Ort selbst (über die D 783 ca. 6 km südöstlich von Concarneau), als vielmehr der zur Gemeinde gehörende wunderschöne feine Sandstrand zwischen den beiden Kaps Pointe de la Jument und Pointe de Trévignonen, der sich auf insgesamt ca. 7 km Länge hinzieht. Wenn es nicht gerade sehr diesig ist, sieht man vom Strand aus die Glénan-Inseln Penfret und dahinter Saint-Nicolas am Horizont. Im Hinterland der Strände bieten zahlreiche Sumpfgebiete und einige flache Seen vielen zum Teil selten gewordenen Vogelarten einen Lebensraum, den die Strandbesucher respektieren sollten.

Für Menhirfotosammler gibt es am nördlichen Ortsausgang in Richtung Croissant-Bouillet etwas Besonderes. Hinter dem Café du Menhir zweigt links ein schmaler Weg ab, der nach ca. 50 m zu einem Tor führt. 30 m weiter steht rechts versteckt im Gebüsch ein 7 m hoher ***Menhir,*** der vermutlich im frühen Mittelalter mit einem steinernen Kreuz versehen wurde, um die Macht der christlichen Kirche über die Götter der Vorzeit zu demonstrieren.

Trévignon

Über Trégunc (D 783) auf die D 1, dann ca. 8 km nach Süden. Sehenswert ist der kleine, bei Niedrigwasser trockenfallende ***Fischerhafen*** nahe des Felsenkaps Pointe de Trévignon mit seiner eigenen kleinen Fischauktionshalle (Criée), in der frühmorgens vor allem Krustentiere angeboten werden. Am Nordrand des kleinen Ortes befindet sich die in ihrer Schlichtheit schöne ***Chapelle Saint-Philibert*** aus dem 16. Jh.

Pont-Aven

Östlich von Concarneau ist der nächste interessante Ort die im doppelten Sinne ***malerische Kleinstadt*** Pont-Aven. Malerisch nicht nur wegen der Lage oder der Bauten, sondern vor allem, weil ***Paul Gaugin und Emile Bernard*** den Ort berühmt gemacht haben. GAUGIN kam 1886, frustriert vom Leben in Paris, nach Pont-Aven, um in natürlicher Umgebung und unter materiell einfacheren Verhältnissen im Kreise von Gleichgesinnten nach neuen Wegen zu suchen.

Auch heute noch wird in Pont-Aven viel gemalt. Keine andere bretonische Stadt besitzt so viele Galerien wie Pont-Aven.

Die ***Stadt der 14 Mühlen,*** wie sie früher genannt wurde, als die Wassermühlen noch arbeiteten, liegt ca. 8 km vom Meer entfernt und dennoch am Meer, denn der Aven ist ab etwa halber Flut bis nach Pont-Aven schiffbar. Die alten Kaianlagen aus Granit am Südrand der Stadt, heute machen hier die Yachten fest, dienten bis in die 30er Jahre zum Laden von Getreide, Mehl, Cidre und Bausteinen.

Sehenswertes

Das ***Museum*** am Place de L'Hôtel de Ville wurde erst 1985 eröffnet und ist dementsprechend modern gestaltet. Neben einer Dauerausstellung von Bildern verschiedener Künstler der Ecole de Pont-Aven wird ein Teilbereich für wechselnde Ausstellungen genutzt. Wer hier nach Originalen von GAUGIN sucht, wird enttäuscht sein. Der Kunstetat der Stadtkasse reicht nicht aus, um ein Original GAUGINS in die Dauerausstellung aufzunehmen. Leider nur Kopien, die allerdings sehr gut sind. Manchmal gelingt es dem Konservator, einen "Gaugin" vorübergehend in die Wechselausstellung zu bekommen.

In der 1. Etage befindet sich ein Dokumentationszentrum über bretonische Maler von 1860 bis 1940. Die "Schule von Pont-Aven", in der sich von 1886 bis 1896 ca. 20 Maler um Paul Gaugin und Emile Bernard sammelten, wird in einer vertonten Diaschau dargestellt.

Öffnungszeiten: 10.00-12.30 Uhr und 14.00-19.00 Uhr von April bis Dezember, Tel. 98.06.14.43, Eintritt 25/12 FF.

Am Place P. Gaugin befindet sich eine Gedenktafel für den Künstler. Heute steht hier das ***Maison de la Presse*** (Zeitschriften und Schreibwaren) an der Stelle der ehemaligen Gaststätte von Marie-Jeanne Gloanec, in der Gaugin und seine Freunde so manche Flasche geleert haben. Bei knapper Kasse wurde die Zeche mit einem Bild bezahlt, und es heißt, es seien bei der Umgestaltung der Kneipe in einen Laden in den 40er Jahren einige vergessene Zeichnungen Gaugins in einem Hinterzimmer gefunden worden.

Die ***Biscuiterie "Traou Mad"*** ist eine bekannte bretonische Galettes-Fabrik, in der Führungen möglich sind. Tel. 98.06.01.03. Die Fabrik liegt in der Zone Industrielle de Kergazuel.

Chapelle de Trémalo. Die Kapelle aus dem 16. Jh. steht oberhalb des Bois d'Amour. Man erreicht sie über einen kleinen Weg, der außerhalb des Ortes von der D 24 (in Richtung Quimper) abzweigt. Der Weg ist ausgeschildert. Hier befindet sich das Original der hölzernen Jesus-Figur, nach der Gaugin den "Gelben Jesus" malte.

Außerhalb des Ortes im Hameau du Manoir de Keramperc'hec befindet sich das ***Ecomusée de Keramperc'hec.*** In diesem Museum für bretonische Geschichte und Tradition werden hauptsächlich Exponate über das bäuerliche Leben im 18. und 19. Jh. ausgestellt. Tel. 98.06.16.50.

Praktische Hinweise

Information

•***Office de Tourisme***, Place de l'Hôtel-de-Ville 5, 29930 Pont-Aven, Tel. 98.06.16.35.

Unterkunft

•***Hostellerie Moulin de Rosmadec***, Venelle de Rosmadec, Tel. 98.06.00.72. Im Stadtzentrum, aber dennoch in ruhiger, geradezu idyllischer Lage direkt am Aven. Schönste Unterkunft am Ort, allerdings nur vier Zimmer und mit Preisen ab 490 FF nicht billig, aber, gemessen am Gebotenen, ihren Preis wert. Im Februar geschlossen.

•***Hôtel des Ajoncs d'Or,*** Place de l'Hôtel-de-Ville 1, Tel. 98.06.02.06. Ebenfalls im Zentrum mit angegliedertem traditionellem Restaurant. Zimmer ab 230 FF.

•***Camping Le Spinnaker,*** Tel. 98.06.01.77. Sehr empfehlenswerter 4-Sterne-Platz in grüner Umgebung, 4 km südlich des Ortes. Alle üblichen Serviceeinrichtungen, Schwimmbad, Tennis und Minigolf gehören zum 15 ha großen Gelände mit 320 Stellplätzen. Geöffnet vom 1.5. bis 30.9.

Essen und Trinken

•***Moulin de Rosmadec.*** Die Qualität der Küche entspricht der Lage und Atmosphäre des Hauses: hervorragend! Spezialitäten sind gegrillter Hummer und Steinbutt (turbot) im Ofen. Menü ab 180 FF, Tel. 98.06.00.22.

•Im Zentrum und am Hafen finden sich sonst noch unzählige kleine Cafés, Bars und Crêperien, in denen leider je nach Andrang, und der ist in der Hauptsaison sehr groß, oft der Service zu wünschen übrig läßt.

Sonstiges

•***Tennis:*** Stade des 4 Vents, Rue Louis Lomenech, Tel. 98.06.10.69.

•***Kanu-Kayak-Kurse***: M. Reveillère, Kerhuil, Tel. 98.06.16.81. Die Kurse werden von Pont-Aven und Port Manec'h aus angeboten. Kanus werden für 60 FF/halber Tag vermietet.

•***Bootsverleih:*** M. Maillard, Aven Plaisance Loisirs, Z.A. de Kervic, Tel. 98.06.71.98. Hier werden Kanus, Kayaks, Surfboards, Jollen und Sportkatamarane vermietet und verkauft.

•***Segelkurse*** organisiert die Ecole de Voile de Port Manec'h an der Mündung des Aven am Strand von Port Manec'h. Trainiert wird auf Optimisten und Jollen sowie Surfboards.

•***Surfen:*** Locawind, Club Nautique de Port Manec'h, Tel. 98.06.71.98.

•***Reiten:*** Centre Equestre de Kertreguier, Tel. 98.06.86.80, im Nachbarort Nevez. Auf dem Reiterhof mit 90 ha Land werden Reitkurse auf unterschiedlichem Niveau angeboten. Es gibt Unterkunftsmöglichkeiten.

•***Fahrradverleih:*** J. Limbour, Rue Emile Bernard 56, Tel. 98.06.02.77. Der Verleih wird von der Tankstelle aus organisiert.

- **Centre d'Initiative Artistique,** Rue Saint-Guénolé 6, Tel. 98.06.18.11. Seminarzentrum für Einführungen in künstlerische Gestaltung, Kurse für Malerei, Töpferei und Drucken, u.a. mit internationalem Publikum. Auf Wunsch mit Unterkunft.
- **Discothek Le Rexy,** Rue Abbé Tanguy, Tel. 98.06.02.71
- **Markt:** jeden Dienstag am Hafen.
- Am 1. Samstag im August findet die ***Fête des Fleurs d'Ajoncs*** (Ginsterblütenfest) statt, ein bretonisches Stadtfest mit folkloristischem Charakter. Bretonische Musikgruppen spielen am Hafen. Dazu wird viel getanzt. Stimmung ist bei Crêpes und Cidre unter freiem Himmel garantiert.

Anreise/Weiterreise

- **Mit dem Bus:** Mehrmals täglich bestehen Busverbindungen nach Moëlan, Quimperlé, Concarneau und Quimper.
- **Mit dem Boot:** Mit der LE TRÉMALO können Touren unterschiedlicher Dauer auf dem Fluß organisiert werden. Die Abfahrtszeiten sind variabel, sie richten sich nach den Gezeiten. Auskünfte unter Tel. 98.71.14.59 oder 98.27.12.89. Drei Touren werden regelmäßig angeboten: 1. Ab Port du Bélon in der Mündung des Aven und des Bélon, ca. 1 Stunde. 2. Von Pont-Aven bis hinunter zum Meer und zurück, ca. 1 1/4 Stunden. 3. Wie 2., jedoch Abfahrt ab Port Bélon mit Aufenthalt in Pont-Aven, ca. 2 1/4 Stunden.
- **Mit dem Auto:** Von Concarneau aus über die D 70 durch Trégunc, von Quimperlé aus über die D 783, über Riec-sur-Bélon.

Umgebung von Pont-Aven

Wanderungen

Pont-Aven liegt im Tal zwischen zwei bewaldeten Hügelketten. Verschiedene Spazierwege (Plan für 1 FF im Office de Tourisme erhältlich) ermöglichen lohnende Wanderungen durch die Umgebung mit schönen Blicken hinunter ins Tal des Aven. Insbesondere zwei (beschilderte) Wege gehören in das Programm einer ***"Gaugin-Wallfahrt":*** Der Promenade Xavier-Grall folgend entlang dem Flußlauf, an dem noch die Reste der ehemals 14 Wassermühlen zu finden sind. Daran anschließend der Weg durch den Bois d'Amour (Liebeswald), in dem GAUGIN, aber auch viele andere Maler des 19. Jh., Inspirationen für ihre Bilder fanden.

Nizon

Der Ort liegt 2 km nordwestlich von Pont-Aven an der D 24 in Richtung Quimper/Rosporden.

Im Ortszentrum steht eine kleine Kirche aus dem 16. Jh., die vor allem durch ihren ***Calvaire*** bekannt wurde. GAUGIN wählte 1889 diese Figurengruppe mit Christus im Mittelpunkt als Modell für sein Bild "Grüner Christus", dessen Hintergrund eine Dünenlandschaft aus Le Pouldu darstellt.

Névez

Von der D 783 Richtung Concarneau nach etwa 2 km links auf die D 77 abbiegen. Im Ortsteil Le Hénant am Aven liegt eine der besterhaltenen ***Gezeiten-Wassermühlen*** aus dem 15. Jh. Die Moulin à Marée de Névez war ursprünglich eine Dépendance des Herrensitzes Manoir du Hénan.

In Névez bietet der ***Freizeitpark Paradis Club*** (Tel. 98.50.06.05) Möglichkeiten für Tennis, Minigolf, Bogenschießen und natürlich eine Bar.

Fahrräder werden in der Garage Le Grand, Grande Rue 52, Tel. 98.06.81.43, vermietet.

Raguenès-Plage

Der Ort liegt ca. 4 km südlich von Névez am Meer und ist idealer Ausgangspunkt für ***Angelfahrten*** in die küstennahen fischreichen Gewässer um Ile Raguenès und Ile Verte. Hier kann auch das eigene Schlauchboot ohne größere Diebstahlgefahr am Strand gelassen werden.

Ein schöner Wanderweg führt die Küste

Unberührte Uferregion am Aven (WK)

entlang zur Mündung des Aven nach ***Port Manec'h,*** einem kleinen Badeort mit 200 m langem Strand. Wer hier eine Jolle, einen Katamaran oder ein Surfboard mieten möchte, ist bei ESPACE OCÉAN LOISIRS, Tel. 98.06.76.97, oder bei SKIFF AVEN, Tel. 98.06.76.29, an der richtigen Adresse. Im Ort befindet sich der Anleger der Aven-Fähre "Le Trémalo" (s. Pont-Aven).

Riec-sur-Bélon

Der Ort liegt etwa 4 km südöstlich von Pont-Aven an der D 783. Der Ortskern selbst bietet nicht allzuviel. In der Umgebung gibt es aber ein lohnendes Ziel, die ***Bar Ty Couz/Crêperie Chez Angèle,*** an der Straße nach Rosbras, Tel. 98.06. 92.07. Ohne Übertreibung eine der besten Crêperien der Bretagne. In ihrem alten, rietdachgedeckten Granithaus versteht es MARIE-RENÉE OFFRET, dem Gast Crêpes zuzubereiten, von denen er noch nach Jahren spricht. Der dazu servierte Cidre hat zwar kein Etikett, doch schlägt er jede Konkurrenz. Der lukullische Genuß wird durch die alten bretonischen Möbel (200 Jahre alte Lits-clos und ebensoalte Tische) unter kaminverräucherten Holzbalken unterstrichen. Crêpes hier oder nirgends! An der gemütlichen Bar erzählt Maries Ehemann, angesprochen auf das Porträt des weißbärtigen Alex, gerne Interessantes über diesen Fischer, der nach vielen Jahren harter Arbeit auf dem Meer schließlich Maler in Pont-Aven wurde.

Kerdruc und Rosbras

Ca. 4 km östlich von Névez befindet sich eine ***Engstelle des Aven*** auf halbem Weg zwischen Pont-Aven und der Mündung. Von der Terrasse der ***Auberge Tal-Moor*** (Tel. 98.06.78.51) bietet sich ein schöner Blick auf die vorbeifahrenden Schiffe. Im Sommer transportiert eine kleine ***Fähre*** Fußgänger über den Fluß.

Port-Bélon

Oberhalb dieser Engstelle des Rivière Bélon, an der eine kleine Fähre für zwei Autos die Verbindung zum anderen Ufer aufrechterhält, liegt das bedeutende ***Austernzuchtgebiet*** der Huître plate (OSTREA EDULIS). Die flache Auster, deren nußartiger Geschmack sie besonders begehrt macht, (schon Nero soll sie sich aus der Bretagne nach Rom bringen lassen haben) wird als einjährige "Jungauster" aus der Baie de St-Brieuc von der bretonischen Nordküste hierhergebracht, um dann, nach dreijähriger Aufzucht im Wasser des Bélon, teuer verkauft zu werden. Bis zur Jahrhundertwende vermehrte sich die Huître plate auch hier an der Südküste, doch eine Krankheit zerstörte die Bestände. Die heutigen Huîtres plates im Bélon gehen auf die Zuchterfolge der letzten drei Jahrzehnte zurück.

In einer Crêperie (MK)

Ein 9 km langer ***Küstenwanderweg*** verbindet Port-Bélon mit Rosbras am Aven. Zum Teil führt der Weg durch Wälder, z.T. geht man zwischen Farn und Brombeergestrüpp am Rand des felsigen Ufersaumes mit freiem Blick auf den Ozean.

Information

●***Office de Tourisme,*** Place de l'Eglise, 29340 Rieuc-sur-Bélon, Tel. 98.06.97.65.

Unterkunft

●***Auberge de Kerland***, Domaine de Kerstinec an der D 24, Tel. 98.06.42.98. Die sehr luxuriösen Zimmer wurden in einem alten, restaurierten Bauernhof eingerichtet. Ab 400 FF.

●***Hôtel/Restaurant Ty Ru***, Tel. 98.06.94.61. Einfaches Hotel mit 14 Zimmern in der Rue François Cadoret. Im Restaurant traditionelle Küche. Zimmer ab 130 FF.

●***Camping Château du Bélon,*** ca. 500 m vor Port-Bélon, Tel. 98.06.41.43. 150 Stellplätze in ruhiger Lage unter hohen, alten Eichen und Kastanien bei mittlerem Komfort. Geöffnet vom 1.3. bis zum 15.11.

Essen und Trinken

●Das Austern Restaurant Nr. 1 ist ***Chez Jacky***, Tel. 98.06.90.32, direkt am Bélon. Mit Blick auf den Fluß und seine bewaldeten Ufer findet der Austernfreund hier sämtliche Sorten und Größen, dazu passend beste Weißweine. Wer lieber die Austern selber öffnet, kann sie bei Jacky auch zum Mitnehmen bekommen (HUÎTRES À EMPORTER). Die Preise liegen je nach Art und Größe zwischen 25 und 70 FF/Dutzend. Montags geschlossen.

●***Ty Couz/Crêperie Chez Angèle***, Tel. 98.06 92.07, ca. 2 km östlich von Rosbras. Ein absoluter Urlaubshöhepunkt für Crêpes-Freunde (s.o.).

Sonstiges

●***Fähre:*** Halbstündig 10.00-12.00 Uhr und 15.00-19.00 Uhr.

●***Reiterhof:*** FERME EQUESTRE DE KERSPERCHE, Tel. 98.06.50.22.

●***Fahrradverleih:*** M. PERRON, Kerco, Tel. 98.06. 92.94. Es werden Tourenräder und Mountainbikes vermietet.

●***Bootstouren:*** Mit der Vedette "Le Trémalo" von Port-Bélon nach Pont-Aven, etwa 2 Stunden mit Rückfahrt (von Mai bis September), Tel. 98.71.14.59. Die Abfahrtszeiten sind gezeitenabhängig. Näheres im Office de Tourisme von Rieuc-sur-Bélon oder in Pont-Aven.

Paul Gaugin

Die wohl bekanntesten Werke GAUGINS stammen aus seinen letzten Lebensjahren, die er in der Südsee verbrachte. Doch zum unverwechselbaren Stil, in dem er seine Südseemädchen malte, fand er in der Bretagne.

Im Alter von 38 Jahren kommt GAUGIN 1886 das ***erste Mal nach Pont-Aven.*** Hinter sich läßt er eine ihm zu bürgerliche Familie in Paris, die er bis dahin mehr schlecht als recht als Gehilfe eines Börsenmaklers ernährte. Zwar hatte er schon seit 1874 in Paris mit bekannten Impressionisten wie PISARRO und CÉZANNE gemalt und mit mäßigem Erfolg an verschiedenen Ausstellungen teilgenommen, doch quälte ihn die bürgerliche Enge eines Stadtlebens unter gesellschaftlichen Normen. Er ***verläßt schließlich seine Familie,*** hält sich wirtschaftlich zunächst als Vertreter, später als Plakatkleber knapp über Wasser und hört 1886 von einem Malerkreis in der Bretagne, wo das Leben spottbillig, die Menschen einfach, das Land ursprünglich und die Farben grandios sind.

Er zieht nach ***Pont-Aven.*** Hier wird er rasch zum Mittelpunkt einer Gruppe junger Künstler, zu der auch der wesentlich jüngere EMILE BERNARD gehört. Zusammen mit PAUL SÉRUSIER, CHARLES FILIGER, MAXIME MAUFRA, EMILE SCHUFFENECKER, RODERIC O'CONNOR, ERNEST DE CHAMAILLARD, MOGENS BALLIN, JAN VERKADE, JACOB MEYER DE HAAN, MAURICE DENIS, CUNO AMIET, WLADYSLAW SEGUIN, HENRI DELAVALLÉE, FERDINAND DU PUIGAUDEAU, EMILE JOURDAN, LOUIS ROY, CHARLES LAVAL und J.F. WILLUMSEN bilden sie die sogenannte ***"Schule von Pont-Aven".*** Wenn sie nicht malen, und das kommt nur selten vor, sitzen sie im Gasthaus von Madame GLOANNEC, um, vom Wein angeregt, ihre Bilder zu diskutieren.

Anfangs zeigen sich noch deutlich die impressionistischen Wurzeln wie z.B. im Bild "Bretonischer Bauernhof" oder "Tanz der vier bretonischen Bäuerinnen". Doch spätestens mit "La Belle Angèle" (1889) wird deutlich, daß GAUGIN einen völlig neuen Weg geht.

Die impressionistischen Schatten und Lichtvariationen verschwinden. Einzelheiten werden bewußt zugunsten des Wesentlichen ausgelassen. Dreidimensionales wird z.T. plakativ flächig, und die Farben werden eher expressiv als naturalistisch eingesetzt: Es entsteht der ***synthetische Symbolismus.*** Als charakteristische Werke dieser Stilrichtung entstehen 1888 "Die Vision nach der Predigt" oder "Jacobs Kampf mit dem Engel".

Während eines vorübergehenden Aufenthalts in Paris lernt GAUGIN THEO und VINCENT VAN GOGH kennen. Mit VINCENT verbringt er den Herbst 1888 in der Gegend von Arles in Südfrankreich. Hier wird die ***bewußte Abkehr vom Impressionismus***

Der Maler mit seinen Kindern Emil und Aline

Im Atelier eines Freundes (Photo von 1891)

deutlich. Allerdings endet die in künstlerischer Hinsicht so innovativ befruchtende Beziehung in Streitigkeiten und gegenseitiger Ablehnung.

Nach erfolglosen Ausstellungen in Paris und Brüssel kehrt GAUGIN 1889 ***nach Pont-Aven zurück,*** zieht aber weiter ins benachbarte Le Pouldu ans Meer, denn seine ehemalige Herberge ist ihm inzwischen zu teuer geworden. In Le Pouldu malt er u.a. "Der gelbe Christus" und das "Selbstbildnis mit Heiligenschein". Zusammen mit JACOB MEYER DE HAAN wohnt GAUGIN in den Hinterzimmern der Strandkneipe von Madame MARIE HENRI, die die Mietzahlungen nicht selten in Form von Bildern bekommt.

Nicht zuletzt wegen finanzieller Schwierigkeiten denkt GAUGIN immer ernsthafter über eine ***Auswanderung*** nach Polynesien erscheint ihm als die ideale Umgebung. Geringe Kosten für den Lebensunterhalt, ursprünglichste Einfachheit des Lebens und viel Farbe.

Nach 30 verkauften Bildern hat er das Geld zusammen, um sich 1891 ***nach Tahiti*** einzuschiffen. Im Sommer trifft er auf der Insel ein und beginnt seine autobiographische Erzählung "Noa Noa". Hier entstehen von 1891 bis 1993 die ersten seiner bekannten "Vahiné-"Bilder: "Te Aa no Areois" (Die Früchte der Areois), "Nafea Faa Ipoipo" (Wann heiratest Du?), "Fatata te Miti" (Am Meer), "Parau Api" (Was gibt's Neues?) und "Vahiné no te Vi" (Frau mit Mango).

Nach enttäuschenden Eindrücken in Papeete, der Hauptstadt von Tahiti, zieht er sich mit der jungen Maori-Frau TEHURA in die ***Einsamkeit des Inlandes*** zurück. Das "wilde" Leben beflügelt seine Malerei, aber er ruiniert seine Gesundheit, nicht zuletzt mit Alkohol, und ist schließlich im Sommer 1893 gezwungen, auf einem Truppentransporter, das Geld reicht nicht für ein Passagierschiff, ***nach Frankreich zurückzufahren,*** um sich einer Augenoperation zu unterziehen.

Während eines Besuches in Pont Aven wird er in eine Schlägerei verwickelt und bricht sich ein Bein. Madame GLOANNEC führt inzwischen ein teures Hotel, und in Le Pouldu kennt ihn niemand mehr. MARIE HENRI hat ihre Kneipe aufgegeben und alle Bilder mitgenommen. Um zu Geld zu kommen, läßt GAUGIN ***49 Bilder und Zeichnungen versteigern,*** doch trotz des Engagements von Freunden wie DEGAS, der das Bild "Vahiné no te Vi" für 450 Francs ersteigert, bleibt der Erlös ein Mißerfolg.

1895 finanziert schließlich eine kleine Erbschaft die ***Rückkehr in die Südsee.*** In Punaania baut er ein Atelierhaus und malt farbenreiche Szenen aus dem Leben der Ureinwohner. Alkohol und Syphilis schwächen ihn weiter, und nach Problemen mit dem Polizeikommandanten zieht er auf die Marquesas Inseln, auf denen er 1903 ***unter elenden Bedingungen stirbt.***

Als Vorlage für sein letztes Bild wählt er eine bretonische Winterlandschaft!

Moëlan-sur-Mer

Von Pont-Aven über die D 783 nach Rieuc-sur-Belon, dann über die D 24 noch etwa 7 km weiter bis zum Ort.

Die bis ans Meer ausgedehnte Großgemeinde, in der verschiedene kleine Dörfer mit dem kleinstädtischen Ortszentrum zusammengefaßt sind, ist landschaftlich vor allem aufgrund der drei ***malerischen Flußmündungen*** von Brigneau, Merrien und Doëlan reizvoll. Moëlan ist auch im Hochsommer ein ruhiger Ort, der mit dem Rad oder zu Fuß besser entdeckt werden kann als mit dem Auto.

Ein gut ausgeschildertes Netz von ***Wanderwegen*** führt ca. 60 km durch die Gemeinde, davon 45 km auf Küstenwegen oder an Flußufern entlang.

Nahe des Ortszentrums liegt die imposante ***Chapelle Saint-Philibert-et-Saint-Roch*** aus dem 16. Jh., die von Leprakranken als Wallfahrtsort gewählt wurde. Der nahegelegenen, mit Granit ummauerten Quelle, Fontaine de St-Roch, wurde besondere Heilkraft nachgesagt. Ein schlichter Calvaire befindet sich auf dem Vorhof der Kapelle. Öffnungszeiten: 15.6.-30.9. 10-12.00 Uhr und 15.30-19.00 Uhr.

Ca. 3 km südwestlich an der D 216 in Richtung Brigneau befindet sich ein sehenswerter Dolmen mit Menhir, die ***Allée Couverte de Kercordonner.*** Der 11 m lange Gangdolmen aus dem 3. Jahrtausend v. Chr. besteht aus 17 Tragesteinen und 3 Deckenplatten. Wie bei manchen anderen Dolmen steht auch hier in unmittelbarer Nähe ein 3 m hoher Menhir, dessen ursprüngliche Bedeutung allerdings nicht bekannt ist. In der Neuzeit hingegen, und dies war bis 1947 nach Aussage des Bürgermeisters Brauch, pflegten Jungvermählte sich nachts am Menhir die Bäuche zu reiben, er, um mit der Kraft des Menhirs einen Sohn zu zeugen, und sie in der Hoffnung, genug Kraft zu haben, um auch in schwierigen Zeiten den Haushalt gut zu führen.

Praktische Hinweise

Information

• ***Office de Tourisme,*** Rue des Moulins, 29350 Moëlan-sur-Mer, Tel. 98.39.67.28. Vom 15.6 bis 15.9. geöffnet, mittwochs geschlossen.

Unterkunft

• ***Manoir de Kertalg,*** Tel. 98.39.77.77. Schloßähnliches Hotel im Wald am Oberlauf des Bélon auf halbem Weg zwischen Moëlan und Riec-sur-Bélon, oberhalb der D 24. 10 sehr komfortable Zimmer ab 500 FF.

• ***Hôtel/Restaurant Le Kerfany,*** Blorimond-en-Moëlan, Tel. 98.71.00.46. Einfaches Hotel mit 53 sauberen Zimmern ab 180 FF. Mit Tennisplatz und schöner Gartenanlage.

• ***Camping Tal ar Moor,*** Plage de Kerfany, Tel. 98.71.11.98, Direkt am Meer mit allen üblichen Serviceeinrichtungen, dazu Fahrrad- und Surfboardverleih. Geöffnet von Ostern bis Oktober.

• ***Camping de la Grande Lande,*** Tel. 98.39. 71.92, etwa 1,5 km vom Strand von Kerfany entfernt. Großzügiger, baumbestandener Platz mit 100 Stellplätzen, üblicher Komfort, Minigolf, behindertenfreundlich. Geöffnet von Ostern bis 30.9.

Sonstiges

• ***Fahrradverleih:*** Maison du Cyclisme, Rue du Cimetière, Tel. 98.39.67.69, und M. Gouyec, Rue du Guilly 12, Tel. 98.39.69.09.

• ***Reiten:*** La Ferme des Landes, Kerjégou, Tel. 98.39.65.00

• ***Angeln:*** Gute Informationen und Karten für die besten Fischgründe bei Presse-Diffusion, Rue du Guilly, Tel. 98.39.60.08.

• ***Wandern:*** Mme Floriet organisiert Wandertouren mit ortskundigen Führern ab dem Office de Tourisme, jeden Donnerstag im Juli und August, Tel. 98.71.10.56.

• ***Radwandern:*** Cyclo Sports organisiert sonntags Rundfahrten (60-100 km), Rue du Cimetière, Tel. 98.39.67.69.

• ***Mountain-Biking:*** M. Richard organisiert im Juli und August Touren für MTB-Fans, Tel. 98.39. 68.41 oder 98.39.67.69. Genaue Radwanderkarten gibts beim Office de Tourisme.

• ***Segeln:*** Centre Nautique de Brigneau, Tel. 98.71.07.06. Hier werden Segelkurse für Jugendliche auf Caravelle-Jollen, auf Wunsch mit Unterkunft, angeboten.

• ***Maler-Ateliers:*** Atelier de Kerjean, Route de Quilimar, Tel. 98.39.67.49. Impressionistische und zeitgenössische Bilder.

• ***Markt:*** Jeweils dienstags.

Der Calvaire der Kapelle Saint-Philibert-et-Saint-Roch von Moëlan-sur-Mer (WK)

Umgebung von Moëlan-sur-Mer

Brigneau

Brigneau ist ein winziger Fischerhafen ca. 4 km südwestlich von Moëlan, dessen Aktivitäten heute mehr von Jollenseglern als von Fischern geprägt sind. Geschmackvoll ***restaurierte Fischerhäuser*** zieren die beiden Ufer. Oberhalb der Hafeneinfahrt am westlichen Ufer steht die ***Ruine einer Fischkonservenfabrik*** aus der Zeit der Jahrhundertwende.

Auf beiden Seiten des Fjordes beginnt ein ***Küstenwanderweg,*** der im Westen nach Kerglouanou führt. Im Osten läuft man bis Merrien (ca. 2,5 km).

Port-Merrien

Ähnlich wie Brigneau liegt auch Port-Merrien an einem kleinen Fjord der Felsküste. Oberhalb des Küstenbereiches steht dichter Mischwald (Naturschutzgebiet). Nur sehr kleine Fischer- und Segelboote finden hier Schutz, denn die Einfahrt in den Fjord ist wegen einer Sandbarre recht flach und folglich nur gezeitenabhängig passierbar. Ganzjährig sind hier etwa ein Dutzend Häuser bewohnt, deren Bewohner sich nur noch schlecht vom Fischfang ernähren können. Austernzucht hat in den letzten 2 Jahrzehnten die Einkünfte aufgebessert.

Clohars-Carnoët

Anreise über die D 16 von Quimperlé, 12 km in südwestlicher Richtung oder von Moëlan (D 24) ca. 4 km nach Südosten.

Ähnlich Moëlan-sur-Mer ist Clohars-Carnoët eine ruhige ***ländliche Großgemeinde*** mit Kleinstadtkern. Selbst in den Sommermonaten gibt es hier trotz vieler sehenswerter Details kaum Tourismus-Streß. Dies gilt insbesondere für den felsig ***zerklüfteten Küstenstreifen*** in der Umgebung von Doëlan. Hingegen ist die von Sandstränden und kleineren Felsnasen gekennzeichnete Küste bei Le Pouldu im Sommer etwas lebendiger.

Nördlich des Ortskerns liegt der ***Forêt de Carnoët,*** ein ca. 8 km² großes Waldgebiet, das wegen der zahlreichen seltenen Pflanzenarten unter Naturschutz steht. Leider hat der Jahrhundertorkan von 1987 große Teile des Waldes stark geschädigt. Intensive Aufforstungen sind im Gange. Der Wald ist von stillen Wanderwegen durchzogen, die sich z.T. am Ufer des Flusses Laïta entlangschlängeln. Am Südrand des Waldes liegt die ***Ruine der Abtei von Saint-Maurice,*** eine Zisterziensergründung von 1177.

Information

•***Office de Tourisme,*** 29360 Clohars-Carnoët, Tel. 98.39.93.42. Zuständig für Clohars-Carnoët, Doëlan und Le Pouldu.

Doëlan

Doëlan ist ein kleiner ruhiger, Fischerhafen in einer Flußmündung ca. 4 km südwestlich vom Ortskern Clohars-Carnoët. Der Ort ist in zwei Ortsteile westlich und östlich des Wassers geteilt (rive droite und rive gauche).

Der ***Küstenwanderweg,*** der auf beiden Seiten des Hafens entlangführt, war früher den Zöllnern im wenig erfolgreichen Kampf gegen den Schmuggel von Tabak, Kaffee und Alkohol vorbehalten (chemin des douaniers).

Mit etwas Glück kann man im Sommer im Hafen das Anlanden von Thunfisch von den Azoren miterleben. ***Direktverkauf vom Boot*** aus ist immer noch üblich. Täglich legen Küstenfischer am neuen Betonkai an, um frischen bretonischen Fisch direkt an Urlauber und Einheimische zu günstigen Preisen zu verkaufen.

Oberhalb der Hafeneinfahrt liegt am Ostufer die ***Fischkonservenfabrik*** "Capitaine Cook", die sich auf Makrelen- und Sardinenkonserven spezialisiert hat. Auch hier gibt es Direktverkauf an Endverbraucher.

Nahe des unteren Leuchtturmes (Phare aval) befindet sich ein kleines Künstlerzentrum, das ***Atelier du Phare***. Hier werden neben Gemälden auch Tonwaren und Buddelschiffe ausgestellt und angeboten (Tel. 98.71.61.52)

Für Cidre-Liebhaber gibt es in Doëlan eine besonders empfehlenswerte Adresse, die ***Cidrerie Les Vergers de Pen Ar Steir*** am nördlichen Ortsausgang. Hunderte von Apfelbäumen fallen hier sofort auf. Die Cidre-Kellerei verarbeitet jährlich ca. 5 Millionen Äpfel zu Cidre brut, demi-

Rohmaterial für Cidre: Holz und Äpfel (WK)

sec und doux. Sämtliche Sorten sind "bouché", also nach der Champagner-Methode in der Flasche fermentiert und mit Korken und Drahtkapsel verschlossen. Der Cidre Pen Ar Steir wurde in den vergangenen Jahren mehrfach bei Landwirtschafts- und Lebensmittelausstellungen in Paris preisgekrönt. Tel. 98.71.57.76. Übrigens: "Prost" heißt auf bretonisch "YEC'HED MAT"!

Unterkunft

•***Hôtel Le Rive Gauche,*** Tel. 98.71.62.87, einfaches, traditionelles Hotel am linken Ufer (rive gauche). 16 Zimmer ab 150 FF. Vom 15.10. bis 15.3. geschlossen.

Sonstiges

•***Angel- und Fischereiausrüstung,*** aber auch maritime Kleidung verkauft die Fischereigenossenschaft COOP-Martime, 100 m oberhalb des Kais sehr günstig.

Le Pouldu

Vom Zentrum Chlohars-Carnoël aus etwa 5 km auf der D 24 nach Südosten oder besser von Doëlan aus über den schönen Wanderweg entlang der Küste.

Der Ortsteil Le Pouldu, unterteilt in Le Pouldu-Plage und Le Pouldu-Port, hat sich in den letzten Jahren, bedingt durch den stetig ***wachsenden Sommertourismus,*** an den Stränden stark verselbständigt. Zwischen der Bélon-Mündung, 15 km im Westen, und der Laïta-Mündung, 2 km im Osten, hat nur Le Pouldu Sandstrände zu bieten. Eine Tatsache, die seit etwa 10 Jahren einen Bauboom hervorgerufen hat. Der bretonische Charakter hat darunter leider sehr gelitten. Die drei jeweils 300 m langen ***Strände,*** Plage des Grands Sables, Plage de Bellangenet und Plage du Kérou laufen sanft ins Meer aus. Nach Starkwind oder gar Sturm bricht sich allerdings die hoch rollende Dünung zur Freude der Wellensurfer.

Im Gegensatz zu Le Pouldu-Plage konnte Le Pouldu-Port den traditionellen Charakter eines ***Flußhafens*** bewahren. Landschaftlich reizvoll ist ein Wanderweg entlang dem Ufer der Laïta. Der noch sehr natürliche Fluß ist für kleine Boote bis Quimperlé befahrbar. Besonders schön ist die obere Hälfte. Hier reicht der Wald von Carnoët direkt bis ans Ufer. (Näheres zu Flußfahrten auf der Laïta s. Quimperlé)

Auch in Le Pouldu trift man wieder auf die ***Spuren Gaugins.*** Das heutige Café de la Plage wurde 1888 von MARIE HENRI als kleine Strandkneipe "Buvette" gebaut. In den Hinterzimmern wohnten PAUL GAUGIN und JACOB MEYER DE HAAN von 1889 bis 1893. PAUL SÉRUSIER, ARMAND SEGUIN, MAXIME MAUFRA u.a. arbeiteten zusammen mit GAUGIN und MEYER DE HAAN an der dekorativen Ausgestaltung der "Buvette". Im heutigen ***"Maison Marie-Henri",*** Rue des Grands Sables 10, Tel. 98.39.98.51, ist diese Künstlerkneipe mit dem Wohnbereich der Maler authentisch rekonstruiert. Leider sind auch hier die Bilder nur Kopien. Geöffnet vom 1. Juli bis 15. September täglich 14.30-19.00 Uhr.

Etwas weiter im Hinterland, oberhalb des Plage des Grands Sables, befindet sich die ***Kapelle Notre-Dame-de-la-Paix.*** Im 15. Jh. wurde sie zunächst in Nizon bei Pont-Aven errichtet, stand dort bis 1957 und war stark vom Verfall bedroht. Um das historisch wertvolle Gebäude zu retten, wurde sie Stein für Stein zerlegt und in Le Pouldu wieder aufgebaut. Heute wird sie auch "Chapelle des artistes" (Kapelle der Künstler) genannt. Ein Stein mit den Unterschriften der Maler des Kreises von Le Pouldu steht in unmittelbarer Nähe.

Unterkunft

•***Hôtel/Restaurant Armen***, Route du Port, Tel. 98.39.90.44. Komfortables Haus mit gehobenem Niveau in Le Pouldu-Port. 38 neu eingerichtete Zimmer ab 260 FF. Sehr nette Hotelleitung, ortsbekannt gute Küche.

•***Hôtel/Restaurant des Bains,*** Tel. 98.39.90.11. Direkt am Plage des Grands Sables von Le Pouldu-Plage. Leider ist die Strandnähe wohl entscheidender für den Zimmerpreis als der Komfort, ab 260 FF. Geöffnet vom 20. April bis zum 30. September.

- ***Hôtel Le Panoramique,*** neues Haus am Plage du Kérou, Tel. 98.39.93.49. 26 sehr sauber und komfortabel eingerichtete Zimmer, ab 280 FF.
- ***Camping du Quinquis,*** Tel. 98.39.92.40. Ein Platz für den komfortgewohnten Camper. Ca. 2 km vom Strand entfernt liegt das 5 ha große Gelände mit 130 Stellplätzen, z.T. unter großen Bäumen. Neben gutem allgemeinem Service gehören Schwimmbad und Fahrradverleih zum Angebot. Geöffnet vom 15.3. bis 30.9.
- ***Camping Le Vieux Four,*** am nördlichen Ortsausgang an der D 49 in bäuerlicher Umgebung, Tel. 98.39.94.34. Ein kleiner Platz für Leute, denen ruhige Lage in schöner Umgebung wichtiger ist als hoher Komfort. 50 Stellplätze, geöffnet von Ostern bis 15.9.
- Zahlreiche ***weitere Campingplätze*** in der Umgebung.

Essen und Trinken

- ***Restaurant Armen,*** Tel. 98.39.90.44, ortsbekannt gute Küche. Menüs ab 100 FF in sehr geschmackvoll eingerichtetem Speisesaal.
- ***Crêperie Ty Annick,*** Rue du Philosophe-Alain, Tel. 98.39.93.04. Neben dem Camping des Grands Sables. Kleines, aber gut geführtes Lokal, wo die Crêpes wirklich ihr Geld wert sind.

Sonstiges

- ***Diskothek Old Navy,*** Le Pouldu, Tel. 98.39.92.76.
- ***Surfbrettverleih:*** M. FONTAINE, Tel. 98.39.90.08, und auf dem Campingplatz du Quinquis.
- ***Fahrradverleih:*** Auf den Campingplätzen von Quinquis und Les Embruns, Rue du Philosophe-Alain, Tel. 98.39.91.07.

Parc Animalier du Quinquis

Ein 14 ha großer Freigehege-Tierpark-Bauernhof an der Straße nach Le Pouldu. Die für die Region kennzeichnenden Lebensbereiche Wiese, Wald, Moor und Teich sind hier in der Umgebung eines Bauernhofes mit ihren typischen heimischen Tierarten kennenzulernen. Öffnungszeiten im Juli und August täglich 10.00-19.30 Uhr, sonst mittwochs und sonntags 14.00-17.30 Uhr, Tel. 98.39. 94.13, Eintritt 30 FF (Kinder 20 FF).

Reiten

Cheval à la Ferme, Ferme de Cotonard an der D 224 Richtung Corieuf, Tel. 98.39.98.65.

Kunsthandwerksausstellung

Artisanat de Kercadoret an der D 224, von Clohars-Carnoët ca. 3 km Richtung Guidel. Ca. 30 Künstler und Kunsthandwerker stellen ihre Arbeiten aus: Tonwaren, Möbel, Stoffe, Lederwaren. Öffnungszeiten im Juli und August von 14.00 bis 20.00 Uhr.

Quimperlé

Dort, wo sich die ***Flüßchen Ellé und Isole*** vereinigen, um danach als Laïta weiterzufließen, wurde im 6. Jh. von Mönchen der Ort Anaurot, das heutige Quimperlé, gegründet. Der heutige Name stammt von den keltisch-bretonischen Begriffen KEMPER (Zusammenfluß) und LEC'H (Ort). 400 m nördlich des Zusammenflusses wurde die Ellé mit der Isole durch einen Kanal verbunden, so daß eine Insel entstand, die das ***historische Stadtzentrum*** der Gründung darstellt. Die Flüsse dienten so als natürliche Verteidigungsgräben. Die heutige Altstadt gliedert sich in die Unterstadt (ville basse) auf der Insel und die Oberstadt (ville haute) direkt westlich des Isole-Ufers auf dem Hügel. Beide Teile zeigen mit ihren mittelalterlichen Gassen ein historisch gewachsenes Stadtbild.

Sehenswertes

Eglise Sainte-Croix. Der romanische Rundbau mitten in der Unterstadt entstand im 11. Jh. nach dem Vorbild der Kreuzkirche von Jerusalem und ist eines der schönsten Beispiele bretonisch-romanischer Architektur. Zwar wurde im Jahre 1862 durch den Einsturz des Glockenturms ein Teil der Kirche zerstört, doch die besonders sehenswerte Krypta blieb weitgehend unbeschädigt. Eindrucksvoll sind die beiden Gräber von HENRI DE LESPERVEZ, Abt von Sainte-Croix im 15. Jh., und vom SAINT GURLOES, dem ersten Abt der Abtei Sainte-Croix. Das ungewöhnliche Loch auf der Längsseite im Grabsockel von SAINT GURLOES hat eine religiös-medizinische Bedeutung: Kopfschmerzen und Kopfkrankheiten werden geheilt, wenn man den Kopf nur lange genug hineinsteckt.

Rue de Brémond d'Ars und Rue Dom-Maurice. Die wegen ihrer zahlreichen Granit- und Fachwerkhäuser aus dem 17. Jh. sehenswerte Altstadtstraße beginnt direkt vor der Eglise-Ste-Croix. Hinter den herrschaftlichen Häusern der Juristen und Offiziere (Nr. 8 bis 12) befindet sich beim Haus Nr. 15b eine alte Doppeltreppe des ehemaligen Gerichts, "le Présidial" von 1680. Im Gebäude hinter dieser Treppe sind in der Galerie du Présidial Gemälde verschiedener bretonischer Künstler ausgestellt. Reste der im 8. Jh. begonnenen Eglise Saint-Colomban sieht man beim Haus Nr. 16, bevor in der naheliegenden Seitenstraße Rue Dom-Maurice als Nummer 5 eines der ältesten Häuser der Stadt erscheint: La Maison des Archers (Haus der Bogenschützen). In dem schönen, etwas schrägen Fachwerkgebäude aus dem 16. Jh. befindet sich das sehenswerte Museum für lokale Geschichte und bretonische Traditionen.

Öffnungszeiten: Mo-Sa 10.00-12.00 Uhr, 14.00-18.00 Uhr, So 14.00-18.00 Uhr, Di geschlossen. In der Zeit vom 15.9. bis 15.6. ist das Museum geschlossen. Eintritt: 14/7 FF; Tel. 98.96.04.32.

Eglise Notre-Dame-de-l'Assomption. Die vom 13. bis 15. Jh. erbaute Kirche beherrscht architektonisch die Oberstadt. Der eckige, ursprünglich eher festungsähnliche Bau wurde im 15., 17. u. 18. Jh. erweitert, so daß verschiedene Stilelemente aus Romanik, Gotik und Renaissance nebeneinander auftreten. Insbesondere am Nordeingang kann man diese Stilmischung ziemlich deutlich erkennen.

Praktische Hinweise

Information

•***Office de Tourisme,*** Rue du Bourgueaf, B.P. 118, 29300 Quimperlé, Tel. 98.96.04.32.

Unterkunft

•***Hôtel/Restaurant L'Hermitage "Manoir de Kerroch",*** Tel. 98.96.04.66, an der Straße nach Le Pouldu. Sehr komfortables Hotel mit 28 luxuriös ausgestatteten Zimmern ab 290 FF, ganzjährig geöffnet.

•***Hôtel Le Novalis,*** Tel. 98.39.24.00, außerhalb der Stadt an der D 787 (Route de Pont-Aven). Gutes Durchschnittshotel mit 25 Zimmern ab 230 FF, ganzjährig geöffnet.

•***Camping Municipal Kerbertrand,*** Tel. 98.39.31.30, am Ortsrand nach Concarneau (D 787). Einfacher Platz mit 45 ruhigen Stellplätzen im Grünen, übliche Sanitärausstattung, geöffnet vom 15.6. bis 15.9.

Essen und Trinken

Restaurants in der Unterstadt:

•***Le Bistrot de la Tour,*** Rue Dom-Maurice 2, Tel. 98.39.29.58, Menü ab 100 F, sehr gute Weinkarte, montags geschlossen.

•***Le Rialto,*** Rue de la Tour d'Auvergne 2, Tel. 98.96.19.62, an der Isole.

•***Crêperie des Archers,*** Rue Dom-Maurice 6, Tel. 98.39.09.54.

•***Crêperie du Pont Fleuri,*** Rue Ellé 5, Tel. 98.96.19.35.

Restaurants in der Oberstadt:

•***Restaurant Le Wagner,*** Place St-Michel, Tel. 98.96.07.25.

•***Crêperie Ty Coz***, Place St-Michel 15, Tel. 98.39.19.92.

Sonstiges

•***Fahrradverleih:*** M. FONTAINE, Rue de Pont-Aven 3, Tel. 98.96.05.30; M. NICOLAS, Rue de la Tour d'Auvergne 5, Tel. 98.96.05.18.

•***Kanu und Kayakverleih:*** CLUB DE CANOËS, am Flußhafen, Quai Surcouf, vom 1.7. bis 30.8. geöff-

net, Tel. 98.39.39.06.
•*Tauchen:* KEMPERLE ASSOCIATION SUBAQUATIQUE, Tel. 98.96.31.14.
•*Tennis:* TENNIS CLUB QUIMPERLOIS, Tel. 98.39.10.24 (2 überdachte und 3 offene Plätze).
•*Angeln:* M. LE STUM, Rue Brémond d' Ars 21, Tel. 98.39.34.02.
•*Discotheken:* LE COURLIS, Trélivalaire, Tel. 98.96.10.50.; TIFFANY CLUB, außerhalb in Kercadoret, Route de Moëlan-s.-Mer, Tel. 98.96.24.05.
•*Markt:* Freitags auf dem Place St-Michel in der Oberstadt.

Anreise/Weiterreise

•***Mit dem Zug: Züge auf der Strecke*** Quimper – Lorient – Vannes – Rennes verkehren 7mal täglich, Tel. 98.39.24.24
•***Mit dem Bus:*** In Richtung Concarneau – Quimper, 7 x täglich über Moëlan, Riec-s.-Bélon, Pont-Aven, Trégunc, Sarl, Caoudal, Tel. 98.97.35.31; Haltestelle in Stadtmitte (Unterstadt) am Quai Brizeux 2.
•***Mit dem Auto:*** Über die autobahnähnliche N 165 (E 60) von/nach Quimper oder Vannes/Auray.

Umgebung von Quimperlé

Manoir de Kernault

Ca. 5 km nordwestlich außerhalb der Stadt liegt nahe der D 765 beim Dorf Mellac der ehemalige Herrensitz "Manoir de Kernault". In dem gut restaurierten Gebäude aus dem 15. Jh., das sicherlich eines der schönsten Beispiele für ein typisch bretonisches "Manoir" darstellt, finden während des Sommers verschiedene kulturelle Veranstaltungen statt; Tel. 98.71 90.60.

Wanderungen entlang des Flusses Laïta und im Wald von Carnoët 5 km südlich der Stadt (s. dazu Kapitel Moëlan-s.-Mer).

Seltener Anblick: bretonische Familie in Tracht (MK)

Côte des Mégalithes

Lorient

Die ***Stadt der fünf Häfen,*** so wird Lorient auch genannt. Neben "Keroman", dem zweitgrößten Fischereihafen Frankreichs, und dem vor etwa 200 Jahren angelegten Marinehafen verfügt die Stadt über einen bedeutenden Handelshafen; ferner gibt es einen Fährhafen und mehrere Yachthäfen.

Ursprünglich schrieb sich der Name der Stadt L'Orient, was darauf hinweist, daß hier einmal das französische ***Tor in den Orient*** war. Die 1664 unter LOUIS XIV. auf das Drängen seines Finanzministers COLBERT gegründete ***"Compagnie des Indes Orientales"*** (Ostindien-Kompanie) wählte den Mündungsbereich der Flüsse Scorff und Blavet in der Südbretagne als Basis ihrer Handelsflotte, nachdem sich das bis dahin bevorzugte Le Havre in der Normandie aufgrund der holländischen Konkurrenz als zu risikoreich erwiesen hatte. Neben dem Handel mit Gewürzen, Tee, Seide und Porzellan brachte der Verkauf von "Ebenholz" astronomische Gewinne. Unter Geschäftsleuten der damaligen Zeit war es üblich, den Sklavenhandel mit diesem sarkastisch kaschierenden Begriff zu umschreiben. Die Compagnie besaß das französische Handelsmonopol vom Kap der Guten Hoffnung in Südafrika bis Canton in China, was bedeutete, daß unerwünschte Konkurrenten mit Waffengewalt ausgeschaltet wurden. Wichtige Handelsstützpunkte waren Fort-Dauphin im Süden von Madagascar, die Insel Réunion (damals Ile Bourbon genannt) und Mauritius (damals Ile de France), Mokka im südlichen Arabien, Surate, Karikal, Pondichery und Chandernagor in Indien, Aceh im Norden Sumatras und Canton im Südosten Chinas.

Die österreichischen Successionskiege (1744-1763) und der Siebenjährige Krieg (1756-1763) ***ruinierten die Handelsgesellschaft,*** und L'Orient verlor vorübergehend an Bedeutung. Doch im Jahre 1770 übernahm der französische König die Werften und Lagerhäuser der ehemaligen Compagnie und veranlaßte den Bau eines ***Kriegshafens*** mit entsprechender Infrastruktur.

Nach über 250jähriger intensiver Nutzung des Hafens für koloniale Zwecke verschafften ihm im Jahre 1941 die deutschen Truppen einen neuen Verwendungszweck. Mit 900.000 Tonnen Beton wurde ein ***U-Boot-Bunker*** angelegt, dessen Stabilität ausreicht, um die alliierten Bombenangriffe von 1944 zu überstehen, die fast die gesamte Stadt in Schutt und Asche legten. Noch heute nutzt die französische Marine die Nazi-Anlagen für U-Boote. Ein Besuch der Marinebasis ist nur französischen Staatsbürgern gestattet.

Für jederman zugänglich ist hingegen der ***Fischereihafen Keroman*** mit seinen insgesamt 2 km langen Kaianlagen. Ein Besuch (kostenlos) lohnt sich vor allem für Frühaufsteher, denn gegen 4.00 Uhr beginnen in den 600 m langen Auktionshallen die Fischversteigerungen. Zwar ist die Tonnage an gefangenem Fisch aufgrund Überfischung und wachsender ausländischer Konkurrenz zurückgegangen, doch werden immer noch 2-3mal pro Woche Hunderte von Tonnen Fisch, überwiegend aus dem Nordatlantik, an die Großhändler versteigert. Wundern Sie sich nicht, wenn Sie auch mit guten Französischkenntnissen kein Wort verstehen, die Auktionssprache ist ein wirbelnd schnell gesprochenes Gemisch aus historisch gewachsenen Abkürzungen und Fachbegriffen, die nur Insider verstehen können.

Die riesigen Auktionshallen erfüllen einmal im Jahr einen ganz anderen Zweck. In der zweiten Augustwoche eines jeden Jahres findet in Lorient das ***Festival Interceltique*** statt, ein keltisches Kulturfestival ersten Ranges mit Darbietungen aus Mu-

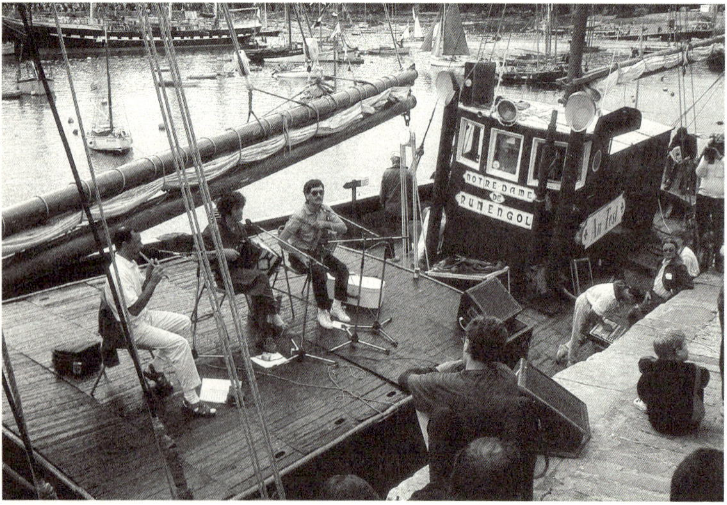

Keine Schunkelmusik: keltische Folklore während des Festivals (WK)

sik, Tanz, Literatur und Theater, bei dem Gruppen aus Schottland, Irland, Wales, Gallizien und natürlich der Bretagne in Zelten, auf Sportplätzen, auf Straßenplätzen und in Kneipen auftreten.

Im Rahmen dieser grandiosen Kelten-Fete wird an einem Abend der Woche in den mit Feuerwehrschläuchen gereinigten Auktionshallen ein ***bombastisches Fischessen*** für 3000 hungrige Mäuler organisiert. Natürlich sind die Eintrittskarten schnell verkauft, denn auf der Fisch-Fete geht mit bretonischer und irischer Musik und entsprechenden Mengen von Muscadet und Guinness gewaltig die Post ab. Karten gibt es während der Festwoche an verschiedenen Verkaufsständen im Stadtzentrum zwischen dem Yacht-Schleusenhafen (Port de Plaisance, Centre) und dem Sportzentrum (Parc des Sports), aber beeilen Sie sich! Das komplette Programm der Woche bekommt man ab Ende Juni beim Office de Tourisme oder im Organisationsbüro in der Rue Paul Bert Nr. 2, Tel. 97.21.24.29, im Stadtzentrum.

Aufgrund der flächendeckenden Bombardierung im 2. Weltkrieg hat die Stadt ***architektonisch nur wenig Interessantes*** zu bieten. Der Wiederaufbau in den 50er und 60er Jahren erfolgte primär zweckorientiert mit wenig architektonisch-künstlerischem Anspruch.

Sehenswert aus dieser Zeit ist eigentlich nur die im Jahre 1954 gebaute ***Eglise Notre-Dame-de-Victoire,*** am Place Alsace-Lorraine. Die aus Beton und Granit gebaute Kirche mit einer abgeflachten Kuppel als Dach ist betont schlicht gestaltet. Ein Fresko von ***Untersteller,*** 1959 hier entstanden, stellt die Jungfrau Maria dar.

Eine Sehenswürdigkeit, die weniger den Geist als vielmehr den Gaumen und Magen anspricht, befindet sich im Stadtteil Merville an der Avenue Anatole-France, ca. 300 m westlich des kleinen Stadtparks "Jardins Jules Ferry": Die riesige ***kreisrunde Markthalle*** "Halles Mervilles". Täglich ist hier vormittags ein Fischangebot zu finden, das an Vielfalt, Qualität und Menge in der Südbretagne seinesgleichen sucht. Mittwochs und samstags gibt es außerhalb des "Fischpalastes" einen großen Obst-und Blumenmarkt.

Praktische Hinweise

Information

●***Office de Tourisme:*** Quai de Rohan, 56100 Lorient, Tel. 97.21.07.84.

Unterkunft

●***Hôtel Mercure,*** Place Jules Ferry, Tel. 97.21.35.73. Ein modernes, komfortables Hotel der bekannten Mercure-Kette in sehr günstiger zentraler Lage. Es bietet 58 sehr gepflegte Zimmer mit allem Komfort ab 300 FF und ist ganzjährig geöffnet.

●***Hôtel Victor Hugo,*** Rue Lazare-Carnot 36, Tel. 97.21.16.24. Das Hotel hat 30 Zimmer mit unterschiedlicher Sanitärausstattung ab 160 FF und liegt ca. 1 km südlich des Stadtzentrums. Es ist ein gepflegtes Haus mit einer netten, englisch sprechenden Wirtin.

●***Hôtel du Square,*** Place Jules Ferry 5, Tel. 97.21.06.36. Ein einfaches Hotel in sehr günstiger Lage im Zentrum mit 13 unterschiedlichen Zimmern ab 130 FF, ganzjährig geöffnet.

●***Auberge de Jeunesse*** (Jugendherberge), Rue Victor-Schoelcher 41, Tel. 97.37.11.65, an der Straße nach Larmor-Plage am Ufer des Etang du Ter, ca. 3 km südwestlich des Stadtzentrums. Ein relativ neues Gebäude mit 104 Betten in 2- bis 5-Bett-Zimmern. Eine Campingmöglichkeit gibt es im Garten für 20 Zelte. Geöffnet ist vom 1. Februar bis zum 20. Dezember. Preis: 40 FF.

●***Camping Municipal de Kervénanec,*** Tel. 97.37.34.98. Ein kleiner, sehr einfacher Platz am Nordufer des Etang du Ter, 300 m östlich der Jugendherberge im Stadtteil Kermélo, ca. 3 km vom Zentrum. Er besitzt 65 Stellplätze, hat eine einfache sanitäre Ausstattung, aber günstige Preise.

Essen und Trinken

●***Le Poisson d'Or*** (der Goldene Fisch), Rue Maître-Esvelin 1, Tel. 97.21.57.06. Das Restaurant liegt im Zentrum in der Nähe des Yachthafens und ist sicherlich eines der besten Restaurants der Stadt hinsichtlich Fisch und Fruits de Mer. Die Weinkarte ist ebenfalls sehr gut.

●***Le Pic,*** Boulevard du Maréchal-Franchet-d'Esperey 2, Tel. 97.21.18.29. Eine gute Alternati-

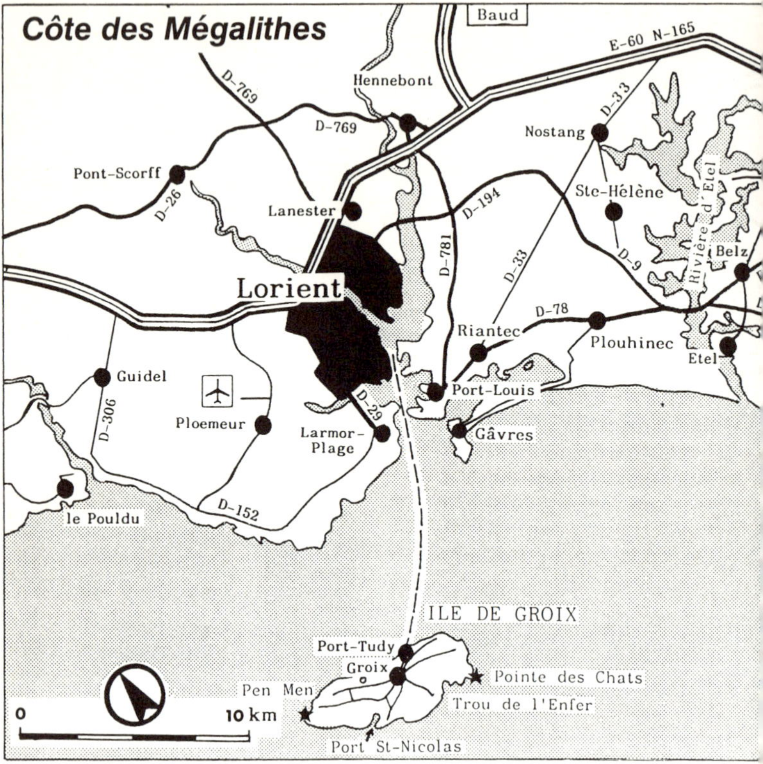

ve zum "Poisson d'Or", etwa 1 km nördlich des Zentrums. Die Speisekarte bietet auch dem Nicht-Fisch-Esser ein reichhaltiges Angebot. Der Chef wurde 1986 als bester bretonischer Kellermeister ausgezeichnet. Ein Menü bekommt man ab 95 FF. Samstags mittags und sonntags ist geschlossen.

●***Le Bistrot du Yachtman,*** Rue Poissonnière 14, Tel. 97.21.31.91. Es liegt zwischen dem Yachthafen und der Markthalle St-Louis. Das Restaurant zeichnet sich durch seine innovative Küche und seine elegante Atmosphäre aus. Sonntags und montags abends ist geschlossen.

●***Restaurant/Bar de la Liberté,*** Rue Poissonnière 26, Tel. 97.21.07.05. Ein bei den Einheimischen sehr beliebtes Lokal (was immer ein gutes Zeichen ist) nicht weit vom Yachthafen. Ein gutes Menü in unverfälschter französischer Atmosphäre bekommt man ab 60 FF.

●***Bar Le Benbow,*** Place Jules-Ferry 10, Tel. 97.21.44.30. Musikkneipe auf zwei Etagen mit irischem Touch, geöffnet 10.00-01.00 Uhr.

●Ein Tip für Guinness-Fans: ***Galway Inn,*** Rue de Belgique 18, Tel. 97.64.50.77. Ein urig-irischer Pub am westlichen Stadtrand.

Sonstiges

●***Hafenrundfahrt*** mit Vedettes Jaunes, Tel. 97.21.00.55, ab Quai des Indes um 14.30 Uhr. Die Fahrt dauert 95 Minuten und kostet 70 FF für Erwachsene und 45 FF für Kinder.

●***Flußrundfahrt*** auf dem Blavet bis Hennebont: Ebenfalls mit Vedettes Jaunes ab Quai des Indes

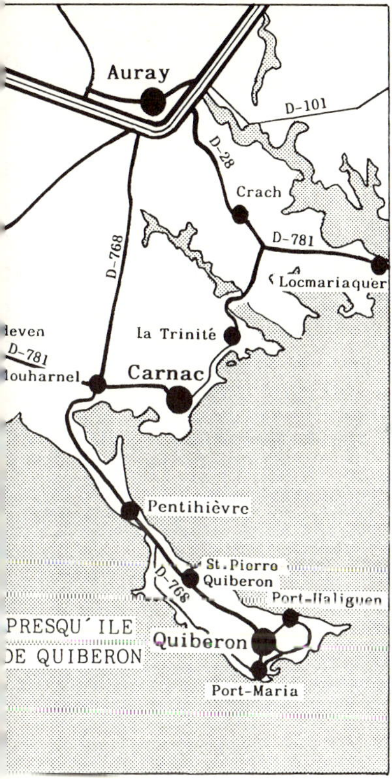

um 14.30 Uhr. Diese Fahrt dauert 3 Stunden mit einstündigem Pausenaufenthalt in Hennebont. Der Fahrpreis beträgt für Erwachsene 90 FF und für Kinder 60 FF.

•***Hafenfähre*** (PASSEUR) zwischen West- und Ostufer: Le Transrade, ebenfalls über das Büro von VEDETTES JAUNES organisiert. Tel. 97.21.00.55 oder 97.33.40.55. Halbstündige Verbindungen zwischen Lorient, Quai des Indes und Locmiquelic, Pen Mané sowie zwischen Lorient/Port de Pêche (Fischereihafen) und Port-Louis. Täglich 6.00-20.00 Uhr, am Wochenende 10.00-18.00 Uhr.

•***Angel- und Fischereiartikel:*** Coop Maritime im Fischereihafen (Kéroman), Rue Alphonse Rio 8, Tel. 97.37.07.91.

•***Musée de la Mer,*** Quai de Rohan (am Yachthafen), Tel. 97.84.87.37. Ein modernes Hafen- und Fischereimuseum, das 1987 gegründet wurde. Im Gegensatz zum historisch orientierten Seefahrtsmuseum in Port-Louis (Compagnie des Indes) wird hier die heutige Situation des Handels- und Fischereihafens erläutert. Geöffnet 9.00-12.00 Uhr und 14.00-18.00 Uhr, dienstags ist geschlossen.

•***Musée de la Compagnie des Indes*** (s. Port-Louis).

•***Diskothek Le Rive Gauche,*** Place Jules-Ferry 5, Tel. 97.84.90.00. In einem alten Keller unter den Arcaden fetzt es bis 2.00 Uhr.

•***Tauchen:*** EVASION, Rue Monistrol 55, Tel. 97.21.77.76. Hier werden Tauchfahrten vor der Küste organisiert; CLUB SCUBA-LORIENT, Tel. 97.21.65.82. Ebenfalls Fahrten vor der Küste.

•***Segeln:*** CLUB NAUTIQUE DE LORIENT, Boulevard Adolphe-Pierre, Tel. 97.84.81.30 (Ausbildung und Ausfahrten).

•***Fahrradverleih:*** am Bahnhof, Tel. 97.42.50.50.

Anreise/Weiterreise

•***Mit dem Auto:*** Von Vannes/Auray über die autobahnähnliche N 165; nach Quimper/Brest ebenfalls über die N 165.

•***Mit dem Zug:*** Regelmäßige Zugverbindungen von/nach Rennes, Vannes, Quimperlé, Quimper, Brest und Paris. SNCF, Rue de Beauvais, Tel. 97.42.50.50.

•***Mit dem Bus:*** Täglich 4-6 Fahrten nach Plouay, Le Faouët und Gourin. Abfahrt ab Gare Routière, neben dem SNCF Zug-Bahnhof. Ebenfalls täglich 5-8 Fahrten nach Baud und Pontivy.

•***Mit dem Flugzeug:*** Aeroport de Lann Bihoué (8 km nordwestlich des Zentrums). 4 Flüge von und nach Paris täglich mit Air Inter, Tel. 97.87.21.50 oder 08.81.73.33 (Reservierung in Brest).

•***Mit dem Schiff nach Ile de Groix*** mit der COMPAGNIE MORBIHANNAISE ET NANTAISE DE NAVIGATION. Personen- und PKW-Transport; ganzjährig täglich mindestens vier Fahrten (im Sommer bis zu acht) ab Gare Maritime (nahe dem Fischereihafen Kéroman). Die Fahrt dauert ca. 45 Min. Für die Hin- und Rückfahrt bezahlt man 90 FF für Erwachsene und 55 FF für Kinder. Für Autos je nach Länge ab 350 FF. Büro, Boulevard Adolphe-Pierre, Tel. 97.21.03.97.

•***Personenfähre nach Belle-Ile/Sauzon*** ebenfalls mit COMPAGNIE MORBIHANNAISE ET NANTASE DE NAVIGATION. Diese Fähre fährt nur vom 1.7. bis 6.9. ab Gare Maritime. Fahrtdauer ca. 95 Min. Der Fahrpreis beträgt 140 FF für Erwachsene und 85 FF für Kinder.

Ile de Groix

"Vor der Haustür" von Lorient, nur 8 km von Port Louis entfernt, liegt die interessante Insel, die den aus der Biskaya kommenden Schiffen als Navigationshilfe dient.

Auf der Kirchturmspitze im Ortszentrum kann es jeder schon von weitem sehen: Der ***Thunfisch*** hat auf dieser Insel lange Zeit eine große Rolle gespielt. Wo andernorts ein Wetterhahn die Spitze des Kirchturmes ziert, wurde hier ein metallener Thunfisch befestigt. Um die Jahrhundertwende hatten von insgesamt 270 bretonischen Thunfischfangbooten mehr als zwei Drittel, genau 198, Groix als Heimathafen. Schon immer hatte der Fischfang hier die Inselbewohner ernährt, doch etwa ab 1870 brachte der Fisch, insbesondere der Thunfisch, der Insel sogar gewissen Wohlstand. Dies lag vor allem an der Entwicklung von Fischereigenossenschaften und am Aufbau einer wirtschaftlich erfolgreichen ***Konservenindustrie.***

Die ***Thunfischfangtechnik*** war ursprünglich noch ausgesprochen delphinfreundlich, denn es wurde nur mit Angelleinen an langen Auslegern gefischt. Auf die mit Ködern versehenen Haken bissen nur Thunfische. Die heute vor allem im Pazifik übliche und aus ökologischer Sicht zu kritisierende Netzfangmethode wurde von den Fischern hier nicht eingesetzt.

Als in den 30er Jahren immer mehr Fischerboote motorisiert wurden und die fischverarbeitende Industrie sich am Festland als erfolgreichere Konkurrenz entwickelte, verlor Groix seine Bedeutung als Thunfischfang-Zentrum. Die Groisillonais (so nennen sich die Bewohner der Insel) mußten sich Arbeit am Festland oder auf fremden Schiffen suchen, bis nach dem 2. Weltkrieg der ***Tourismus als neuer*** Wirtschaftszweig entstand. Heute lebt die Bevölkerung von Groix von der Heuer der zur See fahrenden Männer, z.T. auch von ein wenig Getreide- und Gemüseanbau und vor allem aber auch von den Urlaubern. Die Steuern für die in den letzten Jahren gewachsene Zahl an Ferienhäusern bilden die Haupteinnahmequelle der Gemeindekasse.

Landschaftlich könnte man Groix als kleine Schwester von Belle-Ile bezeichnen. Vor 400 Millionen Jahren durch das Übereinanderschieben zweier Erdplatten entstanden, zeigt Groix wie Belle-Ile ein leichtes Gefälle von der ca. 40 m hohen felsig ***zerklüfteten Westküste*** hinüber zur nur etwa 20 m hohen ***buchtenreicheren Ostküste.*** Das Inland ist leicht hügelig. Hier liegen drei größere und etwa ein Dutzend kleinere ***Ortschaften,*** die sich recht gleichmäßig auf die etwa 7 km lange und 2 bis 3 km breite Insel verteilen.

Während in Küstennähe oberhalb des felsigen Ufers Heide- und Grasland oder Ginstergebüsche das Bild prägen, wird das ***Inland*** überwiegend landwirtschaftlich genutzt. Kleine Getreidefelder wechseln sich mit Viehweiden und Baumgruppen in der Nähe der meist weißgetünchten kleinen Häuser ab.

Port-Tudy, der an der Nordküste liegende Haupthafen der Insel, ist Yacht-, Fischerei- und Fährhafen zugleich.

Obwohl die Fähre auch Autos transportiert, ist es für einen Kurzaufenthalt auf Groix weder sinnvoll noch notwendig, den eigenen PKW mitzunehmen, denn kein Punkt der Insel liegt weiter als 4 km vom Hafen entfernt. Zudem werden in Port-Tudy Fahrräder und Kleinwagen zum Verleih angeboten.

Oberhalb des Hafens wurde 1984 im Gebäude einer ehemaligen Fischkonservenfabrik ein sehenswertes Inselmuseum eingerichtet, das ***Ecomusée de l'Ile de Groix.*** In mehreren Abteilungen werden die geologische Entstehung, Flora und Fauna, die geschichtliche Entwicklung und das alltägliche Leben der Fischer und ihrer Familien dargestellt. Altes Mobiliar und Geräte aus dem Alltag der Fischer werden durch Modelle ergänzt. Natürlich nimmt die Darstellung des Thunfischfangs hier besonderen Raum ein. Interessant ist auch die Ausstellung über Seerettung mit einem 10 m langen Boot von 1950. Daneben gibt es Exponate zu örtlichen Riten und Bräuchen.

Öffnungszeiten: Vom 1.10. bis 31.5. 10.00-12.30 Uhr und 14.00-17.00 Uhr, vom 1.6. bis 30.9. 9.30-12.30 Uhr und 15.00-19.00 Uhr. Zwischen Oktober und Mai ist das Museum montags geschlossen. Tel. 97.86.84.60. Eintritt: 20/13 FF.

Von Port-Tudy führt die Inselhauptstraße 1 km bergauf in den ***Hauptort Le Bourg,*** in dessen Zentrum die thunfischgekrönte Eglise Saint-Tudy steht. Le Bourg ist, außer im August, ein verschlafenes Inselzentrum mit einem kleinen Marktplatz, an dem man im Sommer im Schatten einiger großer Bäume nach der Radtour genüßlich sein Bier trinken kann.

Die Leitung des Ecomusée in Port-Tudy organisiert von Juni bis September mehrmals wöchentlich Führungen in zwei ***Naturschutzgebiete*** der Insel, die unter dem Namen Reserve Naturelle François Le Bail zusammengefaßt sind.

An der Nordwestküste, unweit des Leuchtturmes Pen Men, befindet sich ein ***ornithologisches und botanisches Schutzgebiet,*** in dem etwa 400 Paare verschiedener Seevögel nisten, u.a. auch die selten gewordenen Dreizehenmöwen.

An der entgegengesetzten Küste im Südosten der Insel kommen geologisch interessierte Besucher auf ihre Kosten. Südlich und südöstlich des Ortes Locmaria, des zweitgrößten der Insel, nahe des Kaps Pointe des Chats befindet sich das ***Réserve Naturelle Minéralogique.*** Vor 400 Millionen Jahren ließen Plattenverschiebungen der Erdkruste Mineralien entstehen, die normalerweise nur in tieferen Erdschichten gefunden werden, hier auf Groix hingegen bereits an der Oberfläche vorkommen. Insbesondere das

Glimmerschiefer (WK)

Sanfter Hügel: die Ile de Groix (WK)

Glaukophan, eine blaugrüne Variante der Alkalihornblende, läßt die Küste bei Locmaria zu einem Exkursionsziel für Geologen werden.

Nähere Informationen über Führungen erhält man an der Kasse des Ecomusée.

Am Ortsrand von Locmaria wurde 1906 ein ***Wikingergrab*** mit einem Wikingerschiff als Sarg ausgegraben, das in etwa auf das Jahr 900 datiert werden konnte. Die Funde sind ebenfalls im Ecomusée ausgestellt.

Entlang der Küste sind, von Port-Tudy aus im Uhrzeigersinn gesehen, folgende Orte sehenswert:

Port-Mélite, ca. 1 km östlich von Port-Tudy, nahe der Ortschaft Le Méné. Hier liegt eine kleine Badebucht mit schönem Sandstrand, die auch gern von Seglern als Ankerbucht genutzt wird. Ein kleiner Dolmen (Méni-Gori), der auf die neolithische Besiedelung von Groix hinweist, steht in unmittelbarer Nähe des Strandes (ca. 200 m südöstlich).

Plage des Grands Sables. Der feinsandige, ca. 500 m lange Strand mit seiner ungewöhnlich konvexen, fast halbinselähnlichen Formung ist nicht nur zum Schwimmen und Sonnenbaden ideal. Gelegentlich kommt es vor, daß im Sand buddelnde Kinder bei ihren "Grabungen" auf rote Silicatkristalle stoßen, die als "Granat" in Schmuckstücken Verwendung finden. Das wertvolle Kristall wird u.a. in Schichten von Glimmerschiefer gefunden; und Groix besteht aus genau diesem Gestein, das, als kleine Plättchen im Wasser gelöst, oft ein silbriges Glitzern erzeugt.

Etwa 500 m südlich des Strandes steht der kleine Leuchtturm ***Phare de la Pointe des Chats*** einsam in der Landschaft. Schön ist hier der Längsverlauf der Gesteinsschichten zu erkennen, die sich ins Meer ziehen. In der seewärtigen Verlängerung gibt es einige Untiefen im Meer (LES CHATS = die Katzen), die auch noch heute manchmal unvorsichtigen Navigatoren zum Verhängnis werden können.

Von der Pointe des Chats führt der die gesamte Küste umrundende Küstenwanderweg nach ca. 3 km zum Eingang in die Hölle, dem ***Trou de l'Enfer.*** Besonders bei Südweststurm lohnt sich der Weg hierher, denn dann zerstäuben meterhohe Wellen in dieser 40 m tiefen, aber sehr schmalen Felsschlucht in gewaltigen Gischtfontänen.

Weitere 2 km nordwestlich des Höllenschlundes erreicht man den bei Fischern und Seglern gleichermaßen beliebten fjordähnlichen Naturhafen ***Port St-Nicolas.*** Hier ist die ideale Stelle, transportable Boote für eine Fahrt entlang der sonst unzugänglichen rauhen Westküste zu Wasser zu lassen.

Vor Port St-Nicolas führt der Küstenweg nach ca. 3 km zur Nordwestspitze der Insel, nach ***Pen Men.*** Der gleichnamige Leuchtturm ist leider nicht zu besichtigen.

Zurück nach Port-Tudy lohnt der Weg über die Straße durch die inseltypischen ***Dörfchen Quelhuit und Kerlivio.*** Eine Pause sollte für den Ort ***Port-Lay,*** etwa 1 km westlich von Port-Tudy, eingeplant werden, denn dieser malerische Miniaturhafen war der erste befestigte Fischerhafen der Insel. Hier fanden im vorigen Jahrhundert zeitweise bis zu 140 Thunfischfangboote gleichzeitig Platz. Oberhalb des Hafens steht das Gebäude der ersten Fischerei- und Navigationsschule Frankreichs (gegründet 1903), die heute ihren Sitz in Brest hat.

Praktische Hinweise

Information

•***Office de Tourisme,*** 56590 Port-Tudy/Ile de Groix, Tel. 97.86.54.96 oder 97.86.53.08.

Unterkunft

•***Hôtel l'Escale,*** Port-Tudy, Tel. 97.86.80.04. Direkt oberhalb des Hafens, 8 Zimmer mit gutem Komfort, z.T. mit schönem Blick auf den Hafen, ab 270 FF, incl. amerikanisches Frühstück.

•***Hôtel/Restaurant de la Marine,*** Rue du Général de Gaulle 7, im Ortszentrum Le Bourg, Tel. 97.86.80.05. 22 traditionell eingerichtete Zimmer mit Dusche/Bad und WC ab 220 FF. Gutes Restaurant. Geschlossen vom 3.1. bis 1.2.

•***Hôtel/Restaurant Ty Mad,*** Port-Tudy, Tel. 97.86.80.19. Traditionelles, gepflegtes Haus oberhalb des Hafens, 32 gut eingerichtete Zimmer, davon 20 seit 1992 besonders luxuriös ausgestattet, ab 200 FF, geöffnet von Ostern bis Ende September.

•***Le Moulin d'Or,*** Rue St-Jean in Le Bourg, Tel. 97.86.82.16. 10 einfache Zimmer für Leute, die keinen großen Wert auf Komfort legen. Ab 180 FF, ganzjährig geöffnet.

•***Camping des Sables Rouges,*** Tel. 97.86.81.32 (Sommer) oder 97.64.13.14 (übrige Zeit), direkt am Meer an der Ostküste südlich des Plage des Grands Sables. Ruhige Lage, 120 Stellplätze zwischen Hecken, gute Sanitärausstattung, geöffnet vom 1.6. bis 12.9.

•***Auberge de Jeunesse,*** Tel. 97.86.85.24, am Ortsrand von Le Bourg. Die Jugendherberge ist nur von März bis Oktober geöffnet.

Essen und Trinken

•***Le Thonier,*** Port-Tudy, Tel. 97.86.54.54. Hafenrestaurant mit guter Fischküche, Menü ab 85 FF.

•***Les Alizés,*** Le Bourg, Rue du Général de Gaulle 8, Tel. 97.86.80.64. Kleines Lokal "für Zwischenduch", sehr empfehlenswert sind die gemischten Salate mit Thunfisch (delphinfrei) oder Sardinen. Zum Lokal gehört ein Salon de Thé.

•***Ty Beudeff,*** Tel. 97.86.80.73. Auf halbem Weg zwischen Port-Tudy und Le Bourg rechts an der Straße. Urige Bierkneipe mit betont keltischem Charakter (Guinness vom Faß) und viel Stimmung. Geöffnet ab 18.00 Uhr.

•***Crêperie Chez Paule,*** Rue de Port Mélite 6, Tel. 97.86.89.72. Gute Crêpes in familiärer Atmosphäre.

•***La Taverne Irlandaise,*** in Keranpoulo an der D 202 auf halbem Weg zwischen Le Bourg und Locmaria, Tel. 97.86.89.34. Wie der Name schon sagt, Kneipe mit betont keltischem Charakter und irischem Bier vom Faß. Abends wird gern gesungen, bretonisch, versteht sich, und laut.

Sonstiges

•***Fahrradverleih:*** CYCLES TRISTAN, Port-Tudy, Tel. 97.86.80.03, und CYCLES MARTIN, Tel. 97.86.84.17.

•***Disco:*** LE TY MAD, Port-Tudy, Tel. 97.86.80.19, ganzjährig sonntags, während der Saison täglich geöffnet.

•***Reiten:*** CENTRE EQUESTRE MEZ GROES, in Kerlobras auf halbem Weg nach Pen Men, Tel. 97.86.56.81.

●***Angelfahrten:*** Auskunft beim Office de Tourisme.

●***Surfen:*** CLUB NAUTIQUE DE GROIX, Tel. 97.86.82.64. Verleih von Boards und Ausbildung von Anfängern bis zum Funboard-Fan, am Plage des Grands Sables.

●***Tauchen:*** CLUB SCUBAGREC, Tel. 97.86.82.23. Anmeldung für Tauchfahrten oder für die Ausbildung am Kompressorhaus in Port Tudy neben der Tiefkühlhalle.

●***Segeln:*** JEUNESSE ET MARINE, Port-Lay, Tel. 97.86.82.97. Ausbildung auf Jollen und Sportkatamaranen, kein Verleih. CLUB NAUTIQUE DE GROIX (s.o.), Plage des Grands Sables. Neben Ausbildung auf Jollen und Katamaranen auch Verleih dieser Boote.

●***Tennis:*** TENNIS CLUB GROISILLON, Tel. 97.86.88.59. 3 Plätze.

●***Einkaufstip:*** Cooperative Maritime, in Port-Tudy am Hafen, Tel. 97.86.80.03. Angelgerät, Wassersportbekleidung, Pullover, Seekarten.

Anreise/Weiterreise

●***Mit dem Schiff:*** Groix ist mit verschiedenen Fährlinien von Lorient oder Port-Louis aus zu erreichen. COMPAGNIE MORBIHANNAISE ET NANTAISE DE NAVIGATION, Boulevard Adolphe-Pierre, 56100 Lorient, Tel. 97.21.03.97. Täglich vier Fahrten (im Sommer bis zu acht), Preise fürs Rückfahrtticket 90 FF, Kinder 55 FF, Autos ab 360 FF, Fahrtdauer 45 Minuten. VEDETTES JAUNES, Tel. 97.33.40.55 oder 97.21.00.55, nur im Juli/August, kein Autotransport, ab Lorient oder Port-Louis, täglich zwei Fahrten, Preise wie bei der C.M.N.N. Die Reederei führt auch Inselumrundungen durch.

●***Mit dem Flugzeug:*** Eine einmotorige sechssitzige Maschine fliegt täglich ab Lorient-Lann Bihoué, Tel. 97.31.41.14.

Ausflüge

●Das Ecomusée in Port-Tudy vermittelt während der Saison vom 1.5. bis 30.9. ***Tagesfahrten auf dem Gaffelsegler Kenavo.*** Höchstens vier Personen können täglich teilnehmen. Preis: 150 FF, Tel. 97.86.84.60.

●***Fahrten nach Lorient, Inselumrundungen*** und gelegentlich ***Angelfahrten*** werden mit dem Katamaran Stereden Va Bro organisiert. Auskunft im Port Tudy oder unter Tel. 97.86.54.44.

Larmor-Plage

4 km südlich von Lorient (D 29) am Westufer der Mündung von Blavet und Scorff liegt der beliebte Badeort direkt gegenüber von Port-Louis. Vor allem die ***vier schönen Sandstrände,*** Plage de Nourriguel im Osten (400 m Länge), Plage de Toulhars am alten Fischerhafen (ca. 400 m Länge), Plage de l'Armor bei Port-Maria (ca. 200 m Länge) und der Plage de Kerguelen westlich des Ortszentrums (ca. 1 km Länge) erklären die sehr hohe Zahl von Sommergästen zwischen Juli und August.

Am Plage de Kerguelen befindet sich ein regelrechtes ***Wassersportdorf*** mit einem sehr breiten Ausbildungsangebot für Segler, Surfer und Taucher. Mehrere hundert Sportkatamarane, Jollen und Surfboards stehen für Ausbildungszwecke und zum Teil auch für den Verleih zur Verfügung. Tauchern bieten 60 Ausrüstungen und drei Spezialboote beste Voraussetzungen für Tauchgänge vor der Küste und an der Insel Groix. Wahlweise werden Tages- und Wochenkurse angeboten. Eigene modern eingerichtete Unterkünfte können in Kombination mit den Kursen gebucht werden. Centre Nautique de Kerguelen, Tel. 97.33.77.78.

Neben den Wassersportprogrammen gibt es neuerdings auch ein Angebot für Reiter im ***Parc Océanique de Kerguelen,*** der dem Wassersportzentrum direkt angegliedert ist. Auf 82 ha Fläche gibt es neben den Ställen und Ausbildungsgebäuden viel Platz für sportliche Aktivitäten. Kerguelen Equitation, Tel. 97.33 60.56.

Auch für kulturhistorisch interessierte Besucher bietet die Stadt ein lohnendes Ziel: die im 15. und 16. Jh. erbaute Kirche ***Notre-Dame-dela-Clarté,*** auch genannt Notre-Dame-de-Larmor, am Marktplatz im Ortszentrum. Durch verschiedene Anbauten und Veränderungen bis ins 17. Jh. entstand hier ein schönes Beispiel bretonischer Gotik. Bereits im 6. Jh. stand hier eine hölzerne Kapelle, die von dem aus England stammenden Mönch SAINT GILDAS erbaut worden war. (St. Gildas starb gegen 570 auf der Insel Houat.) Die hölzerne Kapelle wurde schließlich im 9. Jh. von Wikingern abgebrannt. Der Baubeginn der heutigen Granitkirche ist nicht überliefert, doch lassen sich die vier Hauptpfeiler der Vierung (Schnittfläche von Lang- und Querhaus) auf das 15. Jh. datieren. Der Kirchturm besaß bis 1666 keine Spitze und hatte die Funktion einer Schutzfestung. Erst im Gründungsjahr der Stadt L'Orient (heute: Lorient) wurde die Spitze aufgesetzt. Das Eingangsportal ist entgegen der damaligen Bautradition nicht nach Süden, sondern nach Norden ausgerichtet. Es heißt, daß dies aus Gründen des Schutzes vor den hier dominierenden starken Südwestwinden geschehen sei. Eigenartigerweise findet man dieses Detail aber unter Hunderten von Kirchen und Kapellen sonst nur noch in Carnac und Gouezec/Fin. Rechts und links in der Eingangshalle stehen die Abbildungen der 12 Apostel, die hier zwischen 1518 und 1552 in Stein gehauen wurden. Verschiedene Heiligenstatuen (Sainte Barbe, Saint Efflam, Saint Roch u.a.) aus dem 16. Jh. sowie die 5 Altare sind ebenfalls sehenswert. Das Gemälde über dem Hauptaltar zeigt Maria und Jesus über dem Meer schwebend und weist darauf hin, daß dem Schutz der Seefahrer hier besondere Bedeutung zukommt. Vom 16. Jh. bis 19. Jh. war es üblich, daß aus Lorient auslaufende Kriegsschiffe beim Passieren der Kirche von Larmor-Plage mit drei Kanonenschüssen salutierten und ihnen als Antwort mit läutenden Kirchenglocken gute Fahrt und glückliche Heimkehr gewünscht wurde. Diese Tradition findet sich auch noch in der Inschrift des Stadtwappens wieder: "Bon vent à qui me salue" (Guten Wind dem, der mich grüßt).

Praktische Hinweise

Information

•***Office de Tourisme,*** Place Notre-Dame, 56260 Larmor-Plage, Tel. 97.33.70.02.

Unterkunft

•***Hôtel/Restaurant Les Mouettes,*** Plage de Kerguélen, Tel. 97.65.50.30. Betont modernes, neues Hotel direkt am Strand, 21 freundliche Zimmer, alle mit Bad und WC, Kabelfernsehen und Telefon ab 290 FF.

•***Camping:*** Von den drei vorhandenen Plätzen empfehlen wir Camping de la Fontaine im Ortsteil Kerderff, Tel. 97.33.71.28. Dieser Platz hat eine ruhigere Lage als die zwei anderen Plätze, ca. 700 m zum Strand, 140 Stellplätze, sehr gute Sanitärausstattung, Lebensmittelladen, Fahrradverleih. Geöffnet vom 1.5. bis 30.9.

Essen und Trinken

•***Les Mouettes*** (s.o.), verschiedene Menüs für Fisch-, Fleisch- und Gemüseliebhaber ab 95 FF. Ein freundlich heller Speisesaal mit Meerblick und Strandterrasse wirkt einladend.

•***Asia-Restaurant Dai Long,*** Rue de la Marine, Tel. 97.33.76.97, garantiert "echter" als deutsche China-Restaurants. Menü ab 90 FF

•***Crêperie La Petite Marquise,*** Promenade de Port-Maria 9, Tel. 97.65.59.95.

Sonstiges

•***Fahrradverleih:*** CAMPING DE LA FONTAINE (s.o.); SPORT-OCÉAN, Place Notre-Dame, Tel. 97.65.59.19.

•***Segeln, Surfen, Tauchen, Reiten:*** CENTRE NAUTIQUE DE KERGUÉLEN (s.o. im Text).

•***Tennis:*** STADE ANDRÉ-CHEVAL, Tel. 97.33.62.74.

•***Golf:*** GOLF PLOEMEUR OCÉAN, St-Jude-Kerham, Tel. 97.32.81.82. Über die D 152 ca. 5 km westlich vom Ortszentrum, direkt am Meer, 18 Löcher auf 6 km Länge.

•***Markttag:*** Sonntags vor der Kirche.

Anreise/Weiterreise

•***Mit dem Bus:*** Nach Lorient 8.00-20.00 Uhr halbstündig. Nach Westen zu verschiedenen kleinen Orten am Strand bis Fort-Bloqué dreimal täglich, Tel. 97.21.28.29.

•***Fähre:*** zwischen Yachthafen Larmor-Plage (Kernevel) und Port-Louis sowie nach Lorient-Quai des Indes viermal täglich vom 27.6. bis 30.8.

Port-Louis

Die vor allem wegen ihrer mächtigen Zitadelle besuchte Kleinstadt am Ostufer der Scorff- und Blavet-Mündung erreicht man ***mit dem Auto,*** aus Lorient kommend, über die D 781, nachdem man östlich von Lanester den Blavet über die D 194 überquert hat. Die Fahrt lohnt sich mit dem Auto aber nur, wenn man ohnehin östlich des Blavet bleiben will. Sonst ist es sinnvoll, direkt von Lorient, Quai des Indes oder Port de Pêche, mit der ***Hafenfähre*** (Passeur) als Fußgänger überzusetzen (s.o.).

Im 16. Jh. wurde der an der Mündung von Scorff/Blavet strategisch günstig gelegene Fischerort unter spanischer Besatzung durch DON JUAN DEL AGUILA ***mit einer Zitadelle befestigt,*** die Anfang des 17. Jh. unter LOUIS XII. auf Anordnung von RICHELIEU weiter ausgebaut wurde.

Heute befinden sich in den historischen Gemäuern drei verschiedene Museen: Das Musée de l'Arsenal, das Musée des Armes Navales und das Musée de la Compagnie des Indes. Im ***Musée de l'Arsenal,*** das sich im ehemaligen Waffenarsenal befindet, wird anhand zahlreicher Modelle von zivilen und militärischen Schiffen ein Stück französischer Seefahrtsgeschichte beschrieben. Der ehemalige Pulverturm beherbergt das ***Musée des Armes Navales.*** Hier zeigen Minen, Torpedos und andere Seewaffen, was der Mensch sich zwischen dem 17. und 20. Jh. einfallen ließ, um auch auf See sein zerstörerisches Handwerk fortzusetzen. Nebenan ist ein Raum der Rettung auf See gewidmet. Verschiedene Dokumente beschreiben die harten Einsätze der Männer auf ihren zum Teil bis in die 50er Jahre motorlosen Booten. Übrigens: Das französische Gegenstück zur DGzRS (Deutsche Gesellschaft zur Rettung Schiffbrüchiger), ist die SNSM (SOCIÉTÉ NATIONALE DE SAUVETAGE EN MER), die zu 100 % von Spenden finanziert wird.

Das dritte und nach dem historischem Informationswert wohl wichtigste Museum der Zitadelle befindet sich in der Nordwesthälfte der um den quadratischen Exerzierplatz angelegten Kaserne, das ***Musée de la Compagnie des Indes.*** Verschiedene Pariser Museen haben mit der Stadt Lorient zusammengearbeitet, um 1984 dieses einzigartige Museum für orientalische und asiatische Handelsbeziehungen hier einweihen zu können. Am Eingang geben große Tafeln eine Übersicht über die Aufeinanderfolge der verschiedenen Handelsgesellschaften seit 1604. In den beiden Gebäudeteilen rechts und links vom Eingang geben Originaldokumente, Wandteppiche, alte Seekarten und eine Vielzahl kostbarer Sammlungsstücke, wie China-Porzellan, Gold- und Elfenbeinfiguren, Möbel und Werkzeuge, einen detaillierten Einblick in die damalige Welt des Handels mit Afrika, Indien und China. Während im rechten Gebäudeteil historisches Material, geographisch geordnet, ausgestellt ist, werden im hinteren Teil die verschiedenen Aspekte des Lebens auf einem Handelsschiff im 17./18. Jh. dargestellt. Ein ganzer Saal ist Handelswaren gewidmet: Porzellan, Tee, Kaffee, Seide, Gewürze, Edelsteine, Edelhölzer und Teppiche. Man stelle sich vor, daß im frühen 17. Jh. Gewürznelken von den Molukken in Europa nach ihrem Gewicht in Gold aufgewogen wurden.

Zitadelle de Port-Louis, Tel. 97.82.19.13, geöffnet vom 1.4. bis 30.9. 10.00-19.00 Uhr und 1.10.-4.11. sowie vom 19.12. bis 31.3. 13.30-18.00 Uhr. Der Eintritt kostet 26 FF für Erwachsene und 14 FF für Kinder. Dienstags ist geschlossen.

Die Stadt Port-Louis wurde wie Lorient 1941-1944 weitgehend zerstört und bietet deshalb nur noch ***wenige historisch interessante Gebäude.*** Häuser aus der Zeit LOUIS XIII, LOUIS XIV. stehen noch in der Rue Driasker 6 und in der Rue de la Citadelle 26. Das ***Rathaus*** (Hôtel de Ville) von 1770 am Place Notre-Dame hat e-

Rekonstruiert: die Mauern der Zitadelle, die Kanonenrohre sind aus dem 17. Jh. (WK)

benfalls die Kriegsjahre überdauert.

Eine Sehenswürdigkeit, die gleichzeitig körperliche Entspannung bietet, findet man hinter einem kleinen Stahltor in der Festungsmauer ca. 200 m vor der Zitadelle. Der einzige ***Badestrand*** der Südbretagne, der von einer 400 Jahre alten Festungsmauer begrenzt wird.

Praktische Hinweise

Information

●***Office de Tourisme,*** Grande Rue 47, 56290 Port-Louis, Tel. 97.82.52.93.

Unterkunft/Essen und Trinken

●***Hôtel/Restaurant du Commerce***, Place du Marché, Tel. 97.82.46.05. Ein ordentliches Haus nahe der Zitadellle mit 37 durchschnittlichen Zimmern ab 200 FF. Ganzjährig geöffnet.

●***Hôtel/Restaurant/Bar Belle-Vue,*** Rue de la Pointe 1, Tel. 97.82.46.03. Ein einfaches Haus nahe des Yachthafens mit 10 Zimmern ab 110 FF. Ebenfalls ganzjährig geöffnet.

●***Crêperie du Boulevard,*** Tel. 97.82.12.28. In dieser Crêperie gegenüber dem Yachthafen kann man auf der Terrasse oder im rustikalen Innenraum preiswert essen.

●***Patisserie-Glacier J. F. Bise,*** Grande Rue 45. Hier bekommt man hervorragende bretonische Kuchen und andere süße Spezialitäten

●***Patisserie des Remparts,*** Place Notre-Dame, Tel. 97.82.47.70. Ein netter Salon de Thé mit einer hervorragenden Konditorei.

Sonstiges

●***Tauchen:*** Club Nautique de Port-Louis, Quai de la Pointe, Tel. 97.82.18.60 oder 97.36.68.82. Liegt direkt am Fähranleger.

●***Segeln:*** (s. Tauchen, gleiche Adresse).

●***Fahrradverleih:*** Am Hafen, Tel. 97.82.40.58.

●***Rundflüge:*** Aéroclub de Lorient, Lann-Bihoué, Tel. 97.86.00.34.

●***Markttag:*** Samstag

●***Hafenrundfahrt:*** durch alle Häfen von Lorient mit Vedettes Jaunes, Tel. 97.33.40.55. Abfahrt vom Yachthafen um 14.00 Uhr. Die Fahrt dauert 95 Min. und kostet 70 FF für Erwachsene und 45 FF für Kinder.

Anreise/ Weiterreise

●***Personenfähre (Passeur) von und nach Lorient/Port de Pêche*** (Fischereihafen) halbstündig

6.00-20.00 Uhr (am Wochenende 10.00-18.00 Uhr) mit "Le Transade" (VEDETTES JAUNES), Tel. 97.33.40.55.

•***Fähre zur Ile de Groix:*** Die VEDETTES JAUNES bietet neben den Blavet-Fähren eine Tour zur Ile de Groix mit Inselumrundung an. Jeden Montag vom 6.7. bis 31.8. um 9.30 Uhr und 14.30 Uhr ab Port-Louis-Yachthafen. Erwachsene 90 FF, Kinder 60 FF. Die Tickets sind auch im Office de Tourisme erhältlich.

Gâvres

Das kleine Fischerdorf 1 km südlich von Port-Louis ist aufgrund seiner ungewöhnlichen Lage bisher wenig von touristischen Einflüssen berührt worden. Es liegt am Ende einer extrem schmalen, streckenweise nur 100 m breiten Landzunge, die auf ca. 6 km Länge den Meeresarm Petite Mer de Gâvres vom offenen Atlantik trennt. Zu erreichen ist Gâvres entweder mit der kleinen ***Fußgängerfähre*** im Süden von Port-Louis (Embarcadère Bac Piétons), werktags 6.30-18.30 Uhr und sonntags 8.30-12.30 Uhr (halbstündig bei 5 Min.Fahrtdauer), oder ***mit dem Auto*** auf der D 781 über Port-Louis, Riantec bis Plouhinec; dort auf die D 158 nach Westen.

Ca. 6 km weit führt die Straße parallel zur Küste entlang ***schöner Sandstrände,*** die aber nur am Wochenende zugänglich sind, denn sie gehören zu einem ***militärischen Sperrgebiet,*** auf dem manchmal (selten) während der Woche Schießübungen durchgeführt werden.

Aber genau dieser Umstand hat es paradoxerweise ermöglicht, daß sich hier die ***atlantische Küstenflora und -fauna*** besser erhalten konnte als in frei zugänglichen Gebieten. Im Winter finden sich hier Zugvögel aus Skandinavien und Nordrußland ein, um auf ihrem Weg nach Südspanien oder Nordwestafrika Nahrung aufzunehmen.

Der Ort Gâvres lohnt einen Besuch, vor allem wegen seiner ***beschaulichen Atmosphäre.*** Trinken Sie einen Café oder ein Bier im Lokal an der kleinen Hafenmole, oder essen Sie eine Crêpe in der Crêperie du Men Gwen (Place du Général de Gaulle 13) und freuen Sie sich, daß es noch so ruhige Orte am Meer gibt.

Für historisch Interessierte gibt es einen Leckerbissen: am Nordrand des Strandes von Goerem (extreme Westseite der Halbinsel) befindet sich zwischen Häusern ein ***Tumulus mit einem Grabgang*** (Allée Couverte), der etwa 2500 v. Chr. angelegt wurde. Ungewöhnlich ist, daß der Gang rechtwinklig abgeknickt ist. Am Ende dieses Ganges liegt die etwa 10 m² große Grabkammer (Taschenlampe notwendig!).

Unterkunft

Zwei einfache, aber ruhig gelegene Campingplätze, beide mit ca. 200 Stellplätzen, stehen zur Auswahl. Beide liegen direkt am Meer und haben gute Sanitäreinrichtungen.

•***Camping Municipal La Lande,*** Tel. 97.82.48.61.

•***Camping Municipal Les Joncs,*** Tel. 97.82.46.88.

Hennebont

Die am Blavet gelegene geschichtsträchtige Kleinstadt (ca. 13.000 Einwohner) erreicht man von Lorient nordöstlich über die N 24 nach ca. 10 km.

Durch die günstige Lage am Fluß war Hennebont schon in römischer Zeit ein wichtiger Warenumschlagplatz. Im Mittelalter, gegen 1250, wurde die Stadt mit einer ***Verteidigungsmauer*** umgeben, die zum großen Teil noch heute steht. Das trutzige Eingangstor, Porte Broerec, mit seinen zwei Festungstürmen diente im 18. u. 19. Jh. vorübergehend als Gefängnis. Nach einer aufwendigen Restaurierung (deutsche Truppen zerstörten die Stadt auf ihrem Rückzug von Lorient) wurden die ehemaligen Gefängnisgemäuer zu Ausstellungszwecken umgebaut. Heute ist hier die Stadtgeschichte mit alten Dokumenten und Bildern, historischen Möbeln und bretonischen Trachten dargestellt (geöffnet vom 15.6. bis 15.9. 10.00-18.00 Uhr).

Ein anderes historisches Gebäude, das nach dem Krieg restauriert werden konnte, ist die ***Basilique Notre-Dame-de-Paradis.*** In der in nur einem Jahrzehnt (1514-1524) gebauten Kirche befindet sich u.a. die älteste Orgel des Morbihan (von 1652).

Weitere Sehenswürdigkeiten sind der ***botanische Garten von Kerbihan*** in der Stadtmitte mit Pflanzen von fünf verschiedenen Kontinenten und das ***Museum für Metallverarbeitung (***Ecomusée des Forges d'Hennebont, Tel. 97.36.98.21) etwas außerhalb der Stadt, ca. 2 km flußabwärts (D 23) in Lochrist. Am Nordufer des Blavet wird in einem ehemaligen Fabrikgebäude die Geschichte der Eisenerzverhüttung sowie das Leben der Arbeiter veranschaulicht. 1860 war hier wegen der sprunghaft gestiegenen Nachfrage nach Weißblech durch die Konservenindustrie (Fischkonserven von Groix, Belle-Ile, Quiberon) eine Eisenhütte errichtet worden, die schnell zu einem bekannten Eisenerzverarbeitungszentrum wuchs. Arbeitersiedlungen wie Kerglaw und Langroix entstanden in unmittelbarer Nähe. Doch seit 1966 brennt hier kein Schmelzofen mehr, denn die Konkurrenz der Stahlindustrie in Lothringen und im Norden war zu stark.

Öffnungszeiten: Im Juli/August täglich (außer montags) 9.00-12.00 Uhr 14.00-18.00 Uhr. Außerhalb der Saison ist nur am Wochenende geöffnet. Die Eintrittspreise betragen 25 FF für Erwachsene und 15 FF für Kinder.

Zum Musée des Forges gehört ein ***Museum für Wasserwirtschaft*** (Musée de l'Eau), das über die Entwicklung der Flußschiffahrt auf dem Blavet und deren Beziehung zur Eisenhütte informiert. Öffnungszeiten und Preise wie beim Musée des Forges.

Hennebont ist heute insbesondere ein bei französischen Reitern bekannter Ort. Das ***Nationalgestüt*** (HARAS NATIONAUX) wurde 1857 in der während der Revolution zerstörten Zisterzienser-Abtei Abbaye de la Joie untergebracht, und heute kommen Frankreichs teuerste Zuchtpferde aus diesem Gestüt. Die Ställe, die Sattlerei und ein Kutschenmuseum können besichtigt werden.

Praktische Hinweise

Information

•***Office de Tourisme***, Place Foch 9, 56700 Hennebont, Tel. 97.36.24.52.

Unterkunft

•***Château de Locguénolé,*** Route de Port-Louis, Tel. 97.76.29.04. Der Name sagt es: Schloßhotel mit eigenem Park, 34 sehr luxuriöse Zimmer (auch Suiten) ab 450 FF. Außerdem gibt es ein Schwimmbad, eine Sauna und Tennisplätze.

•***Camping Municipal Saint-Caradec*** (am Ostufer des Blavet nördlich der Stadt), Tel. 97.36.21.73. Der Platz bietet 150 Stellplätze in ruhiger, grüner Lage. Er ist vom 15.6. bis 15.9. geöffnet.

•***Jugendherberge*** in Inzinzac-Lochrist, Tel. 97.36.08.08. In einem umgebauten Bauernhof, mit eigenem alten Brotofen. Der Preis beträgt 45 FF pro Nacht.

Sonstiges

•***Fahrradverleih:*** ROSUARHO, Rue Maréchal Joffre 87, Tel. 97.36.21.87.; MARCARINI, Av. de la République 5, Tel. 97.36.16.00.

•***Markttag:*** Donnerstag, im Bereich der Kirche.

•***Öffentliche Reitschule:*** HARAS NATIONAUX, Rue Victor Hugo, Tel. 97.36.20.27. Besichtigungen sind nur montags bis samstags vom 14.7. bis 31.8. 10.00-11.00 Uhr, und 14.15-16.15 Uhr, und vom 2.9. bis 28.2. 15.15-16.15 Uhr möglich.

Anreise/Weiterreise

•***Mit dem Bus:*** Nach Lorient und nach Pontivy (über Baud, Guenin) 5-7mal täglich.

•***Mit dem Zug:*** Zugverbindung über Lorient in Richtung Quimper bzw. über Vannes in Richtung Redon 6mal täglich.

•***Mit dem Schiff:*** Flußfähre: Hennebont ist auf dem Wasserweg von Lorient und Port-Louis mit dem Boot zu erreichen. Die VEDETTES JAUNES bieten vom 1.7. bis 31.8. jeden Samstag ab Port-Louis, 14.00 Uhr, und ab Lorient, Quai des Indes, 14.30 Uhr, eine dreistündige Fahrt den Blavet hinauf nach Hennebont an, incl. einstündigem Aufenthalt in Hennebont. Preise: 90/55 FF, Tel. 97.21.00.55.

Poul-Fétan/Quistinic

Etwa 12 km nordöstlich von Hennebont (D 23) erreicht man über Lochrist, Sebrevet (hier auf die D 159) das Dörfchen Quistinic mit seinem ***Museumsdorf Poul-Fétan*** (Tel. 97.39.72.82). Ein Bauerndorf aus dem 16. Jh. bildet die reale Kulisse für einen Zeitsprung 400 Jahre zurück. In reetgedeckten, kleinen Granithäusern ist bäuerliches Leben mit zum Teil lebensgroßen Puppen zwischen Originalmöbeln, Hausrat und Werkzeugen dargestellt. Einer der Bauernhöfe dient als Gaststätte, wo bretonische Spezialitäten angeboten werden. Öffnungszeiten: 13.6.-27.9. täglich 10.00-12.00 Uhr und 14.00-19.00 Uhr. Von Ostern bis zum 12. Juni ist nur am Wochenende geöffnet. Eintritt 12 FF.

Baud

Etwa 25 km nordöstlich von Lorient am nordwestlichen Ende der Landes de Lanvaux, einer ehemals reich bewaldeten plateauartigen Landschaft, liegt der Ort nahe der Flüsse Blavet, Evel und Tarun.

Der Ort selbst ist für sein ***Pardon*** bekannt, das alljährlich am ersten Sonntag im Juli stattfindet. Das Pardon wird zu Ehren Marias zelebriert, deren Statue in der Notre-Dame-de-la-Clarté heilsame Kräfte bei Augenleiden zugeschrieben wird. Die Statue wird in der Kapelle (16. Jh.) aufbewahrt, die von der Kirche aus erreichbar ist. Die Kirche selbst wurde 1927 erbaut, nachdem das ursprüngliche Gebäude 1922 zusammengefallen war. Es gelang, einige Bauelemente aus dem 16. Jh. und die Kapelle in den Neubau zu integrieren.

Fontaine-de-la-Clarté. 300 m von der Kirche entfernt an der Straße nach Locminé befindet sich dieser Brunnen, dessen Wasser ebenfalls heilende Wirkung bei Augenerkrankungen zugesprochen wird.

Praktische Hinweise

Unterkunft

- ***Hôtel Le Relais de la Forêt,*** Tel. 97.51.01.77. 17 gutbürgerlich eingerichtete Zimmer ab 130 FF.
- ***Gîte Rural,*** Alice Robic, Kersommer, Tel. 97.51.08.02. 5 Zimmer mit Bad/WC, Gemeinschaftseß- und wohnzimmer mit TV, Garten und Gartenmöbeln. Nach Vorbestellung werden abends Mahlzeiten serviert. Zimmer für 1 Person 170 FF, 2 Personen 200 FF, 3 Personen 250 FF.
- ***Camping de Pont-Augan,*** Route de Bubry, Tel. 97.51.04.74. Am Ufer des Blavet liegt die kleine Anlage mit 32 Stellplätzen. Der 3-Sterne-Platz ist auch für Wohnmobile geeignet. Geöffnet vom 15.6. bis 15.9.

Vénus de Quinipily

Im Innenhof des ehemaligen Schlosses von Quinipily, ca. 1,5 km östlich von Baud, steht auf einem monumentalen Brunnen die 2,20 m große ***Granitstatue der Venus.*** Das Brunnenbecken aus Granit hat einen Inhalt von etwa 3.500 l.

Die Statue stand bis zum 17. Jh. auf dem Hügel von Castennec, ca. 12 km nördlich des heutigen Standorts, bei der ***römischen Siedlung Sulim.*** Ursprünglich wurde sie Ar Gwreg houarn (Die eiserne Frau) genannt.

Jahrhundertelang verehrten die Bauern der Umgebung sie als ***Kultfigur,*** eine Art Fruchtbarkeitssymbol. Die Riten beunruhigten die Kirche. Der Bischof von Vannes, CHARLES DE ROSMADEC, ließ die Statue deshalb 1661 in den Blavet werfen. Drei Jahre später holten die Bauern sie wieder aus dem Fluß heraus und begannen ihren Kult aufs Neue. Wegen des unchristlichen Tuns der Bevölkerung stark erbost, befahl der Bischof 1670, die Statue zu zerschlagen. Die Handwerker gingen ans Werk, verstümmelten einen Arm und eine Brust, doch plötzlich bekamen sie aus unerklärlichen Gründen so große Furcht, daß sie ihr Tun beendeten und die Figur erneut im Fluß versenkten.

1696 ließ der Graf Pierre de Lannion, Schloßherr von Quinipily, die Statue bergen, wiederherstellen und an der heutigen Stelle über dem Brunnen aufrichten. Die Bauern von Castennec sahen sich um ihre Figur betrogen, protestierten und baten ihren Lehnsherrn, den Herzog von Rohan, um Intervention. Der Herzog strengte ein Gerichtsverfahren an, verlor den Prozeß jedoch 1701 gegen den Grafen. So blieb die Statue im Schloßhof. 1795 fiel das Schloß den Wirren der Revolution zum Opfer, die Statue jedoch blieb erhalten.

Nach wie vor ist der ***Ursprung der Figur geheimnisumwittert.*** Das Stirnband trägt die bis heute nicht erklärbare Inschrift "TIT". Eine Art Schal liegt um ihren Hals und hängt zwischen den Brüsten bis herab zum Schoß. Dieser Schal erinnert vage an Darstellungen von Figuren altägyptischer Gottheiten. Sicher ist, daß die Römer einen Isis-Kult pflegten und daß in der Siedlung Sulim maurische und lybische Soldaten untergebracht waren. Der Sockel trägt reliefartige lateinische Inschriften, die allerdings schwer entzifferbar sind. Einige scheinen sich auf die Zeit der römischen Besatzung zurückführen zu lassen, andere stammen aus dem 17. Jh. Diese Unterschiede ließen sich so erklären, daß die Handwerker Pierre de Lannions bei den Restaurierungsarbeiten scheiterten und eine völlig neue Figur erstellten. Von Gegnern dieser These wird jedoch die Frage aufgeworfen, warum sogar der Herzog von Rohan einen Prozeß anstrengte, obwohl er doch nur eine Kopie erhalten hätte.

Rivière d'Etel

Der wegen seiner ehemaligen Thunfischerflotte bekannte, heutzutage jedoch recht ruhige kleine Hafen Etel liegt im Mündungsbereich des gleichnamigen Flusses, oder sollte man besser Meeresarm sagen? Die Einheimischen sprechen gern von ihrer ***"Ria" d'Etel.*** Mit dem spanischen Wort für Bucht meinen sie eine Wasserlandschaftsform, die für die Südbretagne kennzeichnend ist; auch der Golf du Morbihan hat diese Gestalt. Kein Fluß, kein See, kein Meeresarm, aber von allem ein bißchen. Zwar münden fünf kleine Bäche in die äußersten Seitenarme der durch zahlreiche Inseln und Halbinseln stark zergliederten Wasserfläche von über 20 km², doch fließt das Wasser vor allem wegen der ***Gezeiten.*** Zweimal täglich zwängen sich mit der Flut Millionen Kubikmeter Atlantikwasser durch die nur ca. 300 m schmale Engstelle südlich des Hafens Etel in die eher einem buchtenreichen Binnensee ähnelnde Wasserfläche.

Bei Ebbe und auflandigem Wind steht vor der Passage über einer flachen Sandbarre eine grobe, rollende See. Bei Sturm sind hier schon zahlreiche Fischer- und Segelboote vollgeschlagen und gesunken. Das Phänomen der zeitweise ***gefährlich hoch brechenden See*** schon bei relativ wenig Wind ist in allen Gezeitengewässern bekannt. Es entsteht überall dort, wo starke Strömungen gegen die Windrichtung setzen. Hierfür berühmt-berüchtigt sind viele Flußmündungsbereiche der West- und Südbretagne. Gerade die Barre von Etel ist bei allen französischen Seefahrern deshalb gefürchtet. Um das Naturschauspiel zu erleben, sollte man einen Tag mit starkem Südwest- oder Westwind abwarten und dann bei etwa halber Ebbe (ca. 3 Std. nach Hochwasser, s. Tidentabelle beim Hafenbüro) am Ufer der Ria entlang bis zur Mündungsengstelle gehen (ca. 2 km von Etel). Je nach Windstärke und Mondphase (bei Voll- oder Neumond maximale Gezeiten) können die Brecher hier bis zu 6 m hoch rollen. Bei sommerlicher Flaute hingegen und bei schwachem Gezeitenstrom werden Sie es nicht für möglich halten, daß sich diese ruhige, zwischen 2 Sandstränden malerisch gelegene Wasserfläche in einen schiffeverschlingenden Hexenkessel verwandeln kann.

Doch egal bei welcher Wetterlage, die ***kilometerlangen Sandstrände*** beidseitig der Mündung sind immer gut für einen langen Spaziergang am Meer oder für einen faulen Badenachmittag. Selbst im Juli und August kommen bisher nur wenige Menschen hierher.

In den vielen, mit insgesamt ca. 130 km Küstenlinie tief verzweigten Seitenarmen der Ria gibt es eine noch überwiegend ***intakte Naturlandschaft.*** Ganzjährig leben hier Seidenreiher, Graureiher, Austernfischer, Kormorane, Krähenscharben, Seeschwalben und natürlich verschiedene Möwenarten. Ohne ein starkes Fernglas wird man sie allerdings nur schlecht beobachten können, denn in diese ökologisch sensiblen Gebiete führen bewußt keine Wege. Mit einem Boot ist eine Annäherung bis auf einen respektvollen Abstand möglich. Das Office de Tourisme organisiert im Sommer Ria-Exkursionen mit Führung.

Der ***Ort Etel,*** ca. 2 km nördlich des Mündungsbereiches der Ria, war um die Jahrhundertwende zusammen mit Port-Tudy auf Groix einer der größten Thunfischerhäfen Frankreichs. Mehr als 2000 Einheimische lebten damals allein vom Thunfischfang. Zwar gibt es auch heute noch eine Handvoll Fischer, die in der äußeren Biskaya und bei den Azoren Thunfisch fangen, doch lebt der Hafen heutzutage zunehmend von der Freizeitschiffahrt und vom Sommertourismus (der sich allerdings in Grenzen hält).

Praktische Hinweise

Information

- ***Office de Tourisme,*** Place du Thonier, 56410 Etel, Tel. 97.55.35.19.

Unterkunft

- ***Hôtel/Restaurant Le Trianon,*** Etel, Rue du Général-Leclerc 14, Tel. 97.55.32.41. Traditionelles Haus mit 16 Zimmern, alle mit WC und Dusche oder Bad, ab 280 FF.
- ***Camping*** nur im benachbarten Erdeven, verschiedene Plätze, z.B. Camping Les 7 Saintes (Die 7 Heiligen), Tel. 97.55.52.65, sehr schön im Hinterland gelegener Platz für 200 Camper. Sehr gute Sanitäreinrichtungen, Schwimmbad, Spielangebote, Waschmaschinen, Lebensmittelladen.

Essen und Trinken

- ***Restaurant La Chaloupe,*** am Hafen, Tel. 97.55.32.13. Großer Speisesaal mit Bilck auf den Hafen, Menü ab 90 FF.
- ***Restaurant/Pizzeria L'Etelia,*** Rue de la Libération, Tel. 97.55.45.40, ebenfalls am Hafen. Pizza, Grillgerichte, Austern und Miesmuscheln, auch zum Mitnehmen.
- ***Bar Breton,*** Rue du 8 Mai 2, Tel. 97.55.45.40. Die Bar ist vor allem dadurch bekannt, daß hier die Kapitulation der deutschen Besatzer im Kessel von Lorient am 7.5.1945 unterschrieben wurde. Der Originaltisch der Kapitulationsunterzeichnung befindet sich im Lokal rechts vom Eingang (s. Plakette an der Stirnseite).
- ***Bar-Crêperie Les Algues Marines*** auf der Halbinsel St-Cado, ca. 4 km nördlich von Etel. Einfaches Lokal, aber hervorragende Crêpes und Fruits de Mer zu relativ niedrigen Preisen.

Sonstiges

- ***Bootsrundfahrt*** auf der Ria, Vedettes Jaunes, Place des Thoniers, Tel. 97.55.58.26. Vom Hafen in Etel fährt das Boot nach Süden in den Mündungsbereich (evtl. Barre) und dann nach Norden bis zur Halbinsel Locoal. Vom 28.6. bis 12.9. fährt viermal täglich ein Boot. Die Fahrt dauert 95 Minuten und kostet für Erwachsene 70 FF und für Kinder 45 FF.
- Die ***kulturhistorische Ausstellung*** Autrefois Etel, Salles des Fêtes, ist im Sommer zu besichtigen.
- ***Einkaufstip:*** COOP Maritime d'Etel, Cours des Quais, Tel. 97.55.30.76. Angel- und Fischereibedarf, Pullover, Schlechtwetterbekleidung und Seekarten.
- ***Markttag:*** Dienstag.

Anreise/Weiterreise

- Von Lorient über Lanester (D 194) oder Hennebont (D 9) ca. 20 km nach Südosten.
- Es gibt weder eine Zug- noch eine Busverbindung.

Ausflugsziele rund um den Rivière d'Etel

Insel Saint-Cado. Vom Ort Belz, 4 km nordöstlich von Etel, über eine kleine Brücke erreichbar. Hübsche kleine Kapelle, die die Benediktiner von Quimperlé im 11 Jh. bauten. Der Calvaire mit Treppenaufgang neben der Kapelle stammt von 1832. Am Ufer findet man Austernkulturen.

Brücke Pont-Lorois bei Kergo. 2 km westlich von Belz überquert die D 781 die Ria, guter Standort für Fotos (zu Fuß!).

Halbinsel Nestadio, über die Pont-Lorois zum Westufer, dort bei der Abzweigung auf die D 9 (rechts), nach ca. 2 km wieder rechts ab in Richtung St-Guillaume-Nestadio. Kleine alte Häuser zum Teil aus dem 16. Jh. und eine winzige Kapelle aus dem 18. Jh. direkt am Wasser. Nahe der Kapelle werden im Sommer Austern direkt vom Ostréiculteur verkauft (s. Schild "Dégustation"). Bei Jacques Nicolas in der Nähe (s. Schilder) werden neben Austern auch andere Muscheln verkauft.

Nostang. Kleiner, schon von den Venetern bewohnter Ort am Nordrande der Ria. Von der D 9 (Westufer) bei Merlevez rechts ab auf die D 33, dann noch 2 km. Interessante Küstenwanderwege mit reicher Flora und Fauna. Die Chapelle Notre-Dame-de-la-Joie de Legeven stammt aus dem 16. Jh.

Pointe de Manéhéllec, auch Pointe de la Vieille Chapelle genannt. Ca. 6 km südlich von Nostang ausgedehnte Austernkulturen (Parcs à huîtres). Die Patronne (Chefin), Mme Le Creff, verkauft nicht nur ihre vorzüglichen Austern und verschiedene andere Muscheln direkt an Interessenten, sondern führt bei Interesse auch

Der Calvaire auf der Insel St-Cado (WK)

durch den Betrieb. Tel. 97.36.65.72.

In ***Sainte-Hélène*** befindet sich ein als historisches Monument klassifizierter Brunnen, la Fontaine de Ste-Hélène, der bis ins letzte Jahrhundert Etappe auf einem Pardon war. Jeder hatte einen Wunsch frei. Die Legende erzählt, daß die Fischerfrauen bei Sturm Brotstücke in den Brunnen warfen. Blieben sie oben und schwammen, bedeutete es eine gute Heimkehr des Mannes.

Halbinsel Locoal am Ostufer, am östlichen Ortsausgang von Belz nach Norden auf die D 16 bis Locoal-Mendon, dann links ab (nach Westen) auf die Halbinsel über die kleine Brücke Pen Pont, von der man nach links (im Süden) auf eine Vogelkolonie schaut. Direkt hinter der Brükke, etwas versteckt hinter Bäumen, steht die in ihrer Schlichtheit schöne Chapelle Saint-Jean. Die Eglise Saint-Goal im Ort Locoal trägt den Namen eines englischen Mönches, der gegen 620 hierher kam, um in den Fußstapfen von SAINT GILDAS die Christianisierung der Bretonen fortzusetzen. Von der Westspitze der Halbinsel, Pointe de la Forêt, genießt man einen schönen Blick auf die Ria. Es heißt, daß GEORGES CADOUDAL sich hier nach der gescheiterten Schlacht von Quiberon die eine Zeitlang versteckt gehalten hat.

Presqu'île de Quiberon

1	Comlec'h und Alignements
2	Hôtel de la Plage
3	Hôtel Le Bretagne
4	Auberge du Petit Matelot
5	Camping de Kerhostin
6	Muschelmuseum Le Galion
7	Musée de La Chouannerie
8	Segelschule
9	Château Turpault
10	Autofähren nach Belle-Ile
11	Office de Tourisme
12	Hôtel Sofitel Thallassa, Hôtel Sofitel Diététique
13	Hôtel des Druides
14	Hôtel Europa
15	Hôtel Men Er Vro
16	Navirhôtel
17	Hôtel Le Guerveur
18	Camping Do..Mi..Si..La..Mi.
19	Camping du Bois d'Amour
20	Camping du Conguel

Presqu'île de Quiberon

Schon um die Jahrhundertwende wurde auf der bekannten Halbinsel mit dem ***Sommertourismus*** mehr Geld verdient als mit der Fischerei. Der Fremdenverkehr führt heutzutage dazu, daß auf der 14 km langen und im Mittel ca. 2 km breiten Landzunge im Sommer zu den 4.600 ständig dort wohnenden Menschen etwa 80.000 dazukommen, mit allen vorstellbaren Konsequenzen. Zwar besitzt die Halbinsel auch heute noch (trotz weitgehender Zersiedelung) landschaftlich reizvolle Abschnitte, doch sollte der ruhesuchende Bretagne-Reisende hierher lieber zu Ostern als im Hochsommer kommen.

Besonders bei ***Surfern*** ist die Halbinsel beliebt, denn je nach Anspruchsniveau findet jeder einen geeigneten Küstenabschnitt. Vom Funboard-Surfen in der hohen Welle an der Westküste über Speedracing bei Penthièvre bis zu ruhigeren, anfängergeeigneten Buchten an der Ostküste ist alles möglich.

Die Westküste, die sogenannte ***Côte Sauvage*** (Wilde Küste), beeindruckt durch ihre teilweise grandios zerklüfteten Felsformationen, an denen sich die Atlantikdünung bricht. Entlang der ***Ost- und Südküste*** reihen sich hingegen zahlreiche Sandstrände, von kleinen Felsvorsprüngen unterbrochen, aneinander. Dort, wo zwischen Ferienhaussiedlungen und Hotelkomplexen noch größere Flächen unbebaut blieben, wachsen Kiefern auf dem Sand. Im Hinterland der Côte Sauvage lassen die Winterstürme keine höhere Vegetation entstehen; kahle Heide und Gras prägen hier das Bild.

Karte siehe S. 378

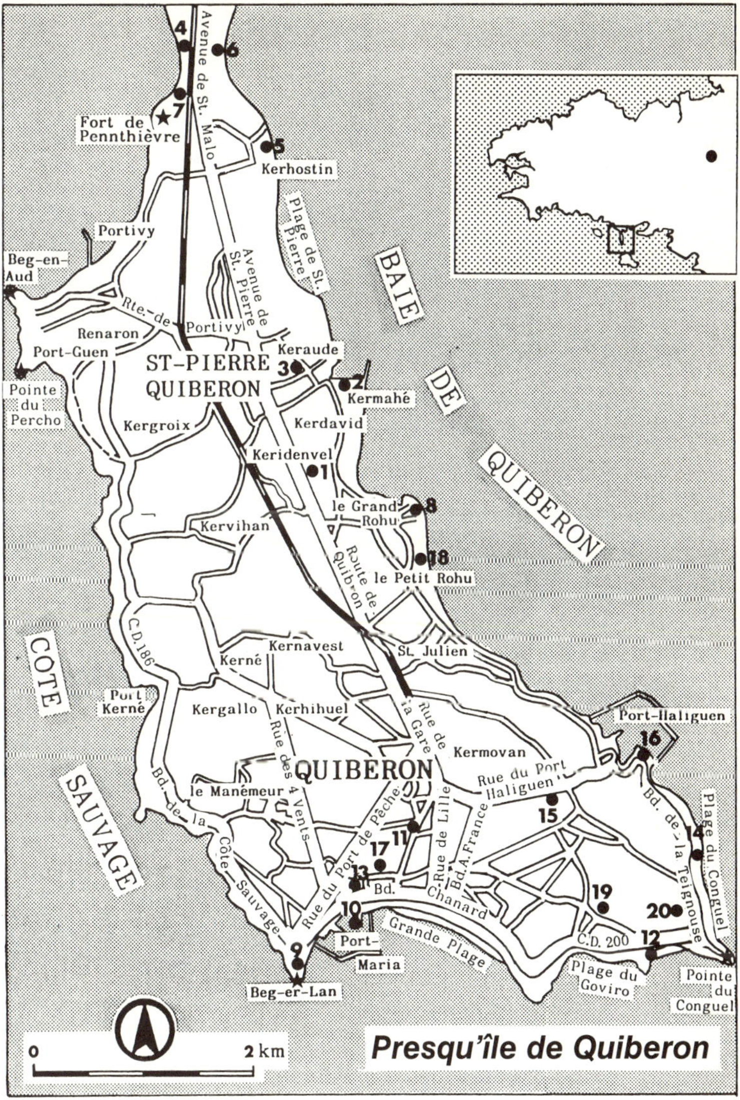

Von Auray kommend, führt die D 768 bei Plouharnel auf die schmale Landzunge. Kilometerlange Sandstrände, im Osten Les Sables Blancs, im Westen La Plage des Grands Sables, verlaufen parallel zur Straße.

Südlich von Penthièvre, einem Ort, der überwiegend aus Ferienhäusern besteht, erreicht man die schmalste Stelle der Halbinsel. Nur einen Steinwurf voneinander entfernt liegen hier die Bucht von Quiberon im Osten und der offene Atlantik im Westen. Verständlich, daß an dieser strategisch wichtigen Stelle eine militärische Befestigungsanlage errichtet wurde. Das ***Fort Penthièvre,*** eine Gründung des Grafen von Penthièvre aus dem frühen 18. Jh., wurde im 19. Jh. erweitert und in die heutige Form gebracht. Es spielte eine wichtige Rolle in der Schlacht von Quiberon im Jahre 1795 zwischen den Republikanern und den royalistischen Chouans. Auch die deutschen Besatzungstruppen nutzten das Fort. 1944 wurden hier 59 Mitglieder der Resistance von der deutschen Wehrmacht bei lebendigem Leib begraben.

Südlich der Engstelle von Penthièvre gehen die beiden Hauptortschaften ***Saint-Pierre-Quiberon,*** mit dem Hafenzentrum an der Ostküste, und ***Quiberon-Centre,*** im Süden der Halbinsel mit den Häfen Port-Maria und Port-Haliguen, fließend ineinander über.

Saint-Pierre-Quiberon

Im Gegensatz zu Quiberon-Centre ist der Ort eher von der ganzjährig dort lebenden Bevölkerung geprägt. Hotelbauten und Ferienhäuser dominieren nicht so stark das Bild wie in der Südhälfte.

Mitten im Ort befindet sich zwischen den Gärten einer Wohnsiedlung ein Cromlec'h aus 37 im Halbkreis aufgestellten Menhiren, der ***Cromlec'h de Kerbourgnec.*** Zufahrt von der Hauptstraße (D 768), am Schild "Kerbourgnec Plage" nach Osten abbiegen, dann den Schildern "Alignements et Cromlec'h St-Pierre" folgen. Vom Cromlec'h führt ein kleiner Fußweg nach ca. 50 m zu den Alignements. 23 Menhire stehen in vier nicht mehr vollständigen Reihen zwischen einem Bauernhof und kleinen Gärten.

Das historisch gewachsene Dorfzentrum liegt direkt am kleinen Hafen ***Port d'Orange,*** der allerdings nur für Jollen und kleinere Fischerboote benutzbar ist, weil er bei Niedrigwasser trockenfällt. Etwa 1 km nördlich des Hafens liegt ein schöner Sandstrand mit weniger Animationsangeboten als am relativ lebendigen ***Plage Saint-Julien,*** der ca. 1,5 km südlich des Hafens beginnt. Beide Strände sind etwa 1 km lang und laufen seicht ins Meer.

Information

- ***Office de Tourisme,*** B.P. 97, 56170 Quiberon, Rue de Verdun, Tel. 97.50.07.84. St-Pierre-Quiberon hat kein eigenes Infobüro. Alle touristischen Angelegenheiten der Halbinsel werden in Quiberon-Centre koordiniert.

Unterkunft/ Essen und Trinken

- ***Hôtel de la Plage,*** Tel. 97.30.92.10. Direkt am Strand, unweit des Jollenhafens. 41 moderne Zimmer, z.T. mit Balkon und Meerblick ab 250 FF. Geöffnet von Ostern bis Oktober.
- ***Auberge du Petit Matelot,*** Plage de Penthièvre, Tel. 97.52.31.21. 100 m vom längsten Sandstrand der Halbinsel entfernt, Strandseglershow gratis, 25 traditionell eingerichtete Zimmer ab 180 FF, für Rollstuhlfahrer geeignet. Geöffnet 15.3.-30.10.
- ***Hôtel Le Bretagne,*** Rue du Général de Gaulle, Tel. 97.30.91.47. Schönes, traditionelles Granitgebäude in der Ortsmitte. 21 Zimmer mit allem Komfort ab 220 FF. Gute Fischmenüs ab 100 FF.
- ***Camping Municipal de Kerhostin,*** Tel. 97.30.95.25. Ca. 2 km nördlich von St-Pierre-Quiberon im Ortsteil Kerhostin. Einfacher Platz mit 150 Stellplätzen an der Baie de Quiberon. Wenige Freizeitangebote, aber dafür in Strandnähe.
- ***Camping Municipal de Penthièvre,*** Tel. 97.52.33.86. Ca. 1 km nördlich der Engstelle am Fort, sehr großes, etwas ungeschütztes Gelände für 670 Camper. Neben dem üblichen Komfort Tennisplatz, Fahrradverleih, Supermarkt, Disco. Viele Surfer!
- ***Sechs weitere Campingplätze*** befinden sich

Paradies für Surfer: auf der Halbinsel Quiberon (WK)

südlich der Segelschule bei Beg-Rohu und nördlich des Ortsteils Saint-Julien auf halbem Weg bis Quiberon-Centre.

Sonstiges

●***Segeln:*** Auf der Landspitze Beg-Rohu liegt die Basis der bekanntesten Segelschule der Halbinsel, ECOLE NATIONALE DE VOILE. Segeln total auf Jollen und Katamaranen. Tel. 97.50.27.02.

●***Strandsegeln:*** CLUB DE CHAR À VOILE, Tel. 97.52.39.90, veranstaltet am Plage de Penthièvre (Westküste) Strandsegelregatten. Auch wenn Sie nicht selbst teilnehmen, ist es ein Erlebnis, die dreirädrigen Segelfahrzeuge mit bis zu 120 km/h über den Strand jagen zu sehen.

●***Surfboard-Verleih:*** TOP SURF CHERET VOILES, Avenue de Bretagne, Tel. 97.30.96.56.; SURF SHOP PENTHIÈVRE, Tel. 97.52.33.16.

●***Tennis:*** TENNIS CLUB DE ST-PIERRE-QUIBERON, Tel. 97.30.93.49, Complex Sportif de Kerbourgnec.

●***Golf:*** GOLF DES MENHIRS, Rue de Menhirs 2, Tel. 97.30.94.54.

●***Reiten:*** EPERON DE QUIBERON, Rue J. Le Calloc'h 38, Tel. 97.50.28.32. Strandreiten auch an der Côte Sauvage.

●***Radtouren mit Führung:*** CHRISTIAN ROUL, Tel. 97.50.07.93

●***Fahrradverleih:*** s. Camping Penthièvre

Museen

●Das ***Musée de la Chouannerie et des Guerres de l'Ouest,*** ca. 300 m nördlich des Fort de Penthièvre an der Engstelle der Halbinsel, veranschaulicht im Betonbau eines Hitler-Bunkers die Geschichte der Halbinsel und der westlichen Bretagne zwischen 1789 und 1815. Geöffnet vom 25.3. bis 30.9. 10.00-12.00 Uhr und 14.00-18.00 Uhr. Eintritt 20 FF, Kinder 13 FF.

●***Le Galion.*** Muschelmuseum in einem etwas kitschigen Nachbau einer spanischen Galeone, schräg gegenüber des Musée de la Chouannerie auf der anderen Straßenseite. Öffnungszeiten: Ostern bis September 10.00-12.00 Uhr und 14.00-18.00 Uhr.

Weiterreise

●***Mit dem Bus:*** Die Linien 23 und 24 verkehren 8 mal täglich zwischen dem Bahnhof von Auray und Quiberon-Port Maria mit 13 Zwischenstops, u.a. in St-Pierre Quiberon-Centre, Kerhostin, Penthièvre, Carnac, La Trinité-sur-Mer und Croc'h. Die Fahrzeiten sind an die Ankunfts- und Abfahrtszeiten der Fähren von und nach Belle-Ile angepaßt.

●***Mit dem Zug:*** Der Regionalverkehrszug zwischen Quiberon-Centre und Auray hält auf der Halbinsel in St-Pierre-Quiberon, Place de la Gare, westlich des Hafens (über Rue Clémenceau).

Côte Sauvage (Wilde Küste)

Etwa 8 km lang schlängelt sich die kurvenreiche Nebenstraße von Portivy im Norden bis Port-Maria im Süden die rauhe, zerklüftete Westküste entlang. Doch das Auto ist nicht das optimale Transportmittel, um diese wilde Naturlandschaft zu erkunden, denn direkt von der Straße aus ist es nicht möglich, die interessantesten Küstenabschnitte zu sehen. Falls Sie dennoch, trotz des guten Angebots an Leih-Fahrrädern (auch MTBs) in Quiberon-Centre, das Auto bevorzugen, so ermöglichen zahlreiche Parkplätze wenigstens ein vernünftiges Parken. Der Ausflug entlang der Küste sollte im Norden am Hafen von Portivy oder im Süden in Port-Maria beginnen, denn zwischen diesen Orten erstreckt sich die sturmgeprägte Küste.

Am kleinen, durch die Mole bei Weststurm nur unzureichend geschützten Hafen von Portivy, führt die Promenade des Isles nach Westen zu einem eindrucksvollen hohen Felskap mit zwei Vorsprüngen: Im Norden ***Beg en Aud,*** von wo man auf die Landenge von Penthièvre mit dem Fort und die vorgelagerte kleine Felseninsel Ile Théviec schaut, im Süden die ***Pointe du Percho,*** die einen herrlichen Blick entlang der Côte Sauvage und weiter zu den Inseln Belle-Ile und Groix erlaubt.

Entlang der gesamten Côte Sauvage machen zahlreiche Schilder auf das ***Badeverbot*** aufmerksam, das hier nicht unberechtigt ist, denn selbst wenn in der Südbretagne gutes Wetter herrscht, kann ein Sturmtief weit draußen im Nordatlantik eine Dünung erzeugen, die bis in die Biskaya läuft und sich dann in hohen rollenden Seen an der Küste bricht. Diese rollenden Brecher sind hier an der Côte Sauvage deshalb so gefährlich, weil gleichzeitig, insbesondere bei Springzeit, starke Strömungen einsetzen und ein unsicherer Schwimmer hier schnell in Schwierigkeiten gerät.

Apropos Springzeit: Die ***Gezeitensituation*** mit Hoch- und Niedrigwasserzeiten findet man bei jeder Capitainerie eines Yachthafens in einem Schaukasten (z.B. in Port Haliguen), oder man kauft sich im Maison de la Presse einen Gezeitenkalender (tables des marées).

Auf dem Weg nach Süden schlängelt sich die Straße durch eine kahle Heide-, Gras- oder Sandlandschaft. Streckenweise verhindern ***hohe Dünen*** den Blick aufs Meer, also runter vom Rad und zu Fuß weiter. Kleinere Sandbuchten wechseln mit Felsvorsprüngen, Klippen und Felsspalten, in denen die Energie der Atlantikdünung mancherorts hohe Gischtfontänen entstehen läßt. Aber erst ***bei Sturm*** wird dieses Naturschauspiel richtig beeindruckend. Was hier los ist, wenn es richtig fetzt, läßt sich daran ablesen, daß noch einen halben Kilometer im Hinterland Algen und kleine Muscheln im Gras zu finden sind.

Unterhöhlte ***Felsen und Grotten,*** wie z.B. bei Port-Bara oder das Trou du Souffleur, sind beliebte Fotomotive. Ebenso der Felsbogen von Port-Blanc und die Schluchten von Port-Pigeon, Portz-Kerné oder Port-Guibell. Das ***Wort "port"*** bedeutet in diesem Zusammenhang nicht Hafen, sondern leitet sich vom bretonischen "portz" (kleine Bucht) ab.

Am südlichen Ende der Côte Sauvage gibt es eine von Menschenhand geschaffene Kuriosität: Auf der Felsspitze Beg er Lan steht einsam, direkt am rauhen Meeresufer, das Märchenschloß eines Zauberers (so könnte man meinen), das ***Château Turpault,*** mit hohen, spitzen Türmen und einer Feenschloßsilhouette. Tatsächlich handelt es sich um das 1904 erbaute eigenwillige Wohnhaus eines noch eigenwilligeren Bretonen.

Noch ein paar Pedaltritte, und der geschäftige Fährhafen Port-Maria ist erreicht.

Quiberon

Die Stadt Quiberon, Namensgeberin der Halbinsel, besteht aus den Teilen Quiberon-Centre, Port-Maria und Port-Haliguen. Bekanntgeworden ist Quiberon nicht zuletzt durch die Kureinrichtungen des Zentrums für Thalassotherapie, in dem die gesundheitsfördernden Wirkungen des Seewassers besondere Anwendung finden.

Quiberon-Centre ist ein durch zahlreiche Geschäfte im Zentrum geprägter Ort. Modeboutiquen, Wassersportausrüster, Musikläden, Friseure, Lebensmittel-, Souvenir- und Fotogeschäfte, kurz, alles ist hier zu finden. Im Sommer stören allerdings die vielen Autos beim Einkaufsbummel. Die relativ moderne Architektur läßt kaum vermuten, daß man sich in der Bretagne befindet.

Auch ***Port-Maria,*** der Fährhafen südlich des Zentrums, ist nicht gerade ein Ort für ruhesuchende Urlauber. Lange Autokolonnen warten im Juli und August darauf, auf eine der zahlreichen Belle-Ile-Fähren (13 Passagen täglich) verladen zu werden. Der Hafen wird ebenfalls von mittelgroßen Fischerbooten angelaufen. Segelboote und Yachten hingegen sind hier nicht gern gesehen, denn der professionelle Schiffsverkehr würde zu sehr behindert.

Um die Jahrhundertwende war Port-Maria einer der größten ***Umschlagplätze für Sardinen.*** Die im letzten Jahrhundert gegründete Fischkonservenfabrik "La Quiberonnaise" im Ortszentrum war in ganz Frankreich für ihre Sardinenkonserven bekannt. Die Firma wurde in den 80er Jahren unter dem geänderten Namen "La Belle-Iloise" neu gegründet. Im Hafen spielen die Fischer heutzutage allerdings nur eine untergeordnete Rolle; der Fährverkehr nach Belle-Ile, Houat und Hoedic steht im Vordergrund.

In der Verlängerung der mit Restaurants und Hotels dichtbebauten Hafenprome-

Wie im Märchen: Das Schloß ist das Wahrzeichen von Quiberon (WK)

nade beginnt der ***Grande Plage,*** ein etwa 1 km langer und auch bei Hochwasser immer noch 50 m breiter Sandstrand, der wie alle anderen Strände in der südlichen Hälfte der Halbinsel regelmäßig gereinigt wird. Nein, keine Sorge, Ölverschmutzungen sind hier äußerst selten. Probleme gibt es hier vielmehr mit dem Touristik-Müll.

Östlich des großen Strandes lockert die Bebauung mehr und mehr auf. Kleinere Felskaps wechseln mit schmalen Sandbuchten ab. In dieser reizvollen Landschaft wurde 1964 von LOUIS BOBET das ***Institut für Thalassotherapie*** gegründet. Am 100 m südlich liegenden kleinen Strand von Goviro gehören die teuersten Badeanzüge der Pariser Haute-Couture zum täglichen Bild.

Über den Boulevard du Conguel erreicht man nach einem weiteren Kilometer in Richtung Südosten ein landschaftliches Juwel der Halbinsel: die ***Pointe de Conguel.*** Ein Bebauungsverbot ermöglichte hier den Erhalt einer zwar kahlen, aber wegen ihrer Reinheit wunderschönen Küstenlandschaft mit Dünen und kleinen Sandstränden zwischen einzelnen Felsvorsprüngen.

Von hier aus sind es nur 14 km hinüber nach Le Palais, dem Haupthafen von Belle-Ile, und ebensoweit zum Hafen der Insel Houat im Südosten. Die vielen vorgelagerten kleinen Inseln und Felsen bilden die geologische Verlängerung von Quiberon und weisen darauf hin, daß in prähistorischer Zeit Houat und Hoedic zum Festland gehörten.

Es gibt nur eine schmale ***Tiefwasserfahrrinne,*** durch die größere Schiffe, von Westen kommend, in die Baie de Quiberon einlaufen können. Sie ist durch den weiß-roten Leuchtturm La Teignouse gekennzeichnet.

Port-Haliguen. Hier dreht sich alles um den Wassersport. Der ca. 1,5 km östlich von Quiberon-Centre liegende Ort ist vor allem von seinem großen Yachthafen geprägt. Mehr als 1.000 Motor- und Segelboote liegen hier an zahlreichen Schwimmstegen. Vergleichbar mit La-Trinité-sur-Mer und Port-Crouesty ist Port-Haliguen ein idealer Ausgangspunkt für einen Chartertörn entlang der südbretonischen Küste. Verschiedene Charterunternehmen stehen zur Wahl.

Information

- ***Office de Tourisme,*** Rue de Verdun 7, 56170 Quiberon, Tel. 97.50.07.84.

Unterkunft

Alle genannten Hotels besitzen ein Restaurant.

- ***Hôtel Sofitel Thalassa,*** Pointe de Goulvars, Tel. 97.50.20.00. Absolutes Spitzenhotel des Thalassotherapiezentrums am ruhigen Ortsstrand, moderner Luxus in 133 Zimmern ab 680 FF mit Blick über das Meer nach Belle-Ile, großer Garten. Geöffnet vom 1.2 bis 31.12.
- ***Hôtel Sofitel Diététique,*** Tel. 97.50.20.00, direkt neben dem Sofitel Thalasso. Gleicher sehr hoher Standard in 78 luxuriös eingerichteten Zimmern ab 2.000 FF. Der recht hohe Preis beinhaltet Vollpension bei Betonung einer gesunden Ernährung sowie die Benutzung sämtlicher Sporteinrichtungen wie Tennisplatz und Schwimmbad/Sauna. Thalasso-Therapie ist leider nicht inbegriffen. Geöffnet vom 1.2. bis 31.12.
- ***Hôtel des Druides,*** Rue de Port Maria 6, Tel. 97.50.14.74. Sehr gepflegtes, modernes Hotel mit 31 Zimmern, z.T. mit Balkon ab 300 FF. 300 m vom Fährhafen, 100 m zum Strand.
- ***Hôtel Europa,*** Boulevard de la Teignouse, Tel. 97.50.25.00. Etwas phantasieloses Gebäude, aber in guter Lage. 100 m zum Strand an der Baie de Quiberon, 1 km südlich des Yachthafens. 56 sehr gut eingerichtete Zimmer, überwiegend mit Meerblick (ab 300 FF), eigener Swimming-pool und Sauna. Für Selbstversorger stehen 12 kleine Appartements (Studios) zur Verfügung. Geöffnet vom 15.3. bis 15.11.
- ***Hôtel Men Er Vro,*** Rue de Port Haliguen 22, Tel. 97.50.16.08. Interessantes traditionell bretonisches Gebäude zwischen Port-Haliguen und Quiberon-Centre mit 19 komfortablen Zimmern ab 230 FF.
- ***Navirotel,*** Tel. 97.50.16.52, direkt am Hafen von Port-Haliguen. Traditionelles Haus mit 21 gerade renovierten Zimmern ab 230 FF. Geöffnet von Ostern bis Mitte November.
- ***Hôtel Le Guerveur,*** Tel. 97.50.15.79, einfaches, aber sauberes Hotel in der Rue de Port-Maria nahe dem Fährhafen. 16 Zimmer ab 140 FF.

Camping

Von den insgesamt 11 Plätzen südlich von St-Pierre-Quiberon empfehlen wir folgende (von Norden nach Süden geordnet):

●***Do.Mi.Si.La.Mi.,*** der originelle Name ist eine Tonfolge, Tel. 97.50.22.52. Direkt am Strand nördlich vom Ortsteil St-Julien. Freundlicher Platz mit 170 Einheiten. Zahlreiche Hecken und Bäume trennen die Flächen untereinander. Wohnwagenverleih, vorbildliche Sanitäreinrichtungen, Lebensmittelladen, Fahrradverleih. Geöffnet vom 1.4. bis 1.1.

●***Camping du Bois d'Amour,*** Rue de St-Clément, Tel. 97.50.13.52. Wenig Baumbewuchs, aber dafür Strandnähe und ruhige Lage, ca. 500 m östlich des Grande Plage, 100 m nördlich vom Plage du Goviro. 280 Stellplätze auf festem Sandboden, gute Komfort- und Serviceeinrichtungen, Disko, Tennis, Fahrradverleih.

●***Camping du Conguel,*** Boulevard de la Teignouse, Tel. 97.52.94.67. oder 97.50.19.11. Sicherlich einer der besten Plätze von Quiberon. 250 Stellplätze zum großen Teil auf Grasboden zwischen zahlreichen Bäumen und Hecken. Gute Sanitäreinrichtungen, breites Freizeitangebot incl. Tennis und Pool, 200 m zum Strand.

Essen und Trinken

Wer nicht in einem der genannten Hotels speisen möchte, hat zahlreiche andere Möglichkeiten.

●***L'Ile Verte,*** Tel. 97.50.08.39. Gepflegtes Restaurant direkt am Hafen Port-Maria. Freundliche Bedienung, ansprechende Einrichtung, originelle Fischmenüs ab 120 FF.

●***L'Huîtrière,*** direkt am Grande Plage von Port Maria. Sympathisches, helles Restaurant mit breiter Fensterfront zum Meer. Sehr gute Fischgerichte ab 120 FF.

●***L'Ancienne Forge*** (Alte Schmiede), Rue de Verdun 20, Tel. 97.50.18.64. In ruhiger Lage, traditionelle Atmosphäre. Von der Crêpes bis zum Grillmenü bei angemessenen Preisen, ab 70 FF (Menü).

●***Crêperie "La Ferme bretonne",*** in St-Pierre-Quiberon, 200 m neben dem Rathaus (Mairie). Preiswerte, gute Crêpes in rustikalem Rahmen. Tip für Preisbewußte: Ein Crêpes-Menü für 45 FF (3 Crêpes).

●Verschiedene ***weitere Restaurants*** und Bars befinden sich insbesondere an der Hafenpromenade von Port-Maria.

Einkaufstips

●***La Belle-Iloise,*** Rue de Kervozes, 200 m nördlich des Fährhafens. Interessante Adresse für Selbstversorger, die Fisch mögen. Fischsuppen und Konserven im Direktverkauf ab Hersteller. Nach Gourmet-Führer Gault-Millau die besten Sardinenkonserven Frankreichs.

●***Maison Riguidel,*** Rue de Port-Maria 38. Traditionelle bretonische Backwaren, Riesenangebot.

●***C.O.O.P. Maritime "Le Comptoir du Pêcheur".*** Wassersportbekleidung, maritime Pullover, aber auch Angelausrüstung zu günstigen Preisen, 200 m westlich vom Hafen Port-Maria.

●***Markt:*** Samstags am Place Varquez.

Sonstiges

●***Bootscharter:*** Loc-Evasion, Tel. 97.50.08.91, direkt am Hafen von Port-Haliguen. Vercharterung von Yachten zwischen 8 und 12 m. Preisbeispiel: 10 m Segelyacht, 6 Kojen, 8.000 FF/Woche; Loc-Haliguen-Marine, Tel. 97.30.40.81, in Port-Haliguen, ähnliches Angebot wie bei der Konkurrenz; Sambala, Rue du Port de Pêche, Tel. 97.50.07.93. Tagesausflüge mit 9 m Segelboot.

●***Segelschulen:*** Cercle Nautique de Port-Haliguen, Club House, Tel. 97.30.49.51.; Ecole Nationale de Voile, Tel. 97.50.27.02, St-Pierre-Quiberon. Unübersehbar auf der Landspitze Beg Rohu. International anerkannt gute Ausbildung.

●***Tauchen:*** Ecole Francaise de Plongée "Ar Gliz Mor", Tel. 97.50.00.98, Port-Maria, Quai Houat 3.

●***Surfen:*** Loc-Haliguen, Tel. 97.50.25.03, Port-Haliguen, Rue des Courlis 16; Top Surf Cheret Voiles, Tel. 97.30.96.56, in St-Pierre-Quiberon; Surf-Avenue, Tel. 97.30.59.66, Rue de Port-Haliguen 36.

●***Strandanimation für Kinder:*** Club des Bélugas, am Grande Plage.

●***Reiten:*** L'Eperon, Rue J.P. Calloch 38, Tel. 97.50.28.32

●***Golf:*** Golf des Menhirs, Rue des Menhirs 2, Tel. 97.30.94.54.

●***Tennis:*** Tennis Club de St-Pierre Quiberon, Tel. 97.30.93.49, Complex Sportif de Kerbourguec; Tennis Club Quiberonnais, Club House, Rue St-Clément, Tel. 97.50.10.44.

●***Fliegen:*** Quiberon Air Club, Tel. 97.50.11.05, Rue de l'Aérodrome, südlich von Port-Haliguen.

●***Mountainbiking:*** Christian Roul organisiert Gruppenausflüge mit MTBs, Tel. 97.50.07.93.

●***Angeln:*** Pêche-en-Mer auf der "Cap'tain Carlos" von M. Hedon, Tel. 97.50.25.92.

●***Fahrradverleih:*** Cyclomar, Quiberon-Centre, Place Hoche, Tel. 97.50.26.00, und Penthièvre, Avenue de St-Malo; Cyclos Loisirs, Rue Victor Golvan 3, Quiberon-Centre, Tel. 97.50.10.69.

●***Casino:*** Am Ortsrand des Grande Plage in Port-Maria, Automaten und Roulette. Öffnungszeiten: 15.00-19.30 Uhr und 21.30-3.00 Uhr.

●***Disco:*** Carnaby Street, Place Hoche, Quiberon-

Centre, Tel. 97.30.40.52, 18.30-4.00 Uhr; Excalibur, Rue du Port-Maria, Tel. 97.50.07.86, im Sommer auch Life-Programm, 18.00-2.00 Uhr. Squale Club, direkt neben dem Casino, Edeldisco am Grande Plage.

Anreise/Weiterreise

- ***Mit dem Zug:*** Bahnlinie bis Quiberon-Centre. Im Sommer besteht eine Direktverbindung von und nach Paris, sonst nur Anbindung bis Auray. Auskunft SNCF, Tel. 97.50.07.07.
- ***Mit dem Bus:*** Die Linien 23 und 24 verbinden Port-Maria mit Auray über 13 Zwischenstops, u.a. in Quiberon-Centre, St-Pierre-Quiberon, Penthièvre, Carnac, La Tinité und Crac'h.
- ***Mit dem Flugzeug:*** Sportflugzeuge können auf dem Aérodrome, südlich von Port-Haliguen, starten und landen, keine Linienflüge, aber Vereinbarungen über den Quiberon Air Club möglich, Tel. 97.50.11.05.
- ***Mit dem Schiff:*** Die Compagnie Morbihannaise et Nantaise de Navigation (Tel. 97.50.06.90) unterhält mehrere Fährverbindungen nach Belle-Ile, Houat und Hoedic. Ausgangshafen ist Port-Maria.
- ***Nach Belle-Ile, Le Palais*** (Autofähre). April bis September, mindestens 8 Fahrten täglich, Juli und August 13 Fahrten täglich, Dauer 45 Minuten. Dennoch ist für den Sommer halbjährige Voranmeldung ratsam. Preise (Hin- und Rückfahrt): 85 FF, Kinder 55 FF, PKW je nach Länge ab 360 FF.
- ***Nach Belle-Ile, Sauzon,*** kein Autotransport, jetgetriebener Speed-Katamaran (der C.M.N.N.) für 150 Personen. Dauer 25 Minuten, 2 mal täglich. Preise: 90 FF, Kinder 60 FF.
- ***Nach Houat/Hoedic,*** nur Passagierverkehr. Ganzjährig mindestens einmal täglich, im Sommer bis zu 6 Fahrten täglich bis Houat und 2 Fahrten bis Hoedic. Dauer ca. 1 Stunde bis Houat, 30 Minuten bis Hoedic. Preise: Quiberon – Houat/Hoedic (Hin- und Rückfahrt) 90 FF, Kinder 55 FF; Houat – Hoedic 45 FF, Kinder 23 FF.
- ***Mit dem Auto:*** Von Auray aus über die D 768. Die D 781 Richtung Lorient und La Trinité-sur-Mer.

Die Schlacht von Quiberon

Man schreibt das Jahr 1795. Die ***Bretonen,*** vor der Revolution niemals zum Wehrdienst außerhalb der Bretagne eingezogen, sehen sich von den Republikanern ab 1793 ***zunehmend unterdrückt.*** Ein Zitat von Georges Cadoudal, einem patriotischen Bretonen aus Auray, der engagiert für die Eigenständigkeit der Bretagne eintrat, beschreibt die Position der Bevölkerung: "Wenn die Bretagne dem Zentralismus der Monarchie standgehalten hat, so wird sie sich nicht den Machtansprüchen der Republik beugen." Die im Rahmen der westfranzösischen Widerstandsbewegung La Chouannerie kämpfenden Bretonen gehen nur ungern, aber notgedrungen ein ***Bündnis mit den königstreuen Adeligen*** ein, die überwiegend im Exil in Belgien, Holland, Deutschland und vor allem in England leben.

Am 27. Juni 1795 ***landen ca. 5.000 Adelige,*** aus dem Exil in England kommend, unter der Führung der Grafen de Puisaye und d'Hervilly, am Plage St-Colomban bei Carnac, unterstützt von der englischen Marine. 10.000 Chouans unter der Führung von Georges Cadoudal erwarteten sie dort, um gemeinsam die republikanischen Truppen, die von Général Hoche angeführt werden, zu schlagen.

Doch sehr schnell kommt es unter den Königstreuen zu ***Kompetenzgerangel*** und Führungsstreitigkeiten. Der geplante Angriff verzögert sich um ca. 2 Wochen. Général Hoche, mit nur 3.000 Mann dem Gegner unterlegen, nutzt den Zeitgewinn und rekrutiert weitere 13.000 Kämpfer aus der Westbretagne.

Währenddessen sammeln sich die Royalisten unter dem Hurra-Geschrei Tausender Zivilisten im Fort Penthièvre. Dies erweist sich sehr bald als folgenschwerer taktischer Fehler. Als am 16. Juli die Königstreuen den ***Angriff*** beginnen, ist Hoche durch Verräter längst informiert und kann mit seinen Truppen am Ansatz der Halbinsel den Gegner mit einem gewaltigen Geschoßhagel empfangen. Schon bei Penthièvre fällt so die Hälfte der königstreuen Truppen. Die Überlebenden ziehen sich ins Fort zurück, doch am 21. Juli wird die Festung von Hoche gestürmt, und ein ***vernichtendes Massaker*** beginnt. Einigen Chouans gelingt die Flucht zum Meer. Hier liegen noch die englischen Kriegsschiffe, mit denen sie gekommen waren, vor Anker. Doch bevor sie zu den Schiffen gelangen, fallen die Chouans unter den republikanischen Bajonetten. Die royalistische Armee ist geschlagen. Von 15.000 Mann überleben nur 3.000 die Schlacht, doch werden auch die meisten von ihnen entgegen anderslautender Zusagen später in Vannes und Auray erschossen

Belle-Ile-en-Mer

15 Kilometer südwestlich vor der Küste Quiberons liegt Belle-Ile, die ***größte aller bretonischen Inseln***, als 18 km langer natürlicher Wellenbrecher vor dem Festland.

Die 84 km² große Insel konnte sich bisher vor der Zersiedelung durch Ferienhäuser, Campingplätze und Hotels dank einer behutsamen Tourismus-Politik weitgehend schützen. Zwar kommen zu den etwa 4.500 ganzjährig auf der Insel lebenden Menschen im August noch einmal doppelt so viele Urlauber, doch abgesehen vom Hauptort und Fährhafen Le Palais, verkraftet die Insel diese vorübergehende Bevölkerungsexplosion bisher, ohne an ihrem historisch gewachsenen Charakter Schaden zu nehmen. Die etwa 10.000 ***Sommergäste*** wohnen überwiegend bei Einheimischen oder in Ferienhäusern, verteilt über die Insel. Allerdings verkraften die schmalen Straßen der Insel immer schlechter, die aufgrund des ***intensivierten Autofährverkehrs*** in den letzten Jahren stark gewachsene Zahl von Autos

Wer die ***Insel per Fahrrad kennenlernen*** möchte, und dies ist sicherlich die empfehlenswerteste Art, sollte nicht im August hierher kommen. Trekking-Freunden stehen ca. 100 km Wanderwege zur Verfügung. Es ist möglich, die Insel direkt an der Küste vollständig zu umrunden (etwa 70 km).

Landschaftlich bietet Belle-Ile eine ***Vielfalt,*** wie sie auf keiner anderen bretonischen Insel vorkommt: wild zerklüftete Steilküste im Westen (Côte Sauvage), lange Sandstrände zwischen hohen Felsnasen im Osten, dazwischen ein leicht hügeliges, etwa 50-60 m hohes Inland, wo Gras- und Heideflächen ebenso vorkommen wie kleine Kiefernwäldchen oder auch Getreideäcker.

Kleinere ***Ortschaften***, oft nur aus einem Dutzend Häusern bestehend, verteilen sich über die ganze Insel. An "größeren" Orten gibt es neben Le Palais, dem Fährhafen an der Nordostküste, und Sauzon, einem kleinen Fischerei- und Yachthafen im Norden, nur noch Bangor, ein 600-Seelen-Dorf in der Inselmitte, und Locmaria mit etwa 570 Einwohnern im Südosten.

Eine bewegte Insel-Geschichte

Nach dem Sieg der ***Römer*** über die Veneter (s. Kap. Rhuys) im Jahre 56 v. Chr. wird Vindilis (so heißt Belle-Ile bei den Galliern) für drei Jahrhunderte römisch. Es schließen sich sieben düstere Jahrhunderte an, während derer anfangs die ***Sachsen***, später die ***Normannen*** die Insel immer wieder überfallen und plündern.

Im Jahre 1006 übernimmt die ***Abtei von Redon*** die Insel und versucht, oft ohne Erfolg, die Inselbewohner gegen die Angriffe von Piraten und anderen Plünderern zu schützen. Erst 1549 wird unter Henri II. eine erste Befestigung über dem Hafen von Le Palais angelegt, die jedoch schon 1572 von den Engländern eingenommen werden kann. Während einer dreiwöchigen Plünderung wird die Insel verwüstet.

Charles IX., inzwischen König von Frankreich, erkennt, daß die Mönche von Redon unfähig sind, die Insel zu verteidigen. Er veranlaßt die Übergabe an den Herzog von Retz aus der ***Familie Gondi***, der die Festung von Le Palais weiter ausbaut. Doch nur ein halbes Jahrhundert bleibt Belle-Ile im Besitz der Familie Gondi, denn zu hohe Schulden zwingen zum Verkauf. 1650 wird ***Nicolas Fouquet***, als Schatzmeister Louis' XIV. zu Reichtum gekommen, Seigneur de Belle-Ile. Mit 200 Kanonen und einer eigenen Flotte wird der Schutz der Insel weiter verbessert, so daß auch die Inselbevölkerung einen bescheidenen Wohlstand entwickeln kann. Doch der erfolgreiche und beim Volk beliebte Fouquet erregt den Neid Colberts, der schließlich mittels eines bösen Intrigenspiels veranlaßt, daß Louis XIV. Fouquet 1661 verhaften läßt. Die Festung von Le Palais wird einige Jahre vernachlässigt, und schon kommen feindliche Kriegsschiffe, diesmal ***Holländer***. Sie plündern die gesamte Insel und brennen schließlich die Hafenstadt völlig nieder.

Angesichts der strategisch wichtigen Lage der Insel entschließt sich Louis XIV., die Festung Le Palais uneinnehmbar zu machen und beauftragt 1674 Vauban mit dem ***Ausbau der Militäranlagen***. Tatsächlich wiedersteht die Zitadelle fast 100 Jahre lang den wiederholten Angriffen englischer und

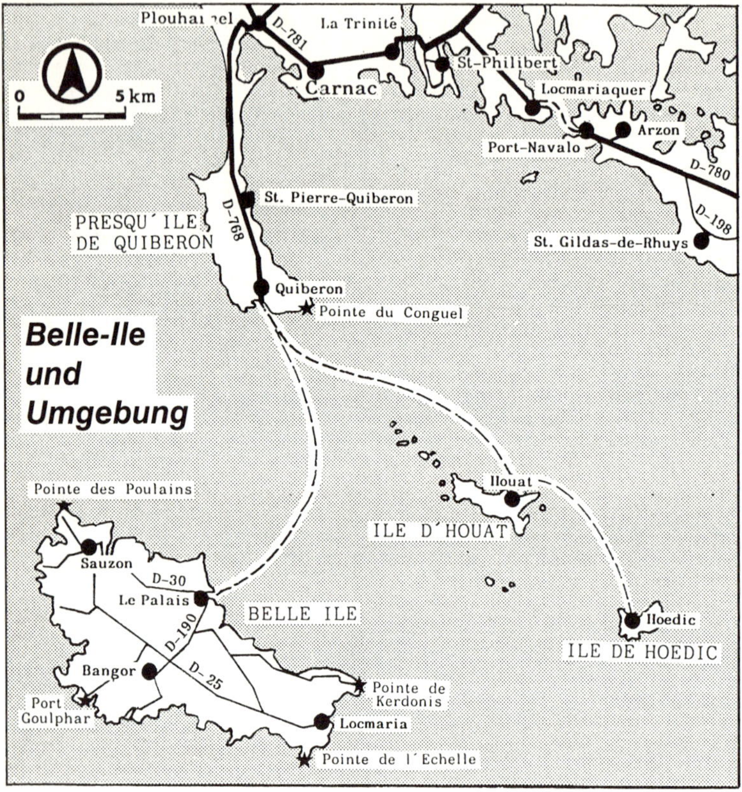

holländischer Truppen, die unter anderem von 1696 bis 1704 die Insel acht Jahre lang von See her belagern.

1761 schließlich wollen die ***Engländer*** Nägel mit Köpfen machen: Sie schicken 130 Kriegsschiffe vor die Ostküste der Insel und gehen mit Tausenden Soldaten an den großen Sandstränden an Land. Am 11. Juni ***fällt die Zitadelle*** von Le Palais nach 30tägigem Angriff, und die englische Flagge wird über der Stadt gehißt.

Doch sie weht nur zwei Jahre lang, denn am 11. April 1763 unterzeichnen Engländer und Franzosen einen ***Vertrag***, in dem u.a. Belle-Ile im Tausch gegen die Insel Menorca zurück unter französische Hoheitsgewalt geht. Derselbe Vertrag legt fest, welche Teile Kanadas in französischem Besitz bleiben, und so werden 1765 78 französische Familien aus Acadien vertrieben. Sie siedeln als sogenannte ***"Acadiens"*** auf Belle-Ile (Heute erinnert der Name einer der drei Autofähren "l'Acadie" an diese Siedler.) Sie waren es, die die Kartoffel als Grundnahrungsmittel in Frankreich einführten.

Das ***19. Jahrhundert*** ist für die Inselbewohner ein glückliches, denn die Insel wird weitgehend von Angriffen verschont, und der Fischfang mit verbesserter Technik ermöglicht einen gewissen Wohlstand.

Im 1. Weltkrieg dient die Zitadelle als Gefängnis für Kriegsgefangene. Ab Juli 1940 wird die Insel von 10.000 ***deutschen Soldaten besetzt***, und erst am 8. Mai 1945 weht wieder die Trikolore über der Zitadelle von Le Palais.

Le Palais

Schon weit von See aus fällt auf, daß der Hafen geschichtlich von Bedeutung gewesen sein muß, denn die ***alles beherrschende Zitadelle*** mit ihren von VAUBAN im 17. Jh. perfektionierten Befestigungsanlagen ist auch ohne Fernglas weithin sichtbar. Bereits die griechischen Seefahrer nutzten die ***geschützte Ostküste*** von Belle-Ile ***mit ihren Naturhäfen*** zum Ankern auf dem Weg nach England. Römische Galeeren lagen hier ebenso auf Reede wie die Kriegsschiffe von LOUIS XIV. Holländische Ostindienfahrer verproviantierten sich hier genauso wie englische Fregatten auf dem Weg nach Westindien. Natürlich ging das alles nicht immer sehr friedlich zu.

Der ***heutige Hafen*** besteht aus drei Bereichen, dem großen Vorhafen mit dem Fähranleger und einigen Bojen für Yachten, dem bei Niedrigwasser trockenfallenden Mittelhafen für die Fischer und dem durch ein Schleusentor abgetrennten Innenhafen für Yachten und Fischer. Die steilen Mauern der Zitadelle grenzen direkt an die nördlichen Hafenmauern, während sich die Häuser der 2.700 Bewohner der Stadt entlang der südlichen Kaimauern aneinanderreihen.

Zwischen dem Fähranleger und dem Schleusenhafen bieten viele kleine Geschäfte ***Einkaufsmöglichkeiten*** aller Art. Fisch kann nach wie vor morgens direkt vom Fischerboot am Mittelhafen gekauft werden.

Absolut sehenswert ist die ***Citadelle-Vauban*** und das dort untergebrachte Musée historique. Der Weg zur Zitadelle beginnt oberhalb des Schleusentores am Innenhafen. Ein ausgeschilderter Rundgang führt durch Kasematten, Ställe, Geschützräume und Gefängniszellen. Über die äußeren Verteidigungsmauern gelangt man in die Westspitze der sternförmig angelegten Festung. Hier oben weht neben der Trikolore ganzjährig auch die

Sicherer Hafen: unterhalb der Zitadelle von Le Palais (WK)

bretonische Flagge. Es bietet sich ein herrlicher Ausblick über den Hafen und die Stadt.

Im ***Musée historique***, das in einem der ehemaligen Wohngebäude der Zitadelle untergebracht ist, wird sehr eindrucksvoll anhand von historischen Relikten, Dokumenten, Bildern, Wrackfunden u.ä. die Inselgeschichte der letzten zwei Jahrtausende mit Betonung der letzten 400 Jahre dargestellt. Dokumente über das Leben der Inselbewohner sowie zum Aufenthalt von Claude Monet, Sarah Bernhardt und Albert Roussel vervollständigen die Ausstellung.

Öffnungszeiten: Im Juli/August jeden Tag 9.30-18.30 Uhr, von September bis Juni täglich 9.30-12.00 Uhr und 14.00-18.00 Uhr. Tel. 97.31.84.17. Der Eintritt kostet 28/15 FF.

Strände in der Nähe von Le Palais: Der nächstgelegene Strand ist der ca. 500 m südlich des Hafens von Felskaps eingerahmte Plage de Ramonette. Vormittags ist es hier wegen des günstigeren Sonnenstandes empfehlenswerter als nachmittags (Schattenbildung durch das Hinterland). Etwa 2 km weiter im Südosten liegt der ca. 1 km lange sehr schöne Plage de Bordardoué. Er bietet gute Surfmöglichkeiten für Anfänger. Vorsicht ist bei ablandigem Wind geboten.

Information

•***Office de Tourisme,*** Quai Bonelle, 56360 Le Palais, Tel. 97.31.81.93.

Unterkunft

•***Hôtel/Restaurant Atlantique,*** Quai de l'Acadie, Tel. 97.31.80.11, direkt am Fähranleger. 33 komfortable Zimmer (z.T. mit Hafenblick) ab 300 FF, Sauna im Haus. Geschlossen vom 6.1. bis 12.2.

•***Hôtel/Restaurant Le Bretagne,*** ebenfalls am Fähranleger, Tel. 97.31.80.14. 29 traditionell eingerichtete Zimmer mit gutem Komfort ab 220 FF, ganzjährig geöffnet.

•***Hôtel La Frégate,*** drittes und einfachstes Hotel am Anleger, Tel. 97.31.54.16. 7 Zimmer ab 140 FF.

•***Jugendherberge,*** Haute Boulogne, Tel. 97.31.81.33. Oberhalb der Stadt, nahe der Zitadelle.

•***Camping Bordénéo,*** Tel. 97.31.88.96. Ca. 1 km nordwestlich vom Stadtzentrum auf dem Weg nach Sauzon (D 30). Der ruhigste und komfortabelste der drei Plätze um Le Palais, mit Tennisplatz und Fahrradverleih. 165 Stellplätze zwischen Bäumen und Hecken.

Essen und Trinken

Ungewöhnlicherweise gibt es in diesem historischen Fischerhafen keine ausgesprochen guten und preiswerten Fischrestaurants. Die Menüs sind mittlerer Standard zu relativ hohen Preisen.

•***Restaurant L'Odyssée,*** Quai Vauban, Tel. 97.31.43.24. Spezialität: Fondue de la Mer.

•***La Saline,*** Tel. 97.31.84.70, 50 m oberhalb der Brücke am Ende des Innenhafens, Route du Phare. Die Fischsuppe ist sehr gut.

•***Crêperie Traou Mad,*** Rue du Cinema, Tel. 97.31.84.84. Gute Crêpes zu akzeptablen Preisen. Gemütlich ist die kleine Terrasse.

•***La Chaloupe***, Crêperie-Glacier-Snack Avenue Carnot 8, Tel. 97.31.88.27. Oberhalb des Mittelhafens. Sehr gute, phantasiereich gemischte Salate, nette Atmosphäre und freundliche Bedienung.

•***L'Etoile du Port,*** am Mittelhafen gegenüber dem Fischeranleger, Tel. 97.31.80.25, Hafenkneipe, in der die Fischer nach dem Fang ihren Muscadet trinken.

Sonstiges

•***Fahrradverleih:*** Cyclo Tour, Tel. 97.31.80.68, und Location 2 Roues, Quai de l'Acadie, Tel. 97.31.84.74, am Fähranleger. Verleih von Touren-, MTBs und Kinderrädern. Vélos Reversade, Rue de l'Eglise 14, Tel. 97.31.84.19.

•***Busrundfahrten:*** Les Cars Verts, Jean Lauden, Route de Sauzon, Tel. 97.31.81.88. Tagesfahrten über die gesamte Insel mit Besichtigung aller Sehenswürdigkeiten.

•***Tennis:*** Du Gouerc'h, Tel. 97.31.83.87, 8 Plätze am westlichen Stadtrand.

•***Reiten:*** Domaine des Chevaliers de Bangor, Tel. 97.31.52.28. Am Flugplatz, in der Inselmitte. Tagesausritte und Ausbildung La Licorne, Landes de Borgroix, Tel. 97.31.71.89.

•***Tauchen:*** Little Nemo, Le Quai, Tel. 97.31.65.73. Aventure Bleue, Haute Boulogne, Tel. 97.31.58.89.

•***Segelschule:*** Jeunesse et Marine, Plage de Bordardoué, 1 km südlich von Le Palais.

•***Surfen:*** Planche-Location, Les Grands Sables, Tel. 97.31.54.71, am längsten Sandstrand der Insel, 4 km südöstlich von Le Palais.

•***Fliegen:*** Aéro-Club, Aérodrome de Bangor, Tel. 97.31.53.19, individuelle Rundflüge.

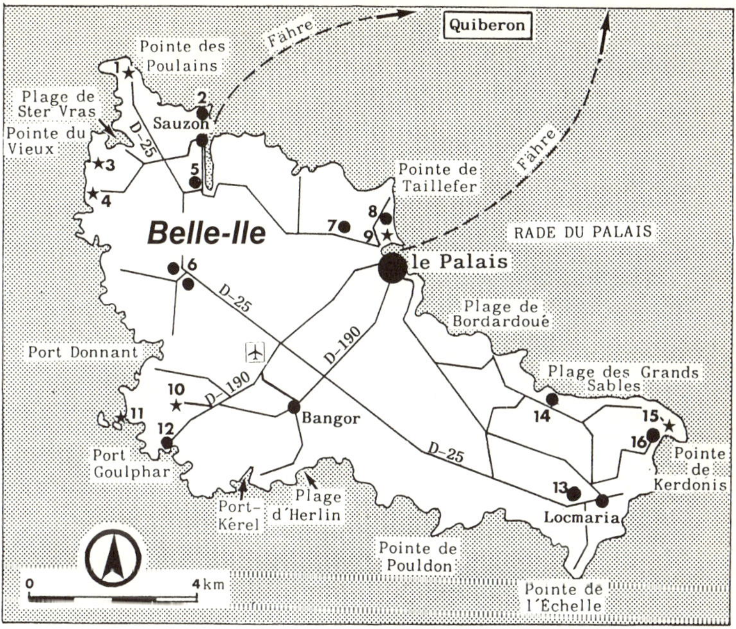

1 Leuchtturm Les Poulains
2 Hôtel Le Cardinal
3 Fort Sarah Bernhardt
4 Grotte de L'Apothicairerie
5 Camping à la Source
6 Menhire Jean et Jeanne
7 Camping Bordénéo
8 Jugendherberge
9 Zitadelle von Le Palais
10 Leuchtturm Goulphar
11 Port-Coton
12 Castel Clara, Thalassotherapie
13 Camping Lannivrec
14 Camping Les Grands Sables
15 Leuchtturm Kerdonis
16 Camping Port Andro

Anreise/Weiterreise

●***Mit dem Schiff:*** Neben der Autofähre von Quiberon (s. dort) gibt es noch Fährverbindungen ohne Autotransport von Vannes, Port-Navalo, La-Trinité und La Turballe zwischen dem 1. April und dem 15. Oktober mit der Reederei Navix, Tel. 97.46.60.00. Preis 190 FF, Kinder 130 FF.

●***Mit dem Bus:*** Von der Haltestelle am Anleger fährt zweimal täglich ein Bus nach Sauzon.

Sauzon

Etwa 6 km nordwestlich von Le Palais liegt der zweitgrößte und wohl auch der ***schönste Hafen der Insel***.

Die Häuser von Sauzon sind entlang des ***Naturhafens*** gebaut, der am Ende eines langen Tales liegt. Hier wurden Mitte des letzten Jahrhunderts die ersten Konservenfabriken für Sardinen errichtet, von denen allerdings heute nichts mehr geblieben ist. An der nördlichen Hafen-

Der schönste Hafen der Insel: Sauzon (WK)

mole legen täglich Fischerboote an, die den Bedarf der Restaurants decken.

Der Name Sauzon geht zurück auf die "Saxons", die ***Sachsen***, wie die Bretonen die aus dem Norden kommenden Piraten nannten. Seit dem 4. Jahrhundert zogen die "Saxons" von hier aus raubend über die Insel.

Mehr und mehr Yachtbesitzer suchen seit einigen Jahren im Hafen einen Liegeplatz, und die einheimischen Fischer beginnen über Platzmangel zu klagen.

Sauzon strahlt mit seinen verschachtelt gebauten weißen Häusern eine beinahe ***mediterrane Atmosphäre*** aus. Kleine Boutiquen, Bars und Restaurants ziehen zwar im Sommer viele Urlauber an, aber das Leben verläuft hier dennoch entspannter als im geschäftigen Le Palais. Nur die ***Hochgeschwindigkeitsfähre*** von Quiberon sorgt hier für Wirbel, wenn sie im Hafen angelegt und ihre 200 Passagiere ausspuckt. Zum Glück transportiert sie keine Autos.

Unterkunft

•***Hôtel/Restaurant du Phare,*** direkt an der Hafenmole, Tel. 97.31.60.36. Einfaches, aber sehr schön liegendes Haus mit 14 traditionell eingerichteten Zimmern ab 200 FF. Geöffnet von Ostern bis Ende September.

•***Hôtel/Restaurant Le Cardinal,*** Tel. 97.31.61.60, 300 m oberhalb des Hafens. Das moderne, ansprechende Gebäude ist deutlich luxuriöser. 80 sehr großzügig eingerichtete Zimmer mit Balkon und Meerblick ab 360 FF (nur Halb- und Vollpension). Geöffnet vom 1.4. bis 15.10.

•***Camping à la Source,*** Tel. 97.31.60.95. 200 m oberhalb des Hafens an der Straße nach Le Palais. 65 Stellplätze z.T. unter Bäumen, einfache Einrichtungen. Geöffnet vom 1.5. bis 30.9.

Essen und Trinken

•***Restaurant du Phare,*** Tel. 97.31.60.36. Direkt an der Hafenmole. Vier verschiedene variationsreiche Menüs ab 100 FF, wahlweise auf der großen Terrasse oder im Speisesaal mit Blick auf den Vorhafen.

•***Le Contre-Quai,*** Tel. 97.31.60.60, nicht weit von der Kirche. Arlette und Bill sind inselweit für ihre originelle Küche bekannt, Menü ab 130 FF.

•***Café de la Rade,*** Quai Guerveur, Tel. 97.31.65.74. Der Name täuscht, handelt es sich

doch nicht um ein Café, sondern um die Top-Adresse für Fruits de mer (ab 100 FF).

●***Crêperie-Glacier Les Embruns,*** Rue du Lieutenant Riou, Tel. 97.31.64.78. Einfache, preiswerte Crêperie, grandiose Eisbecher.

Sonstiges

●***Tauchen:*** Guédel Sub-Armor, Chemin de Port-Puce, Tel. 97.31.64.69. Ein umgebautes Fischerboot und zwei Schlauchboote stehen 30 Tauchern zur Verfügung.

●***Golf:*** Golf de Sauzon, Tel. 97.31.64.65. Sehr schön oberhalb der Küste liegender Platz mit 18 Löchern.

●***Tennis:*** Aux Poulains, Tel. 97.31.64.65. Direkt am Golfplatz.

●***Reiten:*** La Licorne, Landes de Borgroix, Tel. 97.31.71.89.

Anreise/Weiterreise

●***Mit dem Schiff:*** Die Compagnie Morbihannaise et Nantaise de Navigation unterhält drei Autofähren, die täglich 8mal zwischen der Insel und Quiberon verkehren (im Sommer 13mal). Tel. 97.31.80.01. Ticketverkauf in Quiberon/Port Maria und Le Palais. Preise (Hin- und Rückfahrt): 85/55 FF, PKW je nach Länge ab 360 FF.

Von Lorient aus fährt die "Gourinis" derselben Reederei zwischen dem 1.7. und 6.9. täglich einmal hin und zurück. Kein Autotransport! Der Preis für die 90minütige Fahrt beträgt 110 FF, für Kinder 70 FF.

●***Mit dem Bus:*** Auf der Strecke Sauzon – Le Palais verkehrt zweimal täglich ein Bus. Haltestelle an der Kirche.

Pointe des Poulains

Sauzon ist der ideale Ausgangspunkt für eine Wanderung zur Nordspitze von Belle-Ile, der Pointe des Poulains (ca. 3 km). Ein kurvenreicher Küstenwanderweg führt zwischen dichtem Ginster- und Farngestrüpp oberhalb der zerklüfteten Uferfelsen nach Nordwesten zum Leuchtturm auf der vorgelagerten, aber bei Niedrigwasser erreichbaren Insel Ile des Poulains. Die verbindende Sandbarre bildet bei Ebbe einen schönen Badestrand.

Die Ruine des ***Fort Sarah Bernhardt***, in dem die berühmte Schauspielerin mit ihrer Vorliebe für tragische Rollen 30 Jahre lang den Sommer verbrachte, liegt am steilen Westufer der Pointe des Poulains in wild-grandioser Umgebung. Die lange, aus der Ferne heranrollende Atlantikdünung bricht sich donnernd in den grob zerklüfteten Felsen.

Das einst im Stil der Belle-Epoque großzügig gestaltete Gebäude wurde leider im 2. Weltkrieg von deutschen Truppen weitgehend zerstört.

Pointe du Vieux Château

Ein Fußweg entlang der Steilküste führt 2 km südlich zu der von Seglern besonders bei Ostwind geschätzten ***Ankerbucht Ster Vras***. Der fjordartige Einschnitt bietet Natur pur. Auf dem nahen Felskap Pointe du Vieux Château brüten im Frühjahr Tausende von Seevögeln (Dreizehen-, Silber-, Sturmmöwe, Austernfischer, Eissturmvogel, Alpenkrähe, Felsentaube und Krähenscharbe) in einem ***Vogelschutzgebiet***. Nur mit einem Biologen der Station als Führer ist das Betreten des Schutzgebietes gestattet. Auskunft unter Tel. 98.49.07.18.

Grotte de l'Apothicairerie

Ca. 3,5 km westlich von Sauzon befindet sich diese imposante Felsgrotte in der 50 m hohen Steilküste, in der sich die Dünung türkisgrün bricht. Nachdem in den letzten Jahren auf den durch Algenbewuchs glitschigen Felsstufen, die in die Grotte führen, etliche Besucher ausgerutscht und in der brechenden See ertrunken sind, wurde der Zugang leider gesperrt. Man kann aber von einem nahegelegenen Felskap in den Schlund hinunterschauen. Bei ruhiger See ist hier eines der interessantesten Reviere für Sporttaucher.

Jean et Jeanne

An der D 25, ca. 3 km südlich von Sauzon stehen zwei Menhire, die allerdings mit 5000jähriger Verspätung aufgestellt wurden. 1852 ließ der Bürgermeister von Le Palais die Steine als Ersatz aufrichten, nachdem dort zuvor die tatsächlich megalithischen Steine als Baumaterial zerschlagen worden waren.

Bangor und Umgebung

Der Name der drittgrößten Ortschaft von Belle-Ile, etwa 4 km landeinwärts von Le Palais, klingt nicht zufällig englisch. Im 6. Jahrhundert gründeten hier Mönche aus Bangor in Nord-Wales ein Kloster. Alte historische Karten zeigen drei Kapellen, die allerdings 1761 paradoxerweise wieder von Engländern zerstört wurden.

Der Ortskern mit seinen etwa 50 Häusern ist recht uninteressant. Zu Ferienhäusern umgebaute Bauernhöfe stehen zwischen noch bäuerlich genutzten Höfen.

Im Umkreis von 4 km liegen allerdings einige sehenswerte Insel-Highlights.

Le Grand Phare, Goulphar

Der 50 m hohe Leuchtturm schickt nachts seine zwei weißen Blitze alle 10 Sekunden 26 sm weit hinaus auf den Atlantik. Nach 256 Stufen erreicht der Besucher die Lampenetage, in der eine eindrucksvolle Messingmechanik die Linsen zwischen Sonnenuntergang und Sonnenaufgang dreht. Hier wurden 1835 erstmalig die von Augustin Fresnel entwickelten Linsen zur Lichtkonzentration in Leuchttürmen eingesetzt. Bei guter Sicht blickt man von hier oben aus 92 m Höhe nach Norden bis Lorient und Groix und nach Westen fast bis .... Amerika. Die 10 FF Eintritt sind gut investiert. Geöffnet von Ostern bis Ende September 10.00-18.00 Uhr.

Port Goulphar

Der kleine Fjordhafen unweit des Leuchtturms ist bei Fischern und Seglern gleichermaßen beliebt. Trailerbare Boote können hier gut zu Wassser gelassen werden.

Die beiden Edelherbergen oberhalb des kleinen Strandes gehören zum Besten, was Belle-Ile an Hotels zu bieten hat (s.u.).

Port-Coton

Eine Gruppe von steilen Felsspitzen vor der 50 m hohen Steilküste, 500 m westlich des Leuchtturmes, trägt diesen etwas unpassenden Namen (coton = Baumwolle). Claude Monet malte 1886 diese wilde Küstenlandschaft gleich mehrmals ("Les Aiguilles de Port-Coton", die Originale befinden sich im Pariser Musée d'Orsay). Im nahegelegenen kleinen Dorf Kervilahouen verbrachte er mehrere Monate, um sich von der Küste inspirieren zu lassen.

Port Donnant

Über den Küstenwanderweg ca. 3 km nördlich von Port-Coton. Drei landschaftlich **einzigartige Sandstrände** begrenzen die in drei Arme zergliederte, tiefeingeschnittene Bucht mitten in der sonst steilen Westküste. Wer mit dem Auto ankommt, muß schon etwa 800 m vom

Zimmer mit Aussicht: Castel Clara über dem Hafen von Goulphar (WK)

Strand entfernt parken, denn hohe Sanddünen versperren (glücklicherweise) den Weg zum Meer.

Port Donnant ist das ***Eldorado der Wellensurfer***. Wenn bei Irland ein Sturm die See aufwühlt, rollt hier zwei Tage später eine Dünung, die mit 2 bis 3 m hohen Rollern auf den Strand läuft: Hawaii auf Belle-Ile.

Port-Kérel und Plage d'Herlin

Ca. 2 km südlich von Bangor liegen diese beiden schönen Badestrände, eingerahmt in einer grandiosen Felskulisse.

Unterkunft

•***Castel Clara*** (Castel Thalassa), in Port Goulphar, Tel. 97.31.80.15. Das absolute Top-Hotel der Insel. Das traditionell mondäne Gebäude liegt einzigartig oberhalb der felsigen Bucht von Goulphar. Absolute Ruhe, es sei denn, es ist gerade Sturm. Das Hotel ist dem Thalassotherapiezentrum angeschlossen, das sich im selben Gebäude befindet. Tennisplätze und Schwimmbad sind selbstverständlich vorhanden. François Mitterand läßt sich hier von Zeit zu Zeit pflegen. 43 Zimmer, überwiegend mit Balkon zum Meer ab 750 FF (Halbpension).

•***Le Manoir de Goulphar,*** Tel. 97.31.80.10. Ebenfalls ein sehr luxuriöses Hotel an der Bucht von Goulphar. 58 sehr komfortable Zimmer ab 440 FF. Zwei Tennisplätze. Auch dieses Haus arbeitet mit dem Thalassotherapiezentrum zusammen. Geöffnet vom 15.3. bis 1.11.

•***Camping Municipal Kernest,*** Tel. 97.31.01.20. Ca. 1 km westlich vom Ortszentrum. Gepflegter Platz mit 90 Standflächen zwischen Hecken. Tennisplatz, Fahrradverleih.

Sonstiges

•***Fahrradverleih:*** Pro-Chaine, Kervilahouen, Tel. 97.31.53.16.

•***Reiten:*** Domaine des Chevaliers de Bangor, Tel. 97.31.52.28.

Locmaria

Zur Gemeinde mit ca. 560 Einwohnern im äußersten Südosten der Insel (etwa 10 km südöstlich von Bangor zu erreichen über die D 25) gehören 33 kleinere Dörfchen mit jeweils nur einer Handvoll Häusern. Locmaria besitzt eine in ihrer

Schlichtheit schöne weißgetünchte Kirche: ***Notre-Dame de l'Assomption***, 1714 erbaut.

Die Bevölkerung hat hier in allen Jahrhunderten unter Plünderungen am meisten gelitten, denn die Eindringlinge kamen meist am flachen, fast 2 km langen ***Plage des Grands Sables*** an Land, 4 km nordwestlich des heutigen Ortszentrums. Die parallel zur Küste verlaufenden Befestigungsanlagen stammen zum großen Teil von VAUBAN (vgl. Zitadelle). Heute finden hier nur noch sportliche Materialschlachten statt: Wer hat die modernste Surfausrüstung? Wer besitzt den schnellsten Katamaran? Verleih bei BLUE OCÉAN, Tel. 97.31.89.11.

Ein nicht ganz so schneller Segler machte einen unerwünschten Landfall an der Steilküste südwestlich von Locmaria, nahe der kleinen Bucht Port Locat: 1746 strandete hier die 600-Tonnen-***Fregatte "Prince de Conti"***, ein Schiff der französischen Ostindienkompagnie aus Lorient, und wurde an den Felsen zerschlagen. Nur 2 der 240 Mann Besatzung überlebten den Schiffbruch. Von China mit kostbarer Porzellan- und Tuchladung kommend, war das bewaffnete Handelsschiff bereits mehrfach von Piraten angegriffen worden. 20 Seemeilen vom Heimathafen Lorient entfernt, endete die lange Handelsreise im Sturm. China-Porzellan, Ballen chinesischer Seide, Gewürze und mehrere Kisten mit Gold- und Silbermünzen versanken im Meer. Was damals geborgen werden konnte, ist unbekannt. Tauchexpeditionen in den Jahren 1975 und 1985 brachten allerdings Hunderte von Gold- und Silbermünzen sowie viel zerschlagenes Porzellan zurück an die Oberfläche. Fischer aus Le Palais erzählen, daß noch einige der alten Kanonen am Meeresboden liegen. Nur Kanonen???

Im Museum der Zitadelle von Le Palais sind einzelne Wrackfunde aus dem Schiff zu bewundern.

Unterkunft

In Locmaria gibt es keine Hotels, aber drei Campingplätze.

- ***Camping Lannivrec,*** Tel. 97.31.73.75. 500 m östlich der Kirche nahe der höchsten Erhebung von Belle-Ile (71 m). Mit 120 Stellplätzen in ruhiger grüner Lage, Tennisplatz, Fahrradverleih, gute Sanitäranlagen, geöffnet vom 1.6. bis 15.9.
- ***Camping Port Andro,*** Tel. 97.31.73.25. Sehr einfacher Platz mit 80 Stellplätzen. Vorteil: direkt am Strand. Geöffnet vom 1.6. bis 15.9.
- ***Camping Les Grands Sables,*** Tel. 97.31.84.46. Am großen Strand im Norden, ebenfalls sehr einfacher Platz ohne viel Komfort, aber in Strandnähe.

Sonstiges

- ***Tennis:*** Zwei Plätze im Ortsteil Lannivrec, Tel. 97.31.70.48.
- ***Fahrradverleih:*** LOCMARIA CYCLE, D. Lucas, Tel. 97.31.72.90.

Ile d'Houat

In der seewärtigen Verlängerung der Halbinsel Quiberon liegen auf halber Entfernung zwischen Belle Ile und dem Festland die beiden kleinen Inseln Houat (die Ente) und Hoëdic (das Entchen), die noch im Mesolithikum (vor ca. 10.000 Jahren) ein Teil des Festlandes waren.

Die etwa 5 km lange und fast autofreie Insel ist nichts für Leute, die Unterhaltung und Komfort suchen. Houat ist einfach, aber vielleicht gerade deshalb sehr hübsch. Die 300 Einwohner tolerieren zwar die etwa 1.000 ***Sommergäste***, die z.T. als Tagestouristen, z.T. als Camper und Segler im Sommer den ursprünglichen Charakter der Insel verändern, aber erwünscht sind die Gäste nur in dem kleinen "Hôtel des Iles" und den Bars, Crêperien und Restaurants.

Die ***Einwohner*** leben überwiegend vom Fang der ca. 40 Fischerboote, die allabendlich an der Mole von Port-Saint-Gildas festmachen. Gefangen werden überwiegend Schalentiere. Ganzjährig Taschenkrebse (TOURTEAUX/CRABES) und

Strandkrabben (ÉTRILLES), im Frühjahr Seespinnen (ARAIGNÉES DE MER) und mit etwas Glück Hummer und Langusten (HOMARDS ET LANGOUSTES).

Insbesondere im 17. und 18. Jh. wurde das kleine Dorf Saint-Gildas mehrfach von Engländern, Spaniern und Holländern ***ausgeplündert und niedergebrannt***. 1795 konnten sich etwa 2.000 Offiziere und Soldaten der Chouannerie nach der verlorenen Schlacht von Quiberon hier vorübergehend verstecken. Unter ihnen auch GEORGES CADOUDAL.

Seitdem es keine Piratenüberfälle mehr gibt und auch keine feindlichen Engländer mehr über die Insel herfallen, wurden die ***neuen Häuser*** nahe des Hafens gebaut. Bis ins letzte Jahrhundert hingegen baute man die kleinen Häuser nahe der Kirche auf dem höchsten Punkt der Insel (31 m).

Houat lockt heute vor allem mit seiner

Hier gedeihen subtropische Pflanzen (EH)

Landschaft. Schmale ***Wanderwege*** führen quer über die Insel und die Küste entlang. Stellenweise durch dichtes Brombeergestrüpp, durch Farne und Ginster. Immer wieder tauchen dann kleine Buchten zwischen den Felsen auf, deren Sandstrände einer kinderreichen Familie gerade genug Platz bieten. Seevögel, darunter etliche Kormorane, bilden eine herrliche Kulisse für das Bad im Meer. Bei den Wanderungen ist es notwendig, auf den Wegen zu bleiben, da der z.T. recht starke Wind an vielen Stellen nur eine spärliche Vegetation aufkommen läßt. Sie dient dem Erosionsschutz und sollte möglichst nicht zertreten werden. Besonders hübsche Farbtupfer bringen die weiß- und rosablühenden ***Leimkräuter*** (Nelkengewächse) in die Landschaft hinein. Auf den Wegen des Inselplateaus können bei Sonnenschein leuchtendgrün gefärbte Smaragdeidechsen beobachtet werden, die im Sonnenlicht Wärme "auftanken".

Entlang der gesamten Ostküste verläuft ein ca. 2 km langer ***Traumstrand*** mit dem keltischen Namen ***Treac'h er Goured***. Am nördlichen Ende dieser auch bei Seglern beliebten Sandbucht zeugen Ruinen einer ehemaligen Hafenanlage von der zerstörerischen Kraft der Winterstürme der Biskaya. Bis 1954 befand sich hier der Haupthafen der Insel, bis er in einer Winternacht vollständig zerstört wurde.

Im Hinterland des Strandes ist ***Camping*** gestattet, allerdings beschränken sich die Sanitäreinrichtungen auf 2 Wasserhähne und 4 Müllcontainer. Apropos ***Müll***: Es sind nicht die Camper, die hier Probleme verursachen, sondern in erster Linie die Tagestouristen, die mit verschiedenen Schiffen vom Festland herüberkommen.

Praktische Hinweise

Unterkunft

•***Hôtel/Restaurant des Iles,*** Tel. 97.30.68.02. 300 m oberhalb des Hafens an der Nordküste,.

sieben einfache Zimmer mit Bad und Toilette ab 270 FF (mit Frühstück). Vom Speisesaal schöner Blick aufs Meer.

●***Résidence de Pen er Sablen,*** Tel. 97.30.68.85. Einige gemütliche Zimmer und möblierte Studios ab 250 FF.

●***Wildes Camping*** am Strand "Treac'h er Goured" (s.o.).

Essen und Trinken

●***Restaurant des Iles,*** Tel. 97.30.68.02. Meeresgerichte, Spezialität: gegrillter Hummer.

●***Restaurant le Vieux Port,*** oberhalb des großen Strandes mit herrlichem Ausblick von der Gartenterrasse.

Sonstiges

●***Fahrradverleih:*** HOUAT VÉLOS, 300 m vom Hafen, Tel. 97.30.68.74.

●***Bank:*** gehört zum Rathaus, ist allerdings nur unregelmäßig in einem etwa dreiwöchigen Abstand geöffnet.

Anreise/Weiterreise

●***Fährverbindungen:*** Die COMPAGNIE MORBIHANNAISE ET NANTAISE DE NAVIGATION bietet täglich Fahrten (ganzjährig zweimal täglich, im Juli/August bis sechsmal) zur Insel (kein PKW-Transport) ***von Quiberon*** aus an. Information und Ticketverkauf in Quiberon-Port Maria, Tel. 97.50.06.90. Preise (Hin- und Rückfahrt) 90/55 FF. Fahrtdauer etwa 60 Minuten.

Die Reederei bietet auch den Weitertransport ***von Houat zur Nachbarinsel Hoëdic*** (ganzjährig 1mal täglich, im Sommer 3mal täglich) an. Preise für die 30minütige Fahrt 44 FF.

NAVIX läuft Houat im Sommer ***von Port-Navalo*** (Tel. 97.53.74.12), ***La-Trinité-sur-Mer*** (Tel. 97.55.81.00) und ***Vannes*** (Tel. 97.46.60.00) aus an. Preise (Hin- und Rückfahrt) 140/90 FF, 3. Kind ist frei.

Ile de Hoëdic

7 km südöstlich von Houat liegt die von zahlreichen Untiefen und Felsen umgebene und nur 2 km lange Nachbarinsel. Die Fähre braucht von Houat aus ca. 30 Minuten bis zum winzigen Hafen Port d'Algol an der Nordküste.

Das einfache Leben der etwa 170 ***Inselbewohner*** erfuhr 1963 eine plötzliche Wendung, als die Insel zusammen mit Houat an das Stromnetz angeschlossen wurde. Auch die Telefonverbindung wurde im selben Jahr eingerichtet. Die Lebensgrundlage der Menschen ist wie auf Houat die Fischerei. Überhaupt unterscheidet sich Hoëdic von Houat, abgesehen von der Größe, nur unwesentlich. Baumlose, von Winterstürmen kurzgehaltene ***Vegetation***; an der Küste vereinzelte kleine Sandstrände zwischen Felsvorsprüngen. Oberhalb des felsigen Ufers dichte Farnflächen, die weiter landeinwärts in Ginster- und Brombeergestrüpp übergehen. Kahles Gras- und Heideland findet sich im Inselinneren. Inmitten der Insel liegt das ***kleine Dorf***, dessen Häuser allerdings heute z.T. von Landratten nur als Ferienhaus benutzt werden.

Die Insel war schon in der Mittelsteinzeit besiedelt, wie Skelettfunde beweisen. 1933 wurden im Westen nahe der Pointe du Vieux Château neun ***mesolithische Gräber*** unter dem Sand einer Düne entdeckt. Vermutlich aus dem Neolithikum (ca. 3.500 v. Chr.) stammt der ***alleinstehende Menhir***, ca. 400 m östlich der Festung in der Inselmitte. Das ***Fort*** wurde 1846 zur Verteidigung gegen die Engländer gebaut, die jedoch danach nicht mehr kamen – Fehlinvestition. Vorübergehend wurde nun die Dorfjugend kaserniert, denn ab 1881 dienten die finsteren Gemäuer der ersten staatlichen Inselschule. Heute wird das Gebäude zum Teil von einer Segelschule, zum Teil für Ausstellungszwecke genutzt.

Auch auf See hat das Militär seine Spuren hinterlassen. Dort allerdings auf dem Meeresboden, denn die Wracks der etwa 20 ***gesunkenen Kriegsschiffe*** aus der Schlacht von 1759 (Combat des Cardinaux) zwischen der Flotte von LOUIS XV. und dem englischen Verband unter Admiral HAWKE liegen immer noch zwischen den Felsen und dem Leuchtturm Les Grands Cardinaux, 2 sm südöstlich

Im Siebenjährigen Krieg hatte LOUIS XV.

ursprünglich die Absicht, mittels seiner Flotte 5.000 Soldaten nach England überzusetzen. Doch schon kurz nachdem die Soldaten im Golfe du Morbihan an Bord genommen worden waren und sich die Flotte in der Bucht von Quiberon zur Reise nach England formiert hatte, wurde sie von den Schiffen des Admirals HAWKE abgefangen. Ein großer Teil der französischen Flotte konnte unter einem aufziehenden Sturm in Richtung Nantes fliehen, aber viele Schiffe, die nicht zerschossen worden waren, liefen im Eifer des Gefechtes auf Untiefen vor Hoëdic und wurden auf den Felsen vom Sturm zerschlagen.

Die ***Sporttaucher*** von Le Croisic, St-Nazaire und Vannes werden im Gebiet der Grands Cardinaux jeden Sommer aufs neue fündig, und so manche Kriegsschiffskanone des 18. Jh. steht heute mitten in einem Blumengarten. So z.B. im Vorgarten des Rathauses von Le Croisic.

Praktische Hinweise

Unterkunft

- Das einzige Hotel der Insel ist das ***Hôtel/Restaurant des Cardinaux,*** Tel. 97.52.37.27. 10 recht hübsche, komfortable Zimmer mit Bad/WC ab 260 FF. Aus dem gepflegten Speisesaal im Louis-XV.-Stil schaut man weit über die Insel. Der Wirt vermittelt auch Angelausfahrten. Die Ausrüstung wird zur Verfügung gestellt. Ganzjährig geöffnet.
- ***Camping:*** Im Inselinneren befindet sich ein einfacher Platz für ca. 100 Zelte. Im Gegensatz zu Houat gibt es hier aber recht gute Sanitäranlagen mit dem nötigsten Komfort. Auskunft unter Tel. 97.30.63.32 (Mairie) oder 97.30.68.34.

Anreise/Weiterreise

- ***Fährverbindungen:*** Hoëdic kann nur von Houat aus erreicht werden. Zwischen den Inseln fahren Fähren der COMPAGNIE MORBIHANNAISE ET NANTAISE DE NAVIGATION ganzjährig einmal täglich, im Sommer dreimal täglich. Das Büro befindet sich in Quiberon-Port Maria, Tel. 97.50.06.90. Die 30minütige Hin- und Rückfahrt kostet 44 FF.

Trockengefallen: Am Atlantik sollte der Schiffer die Gezeiten kennen (MK)

Carnac

Carnac verdankt seine Bekanntheit und seine wirtschaftliche Blüte einerseits den neolithischen Steinreihen, die insgesamt aus etwa 2.800 Menhiren bestehen, und andererseits seinen schönen Stränden.

Der Ort besteht aus zwei Teilen: ***Carnac-Ville***, das ca. 1 km von der Küste entfernte Ortszentrum und ***Carnac-Plage***, ein moderner Badeort mit gepflegtem Flair, der allerdings im August unter der Flut von Urlaubern und Autos leidet.

Sehenswertes

Alignements du Ménec, de Kermario und de Kerlescan. Direkt nördlich von Carnac-Ville (gut beschildert) beginnen an der bäuerlichen Siedlung von Le Ménec die mysteriösen Reihen von insgesamt ***2792 Menhiren***, die sich, zum Teil durch Straßen und Kiefernwäldchen unterbrochen, über insgesamt etwa 3 km Länge erstrecken. Hunderttausende von Besuchern haben in den letzten Jahren die ***Heidelandschaft*** derartig ***ruiniert***, daß einzelne Steine aufgrund der Bodenerosion umgefallen sind. Aus diesem Grund entschloß sich die Gemeinde 1992, große Teilbereiche der Alignements durch Zäune vor der wachsenden Besuchermenge zu schützen. Gleichzeitig wurde bei Kermario eine ***Aussichtsplattform*** mit Souvenirstand geschaffen, von der aus der Blick über die Steinreihen heute besser ist als zuvor. Ein großer Parkplatz liegt in unmittelbarer Nähe.

Das Kleine Dorf ***Le Ménec*** steht buchstäblich auf historischem Boden. Der ***Cromlec'h*** wurde von den Vorfahren der Bauern zum Teil als Gartendekoration in die Bebauung integriert, so daß der Steinring in seiner Einheit von 70 Steinen nicht zu erkennen ist.

Die ***Alignements von Le Ménec*** schließen sich auch direkt an den Cromlec'h an. Es handelt sich um 12 z.T. unvollständige Reihen mit einer Breite von 116 m im Westen (höchste Menhire ca. 4 m) und 63 m Breite im Osten.

Auf der gegenüberliegenden Straßenseite befindet sich das sogenannte ***Archéoscope*** (Öffnungszeiten 10.00-17.30 Uhr), mit mystisch gehaltener Multivisions-Show. Im modernen Betonrundbau wird dem Besucher für 50 FF (Kinder 30 FF) anhand von Dia- und Filmprojektionen, untermalt von bedrohlichen Tönen und rätselhaftem Laserlicht, zwar wenig Information, aber viel mystisches Gefühl zwischen den Steinen von Carnac vermittelt. Die 25minütige Show findet zu verschiedenen Zeiten auf französisch, englisch oder deutsch statt. Wer sachliche Informationen sucht, sollte sich besser an das Musée de Préhistoire von Carnac-Ville wenden.

Ca. 1 km weiter auf der D 196 (Route des Alignements) erreicht man die ***Alignements von Kermario***. Etwa die Hälfte der Menhire ist ebenfalls eingezäunt, um weitere Erosionsschäden zu vermeiden. 10 Reihen von insgesamt 982 Menhiren (andere Zählungen sprechen von 1.029 Steinen) erstrecken sich über eine Länge von 1.120 m. Abschnittsweise fällt es schwer, Reihen zu erkennen, da viele Menhire fehlen. Es ist bekannt, daß bis ins Ende des letzten Jahrhunderts Menhire zerschlagen und als Baumaterial verwendet wurden. Unzweifelhaft steht aufgrund archäologischer Funde von Fundamentgruben aber fest, daß hier tatsächlich einmal mehr Steine gestanden haben müssen.

Der sich neben dem Aussichtsgebäude befindende ***Dolmen*** ist ca. 1000 Jahre älter als die Steinreihen, die etwa 3.000 v. Chr. errichtet wurden. Die Datierung wurde durch Untersuchungen von Knochen- und Tonwarenfunden sowie Holzkohleresten möglich!

Statt der Straße nach Osten zu folgen, in diesem Fall entfernt man sich von den Steinreihen, ist es interessanter, parallel

Vermutungen zur Bedeutung der Megalithbauten von Carnac

Die vielen Deutungsversuche stützen sich nur selten auf gesicherte Fakten, das meiste ist hypothetisch, teilweise geradezu phantastisch (s.a. Kap. "Die Megalithen").

Gesichert ist, daß die Dolmen zum Teil ***Beisetzungsstätten*** für herausragende Personen der Sippe, zum Teil regelrechte Massengräber waren, die über mehrere Generationen genutzt wurden. Sicher ist auch, daß sie zwischen 4.000 und 2.000 v .Chr. errichtet wurden, also nicht keltischen Ursprungs sind, wie noch im vorigen Jahrhundert angenommen wurde.

Zu den Steinreihen (Alignements) gibt es folgende Interpretationen, von denen jedoch keine als gesichert angesehen werden kann, ja manche erscheinen sehr fragwürdig:

1. Astronomische Deutung: Einzelne Teilstücke bestimmter Steinreihen weisen in die Richtung des Sonnenauf- oder -unterganges zur Tagundnachtgleiche (Äquinoktium) am 21.3. bzw. 23.9. Dies hätte eine Kalendereinteilung ermöglicht. Kritik: Die Auswahl der Steine erscheint heutzutage willkürlich angesichts der Vielzahl verschiedener Möglichkeiten an Peilrichtungen. Hinzu kommt, daß nur etwa 36 % noch an ihrem alten Platz stehen.

Nach einer anderen These dienten die Steinsetzungen der Vorhersage von Mondfinsternissen. Die Peilungen sollten möglicherweise nach dem Kimme-Korn-Prinzip über den großen Menhir von Locmariaquer (Grand Menhir Brisé oder Feenstein) erfolgen. Kritik: Es existiert keine einzige konkrete anerkannte mathematische Berechnung, die diese Vermutung stutzt. Die Auswahl der Steine als "Kimme" ist angesichts der großen Auswahlmöglichkeiten willkürlich.

2. Die Abstände der Steine bzw. der Reihen untereinander haben eine ***megalithische Längenmaßeinheit*** definiert. Kritik: Wie bei der astronomischen Deutung muß auch hier die Auswahl der Steine willkürlich bleiben, angesichts der Unterschiede in den Abständen.

3. Es handelt sich um ein ***Gräberfeld*** mit ritueller Bedeutung. Kritik: Es wurden nur an wenigen Menhiren Knochen gefunden, was allerdings bei dem größtenteils sauren Boden nicht verwunderlich ist, da Knochen hier einen Zeitraum von 5.000 Jahren nicht überdauern können.

4. Die Steinreihen sind ***navigatorische Peilhilfen für Schiffe***. Kritik: Der Meeresspiegel war vor 4.000-5.000 Jahren ca. 7 m niedriger als heute. Doch selbst heute ist es unmöglich, die Steine von See aus zu sehen, somit erst recht nicht vor 5 Jahrtausenden. Hinzu kommt, daß für Peilungen zwei Steine ausgereicht hätten.

5. Die Menhire sind die verwitterten ***Reste versteinerter römischer Soldaten***, die Saint Cornely (s. Eglise St-Cornely) verfolgten. Er hatte sich im 3. Jahrhundert als Papst in Rom gegen die Götzenverehrung im allgemeinen und speziell gegen das Tieropfer engagiert. Nach seiner Weigerung, Mars ein Tieropfer zu bringen, wurde er vom römischen Kaiser entmachtet und verbannt. Cornely mußte fliehen und kam schließlich in die Bretagne nach Carnac. Hier spürten ihn römische Soldaten auf und verfolgten ihn. Im letzten Moment schickte der Heilige Cornelius ein Stoßgebet gen Himmel, um vor den Soldaten Schutz zu finden, und tatsächlich erstarrten die heidnischen Legionäre zu Steinsäulen. Soweit die bretonische Legende. Es existieren mindestens drei weitere Versionen. Kritik überflüssig!

Unabhängig von den ursprünglichen Gründen zur Errichtung dieser geheimnisvollen Steinreihen glaubten kinderlose Ehepaare bis in unser Jahrhundert hinein an eine ***fruchtbarkeitsfördernde Wirkung*** der Menhire. Die körperliche Vereinigung in unmittelbarer Nähe des Géant du Manio sollte die Kinderlosigkeit beseitigen.

Carnac
Ploemel
Erdeven
St. Laurent
Aray
Vannes
KERLANN
LE RUNEL
D-119
KERGAVAT
D-781
Route de Plouharnel
KERBACHIQUE
D-196
KERDREFF
LE MENEC
Route des Alignements
CROIX AUDRAN
KERMAR
Rue du Menec
Rue de Courdiec
Rue des Korrigans
Ch. de Kergouillard
KERGOUILLARD
Rue Saint Cornely
R. de Bellevue
BOURGEREL
LE PÔ
Rue du Pô
KERVEGAN
CLOUCA
Route de la Trinité
MANE ER GROEZ
Chemin du Mane Groez
Avenue des Salines
Av. de la Poste
Av. du Roer
Av. du Rahic
Chemin du Ranguhan
Anse du Pô
Anse d'er Daunn
KERBERDERY
KERALLAN
KERLOIS
KERGOUEL
Av. St. Colomban
Anciens marais salants
Av. du Palud
Av. de l'Atlantique
Av. des Druides
Ilot des Salines
Av. Duguesclin
Avenue des Druides
Av. de Kermario
SAINT-COLOMBAN
Av. de la Chapelle
LEGENESE
Chaussée des Bernaches
Bd. de Port-en-Drô
GRANDE PLAGE
Plage de St-Colomban
Boulevard de l'Océan
Avenue des Dunes
CARNAC PLAGE
Boulevard de Legenèse
Port en Drô
Plage de Légenèse
Plage de Ty Bihan

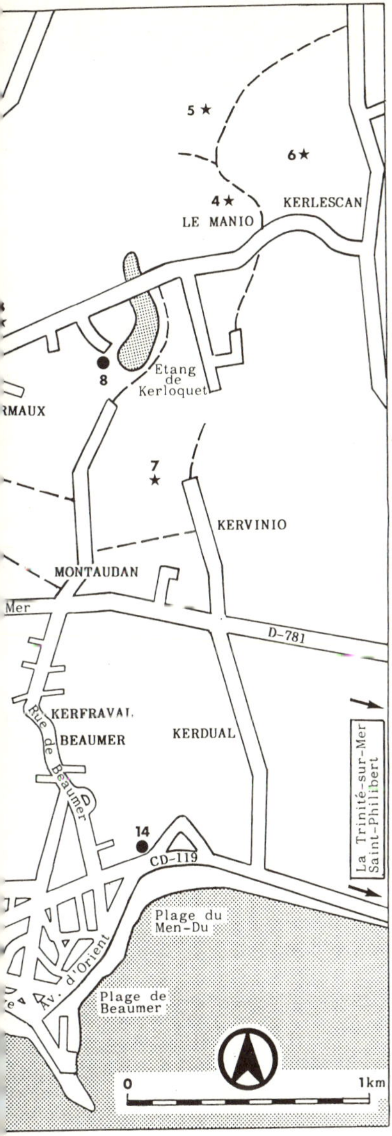

1 Alignements du Ménec
2 Archéoscop
3 Alignements de Kermario
4 Grabhügel von Le Manio, Schlangenmenhir
5 Le Géant de Manio
6 Alignements de Kerlescan
7 Tumulus de Kercado
8 Camping La Grande Métairie
9 Hôtel/Restaurant du Tumulus
10 Tumulus Saint-Michel
11 Musée de la Préhistoire
12 Office de Tourisme (Nordteil)
13 Eglise Saint-Cornély
14 Camping L'Océan
15 Camping Les Menhirs
16 Office de Tourisme (Südteil)
17 Thalassotherapie-Zentrum
18 Novotel
19 Hôtel Les Rochers
20 Segelschule u. Bootsverleih

zu den hier nicht eingezäunten Menhiren (vorbei am Teich von Kerloquet) ca. 1 km bis zum ***Grabhügel von Le Manio*** zu wandern. In der östlichen Hälfte des Hügels, auf dem 1922 Z. Le Rouzic (s. Museum) etwa 20 neolithische Gräber (ca. 3.500 v. Chr.) zum Teil in Form kleiner Dolmen ausgraben konnte, weist ein interessanter 3 m hoher Menhir auf die Besonderheit des Ortes hin: Im unteren Teil des Menhirs sind fünf ***Schlangensymbole*** eingemeißelt. Ausgrabungen förderten am Fuß des Menhirs fünf polierte Steinbeile zutage, die mit der Schneide nach oben zu den fünf Schlangen zeigten. Die Beile sind im Museum von Carnac, Saal 2, Vitrine 9, ausgestellt. Die Funde beweisen, daß das Gebiet von Carnac schon mindestens 500 Jahre vor Errichtung der Alignements zu Begräbniszwecken genutzt wurde.

Vom Schlangenmenhir (Menhir aux Serpents) sind es noch einmal ca. 500 m zum Teil durch Kiefernwald, bis man den größten Menhir von Carnac erreicht. ***Le Géant du Manio*** (Der Riese von Manio) ist ca. 6,5 m hoch und steht unweit von einem viereckigen Cromlec'h, einem so-

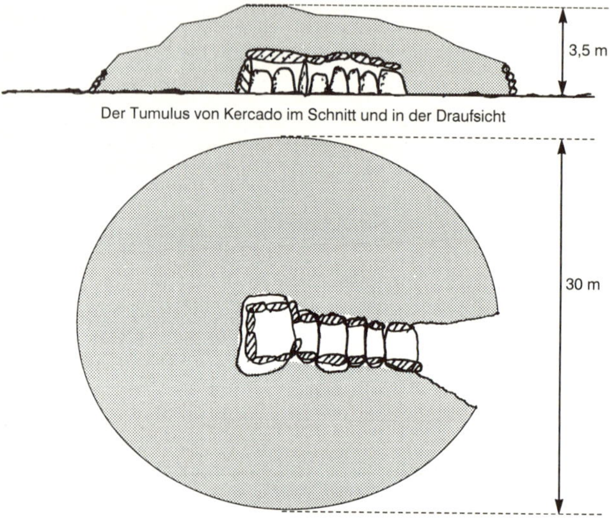

Der Tumulus von Kercado im Schnitt und in der Draufsicht

genannten ***Quadrilatère***. Während andernorts (auch außerhalb Frankreichs) die runde Form des Cromlec'hs vorherrscht, sind in der Gegend nordöstlich von Carnac insgesamt drei Quadrilatères zu finden; hingegen nur die eine runde Anordnung von Le Ménec. Der Quadrilatère du Manio wurde im letzten Jahrhundert unter der Anleitung des archäologisch interessierten Bürgermeisters restauriert, da ca. 3/4 aller Steine umgefallen waren. Leider war das Wunschdenken des Restaurators größer als sein Bemühen um eine originalgetreue Rekonstruktion. Dies führte dazu, daß zwar heute die Diagonalen des Vierecks exakt in Richtung der Frühlings- und Herbst-Tagundnachtgleichen (Äquinoktien) zeigen, dies aber vor der Restaurierung nicht so genau der Fall war, wie neuere Grabungen ergaben. Ähnliches gilt auch für den Quadrilatère von Crucuno auf halbem Weg zwischen Plouharnel und Erdeven unweit der N 781.

Ebenfalls zu Fuß sind die ***Alignements de Kerlescan*** zu erreichen. Die 13 von Nordost nach Südwest verlaufenden Steinreihen sind 880 m lang und bestehen aus 594 Menhiren, davon 39 in einer halbkreisförmigen Begrenzung im Südwesten. Der Fußmarsch lohnt sich aber vor allem wegen des einzigartigen ***Cromlec'hs*** nördlich der Steinreihen. Ein aus 43 Menhiren bestehender, 277 m umfassender Steinkreis hält den europäischen Cromlec'h-Größenrekord. Allerdeings fehlen im Osten viele Steine. Auch hier gilt , wie in Kermario, daß der nebenanliegende ***Dolmen*** ungefähr 1.000 Jahre vor den Menhiren errichtet wurde.

Tumulus von Kercado. Bei den Alignements de Kermario östlich des Teichs von Kerloquet rechts in Richtung Château de Kercado abbiegen. Vom Château aus führt ein Fußweg zum Tumulus. Es handelt sich um den ältesten bekannten Grabhügel des Morbihan. Die Untersuchung von Tongefäßen mit Hilfe der C-14-Methode (radioaktiver Zerfall des Kohlenstoffisotops C 14 in gebrannter Tonerde) ermöglichte eine Datierung auf ca. 4.700 v. Chr.

Der ca. 3,5 m hohe kreisrunde Hügel mit 30 m Durchmesser bedeckt einen Dolmen mit den Innenmaßen von 2,9 m Länge, 3,2 m Breite und 2,5 m Höhe. Der durch seine Grabungen im Raum Carnac bekannt gewordene Historiker und Archäologe Z. Le Rouzic konnte hier neben menschlichen Skelettresten, Töpferwaren, Pfeilspitzen, polierte Steinbeile sowie eine sehr schöne Halskette ausgraben (zu sehen im Museum von Carnac, Saal 2, Vitrine 5). Sehr ungewöhnlich für Tumuli ist der Menhir auf dem höchsten Punkt des Hügels.

Rings um Carnac gibt es eine große Zahl weiterer Dolmen oder einzeln stehender Menhire. Die Beschreibung würde allerdings den Rahmen dieses Buches sprengen.

Musée J. Miln – Z. Le Rouzic (Musée de la Préhistoire). Der schottische Archäologe James Miln begann Mitte des 19. Jh. mit Ausgrabungen und Messungen in Carnac und Umgebung. Als Gehilfen engagierte er den einheimischen Historiker Zacharie Le Rouzic. Ihre erstaunlichen Funde führten gegen Ende des 19. Jh. zur Gründung des ersten archäologischen Museums. 1985 wurde es nach mehrjähriger Umgestaltung als Musée J. Miln – Z. Le Rouzic neu eingeweiht. Mitten im Zentrum Carnacs beherbergt es die reichhaltigste Sammlung an megalithischen Funden der Welt. Hinsichtlich der Vor- und Frühgeschichte ist es europaweit als drittgrößtes Museum eingestuft.

Die Sammlung beschreibt in ansprechender Darstellungsform die Zeitspanne von 450.000 v. Chr. (Paläolithikum) bis ins frühe Mittelalter (8. Jh.).

Im Erdgeschoß beginnt der Rundgang mit einer interessanten Tonbildschau, die auch verschiedene Deutungen der Megalithbauten beschreibt. Auf zwei Etagen schließen sich Vitrinen mit Exponaten aus den Epochen Alt-, Mittel- und Jungsteinzeit (1 Million bis 1.000 v. Chr.), Bronze- und Eisenzeit sowie römisches Reich und frühes Mittelalter an.

Natürlich nehmen die Fundstücke aus dem Megalithikum (4.000-2.000 v. Chr.) den breitesten Raum ein. Zahlreiche Steinwerkzeuge, Schmuckstücke und Haushaltsgegenstände aus Ton oder Knochen sind mit Beschreibungen der Fundorte ausgestellt.

Rekonstruierte Gräber aus der mittleren Steinzeit und der Eisenzeit sind ebenso zu sehen wie Gebrauchsgegenstände aus der keltischen und römischen Epoche. Leider sind die Erklärungstafeln nur in Französisch abgefaßt.

Öffnungszeiten: 2.1.-31.5. und 1.10.-31.12. von 10.00 bis 12.00 Uhr und von 14.00 bis 17.00 Uhr, dienstags geschlossen; 1.6.-30.6. und 1.9.-30.9. von 10.00 bis 12.00 Uhr und von 14.00 bis 18.00 Uhr, dienstags geschlossen; 1.7.-31.8. von 10.00 bis 12.00 Uhr und von 14.00 bis 18.30 Uhr. Am 1.1., 1.5. und 25.12. bleibt das Museum geschlossen. Preise: 25 FF (Kinder 12,50 FF). Place de la Chapelle 10, Tel. 97.52.22.04.

Eglise Saint-Cornély. Im Stadtzentrum von Carnac-Ville. Saint Cornély kämpfte im 3. Jh. als Papst in Rom entschlossen gegen die Götzenverehrung, insbesondere verdammte er das Tieropfer. Dies machte ihn später zum Schutzheiligen des Hornviehs. Konflikte mit dem römischen Kaiser führten jedoch zu seiner Entmachtung und Verbannung. Noch um die Jahrhundertwende führten die Bauern ihre Herden am 13. September in einer

Prozession durch die Steinreihen von Kermario und Le Ménec, um die Gunst des Heiligen für die Gesundheit ihrer Tiere zu erbitten.

1639 begann der Bau der in der gesamten Bretagne bekannten Renaissance-Kirche. Saint Cornély segnet als Statue über dem Haupteingang, eingerahmt zwischen den Bildern zweier Ochsen auf megalithischem Hintergrund, alle vorbeiziehenden Rindviecher. Die Vorhalle hinter dem nördlichen Eingang, deren Säulen im 19. Jh. aus Menhiren gearbeitet wurden, ist von einem außergewöhnlichen, kronenförmigen Baldachin geschmückt. Dies war im 19. Jh. der Eingang der Pilger, die zuvor die Alignements abgeschritten hatten. Weitere sehenswerte Details sind die schmiedeeiserne Kanzel, die Altäre aus dem 17. und 18. Jahrhundert sowie die vergoldete hölzerne Reliquienstatue Saint Cornéys aus dem 18. Jh.

Tumulus Saint-Michel. Am östlichen Ortseingang von Carnac-Ville nahe der D 781 in Richtung La Trinité-sur-Mer befindet sich der Tumulus Saint-Michel. Über den heidnischen Glauben triumphierend, ließ die katholische Kirche im 17. Jh. eine Kapelle auf dem megalithischen Grabhügel errichten. Der 125 m lange, 60 m breite und 12 m hohe Hügel wurde erstmalig 1862-64 wissenschaftlich erforscht. Man fand im Zentrum zwei verschlossene Hauptgewölbe sowie 13 weitere Steinkammern, die anhand der Funde (menschliche und tierische Knochenreste, Halsketten, Ohrringe, polierte Äxte und Tongefäße; im Museum von Carnac, Saal 2, Vitrine 11) eindeutig als Gräber identifiziert werden konnten. Aufgrund der Übereinstimmung der Funde mit denen in den ältesten Dolmen konnte die Errichtung des Tumulus auf das 4. Jahrtausend v. Chr. datiert werden.

Öffnungszeiten: Juni-September 10.00-12.00 Uhr und 15.00-18.00 Uhr, Eintritt 8 FF (Kinder 4 FF).

Die Strände

Carnacs Reputation geht nicht zuletzt auf seine schönen Strände zurück. Zwar sind im Hochsommer manche davon recht dicht belegt, doch gibt es auch ruhigere Strandgebiete. Hierzu zählen, speziell bei niedrigem Wasserstand, die Sandwattgebiete im Osten in Richtung La Trinité-sur-Mer, ***Plage du Men-Du***.

Der Hauptstrand, ***la Grande Plage***, ca. 1,5 km lang, bietet viele Zerstreuungen, besonders für Kinder. Der Club des Goélands und der Club des Ecureuils sind die ideale Adresse für Eltern, die ihre Kinder in einer Gruppe Gleichaltriger sportlich beschäftigen möchten.

Weiter im Westen liegen die beiden Strände ***Plage de Légenèse*** und ***Plage de Ty Bihan***. Am ersteren herrscht Wassersport total: Windsurfschulen mit Board-Verleih, Katamaransegeln, Tretboote, Sprungturm. Der zweite ist etwas ruhiger.

Ganz im Westen mit Blick zur Presqu'île de Quiberon liegt der ca. 500 m lange ***Plage de St-Colomban***, vergleichbar mit dem Grande Plage, nur alles eine Nummer kleiner und ruhiger. Hier landeten am 27. Juni 1795 5.000 königstreue Chouans, unter ihnen auch George Cadoudal, dem man in Auray ein kleines Museum gewidmet hat. In der Schlacht gegen die Revolutionstreuen unter Général Hoche erlitten die Chouans hier eine vernichtende Niederlage.

Praktische Hinweise

Information

- ***Office de Tourisme,*** Avenue des Druides 74, B.P. 65, 56342 Carnac Cedex, Tel. 97.52.13.52 (ganzjährig). Filialen in Carnac-Ville an der Place de l'Eglise, geöffnet von Ostern bis September.

Unterkunft

- ***Novotel,*** Avenue de l'Atlantique, Tel. 97. 52.53.54. Exklusives, modernes Hotel, das an das Thalassotherapie-Zentrum in Carnac-Plage angeschlossen ist. 300 m vom Yachtclub und Strand. 110 sehr komfortable Zimmer mit Bad und WC, ab 550 FF. Geöffnet vom 27.1. bis 31.12.

●***Hôtel/Restaurant du Tumulus,*** Rue du Tumulus 31, Tel. 97.52.08.21. In ruhiger Lage nahe des Tumulus von St-Michel am östlichen Ortsrand von Carnac-Ville. 25 gepflegte Zimmer in klassisch-bretonischem Gebäude, beheiztes Schwimmbad im Freien im schönen Garten. Zimmer ab 350 FF. Geöffnet von Ostern bis zum 15.10.

●***Hôtel Les Rochers,*** Boulevard de la Base Nautique 6, Tel. 97.52.10.09. Direkt am Segelhafen. Haus mit betont sportlicher Note, 2 Tennisplätze, eigener Wassersportservice für Wasserski, Paragliding (hinter Motorboot), Surfen. 50 m vom Thalassotherapie-Zentrum und Meerwasserschwimmbad entfernt. 14 Zimmer mit Meerblick ab 300 FF. Geöffnet vom 1.3. bis 15.10.

Camping

Leider gibt es keine Plätze in unmittelbarer Strandnähe. Allerdings liegen am Nordostrand von Carnac-Plage vier Anlagen in etwa 500 m Entfernung zum Plage du Men-Du. Alle anderen, vor allem diejenigen mit breitem Freizeitangebot und besonders gutem Service, liegen in der Nähe der Alignements. Im Juli und August sollte grundsätzlich eine Reservierung erfolgen!

Von den über 20 Plätzen hier eine kleine, gezielte Auswahl.

●***La Grande Métairie,*** Tel. 97.52.24.01, ca. 400 m südlich der Alignements de Kermario. 3 km zum Strand, aber direkt am Teich von Kerloquet. 352 Stellplätze, z.T. unter Bäumen, großzügig angelegt mit breitem Freizeitangebot, Tennis, Reiten, Minigolf, Schwimmbecken, Kinderspielplatz, Fahrradverleih. Sehr gute Sanitäranlagen. Geöffnet vom 23.5. bis 12.9.

●***Les Menhirs,*** Tel. 97.52.94.67, ca. 300 m nördlich der Mitte des Grande Plage, am Nordrand von Carnac-Plage. Sämtliche Angebote eines modernen Campingplatzes, großes Schwimmbecken mit Riesenrutsche. Fahrradverleih, behindertenfreundliche Einrichtung. 350 Plätze zwischen kleinen Bäumen. Geöffnet vom 1.5. bis 30.9.

●***L'Océan,*** Tel. 97.52.03.98. Einfacher, ruhiger Platz am östlichen Ortsausgang von Carnac-Plage. Der dem Meer nächstgelegene Platz. Keine Sportangebote, wenig Komfort, aber interessante Natur am Plage du Men-Du bei Niedrigwasser. 49 Einheiten, geöffnet vom 15.6. bis 8.9.

Essen und Trinken

Hier nur ein kleiner Auszug. Die Preise liegen hier über dem sonst üblichen Niveau.

●***Restaurant La Côte de Boeuf,*** Tel. 97.52.02.80. In der Nähe der Steinreihen von Kermario. In dem bewußt bäuerlich gehaltenen Lokal kommt der Liebhaber von gegrilltem Fleisch auf seine Kosten. Verlangen Sie "Côte de Boeuf" mit Cidre maison (160 FF).

●***Le Plancton,*** Boulevard de la Plage 12-13, Tel. 97.52.13.65. Direkt am Grande Plage. Hervorragende Fischgerichte, die allerdings ihren Preis haben (Menü ab 100 FF). Gediegen kultivierte Atmosphäre.

●***Crêperie Chez Marie,*** Place de l'Eglise 3, Tel. 97.52.83.05. 30 m neben der Eglise St-Cornély in Carnac-Ville. Traditionelle Bauerneinrichtung, man sitzt auf Melkschemeln. Empfehlenswert: Galette au chèvre chaud (Galette mit warmem Ziegenkäse) und Crêpe pomme caramel (Apfel-crêpe mit Karamel-Sauce).

●***Crêperie du Pressoir,*** Tel. 97.52.01.86. Im Ortsteil Le Ménec am westlichen Ende der Alignements. Crêpes im Urstil mit Cidre fermier in einem alten Bauernhaus.

Musiklokale

●***Les Chandelles,*** nahe dem Novotel in Carnac-Plage, jüngeres Publikum, das voll abfährt.

●***Club Le Petit Bedon,*** Avenue des Druides 106, Tel. 97.52.11.62. Discothek und Piano-Bar in Carnac-Plage. Geöffnet 20.00-4.00 Uhr.

Sonstiges

●***Yachtclub de Carnac,*** Y.C.C., Port An-Dro, B.P. 30, 56341 Carnac-Cedex, Tel. 97.52.10.98. Der Name hat in Frankreich unter Seglern einen guten Ruf, ist jedoch etwas irreführend, denn es handelt sich nicht um einen Club für Yachtbesitzer, sondern mehr für sportliche Jollensegler, Katamaranfreunde und Surfer. Für Urlauber ist von besonderem Interesse, daß hier für 300 Segelbegeisterte eine Ausbildung auf verschiedenen Jollen, Katamaranen und Surfboards angeboten wird, deren Qualität allgemein anerkannt ist.

●***Thalassotherapie de Carnac,*** Avenue de l'Atlantique, Tel. 97.52.53.54. Bekanntes Kurzentrum mit einem Schwerpunkt in der Anwendung der heilenden Kräfte des Meerwassers.

●***Bootsverleih:*** Carnac Location Loisirs, Base de Port An-Dro, Tel. 97.55.80.13/83.79.

●***Reiten:*** Centre Equestre des Menhirs, Le Manio, Tel. 97.55.73.45 (ganzjährig), und Camping de la Grande Métairie (s.o).

●***Fahrradverleih:*** Cycl'Up, Le Guen Rémy – Carnac-Plage, Avenue des Druides 40, Tel. 97.52.91.76. Lorcy, Carnac-Ville, Rue de Courdiec 6, Tel. 97.52.09.73.

●***Golf:*** Parc de Loisirs de St-Laurent bei Ploëmel (ca. 6 km nördlich von Carnac-Ville), Tel. 97.56.

85.18. Öffentliche 18-Loch-Anlage.
●*Wasserski:* Hôtel des Rochers, Tel. 97.52.10.09
●*Tennis:* Club de Carnac, Avenue d'Orient, Tel. 97.52.93.53, 10 Plätze. Tennis Kerabus, Route d'Auray, Tel. 97.52.07.74, 15 Plätze.
●*Tauchen:* Guy Rivier (Ar Gliz Mor), Quai de Houat, Quiberon, Tel. 97.50.00.98.
●*Markt:* mittwochs und samstags.
●*Tip für Muschelsammler:* An der D 768 nach Quiberon steht ca. 4 km westlich von Carnac-Plage der etwas kitschige Nachbau einer spanischen Galeone "Le Galion". Hier ist ein originelles Muschelmuseum mit Verkaufsabteilung untergebracht. Route de Quiberon, Plouharnel, Tel. 97.52.39.56. Geöffnet von Ostern bis September, täglich 10.00-12.00 Uhr und 14.00-18.00 Uhr.
●Gegenüber befindet sich das ***Musée de la Chovannerie et des Guerres de l'Ouest***, in dem die bretonische Geschichte zwischen 1789 und 1815 dargestellt wird. Insbesondere wird ausführlich die Schlacht von Quiberon beschrieben, in der am 21.7.1795 die Chouans von den Republikanern vernichtend geschlagen wurden.

Anreise/Weiterreise

●*Mit dem Auto:* Von Auray über die D 768 in Richtung Quiberon/Carnac. Oder über die D 28 über Crac'h bis St-Philibert, dann über die D 781 durch La Trinité-sur-Mer nach Carnac.
●*Mit dem Bus:* Busse fahren von den zentralen Haltestellen in Carnac-Ville, an der Kirche St-Cornély (Avenue de la Porte) und in Carnac-Plage, am Office de Tourisme (Avenue des Druides 74) nach Auray, Vannes und La Trinité-sur-Mer.

Erdeven

Von Carnac über die D 781 via Plouarnel ca. 8 km nach Nordwesten. Während im August zwischen den Megalithen von Carnac mehr Menschen als Steine zu zählen sind, findet man in den weniger bekannten ***Alignements von Kerzerho*** bei Erdeven etwas mehr Ruhe. Zwar grenzen die äußeren Steine der in mehreren Reihen errichteten Alignements an die Landstraße (zum Bau der Straße wurden hier in den 30er Jahren viele Menhire beseitigt), doch ziehen sich die Reihen mit mehr als 1000 zum Teil bis zu 6 m hohen Menhiren tief in die größtenteils natürlich belassene Landschaft hinein. Nur ein Teil dieser Reihen ist begehbar. Die meisten Steine befinden sich in wildwachsendem Gestrüpp.

Die Alignements de Kerzerho müssen im Zusammenhang gesehen werden mit denen von Carnac sowie mit den Megalithbauten von Locmariaquer, 20 km entfernt im Südosten. Die archäologischen Funde belegen, daß zwischen dem Golfe du Morbihan und der Ria d'Etel im 4., 3. und 2. Jahrtausend v. Chr. hier in der Bretagne das Zentrum einer Kultur lag, die nach ganz Westeuropa ausstrahlte.

Wie in Carnac gibt es auch hier neben den Menhirreihen zahlreiche Dolmen. Sehenswert sind der ***Dolmen von Crucuno*** im kleinen Bauerndorf gleichen Namens und der von Mané-Croch (auch Mané-Groh genannt). Die Zufahrt ist von der D 781 beschildert (gleiche Straße wie zum Golfplatz von St-Laurent). In Crucuno wird architektonisch deutlich, was literarisch in den bretonischen Legenden zum Ausdruck kommt: eine lebendige, phantasiereiche, oft mystische Verbindung zwischen geschichtlichen Begebenheiten und dem Leben der Bauern. Direkt neben dem Dolmen von Crucuno wurde ein Bauernhaus gebaut, so daß der Dolmen als Annex vom Haus erscheint.

500 m weiter befindet sich am hinteren Straßenrand der ***Dolmen von Mané-Croch*** (Mané-Groh), der ein schönes Beispiel für einen Gangdolmen mit Seitenkammern darstellt.

Unterkunft

Für Camper bietet Erdeven eine Vielzahl von unterschiedlich komfortablen Plätzen, teils am schönen Sandstrand, teils im Inland.
●Direkt bei den Alignements de Kerzerho liegt auf der gegenüberliegenden Straßenseite einer der in jeder Hinsicht besten Campingplätze der Region: ***Airotel Kerzeroh***, Tel. 97.55.63.17, 250 Plätze, mit eigenem beheiztem Schwimmbad, verschiedenen Unterhaltungseinrichtungen, u.a. Reitmöglichkeit und ein Restaurant. Der Platz zeichnet sich durch eine schöne Lage mit viel Grün aus.

La Trinité-sur-Mer

Jeder Franzose hat schon einmal von diesem Ort gehört, denn La Trinité-sur-Mer ist der Heimatort eines Nationalhelden ersten Ranges: ***Eric Tabarly***. In Deutschland ist er eher unbekannt. Dies liegt daran, daß Hochseeregatten hier, im Gegensatz zu Frankreich, kein großes Interesse finden.

La Trinité ist Frankreichs ***Hochsee-Segler-Mekka***, und ERIC TABARLY ist die nationale Segelautorität Nr. 1, denn es gelang ihm als erstem Franzosen, das englische Top-Transatlantik-Segelrennen OSTAR gleich zweimal (1964 und 1976) zu gewinnen. Im jahrhundertealten Streit um die Seeherrschaft zwischen England und Frankreich erreichte er auf sportlicher Ebene, was die Marine Nationale lange zum Ziel hatte: die englische Flotte auf den zweiten Platz der europäischen Seestreitkräfte zu verweisen.

In TABARLYS Heimathafen treffen sich alljährlich zwei Wochen nach Ostern die schnellsten Mehrrumpfsegelboote (Katamarane, Trimarane) der Welt zur ***Trophée des Multicoques***. 20 m lange Segelrennmaschinen mit 35 m hohen Masten werden dann drei Tage lang mit Rekordgeschwindigkeiten über einen Regattaparcours vor der Küste gejagt.

Bis 1860 war der Ort mit seinem ***sehr geschützten Hafen*** vor der Mündung des Rivière de Crac'h lediglich Hafen von Carnac. Heute hat La Trinité durch sein maritimes Image, aber auch durch seine ***Austernkulturen*** (vor allem zur Zucht des Nachwuchses) eine solide wirtschaftliche Stabilität und Eigenständigkeit entwickelt.

Entlang der ca. 1 km langen ***Hafenpromenade*** reihen sich Cafés, Restaurants, Bootsausrüster, Modeboutiquen, Zeitungsläden, Immobilienhändler, Bäckereien und Surfshops aneinander.

Die Wasserfläche ist von einem Wald

Hi-Tech-Spielzeug: Katamaran vor Anker (WK)

von Masten bedeckt. Ca. 1.200 ***Liegeplätze*** für überwiegend seegehende Yachten verteilen sich auf 8 Schwimmstege. Sehenswert ist der Blick von der südlichen Hafenbegrenzungsmole Mole Loïc Caradec, denn von hier schaut man auf die Liegeplätze der ***schnellsten Segelboote der Welt***: Katamarane und Trimarane aus Frankreichs High-Tech-Werften, gesponsert von Autofirmen, Würstchenherstellern oder Schnelltransportunternehmen. Sie warten hier, an der Boje liegend, auf eine neue Rekordfahrt über den Nordatlantik. Das härteste Rennen, die ***Route du Rhum***, wird im November von St-Malo in die Karibik gesegelt, und, man glaubt es kaum, diese riesigen, komplizierten High-Tech-Boote mit Segelflächen von über 200 m^2 werden einhand (d.h. von einem Mann allein) mit Spitzengeschwindigkeiten von bis zu 30 Knoten (= 55,6 km/h) im Winter nonstop quer über den Nordatlantik gesegelt.

Auch bei ***Freizeitseglern*** wird der Ort immer beliebter. Etwa 200 Boote liegen an den Stegen zur Vercharterung bereit (hauptsächlich Ostern, Pfingsten und im Sommer).

Im neuen Hafengebäude am Ansatz der Mole Loïc Caradec befinden sich u.a.: Die ***Capitainerie (Hafenmeister)***, Tel. 97.55 71.49. Hier wird, auch für Nichtsegler zugänglich, täglich ein ausführlicher Wetterbericht ausgehängt. In der ***Criée (Fischhalle)***, wird täglich frisch die komplette Auswahl an Atlantik-Fisch angeboten. Der ***Fotoladen*** von Philippe Plisson, Frankreichs erfolgreichstem (und wohl bestem) Bootsfotografen, dessen schwimmende Fotoplattform ein Unikum ist: Ein Motorboot mit dem Namen "Pêcheur d'Images" (Bilderfischer) trägt eine Aussichtsplattform, die etwa doppelt so hoch wie die Bootslänge ist. Von dort oben bekommt Philippe Plisson seine künstlerisch und dokumentarisch herausragenden Aufnahmen von Regatta-Szenen, die er nicht minder erfolgreich im Laden an der Mole verkauft. Images Force 7, Cours des Quais, Tel. 97.55.80.30.

Das ***Office de Tourisme*** liegt direkt nebem dem exklusiven Fotogeschäft.

Hinsichtlich der Strände kann La Trinité mit Carnac kaum konkurrieren. Über die D 186 erreicht man am westlichen Ortsausgang den ***Plage de Poulbert*** gegenüber des Plage du Men-Du von Carnac.

Südlich des Ortszentrums liegt die ***Halbinsel Kerbihan***, die von relativ wenig besuchten Stränden umgeben ist.

Praktische Hinweise

Information

•***Office de Tourisme,*** Mole Loïc Caradec, B.P. 56, 56470 La Trinité-sur-Mer, Tel. 97.55.72.21.

Unterkunft

•***Hôtel/Restaurant Le Rouzic,*** Cours des Quais 17, Tel. 97.55.72.06. Das beste Haus im Ort liegt gegenüber vom Office de Tourisme. Hier schläft man, wenn die 16-m-Yacht zu klein wird. 32 komfortable Zimmer (Bad, WC, Dusche, TV) mit Blick auf den Hafen ab 300 FF. Vom 15.11. bis 15.12 geschlossen.

•***Hôtel Le Commerce,*** Rue de Carnac 4, Tel. 97.55.72.36. Einfaches Haus nahe dem nördlichen Ortsausgang. Zimmer ab 140 FF. Geöffnet von Ostern bis Ende September.

•***Camping de la Plage,*** Tel. 97.55.73.28. Am Strand von Kervillen, südlich des Ortes. 200 Stellplätze, von Bäumen und Sträuchern begrenzt. Wohnwagenvermietung, Tennis, Minigolf, Surfboard- und Fahrradverleih, Schwimmbad, sämtliche Serviceeinrichtungen, behindertengerecht. Geöffnet von Mai bis September.

•***Camping de la Baie,*** Tel. 97.55.88.81. Ebenfalls am Strand von Kervillen. 170 schön gelegene Stellplätze zwischen Bäumen. Die Ausstattung und der Service sowie die Sporteinrichtungen entsprechen denen des Camping de la Plage. Zusätzlich Reitmöglichkeit und Angelfahrten.

•***Camping de Kervilor,*** Tel. 97.55.87.26. Am nördlichen Ortsausgang Richtung Auray. Sehr gepflegter und vor allem ruhiger Platz mit 200 Einheiten in grüner Lage, Schwimmbad, Tennis, Minigolf, Fahrradverleih, Einrichtungen für Behinderte.

Essen und Trinken

•***Le Rouzic,*** Cours des Quais 17, Tel. 97.55.72.06. Gepflegte Menüs (ab 100 FF) traditioneller Art mit Schwerpunkt Fisch und Meerestiere. Der Koch versteht sein Handwerk. Gute Weinkarte.

•**Ostréa,** Cours des Quais 29, Tel. 97.55.72.73. Erste Adresse für eine Fruits-de-Mer-Orgie, gute Fischgerichte ab 150 FF.

•**L'Azimut,** Rue du Men-Du 1, Tel. 97.55.71.88. Gepflegtes Restaurant in typisch bretonischer Granitbauweise mit schöner Terrasse, von der man den gesamten Hafen überblickt. Bei gutem Wetter wohl der beste PLatz, um draußen zu speisen. Neben hervorragenden Fischgerichten auch große Auswahl an Speisen aus dem Inland. Ab 120 FF.

•**La Teignouse**, Cours des Quais 15, Tel. 97.55.73.75. Hafenlokal, dessen Name von einem Leuchtturm in der Baie de Quiberon stammt, "so richtig mitten drin", Brasserie, Pizzeria, Salon de Thé, Bar, Crêperie. Hier trifft man sich nach dem Segeltörn zum Bier.

•**Boulangerie-Pâtisserie Petit,** Cours des Quais. Kein Lokal, aber eine Bäckerei, die man nicht vergißt. Extrem breite Auswahl aller Erzeugnisse der Bäckerei- und Konditoreikunst. Hier gibt es den besten Kouign Amann.

Sonstiges

•***Fahrradverleih:*** B. GOUZERH, Cours des Quais 20, Tel. 97.55.73.15

•***Bootsausrüstung und Angelbedarf:*** LE CUILLER, Cours des Quais 14 (die kleine Holztür), Tel. 97.55.82.01. Der erste Eindruck täuscht! Es sieht aus wie in einem chaotischen Klüngelladen aus dem letzten Jahrhundert, aber hier finden Sie die Kleinteile und Seekarten, die Sie in anderen Wassersportläden vergeblich suchen. Sehr kompetente Bedienung. VOILERIE LE PORT, U-Ship, Rue des F. Kermorvant 1, Tel. 97.55.72.07, am Südende des Hafens. Seglerbedarf, Kleidung, Surfshop.

•***Bootscharter:*** BRETAGNE LOCATION, Cours des Quais 36, Tel. 97.55.81.01. Segel- und Motorboote. LOCATA ATLANTIQUE, Res. Les Voiliers II, Tel. 97.55.80.13. Spezialisiert auf bewohnbare Katamarane (8-12 m) VENT LIBRE, Tel. 97.55.75.00. Segel- und Motorboote von 8-16 m. Eine 10-Meter-Yacht mit 6 Kojen kostet im Sommer etwa 9.000 FF/Woche.

•***Segelschulen:*** SOCIÉTÉ NAUTIQUE DE LA TRINITÉ SUR MER, Cours des Quais, Tel. 97.55.73.48, am südlichen Ende des Hafens. Ausbildung auf Optimisten, Jollen und Yachten C.F.C. PHILIPPE FAQUE, Cours des Quais 18, Tel. 97.55.74.84. Ausbildung im Fahrtensegeln auf kleinen und größeren Yachten.

•***Tennis:*** TENNIS DE KERDOUAL, Tel. 97.55.79.51. An der Küstenstraße nach Carnac. TENNIS CLUB DE QUÉHAN, Tel. 97.55.07.91. In St-Philibert am Meer.

•***Strandanimation:*** CLUB DE PLAGE "PLEIN AIR", Plage du Men-Du in Richtung Carnac.

•***Diskothek:*** L'HUITRE PERLIÈRE, Cours des Quais 29, Tel. 97.55.72.73.

•***Markt:*** dienstags und freitags.

•***Bootsfahrten:*** LE TRINITAIN, einstündige Fahrten auf dem Rivière de Crac'h. Tickets am Office de Tourisme, Tel. 97.55.85.67. NAVIX, Fahrten durch den Golfe du Morbihan, nach Houat und Belle-Ile (nur Juli und August). Abfahrt am Office de Tourisme, Tel. 97.55.81.00 oder 97.46.60.00. Preise: Belle-Ile 160/110 FF, Houat 95/65 FF, Golftouren 130/80 FF.

•***Angelfahrten: Acti Nautic,*** am Office de Tourisme, Tel. 97.55.80.85.

Anreise/Weiterreise

•***Mit dem Bus:*** Nach Vannes fahren Busse mindestens achtmal täglich, über St-Philibert, Crac'h, Auray und Ste-Anne d'Auray. In Richtung Quiberon führt die Strecke (ebenfalls 8 Fahrten/Tag) über Carnac, Penthièvre und St-Pierre. Die Haltestelle ist direkt am Office de Tourisme.

•***Mit dem PKW:*** Von Auray auf der Schnellstraße N 165. Dann über die D 28 bis St-Philibert. Von dort auf der D 781 in Richtung Carnac etwa 3 Kilometer fahren.

Umgebung von La Trinité-sur-Mer

Crac'h, Fort Espagnol

Zu erreichen über die D 28 (in Richtung Auray) bis Crac'h, dort etwa 3,5 km nach Osten bis zur Küste. Der Ausflug führt zu den ***Austernkulturen*** und Fundamenten aus römischer Zeit.

St-Philibert

Statt direkt über die D 781 zu fahren, empfiehlt es sich, hinter der Brücke von Kerisper (schöner Blick auf den Hafen) rechts abzubiegen (La Côte). Weiter geht es entlang der Küste nach Süden bis zur Südspitze der Halbinsel. Von hier aus weiter in nördlicher Richtung, vorbei an einer Kapelle aus dem 17./18. Jh. am Ortseingang, direkt am Wasser stehend.

Die Kapelle von St-Philibert (MK)

Eine schöne ***Wanderung*** (CHEMIN PIÉTONNIER, ca. 5 km) führt ***entlang der Küste*** vom Hafen südwärts zum offenen Meer an die Spitze der Halbinsel Kerbihan. Entlang dem Strand von Ty Guard, weiter am Ufer vorbei an den Campingplätzen zum Plage de Kervillen, nordwärts über die D 186 (Rue du Men-Du) am Wasser entlang in den Ortsteil Kerdrobihan. Von hier quer durch den Ort zurück zum Hafen.

Locmariaquer

Unweit des Fischerortes befinden sich an der D781 besonders große und stark gravierte megalithische Monumente, darunter der größte bekannte Menhir des Neolithikums, ***Le Grand Menhir Brisé***. Ausführlich beschrieben ist er im Abschnitt "Golfe du Morbihan", Seite 446.

Golfe du Morbihan

Überblick

Morbihan, das kleine Meer (bret. MOR = Meer; BIHAN = klein), hat dem Departement seinen bretonischen Namen gegeben. Das Gegenstück zum Mor-bihan ist das Mor-braz, das große Meer, der Atlantik. Eine ***bretonische Legende*** erzählt von der wundersamen Entstehung der zahlreichen Inseln des Golfes vor langer Zeit: Als der Mensch in gottloser Weise den heiligen Wald von Rhuys abholzte, vertrieb er auch die Feen (sie sind in allen bretonischen Legenden wiederzufinden), die fliegend das Weite suchten. Unterwegs verteilten sie goldenen Staub über das Wasser des Golfes, der sich in Hunderte von wunderschönen Inseln verwandelte, praktisch für jeden Tag des Jahres eine andere.

Tatsächlich gibt es ca. ***60 Inseln und Inselchen*** (zum großen Teil in Privatbesitz), von denen etwa 20 ganzjährig bewohnt sind. Hinzu kommen Hunderte von Felsen und Untiefen, die von den Gezeiten zweimal täglich überspült werden.

Die bei hohem Wasserstand etwa 130 km^2 große ***Wasserfläche*** des Golfes (bei Niedrigwasser nur 50 km^2) gliedert sich in zahlreiche Buchten, Passagen zwischen den Inseln und Flußmündungen (Rivière d'Auray, Rivière de Vannes, Rivière de Noyalo).

Durch die Presqu'île de Rhuys vor den Wogen des Atlantiks geschützt, erweckt der Golfe eher den Eindruck eines Binnenmeeres. Nur die ***starken Gezeitenströme***, insbesondere in der Verbindungspassage zum Ozean bei Port-Navalo, zeigen, daß es sich um einen Teil des Atlantiks handelt. Zwar ist der Tidenhub im Inneren des Golfes, verglichen mit Küstenwerten, relativ gering (ca. 3,5 m bei Voll- und Neumond), doch erreicht die Strömung in den ***engen Passagen*** bei Port-Navalo und an der Nordwestspitze der Ile aux Moines Geschwindigkeiten bis zu 17 km/h (9 Knoten).

Die Einwohner der Inseln betonen gerne, daß der Golfe du Morbihan durch ein ***Mikroklima mit fast subtropischem Charakter*** geprägt ist. Tatsächlich werden im Jahr etwa 2.000 Sonnenstunden gemessen (im Vergleich dazu 2.400 in Bordeaux, 2.600 in Cannes und 600 in Dortmund). Zusammen mit der winterlichen Milde, die durch den Golfstrom bedingt ist, ermöglicht dies auf den Inseln subtropische Vegetation. Die ***Wassertemperaturen*** schwanken zwischen 20 °C im August und 10 °C im Januar.

Neben vielfältigen Betätigungsmöglichkeiten für Wassersportler (Segeln, Surfen, Angeln, Tauchen, Schwimmen) bietet der Golf insbesondere dem ornithologisch interessierten Reisenden hervorragende Beobachtungsmöglichkeiten. An den weitläufigen, zum Teil vom Menschen wenig beeinflußten Uferzonen im Nordosten zwischen Séné, St-Armel und St-Colom-

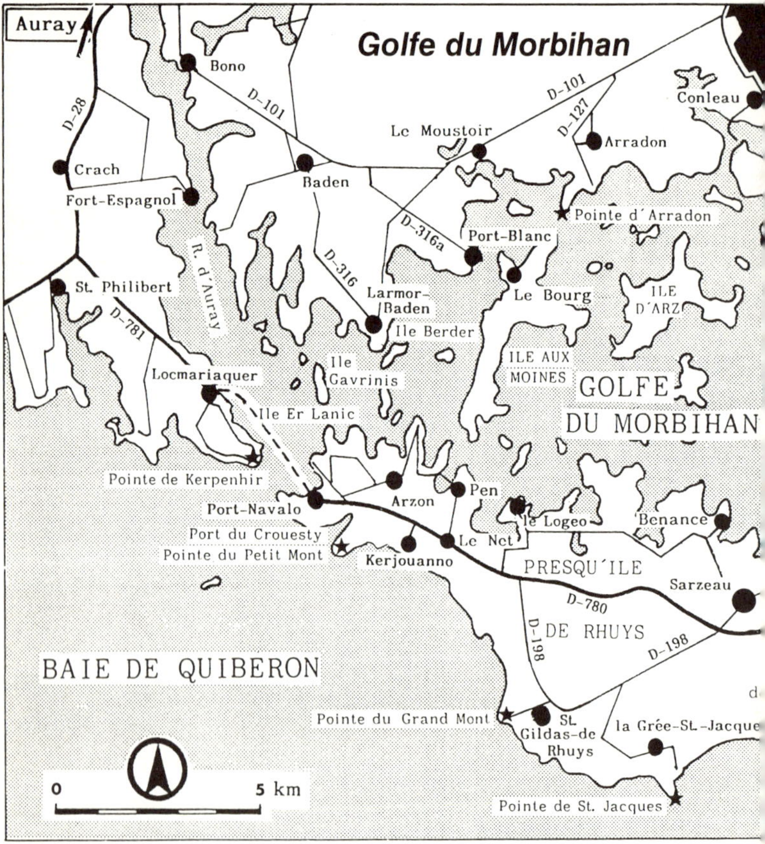

bier lassen sich ganzjährig viele ***Wasservögel*** beobachten, die sonst bereits selten geworden sind. Im Winter kommen weitere Vogelarten hinzu, die am Golf überwintern oder hier auf dem Weg Richtung Süden eine Ruhepause einlegen.

Auch geschichtlich hat der Golf Interessantes zu bieten. Die organisierte Besiedelung begann hier etwa 3.000 v. Chr. (Megalithkultur). Entlang des Festlandufers (z.B. bei Locmariaquer) und auf den Inseln (z.B. auf Gavrinis) sind ***zahlreiche Steinmonumente*** (Menhire, Dolmen etc.) aus dem Neolithikum erhalten.

Der ***keltische Stamm der Veneter*** siedelte hier etwa ab dem 5. Jh. v. Chr. und entwickelte einen blühenden Land- und Seehandel mit anderen Volksgruppen Westeuropas. Archäologische Funde aus dieser Zeit (aber auch aus anderen Epochen) sind im Château Gaillard in Vannes zu besichtigen.

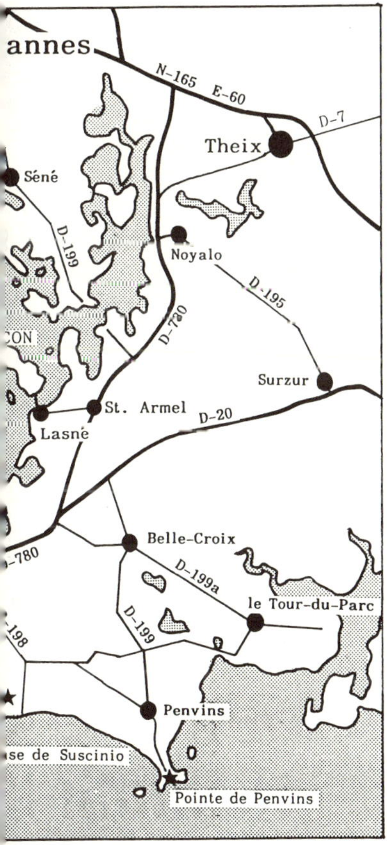

Vannes (Gwened)

Geschichte

Am Nordrand des Golfe du Morbihan liegt die ***ehemalige Hauptstadt der Veneter***. Nachdem sie 56 v. Chr. von Cäsar in einer Seeschlacht südlich von Port-Navalo besiegt worden waren, ließ er ihre Oberhäupter hinrichten und versklavte einen großen Teil der Bevölkerung. Die ***Römer*** nannten die Stadt nach ihrem Sieg Darioritum. Aufgrund der günstigen Lage als Knotenpunkt zwischen Handelsrouten auf See und an Land, kam es zu einer raschen wirtschaftlichen Entwicklung. Die Stadt konzentrierte sich um ein Forum herum, das sich im heutigen Viertel St-Patern befand. (Dies konnte erst durch Ausgrabungen 1990/91 belegt werden.)

Im 3. Jahrhundert floh die Bevölkerung angesichts der drohenden Invasion der Barbaren auf den Hügel Mein-Guievr (heute: Méné). Hier entstand ein von einer Befestigungsmauer umgebenes ***Castrum***, das sich in der Folgezeit weiter ausdehnte.

Im 5. Jahrhundert gründete Saint Patern, ein Mönch der Abtei von St-Gildas-de-Rhuys, in Vannes ***eines der sieben Bistümer*** der Bretagne.

Im 6. Jahrhundert diente Vannes dem bretonischen Führer Waroch als ***Hauptstadt*** seines Reiches.

Im 9. Jahrhundert wurde Nominoë, ein Bretone einfacher Herkunft, von Karl dem Großen zum Grafen von Vannes ernannt, 826 von Louis le Pieux (Ludwig der Fromme) zum Herzog der Bretagne. Unter seiner Herrschaft wurde die Bretagne zu einem ***unabhängigen Herzogtum***. 851 gründete sein Sohn Erispoë ein ***bretonisches Reich***, er selbst wurde König. Das Reich wurde von Vannes aus regiert und konnte in seinen Grenzen bis zur französischen Revolution bestehen.

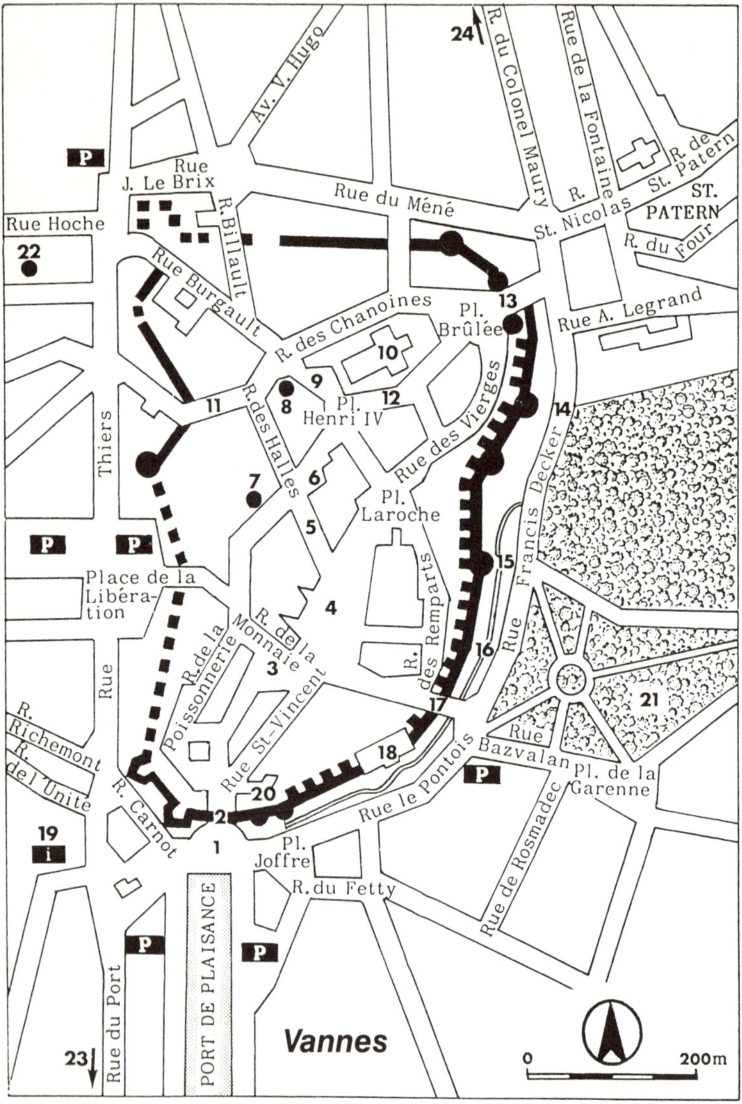

Rue J. Le Brix
Rue Hoche
R. Billault
Av. V. Hugo
Rue du Méné
R. du Colonel Maury
Rue de la Fontaine
R. de St. Patern
ST. PATERN
R. St. Nicolas
R. du Four
Rue A. Legrand
Rue Burgault
R. des Chanoines
Pl. Brûlée
Pl. Henri IV
R. des Halles
Rue des Vierges
Thiers
Pl. Laroche
Rue Francis Decker
Place de la Libération
R. de la Monnaie
R. de la Poissonnerie
R. des Remparts
Rue St-Vincent
Rue Bazvalan
Pl. de la Garenne
Rue le Pontois
R. Richemont
R. de l'Unité
R. Carnot
Pl. Joffre
R. du Fetty
Rue de Rosmadec
PORT DE PLAISANCE
Rue du Port
Vannes
0
200m

1	Place Gambetta
2	Porte Saint-Vincent
3	Place du Poids Public
4	Place des Lices
5	Rue Pierre-René Rogue
6	Place Valencia
7	Château-Gaillard (Musée archéologique)
8	La Cohue
9	Place Saint-Pierre
10	Cathédrale Saint-Pierre
11	Rue Saint-Salomon
12	Rue Saint-Gwenaël
13	Porte Prison
14	Rue Francis Decker
15	Tour du Connétable
16	Vieux lavoirs
17	Porte Poterne
18	Château de l'Hermine
19	Office du Tourisme
20	Porte Calmont
21	Jardins de la Garenne
22	Hôtel de Ville
23	Parc du Golfe
24	Gare SNCF

Zu Beginn des 10. Jahrhunderts brandschatzten die ***Normannen*** die Stadt. Den Bretonen gelang es jedoch rasch, Vannes wieder aufzubauen und der Hafenstadt zu neuer Blüte zu verhelfen.

Im 12./13. Jahrhundert residierten hier die ***Herzöge der Bretagne***.

Während der Ära von ANNE DE BRETAGNE, die durch ihre Ehe mit den französischen Königen CHARLES VIII. und LOUIS XII. selbst Königin von Frankreich wurde, blieb das Herzogtum trotzdem unabhängig. Erst ihre Tochter CLAUDE konnte 1532 dem Druck ihres Mannes, FRANÇOIS I., nicht mehr standhalten und übertrug die ***Bretagne an das französische Reich***.

Die Stadt entwickelte sich im 16. und 17. Jahrhundert vor allem, nachdem LOUIS XIV. das ***bretonische Parlament*** nach der "Revolte des Stempelpapiers" (1675) hierher ins Exil schickte.

Die Verlandung des Hafens und der Bau der Hafenanlagen von Lorient bedeuteten eine ernste Gefahr für den Handelsort Vannes. Bedeutung erlangte die Stadt erst wieder zum Ende des 18. Jahrhunderts, als sie zum Hauptort (chef-lieu) ***des Départements Morbihan*** wurde. Zur gleichen Zeit kam es wegen den Massenhinrichtungen während der Revolution und der Landung der Royalisten an der Südküste (1795) zu Unruhen.

Im 19. Jahrhundert ***verfiel der Hafen Vannes***, allerdings führte die Anbindung an die Eisenbahnlinie Paris – Quimper zur Modernisierung.

Heute ist die Stadt, die etwa 45.500 Einwohner zählt, ***Präfektur des Départements Morbihan***.

Sehenswertes

Die Besichtigung der Altstadt erfolgt am besten zu Fuß, vom ***Place Gambetta*** aus. Der halbkreisförmige Platz ist von Gebäuden aus dem 19. Jahrhundert umgeben, die sich zu beiden Seiten an das alte Stadttor ***Porte St-Vincent*** anschließen. Das Tor mit seinen Säulen, Bögen und Nischen stammt aus dem Jahr 1704. Es wurde auf der ehemaligen Stadtmauer aus dem 14. bis 16. Jahrhundert errichtet. Am Kopf des Torbogens wurden die Wappen Vannes' Ende des 19. Jahrhunderts eingemeißelt. In der Mittelnische befindet sich eine Statue des Dominikaners VINCENT FERRIER, der hier im 15. Jahrhundert starb.

Hier beginnt die kopfsteingepflasterte ***Rue St-Vincent***, die auf einem alten Deich angelegt wurde. Ein großer Teil der Häuser entlang dieser Straße stammt aus dem 17. Jahrhundert. Sie dienten den hierher verbannten Mitgliedern des bretonischen Parlaments (1675-1689) als Unterkunft.

Der sich anschließende ***Place du Poids-Public*** verweist mit seinem Namen auf den Sitz des Steuer- und Eichamtes (POIDS = Gewicht). Vor der Revolution hieß er Place du Poids du Roi (des Königs). Hübsche Häuser aus den letzten drei Jahrhunderten, darunter einige Fachwerkhäuser, geben dem Platz eine interessante Note. Dies gilt besonders für das ***Hôtel de Francheville*** (17. Jh.) mit seiner klassischen Fassade, die an der Ecke zum Place des Lices mit einem Wachturm geschmückt ist. Der Turm ruht auf zwei weißen Kragsteinen mit schneckenförmigen Verzierungen.

Der schräg angelegte ***Place des Lices*** verbindet Ober- und Unterstadt. Im Mittelalter war dies der Austragungsort für Turniere. 1418/19 versammelte sich die Menge, um dem ***Prediger Vincent Ferrier*** zu lauschen. In einer Häusernische weist noch immer eine Statue auf das Wirken

Die Stadtmauer von Vannes (EH)

des Dominikaners hin. Später fanden hier die großen Feste der Herzöge der Bretagne statt. Die ***Geflügelmarkthallen*** am Rande des Platzes wurden 1910 an der Stelle des Hôtel de Rosmadec erbaut.

An der ***Rue Pierre-René Rogue***, nach einem Priester aus Vannes benannt, der während des Revolutionsterrors guillotiniert wurde, stehen viele sehenswerte Fachwerkhäuser. An der Ecke zur Rue Noé hängen die mehrfarbigen Holzbüsten von "Vannes et sa femme" mit lachenden Gesichtern.

Am ***Place Valencia***, nach dem Geburtsort des Heiligen Vincent Ferrier benannt, befindet sich das Haus (Nr. 17), in dem er 1419 starb. Typisch für die Bauweise der Häuser ist, daß das Erdgeschoß aus Stein und die darüberliegenden Etagen aus Fachwerk errichtet wurden.

Nur wenige Meter entfernt befindet sich an der Rue Noé das ***Château Gaillard***, das im 15. Jh. Parlamentssitz war. Heute beherbergt es das ***Archäologische Museum*** (Musée archéologique) der Société Polymathique du Morbihan. Hier werden vornehmlich prähistorische Exponate (-Schmuck, Beile etc.) der ersten Ausgrabungen der Umgebung ausgestellt. Aus gallorömischer Zeit stammen Münzen, Urnen und Lanzenspitzen. Kunstgegenstände aus dem 13. bis 18. Jh. und Gemälde des 18. Jh., im Cabinet des Pères du Désert (2. Etage), runden das Bild ab. Das Museum ist montags bis samtags geöffnet, allerdings nur zwischen April und September. In der übrigen Zeit nur nachmittags. Der Eintritt beträgt 15 FF.

An der Rue des Halles steht ***la Cohue***, das sind die ehemaligen Markthallen des 13. Jh., die allerdings im 17. Jh. umgebaut wurden. Diese Hallen dienten bis ins 19. Jh. als Markt, heutzutage befinden sich hier Museen. Im ***Museum der schönen Künste*** (Musée des Beaux-Arts) werden vornehmlich Gemälde regionaler Künstler, wie Flavien Peslin, Félix Bouchor, Jules Noël und Henri Moret, ausgestellt. Daneben finden sich hier viele volkstümliche Holzskulpturen.

Das ***Museum des Golfes und des Meeres*** (Musée du golfe et de la mer) zeigt Exponate zum Leben am Golfe du Morbihan. Dazu gehören neben Fischfang und Bootsbau auch die Austernzucht. Einzelne Aspekte werden mit Hilfe audiovisueller Technik vermittelt.

Durch die Markthallen gelangt man zum Place St-Pierre gegenüber der ***Kathedrale St-Pierre***. 600 Jahre lang (vom 13. bis 19. Jh.) wurde die Kirche immer wieder umgebaut, so daß in der Architektur unterschiedliche Einflüsse sichtbar sind. Beachtenswert sind Formen der Renaissance, z.B. die Rundkapelle von 1537, und der Spätgotik im Querschiffportal. Hier befindet sich ein Gemälde, das den Tod SAINT VINCENT FERRIERS zeigt. Gemälde und ein Wandteppich zeigen verschiedene Stationen seines Lebens. In der zweiten Rundkapelle hat der Heilige seine letzte Ruhestätte gefunden. Sehenswert ist der Kirchenschatz, der im ehemaligen Kapitelsaal bewundert werden kann. Verzierte Truhen aus dem 12. und 13. Jh., Kreuze, Kelche und Bücher sind im Juli und August 10.00-12.30 Uhr und 14.00-17.30 Uhr zu besichtigen. Der Schatzraum ist sonntags, am 14. Juli und am 15. August geschlossen. Der Eintritt beträgt 8 FF.

Ein interessanter Blickwinkel auf die Kirche eröffnet sich vom Place Henri IV. zwischen hübschen Giebelhäusern des 16. Jh. hindurch.

In der ***Rue St-Salomon*** lohnt sich ein Blick auf das Haus Nr. 10 aus dem Jahr 1560. Bemerkenswert ist die lateinische Inschrift. Das Haus Nr. 13 zeigt an der Vorderseite phantastische Tierdekorationen aus Holz.

Rechts der Kathedrale führt die ***Rue St-Gwenaël*** entlang alter Fachwerkhäuser. Einige besitzen auch heute noch die traditionellen Brunnen, z.B. im Untergeschoß der Crêperie St-Gwenaël. Die Straße führt zur ***Porte Prison*** hinunter, die aus dem 14./15. Jh. stammt. Während der Revolution diente das Gebäude als Gefängnis für Verdächtigte und zum Tode Verurteilte: Priester und die Anführer der in Quiberon gelandeten Royalisten.

Entlang der Rue Francis Decker erstrekken sich die ***Wälle der Festung*** (Remparts), die typisch französisch, d.h. geometrisch angelegt sind. Der Blick fällt von hier auf den ***Tour du Connétable*** (benannt nach dem Connétable de Richemont), das alte Waschhaus mit seinem Schieferdach, die ***Porte Poterne*** aus dem 17. Jh. und das ***Château de l'Hermine***, das ehemalige Herzogschloß, das ursprünglich im 14. Jh. erbaut und nach seiner Zerstörung erst 1785 wiederaufgebaut wurde.

Neben dem Château de l'Hermine diente im 14. und 15. Jh. die ***Porte Calmont*** als Haupteingang zum Süden der Stadt. Vor dem Tor begrenzt eine kleine Mauer das Flüßchen Marle. Eine marmorne Gedenktafel erinnert hier an den Anschluß der Bretagne an Frankreich, der am 7. August 1532 in Vannes besiegelt wurde (-Traité d'Union du Duché de Bretagne au Royaume de France). Über eine Holzbrücke führt der Weg zur Gasse Venelle de la Tour Trompotte und von hier zurück zur Rue St-Vincent oberhalb des gleichnamigen Tores.

Vom Place Gambetta unterhalb des Tores blickt man auf den ***Yachthafen***. Eine Schleuse hält die Tiefe des Hafenbeckens trotz der Gezeiten auf ständig gleichem Niveau. Heute dient der Hafen hauptsächlich als Liegeplatz für Freizeitsegler.

Auch außerhalb der Altstadt hat Vannes einiges zu bieten. Erwähnenswert ist das ***Rathaus*** (Hôtel de Ville) aus dem 19. Jh. Auf dem Vorplatz befindet sich eine Statue des CONNÉTABLE DE RICHEMONT. Er begleitete JEANNE D'ARC bei ihrem Feldzug gegen die Engländer, wurde 1457 Herzog der Bretagne, starb aber schon 1458.

Außerhalb des Zentrums, ca. 2 km südlich des alten Hafens in Richtung Conleau, liegt ein neues Freizeitzentrum, der ***Parc du Golfe***. Hier befindet sich das ***Aquarium*** (Aquarium océanographique et tropical). Neben der reichhaltigen Ausstellung buntester Meerestiere faszinieren besonders das 80.000 Liter Wasser fassende Becken, in dem Haie umherschwimmen, und ein 35.000-Liter-Becken mit einem lebenden Korallenriff. Die Beschreibungen sind in Deutsch und Englisch. Das Aquarium (Tel. 97.40.67.40) ist täglich zwischen Juni und August von 9.00 bis 19.00 Uhr und außerhalb der Saison von 9.00 bis 12.00 Uhr und von 13.30 bis 18.30 Uhr geöffnet. Der Eintritt beträgt 30 FF.

Eine ***Freiflughalle*** (Serre des papillons vivants) beherbergt in einem künstlichen Dschungel eine Vielzahl farbenprächtiger Schmetterlinge und exotischer Vögel. Die Halle (Tel. 97.46.01.02) ist im Juli/August täglich von 10.00 bis 18.00 Uhr, außerhalb der Saison von 10.00 bis 12.00 und von 14.00 bis 18.00 Uhr geöffnet. Der Eintritt beträgt 23 FF.

Im ***Palais des Automates*** (Tel. 97.40.40.39) findet sich eine Spielzeugausstellung mit u.a. 200 mechanischen Puppen vom 19. und 20. Jh. Die Ausstellung ist im Juli/August von 10.00 bis 19.00 Uhr, von September bis November und von Februar bis Juni von 10.00 bis 12.00 und von 14.00 bis 18.30 Uhr geöffnet. Der Eintritt beträgt 25 FF.

Praktische Hinweise

Information

- ***Office de Tourisme du Pays de Vannes,*** Rue Thiers 1, 5600 Vannes, Tel. 97.47.24.34.

Unterkunft

Innerhalb der Stadt gibt es ein reichhaltiges Hotelangebot je nach Geschmack und Geldbeutel.

- ***Hôtel/Restaurant Le Roof,*** Tel. 97.63.47.47. Die Top-Adresse hinsichtlich der Lage, direkt am Golf auf der Halbinsel Conleau am südlichen Stadtrand, und der Qualität des Restaurants. 42 Zim-

Schiefergedeckt: Waschhäuser aus dem Mittelalter (MK)

mer, meist mit Blick zum Golf, ab 450 FF.

•***Aquarium Hôtel,*** Le Parc du Golfe, Tel. 97.40.44.52, liegt außerhalb der Stadt, ist aber mit seinem Service das beste am Ort. Die 48 Zimmer mit Seeblick kosten ab 345 FF.

•***La Marébaudière,*** Rue A. Briand 4, Tel. 97.47 34.29, liegt im Stadtzentrum in ruhiger Lage. Auch hier wird hervorragender Service geboten. Die 41 Zimmer des Hauses werden ab 250 FF vermietet.

•Preiswerter ist das ***Hôtel Au Relais du Golfe,*** Place du Général-de-Gaulle, Tel. 97.47.14.74. Das Hotel liegt am Fuß der Stadtmauer im alten Viertel St-Patern. Angenehm ist die typisch bretonische Bar. Die Zimmer kosten ab 130 FF.

•***Hôtel Marina,*** Place Gambetta 4, Tel. 97 .47.22.81, direkt gegenüber dem Hafen. Die Zimmer sind gut ausgestattet. Hier dürfen Hunde mitgebracht werden. Ab 160 FF.

Essen und Trinken

•***Restaurant La Marée Bleue***, Place Bir-Hakeim (Tel. 97472429), eines der besten Restaurants für Fisch- u. Meeresfrüchte in zentraler Lage; reichhaltige Menüs ab 80 FF bei gutem Preis-Leistungsverhältnis.

•***Restaurant La Morgate***, Rue de la Fontaine 21, Tel. 97424239. Im Stadtteil Saint-Patern befindet sich in einem Gebäude aus dem 17. Jh. das stadtbekannte, gepflegte Lokal, wo neben ausgesuchten Meeresprodukten auch typische Speisen des bretonischen Inlandes serviert werden. Menü ebenfalls ab 80 FF.

•***Restaurant de la Tour Trompette***, Rue St. Vincent, Tel. 97475840. In einem der mittelalterlichen Türme der Stadtmauer nahe des Place Gambetta gelegen, bietet dieses originelle, auf zwei Etagen verteilte Lokal insbesondere sehr gute Grillgerichte (Fisch und Fleisch) ab 55 FF.

•***Restaurant La Paillote***, Rue des Halles 8, Tel. 97472194. Kleines, einfaches, aber wegen seiner creolischen Spezialitäten sehr empfehlenswertes Lokal im Herzen der Altstadt. Wer die Karibik kennt, der kommt mit der Wirtin schnell ins Gespräch.

•***Crêperie La Cave Saint-Gwenaël***, Rue Saint-Gwenaël 23, Tel. 97474794. Direkt neben der Cathédrale Saint-Pierre in der Altstadt befindet sich in einem mittelalterlichen Fachwerkhaus die nach unserem Eindruck empfehlenswerteste Crêperie der Stadt. Bestellen Sie unbedingt den Saint-Gwenaël-Cidre zu den Crêpes und wählen Sie einen Tisch im granitenen Keller mit eigener Quelle (kein Cidre, sondern Wasser!).

•***Crêperie La Taupinière***, Place des Lices 9, Tel. 97425782. Ebenfalls in der Altstadt gelegene sympathische Crêperie mit gepflegt rustikaler Einrichtung und gutem Crêpes-Angebot.

•Für ein Eis, einen Café oder ein Erfrischungsgetränk bieten sich die einladenden ***Lokale mit Terrassentischen*** am Place Gambetta an, direkt am alten Stadttor am Nordrand des Hafens.

Anreise/Weiterreise

•***Mit dem Bus:*** Verschiedene Gesellschaften verkehren zwischen den Orten der Region. TTO (Transport et Tourisme de l'Ouest), Rue du 116 RI 16, Tel. 97.47.29.64, fährt regelmäßig von Rennes, Josselin, Larmor-Baden, Arradon, Quiberon, Carnac, Auray, Nantes und La Roche-Bernard nach Vannes. CTM Tourisme Verney (Compagnie de Transport du Morbihan), Place de la Gare, Tel. 97.01.22.01, fährt regelmäßig nach Arzon, Sarzeau, Gourin, Pontivy, Ploërmel und Malestroit. Transports Cautru, Rue Hoche 16, Tel. 97.47. 22.86, fährt regelmäßig nach Port-Blanc, zur Anlegestelle für die Schiffe zur Ile aux Moines.

•***Mit der Bahn:*** Täglich fahren 6 bis 7 TGV-Züge in nur 3 Stunden von und nach Paris. Weitere tägliche Verbindungen bestehen von und nach Lyon, Bordeaux, Toulouse, Marseille und Nizza, jeweils über Nantes. Zugauskünfte und Reservierungen sind direkt am Bahnhof oder unter Tel. 97.42.50. 50, und 97.54 11 48 möglich.

•***Mit dem Flugzeug:*** 13 Kilometer nördlich von Vannes liegt der Flughafen Montorblanc-Meucon. Flugauskünfte erhält man unter Tel. 97.60.78.69. Zwischen Lorient und Vannes gibt es mit dem sogenannten Air-Inter-Bus (Informationen Tel. 97.54.05.64) Anschlüsse. Diese Busverbindung besteht aber nur im Zusammenhang mit einem Flug Paris-Lorient. Hubschrauberflüge der Heli-Bretagne (Tel. 97.60.62.60) werden am Aérodrome de Vannes-Meucon organisiert.

•***Mit dem Schiff:*** An der Wasserfront des Parc du Golfe befinden sich die Kaianlagen der Ausflugsschiffe für Fahrten im Golfe du Morbihan und zu den vorgelagerten Inseln Belle-Ile, Houat und Hoëdic. Compagnie des Iles (Tel. 97.46.18.19), Fahrten nach Ile aux Moines und Ile d'Arz. Navix (Tel. 97.46.60.00), Fahrten nach Ile d'Arz, Ile aux Moines, Port-Navalo, Locmariaquer, Le Bono, Belle-Ile und Auray. Daneben gibt es gastronomische Kleinkreuzfahrten durch den Golfe du Morbihan und in die Rivière d'Auray. Zwischen April und Oktober fahren die Schiffe täglich um 9.45, 11.30, 14.15 und 16.30 Uhr ab. Preise ab 80 FF.

•***Mit dem PKW:*** Vannes liegt verkehrsgünstig direkt an der N165 (Quimper/Nantes). Zur Rhuys-Halbinsel führt die N 780. Ins Landesinnere gelangt man über die N 767 (Richtung Locminé) oder über die N 166 (Richtung Ploërmel).

Château du Plessis-Josso

Etwa 15 km östlich von Vannes liegt der ***Herrensitz*** inmitten grüner Landschaft an einem kleinen See. Der Gebäudekomplex besteht aus drei Trakten, die im 14., 15. und 16. Jh. errichtet wurden. Ein Besuch der Gebäude und der ***Ausstellung*** ist sehr reizvoll, da hier ein guter Einblick in das tägliche Leben jener Zeit vermittelt wird. Besonders eindrucksvoll ist die Ausstattung der Küche. Hier sind neben dem üblichen Mobiliar auch zahlreiche Küchenutensilien ausgestellt. Ein Besuch ist täglich (zwischen Juli und September) von 14.00 bis 19.00 Uhr möglich. Führungen dauern etwa 30 Minuten und kosten 20 FF (Tel. 97.43.15.16).

Unterwegs lohnt ein Blick in das ***Dorf Le Gorvello***, das schon etliche Male mit dem Preis "Village fleuri" ausgezeichnet wurde, da hier die Granithäuser ein besonders pittoreskes Bild durch die vielfältige Blumenpracht erhalten.

Anreise

- Von Vannes aus fährt man auf der N 165 Richtung Nantes. Etwa 3 km nach Theix zweigt die D 7 links in Richtung Le Gorvello ab. Von hier erreicht man den Herrensitz über die D 183.

Unterkunft

- ***Hôtel Beau Rivage,*** Tel. 97.44.01.42, Zimmer ab 180 FF.
- ***Hôtel Le Stivell,*** Rue Plessis d'Arradon, Tel. 97. 44.03.15, Zimmer ab 200 FF.
- ***Hôtel/Restaurant Les Vénètes,*** Tel. 97.44.03. 11, Zimmer des gehobenen Niveaus ab 300 FF.
- ***Camping Pen Boch,*** Route de Roguédas, Tel. 97.44.01.98. Der Platz liegt etwa 200 m vom Wasser entfernt. Schwimmbecken, Tennisplatz, Minigolfanlage gehören zum Service des 175 Einheiten Raum bietenden Platzes. Wassersportler finden hier günstige Voraussetzungen. Geöffnet vom 31.4. bis 21.9.

Essen und Trinken

- ***Les Vénètes,*** gepflegtes Restaurant der Oberklasse im gleichnamigen Hotel. Menüs ab 100 FF. Es ist in der Zeit von Ostern bis September geöffnet, dienstags Ruhetag.

Sonstiges

- ***Segelschule:*** Ecole de Croisière Alain Delaunay, B.P. 10, 56610 Arradon, Tel. 97.44.08.12.

Moulin de Pomper

Zunächst zurück auf die D 101. In Richtung Larmor-Baden links abbiegen. Nach etwa 2 km führt die D 316 nach Le Moustoir. Über einen kleinen Seitenarm des Golfs gelangt man zur Gezeitenmühle "Moulin de Pomper", die links nahe eines kleinen Wehres steht. Die Mühle wurde hier gebaut, um die Kraft des Gezeitenstromes zum Mahlen des Getreides auszunutzen. Heute dient das Gebäude einem Antiquitätenhändler als historische Kulisse.

Port Blanc

Die D 316 a führt etwa 2 km hinter der Mühle nach Port-Blanc zum ***Fähranleger zur Ile aux Moines***. Die tägliche Verbindung (alle 30 Minuten zwischen 7.00 und 19.30 Uhr, im Sommer bis 22.00 Uhr) besteht ganzjährig. Für die fünfminütige Fahrt zahlen Erwachsene 8 FF, Kinder 5 FF. Tel. 97.26.31.45. Autotransport ist nicht möglich.

Von Vannes nach Auray

Arradon

Statt von Vannes aus über die autobahnähnliche N 165 direkt nach Auray zu fahren, empfehlen wir den längeren, aber lohnenden Weg über die D 101 in Richtung Arradon und Baden. Biegen Sie nach etwa 4 km links ab. Durch den Ort Arradon führt die Straße weiter zur Pointe d'Arradon. Von hier hat man einen wunderschönen Blick über den Golf und die Inseln.

Ebbe an der Gezeitenmühle von Le Moustoir (MK)

Sonstiges

- Von hier werden ebenfalls ***Golfrundfahrten*** (TOUR DU GOLFE) unterschiedlicher Länge angeboten. Die Dauer liegt zwischen 1 und 2,5 Stunden, Preise ab 60 FF (Kinder 40 FF). Tel. 97.26.31.45.
- In der Bar "Le Rouf" (Tel. 97.57.13.19), nahe dem Fähranleger, werden Fahrräder vermietet.
- Den ***Verleih von kleineren Motorbooten***, auch ohne Führerschein, bietet LE BLANC MARINE (Tel. 97.44.06.90). Der sympathische Chef erklärt dem Neuling jedes Detail.

Larmor-Baden

Zurück auf der D 316, erreicht man nach etwa 3 km den kleinen von Austernzuchten umgebenen ***Hafen- und Badeort*** Larmor-Baden.

Der freundliche Ort bietet sich als Ausgangspunkt zur Erkundung des Golfs mit Schiffen aufgrund seiner günstigen Lage an. Die wichtigste Verbindung führt zur historisch interessanten ***Insel Gavrinis*** mit ihrem megalithischen Cairn und den einzigartigen Dolmen.

Vom kleinen Hafen Pen Lannic bestehen zudem ***Fährverbindungen*** nach Locmariaquer, Port-Navalo und zu den Inseln Tibiden, Ile d'Arz und Er Lannic.

Östlich des Ortes liegt das ausgedehnte ***Austernzuchtgebiet von Pen En Toal.*** Die Bucht bietet auch vielen Vogelarten wie Reihern, Kormoranen, Wildenten und Gänsen natürlichen Lebensraum.

Südöstlich vom Ortskern führt eine bei hohem Wasserstand überflutete Straße zur kleinen, dicht bewaldeten (Halb-) ***Insel Berder***, die ein bekannter französischer Kosmetikfabrikant 1991 mitsamt dem dort stehenden Schloß für 18 Millionen FF gekauft hat. Das Schloß wird als Ferienheim für Schulklassen genutzt.

Unterkunft

- ***Hôtel Le Gavrinis,*** Toul-Broche, Tel. 97.57.00.82. Das sehr komfortable Hotel bietet Zimmer ab 250 FF.
- ***Hôtel du Centre,*** Route de Vannes 3, Tel. 97.57.04.68. Gutbürgerliches Haus mit Zimmer-

Telefon, TV und der Möglichkeit, Hunde mitzubringen. Zimmer ab 180 FF.

•***Hostellerie des Iles,*** Rue Berder 32, Tel. 97.57.03.31. Schönes Hotel, direkt am Ufer. Zimmer ab 350 FF (Meerblick), sonst ab 220 FF.

•***Camping An-Le-Diben*** (Tel. 97.57.05.36), einfacher Platz mit nur 25 Stellplätzen in Strandnähe. Fahrradverleih. Der Platz ist vom 1.6. bis zum 30.9. geöffnet.

Essen und Trinken

•***Crêperie Ty Fétan,*** Rue Pen Lannic 15, Tel. 97.05.71.65.

•***Restaurant Pilitrinic,*** an der Mühle von Pomper (an der D 101), Tel. 97.57.06.85. Das Haus bietet neben Hummer-Spezialitäten einen schönen Blick auf den Golf. Menüs zwischen 85 und 220 FF.

Sonstiges

•***Fahrrad- und Kanuverleih:*** M. Le Villain, Route d'Auray 3, Tel. 97.57.05.65.

•***Segelschulen:*** Centre Nautique de Larmor-Baden, Hameau du Numer 13. Cata School, Mairie, Tel. 97.57.05.38.

•***Bootsverleih:*** Larmor Location, Route d'Auray 3, Tel. 97.57.05.65

Schiffsverbindungen

•***Vedettes Blanches Armor,*** Quai de Pen Lannic, Tel. 97.57.15.27. Fahrten nach Gavrinis, Reservierung bei SAGEMOR, Tel. 97.42.63.44 (in der Saison dringend empfohlen). Abfahrt von Juni bis September zwischen 10.00 und 12.00 Uhr sowie 14.00 und 18.00 Uhr halbstündlich. Von März bis Mai und im Oktober nur an Sonn- und Feiertagen zu den o.g. Zeiten. Von November bis März an Sonn- und Feiertagen zwischen 14.00 und 18.00 Uhr. Das Hin-und Rückfahrtticket kostet 17 FF.

•***Rundfahrten*** im Golfe du Morbihan, 1,5- oder 6stündig mit Aufenthalt (4 Stunden) auf Ile aux Moines, ab 50 FF.

Le Bono

Der kleine ehemalige Fischerort liegt etwa 4 km südlich Aurays an der Mündung des Rivière de Bono in den Rivière d'Auray. Vor dem Ort führt die Straße zunächst über eine neue Brücke. Danach links abbiegen und mit Vertrauen auf die Konstruktion von 1840 über die alte, mit Holzplanken belegte ***Hängebrücke*** in den Ort hineinfahren. Stilistisch erinnert sie an Konstruktionsformen des Eiffelturmes. Dies ist kein Zufall, da sie von Gustav Eiffel entworfen wurde.

Der verschlafene kleine Hafen scheint sich in den letzten 50 Jahren kaum verändert zu haben. Wer am ***traditionellen Holzschiffsbau*** interessiert ist, findet im Vorhafen an einer Boje oder trockengefallen an der Hafenmole den imposanten Nachbau einer "Forban du Bono", einen 11,2 m langen Zweimaster, der auf den Namen "Notre-Dame-de-Becquerel" getauft wurde. Es handelt sich um ein typisches Küstenfischerboot aus dem 19. Jh., von dem einst 100 Boote Le Bono als Heimathafen hatten.

Außerhalb des Ortes liegt abseits der D 101 der ***Tumulus de Kernours***. Vor der großen Brücke in Richtung Auray links in einen kleinen Weg abbiegen. Nach ca. 200 m sieht man rechts den Tumulus. Ein nur 1 m hoher und 10 m langer Gang führt in den Dolmen, der einem neolithischen Stamm als Begräbnisstätte diente. In verschiedene Tragesteine sind tintenfischähnliche Zeichen eingraviert. Da der Eintritt frei ist, gibt es auch keine Führung. Also die Taschenlampe nicht vergessen.

Unterkunft

•***Hostellerie Abbatiale,*** Tel. 97.57.84.00, sehr gepflegtes Hotel und Restaurant der Oberklasse. Swimming-pool, Tennis und Gartenanlagen gehören ebenso zum Service wie TV und Telefon. Ab 300 FF.

Auray

Der bis zur Jahrhundertwende bedeutende Flußhandelshafen am Loch, der hier Rivière d'Auray heißt, besitzt einen der ***besterhaltenen mittelalterlichen Stadtkerne*** der Bretagne. Geschichtlich ist der Ort durch die ***"Schlacht von Auray"*** bekannt geworden. 1364 wurde hier der bretonische Erbfolgekrieg beendet, aus dem die Bretagne unter JEAN DE MONTFORT zwar vereinigt, aber wirtschaftlich ruiniert hervorging.

Die Stadt läßt sich in einen mittelalterlichen, heute touristischen Teil am Fluß, Saint-Goustan, und den neuen, geschäftlich lebendigen Teil oberhalb des Flusses am Berg gliedern.

Sehenswertes

Saint-Goustan. Die Gezeiten lassen Schiffsverkehr bis hierher zu. Folglich bot sich der Ort als Warenumschlagsplatz für den Land-See-Handel an. Der Handel mit Getreide, Kohle, Wein und Holz ließ die Stadt wirtschaftlich aufblühen. Die zum Teil aus dem 15. Jh. stammenden ***Fachwerkhäuser am Quai Franklin*** und im Bereich des Place St-Sauveur zeugen von diesem durch Handel erwirtschafteten Wohlstand. Im 16. und 17. Jh. war Auray der drittgrößte Hafen der Bretagne. Frachtensegler aus Bristol brachten Kohle und luden Wein, Cidre und Getreide für England.

Am Quai Martin, kurz vor der steinernen, 1295 erbauten und 1752 weiter befestigten Brücke, liegt der 1991 restaurierte 30 m lange Topsegelschoner "Saint Sauveur", der als ***Museumsschiff*** Einblick in den Seehandel der Jahrhundertwende ermöglicht. Geöffnet: zwischen Ostern und 30. September täglich von 10.30-12.30 Uhr und von 14.30-19.00 Uhr, im Oktober nur an den Wochenenden von 14.30-19.00 Uhr. Tel. 97.56.63.38. Eintritt 15 FF, Kinder 10 FF.

Der Name Quai Franklin soll an den Besuch des amerikanischen Kongreßabgeordneten ***Benjamin Franklin*** erinnern, der hier 1776 während einer Reise zum königlichen Hof eine Zwischenstation einlegte. FRANKLIN hatte damals das Ziel, im Rahmen der amerikanischen Unabhängigkeitsbestrebungen mit Frankreich Wirtschaftsverträge auszuhandeln.

Vom kopfsteingepflasterten Place Saint-Sauveur führt eine mittelalterliche Treppenstraße zur 1434 erbauten ***Kirche Saint-Sauveur*** hinauf. Nur der Portalvorbau sowie der Calvaire davor sind aus dem 15. Jh. im Original erhalten geblieben.

Auf der anderen Flußseite beginnt jenseits der alten Brücke ein lohnender Spaziergang hinauf zu den Resten der schon 1558 ***zerstörten Burg von Auray***. Der Weg, La Promenade du Loch, führt in Serpentinen unter alten Bäumen auf den Berg hinauf. Hier finden im Juli und August zwischen den Resten der Grundmauern der Burg Musik- oder Theateraufführungen statt.

Wenige Schritte bergab in Richtung Nordwesten erreicht man den von zahlreichen Geschäften umgebenen Place de la République. Hier wird morgens ein Fischmarkt mit konkurrenzloser Auswahl aufgebaut. Die Rue du Lait führt zur kunstgeschichtlich interessanten ***Eglise Saint-Gildas***, in der gotische Grundformen mit Bauelementen aus der Renaissance und sogar dem Barock fortgesetzt wurden. Nichts für Stil-Puristen.

Etwa 1 km südwestlich des Stadtzentrums liegt im Ortsteil Kerléano das ***Mausolée de Cadoudal***, letzte Ruhestätte des im Kampf gegen die französische Revolution engagierten Royalisten, direkt gegenüber seinem Geburtshaus. GEORGES CADOUDAL, 1771 in Auray geboren, kämpfte seit 1793 der Chouannerie-Bewegung für die Wiederherstellung der Monarchie. Er überlebte die für seine Bewegung erfolglosen Kämpfe in der

Im 19. Jahrhundert bedeutend: der Hafen von Auray (WK)

Vendée und auf Quiberon, scheiterte aber schließlich an einem mißlungenen Attentat auf Napoléon Bonaparte. Am 23. Juni 1804 wurde er als "Letzter Chouan" guillotiniert. In diesem Zusammenhang sei auf den Film "Les Chouans" von Philippe de Broca hingewisen, der z.T. auf historisch authentischem Boden hier in Auray/St-Goustan gedreht wurde.

Praktische Hinweise

Information

•***Office de Tourisme,*** 56400 Auray, Rue du Lait 20, Tel. 97.24.09.75

Unterkunft

•***Hôtel du Loch,*** Rue F. Guhur 2, La Foret, Tel. 97.56.48.33. Das ganzjährig geöffnete, sehr moderne Haus gehört zur gehobenen Klasse. Der gute Ruf und die ruhige Lage am Stadtrand kosten dann aber auch ab 280 FF.

•***Hôtel Le Cadoudal,*** Place Notre Dame 9, Tel. 97.24.14.65. Ebenfalls ganzjährig geöffnet, liegt dieses einfache, aber saubere Hotel sehr zentral. Ab 130 FF.

•***Camping du Fort Espagnol,*** Tel. 97.55.14.88. 5 km südlich von Auray nahe der D 28 im Ort Crac'h. Ruhige Lage unter Bäumen, Schwimmbad, Wohnwagenverleih (4 Pers. 130 FF/Nacht). Geöffnet von Mai bis September.

•***Gîte Rural,*** Paul Muet, Les Evocelles, Rue du Pont-Neuf, Tel. 97.56.42.03. Ab 100 FF/Nacht.

Essen und Trinken

•***La Closerie de Kerdrain,*** Rue Louis-Billet 14, Tel. 97.56.61.27. Spitzenlokal im Stadtzentrum für Feinschmecker im historischen Gebäude aus dem 16. Jh. Menüs zwischen 120 und 370 FF.

•***Restaurant Au Feu de Bois,*** Rue du Jeu de Paume 18, Tel. 97.56.63.60. In rustikal gepflegter Atmosphäre werden Fisch- und Fleischgrillspezialitäten serviert. Menüs zwischen 70 und 170 FF.

•Besonders am Abend lohnt ein Besuch im ***La Licorne, L'Armoric*** oder im ***L'Eglantine***. Am historischen Hafen in St-Goustan befinden sich diese drei empfehlenswerten Lokale, in denen man Menüs zwischen 60 und 120 FF erhält. Der Reiz der Lokale liegt bereits in der besonderen Atmosphäre.

•***A La Ville de Quimper,*** Tel. 97.56.49.03. Diese nette Crêperie liegt an der N 165 in Richtung Vannes/La Terre Rouge. Probieren Sie einmal La Galette à l'Ancienne!

•Freunde keltischer Trinkkultur sollten einmal das ***Le Donégal,*** Place du Général Leclerc (im Zentrum), Tel. 97.24.81.10, aufsuchen. In diesem Bierlokal mit irischem Touch treffen sich die Skipper der nostalgischen Holz-Segelboote. Geöffnet von 18.00 bis 2.00 Uhr.

Sonstiges

•***Fahrradverleih,*** GARE SNCF, Place Raoul-Dautry, Tel. 97.24.44.63 und Rue Barré 32.

•***Reiterferien:*** CENTRE EQUESTRE DE TREULAN, 56400 Pluneret, Tel. 97.57.60.10.

•***Kanu-Kajak-Kurse:*** M. DEWIT, Lot. Kerousse 5, 56400 Pluneret, Tel. 97.57.78.11.

•***Golf:*** GOLF DE BADEN, Kernic, 56870 Baden, Tel. 97.57.18.96. GOLF DE ST-LAURENT in Ploermel, 56400 Auray, Tel. 97.56.85.18.

Anreise/Weiterreise

•***Mit dem Bus:*** Regelmäßige Busverbindungen bestehen mit Pontivy und Loudéac (Linie 69) sowie Vannes und Quiberon (Linie 64).

•***Mit der Bahn:*** Auray liegt an der Hauptstrecke Vannes – Quimper bzw. Brest – Nantes. Zudem gibt es im Sommer Zugverbindungen nach Quiberon.

•***Mit dem Auto:*** Die N 165 (Vannes – Quimper) führt direkt an Auray vorbei. Quiberon/Carnac sind über die D 768 zu erreichen, die nach Norden Richtung Baud führt. Die D 17 führt direkt nach Ste-Anne-d'Auray.

Sainte-Anne d'Auray

Der kleine Ort 4 km nordöstlich von Auray (in St-Goustan auf die D 17) wäre wohl ohne jede Bedeutung geblieben, wenn nicht im Jahre 1623 dem Bauern YVES NICOLAZIC die ***Heilige Anna***, Mutter Marias, im Traum mehrfach erschienen wäre, um ihn aufzufordern, auf einer genau bezeichneten Stelle seines Ackers eine Kapelle zu errichten. Der Bauer gehorchte, und schon nach wenigen Spatenstichen stieß er auf eine hölzerne Figur, die nach Ansicht der Mönche des Klosters von Auray die Mutter Marias darstellte.

Das Wunder beschleunigte die Bauarbeiten und im Jahre 1625 stand die Kapelle. Von Jahr zu Jahr stieg die Zahl der ***Pilger*** derart, daß schließlich im Jahre 1872 eine größere Kirche, die heutige Basilika, gebaut wurde. Der im Renaissancestil errichtete Bau zieht heutzutage jährlich am 25. und 26. Juli (Pardon de Sainte-Anne) etwa 20-30.000 Wallfahrer und etwa zehnmal soviel Besucher während des restlichen Jahres an. Somit ist Sainte-Anne d'Auray der ***meistbesuchte Wallfahrtsort*** der gesamten Bretagne.

Ziel der Wallfahrt ist die vergoldete ***Holzstatue der Heiligen Anna***, der Schutzheiligen aller Bretonen, in deren Sockel sich ein Teil der ursprünglich vom Bauern NICOLAZIC auf dem Feld gefundenen Holzfigur befinden soll. Der Leichnam von YVES NICOLAZIC befindet sich im rechten Kapellenanbau der Basilika. Die ***Basilika*** ist im Juli und August täglich 7.00-21.00 Uhr geöffnet, sonst 7.00-12.00 Uhr und 14.00-19.00 Uhr. Messe: Mo.-Fr. 7.15, 9.00, 11.00 und 18.00 Uhr, Sa. um 18.30 Uhr und am So. um 9.30, 11.00 und 12.15 Uhr. Um 11.00 Uhr findet die sogenannte MESSE DES PÈLERINS (Pilgermesse) statt.

Auf dem parkähnlichen Gelände vor der Basilika stechen zwei Gebäude besonders ins Auge. Eine Wallfahrtstreppe, die ***Scala Sancta***, und der spitzkuppelgedeckte Rundbau Le Mémorial. Die Scala Sancta, 1872 neben der Fontaine des Apparitions (Brunnen der Erscheinungen) erbaut, wird alljährlich im Rahmen der Prozession am 25. Juli überschrittten. Die aus dem letzten Jahrhundert stammende Tradition, die Brückentreppe auf Knien zu ersteigen, wird heute nicht mehr von allen Pilgern praktiziert. Das ***Mémorial***, auch genannt "Monument aux Morts", stammt von 1932 und gedenkt der im 1. Weltkrieg gefallenen Bretonen.

Das hinter der Basilika befindliche Kloster beherbergt, für die Öffentlichkeit zugänglich, drei kleine Museen und den ***Kirchenschatz Le Trésor***, dessen wertvollstes Stück ein mit Goldfäden besticktes Meßgewand ist, das die französische Kö-

Die Sinagot – Wiedergeburt eines Fischerbootes

Gegen 1900 wurde auf dem Golfe du Morbihan während der Fischerei-Saison an manchen Tagen mit Hunderten von Sinagots gleichzeitig gefischt. Heute dagegen gibt es nur noch vier Exemplare.

Die Sinagot ist ein aus Eichenplanken gebautes offenes Fischerboot, dessen ***Typbezeichnung*** sich von seinem Ursprungshafen Séné, einem Vorort von Vannes, ableitet. Die offene ***Rumpfform*** mit spitzem und recht flachem Heck (Spitzgatter) ist für bretonische Boote ungewöhnlich, denn im ungeschützten Küstenbereich könnte das Boot in grober See von achtern vollschlagen. Allerdings wurde die Sinagot bewußt für den geringen Seegang im Golfe du Morbihan und die relativ geschützte Bucht von Quiberon konstruiert. Es heißt, daß Colbert, Finanzminister von Louis XIV., den Bau dieser speziellen Boote anordnete, um die Austernfischerei im Golfe du Morbihan zu intensivieren. Genau dieser spezielle Einsatzbereich, die ***Schleppfischerei*** der damals noch sehr zahlreichen wildwachsenden Austern in flachen Gewässern, erforderte ein flaches Heck, geringen Tiefgang des Rumpfes und eine besonders große Segelfläche, um das über den Meeresboden schleifende Fanggeschirr auch bei wenig Wind ziehen zu können.

Die ursprünglich 6,5 bis 8,5 m langen Sinagots trugen zwei unverstagte Masten mit je einem Luggersegel (s. Zeichnung) von insgesamt ca. 50 m² Segelfläche bei 4 bis 6 t Verdrängung, incl. Steinballast. Als etwa ab 1930 die wilden Austernbestände zurückgingen, wurde die Sinagot vergrößert, um auch für den Fischfang vor der Küste eingesetzt werden zu können.

Die ***Austernfischerei*** beschränkte sich ab dem 20. Jh. auf ein bis zwei Monate im Jahr, um die Bestände zu sichern. Die Fangdisziplin wurde zwar durch Fischerei-Gendarmen (gardes-pêche) überwacht, doch gelang es schlitzohrigen Austernfängern immer wieder, die Gendarmen zu überlisten, indem illegal gefischte wilde Austern nicht an Bord geholt, sondern über den künstlich angelegten und ganzjährig bewirtschafteten Austernzuchtgebieten (parcs à huîtres) fallengelassen wurden. Mit den Züchtern wurde dann der Gewinn geteilt.

Die ***Besatzung*** bestand aus zwei Personen, dem Fischer, der auch der Besitzer des Bootes war, und einem Matrosen. Die Frau des Fischers übernahm den Verkauf des Fanges an Land. Besonders arme Fischer arbeiteten an Bord zusammen mit ihrer Frau und lebten ganzjährig auf dem offenen Boot. Ihre Schlafstätte war der mit Strohsäcken ausgelegte Vorschiffsstauraum.

Mit der Verbreitung von Schiffsmotoren in den 30er und 40er Jahren und der Anlage großer Austernzuchten im direkten Uferbereich verloren die Sinagots ihren Einsatzbereich und endeten größtenteils als langsam verrottendes Spantenskelett in einer schlammigen Hafenecke. Doch als schließlich in den 70er Jahren nur noch ganze zwei Sinagots in kaum seetüchtigem Zustand existierten, bildete sich in Séné der Verein Les Amis du Sinagot mit dem Ziel, das maritime Erbe des Golfes nicht verlorengehen zu lassen. Sie restaurierten in ihrer Freizeit die beiden letzten Boote "Les Trois Frères" und "Vainqueur des Jaloux", sammelten Spenden auf Bootsausstellungen und Hafenfesten und finanzierten schließlich den Neubau zweier weiterer Sinagots, der "Nicolas-Benoit" und der "Souvenir". Weitere Boote zur Wiederbelebung des traditionellen bretonischen Holzbootsbaues sind in Auftrag gegeben. Eine Werft, die sich in diesem Zusammenhang einen Namen gemacht hat, ist die "Chantier du Guip" auf der Ile aux Moines.

An einem Wochenende im August findet in fast jedem bretonischen Hafen ein ***Hafenfest*** (Fête de la Mer) statt. In wieder aufblühender alter Seefahrtstradition zeigen sich dann in Port- Anna bei Séné, in Le Bono bei Auray oder in La Trinité-sur-Mer die alten und neuen Sinagots einer an maritimer Kultur immer stärker interessierten Öffentlichkeit.

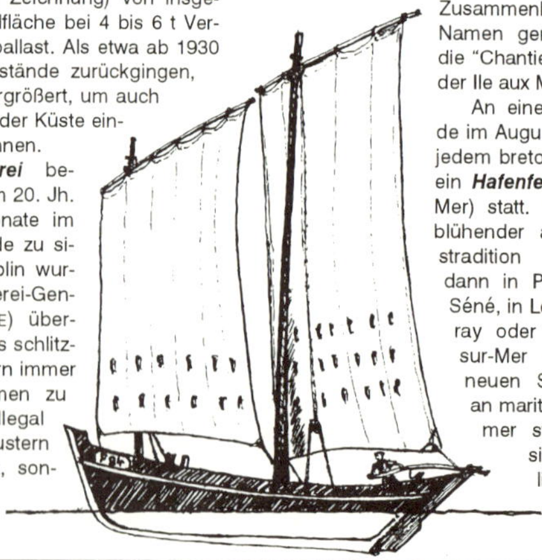

nigin ANNE D'AUTRICHE anläßlich der Geburt ihres Sohnes, des späteren Sonnenkönigs LOUIS XIV., dem Kloster vermachte.

Im kleinen Kirchenmuseum ***Galerie d'Art populaire*** neben dem Trésor sind ca. 150 Statuen aus der katholischen Kirchengeschichte des 15. bis 19. Jh. ausgestellt.

Das ***Musée du Costume Breton*** zeigt etwa 150 verschiedene Trachten, Anzüge und Spitzenhäubchen (COIFFES), die in den zwanziger Jahren hier erstmalig ausgestellt wurden. Schließlich wird im ***Historial*** die gesamte Geschichte des Wallfahrtszentrums seit 1623 anhand von Dokumenten und Bildern zusammengefaßt.

Im Kloster ist ein ***Informationszentrum***, Service des Pèlerinages, unter Tel. 97.57. 68.80 erreichbar. Öffnungszeiten: 7.3.-20.10. 7.00-19.00 Uhr. Sonntags ist 14.00-18.00 Uhr geöffnet.

Unterkunft

•***Hôtel-Restaurant La Croix Blanche,*** Tel. 97.57.64.44. Sehr gepflegtes Mittelklassehotel am Ortsrand an der D 19 in Richtung Vannes mit eigenem kleinem Park. 24 geschmackvoll eingerichtete Zimmer ab 290 FF, ganzjährig geöffnet.

•***Camping Municipal Le Motten,*** Tel. 97.57.60. 27. Sehr ruhig gelegener Platz mit vielen Bäumen und Büschen auf 3 ha Fläche. Gute Sanitäranlagen, aber außer einem Tennisplatz wenig Zusatzangebote, geöffnet vom 1.6. bis 30.9.

Locmariaquer

Bereits die Veneter nutzten die geschützte Lage der Bucht von Locmariaquer gegenüber von Port-Navalo an der Mündung des Rivière d'Auray als Stützpunkt für ihre Flotte (Seeschlacht gegen die Flotte CAESARS, s.a. Arzon/Tumulus de Tumiac). Im 19. Jh. wollte FERDINAND DE LESSEPS, der Erbauer des Suez-Kanals, hier einen der größten Seehäfen der Welt entstehen lassen. Es fehlten jedoch (glücklicherweise) die Investoren.

Der Ort lebt seit etwa 200 Jahren von seinen Austernkulturen. Selbst der sommerliche Tourismus mit zahlreichen Campingplätzen in der Umgebung konnte dem kleinen Küstenort bisher nicht seine bretonische Ruhe nehmen. Im Süden des Ortes prägt ein ca. 2 km langer Sandstrand die Landschaft.

1944 war hier, im Falle des Scheiterns der alliierten Streitkräfte in der Normandie, die Landung amerikanischer, englischer und kanadischer Truppen vorgesehen.

Locmariaquer bietet sich ähnlich Port-Navalo, als ***Ausgangspunkt für Bootsfahrten in den Golf*** und zu den vorgelagerten Inseln Houat, Hoedic und Belle-Ile an.

Besondere Aufmerksamkeit verdient der Ort allerdings wegen seiner ***megalithischen Monumente***, die zwischen 4.000 und 2.000 v. Chr. entstanden sind. Aufgrund der zahlreichen besonders großen und zum Teil aufwendig gravierten Steinmonumente wird angenommen, daß hier zusammen mit Carnac das Zentrum der europaweit verbreiteten Megalith-Kultur lag.

Sehenswertes

Dolmen du Mané Lud. Etwa 1 km vor dem Ortseingang rechts abbiegen. Über einen Fußweg (50 m) gelangt man zum stark von Erosion und Menschenhand veränderten Tumulus. Der Dolmen ragt mit seiner Deckplatte nur knapp aus der grasbedeckten Oberfläche heraus. Direkt daneben steht ein kleines Bauernhaus. Auf dem hintersten Tragestein des Dolmen erkennt man eine Gravur, die möglicherweise zwei Brüste als Fruchtbarkeitssymbol darstellt. Es gibt keine Führungen, der Eintritt ist frei.

Ausgrabungsgebiet der SAGEMOR. Hinweisschild "Site Mégalithique". Die Zufahrt führt nördlich des Ortes über die D 781, von hier aus rechts ab, der Beschilderung folgen.

Im wesentlichen handelt es sich um drei archäologische Objekte, den Grand Menhir Brisé, Table des Marchand und Tumulus Er-Grah.

Das gesamte Grabungsgebiet ist seit kurzem eingezäunt und nur noch durch ein sogenanntes Informationszentrum (in dem sich auch die Kasse befindet) zu betreten. Im August 1992 detonierte hier an der Kasse nachts eine kleine Bombe, die vermutlich von Dorfbewohnern aus Locmariaquer gezündet worden war, um gegen die Einzäunung und Vermarktung ihrer Megalithen zu protestieren.

Le Grand Menhir Brisé (bret. MEN-ER-GRAH = der Feenstein). Viergeteilt liegt der mit 20 m Länge und 350 t Gewicht ***größte bekannte Menhir*** des Neolithikums heute am Boden. Auf dem größten Mittelteil kann man bei tiefstehender Sonne die Gravur eines Pfluges (Hache-Charrue) erkennen. Es wird angenommen, daß der Menhir schon im Neolithikum, vermutlich gegen 3.000 v. Chr., im Rahmen eines kulturellen Umbruches bewußt umgestürzt wurde. Archäologen konnten 1984 zeigen, daß ein anderer Menhir im Neolithikum zerschlagen und für den Bau dreier verschiedener Dolmen weiterverwendet wurde.

Die ***Frage nach der Bedeutung*** dieses gewaltigen Menhirs, der vermutlich über mehrere Kilometer von Quiberon hierher transportiert wurde, bleibt bis heute unbeantwortet. Die Deutung, er sei als navigatorisch wichtiger Peilpunkt für die megalithischen Seefahrer zur Ansteuerung der strömungsreichen Einfahrt in den Golfe du Morbihan aufgerichtet worden, erscheint ebenso fragwürdig wie die Behauptung, es handele sich um das Zentrum eines astronomischen Peilsystems. Im optisch überschaubaren Radius um Locmariaquer stehen oder standen Hunderte von Menhiren, mit denen eine Peillinie zum großen Menhir hätte gezogen werden können. Mehr als 95 % dieser möglichen Verbindungslinien weisen keinen Zusammenhang zu besonderen Sonnenständen (Frühjahrs- und Herbstäquinoctien, Winter- und Sommersonnenwende) auf. Die verbleibenden 5 % erscheinen eher zufällig passend.

Nach der Meinung heutiger Archäologen, war der Menhir Zentrum eines rituell genutzten Bereiches.

Table des Marchand. Etwa 3.500 v. Chr. wurde dieser Gangdolmen errichtet. Er diente als Begräbnisstätte vermutlich für hierarchisch höhergestellte Mitglieder der Sippe. Erst 1986 wurde durch Ausgrabungen festgestellt, daß der Dolmen ursprünglich von einem Cairn (s. Kap. Die Megalithen) bedeckt war. Durch einen ca. 6 m langen Gang erreicht man gebückt die etwa 10 m² große Grabkammer, in der zwei Steine von besonderem Interesse sind. Die Rückwand der Kammer wird durch einen ca. 2 m hohen, fast dreieckigen Stein gebildet, der mit 54 Krummstäben graviert ist (der Krummstab war ein Ackerbaugerät). Der eingeritzte Name "Gazelle" stammt von einer Schiffsbesatzung aus dem 19. Jh., die hier den Namen ihres Schiffes verewigte.

An der Deckplatte im Hauptkammereingang erkennt man die gravierten Abbildungen einer Axt, eines Krummstabes und eines gehörnten Tieres, wobei die Hörner nicht zufällig direkt an der Bruchkante des Steines enden. Vielmehr findet sich die Fortsetzung der Abbildungen interessanterweise 4 km entfernt auf der Deckplatte des Dolmen von Gavrinis, einer kleinen Insel im Golfe du Morbihan. Zusammen mit einem dritten Teilstück, das sich als Deckplatte im nahegelegenen Tumulus Er-Grah (Er Vinglé) befindet, bildeten diese beiden Decksteine vor mehr als 5.000 Jahren einen ca. 14 m langen Menhir, der vermutlich bewußt zerschlagen wurde.

Der oben genannte. ***Tumulus von Er-Grah*** ist zur Zeit wegen laufender Ausgrabungen leider nicht zu besichtigen. Die ganzen Funde aus dem Grabungsgebiet sind heute in dem archäologischen Museum von Carnac zu besichtigen.

Öffnungszeiten des Site Mégalithique: Oktober bis Mai 10.00-13.00 Uhr und 14.00-19.00 Uhr, Juni bis September 10.00-19.00 Uhr, Eintritt 14 FF, Kinder 6 FF, Tel. 97.57.37.59.

Les Pierres Plates, ein ca. 23 m langer Gangdolmen, mit abgewinkeltem Gang, der besonders wegen seiner wappenähnlichen Gravur sehenswert ist, befindet sich in Strandnähe südwestlich des Ortes.

Nicht weit entfernt liegt als Aussichtspunkt über der Einfahrt in den Golfe du Morbihan die Pointe de Kerpenhir. Die Marienstatue namens ***Notre-Dame-de-Kerdro*** (Gute Heimkehr) steht hier als religiöses Gegenstück zum weltlichen Leuchtturm von Port-Navalo am anderen Ufer. Leider erinnert auch hier, an einem strategisch wichtigen Punkt, das Fundament einer Kanone an die unrühmliche deutsche Geschichte.

Praktische Hinweise

Information

•***Office de Tourisme,*** 56740 Locmariaquer, Place de la Mairie, Tel. 97.57.33.05.

Unterkunft

•***Hôtel/Restaurant L'Escale,*** direkt am Hafen, Tel. 97.57.32.51. Nettes Mittelklassehotel mit schönem Blick auf den Golf. 12 Zimmer von 200 bis 370 FF. Geöffnet von April bis September. Im Restaurant werden schmackhafte Gerichte angeboten.

•Von den fünf Campingplätzen der Umgebung empfehlen wir ***Camping Municipal de la Falaise*** (Tel. 97.57.31.59). Der Platz liegt ruhig in Strandnähe. 313 Stellplätze, z.T. unter Bäumen, Tennis, Minigolf, Fahrradverleih und ein Laden gehören zum Service. Geöffnet von Mai bis September, im Juli/August ist eine Reservierung sinnvoll.

Sonstiges

•***La Trinitaine.*** Die bretonische Keksfabrik Nr. 1. Auf etwa halbem Weg von Auray nach Locmariaquer liegt die Großbäckerei an der D 28. Dazu gehört ein Spezialitätensupermarkt, in dem neben Galettes bretonnes und anderen Kuchen inzwischen alles angeboten wird, was die Bretagne an Gaumenfreuden zu bieten hat. Tel. 97.55.02.04. (Filialen befinden sich übrigens in La Trinité-sur-Mer und Port-du-Crouesty).

•***Fahrradverleih:*** Camping Municipal de la Falaise, Tel. 97.57.31.59

•***Segelschule:*** Ecole de Voile Le Roley, Tel. 97.57.32.90.

Anreise/Weiterreise

•***Mit dem Auto:*** Über die D 28 von Auray nach Süden. Zunächst durch Crach. In St-Philibert auf die D 781 nach Locmariaquer. Die Megalith-Stätten liegen gut ausgeschildert an der D 781.

•***Mit dem Schiff:*** Thalassa, Rundfahrten durch den Golf und zu den Inseln Houat und Belle-Ile. Während der Saison zwei Abfahrten täglich. Tel. 97.53.70.25. Vedettes Les V, stündliche Verbindung nach Port-Navalo zwischen 10.00 und 19.00 Uhr. Mitnahme von Fahrrädern möglich. Tel. 97.53.99.25.

•***Mit dem Bus:*** Zweimal täglich nach Auray.

Hafenheilige: Notre-Dame-de-Kerdro (WK)

Ile aux Moines

Die Insel wird auch ***la Perle du Golfe*** genannt. Die 310 ha große Insel ist maximal 7 km lang und 5 km breit. Ihre Form ähnelt einem Kreuz.

Auf der Insel befinden sich Zeugnisse der prähistorischen Geschichte: die ***Dolmen von Boglieux und Penhap***.

Bis 52 v. Chr. lebten hier die Veneter. 854 übertrug König ERISPOË die Insel den Mönchen der Abtei von Redon. Deren Anwesenheit wird noch heute im Namen "Mönchsinsel" deutlich. Im 11. Jh. wurde die Insel ENEST MANAH genannt. Dieser Begriff findet sich auch heute noch in ihrem bretonischen Namen IZENAH.

Der besondere Reiz von Ile aux Moines liegt in der ***leicht hügeligen Landschaft*** mit herrlichen Ausblicken auf den Golf, in den schönen Sandstränden und kleinen Wäldchen. Hinzu kommt die besondere Vegetation, zu der auch viele ***subtropische Gewächse***, wie z.B. Palmen, Mimosen, Kamelien, Orangen-, Zitronen-, und Feigenbäume gehören, die hier, vom milden Klima begünstigt, besonders gut gedeihen. Lorbeerbäume und Hortensien runden das bunte Bild ab.

Der ***Hauptort Le Bourg*** ist von schmalen Gäßchen, bescheidenen, weißgekalkten Fischerhäusern und größeren Kapitänshäusern aus Granit gekennzeichnet.

Rundwege

Zur Erkundung der Insel gibt es zahlreiche Rundwege für Wanderungen und Fahrradtouren vom Hafen aus. Die Rundwege führen über Entfernungen von 300 m bis 5,3 km, vom Hafen aus gerechnet:

La Grande Plage (300 m), der Weg führt durch den Bois d'Amour mit Aussicht auf Port-Blanc und die Einfahrt zum Golf.

Le Bourg (800 m), mit seinen kleinen Geschäften, Restaurants, der Kirche und dem Strand von Port-Miquel.

Pointe du Trech' (1,8 km), mit der Kapelle St-Michel, dem Calvaire du Trech' und Aussicht auf Arradon und die Insel Olavre.

Pointe de Brouel (2,5 km), Brunnen und Kapelle von Guéric, Uferstreifen von Brouel, Aussicht auf Ile d'Arz und die Brouel-Inseln.

Plage du Goret (2,5 km), Aussicht auf die Insel Creizic und die Golfeinfahrt

Pen-Hap (4,4 km), Dolmen und Kreuz von Pen-Hap, Aussicht auf die Presqu'île de Rhuys (Le Logeo). Eine kleine Werft (Chantier de Guip) baut hier Holzsegelboote, u.a. die Sinagots, nach alten Plänen aus dem letzten Jahrhundert nach.

Pointe de Nioul (5,3 km), Dolmen, Heidelandschaft, Aussicht auf die Presqu'île de Rhuys und die Einfahrt zum Golf.

Praktische Hinweise

Information

- ***Syndicat d'Initiative,*** Tel. 97.26.32.45

Essen und Trinken

Im Bereich von Le Bourg und am Hafen gibt es zahlreiche Restaurants, Cafés und Bars.

- ***Chez Marie Claire,*** am Place du Rue Vras, hier kann sogar eigenes Essen mitgebracht werden.
- Direkt gegenüber die ***Bar de la Place*** mit Blick auf eine Metzgerei in einem herrlichen alten Haus.
- Das ***Restaurant La Desirade*** in Le Bourg (Tel. 97.26.36.81) ist auf Meerestiere spezialisiert.
- Für Freunde von Crêpes empfiehlt sich ein Besuch der ***Crêperie du Ponant,*** Rue de l'Eglise (Tel. 97.26.30.70).
- Spezialisten für Meeresfrüchte sind die Restaurants ***Le Cap Horn*** (Tel. 97.26.31.12) und das ***Chez Charlemagne*** (Tel. 97.26.32.43), ein besonders gemütliches Restaurant. Beide liegen in unmittelbarer Nähe des Hafens.

Unterkunft

Es gibt nur zwei kleine Hotels auf der Insel.

- Das ***Hôtel San Francisco*** (Tel. 97.26.31.52) liegt direkt am Hafen. Die 8 Zimmer werden ganzjährig ab 260 FF vermietet.

●Guten Komfort bietet auch das ***Hôtel de l'Ile*** (Tel. 97.26.32.50), das direkt in Le Bourg liegt. Die Zimmer kosten hier ab 180 FF.

●Interessant ist es, bei den Einwohnern der Insel ***Privatzimmer*** zu mieten. Auskünfte erteilt das Syndicat d'Initiative.

●Auf dem ***Camping Municipal le Vieux Moulin*** stehen etwa 40 Stellplätze zur Verfügung.

Sonstiges

●Ein ***Fahrradverleih*** gehört zur Bar Le Cap Horn (Tel. 97.26.31.12), direkt am Hafen. Räder kosten 20 FF/Stunde, 30 FF für 3 Stunden und 75 FF/Tag.

Anreise/Weiterreise

●Schiffe von und nach Ile aux Moines verkehren regelmäßig von Vannes, Port-Navalo, Locmariaquer, Port-Blanc und Larmor-Baden aus. Die Abfahrtszeiten der mehrmals täglich verkehrenden Fähren richten sich nach den Gezeiten und Strömungen im Golf. Regelrechte Passagierschiffe fahren ab Port-Blanc, im Sommer von 7.00 bis 22.00 Uhr jede halbe Stunde, in der Nebensaison von 7.00 bis 19.30 Uhr alle halbe Stunde. Der Preis beträgt 7 FF, Kinder 4 FF (Tel. 97.26.31.45). Bei Schiffen anderen Abfahrtshäfen handelt es sich oft nur um Kreuzfahrten mit Kurzaufenthalt.

Ile Gavrinis

Inmitten des Golfe du Morbihan liegt die etwa 14 ha große, überwiegend mit Farnen, Brombeeren und Pinien bewachsene Insel Gavrinis. Hier befindet sich der durch seine reichhaltigen Steingravuren ***interessanteste Gangdolmen mit Cairn***.

Der Dolmen wurde ca. 3.500 v. Chr. angelegt. Zu dieser Zeit lag der Meeresspiegel des Golfs noch etwa 7 m niedriger als heute, so daß Gavrinis damals Teil des Festlandes war. Von der gegenüberliegenden Insel Er Lannic war es durch ein Flußtal (Rivière de Vannes) getrennt.

Unter dem schon von weitem auffallenden Hügel von ca. 50 m Durchmesser befindet sich ein auf der Südseite freigelegter und restaurierter ***Cairn***, den man durch einen schmalen, nur 1,5 m hohen Gang betritt. Der 14 m lange Gang (couloir), errichtet aus 23 senkrechten Steinplatten, auf denen 9 größere Deckplatten ruhen, führt in die Grabkammer, die etwa

Übersichliches Eiland: Insel Govéan (WK)

2,5 m breit und 1,8 m hoch ist. Sowohl die Steine des Ganges als auch die der Grabkammer sind auf insgesamt ca. 60 m² mit reichhaltigen Gravuren, wie Bögen, Kreisen, Halbkreisen, Schlangenlinien, Sparren, Beilen und Pfeilen, vermutlich mit Symbolcharakter, bedeckt.

Von besonderem Interesse ist die 17 t schwere ***Deckplatte*** des Dolmen. 1984 fanden Archäologen heraus, daß sich auf der Oberseite dieser Platte Gravuren eines Pfluges, die Gestalt eines Horntieres sowie die Hörner eines zweiten Tieres befinden. Das Überraschende ist nun, daß sich die Platte mit ihren Gravuren nahtlos in zwei andere Plattenteile einfügt, die allerdings 4 km entfernt bei Locmariaquer gefunden wurden. Dort dient eine als Deckplatte des Table des Marchand, die andere stammt aus der Grabkammer von Er Vinglé.

Möglicherweise hören Sie während der Führung die Behauptung, der Gang zeige in die Richtung des Sonnenaufganges zur Wintersonnenwende (21.12.). Tatsache ist, daß der Gang nach Südosten zeigt, und zwar genau in Richtung 135 Grad, die Sonne geht jedoch am 21.12., von Gavrinis aus gesehen, auf einer Peilung von 126 Grad auf. 9 Grad Differenz kann kein Peilfehler der Menschen des Neolithikums gewesen sein und ist auch nicht durch die Präzession der Erdachse zu erklären.

Anreise

- Man erreicht die Insel mit dem Motorboot von Larmor-Baden nach etwa 15 Minuten. Der Preis beträgt für Hin- und Rückfahrt 17 FF. Während der Monate Juli/August ist eine Reservierung unter Tel. 97.42.63.44 (SAGEMOR) empfehlenswert. Besichtigungen finden von Juni bis September täglich 10.00-12.00 und 14.00-18.00 Uhr statt. Von März bis Mai und im Oktober kann die Insel an Sonn- und Feiertagen zu den o.g. Zeiten besucht werden, in der übrigen Zeit nur 14.00-18.00 Uhr. Der Eintritt beträgt 30 FF.

Er Lannic

Bei günstigem Gezeitenstrom fährt das Motorboot von Larmor-Baden aus auf dem Hin- oder Rückweg nach/von Gavrinis an der gegenüberliegenden Insel Er Lannic vorbei. Hier befinden sich die ***Reste eines Cromlec'hs***, zum Teil über Wasser, zum Teil unter der Wasseroberfläche. Seit dem Neolithikum hat sich das Land etwa 10 m abgesenkt, so daß heute ein Teil des Cromlec'hs unter Wasser liegt. Oft wird der Cromlec'h von Er Lannic als Doppelkreis in Form einer 8 beschrieben. Dies ist jedoch nicht sehr exakt. Vielmehr handelt es sich um einen je nach Tide etwa zur Hälfte unter Wasser liegenden Steinkreis, an den sich ein offener halbkreisförmiger Bogen aus 33 Steinen anschließt. Auch dieser Bogen liegt heute unter der Wasseroberfläche. Zwischen 1923 und 1926 fand der Archäologe Z. LE ROUZIC hier ca. 800 kg Tonwaren, Tausende von Feuerstein-Pfeilspitzen und Hunderte von polierten Äxten (Näheres zur Bedeutung dieser Kultstätten s. auch Kap. "Die Megalithen").

Halb versunken: Cromlec'h auf Er Lannic (WK)

Ile d'Arz

Die L-förmige Insel ist etwa 5 km lang. Sie liegt östlich von Ile aux Moines in einem von zahlreichen Strömungen durchzogenen Teil des Golfes, der ***für Segler reizvolle Törn-Möglichkeiten*** bietet. Die Insel ist vom Tourismus nicht so sehr geprägt wie die Nachbarinsel, obwohl sie einige lohnende Ziele bietet. Im Volksmund wird die Insel auch ***l'Ile des Capitaines*** genannt, weil im letzten Jahrhundert zahlreiche Kapitäne der Kriegsmarine (Marine Nationale) und der Handelsmarine (Marine Marchande) in ihren Dörfern groß geworden sind.

Schöne, blumengesäumte Spazierwege, Rundwanderwege entlang der Uferzone mit herrlichen Aussichten auf den Golf, Sandstrände und ein malerisches Dorfzentrum bestimmen das Bild der Insel. Die Küstenlandschaft ist zum Teil durch Austernkulturen geprägt.

Im Zentrum bilden die alte Kirche, das Bürgermeisterhaus, die Dorfschule und ein kleines Kloster eine harmonische Einheit.

Praktische Hinweise

Unterkunft/Essen und Trinken

- Das ***Hôtel/Restaurant L'Escale*** (Tel. 97.44 .32.15) ist vom 15.4. bis 15.11 geöffnet. Die Zimmer kosten ab 170 FF. Dem Hotel ist ein Panoramarestaurant mit Blick auf den Golf angegliedert.
- In der ***Résidence Kervio-Le Lan*** (Tel. 97.44.33.84) werden ganzjährig Zimmer vermietet. Es zeichnet sich durch eine sehr ruhige Lage aus.
- Der ***Camping Municipal les Tamaris*** (Tel. 97.44.33.97) bietet 70 gut erschlossene Stellplätze. Der Platz ist vom 1. Juni bis zum 30. September geöffnet.

Sonstiges

- ***Taxi und Fahrräder*** (direkt am Bootsanleger) 97.44.31.83.
- Angesichts der guten Segelmöglichkeiten haben sich auf der Insel ***Segelschulen*** niedergelassen, u.a. die ECOLE DE VOILE DES GLÉNAN (Tel. 97.44.31.16), eine sehr bekannte Segelschule.

Anreise/Weiterreise

- Von Conleau aus fahren Fähren tagsüber alle 15 Minuten ganzjährig zur Insel. Auskunft gibt es unter Tel. 97.66.92.06/ 97.66.94.98.
- Von Vannes, Port-Navalo, Locmariaquer, Auray und Le Bono fährt man zwischen Ostern und Oktober mit der Navix-Fähre (Tel. 97.63.79.99)

Sarzeau

Die ***Halbinsel von Rhuys*** (Presquîle de Rhuys) begrenzt den Golfe du Morbihan im Süden und trennt ihn vom Atlantik (Baie de Quiberon). Die etwa 20 km lange Landzunge zeigt zwei ***Landschaftsformen***: Die Nordküste gliedert sich in zahlreiche kleine, flache Buchten mit vielen Austernkulturen, während der Süden durch einen Wechsel zwischen Felsküste und kilometerlangen Sandstränden gekennzeichnet ist.

Die Kleinstadt Sarzeau ist als ***Zentrum der Halbinsel*** in den Monaten Juli/August sehr belebt. In der Nähe der Kirche gibt es zahlreiche ***gute Einkaufsmöglichkeiten***. An Markttagen (donnerstags) wird das Stadtzentrum zur Fußgängerzone. Ein Besuch auf dem Markt ist wegen des breiten Angebotes an bretonischen Spezialitäten empfehlenswert.

Praktische Hinweise

Information

- ***Office de Tourisme,*** 56370 Sarzeau, Tel. 97.41.82.37.

Unterkunft

- Die Hotels bieten alle recht guten Komfort. Empfehlenswert ist das ***Hôtel du Port*** in St-Jacques, Tel. 97.41.93.51, ab 280 FF. Das ganzjährig geöffnete Hotel ist auch für Rollstuhlfahrer geeignet.
- ***Hôtel, Bar, Restaurant Alain René le Sage,*** Sarzeau, Tel. 97.41.85.85, Zimmer ab 250 FF.
- ***Hôtel, Bar, Restaurant L'Ecubier,*** Place Richemont, Sarzeau, Tel. 97.41.85.48, ab 230 FF.
- ***Hôtel, Restaurant La Chaumière de la mer,*** Penvins en Sarzeau, Tel. 97.67.35.75.
- ***Camping les Genêts,*** Port St-Jacques-Sarzeau, Tel. 97.41.87.22. Der 3-Sterne-Platz liegt etwa 500 m vom Strand und 900 m vom Hafen entfernt. Reservierungen sind erforderlich.
- 3-Sterne-Plätze sind ferner der ***Camping de la Madonne*** in Penvins, Tel. 97.67.33.30, der ***Camping de Kersial*** an der Route St-Jacques, Tel. 97.41.75.59, und der ***Camping le Bohat,*** der etwa 2 km außerhalb der Stadt in Richtung Port-Navalo an der D 780 liegt. Er ist vom 20. Mai bis zum 15. September geöffnet. Spiele, gesellige Abende, ein Swimming-pool und Lebensmittelgeschäfte gehören zu diesem Platz in angenehm ruhiger Lage.
- ***Camping municipal de Penvins,*** La Grée Penvins, Tel. 97.67.33.96.
- ***Camping municipal de St-Jacques,*** La Grée, St-Jacques, Tel. 97.41.79.29.
- ***Camping municipal,*** Le Tour du Parc, Tel. 97.67.30.88.

Essen und Trinken

- ***C. Pollet,*** Spezialitätenrestaurant für Meeresfrüchte, Tel. 97.41.75.51, nur Mittagstisch von montags bis samstags, neben dem Rallye-Supermarkt. Häßlicher Flachbau, aber sehr gute Küche.
- ***Restaurant l'Espadon,*** Luxusrestaurant in Penvins-Sarzeau, Tel. 97.67.34.26.
- ***Auberge de Kerstéphanie,*** Route du Roalignen, Sarzeau, Tel. 97.41.72.41.
- ***Le Zodiaque***, Grill und Crêpes-Restaurant, Route de Poulmenach 3, Tel. 97.41.92.66.
- ***Crêperie Le Masson*** im Port du Logeo, Tel. 97.26.88.18.
- ***Crêperie La Rose des Vents,*** Rue St-Vincent 5, Sarzeau, Tel. 97.41.93.77.
- ***Crêperie und Pizzeria de Kerfontaine,*** liegt in St-Jacques direkt am Strand, Meerblick von der Terrasse, Tel. 97.41.75.67.

Sonstiges

- ***Fahrradverleih:*** CYCLES PEUGEOT am westlichen Ortsrand, Tel. 97.41.81.04. ST-JACQUES-PLAISANCE am Hafen von St-Jacques, Tel. 97.41.91.36.

Umgebung von Sarzeau

Château de Suscino

Die Schloßruine liegt an der D 198, ca. 3 km südöstlich von Sarzeau, nur wenige hundert Meter vom Meer entfernt.

Bereits im 13. Jh. erbaut, diente das Schloß im 15. Jh. den Herzögen der Bretagne als Sommerresidenz und Jagdsitz mit direkt angrenzendem Jagdforst. FRANÇOIS I. konfiszierte das Schloß im 16. Jh. und stellte es seinen Favoritinnen zur Verfügung. Während der französischen Revolution wurde das Gebäude, insbe-

Trutzburg: die Mauern mit dem Burggraben (EH)

sondere die Wohnräume der adligen Bewohner, zum großen Teil zerstört. 1966 kaufte die Départementverwaltung des Morbihan die Gemäuer aus privater Hand, so daß die Restaurierung auf gesichertem finanziellen Hintergrund begonnen werden konnte.

Heute befindet sich im Eingangsbereich des Schlosses das ***Museum für bretonische Geschichte***. In der Eingangshalle ist ein Fußbodenmosaik von 1330 zu besichtigen, daß bei Ausgrabungen in den Resten der kleinen Schloßkapelle südlich des Schlosses gefunden wurde. Da in großen Teilen die Zwischendecken und Dächer zerstört wurden, schaut der Besucher vom Innenhof aus auf grandiose Kamine in den Seitenmauern, in denen Vögel nisten.

Seit 1981 findet hier jährlich im August das ***"Festival de Suscino"*** statt, ein kultureller Sommerhöhepunkt. Zu sehen gibt es Musik-, Tanz- und Theaterdarbietungen, zum Teil unter freiem Himmel am Wassergraben des Schlosses. Auskünfte direkt beim Schloß, unter Tel. 97.41.91.91 oder beim Office de Tourisme in Sarzeau, Tel. 97.41.82.37.

Öffnungszeiten: 1.4.-30.9. von 9.30-12.00 Uhr (außer Mi) und 14.00-19.00 Uhr. In der übrigen Zeit Di, Mi, Sa, So und feiertags 9.30-12.00 Uhr (außer Mi) und von 14.00-17.00 Uhr. Der Eintritt beträgt 15 FF.

Manoir de Kerguet

In Kerguet (an der D 198, in Richtung Château de Suscinio) befindet sich das neue, originelle ***Musée des Vieux Métiers et du Commerce***. In einem Herrensitz aus dem 17. Jh. sind bis ins kleinste Detail originalgetreu die Werkstätten traditioneller Handwerks- und Handelsberufe aufgebaut worden. Tischlerei mit Holzschuhherstellung, Sattlerei, Schmiede, Schuh- und Hutmacherei im Stil der Jahrhundertwende, dazu eine Apotheke, ein Kolonialwarenladen und ein Frisiersalon von 1926 in Marmor und Mahagoni. Hinzu kommt eine Nähmaschinensammlung mit mehr als 30 Exemplaren, die zum Teil über 100 Jahre alt sind. In einer Bar gibt es alkoholfreie Erfrischungen.

Öffnungszeiten: Vom 1.3. bis 15.11. täglich 14.00-19.00 Uhr, vom 1.6. bis 15.9. zusätzlich 10.00-12.00 Uhr. Tel. 97.41.75 36. Eintritt 22/12 FF.

Austernzuchtgebiete

Nördlich der Stadt erreicht man über die C 201 die Austernzuchtgebiete (ostréiculture) am Golf: Benance, Le Ruault und Le Scluze. Weiter westlich liegen die Austernzuchten von Le Piniel (bei Brillac), Bréhuidic und Le Logeo.

Alle Austernzüchter (OSTRÉICULTEURS) verkaufen direkt an die Kunden. Ein Besuch lohnt auch wegen der Besichtigungsmöglichkeiten der Austernparks

(PARCS À HUÎTRES) und der Reinigungs-, Sortier- und Verpackungsanlagen.

Menhir orné de Kermaillard

Etwa 5 km hinter Sarzeau, in Richtung Arzon, befindet sich nahe der D 780 der Menhir. Beim Ortsschild Le Net verläßt man die D 780 in Richtung Le Net und gelangt direkt zum 5,2 m hohen Menhir, der in einer umzäunten Wiese steht. Erst 1985 wurde der Stein wieder aufgerichtet. Er weist 17 kleine runde Löcher und 2 Gravuren auf, von denen die eine ein stilisiertes Bild der Muttergöttin, die andere eine Mondsichel zeigt.

St-Gildas de Rhuys

Der in den letzten Jahren durch Feriensiedlungen umwucherte Ort am Felsufer des Ozeans geht auf eine Klostergründung im 6. Jh. durch den ***Mönch Saint Gildas*** zurück. Von Irland ausgehend, begann hier die Christianisierung der Südbretagne und breitete sich schließlich auf ganz Gallien aus. Die Abtei von St-Gildas bildete bis ins späte Mittelalter ein intellektuelles Zentrum Galliens.

Der durch seine literarischen Werke bekannte ***Philosoph Pierre Abélard*** leitete das Kloster einige Jahre während des 12. Jh., nachdem er Paris wegen einer Liebesaffäre verlassen mußte. Er hatte eine seiner Privatschülerinnen, die schöne HÉLOISE, verführt und floh schließlich vor den Verfolgungen des Vaters in das Kloster von St-Gildas. Doch statt des ersehnten Seelenfriedens fand er nur sittlichen Verfall unter den Mönchen. So schrieb er an HÉLOISE: "Ich lebe in einem barbarischen Land und habe nur mit grausamen Menschen zu tun ... Meine Mönche haben nur die eine Lebensregel, nämlich keine zu haben. Mein Heim würdet Ihr niemals für eine Abtei halten. Blutige Jagdtrophäen von Rehen, Wölfen, Bären und Wildschweinen zieren die Türen. Täglich bin ich neuen Gefahren ausgesetzt." In ihrem vergnüglichen Lebenswandel durch ABÉLARD gestört, versuchten die Mönche, ihren Abt zu vergiften. Nur knapp entging dieser dem Mordanschlag.

Die Reste ***des romanischen Klosters*** bilden heutzutage die Gemäuer einer sozialen Ferieneinrichtung. Sehenswert ist die im Chor und Querschiff romanische Kirche, deren Bau im 11. Jh. begonnen und die im 16. und 17. Jh. erweitert wurde. Hinter dem Hochaltar befindet sich die Grabplatte von SAINT GILDAS. Im Chorumgang liegen die Grabstätten verschiedener Äbte. Man achte auf die romanischen Kapitelle, die, zum Teil mit keltischen Ornamenten versehen, heute als Weihwasserbecken dienen.

Die ***Schatzkammer der Kirche*** (TRÉSOR) enthält wertvolle Reliquienschreine aus dem 16. und 17. Jh., ein mit Smaragden besetztes Kreuz sowie eine goldbestickte Mitra.

Die Küste bei St-Gildas ist felsig, wird jedoch im Westen durch den ca. 2 km langen Strand ***Plage des Govelins*** und im Osten durch den kleinen Fischerei- und Yachthafen St-Jacques sowie den Plage de Rohaliguen begrenzt.

Ca. 1 km westlich des Ortszentrums bietet sich 33 m über dem Meer von der ***Pointe du Grand Mont*** eine schöne Aussicht auf den Ozean und den Plage des Govelins.

Praktische Hinweise

Unterkunft

•***Hôtel Giquel,*** Rue Général de Gaulle, Tel. 97.45.23.12. Einfaches, zentral gelegenes Hotel mit 22 Zimmern, ab 200 FF. Geöffnet vom 1.7 bis 8.9.

•***Camping du Menhir,*** Tel. 97.45.21.67. Von der D 780 ca. 5 km westlich von Sarzeau links ab auf die D 198 in Richtung St-Gildas. Nach 500 m liegt der Platz auf der rechten Seite. Die Anlage ist sehr gepflegt. Viel Vegetation, Läden, beheiztes

"Butte de César"(MK)

Schwimmbecken, Sportmöglichkeiten und die Nähe zum Meer (1 km) zeichnen den Platz aus.

●***Camping Municipal du Kervert,*** Tel. 97.45.21.21. Liegt ca. 4 km nordwestlich von St-Gildas im Ortsteil Kervert. Leider schattenlos, dafür aber direkt am Strand.

Essen und Trinken

●***Mor Braz,*** Tel. 97.45.21.47, ca. 3 km außerhalb des Ortes direkt am Meer bei Le Kervert. Jacques, Wirt und Chefkoch, der seine Kochkunst an den Küsten des Indischen Ozeans verfeinert hat, und Anna, seine madegassische Frau, bieten neben einem einfachen Alltagsmenü (ca. 60 FF) exotisch zubereitete Fisch- und Meerestiergerichte an. Die Exotik ist besonders bei Moules Mor Braz oder Gambas à l'indienne unverkennbar. Die Preise sind, gemessen am Gebotenen, ausgesprochen günstig (60-170 FF). Das Restaurant ist ganzjährig geöffnet. Reservierungen sind in der Hauptreisezeit empfehlenswert.

Arzon

Kommunalpolitisch gehören zu Arzon die Ortsteile Port-Navalo, Le Crouesty, Kerjouanno, Kerners und Tumiaç.

Durch die seit vielen Jahren steigende Anzahl von Ferienhäusern verwächst der Ort langsam mit seinen Nachbargemeinden.

Gut 1 Kilometer vor dem Ortseingang aus Richtung Sarzeau liegt rechts der D 780 inmitten von Feldern der ***Tumulus von Tumiac***, auch Butte de César genannt. Über einen kleinen Fußweg steigt man zwischen Ginsterbüschen auf den Grabhügel, der bereits im 19. Jh. archäologisch erforscht wurde. Die Funde sind heute im archäologischen Museum von Vannes, Château Gaillard, zu besichtigen.

Es heißt, Julius Cäsar habe im Jahr 56 v. Chr. von diesem Hügel aus die ***Seeschlacht*** zwischen den Venetern und den Römern verfolgt. Die schweren, schlecht zu manövrierenden Segelboote der Veneter hatten gegen die leichten, wendigen römischen Galeeren bei dem (wie die Geschichtsschreibung erwähnt) leichten Wind keine Chance. Der Sieg der römischen Flotte über die Veneter in dieser Schlacht führte zur völligen Besetzung Armorikas durch die Römer. Die Schlacht fand nicht, wie mancherorts zu lesen ist, im Golfe du Morbihan statt (die Wassertiefe hätte zu dieser Zeit kaum ausgereicht), sondern ereignete sich in der Bucht von Quiberon vor Port-Navalo. Ob CÄSAR aber wirklich auf dem Tumulus gestanden hat, ist recht zweifelhaft, denn er hätte zwar eine gute Sicht auf die Bucht gehabt, der Abstand zu seinen Schiffen wäre zu groß gewesen (etwa2 km), um die Schlacht verfolgen zu können.

Die Dorflegende von Tumiac geht aber noch weiter, wird doch behauptet, CÄSAR sei sogar hier begraben!

Etwa 1 km nördlich des Ortszentrums liegt der ***Dolmen von Grah Niol*** (bret. GRAH EN EOL, Sonnenhügel).

Im ***Dorfzentrum von Kerners*** finden sich pittoreske alte Granithäuser vor der kleinen Kirche, mit Boule-Bahn im Hof. An der Straße nach Pencastel steht ein typisch bretonischer Treppenbrunnen.

In ***Pencastel*** steht eine Wassermühle, mit der die Mönche von Sarzeau bereits im 12. Jh. den Gezeitenstrom im Golfe du Morbihan zum Mahlen des Kornes ausnutzten (MOULIN À MARÉE). Das heutige Gebäude, es stammt aus dem 17. Jh., wird während der Saison als Restaurant und Crêperie genutzt. Beim Essen blickt man von hier auf den Golf.

Von Pencastel aus führt die Straße östlich des Tumulus von Tumiac zurück auf die Hauptstraße der Halbinsel (D 780).

Unterkunft/ Essen und Trinken

•***Hôtel-Restaurant l'Etoile de la Mer,*** Le Rédo, Tel. 97.53.84.46. Das ganzjährig geöffnete Haus verfügt über 13 Zimmer, ab 230 FF.

•***Camping municipal du Tindio.*** Der 3-Sterne-Platz liegt an der Route de Kerners, Tel. 97.53.75.59.

•***Camping du Bilouris.*** 2-Sterne-Platz, direkt am Wasser, in ruhiger Lage mit schönem Baumbestand. Pointe de Kerners, Tel. 97.53.70.55.

Port-Navalo

Port-Navalo ist ein kleiner Fischerei- und Freizeithafen an der strömungsreichen ***Eingangspassage des Golfe du Morbihan***. Zur Springzeit ist der Blick auf die Passage in den Golfe besonders eindrucksvoll, denn dann setzt ein ca. 15 km/h starker Gezeitenstrom ein, in den Golfe hinein (bei Flut) bzw. aus dem Golfe heraus (bei Ebbe).

An der Hafenmole befindet sich die ***Anlegestelle der Ausflugsschiffe*** für Fahrten in den Golf und die Rivière d'Auray (Locmariaquer) sowie nach Belle-Ile, Houat und Hoëdic.

Von der Mole aus führt ein ***Rundweg*** oberhalb der Uferfelsen die Küste entlang, vorbei am Leuchtturm. Am Strand entlang führt der Weg zurück in den Ort. Es ist aber auch möglich, den Spaziergang entlang der Küste zum Hafen von Le Crouesty über den Chemins des Douaniers (Zöllnerweg) fortzusetzen. Auf halbem Weg liegt romantisch oberhalb des felsigen Ufers das Grab des Petit Mousse (des kleinen Matrosen), der hier 1859 ertrunken aufgefunden wurde.

In der ehemaligen Fischauktionshalle (Criée) finden im Sommer Ausstellungen zu maritimen Themen statt.

Praktische Hinweise

Unterkunft

•***Hôtel de Rhuys,*** 15 Zimmer ab 170 FF, Tel. 97.53.70.01.

•***Hôtel de la Plage,*** Avenue du Général de Gaulle, Tel. 97.53.75.92.

•***Camping municipal de Port-Navalo,*** 2-Sterne-Platz, Tel. 97.53.71.98, mit eigenem kleinen Sandstrand.

Essen und Trinken

- Empfehlenswert sind die Restaurants ***Le Grand Largue*** (Haute cuisine, elegante Einrichtung), es liegt direkt an der Mole, und ***Le Marin,*** Boulevard de la Rade 12, das ganzjährig geöffnet.
- ***Le Cherokee,*** nahe am Strand liegt der Pub (englische und irische Biere) im britischen Stil.

Ausflugsschiffe

- Die Passeurs Vedettes LEZV fährt stündlich zwischen 9.30 und 18.30 Uhr ***nach Locmariaquer*** (Tel. 97.53.99.25).
- ***Rundfahrten*** durch den Golfe du Morbihan bieten die Gesellschaften Thalassa und Navix an. Thalassa fährt im Sommer viermal täglich ab 9.30 Uhr. Die Fahrten beinhalten einen Zwischenaufenthalt auf Ile aux Moines. Preise: 90 FF, Kinder 60 FF (Tel. 97.53.70.25). Navix organisiert Fahrten zwischen April und Oktober. Die Fahrten führen nach Vannes über Locmariaquer, Ile aux Moines und Ile d'Arz. Daneben gibt es Fahrten nach Le Bono und Auray (Tel. 97.53.74.12).
- Die Compagnie Morbihannaise et Nantaise de Navigation fährt mit der "Gourinis" in 55 Minuten nach Le Palais auf ***Belle-Ile***. Abfahrtszeiten: Von Ostern bis zum 30.6. und vom 8.9. bis 26.9. mittwochs und samstags, vom 4.7. bis 5.9. montags, mittwochs und sonntags. Preise 160/105 FF. Tickets direkt am Fähranleger (Tel. 97.53.63.67).

Port-Crouesty

Port-Crouesty oder auch Le Crouesty ist ein ***moderner Yachthafen*** mit zahlreichen Cafés, Restaurants, Läden und Ferienwohnungen. Leider fehlt hier die typisch bretonische Ausstrahlung. In den 70er Jahren wurde das ursprünglich vorhandene Sumpfgebiet ausgebaggert, um zu einem der größten Yachthäfen mit kompletter Infrastruktur für Segler und Motorbootfahrer ausgebaut zu werden.

Lohnend ist ein Blick ins ***Maison du Port***. In diesem Veranstaltungsgebäude finden Ausstellungen, Konzerte, Theateraufführungen, Vorträge und Tanzabende statt.

In der Nähe der Hafeneinfahrt steht die auf den ersten Blick unscheinbare, in ihrer Geschichte aber interessante kleine ***Kapelle Notre-Dame du Crouesty***. Bereits im 6. Jh. stand hier ein kleines Gebetshaus, das später zu einer Kapelle vergrößert wurde. Der Name Le Crouesty geht auf die bretonische Bezeichnung

Starke Strömung kennzeichnet Port-Navalo

Croues-ty zurück, zu übersetzen als "Haus des Kreuzes". Im Jahre 665 soll an dieser Stelle der Küste der Leichnam des Saint Gildas, eines der führenden Missionare in der frühen Christianisierung der Bretagne, in einem kleinen Holzboot angetrieben worden sein, nachdem er auf der Insel Houat gestorben war.

Bis ins letzte Jahrhundert war es daher noch üblich, daß die Besatzungen der aus Port-Navalo auslaufenden Schiffe beim Passieren der Kapelle ihre Kopfbedeckungen abnahmen und die Heckflagge senkten.

Aufgrund der Nähe zum Meer wurde die Kapelle mehrfach durch Unwetter zerstört. Das heutige Gebäude, in dem regelmäßig Messen gelesen werden (Do 18.00 Uhr), stammt aus dem Jahr 1826. Eine Besichtigung ist täglich von 17.00 bis 19.00 Uhr möglich.

Von der Kapelle aus führt ein schmaler Wanderweg entlang der Felsküste zum ***Petit Mont***, einem mit Brombeergestrüpp, Heide und Farnen dicht bewachsenen Hügel. Auf der Kuppe wurde im Neolithikum ein Cairn mit Tumulus errichtet, an dessen Restaurierung noch gearbeitet wird. Geschichtlicher Wahnsinn hat hier seine Spuren hinterlassen. Ein ehemaliger Hitler-Bunker des Atlantikwalls steht mitten auf dem Cairn.

Praktische Hinweise

Unterkunft

- Bestes Hotel am Ort ist das ***Miramar,*** Tel 97.67.68.00. Das 4-Sterne-Hotel ist auf die Thalassotherapie spezialisiert. Interessant ist die moderne Architektur des Hauses, erinnert sie doch an die Form eines Passagierschiffes. Die modernen Zimmer kosten ab 950 FF.
- Preiswerter ist das ***Au Vieux Safran***, Tel. 97.53.87.91. Die 26 Zimmer werden ab 260 FF vermietet.
- ***Ferienwohnungen*** bieten Pierre et Vacances (Tel. 97.53.85.35) und ganzjährig auch Les Jardins du Crouesty, in Port du Crouesty (Tel. 97.53.92.88).

Essen und Trinken

- Aus der Vielzahl der Cafés, Bars und Restaurants, die besonders im Bereich des Hafens konzentriert sind, sollen hier nur die beiden Fischrestaurants ***Le P'tit Crabe*** und ***L'Huîtrière*** am Quai des Voiliers erwähnt werden. Beide sind für exzellentes Speisen bekannt.
- Freunde der Crêpes kommen sicherlich in der ***Crêperie du Grosseno,*** Quai des Voiliers 7, Tel. 97.53.84.03, auf ihre Kosten. Es heißt, hier gäbe es die besten Crêpes der Rhuys-Halbinsel.

Sonstiges

- Im Ort befinden sich die ***Fahrradverleihfirmen*** Locabike (Quai des Voliers, Tel. 97.53.95.71), Loch 2000 (Les Marines, Tel. 97.53.74.82) und Sub Océan (Tel. 97.53.75.15).
- ***Bootscharter*** ist bei Nautiloc, Quai des Voiliers (Tel. 97.53.76.57) und bei Loch 2000, Quai des Cabestans (Tel. 97.53.74.82) möglich.
- ***Golf:*** Domaine de Kerver, an der Straße nach Vannes, Tel. 97.45.30.09.
- ***Reiten:*** Ferme Equestre de Tumiac, Arzon-Tumiac (gegenüber dem Tumulus), Tel. 97.53.98.97. Ein- bis mehrtägige Ausflüge zu Pferde. Le Welsh, Gite du Moulin Vert, auch in Tumiac, Tel. 97.53.91.76/97.53.95.55. Nur während der Schulferien.

Vogelschutzgebiete im Golfe du Morbihan

Der Bereich des Golfs ist für Ornithologen von großem Interesse. Etwa zwei Drittel aller europäischen Vogelarten können hier im Laufe des Jahres beobachtet werden. Neben zahlreichen ganzjährig hier lebenden Arten, den sogenannten ***Standvögeln***, zu denen die Brandgänse, Grau- und Seidenreiher, Stockenten, Kormorane, Strandläufer, verschiedene Möwenarten und Säbelschnäbler gehören, kommen noch all diejenigen Arten hinzu, die in den Ufer- und Wattgebieten des Golfs überwintern oder hier eine Zwischenstation auf ihrem weiteren Weg nach Süden einlegen, die Zugvögel.

Für die Nahrungsaufnahme ist besonders der östliche Teil des Golfs mit seinen

Salzwiesen ideal. Auch im Februar liegen die Durchschnittstemperaturen hier noch bei 6 Grad, Frost kommt nur sehr selten vor. Seegräser, Krebse und Garnelen stehen somit ganzjährig als Nahrungsquelle zur Verfügung.

Über 100.000 Vögel nutzen alljährlich den Golf als ***Überwinterungsgebiet***. Zu ihnen gehören Ringelgänse, Pfeif-, Spieß- und Löffelenten sowie der Große Brachvogel.

Besonders eindrucksvoll ist die Ankunft der ca. 20.000 ***Ringelgänse*** (immerhin etwa 40 % der Gesamtpopulation), die aus Sibirien und Skandinavien im Oktober hierher kommen. Ganze Wolken dieser Gänse lassen sich dann nach bis zu 6.000 km langem Flug am Westufer der ***Ile Tascon*** (bei St-Armel) nieder. Unabhängig von der Tageszeit wird bei Niedrigwasser gefressen, bei Hochwasser geschlafen. In der Zeit zwischen Februar und März beginnt dann der Rückflug der Gänse.

Eine Beobachtung der Ringelgänse ist ohne Führung möglich, da Ile Tascon bewohnt und nur Landschaftsschutzgebiet ist. Obwohl es bei Niedrigwasser möglich ist, mit dem Wagen zur Insel zu gelangen, bitten wir, Rücksicht zu nehmen und den kurzen Weg zu laufen!

Auf der Wasserfläche zwischen Tascon und den Vogelschutzinseln Bailleron, Trohennec und Pladic, zu denen der Zutritt verboten ist, können Tausende von Vögeln sogar ohne Fernglas beobachtet werden. Zur zweifelsfreien Bestimmung einzelner Tiere ist ein Fernglas jedoch unerläßlich.

Mit angemessenem Abstand zu den Tieren können an folgenden ***Stellen Vögel beobachtet*** werden: im Uferbereich von St-Colombier (ca. 3 km südwestlich von St-Armel), im Brückenbereich von Noyalo (ca. 4 km nördlich von St-Armel), in der Anse de Baden bei Locmariaquer und südlich von Vannes, bei der Pointe des Emigrés.

Neben diesen Möglichkeiten gibt es ***ornithologisch geführte Exkursionen*** in der Réserve Biologique de Séné-Falguérec, nahe des kleinen Ortes Séné, der etwa 5 km südöstlich von Vannes liegt. Die SEPNB, SOCIÉTÉ POUR L'ETUDE ET LA PROTECTION DE LA NATURE EN BRETAGNE, ist seit über 30 Jahren bemüht, hier den Lebensraum selten gewordener Arten zu schützen. Vom 1. April bis zum 31. August leitet JEAN DAVID Interessenten zu den Reihern, Austernfischern, Seeschwalben, Rotschenkeln, Brandgänsen und Säbelschnäblern.

Führungen: Vom 1. April bis zum 30. Juni an Wochenenden und Feiertagen 14.00-19.00 Uhr, vom 1. Juli bis zum 31. August täglich 10.00-13.00 Uhr und 14.00-19.00 Uhr. Preise: 30/20 FF. Nach Absprache sind auch Führungen außerhalb der Saison möglich. Auskunft durch JEAN DAVID, SEPNB, Vannes, Tel. 97.42.70.79 oder 97.40.02.05.

Elven, Forteresse de Largoët

Das kleine Städtchen Elven liegt an der N 166, unweit von Vannes. Der Ort selber besitzt außer seinen hübschen Granithäusern keinerlei touristische Anziehungspunkte, während etwa 2 km südwestlich die Forteresse de Largoët, auch Tours d'Elven genannt, malerisch inmitten dichter Wälder zum Himmel aufragt.

Die ***Festung*** wurde ursprünglich im 13. Jh. erbaut. Im 14. Jh. fanden hier während der Erbfolgekriege schwere Kämpfe statt. Die Anlage gelangte dann in den Besitz von MARÉCHAL DE RIEUX, der rechten Hand FRANÇOIS II., dem damaligen Herzog der Bretagne. Ende des 15. Jh. wurde die Burg vom französischen König CHARLES VIII. weitgehend zerstört. Im 15. Jh. wurde in ihren Mauern HENRY

TUDOR, der später als HENRY VII. Englands in die Geschichte einging, kurzzeitig gefangengehalten.

Im Rahmen der touristischen Entwicklung der Bretagne lebte das Interesse für die Ruinen in den 70er Jahren dieses Jahrhunderts auf.

Im Park von etwa 180 ha gelangt der Besucher zunächst zu einem kleinen ehemaligen ***Jagdhaus***. Hier befindet sich ein kleiner Parkplatz und, wie üblich bei touristisch interessanten Zielen, die Kasse.

Durch ein Tor gelangt man in den zur Festung gehörenden Wald. Ein Fußmarsch von etwa 1 km führt zu den erhaltenen Resten des ursprünglich sicherlich mächtigen Bauwerks.

Erhalten geblieben ist das ***Torhaus*** aus dem 15. Jh. Hinter diesem kompakten Gebäude ragt der fünfstöckige, 44 m hohe, achteckige Hauptturm imposant gen Himmel. Dieser Turm ist im übrigen der ***höchste Bergfried*** (frz. DONJON) ***Frankreichs***. Es lohnt sich, in den Turm hineinzugehen. Über fast 200 Stufen kann man bis zur obersten Balustrade aufsteigen. Eine Taschenlampe ist hilfreich auf den zum Teil recht glitschigen Treppenstufen.

Zu der Burg gehört noch ein ***zweiter Turm***, der allerdings nur drei Stockwerke hoch ist und einen runden Grundriß hat. Dieser Turm ist nicht für die Öffentlichkeit zugänglich.

Nahe des Turmes befindet sich eine ***Freilichtbühne***, auf der im Juli und August jeweils freitags und samstags um 22.30 Uhr im Rahmen der sogenannten Spectacle Féérique – Son et Lumière "Tristan und Isolde" aufgeführt wird. Reservierungen unter Tel. 97.53.52.79. Eintritt: 8 FF; Öffnungszeiten: Vom 1. März bis zum 10. November, montags von 14.00 bis 17.30 Uhr, dienstags bis freitags von 9.30-17.30 Uhr, samstags 10.00-12.00 Uhr.

Anreise

- Von Vannes aus über die N 166 Richtung Ploërmel. Etwa 2 km vor Elven links abbiegen (ist ausgeschildert). Aus Richtung Malestroit über die D 776 bis zur Einmündung der N 166. In Richtung Vannes fahren und 2 km hinter Elven rechts abbiegen.

Callac

Der Ort ist in der ganzen Bretagne durch seinen ***Kreuzweg*** bekannt, der alljährlich am Palmsonntag zum Schauplatz einer großen Wallfahrt wird. Der Kreuzweg liegt in landschaftlich schöner Umgebung, etwa 800 m außerhalb des Dorfzentrums. 12 Stationen mit insgesamt 48 mannshohen Granitstatuen säumen den Weg.

Anreise

- Von Elven auf der D1 ca. 7 km nördlich nach Trédion, dann weitere 3 km auf der D133.

Malestroit

Bereits im 10. Jh. befand sich auf einer kleinen Insel im Oust eine Burg. Die Besatzung der Befestigung hatte die Aufgabe, die Übergänge über den Fluß zu kontrollieren. Mit dem Bau eines ***Benediktinerklosters*** (12. Jh.) am linken Flußufer kamen etliche Handwerker und Händler hierher. Langsam entwickelte sich am gegenüberliegenden Ufer der Ort um die Kirche St-Gilles herum. 1451 erhielt die Stadt den Status einer Baronie der Bretagne. Von nun an schritt die wirtschaftliche Entwicklung besonders dank des Flußhandels stark voran. Während der ***Religionskriege*** im 16. Jh. kam es zu langen Belagerungen der Stadt. Um 1790 war Malestroit ein Zentrum der Chouannerie.

Der ***erhaltene Altstadtkern*** mit schönen Fachwerkhäusern (15. und 17. Jh.), besonders im Bereich des Place du Bouffay, lockt mit zahlreichen Holzskulpturen an den Fassaden, z.B. ein dudelsackspielender Hase, alljährlich viele Touristen an.

Eine weitere Sehenswürdigkeit ist die ***Kirche St-Gilles***, die bereits im 12. Jh. ihre Ursprünge hat. Im 16. Jh. wurde das Gebäude, das zuvor durch einen Brand zerstört worden war, erneut aufgebaut. Bei diesem Neubau wurde ein zweites Kirchenschiff ergänzt. Das Schiff aus dem 16. Jh. besitzt eine sehr hübsche Kanzel, die von zwei Sirenen geschmückt wird.

An der Fassade des Südportals befinden sich einige ***Skulpturen***, u.a. ein Stier und ein Adler. Gegen 15.00 Uhr, allerdings bei Sonnenschein, gelingt es, im Schattenbild des Stieres an der Kirchenmauer das Profil VOLTAIRES zu erkennen.

Praktische Hinweise

Information

- ***Syndicat d'Initiative,*** 56140 Malestroit, Gare Routière, Tel. 97.75.14.57.

Unterkunft

- ***L'Aigle d'Or,*** Rue des Ecoles 1, Tel. 97.75.20.10. Das einzige Hotel der Stadt, sauber und preiswert (ab 110 FF).
- ***Camping Municipal la Daufresne,*** Tel. 97.75.13.33, am Ufer des Oust, in der Nähe der Stadt. 35 Stellplätze, geöffnet vom 1. Mai bis 31. Oktober.

Essen und Trinken

- ***Le Canotier,*** Place du Doctor Queinnec, Tel. 97.75.08.69. Im Stil von 1900 werden hier traditionelle Gerichte serviert, ab 85 FF.

Anreise/Weiterreise

- Malestroit liegt verkehrsgünstig zwischen Vannes, Ploërmel und Guer. Über die D 776 erreicht man nach etwa 20 km den nordöstlich liegenden Ort Guer. Im Südwesten mündet die D 776 in die N 166, die über Elven nach Vannes führt. Der Weg nach Ploërmel führt entweder über die D 764 bis La Chapelle und von hier über die N 166 nach Ploërmel oder zunächst nordöstlich über die D 776 bis zur Kreuzung mit der D 8 (etwa 6 km). Über die D 8 dann direkt nach Ploërmel.

Umgebung von Malestroit

Musée de la Résistance Bretonne

Auf dem etwa 6 ha großen Gelände ist die Geschichte der Bretagne im 2. Weltkrieg dargestellt. Die Widerstandsbewegung der Bretagne, besetzte Straßen, Bunkereinrichtungen, Waffen, Uniformen und Fahrzeuge veranschaulichen diesen historischen Abschnitt eindrucksvoll. Videovorführungen runden das Programm ab, das zudem dreisprachig gehalten ist. Das Museum befindet sich in St-Marcel, etwa 3 km südwestlich von Malestroit. Zunächst über die D 776, dann auf die D 321 bis St-Marcel. Das Museum ist ganzjährig ganztägig geöffnet (nur in der Nebensaison dienstags geschlossen). Tel. 97.75.16.90. Eintritt: 20 FF.

Die Megalithen von Monténeuf

Direkt an der D 776 zwischen Monténeuf und Guer befindet sich die Ausgrabungsstelle ***Pierres Droites***, ein Alignement aus schieferähnlichen Steinen. Etwa 200 Menhire auf 2 ha Fläche wurden im Neolithikum in parallelen Reihen errichtet. Das Meißeln, der Transport und das Errichten der Steine weist auf eine gut funktionierende soziale Struktur hin, die bereits vor 5.000 Jahren existiert haben muß. Vermutlich hat sich hier eine Kult- und Versammlungsstelle befunden.

An den Pierres Droites beginnt ein etwa 9 km langer Wanderweg. Er führt zu den ***Bordués*** (in diesem Allée Couverte wurden viele Äxte und Töpfe gefunden), vorbei am Teich von Quéhéon, zum ***Loge Morinais*** (steinernes Massengrab), weiter zum ***Chomet de Coeplan*** und über le Rocher Maheux zum ***Pierre Tremblante***.

Informationen gibt es beim Syndicat d' Initiative, Rue du Four 34, 56380 Guer-Coëtquidan, Tel. 97.22.04.78.

Ploërmel

Der Name des im 6. Jh. gegründeten Städtchens leitet sich von den Worten PLOU (= Kirchengemeinde) und ARMEL (= englischer Mönch und Stadtgründer) ab.

Die Stadt bietet heute nicht allzuviel Sehenswertes, liegt aber an einem zentralen Verkehrsknotenpunkt, so daß kurze Abstecher durchaus lohnend sein können.

Eglise St-Armel. Benannt nach dem Stadtgründer und Schutzheiligen ARMEL, wurde die Kirche im 16. Jh. erbaut. Interessant ist das doppeltorige Nordportal, das Elemente der Spätgotik und Renaissance vereinigt. Skulpturen verzieren die Türen (z.B. die Darstellung der Tugenden). Das einzige Kirchenfenster, das die Bomben des letzten Krieges überstanden hat, stammt von 1552. In einer Kapelle befinden sich weiße Marmorfiguren, die zwei der bretonischen Herzöge, JEAN II. und III. darstellen sollen.

Maison des Marmousets. In der Rue Beaumanoir (Nr. 7) steht dieses hübsche Gebäude aus dem 16. Jh. mit einer phantasievoll geschnitzten Holzfassade.

Gegenüber steht das ebenfalls aus dem 16. Jh. stammende ***Maison des Ducs de Bretagne***.

Horloge astronomique. Im Innenhof des Gebäudes der Bruderschaft von Ploërmel (COLLÈGE DE LA MENNAIS, Rue du Général Dubreton) befindet sich eine astronomische Uhr, die zwischen 1850 und 1855 von BERNARDIN gebaut wurde. Heute ist sie in einem gläsernen Kasten zu bewundern. 10 Zifferblätter geben Informationen über unser Sonnensystem.

Das Gebäude der Bruderschaft geht auf den Zusammenschluß von einigen Mönchen zurück, die hier 1817 unter Federführung von JEAN-MARIE DE LA MENNAIS zusammenkamen, um der wenig gebildeten Bevölkerung der Region elementares Wissen zu vermitteln.

Praktische Hinweise

Information

•***Syndicat d'Initiative,*** Rue du Val, 56800 Ploërmel, Tel. 97.74.02.70

Unterkunft/Essen und Trinken

•***Hôtel/Restaurant Le Cobh,*** Rue des Forges 10, Tel. 97.74.00.49. Sieben gemütliche Zimmer im Zentrum der Stadt. Ab 150 FF.

•***Hôtel/Restaurant du Commerce,*** Rue de la Gare 70, Tel. 97.74.05.32. Das Hotel vermietet 19 saubere Zimmer ab 150 FF. Geöffnet vom 14.1. bis 20.12.

Sonstiges

•***Markt:*** im Stadtzentrum am Morgen des 1. und 3. Montags des Monats.

•***Fahrradverleih:*** LOCATION DE VÉLOS, M. Milou, Rue des Forges 19, Tel. 97.74.06.96.

Anreise/Weiterreise

•***Mit dem Zug:*** Täglich verkehren mehrere Züge auf der Strecke Rennes – Vannes.

•***Mit dem Bus:*** Auf der Strecke Rennes – Pontivy fahren Busse täglich sechsmal Richtung Pontivy und viermal Richtung Rennes. Sonn- und feiertags zweimal in jeder Richtung.

•***Mit dem Auto:*** Ploërmel liegt am Verkehrsknotenpunkt der N 166 (Richtung Vannes), der N 24 (westlich in Richtung Josselin, östlich in Richtung Plélan-le-Grand/Rennes) und der D 766 (Richtung Mauron).

Umgebung von Ploërmel

Etang du Duc

Der ca. 250 ha große See wurde 1257 vom Herzog JEAN I. erworben. Das gesamte Gelände blieb bis zum 18. Jh. im adeligen Privatbesitz. Heute zieht das Gebiet Wassersportler und Spaziergänger an. Am künstlichen Strand findet auch der Schwimmer und Sonnenbadende sein Element.

•***Anreise:*** Der See liegt etwa 2 km nordwestlich der Stadt. Erreichbar über die D 8.

Château de Crévy

Das Schloß aus dem 14. Jahrhundert beherbergt heute ein ***Kleidungsmuseum*** (Musée du Costume). 200 authentische Exponate aus der Zeit zwischen dem 18. Jh. und heute werden hier in 14 Räumen ausgestellt. Die Kleidungsstücke werden mit Wachsfiguren in einem jeweils vom Mobiliar her passenden Rahmen vorgeführt.

Öffnungszeiten: vom 1.4. bis 31.5. mittwochs, samstags und sonntags 14.00-18.30 Uhr, im Juni täglich 14.00 bis 18.30 Uhr, vom 1.7. bis 15.9. täglich 10.00-12.00 und 14.00-18.30 Uhr, vom 16.9. bis 11.11. mittwochs, samstags und sonntags 14.00-18.30 Uhr. Eine Führung dauert etwa 1,5 Stunden. Eintritt 25 FF. Tel. 97.74.91.95.

●***Anreise:*** Über die N 166 in südlicher Richtung nach La Chapelle. Kurz vor dem Ort rechts abbiegen.

Josselin

Geschichte

Die Geschichte des Ortes ist eng mit dem Schloß verknüpft, das hier im 11. Jh. der VICOMTE DE PORHOËT erbauen ließ. Das nahe Dorf wurde nach seinem Sohn JOSSELIN genannt.

1370 erwarb ***Olivier de Clisson***, ein hoher Militär unter dem französischen König, das Schloß. Er lebte hier mit seiner Frau MARGUERITE DE ROHAN und unterstützt von hier den König. Seine Macht an der Spitze der Truppen verdankte er dem guten Verhältnis zum König CHARLES VI., der später dem Wahnsinn anheimfiel. Alle direkten Gefolgsleute fielen in Ungnade, so auch DE CLISSON, der nach Josselin floh. Hier starb er 1407. Das Schloß fiel an die Familie ROHAN, in deren Besitz es sich auch heute noch befindet.

Die ehemalige Königstreue führte schon immer zu ***Konflikten mit den Herzögen der Bretagne***. 1488 ließ FRANÇOIS II., Herzog der Bretagne, das Schloß erobern und schleifen. Unter CHARLES VIII. und seiner Frau ANNE DE BRETAGNE erhielt JEAN II. DE ROHAN die Erlaubnis, das Schloß erneut aufzubauen. 20 Jahre dauerte das Entstehen des prächtigen Bauwerkes, getreu dem Familienmotto: "Roi ne puis, prince ne daigne, Rohan suis (König kann ich nicht sein, Prinz ist meiner unwürdig, denn ich bin ein Rohan)".

Etwa 100 Jahre später (1629) kämpfte Herzog ***Henri de Rohan*** als Befehlshaber der Hugenotten ***gegen Richelieu***. Dieser eroberte die Festung und ließ sie erneut schleifen. Die drei an der Wasserseite stehenden Wehrtürme erinnerten (auch heute noch) an aufgereihte Kegel, was RICHELIEU nach der Zerstörung zu dem ironischen Satz veranlaßte: "Mein Herr, ich habe gerade einen guten Treffer in ihrem Kegelspiel getan. (Monsieur le duc, je viens de jeter une bonne boule dans votre jeu de quilles!)"

Sehenswertes

Le Château. Besonders eindrucksvoll ist der Blick auf das Schloß von der Pont Ste-Croix aus. Drei 60 m hohen Türme und eine zinnenbewehrte Mauer zeichnen das mächtige Bauwerk aus.

Der Innenhof wird geprägt von der ***reich dekorierten Schloßfassade*** im gotischen Stil. Stammen die Pechnasen und Schießscharten noch aus den kriegerischen Zeiten, in denen das gesamte Schloß von einer Mauer umgeben war, so gehen die eher verspielt wirkenden Fenster und Vorbauten ebenfalls auf die Zeit von JEAN II. zurück. Selten sieht man an Schlössern zweigeschossige Vorbauten wie im Schloß von Josselin. Die hübschen Vorbauten, insgesamt 10, sind alle unterschiedlich dekoriert.

Von der ursprünglichen Umfriedung steht außer der Mauer zur Flußseite hin heute nur noch ein einzelner Turm, der ***Tour Prison***, in dem früher Gefangene untergebracht wurden.

Im Inneren des Schlosses, im 19. Jh. restauriert, kann das ***Erdgeschoß*** besichtigt werden. In einem Raum steht ein Reiterstandbild OLIVIER DE CLISSONS (s. "Geschichte). Es lohnt ein Blick auf die Ahnengalerie der Familie ROHAN und den verzierten Kamin im Salon. Hier ist u.a. das Familienmotto (A Plus = Es gibt niemanden, der mehr ist als ich) eingraviert.

Öffnungszeiten: April/Mai nur mittwochs und an Sonn- und Feiertagen 14.00-18.00 Uhr, im Juni und September täglich 14.00-18.00 Uhr, im Juli/August täglich 10.00-12.00 Uhr und 14.00-18.00 Uhr. Eintritt 21 FF; Tel. 97.22.36.45.

Musée des Poupées. Rue des Trente 3, Tel. 97.22.36.45. Hunderte alter Puppen aus den letzten Jahrhunderten sind im ehemaligen Stallgebäude des Schlosses untergebracht. Die Puppen aus den unterschiedlichsten Materialien (Holz, Wachs und Porzellan) sind jeweils mit Accessoires ausgestellt.

Öffnungszeiten: März bis Mai und Oktober bis 15. November mittwochs, an Wochenenden und feiertags 14.00-18.00 Uhr, von Juni bis September 10.00-12.00 Uhr und 14.00-18.00 Uhr. Eintritt 21 FF (Kinder 16 FF).

Notre-Dame-du-Roncier. Um 800 fand der Legende zufolge ein Bauer bei Rodungsarbeiten im Dornengestrüpp (RONCE) eine Marienstatue. Er brachte die Figur heim, hier verschwand sie auf wundersame Art und Weise. Wenige Tage später entdeckte er die Figur erneut in den Büschen. Er verstand dies als Wink, hier eine Kapelle zu Ehren der Mutter Gottes zu errichten. So entstand eine Gebetsstätte, die um 1000 zur Kapelle erweitert wurde. Im 12. Jh. wurde das Gebäude weiter ausgebaut, wovon heute nur noch ein Teil erhalten ist, u.a. das Kreuzrippengewölbe des Chores. Das Schiff wurde im 15. Jh. restauriert. Aus dieser Zeit stammt das Grabmal OLIVIER DE CLISSONS und MARGUERITE DE ROHANS. In der Kapelle befindet sich eine neuere Marienstatue, nachdem die ursprüngliche 1793 in den Wirren der Revolution verbrannte. Ein kleines Stück dieser Figur wurde gerettet und in einem Reliquienschrein aufbewahrt.

Vom Place Anne-de-Rohan aus kann der Kirchturm bestiegen werden. Von oben schweift der Blick über den Innenhof des Schlosses und das Umland. Öffnungszeiten: Von Juni bis September 10.00-12.00 Uhr und 14.00-18.00 Uhr (mittwochs geschlossen).

Alljährlich ist am 8. September die Kirche Ausgangspunkt eines ***Pardon des Aboyeuses*** (Pardon der bellenden Frauen). Dies erinnert nach einer Geschichte an die Heilung von drei epileptischen Mädchen (1528). Eine andere Geschichte erzählt, daß eine ärmlich aussehende Frau hier vorbeikam und Waschweiber um Wasser bat. Die Frauen hetzten ihre Hunde auf die Bettlerin, die daraufhin einen Fluch ausstieß. Demnach sollten diese Frauen von nun an gbellen wie ihre Hunde. Weiter berichtet die Geschichte, die Bettlerin sei Maria gewesen.

Die Altstadt. Im Bereich der Straßen Rue des Vierges, Place Notre-Dame und Rue des Trente stehen auch heute noch viele alte Fachwerkhäuser. Zum Teil sind sie mit sehenswerten Holzskulpturen verziert.

Chapelle Ste-Croix. Am gegenüberliegenden Flußufer liegt diese Kapelle, die noch über ein Schiff aus dem 11. Jh. verfügt. Ein Umbau erfolgte im 16. und 17. Jahrhundert. Der Calvaire stammt aus dem 16. Jh.

Praktische Hinweise

Information

- ***Office de Tourisme,*** 56120 Josselin, Place de la Congrégation, Tel. 97.22.36.43.

Unterkunft/Essen und Trinken

- ***Hôtel/Restaurant du Château,*** Rue du Général de Gaulle 1, Tel. 97.22.20.11. Das beste Haus am Platz, gegenüber dem Schloß mit Blick auf den Fluß. Komfortable Zimmer ab 200 FF.
- ***Hôtel/Restaurant au Relai de l'Oust,*** 2 km vor Josselin, Richtung Pontivy, Tel. 97.75.63.06. Komfortables Haus am Ufer des Oust. Zimmer ab 200 FF.
- ***Hôtel/Restaurant du Commerce,*** Rue Glatinier 9, Tel. 97.22.22.08. Zimmer ab 175 FF.
- ***Chambres d'hôtes***, bei ALAIN BIGNON in der Altstadt, Tel. 97.22.22.62. Fünf Zimmer ab 220 FF (2 Personen) mit Frühstück.

Sonstiges

- **Bootsvermietung:** am Fuß des Schlosses, Tel. 97.75.60.98. LE RAY LOISIRS, Rue Caradec. Hier werden Hausboote für Flußtouren vermietet.
- **Vermietung von Pferden und Wagen:** ASSOCIATION RÉGIONALE DE TOURISME ÉQUESTRE, Rue de la Carrière, Tel. 97.22.22.62.

Anreise/Weiterreise

- **Mit dem Bus:** Busse der Linie 40 (Rennes – Pontivy) fahren viermal täglich in Richtung Rennes und sechsmal täglich in Richtung Pontivy, mit je einem Stop in Josselin. Sonn- und feiertags nur zweimal.

Umgebung von Josselin

La Colonne des Trente

5 km östlich von Josselin an der N 24 steht ein Granitobelisk zur Erinnerung an die ***"Schlacht der Dreißig"***. Mitte des 14. Jh. tobte der Erbfolgekrieg zwischen JEAN DE BEAUMANOIR, der ein ergebener Anhänger CHARLES DE BLOIS, des Neffen des französischen Königs war, und SIR BEMBOROUGH, der zu den Getreuen JEAN DE MONTFORTS gehörte. 1351 kamen die beiden Gegner überein, das stete Gemetzel mit einem letzten endgültigen Kampf beizulegen. Je 30 Ritter beider Parteien sollten um Sieg und Niederlage kämpfen. Den bretonischen Recken BEAUMANOIRS standen auf Seiten SIR BEMBOROUGHS 20 Engländer, 6 Deutsche und 4 Bretonen gegenüber. Am 27. März 1351 kam es zum Kampf, der den ganzen Tag über dauerte. Am Ende des Tages hatte BEAUMANOIR gesiegt.

Viele Geschichten (z.B. des Chronisten FROISSART, 14. Jh.) und Balladen (z.B. von LA VILLEMARQUÉ, in seinem Werk "Barzaz Breiz", 19. Jh.) ranken sich um das Gemetzel, die alle folgende Begegenheit erwähnen. Irgendwann bekam der verletzte BEAUMANOIR vom heftigen Kampf Durst und schrie nach Wasser. Die Antwort seines rauhen Gefährten GEOFFROY DU BOUAYS war ebenso einfach wie rücksichtslos: "Bois ton sang, Beaumanoir, la soif te passera – Trink Dein Blut, Beaumanoir, und Dein Durst wird vergehen!"

Chapelle St-Maudé

Die Kapelle wurde 1431 von ALAIN IX. DE ROHAN zur Erinnerung an den Kampf der Dreißig gebaut. In ihr werden die Grabsteine einiger Ritter, die in der Schlacht getötet wurden, aufbewahrt. Bemerkenswert ist die steinerne Rosette über dem Westportal.

Man erreicht den Ort vom Obelisken aus über die D 169 nach Norden bis zum Abzweig nach La Croix-Helléan. Hier links abbiegen. Zur Kapelle ist es dann etwa noch 1 km weit.

Eglise Saint-Pierre-et-Saint-Paul

Im Ort Guégon steht diese hübsche Kirche aus dem 12. Jh. Sie wurde im 16. Jh. renoviert. Ein Blick auf die Westfassade mit ihrer erhaltenen romanischen Bausubstanz ist besonders lohnend. Im Inneren sind das alte Taufbecken aus Granit und ein Kirchenfenster aus dem Jahre 1563 mit einer Darstellung der 12 Apostel besonders bemerkenswert.

Die Kirche befindet sich im Ort Guegan, etwa 2 km südwestlich von Josselin, an der D 126.

Calvaire de Guéhenno

Der Calvaire von Guéhenno ist einzigartig im Morbihan. Ähnlich der umfriedeten Pfarrbezirke im Finistère findet man hier im Bereich der Kirche neben dem Calvaire auch ein Beinhaus. Der ***Calvaire*** stammt aus dem Jahre 1550, er wurde während der Revolution 1794 zerstört und später wieder aufgebaut. Einige Dorfbewohner hatten beschädigte Statuen gerettet, so daß sie 1853 wieder zusammengefügt werden konnten. Fehlende Stücke wurden durch Neuanfertigungen so sorgfältig ersetzt, daß heute (auch aufgrund der Witterungseinflüsse) kein Unterschied mehr feststellbar ist. Neben dem Leidensweg Christi werden auch Maria, Johannes und Jesse, der Sohn Davids, dargestellt. Die vier Statuen an den Seiten des Calvaires stammen aus dem 19. Jh. Vor dem Calvaire wurde eine Säule errichtet, in die Folterwerkzeuge eingemeißelt sind, mit denen Jesus gepeinigt wurde. Die Darstellung des Hahns soll den Verrat Petrus' symbolisieren.

Im ***Beinhaus*** aus dem 19. Jh. befindet sich eine Darstellung des Grabes Jesu, das von zwei römischen Soldaten bewacht wird. Ein Engel wacht über dem Toten mit der Inschrift: Cras resurget – Morgen wird er wieder leben! Sinn dieser Darstellung war wohl, die unbelesene Bevölkerung vom ewigen Leben zu überzeugen.

Guéhenno liegt etwa 10 km südwestlich Josselins an der D 778.

Das Schloß von Trédon wird heute als Restaurant, Nachtclub und zu Wohnzwecken genutzt. (EH)

Côte d'Amour

Von Vannes nach La Roche-Bernhard

Moulin de Pen Mur

Die Mühle liegt bei der kleinen Stadt Muzillac, etwa 25 km südöstlich von Vannes. Mühle und Mühlenteich befinden sich im Parc de Pen Mur. Heute wird hier Papier nach einem ***Verfahren aus dem 18. Jh.*** produziert. Das Papier dient als Dekorpapier, z.B. für literarische Texte, und wird hier auch direkt bedruckt.

Während einer ***Führung*** erfährt man alles Wissenswerte. Die Mühle kann vom 1.7. bis 15.9. täglich (außer dienstags und sonntags vormittags) 10.00-12.00 Uhr und 14.00-18.30 Uhr besichtigt werden. Vom 16.9. bis 30.6. 10.00-12.00 Uhr und 14.00-17.30 Uhr. Der Eintritt beträgt 15 FF, Tel. 97.41.43.79.

Anreise

- Von Vannes aus auf der N 165 bis Muzillac. Im Kreisverkehr am Ortseingang ist die Mühle ausgeschildert.

Le Guerno

Schon im 12. Jh. war dieser Ort eine Zwischenstation auf der Pilgerfahrt nach Compostela (Spanien). Im Zentrum befinden sich alte Häuser, die mittlerweile sehr hübsch restauriert wurden.

Interessant ist ein Besuch der ***Kirche Notre-Dame*** aus dem 16. Jh., die vom Templerorden gegründet wurde. Die nach außen gebaute Kanzel bietet einen seltsamen Anblick, hatte jedoch ihren Sinn, wenn man bedenkt, daß die vielen Pilger oft nur im Kirchhof Platz fanden.

Anreise

- Von Muzillac aus über die D 20. Nach ca. 6,5 km auf der D 139 Richtung Norden abbiegen.

Parc de Branféré

Auf dem Gelände (etwa 50 ha) des Parks befinden sich ein ***zoologischer und botanischer Garten***. Der Park gehört zum Schloß aus dem 17. Jh., das im 19. Jh. restauriert wurde.

Sechs große Teiche, seltene Baumarten und ***große Freianlagen für 2.000 Tiere***, darunter auch bedrohte Arten (z.B. Lemuren, Maras, Känguruhs, Flamingos, Heilige Ibisse, Tapire und Nandus) bilden den Rahmen.

Öffnungszeiten: Vom 1.5. bis 15.9. 9.00-18.30, übrige Zeit 9.00-12.00 Uhr und 14.00-18.30 Uhr, Tel. 97.42.94.66. Eintritt: 35 FF, Kinder 20 FF.

Anreise

- Von Rennes über die D 177 Richtung Redon, dann auf die D 20 Richtung Muzillac. Von Nantes über die N 165 bis zur Ausfahrt Le Guerno/Questembert. Von Vannes über die N 165 bis zur Ausfahrt Muzillac, weiter Richtung Redon. Der Park ist dann ausgeschildert.

Billiers

Etwa 2 km vom Ort entfernt liegt die felsige Landzunge ***Pointe de Pen-Lan***. Ein kleiner Fischerhafen wird vom Leuchtturm überragt, der die Einfahrt der Vilaine markiert. Von hier aus beginnt ein Küstenwanderweg, der entlang der Klippen und dem Strand zum 5 km entfernten Moustoir führt. Am Weg steht der ***Dolmen du Crapaud*** (Krötendolmen).

Anreise

- Von Muzillac über die D 5 bis Billiers (2,5 km), von hier aus weitere 2 km zur Küste.

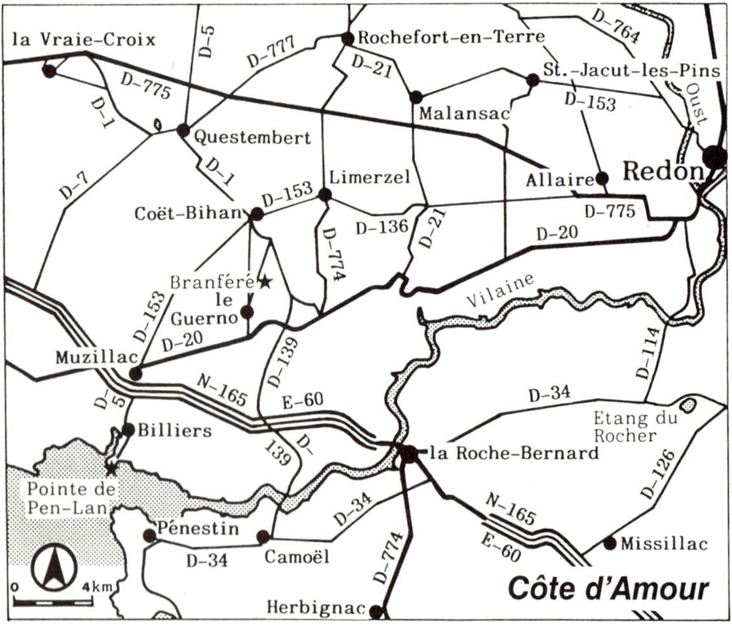

Unterkunft/Essen und Trinken

Die kleinen Orte werden oft nur kurz besucht, so daß es nicht lohnt, Hotels jeweils an einem Ort zu nennen. Viele gute Übernachtungsmöglichkeiten befinden sich innerhalb des Großraumes dieses Ausflugsgebietes.

- ***Hôtel-Restaurant Les Genêts d'Or,*** Rue du Couvent 5, Muzillac, Tel. 97.41.68.49. Saubere Zimmer ab 110 FF. Das Restaurant bietet einfache, aber leckere Menüs ab 60 FF.
- ***Auberge de Pen-Mur,*** Route de Vannes, am Ortseingang, Muzillac, Tel. 97.41.67.58. Gute, komfortable Zimmer ab 160 FF. Der Aufenthaltsraum ist im Stil der Passagierdampfer der 30er Jahre eingerichtet. Menüs ab 75 FF.
- ***Hôtel-Restaurant Les Glycines,*** Billiers, Tel. 97.41.64.63. Saubere, nette Räume ab 160 FF. Günstige Tagesgerichte ab 35 FF.
- ***Domaine de Rochevilaine,*** auf der Landzunge von Pen-Lan, Tel. 97.41.69.27. Hotel und Restaurant der Spitzenklasse, im ehemaligen Zöllnerhaus mit Nebengebäuden. Luxuriöse Zimmer ab 400 FF, Menüs ab 230 FF. Für diese Preise werden auch Swimming-pool, eine prächtige Gartenanlage, absolute Ruhe und ein herrlicher Blick über die Vilaine geboten.
- ***Camping Municipal Muzillac,*** Tel. 97.41.67.01. Schattiger Platz in der Nähe des Meeres.
- ***Camping La Blanche Hermine,*** Muzillac, Tel. 97.41.52.47. Kleiner, ruhiger Platz mit Stellplätzen für Wohnmobile.
- ***Camping Le Guerno,*** Tel. 97.42.94.76. Ruhiger 2-Sterne-Platz.

La Roche-Bernard

Bereits von der Brücke der N 165, die bei La Roche-Bernard über die Vilaine führt, hat man einen ersten Eindruck über den kleinen Ort. Über 50 m trennen den Betrachter an dieser Stelle vom Wasser.

Bereits 920 wurde vom ***Wikingerfürst Bernhardt*** eine mächtige Befestigungsanlage an strategisch günstiger Position über der Vilaine errichtet. Der Einfluß seiner Nachfahren verbreitete sich über ein Territorium, das später zur ***Baronie Roche-Bernard*** wurde. Unter den Feudalherren kam es zur wirtschaftlichen Entwicklung, die ohne die Vilaine nicht denkbar gewesen wäre. Hier wurden u.a. Wein, Salz und Holz umgeschlagen. Im 17. Jh. war der Ort für den ***Schiffsbau*** in seiner Werft bekannt. Zwischen 1793 und 1802 nannte sich der Ort ***La Roche-Sauveur***, in Erinnerung an den Bürgermeister SAUVEUR, der sich während der Revolution gegen die Royalisten auflehnte und deshalb getötet wurde.

Heute ist der Ort für Touristen und Freizeitsegler von Bedeutung. Die hübschen Häuser des Ortes locken zu manchem Spaziergang.

Sehenswertes

In der Ortsmitte steht am Place Bouffay die ***Mairie***, das Bürgermeisterhaus aus dem Jahr 1599. Der Renaissancestil ist unverkennbar. Das Haus trägt den Beinamen "Maison du Canon", weil an einer Gebäudeecke eine Kanone des Schiffes "Inflexible" aufgebaut ist, das im November 1759 in die Seeschlacht (Bataille des Cardinaux) zwischen Franzosen und Engländern vor Le Croisic verwickelt war und in der Vilaine Schutz suchte. Weiterer Schmuck des Hauses ist eine Sonnenuhr mit der Inschrift: ME, SOL, VOS, UMBRA, REGIT (Mich regiert die Sonne, Euch mein Schatten).

An der Rue Haute Notre-Dame steht die kleine ***Kapelle Notre-Dame*** aus dem 11. Jh. Im 16. Jh. erfolgten einige Umbauten, weitere im 19. Jh. In den Wirren der Revolution wurde das Gotteshaus als Scheune genutzt.

Oberhalb des Yachthafens befindet sich ein ***mit Kanonen bewehrter Felsen***, der einen guten Ausblick über die Vilaine ermöglicht. Auch diese Kanonen stammen von einem Schiff, das an der Bataille des Cardinaux beteiligt war. Eine Inschrift am Fels erinnert an das Schiff "La Couronne", das erste Schiff mit drei Decks, das hier 1634 vom Stapel lief.

Ein Spaziergang bietet sich entlang der ***Promenade du Ruicard*** an. Oberhalb des Hafens erstreckt sich ein Gewirr kleiner Gassen, an denen hübsche alte Häuser stehen. Einige sind sehr gut restauriert worden.

Auf die Promenade gelangt man auch zum ***Marinemuseum*** (Musée de la Vilaine maritime). Das Gebäude aus dem 16. Jh. besitzt eine schöne alte Eingangstür aus Eiche mit einem bemerkenswerten Rahmen aus Granit. Das Haus ist das ehemalige Château des Basses-Fosses, das an der Stelle der ersten Befestigungsanlagen der Wikinger von örtlichen Kaufleuten errichtet wurde. Zu den Exponaten zählen Modelle des alten Hafens, Schiffe und Darstellungen zur maritimen Technologie vom 17. bis 19. Jh. Besonders interessant ist die Diorama-Show. Im Obergeschoß befindet sich eine Ausstellung zum ländlichen Leben der Region mit traditionellen Trachten und Werkzeugen.

Öffnungszeiten: in der Hauptsaison täglich von 10.00 bis 19.00 Uhr, sonntags von 10.00 bis 12.30 Uhr und von 14.30 bis 19.00 Uhr. Der Eintritt beträgt 20 FF, für Kinder 12 FF.

Praktische Hinweise

Information

•***Office du Tourisme,*** Place Bouffay, Tel. 99.90.67.98 (Sommer), 99.90.60.51 (Winter).

Unterkunft

•***Hôtel-Restaurant les Deux Magots,*** Place Bouffay 3, Tel. 99.90.60.75. Dem Namen entsprechend, wird die hübsche Fassade von zwei Berberaffenstatuen geziert. Die gut eingerichteten 15 Zimmer werden ab 270 FF vermietet. Im Restaurant serviert man schmackhafte Menüs ab 110 FF.

•***Auberge bretonne,*** Place Du Guesclin, Tel. 99.90.60.28. Zu den 13 Zimmern gehören 6 sehr luxuriös eingerichtete Räume. Ab 300 FF. Sehr empfehlenswert ist das Restaurant, in dem die Menüs von 120 FF aufwärts kosten.

•***Camping Le Patis,*** Tel. 99.90.60.13. Der 3-Sterne-Platz mit 60 Stellplätzen, u.a. für Wohnmobile, ist recht gut ausgestattet. Der Platz liegt direkt am Ufer der Vilaine.

•***Ferme Auberge du Portal,*** in Nivillac, Tel. 99.90.64.79. Das Haus der Familie Savourel liegt etwa 3,5 km außerhalb des Ortes an der D 176.

Essen und Trinken

•Neben den Restaurants der o.g. Hotels ist besonders die ***Crêperie von Madame Gatin,*** Rue de la Saulnerie 14, zu erwähnen. Allein schon das alte Fachwerkhaus aus dem 16. Jh. lohnt den Besuch. Gute Bedienung und gute Crêpes lassen den Besuch zum Erlebnis werden.

Sonstiges

•Vom Ort aus besteht die Möglichkeit zu ***Fahrten auf der Vilaine***. Eine Tour führt zum Staudamm von Arzal (Barrage d'Arzal). Donnerstags besteht die Möglichkeit zur Tagestour nach Redon (Abfahrt um 9.30 Uhr, Rückkehr gegen 18.00 Uhr). Tel. 97.45.02.81.

Anreise/Weiterreise

•Der Ort liegt an der N 165, der Verbindungsstraße zwischen Vannes und Nantes. Über die D 774 ist La Roche-Bernard von Guérande aus zu erreichen.

Der Brunnen vor dem Tore (EH)

Von Vannes nach Redon

La Vraie-Croix

Der Name dieses kleinen Dorfes stammt, wie so vieles in der Region, aus dem Reich der Legenden. Ein Kreuzritter brachte bei seiner Rückkehr angeblich ein Stückchen des "wahren Kreuzes" (VRAIE CROIX) mit in die Heimat. Er hatte sich angewöhnt, jeden Morgen das Holzstück zu küssen, bis er eines schönen Tages dessen Verlust feststellte. Suchend gelangte er schließlich zu einem Baum, der ein Elsternnest trug. Hier fand er sein Stück des Kreuzes wieder und interpretierte dies als Fingerzeig Gottes, an dieser Stelle eine Kapelle bauen zu lassen. Die dort entstandene und heute noch zu besichtigende Kapelle heißt ***Notre-Dame-de-Bon-Secours***. Das Holzstück soll in einer goldglänzenden Kreuzreliquie aus dem 13. Jh. eingearbeitet sein.

Anreise/Weiterreise

- Von Vannes aus zunächst über die N 166 in Richtung Elven fahren. Bei Kerboulard, nach etwa 8 km, zweigt die D 775 westlich in Richtung Redon ab. La Vraie-Croix erreicht man nach ca. 7 km.
- Zurück auf der D 775 bis Bel-Air (ca. 6 km). Von hier führt die D 5 in südlicher Richtung nach Questembert.

Questembert

Der kleine Ort gehört zu den bekanntesten der Bretagne, da hier ***eine der ältesten Markthallen Frankreichs*** steht. Der Name des Ortes leitet sich vom bretonischen KISTEN = Kastanienbaum und BER = Hof ab.

888 besiegte ALAIN III. der Bretagne die Normannen im 6 km entfernten Nachbardorf Coët-Bihan. 1418 predigte hier SAINT VINCENT FERRIER und bewirkte der Sage nach einige Wunder.

Die ***Markthallen*** wurden 1552 erbaut. Bereits 1675 restauriert, stehen sie heute unter Denkmalschutz. Das Flair der Vergangenheit strahlen auch die Häuser aus dem 15. und 16. Jh. aus, die im Bereich der Markthallen zu finden sind.

Auf dem Gelände des Friedhofes befindet sich die ***Chapelle Saint-Michel*** aus dem 16. Jh. Bemerkenswert sind das Portal und die Skulpturen der SAINTE MARGUERITE mit einem Drachen.

Das älteste Gebäude der Stadt, die ***Hostellerie de Jehan Le Guenedo***, stammt aus dem Jahr 1450. Das Haus steht neben dem Büro der Touristeninformation.

Information

- ***Syndicat d'Initiative,*** Rue des Halles 15, Tel. 97.26.56.00

Unterkunft/Essen und Trinken

- ***Hôtel/Restaurant Le Bretagne,*** Rue Saint-Michel 13, Tel. 97.26.11.12. Sehr gutes Hotel mit allem Komfort, der mit Zimmerpreisen ab 450 FF nicht gerade besonders preiswert ist. Das Restaurant im Hause (Spezialität: der geröstete Hummer) genießt einen sehr guten Ruf.
- ***Auberge Bretonne,*** Place du 8. Mai 6, Tel. 97.26.60.76. Einfache Zimmer sind hier bereits ab 100 FF zu bekommen. Das Restaurant bereitet schmackhafte, aber nicht unbedingt einfallsreiche Speisen zu akzeptablen Preisen zu.
- ***Camping Municipal de Celac,*** Tel. 97.26.11.24. Der 2-Sterne-Platz liegt in unmittelbarer Nähe des Wassers, so daß auch Wassersportler auf ihre Kosten kommen. Schwimmer werden sich am Pool erfreuen. Es sind Stellplätze für Wohnmobile vorhanden.

Weiterreise

- Entlang des weiteren Weges nach Redon befinden sich einige interessante Punkte, die von Questembert aus auf mehreren Straßen erreicht werden können. Eine Möglichkeit besteht darin, auf der D 5 zurück zur D 775 zu fahren und von hier jeweils zu den Orten abzubiegen.
- Wir empfehlen hingegen, über kleinere Straßen zunächst Limerzel anzufahren. Der Weg führt dann über die D 1 bis Coët-Bihan und von hier über die D 153 bis Limerzel.

Limerzel

Obwohl der Ort sehr klein ist, blickt er doch auf eine ***lange Geschichte*** zurück. Bereits 1272 wird der bretonische Ortsname Ilis-Merzer erwähnt. Während der Revolution wurde der Ort zu einem der wichtigsten Stützpunkte der Chouannerie.

Der Ortskern besteht aus historischen Gebäuden des 17. und 18. Jh. Bereits im 15. Jh. wurde die ***Chapelle Saint-Laurent*** erbaut, während die benachbarte Kirche aus dem 19. Jh. stammt.

Weiterreise

- Von hier aus geht es über die D 774 Richtung Rochefort-en-Terre. Nach etwa 2,5 km liegt rechts der Straße sehr malerisch die ***Chapelle Saint-Clair*** in einem kleinen Tal. Ein holpriger befahrbarer Weg führt hinab, vorbei an einem Brunnen mit Heiligenfigur aus dem Jahre 1729. Die kleine Kapelle erreicht man, nachdem ein kleiner Bach, der durch die Wiesen plätschert, überquert wurde. Das Gebäude stammt aus dem 16. Jh. und wurde im 19. Jh. umgebaut.

Rochefort-en-Terre

Der malerische kleine Ort ist in der ganzen Bretagne wegen seiner ***Blumenpracht*** berühmt. Um diese Pracht aufrechtzuerhalten, bauten die Stadtväter deshalb Gewächshäuser, die im Winter die Blumen aufnehmen und vor Frost schützen.

Bereits die römischen Besatzungstruppen nutzten die strategisch günstige Lage des Ortes auf einem Hügel oberhalb des Gueuzon-Tales. Im 12. Jh. begann die Familie ROCHEFORT, hier eine ***Burg*** zu errichten, um die Straße zwischen Malestroit und La Roche-Bernard zu überwachen. Die Burg war über lange Zeiträume Ort kriegerischer Auseinandersetzungen, unter denen sie stark litt. Zur Zeit der Religionskriege (im 16. Jh.) wurde sie ein Opfer der Flammen. Im 17. Jh. erfolgte eine Restaurierung, die den alten Glanz aber nur bis 1793, dem Datum ihrer endgültigen Zerstörung, wieder aufleben ließ. 1908 begann der amerikanische Künstler ALFRED KLOTS, die ehemaligen Gesindeunterkünfte im Renaissancestil wiederaufzubauen. Einzelne Elemente des Bauwerkes, z.B. einige Türen, Türmchen und Dachluken, stammen aus dem Schloß Kéralio bei Muzillac. Seit 1976 befindet sich das Gebäude im Besitz des CONSEIL GÉNÉRAL DU MORBIHAN, das einen Teil der Öffentlichkeit zugänglich gemacht hat. Die Ausstellung mit einem ***Museum*** zur Heimatgeschichte zeigt auch Gemälde, Möbel, Kunstgegenstände aus dem Privatbesitz der Familie KLOTS.

Öffnungszeiten: Im Juli und August täglich 10.00-12.00 Uhr und 14.00-18.00 Uhr. Eintritt 12 FF. Tel. 97.43.41.39.

Im Stadtkern befinden sich einige ***besonders hübsche Häuser*** aus dem 16. und 17. Jh., denen man noch heute den Reichtum ihrer ehemaligen Besitzer ansieht. Hier wohnten ursprünglich die hohen Vertreter der Verwaltung der Fürsten. Ecktürmchen und Granitfassaden zieren diese Gebäude. Besonders viele dieser Häuser stehen im Bereich des ***Place du Puits***, so z.B. das ehemalige Gerichtsgebäude, erkennbar an der in Stein gemeißelten Waage. Ein Blick lohnt auch zum blumengeschmückten Brunnen des Platzes.

Der Bau der Kirche ***Notre-Dame-de-la-Tronchaye*** wurde bereits im 12. Jh. begonnen. Zur Vollendung dauerte es bis zum 16./17. Jh. In ihrem Inneren wird eine Statue der Maria Notre-Dame-de-la-Tronchaye aufbewahrt, die alljährlich am Sonntag nach dem 15. August Ziel einer Wallfahrt ist. Auf dem Kirchplatz befindet sich ein Calvaire, der zu Beginn des 16. Jh. errichtet wurde.

Information

- ***Office de Tourisme,*** 56220 Rochefort-en-Terre, Place des Halles, Tel. 97.43.33.57 und 97.43.32.81.

Unterkunft

- Nur wenige Kilometer entfernt liegt das ***Château de Talhouet*** in Pluherlin, Tel. 97.43.34.72. Im Gebäude aus dem 16./17. Jh. werden luxuriöse Zimmer ab 600 FF angeboten.
- Etwas preiswerter, aber ebenfalls luxuriös sind die Zimmer im ***Manoir Le Saint-Fiacre*** bei Joel Mounier, Tel. 97.43.33.16. Im Herrensitz aus dem 18. Jh. wird man für 400 FF beherbergt.

Essen und Trinken

- Im Bereich des Place du Puits befinden sich einige Crêperien und Bars. Besonders gut ist das ***Le Lion d'Or,*** Rue Candré, Tel. 97.43.32.80. Neben gutem Essen haben auch die Architektur und das Mobiliar einiges zu bieten.
- ***Le Vieux Logis,*** Rue Saint-Michel, Tel. 97.43.31.71. Menüs zwischen 100 und 300 FF im Gebäude aus dem 16. Jh.

Sonstiges

- ***Parken:*** Die engen Straßen des Ortes lassen kaum Parkraum frei. Sowohl am östlichen Stadtrand (nahe der Chapelle Saint-Michel) als auch am westlichen Stadtrand (am Monument aux Morts) wurden große Parkplätze eingerichtet.

Anreise/Weiterreise

- Von Vannes aus über N 165 bis Theix. Dort auf die D 7 und dann weiter auf der D 777.
- Die D 774 führt von La Roche-Bernard über Rochefort-en-Terre bis Malestroit.

Parc de Préhistoire

2 km südöstlich von Rochefort-en-Terre liegt der 1988 eröffnete Park in einem 20 ha großen Gelände. 17 Alltagsszenen aus der Zeit zwischen Palälithikum und Neolithikum wurden hier mit ***Tier- und Menschenfiguren in Lebensgröße*** dargestellt. Zu den Szenen gehören u.a. Jagd und Fischfang, Zeltlager und die Herstellung von Werkzeugen. Besonders eindrucksvoll sind die Saurier. Die Beschilderung ist sechssprachig, u.a. in Blindenschrift. Öffnungszeiten: Vom April bis 15. Oktober täglich 10.00-19.00 Uhr, vom 15.10. bis 1.12. 14.00-18.00 Uhr. 56220 Malansac, Tel. 97.43.34.17.

Jardin Exotique von St-Jacut-les-Pins

In St-Jacut-les-Pins befindet sich ein botanischer Garten mit vornehmlich tropischen Gewächsen. Zum 3 ha großen Areal gehören insgesamt 1.000 m² Gewächshausfläche. Orchideen, Kakteen, Mineralien und exotische Vögel lohnen einen Besuch. Öffnungszeiten: vom 1.März bis 30. November 9.00-12.00 Uhr und 14.00-19.00 Uhr. Außer im Juli/August ist montags Ruhetag. Eintritt: 25 FF. Tel. 99.71.91.98.

Anreise

- In Malansac auf die D 153 bis St-Jacut-les-Pins. Auf dieser Straße weiter in Richtung Redon. An der Kreuzung mit der D 14 in Richtung Allaire abbiegen.

Redon

Das Städtchen am Schnittpunkt der Vilaine und des Nantes-Brest-Kanals überragt die Sumpfgebiete der Umgebung. Hier berühren sich die drei Départements Ille-et-Vilaine, Morbihan und Loire-Atlantique.

Durch seinen Flußhafen erlangte Redon bereits im 18. Jh. wirtschaftliche Bedeutung, die sich dann im 19. Jh. durch den Bau des Nantes-Brest-Kanals weiter festigte.

Sehenswertes

Die ***Altstadt*** Redons besitzt auch heute noch einigen Charme dank ihrer hübschen Häuser, die im 15. bis 18. Jh. errichtet wurden. Viele dieser Schmuckstücke stehen entlang der Grande-Rue bzw. in deren Seitenstraßen.

In südlicher Richtung gelangt man über den Kanal in die ***Rue du Port***. Hier stehen noch heute drei Häuser, in denen früher das Salz gelagert wurde, gegenüber dem Hôtel Carmois aus dem Jahr 1681. Bemerkenswert ist die Verbindung so unterschiedlicher Materialien wie Sandstein und Granit.

Weiterhin lohnt ein Gang entlang des ***Quai Duguay-Trouin*** mit sehr schön erhaltenen Häusern der ehemaligen Reeder. Die Häuser Nr. 6 und 7 waren ehemals die Kontore der Compagnie des Indes, des bedeutenden überseeischen Handelsunternehmens. Die Straße geht am gegenüberliegenden Ufer des Kanals in den Quai St-Jacques über, an dem noch einige Überbleibsel der Stadtmauer aus dem 14. Jh. erkennbar sind.

Eglise Saint-Sauveur. Bereits 832 wurde hier eine Abtei von CONWOION gegründet. Bis ins 17. Jh. war der Ort als Wallfahrtsstätte von großer Bedeutung. Bis zu dieser Zeit reicht auch die wechselvolle Geschichte der Abtei, die von Normannen zerstört wurde, dann aber schon 939 von Mönchen erneut errichtet werden konnte. 1780 wurde ein großer Teil der Kirche durch ein Feuer vernichtet. Beim Wiederaufbau fehlte es an finanziellen Mitteln, so daß der 57 m hohe Glockenturm aus dem 14. Jh. nicht in den Neubau integriert werden konnte.

Der romanische Turm aus Sandstein und Granit aus dem 12. Jh. ist einzigartig für die Bretagne.

Praktische Hinweise

Information

- ***Office du Tourisme,*** Place du Parlement, 35600 Redon, Tel. 99.71.06.04.

Unterkunft

- ***Hôtel de France,*** Rue Du Guesclin 30, Tel. 99.71.06.11. Im malerischen Hafenviertel erhält man hier saubere, kleine Zimmer ab 150 FF.
- ***Bel Hôtel,*** Avenue Jean Burel 42, Tel. 99.71.10.10. Sehr schickes Hotel mit ausgezeichnetem Komfort. Die Zimmerpreise (ab 200 FF) liegen über dem üblichen Niveau der Stadt.
- ***Hôtel de Bretagne,*** Place de la Gare, Tel. 99.71.00.42. Das Haus wird vom Logis de France empfohlen. Die Zimmer (ab 130 FF) sind recht einfach ausgestattet.
- ***Hôtel de la Gare,*** Rue de la Gare 10, Tel. 99.71.02.04. Kleines Haus, das vor allem wegen der zentralen Lage besticht. Zimmer ab 110 FF. Im Restaurant kann man recht gut und preiswert essen.

Essen und Trinken

- ***Lavomagic,*** Rue du Port 18, Tel. 99.72.21.08. Das vegetarische Restaurant ist eine Seltenheit in der Bretagne.
- ***Le Trombone à Coulisse,*** Rue du Plessis 14. Netter Musik-Pub mit Atmosphäre.

Sonstiges

- ***Fahrradverleih:*** CYCLES GICQUEL, Place Saint-Sauveur, Tel. 99.71.02.82, und CYCLES CHESNAIS, Rue des Doves 21, Tel. 99.71.29.17.
- ***Bootsverleih:*** BRETAGNE PLAISANCE, Quai Jean Bart 12, Tel. 99.72.15.80/ 99.72.29.56. Die Boote werden für ein Wochenende oder die ganze Woche vermietet.
- ***Bootstouren*** werden auf der Vilaine und auf den Kanälen angeboten. In der Regel handelt es sich um mehrstündige Rundfahrten. Genaue Auskünfte erhält man beim Office du Tourisme, hier gibt es auch die Tickets.
- Son et Lumière, ***historisches Schauspiel,*** das ein Jahrzehnt der Stadt zwischen 835 und 845 darstellt. Jeden Freitag und Samstag im Juni und Juli.

Anreise/Weiterreise

- ***Mit der Bahn:*** Redon liegt an der Hauptstrecke von Paris über Rennes nach Quimper und Brest. Eine weitere Verbindung führt von Bordeaux über Nantes in Richtung Brest. Täglich mehrere Anschlüsse.
- ***Mit dem Bus:*** Regelmäßige Verbindungen bestehen zwischen Redon und Nantes, St-Nazaire, La Baule, Châteaubriant und Rennes. Abfahrt am Bahnhofsplatz. Reservierungen und Fahrauskünfte unter Tel. 99.40.72.88.
- ***Mit dem Auto:*** Der Verkehrsknotenpunkt Redon ist über die D 775 mit Châteaubriant und Vannes, über die D 177 mit Rennes und über die D 20 mit Muzillac verbunden.

Die Halbinsel von Guérande

Überblick

Die Halbinsel besteht im wesentlichen aus ***sumpfigem Marschland***, zerklüfteten Klippen und kilometerlangen Stränden. Wahrscheinlich bildeten die vorgelagerten Bereiche ursprünglich eine Insel, die durch Veränderungen im Meeresspiegel und damit einhergehender Verlandung Verbindung zum Festland bekamen. Diese Verbindung ist allerdings nicht vollständig, so daß bei Flut immer noch Meerwasser bei Le Croisic ins Marschland gelangt. Das Ergebnis ist eine sehr flache, z.T. ***austrocknende Wasserfläche***, die ideale Voraussetzungen für die Zucht von Muscheln und Schnecken bietet.

Das eindringende Meerwasser wird in dieser Region auch wirtschaftlich genutzt. In weitflächigen Arealen wird hier ***Salz gewonnen***. Über kleine Kanäle wird das Wasser in Rückhaltebecken geleitet. Weitere Kanäle führen das Wasser in flacher werdende Becken. Nun beginnt die Arbeit der Sonne. Das erwärmte Wasser verdunstet, das Salz bleibt zurück und kristallisiert aus. Die oberflächige weiße Salzschicht wird mit Schaufeln abgetragen. Auf Plattformen vollständig getrocknet, wird es anschließend fein gemahlen und eingelagert. Die Salzgewinnung hat eine lange Tradition. Handel und Transport unterlagen weder der Steuer noch dem Zoll, so daß hier mit großen Verdienstspannen gerechnet werden konnte. Die Revolution beendete diesen Zustand. Heute wird noch etwa eine Fläche von knapp 2.000 ha zur Salzgewinnung genutzt, die jährlich ca. 10.000 t Salz abwirft.

Direkt an der Küste begegnen dem Besucher zwei sehr extreme Küstenformen, die ***Klippen*** von Le Croisic und der Pointe de Penchateau und der kilometerlange ***Sandstrand*** bei La Baule. Die zerklüfteten Klippen sind die ursprünglichere Küstenformation, die aber 1779 von einem gewaltigen Sturm verändert wurde. Der

Wind trug Loire-Sand mit sich, der den gesamten Ort Escoublac weitgehend verschüttete.

Die Einwohner legten den Ort einige Kilometer entfernt landeinwärts neu an. Zum Schutz vor neuerlichen Verschüttungen pflanzten sie eine Reihe von Nadelhölzern, die heute den Liebeswald (Bois d'Amour) von La Baule bilden.

Guérande

Inmitten der ***Salzgärten*** liegt dieses Städtchen, dessen bretonischer Name "weißes Land" schon auf diesen wichtigen Wirtschaftszweig hinweist. Die etwa 8.500 Einwohner leben wohlbehütet von der auch heute noch die gesamte Altstadt umgebenden ***Stadtmauer.*** Die Remparts (Stadtmauer) aus dem 15.Jh., vor der z.T. noch der Wassergraben erhalten ist, besitzt sechs Türme und vier Tore. Im 18. Jh. wurden auf Wunsch des Herzogs große Teile der Wassergräben zugeschüttet, um eine Straße anzulegen, die den Grundstock für die heutigen Fahrbahnen rund um die Altstadt bildete.

Innerhalb der Altstadt bestimmen schmale Gäßchen, malerische Häuser und Geschäfte mit allerlei Auswahl das Bild. ***Tourismus*** wird hier großgeschrieben, zumal er in immer stärkerem Maße zum bestimmenden Wirtschaftsfaktor wird. Die Nachbarschaft zu den touristisch erschlossenen Küstenorten, wie La Baule und Le Croisic, ermöglicht es Guérande aufgrund der langen (Salz-) Geschichte, wieder zu einem bedeutenden Ort aufzusteigen. Und in diesem Sinne wird einiges getan. Angefangen von knappen Parkplätzen innerhalb der Stadtmauer und damit recht geringem PKW-Aufkommen, über restaurierte Fassaden, hübsche Hinweisschilder, romantische Restaurants und Cafés, Geschäfte mit Bretagne-typischen Artikeln bis hin zu wandernden Musikanten reicht das Ambiente der Altstadt.

Fast im Zentrum befindet sich die ***Stiftskirche St-Aubin*** (Collégiale St-Aubin), die hier im 12. bis 16. Jh. erbaut wurde. Die lange Bauzeit bedingte unterschiedlichste Stile, die ein interessantes Sammelsurium abgeben. So findet sich im Chor aus dem 15. Jh. ein Buntglasfenster aus dem 18. Jh. mit dem Motiv der Himmelfahrt. Beeindruckend sind die Kapitelle, auf denen neben Ornamenten auch einige kleine Teufel dabei sind, Menschen in der Hölle zu malträtieren. In der Kapelle ist ein Sarkophag aus dem 6. Jh. aufgebahrt, der hier gefunden wurde. In der Kirche finden im Juli und August regelmäßig Führungen statt (Tel. 40.24.90.68). Im Sommer werden freitags um 21.30 Uhr Orgelkonzerte organisiert (45 FF).

Beim Rundgang durch die Stadt sollte auf keinen Fall ein Blick durch die beeindruckende ***Porte St-Michel*** ausgelassen werden. Zwei mächtige Wehrtürme umrahmen das eher unscheinbare Tor in der Stadtmauer. Im 15. Jh. diente das Gebäude dem Gouverneur als Wohnsitz. Heute beherbergt es ein Museum, das ***Musée du vieux Guérande***. Vornehmlich Hausrat, Möbel und Trachten der Region sind hier auf drei Etagen ausgestellt. Besonders interessant ist das Modell zu den Salzgärten und der Salzgewinnung. Das Museum (Tel. 40.42.96.52) ist nur zwischen Ostern und Ende September geöffnet. Der Eintritt beträgt 10 FF.

Über die Rue Bizienne gelangt man zum ***Westtor*** der Stadt, durch das man in eine herrliche blumengeschmückte ***Parkanlage*** hindurchgeht, die sich auf dem ehemaligen Wassergraben nach Süden erstreckt.

Praktische Hinweise

Information

- ***Office de Tourisme,*** Place du Marché au Bois, 44350 Guérande, Tel. 40.24.96.71.

Essen und Trinken

●Innnerhalb der Altstadt finden sich zahlreiche Restaurants, Cafés, Crêperien usw. Besonders erwähnenswert sind die ***Crêperie Saint-Michel,*** gegenüber der Kirche, in einer Seitenstraße der Rue St-Michel, und das gemütliche Gartenrestaurant ***Le Vieux Logis,*** am Place de Psalette 1. Hier gibt es leckere Crêpes, Pizza und Grillgerichte, die sich im blumengeschmückten Garten mit kleinen Lauben so richtig genießen lassen.

Unterkunft

●***Hôtel des Remparts,*** Boulevard du Nord 14, Tel. 40.24.90.69. Das kleine Hotel mit nur 8 Zimmern liegt unmittelbar gegenüber der Altstadt, außerhalb der Stadtmauern. Es ist ganzjährig geöffnet. Zimmer ab 225 FF.

●***Hôtel les Voyageurs,*** Place du 8. Mai, Tel. 40.24.90.13. Gemütliches, kleines Haus mit familiärer Atmosphäre. Nahe der Altstadt. Zimmer ab 260 FF.

●***Hôtel Roc Maria,*** Rue des Halles 1, Tel. 40.24.90.51. Gut eingerichtetes Haus mitten im Stadtzentrum. Rustikal-urige Crêperie und Restaurant im Hotel. Zimmer ab 230 FF.

●***Camping Parc de Leveno,*** liegt im etwa 4 km entfernten Vorort Leveno. Der 4-Sterne-Platz bietet jeden erdenklichen Komfort, Tel. 40.24.79.30. Dazu zählen neben Schwimmbad und Kinderspielplatz auch Wasseranschlüsse für Wohnwagen, Stellplätze für Wohnmobile und vor allem Schatten im Wäldchen.

●Ähnlich gut ist der ***Campingplatz in Bréhadour,*** Tel. 40.24.93.12 ausgestattet. Nur gut 1 km außerhalb der Stadt liegt der 3-Sterne-Platz in einem weitgehend offenen Gelände.

Sonstiges

●***Fahrradverleih:*** Cycles Belgrand, Fg. Saint-Michel, Tel. 40.24.91.44, und Cycles Treoll, Route de Kerbiniou, Tel. 40.42.98.95.

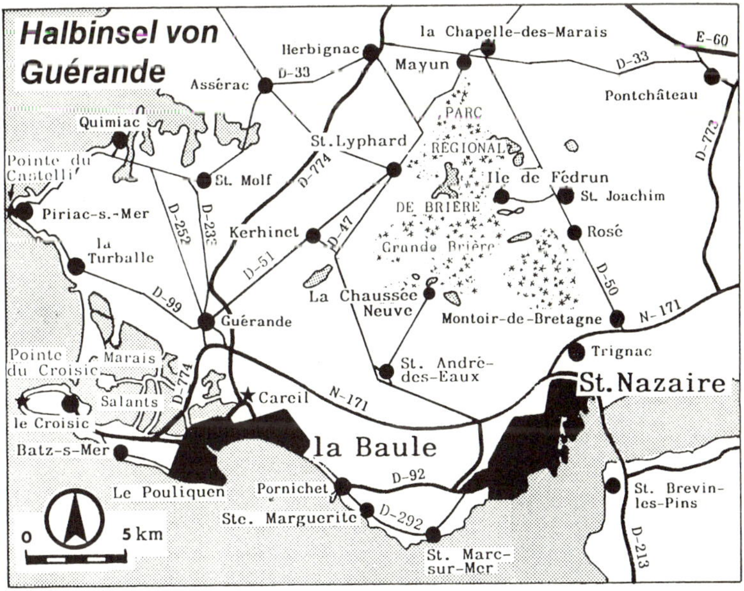

La Turballe

Früher war das kleine Städtchen ein Zentrum der Sardinenfischerei. Wie an vielen Teilen der Küste erwies sich aber auch hier sehr rasch der brachliegende Sandstrand als hervorragende Einnahmequelle. Der ***Sommertourismus*** hat die Region als beliebtes Ziel entdeckt. Strand, Dünen und der mittlerweile zum künstlichen Fischerhafen hinzugefügte Freizeithafen lassen die attraktiven Angebote der Urlaubsbranche wie Pilze aus dem Boden schießen.

Fischerei findet allerdings auch heute noch von hier aus statt. Und dazu gehört dann auch der Fischverkauf, der in der Criée stattfindet. Die ***Auktionshalle*** ist auch heute noch Umschlagplatz für etwa 7.000 t Fisch jährlich, immerhin eine der größten Mengen der bretonischen Häfen. Für Besucher gibt es hier eine eigene Empore, um dem Geschehen, ohne zu stören, zusehen zu können.

Hier wird heute noch Salz gewonnen (EH)

Praktische Hinweise

Information

- ***Syndicat d'Initiative,*** Place de Gaulle, 44420 La Turballe, Tel 40.23.32.01. Das Büro, direkt gegenüber der Criée, ist zwischen Mai und September geöffnet. Im Juli und August werden von hier aus Stadtrundgänge angeboten.

Unterkunft

- ***Hôtel Les Chants d'Ailles,*** Boulevard Bellanger 11, Tel. 40.23.47.28. Das ganzjährig geöffnete Hotel bietet guten Komfort, zu dem TV, Telefon und Meerblick gehören. PKW-Besitzer werden die Garage des Hotels zu schätzen wissen. Die 17 Zimmer werden ab 230 FF vermietet.
- ***Camping Municipal Les Chardons Bleus,*** Tel. 40.62.80.60. 3-Sterne-Platz mit 300 Stellplätzen, allerdings nicht für Wohnwagen und Wohnmobile. Direkt am Strand.
- ***Camping La Falaise,*** Tel. 40.23.32.53. Auf diesem 3-Sterne-Platz können auch Wohnwagen und -mobile untergebracht und versorgt werden. Der direkt am Wasser liegende Platz ist für Wassersport geeignet.

Sonstiges

- Im Syndicat d'Initiative erhält man Infos über ***Schiffsausflüge*** nach Belle-Ile, Houat und Hoedic, die zwischen Juni und September für etwa 130 FF, Kinder 70 FF, angeboten werden.
- ***Fahrradverleih,*** Herrigault, Rue de Lattre 52, Tel. 40.23.30.59, nahe des Postamtes.

Anreise/Weiterreise

- ***Mit dem PKW:*** Über die D 99 zurück nach Guérande oder nach Piriac-sur-Mer.
- ***Mit dem Bus:*** Die Linie 51 fährt mehrfach täglich über Piriac und Guérande in Richtung La Baule.

Piriac-sur-Mer

Über die D 99 gelangt man zum westlichsten Zipfel der Halbinsel von Guérande, nach Piriac-sur-Mer. Der kleine Ort, vor allem aber die Umgebung, wird immer mehr vom Tourismus geprägt.

Strandliebhaber können zwischen den ***Sandstränden*** Plage St-Michel und Lérat und den Kiesbuchten des ***Pointe du Castelli*** wählen. Vom Aussichtspunkt des Kaps aus schweift der Blick über die Buchten der Küste. Im Süden kann man bei gutem Wetter bis Le Croisic schauen, das an seinem Kirchturm leicht erkennbar ist, im Nordwesten reicht der Blick bis zur Presqu'île de Rhuys.

Praktische Hinweise

Information

- ***Syndicat d'Initiative,*** Rue des Cap-Horniers 7, Tel. 40.23.51.42. Das Büro liegt neben der Dorfschule.

Unterkunft

- Im Ortskern befinden sich drei einfache Hotels, die Zimmer ab etwa 100 FF vermieten. Wer auf den Komfort des eigenen Bades/WC Wert legt, sollte sich an das ***Hôtel de la Poste*** wenden. Hier kosten die Zimmer ab 160 FF.
- Die ***Campingplätze*** der Umgebung sind nur während der Saison, d.h. von frühestens 1.4. bis 31.10., geöffnet. Die besten Plätze sind der 3-Sterne-Platz ***Armor-Heol*** (Tel. 40.23.57.80) und ***Le Pouldroit*** (Tel. 40.23.50.91). Beide Plätze verfügen über 200 Stellplätze, auch für Wohnmobile und Wohnwagen. Schwimmbecken, Restaurant und Freizeitangebote gehören zum Service. Dem Armor-Heol-Platz ist zudem ein Fahrradverleih angeschlossen.

Anreise/Weiterreise

- ***Mit dem Bus:*** Der Ort liegt auf der Strecke La Turballe - Guérande - La Baule. Hier hält die Linie 51, die auf dieser Strecke eingesetzt ist.

La Baule

Der Ort läßt sich recht einfach mit dem Attribut ***Ferien-Badeort*** beschreiben. Mit seinen Luxusbauten bietet La Baule ein vollständig anderes Bild, als es die übrigen Küstenorte der Bretagne zeigen. Die Werbung spricht vom 8 km langen Strand als "schönsten Strand Europas". Auch andere Superlative treffen hier zu. So soll der Ort zu den renommiertesten französischen Seebädern gehören. Er ist einer

Alt und neu in der Hauptstraße von La Baule (EH)

der jüngsten Orte der Bretagne, wurde er doch erst 1879 nahe des von Wanderdünen verschütteten Ortes Escoublac erbaut. Das Hotel- und Gastronomieangebot ist nicht nur wegen der Vielzahl, sondern leider auch wegen der besonders hohen Preise erwähnenswert.

Der schöne ***Strand*** zieht in der Hauptsaison sehr viele Urlauber an. Zum Ambiente gehört die Strandpromenade. Zahllose Autofahrer versuchen, hier ein Parkplätzchen zu erhaschen, oft in zweiter Reihe.

Etwas geruhsamer geht es in ***La Baule les Pins***, einem Badevorort, zu. 1930 unter den Pinien gegründet, besitzt der Ort heute ebenfalls eine Vielzahl von Hotels.

Praktische Hinweise

Information

●***Office de Tourisme,*** Place de la Victoire 8, 44500 La Baule, Tel. 40.24.34.44, und in der Hauptsaison zusätzlich in La Baule les Pins, Place des Palmiers, Tel. 40.60.22.13.

Unterkunft

Aus der Vielzahl der Hotels seien hier nur sechs als erste Anlaufstelle genannt.

●***Hôtel Alcyon,*** Tel. 40.60.19.37, ab 385 FF.

●***Hôtel Le Christina,*** Boulevard Hennecart 26, Tel. 40.60.22.44, ab 320 FF.

●***Hôtel La Palmeraie,*** Allée des Cormorans 7, Tel. 40.60.24.41. Nahe am Meer, mit ruhiger Atmosphäre. Gemütliche Zimmer, akzeptables Restaurant, ab 300 FF.

●***Hôtel Le Clémenceau,*** Tel. 40.60.21, ab 240 FF.

●***Hôtel Saint Bernard,*** Tel. 40.60.32.02, ab 180 FF.

●***Hôtel Violetta,*** Avenue Clémenceau 44, Tel. 40.60.32.16. Liegt nahe am Bahnhof. Sehr billige, aber saubere Zimmer ab 95 FF.

Sonstiges

●***Thallassotherapiezentrum,*** Avenue Marie-Louise, Tel. 40.24.44.88.

●***Fahrradverleih:*** Le Grand Bi, Avenue Maréchal de Lattre 237, Tel. 40.60.28.82, und Cycles des Palmiers, Avenue de L'Etoile, Tel. 40.60.38.98.

●***Wassersport:*** Club de Canetons, La Maison Catamaran, Tel. 40.23.04.76, École de Voile Prat, Sur la plage, Tel. 40.61.31.30.

●***Tauchen:*** Club Subaquatique Cote d'Armor, Chasse sous-marine, Tel. 40.11.36.10.

●***Casino:*** Esplanade Francois André, Tel. 40.60.20.23, beim Thallassotherapiezentrum.

Anreise/Weiterreise

●***Mit dem Zug:*** Während der Hauptsaison fahren täglich dreimal Züge zwischen den Bahnhöfen (La Baule Escoublac und La Baule Les Pins) der Stadt und Paris. Auf dieser Strecke wird der TGV eingesetzt, der die Distanz in knapp 3 Stunden überwindet. Sechsmal täglich fahren Züge in Richtung St-Nazaire und Nantes.

●***Mit dem Bus:*** Regelmäßige Busverbindungen bestehen zwischen der Stadt und Le Croisic, Guérande, La Turballe und Piriac. Bushaltestellen befinden sich u.a. an den Bahnhöfen. Ein Expreßbus fährt täglich frühmorgens nach Paris (Tel. 40.60.25.58). Abfahrtspunkt ist der Gare Routière, Voiture Corail.

●***Mit dem Auto:*** Die D 45 führt in westlicher Richtung nach Batz-sur-Mer. Über die D 171 und die D 92 gelangt man zum etwa 24 km entfernten St-Nazaire.

Umgebung von La Baule

Careil

Nördlich von La Baule führt die Straße zum kleinen Ort Careil mit einer ***Burg*** aus dem 14. Jh. Das Gebäude, das auch heute noch bewohnt ist, zeigt Renaissance-Architektur und wappenverzierte Giebel. Ein Teil der Räumlichkeiten kann besichtigt werden. Die Führungen finden normalerweise an Sonn- und Feiertagen nachmittags statt. In der Hauptsaison (Juni-September) täglich. Die etwa 40minütigen Führungen kosten 10 FF. Informationen unter Tel. 40.60.22.99.

Saillé

Über die D 774 gelangt man in südlicher Richtung mitten in die Salzgärten hinein. Hauptort der Salzgewinnung ist ***Saillé***.

Die Küste zwischen La Baule und Le Croisic (EH)

Wer sich genau über die Geschichte des Salzes informieren möchte, ist im ***Haus der Salzarbeiter*** (Maison des Paludiers) gerade richtig. Das kleine Museum befindet sich in der ehemaligen Kapelle des Ortes, die ursprünglich aus dem 14. Jh. stammt. In der Ausstellung, die zwischen Mai und Oktober nachmittags geöffnet ist (Eintritt 10 FF), können Werkzeuge, Trachten und Möbel besichtigt werden. Eine kleine Diashow vermittelt zusätzliche Infos. Besonders interessant ist die Besichtigung der Saline, die aber nur im Juli/August stattfindet.

Le Pouliguen

Der heutige Ort ist ein Abbild der Nachbarstadt La Baule. Ferienwohnungen, Hotels, Geschäfte und nicht zuletzt der Yachthafen mit etwa 900 Liegeplätzen zeigen sich modern.

Relikt vergangener Zeiten ist die ***Kapelle Ste-Anne-et-St-Julien***, in der eine Statue der Sainte-Anne aus dem 16. Jh. zu bewundern ist.

Der nahe Waldpark spiegelt mit seinen gepflegten Anlagen den noblen Charakter des Ortes wieder.

Unterkunft

- ***Hôtel Beau Rivage,*** Rue Jules Benoit 11, Tel. 40.42.31.61, gehört zum Logis de France, ab 310 FF.
- ***Hôtel A L'Orée du Bois,*** Rue Maréchal Foch 21, Tel. 40.42.32.18, ab 220 FF.

Batz-sur-Mer

Schon von weitem ist der kleine Ort an der Côte Sauvage, der wilden Küste, am 60 m hohen ***Glockenturm der Kirche St-Guénolé*** zu erkennen. Baubeginn war bereits im 13. Jh, doch wurde im Laufe der Zeit einiges zerstört, so daß ein Wiederaufbau im 15./16. Jh. erforderlich wurde. 1677 entstand dann der Turm, der über 182 Stufen zu erklettern ist. Von oben bietet sich ein grandioser Blick, zumindest bei gutem Wetter, über die Salzgärten, zur Halbinsel Rhuys, oft sogar bis Belle Ile. In der Hauptsaison ist eine Besichtigung (5 FF) täglich möglich, (Tel. 40.23.86.79).

Nur noch Reste finden sich von der Kapelle Notre-Dame-du-Murier. Sie wurde im 15. Jh. nahe der Küste errichtet, angeblich weil ein in Seenot geratener Kapitän von einem brennenden Baum zum rettenden Ufer geleitet wurde und aus Dankbarkeit den Bau finanzierte.

Das ***Musée des Marais Salants***, eine Art Heimatmuseum, ist vornehmlich dem wichtigsten Wirtschaftsgut der Region, dem Salz, gewidmet. Modelle, Kleidung, Geräte und ein informativer Film zur Salzgewinnung lassen den Besuch lohnend erscheinen. Es ist von Juni bis September täglich 10.00-12.00 Uhr und 14.00-18.00 Uhr geöffnet, in der übrigen Zeit nur samstags und sonntags nachmittags, Tel. 40.23.82.79, Eintritt 10 FF.

Nahe dem Ort liegen einige ***kleine Sandstrände***, von denen besonders gerne der Plage St-Michel (mit Umkleidemöglichkeiten) aufgesucht wird. Ruhiger sind die kleineren Buchten ohne Infrastruktur, die z.T. noch regelrecht entdeckt werden können.

In Richtung Penchâteau befinden sich entlang der zerklüfteten Küste zahlreiche Grotten, von denen die bekannteste die ***Grotte des Korrigans*** ist. Nach einer Legende lebten hier die Korrigans, Fabelwesen, die je nach regionaler Eigenart böse oder gute Charaktere zeigten. Sie beherbergten in der Grotte ihre Schätze. Die Grotte konnten sie allerdings nur nachts und mit Zaubersprüchen öffnen.

Unterkunft

•***Hôtel Les Embruns,*** Route du Croisic, Tel. 40.23.83.33. Das einfache, aber saubere Hotel liegt nah am Meer. Zimmer ab 90 FF.

•***Camping La Govelle,*** Tel. 40.23.91.63. Der 3-Sterne-Platz liegt in unmittelbarer Nähe zum Strand. Zum Komplettangebot gehört u.a. ein Fahrradverleih. Geöffnet vom 1.4. bis 30.9.

Le Croisic

Schon immer war Le Croisic ein bedeutender ***Fischereihafen***. Dies bezeugen auch heute noch die schmucken Häuser vergangener Jahrhunderte, hauptsächlich entlang der Hafenanlagen. Doch seit der Mitte des letzten Jahrhunderts hat sich das Bild zunehmend gewandelt. Zwar findet von hier aus immer noch aktive Fischerei statt, doch der Ort wird mehr und mehr zum ***Ferienort***. Bereits 1845 kamen die ersten 500 Badegäste hierher, nicht zuletzt wegen der gesunden jodhaltigen Luft. Heute sind es jährlich über 300.000, die dem kleinen Ort das typische Urlaubsortsambiente geben. Dazu zählen Bars und Geschäfte, Restaurants, die Möglichkeit zu zahlreichen Sportarten, Spazierwege, Ausflüge aufs Meer und die Gelegenheit, echte Fischer bei der Arbeit zu beobachten oder den Fischmarkt zu besuchen.

Viele Sehenswürdigkeiten laden zum Besuch ein. Dazu zählen auch ***Ateliers***, in denen man beim Herstellen von Töpferei- und Zinnwaren oder Kirchenfenstern zuschauen kann. Besondere Attraktion ist das jährlich stattfindende ***Fête de la Mer*** mit Tausenden von Besuchern.

In prähistorischer Zeit war die heutige Halbinsel noch eine Insel, die nur per Boot erreicht werden konnte. Seit 1840 besteht die Möglichkeit, den Ort über die Straße entlang der See zu erreichen. Zahlreiche ***Windmühlen*** geben der Region ein typisches Gesicht. Einen guten Blick über die Stadt hat man vom ***Mont-Esprit***, das ist ein in der ersten Hälfte des 19. Jh. künstlich aus dem Ballast der Salztransportschiffe aufgeschütteter Hügel.

Der Binnensee Le Traict macht es möglich, daß der Ort eine bedeutende Position bei der ***Züchtung von Muscheln einnimmt***. Im See, der bei Ebbe trockenfällt, werden Miesmuscheln und andere Meerestiere gezüchtet.

Interessant ist auch ein Besuch im Hafen der Stadt, der bis in die Zeit des antiken Galliens zurückreicht. Kaianlagen aus dem 13. Jh. zeugen von der ***langen Handels- und Fischereivergangenheit*** der Region. Im 16. Jh. machten hier dänische, englische, holländische und portugiesische Schiffe fest, die Holz, Eisen, Zinn und Kohle lieferten und, beladen mit Salz und Sardinen, den Rückweg antraten. ***Fischfang*** hat hier eine lange Tradition. Sardinen wurden mit kleinen Booten mit 4 bis 5 Mann Besatzung gefangen, getrocknet und schließlich für 15 Tage in Salzlake eingelegt. 1851 gelang die Herstellung von Fischkonserven durch den Nantaiser Collin. Seitdem konnten Ölsardinen noch besser kommerzialisiert werden. 1877 wurde dem großen Fischangebot mit dem Bau einer neuen Auktionshalle, der Criée, Rechnung getragen. Hinzu kommt seit 1910 der Handel mit Schalentieren. Auch heute noch weist dieser Wirtschaftszweig beeindruckende Zahlen auf. Trotzdem nimmt die Fischerei ab. Immer mehr wandelt sich der Hafen zum Freizeitseglerhafen, dies ist besonders seit 1977 zu beobachten.

In der Umgebung des Hafens finden sich etliche ***Häuser aus dem 16. und 17.*** Jh., die immer noch vom Ruhm vergangener Zeit zeugen. Besonders hübsch ist das Hôtel de Ville aus dem 17. Jh.

Zu den alten Bauwerken gehört auch die ***Kirche Notre-Dame-de-Pitié***, deren erster Stein am 14.12.1494 gelegt wurde. Hier finden sich einige Statuen aus dem 15./16. Jh.

Das ***Marinemuseum*** (Musée Naval) beherbergt eine Ausstellung maritimer Exponate, zu denen u.a. Schiffsmodelle, bronzene Schiffsgeschütze und Sextanten gehören. Öffnungszeiten: von Mai bis September und in den Osterferien täglich (außer Di. und So.) 10.00-12.00 Uhr und 14.00-18.00 Uhr. Eintritt 10 FF.

Frühjahr am Strand (EH)

Eine weitere Sehenswürdigkeit ist das ***Océarium***. 1972 als Aquarium errichtet, wurde es in den letzten Jahren umgebaut. Das sternförmige, fünfarmige Gebäude besitzt jetzt einen großen Glastunnel, durch den der Besucher durch ein Atlantik-Becken hindurchgeht. Künstliche Wasserfälle, 26 Einzelbecken, Videovorführungen, Restaurants und Verkaufsräume für landestypische Produkte ergänzen das Bild des ganzjährig geöffneten Océariums. Eintritt 24 FF.

In der Umgebung des Ortes lohnen sich der Besuch der 858 m langen ***Jetty***, die sich nahe dem Leuchtturm ins Meer hineinzieht. Bei ***St. Goustan*** befindet sich noch eine Kapelle aus dem 11. Jh., die um 1900 neu aufgebaut wurde. Leider ist sie im Privatbesitz und so nur von außen zu betrachten.

Interesse einer ganz anderen Sparte versucht das ***Aquaculture au Croisic*** bei St-Goustan zu wecken. Hier werden Hummer und Garnelen gezüchtet. Auskünfte erhält man unter Tel. 40.23.00.70 oder 40.23.03.91. Der Eintritt beträgt 18 FF, für Kinder 12 FF.

Im Süden des Ortes liegt der ***Parc de Pen Avel***, ein 90.000 m^2 großes Erholungsgebiet, das bereits 1870 angelegt wurde. Wäldchen laden zum Spazierengehen ein, im Baum- und Strauchwerk leben zahlreiche Vogelarten, die das Areal auch für Ornithologen (besonders im Frühjahr) interessant werden läßt. Zum Gelände gehören auch ein kleiner Campingplatz und eine Sporthalle.

Freunde des Strandlebens kommen in der Gegend nicht zu kurz. Im Norden liegt der gezeitenabhängige ***Plage de St-Goustan***, im Süden der oft überlaufene ***Plage de Port-Lin***.

Praktische Hinweise

Information

•***Office de Tourisme,*** 44490 Le Croisic, Tel 40.23.00.70, gegenüber dem Bahnhof.

Unterkunft

Im Ort gibt es einige Hotels, die zur gehobenen Kategorie gehören.

•***Grand Hôtel de l'Océan,*** Plage de Port-Lin, Tel. 40.62.90.03. Wie der Name verspricht, erwartet den Gast hier exzellenter Service, zum Preis von 300 FF/Nacht und aufwärts.

•***Hôtel Castel Moor,*** Avenue de Castouillet, Tel. 40.23.24.18. Das gemütliche 12-Zimmer-Haus gehört zum Logis de France. Zimmer z.T. mit Meerblick, ab 280 FF.

•***Hôtel Le Nids,*** Rue Pasteur 15, Tel. 40.23.00.63. Etwas oberhalb des Strandes. Gemütliche Zimmer mit familiärer Atmosphäre. Ab 135 FF.

•***L'Estacade,*** Quai du Lénigo 4-5, Tel. 40.23.03. 77. Liegt direkt am Hafen. Zimmer sind recht gut ausgestattet. Ab 230 FF.

•Urlaub auf dem ***Bauernhof*** verspricht Raymond Pluche, Rue de la Ville d'Ys 43, Tel. 40.23.12.30. Zimmer mit Meerblick für 2 Personen 300 FF.

•***Camping L'Océan,*** Le Pré Brulé, Tel. 40.23.07. 69. Der 3-Sterne-Platz liegt nahe dem Strand. Die 400 Stellplätze können zwischen dem 1.4 und dem 30.9. bezogen werden.

Essen und Trinken

•Wer gut, deshalb leider auch teuer essen möchte, kann das Restaurant im ***Grand Hôtel*** aufsuchen. Hier ist man auf Meeresfrüchte spezialisiert.

•Ebenfalls gute Küche bietet das Restaurant im ***Hôtel Castel Moor.***

•Meeresfrüchte- und Fischspezialitäten gibt es am Buffet des ***Le Lenigo,*** gegenüber der neuen Criée, Tel. 40.23.00.31.

•Teuer und gut ist auch das ***Restaurant Le Bretagne,*** Quai de la Petite Chambre 11, Tel. 40.23. 00.51. Hier serviert man exzellent zubereitete Meerestiere und hervorragende Weine.

•Für den kleinen Hunger bieten sich zahlreiche Crêperien an, z.B. die ***Crêperie Waroc'h,*** Avenue H. Becquerel 21, Tel. 40.23.07.18. Hier herrscht recht urige Atmosphäre.

•Die ***Crêperie de Port-Lin,*** Plage de Port-Lin, Tel. 40.23.10.97, bietet neben Crêpes und Galettes zahlreiche Grillgerichte, Salate und leckere Cocktails.

Sonstiges

•***Fahrradverleih,*** Rue du Traict 34, Tel. 40.62.92.81

Weiterreise

•***Mit dem Bus:*** Tägliche Verbindung besteht mit Batz, Pouliguen, La Baule und St-Nazaire. Die Haltestelle befindet sich am Hafen, Place Dinan.

•***Mit der Bahn:*** Von und nach Nantes bestehen regelmäßige Zugverbindungen. Je nach Saison 8-10mal täglich. Die Fahrt dauert etwa 1,5 Stunden.
•***Mit dem Schiff:*** Die "Gracie-Ferrande" verkehrt zwischen den Küstenorten und den Inseln Belle-Ile, Houat und Hoedic. Auskunft unter Tel. 40.23.00.70.

Von La Baule nach St-Nazaire

Pornichet

Östlich von La Baule beginnt fast unbemerkt der Ort Pornichet. Diese beiden Bade- und Ferienorte sind durch immer intensivere Bebauung der Küste fast nicht mehr voneinander getrennt. Und doch ist Pornichet anders. Herrschen in La Baule die großen "Touristenburgen" vor, so zeichnet sich der etwa 7.000 Einwohner zählende Ort Pornichet durch Einzelbebauung sowie flachere und auch gemütlicher wirkende Häuser aus. Besonderen Reiz erfährt der Ort durch ***alte Villen***, die hier seit 1860 stehen, d.h. seit der Zeit, als der Ort sich von der Produktion Meersalz zugunsten des einträglicheren Urlaubsgeschäftes abwandte.

Auf 8 km Länge erstreckt sich der ***Sandstrand***, der jährlich Tausende von Gästen anlockt. Die Sommergäste besitzen sogar ihren eigenen Stadtteil ***Pornichet-les-Pins***, malerisch auf einer Landzunge gelegen. Der eigentliche Kern der Stadt, ***Vieux Pornichet***, liegt im Südosten.

Im Ort lohnt ein Spaziergang auf dem ***Boulevard des Océanides***. Von hier gelingt ein Blick auf die umliegenden Orte, der allerdings im Sommer oft durch viele Menschen verstellt sein kann. Zudem gelangt man über den Boulevard zum Hafen, der als Yachthafen mit über 1.000 Liegeplätzen sehr eindrucksvoll ist.

Weit über die Grenzen des Ortes ist das ***Hippodrome de la Côte d'Armor*** bekannt, die Pferderennbahn, die auf trockengelegtem Sumpfgebiet errichtet wurde. Informationen zu den Rennen erteilt das Office de Tourisme, Boulevard de la République 3, Tel. 40.61.33.33.

Von Pornichet aus führt die D 92 direkt nach St-Nazaire. Wer mehr Zeit und Muße besitzt, im Sommer benötigt man oft auch Geduld im allgemeinen Verkehrsgewühl, sollte allerdings auf der D 292 entlang der Küste fahren. Bereits kurz hinter der Stadtgrenze verwandelt sich das Landschaftsbild zusehends. Ländliche Idylle ist hier an einigen Stellen noch zu finden. Kleine Sandbuchten laden zum (Sonnen-) Bad ein.

St-Marguerite

Recht bekannt und ebenfalls vom Tourismus beherrscht ist St-Marguerite, nur ca. 2 km von Pornichet entfernt. Entlang des Strandes erstrecken sich auch hier wieder viele Ferienhausanlagen.

St-Marc-sur-Mer

Kleiner und gemütlicher liegt weitere 2 km in Richtung St-Nazaire in einer Bucht der Ort St-Marc-sur-Mer. In der Mitte des Ortes gibt es eine kleine Badebucht, im Osten eine weitere, die allerdings nicht überwacht wird. Bereits vor der Reise kann man sich auf diesen Ort einstimmen, der 1953 als Kulisse für JACQUES TATIS Film "Die Ferien des Monsieur Hulot" diente.

St-Nazaire

Die Industriestadt an der Mündung der Loire ist im wesentlichen eine neue Stadt. Zur Zeit der Römischen Besetzung befanden sich hier Hafenanlagen, die den ***Galeeren des römischen Reiches*** als Liegeplatz dienten. Später konnten auch die Herzöge der Bretagne den Hafen nutzen, obwohl der naheliegenden Stadt Nantes eine erheblich größere Bedeutung zukam. Erst 1856 begann ein echter Aufschwung für St-Nazaire, allerdings wieder im Schatten von Nantes. Dort war die Kapazität der Hafenanlagen ausgelastet, ***neue Anlagen*** mußten her. Es lag nahe, bereits bestehende auszubauen, und dafür war der Hafen St-Nazaires besonders geeignet. Immer größere Schiffe sollten immer mehr Fracht befördern, hatten dadurch entsprechend größeren Tiefgang, so daß ein weites Einfahren in die Loire unmöglich wurde. Nicht mehr Nantes wurde angelaufen, sondern St-Nazaire.

Der wirtschaftliche Aufschwung der Stadt wurde jedoch durch die Kriegswirren unseres Jahrhunderts rasch gebremst. Im 1. Weltkrieg landeten hier alliierte Streitkräfte. Im 2. Weltkrieg nutzten die deutschen Besatzungstruppen die Hafenanlagen. Einer der bedeutendsten ***U-Boot-Häfen*** entstand hier. Über 37.000 m² wurden mit Stahlbeton überdacht. Der 300 m x 125 m große Gebäudekomplex konnte bis zu 20 U-Boote sicher vor Bombenangriffen aufnehmen. Und davon gab es reichlich. 90 % der Stadt wurden bis zur Kapitulation im Mai 1945 zerstört. Nahezu unbeschädigt blieben dagegen bis heute die U-Boot-Anlagen und der überdachte 53 m lange Tunnel im Wasser, der die Boote bei der Ein- und Ausfahrt sichern sollte.

Die ***Hafenanlagen***, zu denen auch das Bassin de Penhoet, das mit 22 ha größte Bassin Europas, zählt, können besichtigt werden. Einen Überblick über das gesamte Areal erhält man von der Terrasse Panoramique, die oberhalb der ehemaligen U-Boot-Ausfahrt liegt. In der Hauptsaison ist sie von 9.30-19.30 Uhr, im Juni und September von 9.30-12.00 Uhr und von 14.00-18.00 Uhr geöffnet, montags geschlossen.

In der U-Boot-Einfahrt liegt heute die "Espadon", ein 1957 in Le Havre gebautes ***U-Boot der französischen Marine***. Es kann ganzjährig besichtigt werden. In der Hauptsaison ganztägig, sonst nur an Sonn- und Feiertagen (Tel. 40.66.82.16). Der Eintritt beträgt 40 FF.

Im Stadtzentrum selbst steht zwischen der Rue Henri Gautier und der Rue du Dolmen ein ***Menhir und ein Dolmen***. Diese Relikte der Vorgeschichte haben die Bombenangriffe des letzten Krieges unbeschadet überstanden.

Wer auch in St-Nazaire ***Strände*** aufsuchen möchte, wird entlang des Boulevards Albert 1er und des Boulevards Président Wilson fündig. Die Plages Grand Traict und Petit Traict sind insgesamt etwa 2 km lang und, je nach Hafensituation, mehr oder weniger sauber.

Westlich der Stadt liegt beim Ort Dissignac ein ***Tumulus***, der auf das 5. Jh. vor Chr. datiert wird. Die Grabanlage ist von einem Steinwall umgeben.

Praktische Hinweise

Information

- ***Office de Tourisme,*** 44600 St-Nazaire, Place François Blancho, Tel. 40.22.40.65.

Unterkunft

- ***Hôtel Au Bon Accueil,*** Rue Marceau 39, Tel. 40.22.07.05. Gemütliches 10-Zimmer-Hotel mit einigem Komfort. Zimmer ab 280 FF.
- ***Hôtel Du Berry,*** Place de la Gare 1, Tel. 40.22.42.61. Das Haus liegt in der Nähe des Bahnhofs mit entsprechend großer Unruhe. Gut eingerichtete Zimmer ab 250 FF.
- Preiswerter ist das ***Hôtel le Bretagne,*** Avenue de la République 7, Tel. 40.66.55.66. Die sauberen Zimmer werden ab 160 FF vermietet.

Anreise/Weiterreise

- ***Mit dem PKW:*** Die N 171 führt über Montoir de Bretagne zur N 165. Dies ist dann die Verbindungsstraße nach Nantes.
- In westlicher Richtung führt die N 171 nach La Baule.
- Auf der D 213 kann die Loire in Richtung St-Brévin les Pins/Pornic (Vendée) überquert werden. Eine 68 m hohe Brücke, die über 3.000 m lang ist, überspannt hier den Fluß. Vom Bauwerk aus, das zwischen 1972 und 1975 errichtet wurde, hat man, gutes Wetter vorausgesetzt, einen phantastischen Blick über die Region. Leider kostet auch dieser Spaß wieder Geld. Für PKWs werden Gebühren zwischen 24 und 30 FF erhoben, Wohnanhänger 36 FF, Motorräder 5 FF, Fahrräder sind frei!

Parc Naturel Régional de Brière

Inmitten der Guérande-Halbinsel liegt ein etwa 40.000 ha großer Naturpark, dessen Zentrum das 6.700 ha große ***Sumpfgebiet Grande Brière*** bildet. Das Gebiet wurde am 10. Oktober 1970 zum ***Parc Naturel*** erklärt, um zum einen die einzigartige Natur und zum anderen traditionelle Häuser und Dörfer zu erhalten. Informationsveranstaltungen, geleitete Wanderungen (auch mit dem Rad) und Kanuausflüge gehören zum angebotenen Programm.

ALPHONSE DE CHÂTEAUBRIAND schrieb 1923 den Roman "La Brière", der das anscheinend so romantische Leben der Fischer und Jäger der Brière, allerdings auch deren tatsächlichen harten Alltag beschrieb. Ihm ist es hervorragend gelungen, die Stimmung in dieser Landschaft einzufangen.

In grauer ***Vorzeit*** war die Region ein mit Tälern durchzogenes bewaldetes Gebiet, das bereits 7500 v. Chr. besiedelt war. Überschwemmungen vertrieben die Bewohner. Durch Sedimentablagerungen der Loire kam es zur Dammbildung, Wasser wurde zurückgehalten, das Gelände versumpfte. Wie in vielen ähnlichen Fällen, setzte mit Absterben von pflanzlichem Material die Torfbildung ein. Bereits im 15. Jh. begann eine erneute ***Besiedelung der Brière***, nachdem der Herzog der Bretagne das Land der Bevölkerung uneingeschränkt zugesprochen hatte. Ursprünglich lebten die Menschen hier vom Fischfang (Karpfen, Hecht und Aal), der Jagd (auf Enten), vom Torfabbau (der Name Grande Brière Mottière stammt vom Begriff MOTTE = Torfbrikett) und der Herstellung kunsthandwerklicher Dinge.

Heute wendet man sich immer mehr dem ***Tourismus*** zu, denn eine Fahrt durch die Kanäle der Brière hat ihren Reiz, zumal in einigen Monaten herrlich blühende Wasserpflanzen die Landschaft zu verzaubern scheinen.

Pflanzen

Eine Liste der Pflanzen- und Tierwelt des Gebietes liest sich wie ein Auszug aus der Roten Liste, d.h. der Auflistung der ***vom Aussterben bedrohten Arten***. Auch wenn diese Arten hier alle vorkommen sind; so sind sie doch auch in der Brière bedroht.

Eine der auffälligsten Arten ist sicherlich das ***Schilfrohr***. Vergesellschaftet mit Binsen, Rohrkolben und Riedgräsern bildet es die typische Vegetation. Farbliche Akzente setzen die gelbblühende Sumpfiris (Blüte: Mai-Juni) und weiße Seerosen (Blüte: Juni-Juli). In den trockeneren Randbereichen wachsen Sumpfjohanniskraut, Lobelie und Disteln.

Einige Bereiche, z.B. bei Montoir, weisen starke Versalzungen des Bodens auf. Hier finden sich ***salzresistente Arten***, wie z.B. die Meeresbinse. Im Norden herrscht ***Heidelandschaft*** vor, deren Bewuchs u.a. aus Ginster, Stechginster, verschiedenen Erica-Arten und Enzian besteht. In ***feuchteren Heidelandschaften*** finden sich die moortypischen Wollgräser, Torfmoose und der insektenfressende Sonnentau.

Vereinzelt grenzen Wäldchen an die Brière. Hier herrschen Eichen, Birken und einige Kiefern vor.

Tiere

Besonders artenreich ist die ***Vogelwelt*** der Brière. Viele Arten leben hier ganzjährig, andere kommen auf dem alljährlichen Weg in wärmere Gebiete hier durch. Zu den Zugvögeln gehören Stelz- und Sperlingsvögel, Meisen und eine große Zahl von Enten.

39 Nistvogelarten konnten bisher identifiziert werden. Hier ein Auszug aus der Liste: Sumpfschnepfe, Rotschenkelwasserläufer, Bachstelze, Knäckente, Wiesenweihe, Sumpfmeise, Dorngrasmücke,

Gänse auf dem Kanal der Grande Brière (EH)

Trauerseeschwalbe, Lachmöwe, Lappentaucher, Teichhuhn, Tüpfelsumpfhuhn, Rohrweihe, Wasserralle, Rohrsänger, Purpurreiher.

19 ***Säugerarten*** leben im Gebiet, zu denen Bisamratten, Waldmaus, brauner Hase und Schermaus ebenso gehören wie Igel, Spitzmaus, Maulwurf, Fischotter und Hermelin.

Sumpf und Moor sind natürlich auch Lebensraum von ***Amphibien und Reptilien***, von denen hier Smaragd-, Mauer- und Bergeidechse, Kreuzotter und Ringelnatter sowie Wasser- und Laubfrosch, einige Krötenarten, Salamander und Molche vorkommen.

Heimische ***Fische*** sind Aal, Hecht, Zander, Brasse, Schleie und Rotauge.

Eine Rundfahrt

Anreise

Von La Baule/St-Nazaire aus kommend, beginnt die Tour ab ***Montoir*** de Bretagne. Der kleine Ort liegt genau an der Parkgrenze.

Über die D 50 erreicht man zunächst ***St-Malo-de-Guersac***. Der Ort liegt auf der größten Insel des Gebietes. Vorbei an schiefergedeckten, schmucken, kleinen Häusern führt der Weg nach ***Rosé***, dem eigentlichen Ausgangspunkt der Brière-Erkundung.

Rosé

Der kleine Hafen, der früher Durchfahrtsort der Lastkähne zwischen Nantes und Vannes war, liegt am Brivet. ***Schleusen***, zunächst Senken im Sumpfboden, später dann aus Holz und schließlich aus Metall gefertigt, kontrollierten den Wasserstand. Im Haus des Schleusenwärters (Maison de l'Eclusier) ist heute ein kleines ***Museum*** untergebracht, das neben der Tätigkeit und den Lebensumständen dieser Berufsgruppe auch die Tierwelt zum Inhalt seiner Ausstellungen hat. Das Museum ist Juni bis September zu den üblichen Zeiten geöffnet, Eintritt 8 FF.

Nahe dem Museum (etwa 1 km) liegt der Tierpark (Parc animalier), wo auf 26 ha Fläche die Tierwelt der Brière mehr oder weniger freilebend zu beobachten ist. Man gelangt entweder zu Fuß oder mit dem Boot dorthin. Der Weg ist auf der gegenüberliegenden Kanalseite ausgeschildert, das Boot fährt an der Brücke ab. Der Park ist von Mai bis Oktober ganztägig zu besuchen, Eintritt 10 FF.

Ile de Fédrun

Weiter nach Norden gelangt man kurz vor St-Joachim zum Abzweig zur Ile de Fédrun. Hier befindet sich der Verwaltungssitz des Parks und ein ***Office de Tourisme*** (direkt am großen Parkplatz). Über zwei Brücken gelangt man in den Ortskern. Hier gibt es einen Parkplatz, von dem Wanderungen im Ort möglich sind. Hübsche strohgedeckte Häuser zieren den Ort, biegt man rechts oder links ab, gelangt man immer nach wenigen Metern an Kanäle. Lohnend ist ein Besuch des ***Hauses der Braut*** (Maison de la Mariée), in dem typische Brautgeschenke der Region ausgestellt sind. Geöffnet von April-September, ganztägig.

Die ***Brière-Strohhütte*** (Chaumière briéronne) stellt liebevoll hergerichtet das typische Haus der Gegend dar. Mobiliar und Haushaltsgegenstände, Fischfanggeräte und Handwerkszeug gehören zum Inventar. Gute Erklärungen runden das Bild ab. Geöffnet Juni-September, vor- und nachmittags, Eintritt 5 FF.

Von Fédrun aus werden ***Kahnfahrten*** auf den Kanälen organisiert (s.u.). Die Führer können sehr schöne, aber auch mysteriöse Geschichten über die Brière erzählen, während sie mit der Pigouille, der Stange, das Boot vorwärtsstaken. Die Touren sind im Hochsommer fast immer stark besucht, so daß die richtige Ruhe zum Genuß der Landschaft nicht immer aufkommt.

La-Chapelle-des-Marais

Weiter geht es über Camerun und Camer nach La-Chapelle-des-Marais. Unterwegs zeigt sich immer wieder die Sumpflandschaft mit ursprünglicher Siedlungsweise. ***Camerun*** selbst erlangte während der Revolution Bedeutung, als sich hier ein ***Lager der Chouans*** befand, das unter der Leitung von FRANCHEVILLE stand. Überraschend angegriffen, mußten die Chouans am 11. März 1794 ihr Lager unter großen Verlusten aufgeben.

In La-Chapelle-des-Marais findet sich eine ***Statue des Saint Cornely***, des Schutzheiligen des Hornviehs, in der Kapelle. Es lohnt der Blick ins Maison du Sabotier (***Haus des Holzschuhmachers***). Hier wird diese alte Handwerkskunst recht anschaulich, z.T. mit Hilfe von Dias, dargestellt. Öffnungszeiten im Juli und August täglich vor- und nachmittags, sonst nur mittwochs nachmittags.

Im Bürgermeisterhaus (Mairie) wird ein etwa 7 m langes ***Baumfossil*** aus den Brière-Sümpfen ausgestellt, eine sogenannte "Morta".

Château de Ranrouet

Auf der D 33, in Richtung Herbignac, gelangt man zum Château de Ranrouet. Die ehemalige Festung, die im 12. und 13. Jh. errichtet wurde, brannte während der Revolutionswirren aus. Ursprünglich wohnten hier die Adeligen der Familie RIEUX, erkennbar an den in der Mauer eines Turmes eingelassenen Kugeln, dem Symbol dieser Familie. Heute sind nur noch die Mauern, vier Rundtürme und das von zwei Türmen flankierte Tor zu sehen.

Mayun

Vom Schloß aus zurück, bis zur Kreuzung der D 51. Der nächste Stop kann in Mayun, einem kleinen Ort mit den typischen strohgedeckten Häusern der Landschaft, eingelegt werden. Der Legende nach sollen hier viele Zauberer leben, die z.T. recht unschön mit den Menschen umgehen. Auf jeden Fall ist der Ort aber ein ***Zentrum der Korbflechterkunst*** gewesen, einige Leute im Dorf fertigen auch heute noch Weidenkörbe, die ursprünglich bis nach Paris verkauft wurden.

Les Fossés-Blancs

Im nächsten Ort an der D 51, Les Fossés-Blancs, wurde ein Naturlehrpfad angelegt, der in die Sumpflandschaft hineinführt entlang der Hauptvegetationsgesellschaften des Parks.

St-Lyphard

Nur wenige Kilometer weiter erreicht man St-Lyphard. Bei gutem Wetter lohnt der Aufstieg zur ***Aussichtsplattform des Kirchturmes***, es sind über 130 Stufen, um von hier den sehr eindrucksvollen Blick über die Brière zu genießen.

Östlich des Ortes liegt ***La Pierre-Fendue*** (der gespaltene Stein), der seinen Namen aus einer Legende ableitet. Ein böser Drache hatte (wie üblich) ein junges Mädchen in seine Gewalt gebracht. SAINT-LYPHARD, ein mutiger Recke, hatte sich vorgenommen, den Drachen zu töten. Beim Testen seines Schwertes an einem Stein stellte sich heraus, daß sein Hieb so kräftig war, daß der Stein gespalten wurde. Das Ergebnis ist noch heute zu sehen. Ach ja, den Drachen ereilte natürlich das gleiche Schicksal!

Weiter südlich steht der ***Dolmen von Kerbourg*** unweit der D 51. Die Allée couverte liegt auf einem kleinen Hügel und ist recht gut erhalten.

Kerhinet

Das Dorfchen Kerhinet an der D 51 unterscheidet sich von den anderen dadurch, daß es nicht auf einer Insel errichtet wurde. Nur zu Fuß kann der Ort mit seinen restaurierten Häusern besucht werden, da es sich um eine Art ***Freilichtmuseum*** handelt. Werkstätten und Ausstellungen zeigen das traditionelle Leben in der Brière.

La Chaussée Neuve

Von Kerhinet gelangt man über die D 47 nach St-André-des-Eaux, von dort über die D 127 nach Norden zur La Chaussée-Neuve. Von hier, dem Ort, von dem aus früher die Boote mit Torf ausliefen, hat man den letzten weiten Blick über die Brière, bevor man zurück zur N 171 fährt.

Praktische Hinweise

Information

●***Office de Tourisme,*** Maison du Sabotier, Rue des Ecluses 2, 44410 La-Chapelle-des-Marais, Tel. 40.66.85.01.

Unterkunft

Wer mehrere Tage in der Gegend verbringen möchte, findet einige recht urig-gemütliche Unterkunftsmöglichkeiten in den größeren Orten. Alle sind recht rustikal und einfach, aber sauber.

●***Auberge "Le Nézil",*** St-Lyphard, Tel. 40.91.41.41.

●***Auberge de Kerhinet,*** St-Lyphard, Tel. 40.61.91.46.

●***Hôtel/Restaurant Vince,*** Rue de Verdun 8, Herbignac, Tel. 40.88.90.21.

●***Camping Municipal des Brières du Bourg,*** St-Lyphard, Tel. 40.91.43.13. Recht akzeptabler Service für die 130 Stellplätze.

Essen und Trinken

In jedem Ort finden sich mindestens eine Crêperie und ein kleines Restaurant.

●Besonders zu empfehlen sind das ***A La Hutte Briéronne,*** Ile de Fédrun, Tel. 40.88.43.05, mit gutem Grillrestaurant und Crêpes-Angebot und

●***Auberge du Parc,*** Ile de Fédrun, Tel. 40.88.53.01. Neben Brière-Aalen werden hier auch leckere Enten- und Hühnergerichte serviert.

Sonstiges

●***Angeln/Jagen,*** Auskunft bei der jeweiligen örtlichen Verwaltung und bei COMMISSION SYNDICALE DE GRANDE BRIÈRE MOTTIÈRE, Mairie Donges, Tel. 40.91.06.06.

Bootstouren

werden in Fédrun, St-Lyphard und Bréca angeboten. Neben Gruppentouren (30/15 FF) werden Boote ohne Führer für etwa 100 FF/Tag vermietet.

●***Ile de Fédrun:*** RENÉ MOYON, Nr. 187, Tel. 40.91.60.46; JEAN MOYON, Nr. 224, Tel. 40.88.41.50/ 40.88.47.67; ANDRÉ MOYON, Nr. 143, Tel. 40.88.50.73; CHEZ CHANTAL ET JACKY, Tel. 40.88.43.40/40.88.43.16; MME GISÈLE AOUSTIN-HUARD, Nr. 175, Tel. 40.91.61.28.

●***St-Lyphard:*** BARQUES ET CALÈCHES RIFFAUD, Port de la Pierre Fendue, Tel. 40.91.41.96.

●***Bréca:*** B. DENIAUD, Tel. 40.91.42.67, 40.91.33.97.

Nantes

Die ***ehemalige Hauptstadt der Bretagne***, Nantes, gehört heute offiziell nicht mehr zur Bretagne, sondern zur ***Region Pays de Loire***. Dieser verwaltungspolitische Federstrich ist allerdings nicht ausreichend gewesen, die Metropole auch in den Köpfen der Menschen von der Bretagne zu isolieren. Die enge historische Verwobenheit führt auch heute noch dazu, daß man in anderen Regionen Frankreichs Nantes weiterhin zur Bretagne zählt.

Geschichte

Die heute knapp 300.000 Einwohner zählende Industriestadt hat eine bewegte Vergangenheit, die bis in die Zeit der Völkerwanderungen zurückreicht. Etwa um 407 wurde der Ort mit dem Ende des ***römischen Intermezzos*** zur ***Hauptstadt der Bretagne***. 843 drangen dann Normannen in die Stadt ein und drückten ihr bis 939 ihre Herrschaft auf, als sie von Herzog Alain Barbe-Torte vertrieben werden konnten. Dieser Sohn einer führenden bretonischen Familie errichtete in Nantes seine Residenz und verhalf der Stadt zu neuem Ruhm.

Im Mittelalter folgten zahlreiche ***Kämpfe zwischen Nantes und Rennes*** um die Vormachtstellung, die mit wechselnden Siegen endeten. Das ***Ende der unabhängigen Bretagne*** und damit der herausragenden Position Nantes' kam 1491 mit der Heirat von Herzogin Anne und dem französischen König Charles VIII.

Ende des 16. Jahrhunderts hatte besonders die Bretagne unter den Auseinandersetzungen zwischen Protestanten und Katholiken zu leiden. Der damalige französische Herrscher Henri IV. wurde um Hilfe angerufen. Er erließ am 13. August 1598 das ***Edikt von Nantes***, das den Protestanten die Glaubensfreiheit garantierte.

Der eigentliche Wohlstand der Stadt wurde im 16. bis 18. Jahrhundert durch den ***regen Überseehandel*** begründet. Große Gewinne erzielten die Reeder mit Rohrzucker, Kolonialwaren und, wenig rühmlich, dem Sklavenhandel.

Der Reichtum der Stadt, die Ende des 18. Jahrhunderts mit 2.500 Schiffen zum ***wichtigsten Hafen Frankreichs*** avancierte, zeigte sich deutlich in den Prunkbauten der Reeder am Ufer der Loire, von denen heute leider nicht mehr allzuviel zu sehen ist.

Ein weiteres wichtiges und zugleich dramatisches Datum ist der ***Juni 1793***. Viele Königstreue flüchteten während der Revolution nach Nantes, einem Zentrum der aufständischen ASSOCIATION BRETONNE, die auch unter dem Namen CHOUANS bekannt waren. Zahllose politische Gefangene überfüllten nun 1793 die Gefängnisse Nantes', die Lage spitzte sich immer mehr zu, bis JEAN-BAPTISTE CARRIER vom Nationalkonvent beauftragt wurde, eine große "Reinigung" durchzuführen. Er ersann eine denkbar einfache Lösung. Die Gefangenen wurden auf Boote verladen und mit ihnen in der Loire bei Chantenay versenkt. Diese Greueltat war aber wohl dem Nationalkonvent zu brutal. Es verurteilte auch CARRIER zum Tode.

Mit der Revolution änderte sich einiges für die Stadt. Der Sklavenhandel wurde geächtet, Rohrzucker von den Antillen wich lokalem Rübenzucker. Findige Geschäftsleute entdeckten den ***Lebensmittelsektor und die Metallverarbeitung*** als Wirtschaftszweige. Mit der fortschreitenden Industrialisierung stieg der Bedarf an Hafenkapazität. St-Nazaire wurde 1856 zum Vorhafen ausgebaut. Immer größere Schiffe bedeuteten immer größeren Tiefgang, so daß die Stadt sich gezwungen sah, die ***Mündung der Loire*** auf eine Wassertiefe von über 8 m ***auszubaggern***. 1911 war es dann soweit, die Schiffe hatten je nach Wasserstand bis zu 8,25 m Wasser unter dem Kiel.

Im 2. Weltkrieg wurde die Stadt stark durch Luftangriffe beschädigt. Restaurierungsarbeiten nahmen dann später vielen Vierteln leider den typischen Charme durch die Vermischung von Bauten aus dem 18. Jahrhundert und modernen Neubauten. Wenn Nantes heute vielfach als "blühende Stadt" bezeichnet wird, so umschreibt dieser Begriff euphemistisch ein praktisch ständiges Chaos aus ***ober- und unterirdischem Bauboom***, mehrspurigen Straßen und nicht enden wollendem Verkehrsgewühl. Für viele Besucher wird der erste Eindruck Nantes' so oft negativ geprägt, zumal nicht unerhebliche Probleme bei der Parkplatzsuche auftreten. Und doch hat die Stadt einiges zu bieten, so daß sowohl Tagesausflüge als auch mehrtägige Aufenthalte lohnend erscheinen.

Sehenswertes

Die prekäre Parkplatzsituation der Stadt läßt es ratsam erscheinen, die Stadt zu Fuß zu erkunden. Dies wird dadurch erleichtert, daß nahezu alle interessanten Punkte der Stadt in Gehentfernung voneinander liegen.

Das Herzogsschloß

Das Herzogsschloß ist sicherlich der erste Anlaufpunkt für Besucher. Nahe der Hauptstraße Cours John F. Kennedy, mit einem großen ***Parkplatz*** an der Rückseite (Place de la Duchesse Anne), überragen die gewaltigen Mauern und Wehrtürme die umliegenden Stadtviertel. Vom Place Marc-Elder aus gelangt man über eine ***Brücke***, ehemals eine Zugbrücke, durch die Räume des Grand Gouvernement zum Schloßhof. Ursprünglich wurden die ***Gräben um die Burg*** herum vom Wasser der Loire gespeist, durch die Veränderungen des Flußbettes fielen sie jedoch trocken und mußten dann künstlich bewässert werden.

Der ***Baubeginn*** des Schlosses FRANÇOIS' II. datiert auf das Jahr 1466. Seine Tochter, ANNE DE BRETAGNE, vollendete den Bau ab 1491, ihrem Heiratsdatum mit CHARLES VIII., dem König von Frankreich. Bis zum 18. Jahrhundert war das Schloß immer wieder ***Aufenthaltsort französischer Herrscher*** und bretonischer Herzöge. 1598 wurde hier das ***Edikt von Nantes*** von HENRI IV. erlassen.

Ab dem 17. Jahrhundert fand das Bauwerk Verwendung als Kaserne. Die hier gelagerten ***Pulvervorräte explodierten*** 1800 und führten zur Vernichtung des Tour des Espagnols (Spanischer Turm) an der Nordseite. Zahlreiche andere Gebäudeteile wurden ebenfalls in Mitleidenschaft gezogen, konnten allerdings wieder aufgebaut werden.

1915 kaufte die Stadt das Schloß und konnte es 1921 zum Museum ausbauen, das erstmals 1924 eröffnet wurde. Lange Zeit mußten notwendige Renovierungsarbeiten unterbleiben, weil die finanziellen Mittel begrenzt waren. Seit den 70er Jahren wurden jedoch Mittel vom Kultusministerium und dem Departement bewilligt, die eine ***ständige Restaurierung*** ermöglichen.

Innerhalb der Festungsmauern können neben zwei Museen auch einige der ei-

1 Thomas-Dobreé-Museum
2 Jules-Vernes-Museum
3 Hôtel Le Sanitat
4 Postmuseum
5 Passage Pommeraye
6 Grand Hôtel de Nantes
7 Place Royale
8 Place du Commerce, Office de Tourisme
9 Hôtel Trianon

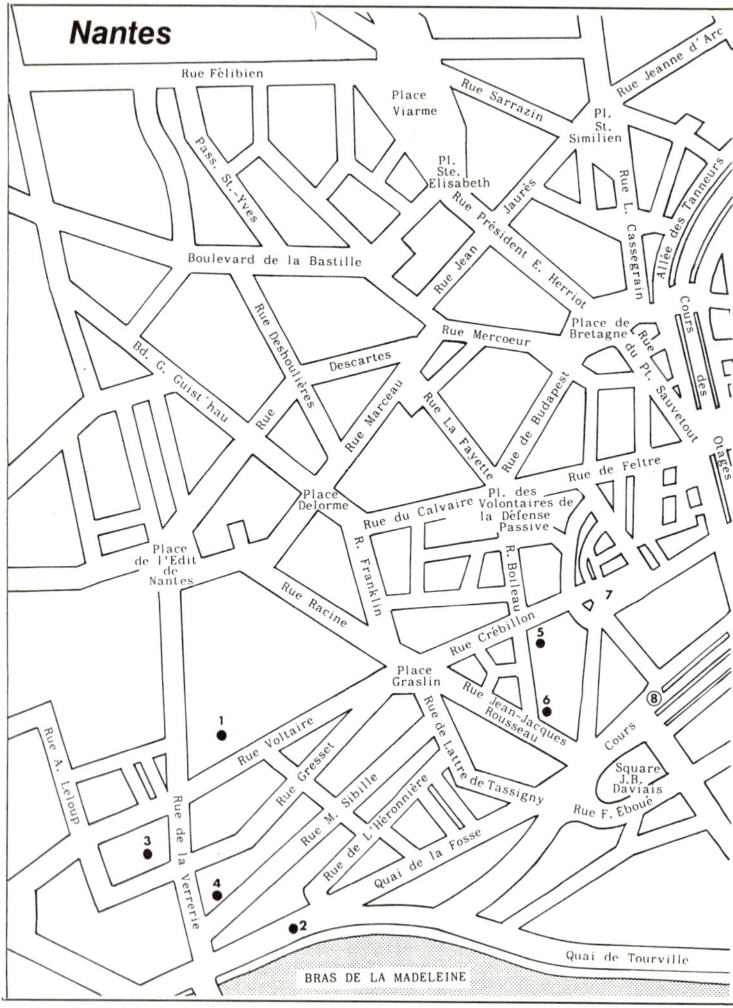

9	Hôtel Trianon	14	Jugendherberge
10	Busbahnhof	15	Jardin des Plantes
11	Herzogschloß	16	Museum der schönen Künste
12	Hôtel de la Gare	17	Cathédrale Saint-Pierre
13	Bahnhof		

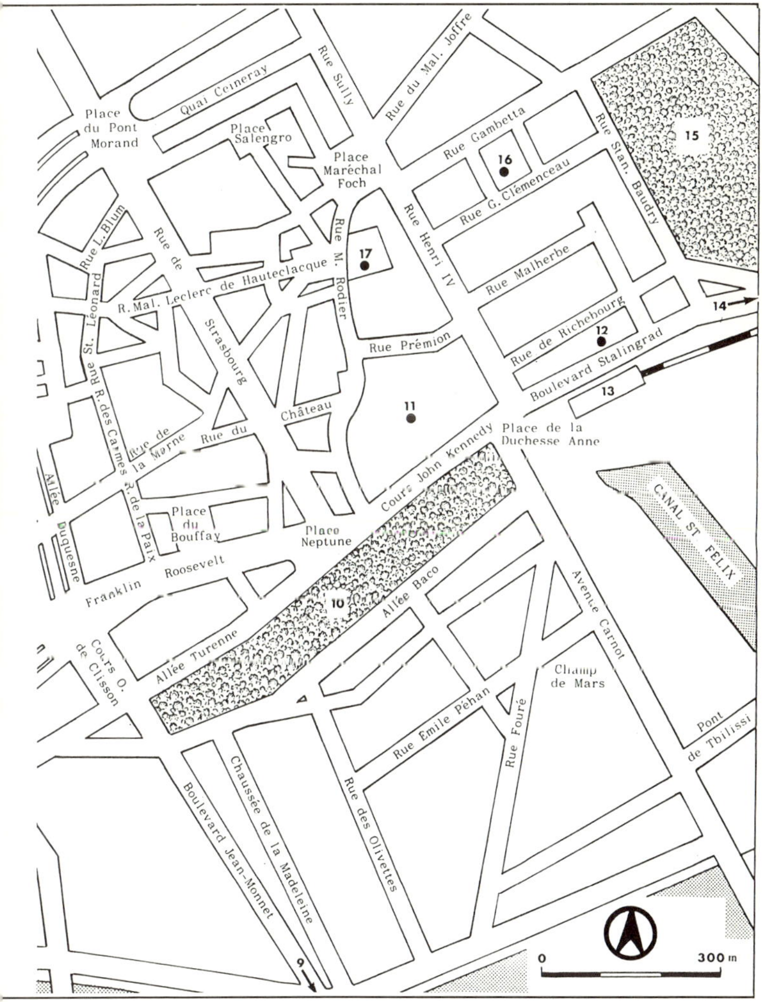

Das Schloß (EH)

gentlichen Festungsbereiche besichtigt werden. Der Eingangsbereich, das ***Grand Gouvernement***, diente seit dem Brand von 1670, der einige Gebäudeteile zerstörte, den Gouverneuren der Bretagne als Wohnraum. Der direkt angrenzende ***Bäckereiturm*** (Tour de Boulangerie) fand im Gegensatz zu seinem Namen als Gefängnis Verwendung, wie sich unschwer aus den Wandkritzeleien erkennen läßt. Ideenreichtum zeichnete auch die Bauherren vergangener Zeiten aus, bauten sie doch gekonnt verschiedene Ebenen in den ***Saal der drei Kamine*** (Salle des trois cheminées), einer ehemaligen Küche, um so die Abwässer leicht ableiten zu können.

Der benachbarte ***Jakobinerturm*** (Tour des Jacobins) aus dem 15. Jahrhundert diente ebenfalls als Gefängnis.

Neben dem Besuch dieser z.T. recht dunklen und etwas muffigen Räumlichkeiten lohnt ein Spaziergang durch den ***Hof*** und auf der Festungsmauer. Im Hof befindet sich ein verzierter Brunnen neben den Treppenaufgängen zur Mauerkrone. Vom begehbaren Mauerabschnitt aus eröffnet sich eine neue Perspektive auf das Schloß und die Stadt. Messingtafeln geben an verschiedenen Stellen der Mauer Informationen über das Schloß und angrenzende Stadtteile, allerdings ausschließlich in französischer Sprache.

Im ehemaligen Pferdestall, dem Harnachement-Gebäude, befindet sich das ***Salorges-Museum***, auch ***Marine-Museum*** genannt. Gegründet wurde es ursprünglich 1928 von den Konservenfabrikanten LOUIS und MAURICE AMIEUX, allerdings nicht im Schloß, sondern in der Fabrik des Unternehmers COLIN, der als erster Nantaiser nach dem Verfahren von APPERT Konserven hergestellt hatte. Um die Wege möglichst kurz zu halten, lag die Fabrik nahe dem Hafen und wurde so im 2. Weltkrieg Ziel der Bomben. 1954 wurden die erhaltenen Ausstellungsstücke ins Schloß überführt und sind seit 1979 erneut der Öffentlichkeit zugänglich. Die Ausstellung zeigt vornehmlich Exponate aus dem 18. und 19. Jahrhundert, aus der Zeit des Walfanges, des Sklaven- und Kolonialwarenhandels. Schiffsmodelle vervollständigen das Bild.

Ein weiteres Museum, das ***Museum der regionalen Volkskunst*** (Musée d'Art populaire régional), befindet sich im Grand Gouvernement. Auf mehreren Etagen sind hier Trachten, Einrichtungs- und Haushaltsgegenstände ausgestellt. Besonders interessant sind die unterschiedlichen Haubenformen bretonischer Frauen.

Das Schloß und die Museen sind in der Zeit von September bis Juni täglich 10.00-12.00 Uhr und 14.00-18.00 Uhr geöffnet. Dienstags und an Feiertagen ist das Schloß geschlossen. In den Monaten Juli/August gelten für den Schloßhof besondere Öffnungszeiten. Alle Außenanlagen sind dann durchgängig 10.00-19.00 Uhr geöffnet. Die Museen bleiben während dieser Monate nur am 14. und 15. August geschlossen. Der Eintritt beträgt für Erwachsene 15 FF, Kinder 7 FF.

Weiteres Sehenswertes

Am Place Saint-Pierre, nördlich des Schlosses, steht die ***Kathedrale St-Pierre***, deren Bau Ende des 15. Jahrhunderts mit der Fassade und beeindruckend hohen Türmen (63 m) begann. Im 16. Jahrhundert wurden die Schiffe ergänzt. Das Gewölbe entstand im 17. Jahrhundert. In der Kirche befindet sich das Grabmal François' II. und seiner Frau Marguerite de Foix. Das Grab des letzten Herzogpaares der Bretagne wird von einer schwarzen Marmorplatte bedeckt.

Nur etwa 200 m entfernt liegt der ***Place Maréchal-Foch***. Inmitten des Platzes steht eine 18 m hohe Säule mit der Statue Louis' XVI. Dieses Bauwerk gab dem Platz auch den Namen Place Louis XVI. Herrschaftliche Stadthäuser (Hôtels) aus dem 18. und 19. Jahrhundert umgeben den Platz. Hier waren sogar Napoléon und Josephine Gast. In Richtung Kathedrale steht das ***Saint-Pierre-Tor*** (Porte St-Pierre), das im 15. Jahrhundert errichtet wurde. Es führt durch ein Gebäude, das früher zum Bischofssitz gehörte.

Neben einzelnen Bauwerken zählen in Nantes auch ganze Stadtviertel oder Straßenzüge zu den lohnenden Zielen. Der Hafen hatte auf die Stadt schon im 18. Jahrhundert prägenden Einfluß. Heute ist nur noch an einzelnen Orten etwas davon zu spüren, z.B. am ***Quai de la Fosse***. Hier stehen noch alte verzierte Häuser der Reeder bzw. ehemalige Lagerhäuser der Ostindischen Gesellschaft. Die Häuser Nr. 17, Nr. 70 und Nr. 86 sind besonders hübsch.

Etwas weiter westlich am Quai de la Fosse befindet sich eine ***Marine-Ausstellung*** im Bereich des ehemaligen Geleitbootes "Maillé-Brézé". Neben einer sehr ausgeprägten Kriegswaffenschau werden auch die Wohnraumverhältnisse auf einem Kriegsschiff vor Augen geführt.

Ein Relikt des letzten Jahrhunderts ist die ***Passage Pommeraye*** im Bereich der Rue Santeuil/Rue Crébillon. Stuck, Säulen, Glasdächer und schmiedeeiserne Gitter und Treppengeländer geben dem hallenartigen Durchgang das gewisse Etwas. Heute präsentiert sich die Passage als Shopping-Center, wobei die Geschäfte sich überwiegend gelungen in das Flair des Gebäudes eingliedern.

Hübsche alte Fassaden befinden sich im Bereich der Straßen ***Rue des Halles/Rue des Carmes***. Ein besonders altes Gebäude stammt aus dem 15. Jahrhundert. Es liegt gegenüber der Ecke Rue des Carmes/Rue des Halles. Hier war bisher das Fremdenverkehrsamt untergebracht. Seit 1993 wird das Haus (bis Mitte 1994) renoviert, über die weitere Nutzung ist noch nichts bekannt.

Am ***Place Royale*** symbolisiert der 1865

erbaute Brunnen die Stadt Nantes, die über die Flüsse Loire, Erdre, Sèvre und Nantaise herrscht. Die umliegenden Häuser, die bei einem der ersten schweren Bombenangriffe 1943 schwer beschädigt wurden, konnten nach Ende des Krieges sehr gut renoviert und rekonstruiert werden.

Das moderne Nantes wird am ehesten am Place de la Bretagne durch den ***Tour Bretagne*** vertreten. Das monumentale Gebäude, in dem das Büro der Telefongesellschaft untergebracht ist, kann täglich zwischen 12.15 und 13.45 Uhr besichtigt werden. Vom obersten Stockwerk aus eröffnet sich ein herrlicher Blick über die Stadt.

Der ***Botanische Garten*** (Jardins des Plantes) liegt etwas außerhalb des Stadtkernes gegenüber dem Hauptbahnhof. Bereits 1805 wurde dieser Landschaftsgarten angelegt, der neben der heimischen Flora in Gewächshäusern zahlreiche Exoten beherbergt.

Praktische Hinweise

Information

- ***Office de Tourisme,*** Place du Commerce, 44000 Nantes, Tel. 40.89.50.77.

Essen und Trinken

- Im Bereich des Schlosses gibt es viele kleine Gaststätten, die allerdings ihre günstige Lage durch reichlich überzogene Preise ausnutzen. Geht man nur wenige Schritte weiter, stößt man im Bereich Rue de la Juiverie/ Rue de l'Emerie auf zahlreiche chinesische, thailändische, griechische und vegetarische Restaurants. Hier sind das ***Le Shanghai,*** das ***Kim Thai*** und das ***Le Vetenary*** (alle Rue de la Juiverie) besonders zu empfehlen.
- Freunde von Fischgerichten kommen im ***Le Restaurant de la Mer*** auf ihre Kosten (Rue Scribe 21).
- Orientalische Küche bietet das ***Restaurant Le Cham*** in der Allée de la Maison Rouge 8.
- Typisch mexikanische Küche serviert das ***Cucaracha*** in der Rue François Sallières (nahe der Passage Pommeraye).

Unterkunft

Die Stadt verfügt über ein sehr breitgefächertes Hotelangebot.

- ***Holiday Inn Garden Restaurant,*** Boulevard des Martyrs Nantais 11, Tel. 40.47.77.77. Liegt am oberen Ende der Preisskala (Zimmer ab 360 FF). Der Komfort entspricht dem der bekannten Hotelkette.
- ***Grand Hôtel de Nantes,*** Rue Santeuil 2, Tel. 40.73.46.68. Gut ausgestattetes Hotel, dessen Name höhere Preise vortäuscht. Zimmer ab 185 FF.
- ***Hôtel de la Gare,*** Allée du Commandant Charcot 5, Tel. 40.74.37.25. Ausstattung des Hauses wie im Grand Hotel. Günstig und nicht zu laut trotz Bahnhofsnähe. Zimmer ab 185 FF.
- Am unteren Ende der Preisskala (Zimmer um 95 FF) liegen die Hotels ***Trianon,*** Boulevard Victor Hugo 43, Tel. 40.47.82.00, und ***Le Sanitat,*** Rue d'Alger 18, Tel. 40.73.25.57.
- Die ***Jugendherberge*** (Auberge de Jeunesse) befindet sich in der Manufacture des Tabacs, nahe dem Hauptbahnhof. Tel. 40.20.57.25.

Anreise/Weiterreise

- ***Mit der Bahn:*** Vom Hauptbahnhof der Stadt verkehren täglich Züge nach Paris. Die Fahrzeit beträgt knapp drei Stunden. Mit dem Hochgeschwindigkeitszug TGV erreicht man die Hauptstadt bereits in zwei Stunden. Zudem bestehen Anschlüsse nach Rennes, Redon und Vannes/Quimper.
- ***Mit dem Bus:*** Regelmäßige Busverbindungen bestehen mit Vannes, St-Nazaire und Rennes.
- ***Mit dem PKW:*** Die Stadt liegt recht günstig, um entweder in den Südwesten (Richtung La Baule, Vannes, über die N 165) oder in den Norden (Richtung Rennes, über die N 137) der Bretagne zu gelangen. Die D 178 führt direkt in Richtung Châteaubriant. Redon erreicht man zunächst über die N 137. Kurz hinter Héric dann auf die D 164 abbiegen.
- ***Mit dem Flugzeug:*** Vom Flughafen der Stadt aus bestehen regelmäßige Verbindungen mit Paris, Brest, anderen französischen Städten und England.

Museen

- Das ***Museum der schönen Künste*** (Musée des Beaux-Arts) befindet sich in der Rue Georges Clémenceau. Hier werden Werke bedeutender Künstler vom 13. Jahrhundert bis zur Gegenwart ausgestellt. Tintoretto, Georges de la Tour, Rubens, Ingres, Monet und Max Ernst gehören ebenso zum Repertoire wie Picasso und Kandinsky. 1991 wurde es mit dem "Grand Prix" der französischen Museen ausgezeichnet.

Es ist täglich, außer dienstags und an Feiertagen, 10.00-12.00 Uhr und 13.00-17.45 Uhr geöffnet, sonntags 11.00-17.00 Uhr. Der Eintritt beträgt 20 FF, für Kinder 10 FF.

•Das ***Thomas-Dobrée-Museum*** (Musée Dobrée) wurde im 19. Jahrhundert vom Reeder und Kunstliebhaber Dobrée eingerichtet. Exponate aus vielen Jahrhunderten und Erdteilen sind hier liebevoll ausgestellt. Besonders wertvoll ist der Schrein des Herzens (1514) von Anne de Bretagne. Das Museum an der Rue Voltaire ist täglich, außer dienstags, 10.00-12.00 Uhr und 14.00-18.00 Uhr geöffnet. Eintritt 20 FF.

•Direkt benachbart liegt das ***Museum für regionale Archäologie*** (Musée d'Archéologie régionale). Den regionalen Entdeckungen wurde ein ganzes Stockwerk gewidmet. Außerdem finden sich hier viele Exponate griechischer und etruskischer Kunst sowie aus Ägypten. Das Museum ist ebenfalls von der Rue Voltaire aus zugänglich. Die Öffnungszeiten entsprechen denen des Dobrée-Museums.

•Das ***Puppen- und Spielzeugmuseum*** (Musée de la Poupée et des Jouets anciens) am Boulevard Saint-Aignan zeigt eine reiche Kollektion von Puppen, Puppenkleidung und -stuben. Ein Bereich ist anderem Spielzeug, u.a. der Eisenbahn, vorbehalten. Es ist von Mittwoch bis Samstag 14.30-17.30 Uhr geöffnet, im Winterhalbjahr auch sonntags.

•Das ***Jules-Verne-Museum*** wurde 1978 als ständige Ausstellung der Stadtbibliothek gegründet, um an den berühmten Nantaiser Schriftsteller zu erinnern, der hier 1828 geboren wurde. In dem Gebäude an der Rue de l'Hermitage werden persönliche Gegenstände Vernes ebenso ausgestellt wie einige Stücke, die ihm Inspirationen lieferten. Geöffnet täglich, außer dienstags, 10.00-12.00 Uhr und 14.00-18.00 Uhr, sonntags nur nachmittags.

•Astronomisch Interessierte sollten das ***Planetarium*** in der Rue des Acadiens besuchen. Hier werden mittels Videotechnik eindrucksvolle Blicke in fremde Universen gewährt. Die Vorstellungen finden dienstags bis samstags um 10.30, 14.15 und 15.15 Uhr statt, sonntags nur nachmittags. Der Eintritt beträgt saftige 22 FF, Kinder 11 FF.

•Überblick über die Geschichte der Post, von Briefmarken über Uniformen bis zur modernen Telekommunikation, gibt das ***Museum der Post*** (Musée de la Poste) am Boulevard Pageot. Es ist montags bis freitags 9.00-11.30 Uhr und 14.00-16.30 Uhr geöffnet.

Tierisch: Historische Stadtrundfahrt mit der Kutsche (EH)

Weitere Ziele im Inland

Tour de Brocéliande

Überblick

Im Wald von Brocéliande treffen die ***Sagen*** von der Tafelrunde, dem Zauberer MERLIN und der Fee VIVIANE mit einer faszinierenden, oft romantischen Landschaft im Herzen der mysteriösen Bretagne zusammen.

Heute wird die bewaldete Region, die sich über eine Fläche von etwa 7.000 ha erstreckt, nach dem größten Ort des Gebietes ***Forêt de Paimpont*** genannt. Bis auf einen kleinen Bereich im Norden (etwa 600 ha Wald) befindet sich das Gebiet im Besitz mehrerer Privatpersonen. Aufgrund verschiedener Verträge zwischen den Besitzern, dem Département Ille-et-Vilaine und dem Wanderverein Comité départemental de la Fédération Française de la Randonnée Pédestre besteht die Möglichkeit, die Gegend zu besuchen und auf den ausgeschilderten ***Wanderwegen*** die legendenumwobenen Orte zu besichtigen. Grundbedingung der Privatbesitzer dafür ist, weder den Wald noch die Orte in irgendeiner Weise zu schädigen.

Der Wald ist geprägt von einer großen Zahl unterschiedlicher ***Nadel- und Laubbäume***, z.B. Rotbuchen, verschiedene Eichenarten, Sitka- und Douglas-Fichten und Hainbuchen, und ***weitflächigen Heidelandschaften***, hier herrschen Glockenheidearten vor. Eingestreut finden sich hier immer wieder Stech- und Besenginstersträucher. In einigen Teilen der Gegend hat die moorartige Landschaft die Ansiedlung von Torfmoosen bedingt.

Die folgende ***Rundreise*** ist am besten anhand der Karte zu verfolgen. Die Numerierung der Orte findet sich in nebenstehender Karte wieder.

Plélan-le-Grand (1)

Plélan-le-Grand ist die ***ehemalige Residenzstadt Salomons***, des Königs der Bretagne (von 857 bis 874). Ein Teil der Residenz ist heute noch als Erdfestung in Gué erkennbar. Bereits im 13. Jh. wurde hier eine Kapelle errichtet, die 1850 als Kirche St-Pierre restauriert wurde.

1794 hatte ***Joseph de La Puysaie*** hier sein Hauptquartier. Er war einer der Führer der Chouans, der von hier aus die Landung der Emigranten aus England auf der Quiberon-Halbinsel organisierte (s. dort). Er konnte sich nach dem gescheiterten Aufstand nach Kanada in Sicherheit bringen.

Information

- Das ***Office de Tourisme de Brocéliande*** befindet sich im Rathaus (Tel. 99.06.86.07). Es ist ganzjährig täglich, außer Wochenende, geöffnet.

Unterkunft

- ***Hôtel des Bruyères,*** Rue de Brocéliande 10, Tel. 99.06.81.38. Die 18 Zimmer werden ab 130 FF vermietet.
- ***L'Orée de la Forêt,*** Rue Nationale 2, Tel. 99.06.99.43. Hier kann bereits ab 110 FF übernachtet werden (14 Zimmer).
- ***Hôtel Le Brécilen,*** Place de la République 6, Tel. 99.06.99.76. Im kleinen Hotel gibt es nur vier Zimmer (ab 110 FF).
- ***Camping Municipal,*** Tel. 99.06.90.74. Der 2-Sterne-Platz bietet 33 schattige Stellplätze, Kinderspielplatz, Schwimmbad und Tennismöglichkeit. Geöffnet 15. April bis zum 30. September.

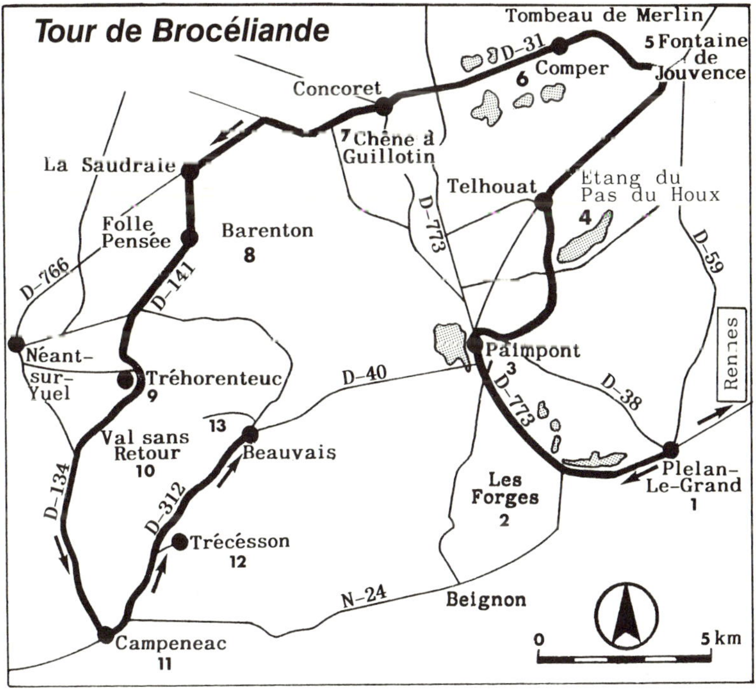

Essen und Trinken

- ***Relais de la Chèze,*** Route de Rennes, Tel. 99.06.81.34.
- ***Les Forges,*** Route de Lorient, Tel. 99.06.81.07.
- ***Relais des Diligences,*** Place de l'Eglise 2, Tel. 99.06.81.44.

Sonstiges

- ***Fahrradverleih:*** Av. de la Libération 56, Tel. 99.06.83.03. Hier werden auch Mountain-Bikes vermietet.

Weiterreise

- Auf der N 24 führt der Weg nach ca. 4 km zum Pont-du-Secret. Hier schworen sich LANCELOT und die Königin GUENIÈVRE ihre Liebe.

Les Forges (2)

Übersetzt bedeutet dies "Die Schmieden" und weist damit auf die industrielle Vergangenheit des Ortes hin. Seit dem 15. Jh. siedelten hier ***Waffenschmiede***, die auf die Herstellung von Hellebarden und Armbrüsten spezialisiert waren. Die Waffen wurden nach Nantes, Rennes und Vitré verkauft.

Grundlage der Metallverarbeitung waren reiche Eisenerzfunde in der Umgebung, zahlreiche Seen und der Wald, der zum Heizen der Schmiedefeuer großflächig kahlgeschlagen wurde. Seine Blütezeit erlebte das ***Schmiedehandwerk*** im 19. Jh., u.a. wurden sogar die Werften von Brest, Nantes und Lorient beliefert. Später wurde allerdings die Konkurrenz der Stahlverarbeitung, besonders aus Lothringen, übermächtig, so daß der Niedergang des Schmiedehandwerks nicht mehr aufzuhalten war.

Nach wie vor ist der dörfliche Charakter mit Häusern aus dem 18. Jh. erhalten. Entlang dem ***Etang des Forges***, einem 15 ha großen See, bieten sich Spaziergänge, z.B. zu den Herrensitzen am Nord- und Westufer, an. Von 1595 stammt die ***Kapelle St-Eloi*** mit einem interessanten Glockenturm aus Schiefer. Am Südufer befinden sich die Werkstätten und die Ruine eines Hochofens.

Unterkunft

- ***Gîte d'Etape,*** bei Mme Gaudichon gibt es 15 Schlafplätze für je 30 FF, Tel. 99.06.81.59.

Paimpont (3)

Der Name des Ortes leitet sich von PEN PONTHI (Ende der Brücke) ab. Der Hauptort der Region liegt am Ufer des 50 ha großen Sees. Der Ort geht auf ein Kloster aus dem 7. Jh. zurück, das von ***Judicael,*** dem damaligen König der Bretagne, gegründet wurde. Der Werdegang Judicaels ist besonders interessant, da er vom König zum Mönch wurde, dann in einer besonders schwierigen Situation wieder das Amt des Königs übernahm, um sein Reich gegen die Franken zu verteidigen, und später wiederum ins Kloster zurückkehrte.

Die ***Abteikirche*** aus dem 13 Jh. zeigt ein schönes gotisches Portal mit einer Sandsteinstatue der Jungfrau Maria mit Kind, die einen Drachen niedertritt. Im Inneren wurde das hölzerne Gewölbe des Kirchenschiffes 1962 restauriert. Die gotischen Gewölbe des Chores und des Süd-Querschiffes bestehen aus Stein. Statuen der Notre Dame de Paimpont, des St-Judicael und des St-Méen stammen aus dem 15. Jh. Bemerkenswert ist die Täfelung des Kirchenschiffes aus dem 17. Jh. In der Sakristei befindet sich eine Armreliquie des SAINT-JUDICAEL aus dem 15 Jh. und eine elfenbeinerne Christusfigur am Kreuz aus dem 18. Jh.

Am See liegt ein ***Cromlec'h*** (Pierres Druidiques), der allerdings nicht aus der megalithischen Zeit stammt, sondern hier künstlich für rituelle Zeremonien des ***Druidenkultes*** errichtet wurde. Innerhalb der Umfriedung nahmen Druiden und Barden Platz. Der horizontale Stein im Zentrum wird Maen Log oder "Stein des Paktes" genannt. Symbolhaft wurden während der Zeremonie "Réunion du Glaive brisé" das zerbrochene Schwert König ARTURS, (in Cornwall als EXCALIBUR bekannt, während es in der Bretagne KALEDVOULC'H genannt wird), wieder zusammengesetzt, um die Einheit der keltischen Völker beiderseits des Meeres und seine Souveränität über beide Britannien (Groß-Britannien und die Bretagne) wieder ins Gedächtnis zurückzurufen.

Sonstiges

- ***Syndicat d'Initiative,*** in der Abtei, Tel. 99.07.81.27. Öffnungszeiten: Juli/ August täglich 10.00-12.00 und 14.00-18.00 Uhr; Juni und September montags, mittwochs, samstags und sonntags 10.00-12.00 und 14.00-18.00 Uhr; Oktober bis Dezember montags und mittwochs 10.00-12.00 und 14.00-16.00 Uhr.
- ***Fahrradverleih:*** M. GROSSET, in Trudeau (außerhalb des Zentrums), Tel. 99.07.81.40.

Unterkunft

- ***Relais de Brocéliande,*** Le Bourg, Tel. 99.07.81.07. Die 24 gemütlich-rustikalen Zimmer werden ab 170 FF vermietet. Bereits von außen macht das Steingebäude im großen, gepflegten Garten einen reizvollen Eindruck.
- ***Manoir du Tertre,*** Le Cannée, Tel. 99.07.81.02. Das Haus und die acht Zimmer lassen sich gut mit dem Begriff "Luxus" beschreiben. Das Schlößchen liegt zwar ca. 3 km vom Ortskern entfernt, für den Service lohnt allerdings der Weg. Ab 300 FF.
- ***Camping Municipal Brocéliande,*** Tel. 99.07.84.25. Der Platz ist vom 1.3. bis zum 31.10. geöffnet. Schattige Stellplätze am Wasser. Zum Angebot gehören Kinderspielplatz, Tennis und Wohnmobilstellplätze.

Essen und Trinken

- ***Le Relais de Brocéliande,*** Tel. 99.07.81.07. Gepflegt rustikales Ambiente, gemischt mit leckeren Gerichten der Region. Menüs ab 165 FF.
- ***Auberge du Pont du Secret,*** Route de Lorient, Tel. 99.06.82.54.
- ***Crêperie du Porche,*** Le Bourg, Tel. 99.07.81.88.

Weiterreise

- Über die D 38 in südöstlicher Richtung aus dem Ortskern heraus, dann links auf die D 40 abbiegen. Sie führt nach Trudeau. Etwa 1 km vor dem Ort zweigt links die Straße nach Telhouet ab, von der aus der See von Pas du Houx erreicht wird.

Etang du Pas du Houx (4)

Der 90 ha ***große See*** stellt die größte zusammenhängende Wasserfläche des Waldes von Paimpont dar. Das Gebiet am See ist für Ornithologen interessant, da hier zahlreiche Reiher, Kormorane, Waldschnepfen, Haubentaucher, Enten, wilde Gänse und Eisvögel leben. Am Ufer des Sees liegen zwei ***Schlößchen*** (Le Pas du Houx und Château de Brocéliande), die nicht zugänglich sind. Bei beiden handelt es sich um Neubauten vom Beginn dieses Jahrhunderts, bemerkenswert der normannische Stil des Château de Brocéliande.

Weiterreise

- Vom See aus zunächst bis Telhouet. An der Kreuzung rechts auf die D 71 abbiegen. Nach etwa 4 km zweigt links die Straße zum Tombeau de Merlin ab. Achtung: Die Hinweise an der Straße erfolgen recht spärlich und zudem nur durch sehr kleine braune Hinweisschilder. Links der Straße befindet sich ein Parkplatz, rechts erstreckt sich Heidelandschaft mit eingestreuten Strauchgruppen. Ausgetretene Pfade führen zu Merlins Grab und zum Jungbrunnen.

Merlins Grab und der Jungbrunnen (5)

Erste Erwähnungen des Grabes finden sich in der Zeitschrift "Le Magasin pittoresque" von 1846. Zu dieser Zeit wird es als eine Art Cromloc'h dargestellt, dessen genauer Standort geheimnisumwittert bleibt. Einige Jahrzehnte später wird es vom Schriftsteller FÉLIX BELLAMY als Ruinen eines Dolmenganges beschrieben, von dem bis 1892 noch acht Steine erhalten blieben. Zu der Zeit wurden auch Geschichten über einen ***legendären Goldschatz*** unter dem Grab bekannt, so daß der Besitzer des Grundstückes Ausgrabungen vornahm, die zur Zerstörung des Dolmenganges führten. Heute gibt es hier lediglich zwei Schieferplatten, die am Stamm einer mit Kränzen geschmückten Stechpalme lehnen.

Kurz hinter Merlins Grab führt der Pfad zum Jungbrunnen (Fontaine de Jouvence). Es gibt zwei ***Theorien über die Entstehung des Namens.*** Die eine führt den Namen auf einen keltischen Glauben zurück, nach dem derjenige, der den Wasserspiegel überschritt, in eine andere Welt eintritt, die Welt der ewigen Jugend. Die zweite Theorie gründet sich auf die Zeremonie der Kinderzählung in der Nähe dieser Quelle. Alle Neugeborenen des letzten Jahres wurden hier in der Nacht der Sommersonnenwende dem Hohenpriester vorgestellt, in der Quelle gewaschen und ins Geburtsregister (MARITH) eingetragen. Große Feuer erhellten und erwärmten die Szene. Konnte ein Kind zu diesem Zeitpunkt nicht vorgestellt werden, mußte die Zeremonie im nächsten Jahr erfolgen. Es wurde dadurch erst ein Jahr später registriert und somit "verjüngt". Obwohl die Quelle heute nur noch ein spärliches Rinnsal mit annähernd runder Begrenzung ist, lohnt ein Ausflug. Wer mag, kann den Sprung über das Wasser versuchen!

Unscheinbar: Merlins Grab heute (EH)

Weiterreise

- Der ursprünglichen Richtung folgend, gelangt man zur D 31.
- Bereits kurz vor der Kreuzung (etwa 2,6 km vom Parkplatz entfernt) biegt links ein kleiner Weg ein (auch hier nur sehr kleine Hinweise), der zu ***Les Brousses Noires*** (auch Tombeau genannt) ***des Anglais*** führt. Dieser neolithische Gangdolmen (3.000-2.500 v. Chr.) wurde im Laufe der Jahrhunderte, zuletzt durch Grabräuber im 19. Jh., stark beschädigt. Etliche Steine sind umgedreht. Östlich des Ost-West ausgerichteten Gangdolmens ist ein kleiner Raum erkennbar. Der Name des Dolmens entstand während des Erbfolgekrieges nach der Schlacht von Mauron (14.8.1372).
- An der Kreuzung (D 31) links in Richtung Comper abbiegen.

Château de Comper (6)

Der Name Comper, oder bretonisch KEMPER, bedeutet Zusammenfluß. Schloß und Umgebung blicken auf eine sehr bewegte Vergangenheit zurück.

Eine romantische ***Sage*** erzählt, Comper sei das Lehen der Priesterin VELLÉDA gewesen. Im 9. Jh. soll ***König Salomon*** den Ort bewohnt haben. Eng verbunden ist der Ort mit den ***Baronen von Gael-Montfort.*** RAOUL DE GAEL-MONTFORT kämpfte an der Seite WILHELMS DES EROBERERS in Hastings und starb 1099 im Heiligen Land.

Im 13. Jh. erlangte Comper, dank der Gräben und dem umgebenden schützenden Seengürtel, eine strategisch starke Position in der Haute-Bretagne. Es war Schauplatz ***zahlreicher Kämpfe und Belagerungen*** und wurde im 14. Jahrhundert von DU GUESCLIN zerstört. Kurze Zeit darauf wurde es wiederaufgebaut. Im 16. Jh. wurde es zur Hochburg der Hugenotten. Die Katholiken belagerten das Schloß und siegten. HENRI IV. ließ die Burg schleifen. Im 19. Jh. erfolgte ein neuerlicher Aufbau.

Der Legende nach soll hier die ***Fee Viviane,*** die auch DAME DU LAC (ihr Geburtsort lag am See) heißt, geboren worden sein. Sie hatte am Grunde des Sees ein Schloß, in dem sie ein Kind aufzog, das später mit König ARTUS zusammenkam und als LANCELOT bekannt wurde.

Seit 1990 beherbergt das Schloß das ***Centre de L'Imaginaire Arthurien*** (Zentrum der Artussage). Der Verein, der das Zentrum verwaltet, hat sich ein dreifaches Ziel gesetzt: Wissenschaftliche Recherchen über die Tafelrunde zu veröffentlichen, Kunstwerke bekanntzumachen, die von der Artussage inspiriert sind, und schließlich Treffen zu unterstützen, die zu neuen Erkenntnissen über die Tafelrunde führen sollen.

Das Schloß ist zwischen Mai und Oktober von 10.00 bis 19.00 Uhr geöffnet. Der Eintritt beträgt 20 FF, Kinder 15 FF. Wer nur den Park besuchen möchte, zahlt 5 FF.

Die Eiche von Guillotin (7)

Von Comper aus zunächst auf der D 31 bis Concoret. Hier auf die D 141, Richtung La Saudraie. Südlich des kleinen Dorfes Rue Eon befindet sich die berühmte Eiche von Guillotin (Le Chêne de Guillotin).

Um den Baum, in dessen riesigem hohlem Stamm bis zu 10 Personen Unterschlupf finden können, rankt sich die ***Legende vom Priester*** (Abbé) ***Guillotin.*** Dieser Geistliche versuchte auch während der Revolution seinen Glauben zu verkünden, mußte deshalb fliehen und verbarg sich u.a. im Stamm dieser Eiche. Hier schrieb er alle Begebenheiten nieder, die sich während der Revolutionszeit in seiner Gemeinde ereigneten. Irgendwann kamen die Häscher auf der Suche nach GUILLOTIN auch zu der Eiche, fanden den Eingang jedoch durch ein Spinnennetz versperrt vor. Da sie davon ausgingen, niemand könne ein solches Netz, ohne es zu beschädigen, durchdringen, zogen sie unverrichteter Dinge wieder ab, der Priester war in Sicherheit. Die Legende führt diesen Schutz auf Notre-Dame de Paimpont zurück.

Die Quelle von Barenton (8)

Über die D 141 bis La Saudraie. Dann folgt man der Straße bis zum ***Dörfchen Folle Pensée.*** Der Name leitet sich von FOLL PANSI ab, übersetzt bedeutet dies "Heilung von Geisteskranken". Wahrscheinlich stammt er aus der Zeit der Druiden, die sich hier mit dem Heilwasser der Quelle von Barenton um die Heilung Geistesgestörter bemühten.

Ein ***Fußweg*** führt ***zur Quelle*** (Fontaine de Barenton). Von der Hauptstraße aus folgt man der Beschilderung "Camping Barenton". Im Knick der Straße links halten, ein recht unscheinbares Schild weist die Richtung. Der Fahrweg endet an einem Parkplatz. Hier beginnt der Weg, auf dem man in etwa 30 Minuten, den weißen Punkten folgend, zur Quelle gelangt.

Schon seit Jahrhunderten werden der Quelle ***wundersame Kräfte*** zugeschrieben. Beispielsweise sollen Gewitterstürme dadurch ausgelöst worden sein, daß ein Besucher Wasser der Quelle auf den Schwellenstein rieseln ließ. Diese Wunder werden bereits 1176 von CHRÉTIEN DE TROYES in seinem Werk "Yvain ou le Chevalier au Lion" erwähnt.

Angeblich begann hier auch die sagenhafte Liebe von MERLIN und VIVIANE. Auch heute noch werden der Quelle übernatürliche Wirkungen zugeschrieben. Steigen z. B. blubbernd Stickstoffblasen aus dem Wasser auf, heißt es, der Brunnen lache, und dann werden die geheimen Wünsche der Besucher in Erfüllung gehen.

Unterkunft

•***Camping An de Barenton,*** Tel. 97.22.68.87. Einfacher Campingplatz mit nur 19 Stellplätzen. Geschäft und Restaurant gehören zur dazu.

Jardin aux Moines

Von Folle Pensée führt die Straße (D 141) weiter in Richtung Tréhorenteuc. Etwa 2 km vor dem Ort befindet sich rechts der Straße, am Abzweig nach Néant-sur-Yvel, der Jardin aux Moines. Hier sind Steine (z.B. Quarz- und Schieferblöcke) zu einer trapezförmigen Anlage von etwa 25 m Länge und 5-6 m Breite zusammengefaßt. Erst 1983 bei Ausgrabungen entdeckt, datierte man das Monument mit Hilfe der Radiocarbonmethode auf ein Alter von ca. 2.000 Jahren. Erwähnenswerte Funde sind Pfeilspitzen aus Feuerstein und Reste von Trinkschalen. Angeblich soll es sich bei der Anlage um versteinerte Menschen handeln, die wegen ihres gotteslästerlichen Verhaltens zu Stein wurden.

Tréhorenteuc (9)

Einer der kleinsten Orte der Bretagne; er ist für Besucher wegen seiner Kapelle interessant. Hier lebte und wirkte der ***Abbé Gillard.*** Er restaurierte die Kirche ab 1942 und verknüpfte dabei ***Mystik und Christentum,*** wie dies überall in der Anlage in Gemälden und gemalten Kirchenfenstern zum Ausdruck kommt. Ein Fenster zeigt ein Mädchen mit Gänsen. Bei dem Mädchen handelt es sich um die spätere SAINTE ONENNE, Schwester König JUDICAELS, die in Armut leben wollte und Gänse hütete. Sie wurde eines Tages schwer von Soldaten bedrängt und konnte ihre Unschuld nur unter dem Schutz ihrer Gänseschar behaupten. Andere Fenster und Gemälde erzählen die Geschichte der Tafelrunde, wobei immer wieder neben christlichen auch keltische Symbole in den Bildern auftauchen.

1945 bekam Gillard zwei ***deutsche Kriegsgefangene*** zugewiesen, die bei den Restaurierungsarbeiten helfen sollten. Der Tischler PETER WISDORF und der Maler KARL REZABEK fertigten u.a. einen Kreuzgang und verschiedene Gemälde, deren Hintergrund immer wieder Tréhorenteuc zeigt. Von ihnen stammt z.B. ein Gemälde, in dem die Fee Morgane (ausgesprochen sinnlich) dargestellt ist, zu deren Füßen Jesus das dritte Mal stürzt. Dies führte zum Eklat mit der Kirchenleitung und zur Versetzung des Abbés.

Beeindruckend ist ein Mosaik aus dem Jahr 1955, das einen weißen Hirsch und 4 Löwen darstellt. Im christlichen Glauben symbolisiert dies Jesus Christus, umgeben von den vier Evangelisten. In der keltischen Mythologie steht der Hirsch allerdings für den Botschafter der anderen Welt und den Führer der Seelen. Im Mosaik ist auch der Brunnen von Barenton dargestellt.

Tal ohne Wiederkehr (10)

Hinter Tréhorenteuc liegt links der Straße ein Parkplatz, von dem aus ein Fußweg zum Tal ohne Wiederkehr (Val sans Retour), einer ***tiefen Schlucht,*** führt. Stechginster und vereinzelte Pinien sind die einzigen Überbleibsel der ehedem reichen Vegetation, die das Gebiet bis zum Waldbrand 1989 bedeckte. Heute steht hier zur Erinnerung der ***Arbre d'Or,*** der goldene Baum, des Künstlers FRANÇOIS DAVIN. Er soll die bevorstehende Wiedergeburt des Waldes symbolisieren.

Der ***Legende*** nach ist dies das Reich MORGANES und der "nächtlichen Wäscherinnen" (LAVANDIÈRES DE LA NUIT). Die Fee MORGANE hielt hier ihren untreuen Liebhaber GUYOMART gefangen, später auch alle anderen untreuen Männer, die zufällig des Weges kamen. Erst LANCELOT gelang es, den Zauberbann zu brechen und die Gefangenen zu befreien. Die Lavandières de la nuit sind eine Gefahr für Besucher, da man ihnen unter keinen Umständen helfen darf, ihre Wäsche auszuwringen, um nicht vom Tod geholt zu werden.

Auf einer Höhe von 191 m befindet sich ***L'Hotié de Viviane*** oder das ***Tombeau des Druides.*** Das megalithische Monument ist ein elliptischer Cairn von etwa 12 m Durchmesser. Bei Ausgrabungen fand man 1982 u.a. polierte Äxte, Topf- und Vasenreste, Schmuck und Pfeilspitzen aus Feuerstein. Eine Datierung erfolgte auf etwa 2.500 vor Christus, lange Zeit vor der Entstehung der Legenden um VIVIANE, der Name entbehrt also jeglicher Grundlage.

Abtei La Joie Notre Dame

Von der D 141 zweigt etwa 2 km hinter Tréhorenteuc die D 134 ab. In südlicher Richtung führt die Straße nach Campénéac. Kurz vor dem Ort liegt die Abtei der Zisterzienserinnen Abbaye La Joie Notre-Dame. Hier wird das Leben im Kloster recht anschaulich durch Diaporamen dargestellt. In einem kleinen Atelier können kunsthandwerkliche Erzeugnisse der Nonnen erworben werden. Bei der Gründung des Klosters in den 50er Jahren wirkte u.a. der sehr aktive Abbé Gillard aus Tréhorenteuc mit.

Grab der Riesen (11)

Bei Campénéac befindet sich Le Tombeau des Géants (Grab der Riesen). Es handelt sich um ein Grab der Bronzezeit, einen liegenden Menhir und die Reste eines Cairn. Drei kleinere Menhire stehen in einer Reihe. Der Name stammt aus der ***Artussage,*** nach der hier die Ritter der Tafelrunde Riesen bekämpft haben sollen.

Unterkunft

- ***Hôtel A l'Orée de la Forêt,*** Route de Rennes, Tel. 97.93.40.27. Die 14 Zimmer werden ab 130 FF vermietet. Im Hotel kann auch gegessen werden.
- ***Camping Municipal,*** Tel. 97.93.40.39. Der 2-Sterne-Platz besitzt nur 10 Stellplätze. Geöffnet vom 15.6. bis 15.9.

Die Burg Trécesson (EH)

Trécesson (12)

Aus Campénéac kommend, biegt man zunächst auf die N 24 in östlicher Richtung (Beignon) ab. Nur wenige hundert Meter hinter der Kreuzung zweigt die D 312 in nördlicher Richtung nach Trécesson ab. ***Schloß Trécesson*** zeigt sich als mächtiges Bauwerk aus rötlichem Schiefer, das bereits im 15. Jh. erbaut wurde. Wassergräben umgeben es noch heute.

Der Park des für Besucher nicht zugänglichen Schlosses ist der Schauplatz der Geschichte um die ***weiße Dame von Trécesson*** (DAME BLANCHE). Etwa 1750 beobachtete ein Wilderer im Park, wie einige Männer auf Geheiß zweier reich gekleideter Männer ein Loch gruben. Die beiden Männer zerrten eine junge weißgekleidete Frau, vermutlich eine Braut, herbei, die bitterlich weinend um Gnade flehte. Jedoch erfolglos. Kaum war das Loch fertig, stießen sie sie hinein und begruben sie lebendig. Der Wilderer holte vom Schloßherren Hilfe, die allerdings zu spät kam. Die Frau starb, kurz nachdem sie befreit werden konnte. Der Schloßherr bemühte sich ohne Erfolg, die Mörder ausfindig zu machen. Bis zur Revolution wurde die Kleidung der Toten und ihr Brautstrauß auf dem Altar des Schlosses aufbewahrt. Junge Mädchen pilgerten hierher, um durch ein Berühren der Kleidung Glück in der Liebe zu finden.

Beauvais (13)

Auf dem Rückweg nach Paimpont liegt nördlich der D 312 der kleine Ort Beauvais. Hier befindet sich der mit 256 m ***höchste Punkt des Forêt de Paimpont.*** Bei guter Sicht blickt der Betrachter von hier aus bis nach Rennes. Der Ort ist Sitz des Biologischen Institutes der Universität Rennes, das sich besonders mit ökologischen Fragen auseinandersetzt. Themen dieser Art werden in der Mühle von Chatenay öffentlich diskutiert.

Pontivy

Die Kleinstadt im Innern der Bretagne am Ufer des Blavet lohnt einen kurzen Abstecher bzw. Besuch, wenn man auf dem Weg von Norden nach Süden gerade in der Gegend ist. Der Besuch wird auch recht leicht gemacht, weil im Gegensatz zu zahlreichen anderen Ortschaften keine Umgehungsstraße weiträumig um das eigentliche Zentrum herumführt, sondern die Nord-Süd-Verbindung direkt den Ort durchschneidet.

Pontivy ist noch heute eine Stadt mit zwei sehr verschiedenen Gesichtern. Neben der ***mittelalterlichen Altstadt*** existiert ***Napoléonville,*** ein Bezirk, der durch seine besonders geradlinigen und rechtwinkligen Straßenzüge, die unter NAPOLÉON erbaut wurden, auffällt.

Geschichte

Die Geschichte der Stadt soll bis ins 7. Jh. zurückreichen. Angeblich kam der keltische ***Mönch Ivy*** von England aus hierher, um die Bevölkerung zu missionieren. Er durchwanderte die Bretagne und ließ sich 690 am Ufer des Blavet nieder. Hier errichtete er eine Kapelle, um seinen Auftrag zu erfüllen. Die Kapelle war allerdings nur von einem Flußufer aus erreichbar, so daß der findige Mönch auf die Idee kam, eine Brücke (PONT) zum gegenüberliegenden Ufer zu errichten. Mit dem ***Bau der Brücke*** entstand dann auch eine Siedlung, der man der Einfachheit halber den Namen der Brücke gab, die von Ivy gebaut worden war, “Brücke des Ivy” oder Pontivy.

Im Mittelalter erhielt der Ort dann sehr schnell Bedeutung als ***Handelszentrum,*** nicht zuletzt wegen seiner verkehrsgünstigen Lage. Leder, Hanf und Leinen aus dem ländlich geprägten Umland wurden hier weiterverarbeitet. Während das rechte Ufer von der Industrie geprägt war, widmete sich das linke Ufer dem Handel. Hier befindet sich auch heute noch der Stadtkern mit wichtigen historischen Bauwerken und dem zentralen Markt. Über das Wohl der Stadtbevölkerung und natürlich auch über deren Wohlstand wachte unübersehbar das Schloß mit seinen mächtigen Wehranlagen.

1790 erlangte die Stadt dann Bedeutung für die Revolution. Der weitaus größte Teil der Bevölkerung stimmte den Zielen der Revolutionäre zu. ***Napoléon Bonaparte,*** zu dieser Zeit noch Konsul, erkannte rasch den strategischen Wert der Stadt. Er begann 1802 mit dem Bau des neuen Stadtviertels, das im Jahre 1804 in Napoléonville umbenannt wurde. Bereits ein Jahr später, BONAPARTE war mittlerweile Kaiser, begann er mit weiteren großzügigen Planungen im Süden der Altstadt. Ziel dieser Baumaßnahmen war eine Kaiserstadt. Am 12. August 1807 wurde der Grundstein dazu gelegt. Die Bauarbeiten verschlangen aber Unsummen von Geld und Unmengen an Zeit. Beides stand nicht unbegrenzt zur Verfügung, denn das Kaiserreich war nicht von langer Dauer, so daß das ehrgeizige Projekt nicht mehr vollendet wurde.

Sehenswertes

Die ***Altstadt*** befindet sich zwischen dem Ufer des Blavet, dem Place Anne-de-Bretagne und dem Place Martray. Dazu gehören jeweils die Seitenstraßen, die auch heute noch, eng bebaut und verwinkelt, ein malerisches Bild bieten.

Besonders eindrucksvoll sind die ***Rue du Pont*** und die Rue du Fil, die fast völlig im mittelalterlichen Stil erhalten geblieben sind. Hier finden sich meist ein- bis zweigeschossige Häuser, die sehr dicht nebeneinander stehen. In der Mitte der gehweglosen engen Gassen verläuft die ehemalige Abflußrinne, heute an einigen Stellen mit anderem Pflaster von der übrigen Straßenfläche abgesetzt. Die Häuser entlang der Gassen stammen vornehmlich aus dem 16. und 17. Jh. Granit und Fachwerk bestimmen das Bild. Besonders schön ist das 1577 erbaute Haus des Sénéchal der Grafschaft von Rohan, in der Rue du Pont 14. Das Granithaus zeigt Dachfenster aus der Renaissance, eine Tür mit Gebälk und Giebelfeld, mit Pflanzen verzierte Schlußsteine und ein Kranzgesims mit Zahnfries.

Die ***Rue du Fil*** erhielt ihren Namen aufgrund der Aktivitäten der Stadt im Textilgeschäft (FIL = Garn, Faser). Die Häuser zeigen hier vielfach ein Erdgeschoß aus Stein und eine erste Etage in Fachwerkbauweise. Bemerkenswert ist dabei, daß das Fachwerk die Form des Sankt-Andreas-Kreuzes zeigt. Sehr gut ist dies bei den Häusern Nr. 16 (aus dem 16. Jh.) und Nr. 15, 17 und 23 (aus dem 17. Jh.) zu sehen.

Durch die Rue des Forges mit Granithäusern aus dem 16. bis 18. Jh. erreicht man den ***Place Leperdit,*** an dem 1453 Markthallen errichtet wurden. Leider wurden diese Hallen 1914 zerstört. Die Rue de Lourmel führt von der gegenüberliegenden Seite auf den Place Leperdit. Hier stehen sehr schöne Häuser aus der Zeit des 17. und 18. Jh. Die Nr. 19 ist das sogenannte Cour Talmont aus dem 18. Jh., das ursprünglich wahrscheinlich als Lagerhaus der COMPAGNIE DES INDES diente. In der Fassade des Hauses Nr. 32 sind die Reste eines Wegkreuzes aus dem 15. Jh. eingearbeitet.

Der ***Place du Martray*** ist der zentralste der Stadt. Hier hat sich der mittelalterliche Charakter besonders schön erhalten. Lohnend ist ein Blick auf das Haus Nr. 12, dessen Vorbau von drei Pfeilern getragen wird. Die Verzierungen mit Perlen, Lilien und stilisierten Blättern wurden im 16. Jh. geschaffen. An der Ecke der Rue Général de Gaulle (Nr. 107) steht ein Wohnhaus, das 1578 von der Familie ROSCOËT gebaut wurde. Auffällig ist der Rundturm, in dem eine Treppe zu den einzelnen Stockwerken führt. Die Eingangstür zeigt typischen Renaissancestil.

Auf dem ***Place Anne-de-Bretagne*** wurde 1655 eine Getreidehalle errichtet, heute wird der Platz von vielen vornehmen Häusern aus dem 18. Jh., der ***Chapelle St-Ivy*** und der Kirche Notre-Dame-de-la-Joie umrahmt. Die Kapelle, ein kleines Gebäude im Nordwesten des Platzes, ist dem Schutzheiligen und Gründer des Ortes geweiht. Immer noch ist ihr Ursprungsdatum unbekannt.

Die ***Kirche Notre-Dame-de-la-Joie*** wurde zwischen 1532 und 1534 erbaut. Ihr Bauherr CLAUDE DE ROHAN, ein Sohn des

Schloßherrn JEAN II. DE ROHAN, war Bischof in Quimper. War das Gotteshaus im Ursprung Saint-Ivy geweiht, so änderte sich dies am 11. September 1696, als im Zuge einer fürchterlichen Ruhrepidemie die Bevölkerung zum ersten Male die heilige Jungfrau um Beistand in der Not anflehte. Ein Pardon, das heute noch am 2. Sonntag im September gefeiert wird, erinnert an die Ereignisse.

Das ***Château de Rohan*** wurde zwischen 1479 und 1485 vom Grafen JEAN II. DE ROHAN erbaut. Etwas oberhalb der Stadt erhebt sich der gewaltige Wehrbau, der besonders durch seine beiden Türme und die 20 m hohe Mauer ins Auge fällt. Ursprünglich standen einmal vier Türme an den Ecken des Gebäudes, das als militärische Anlage genutzt wurde. Heute sind nur noch der nordwestliche Turm (60 m) und der südwestliche (48 m) erhalten. Die Festung ist auch heute noch von tiefen Gräben umgeben, die zwar als Wassergräben gedacht, jedoch nie mit Wasser gefüllt waren.

Eine kombinierte Stein-Zugbrücke führt in den Schloßhof hinein, in dem deutlich wird, daß im Wandel der Zeit der Festungscharakter an Bedeutung verlor. Stattdessen wurden am Wohngebäude besonders im 18. Jh. zahlreiche Veränderungen vorgenommen, die es zum Palais werden ließen. Wach- und Wohnräume sind im Inneren des Schlosses zu besichtigen. Dem Genuß eines Besuches tun allerdings die Restaurierungsarbeiten einen gewissen Abbruch, die bereits seit Mitte der 80er Jahre von freiwilligen Helfern durchgeführt werden und deren Ende völlig ungewiß ist.

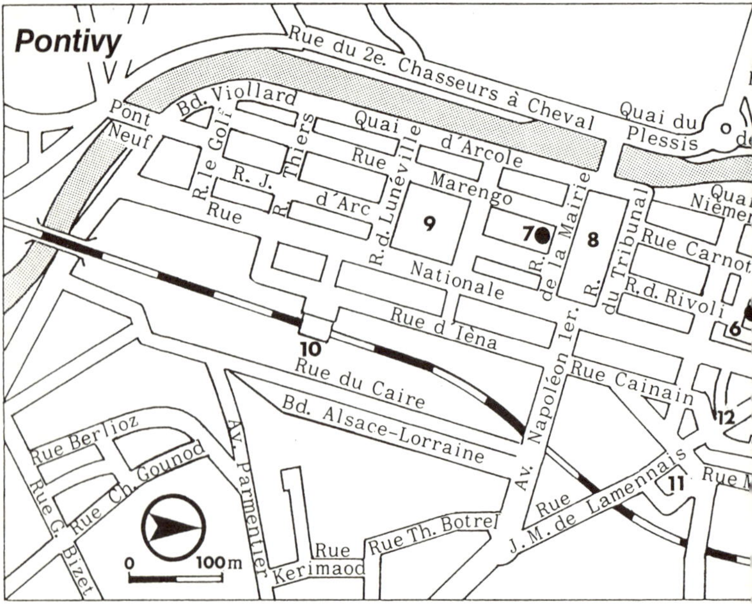

Öffnungszeiten: 10.30 bis 19.00 Uhr, Eintritt 25/12 FF.

Napoléonville ist der Bereich um den ***Place Aristide Briand,*** der früher Place Napoléon hieß. Hier beginnt der Bereich der geraden, breiten Straßen, die rechtwinklig angeordnet das Viertel in einzelne Abschnitte unterteilen. Neben dieser interessanten Architektur, die auf den Ingenieur CHABROL zurückgeht, lohnt ein Besuch der ***Eglise St-Joseph.*** Bereits NAPOLÉON I. hatte Pläne für den Bau dieser Kirche, die aber erst unter NAPOLÉON III. zwischen 1860 und 1876 errichtet wurde. Auf 1.000 m² Fläche baute der Architekt Varcollier im Stil des 18. Jh. eine Kirche, die jedoch nie zu besonderem Ruhm kam, da sowohl die Kirchenführer als auch die Bewohner der Stadt die Eglise Notre-Dame-de-la-Joie bevorzugten.

Praktische Hinweise

Information

●***Office de Tourisme,*** Rue Général de Gaulle 61, 56300 Pontivy, Tel. 97.25.04.10. Auch bei der Zimmersuche behilflich.

Unterkunft

●***Hôtel L'Europe,*** Rue de la Mairie 12, Tel. 97.25.11.14. Das gut eingerichtete Hotel verfügt über 20 Zimmer, die einigen Komfort bieten. Sehr gut auch das Restaurant. Zimmer ab 250 FF.

●***Hôtel Martin,*** Rue Leperdit 1-3, Tel. 97.25.02.04. Die 23 Zimmer dieses Hauses werden auch vom LOGIS DE FRANCE empfohlen. Zimmer ab 120 FF.

●***Le Rohan-Wesseling,*** Rue Nationale 90, Tel. 97.25.02.01. Das Hotel mit 28 Zimmern läßt beim Komfort fast keinen Wunsch offen, liegt aber an der Hauptstraße. Die Zimmer ab 300 FF.

●***Hôtel Napoléon,*** Rue de la Butte-Rue Lamennais, Tel. 97.25.13.58. Der geschichtsträchtige Name deutet schon darauf hin, daß sich dieses Hotel im Napoléon-Viertel befindet. Allerdings wird für den Preis von 130 FF nicht gerade Kaiserliches geboten.

1 Chateau de Rohan
2 Office de Tourisme
3 Rue du Pont
4 Chapelle St-Ivy
5 Notre-Dame-de-la-Joie
6 Place Anne de Bretagne
7 Hôtel L'Europe
8 Place Aristide Briand
9 Eglise St-Joseph
10 Bahnhof
11 Hôtel Napoléon
12 Rue du Fil
13 Place Leperdit
14 Place du Martray
15 Jugendherberge

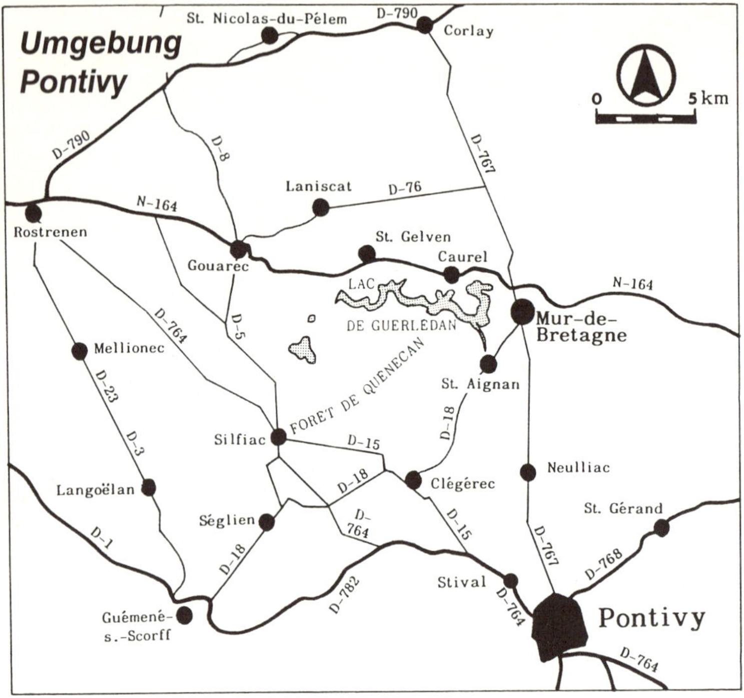

●***Auberge de Jeunesse,*** Ile des Récollets, Tel. 97.25.58.27. Auf der Insel im Blavet liegt die Jugendherberge, die für 40 FF ein Bett im Mehrbettzimmer vermietet.

●***Camping du Douric,*** Toulboubou, Tel. 97.25.92.20. Der einfache Platz liegt an der Straße nach Guingamp. Er verfügt über 35 Stellplätze, u.a. auch für Wohnwagen und Wohnmobile.

Essen und Trinken

●In der Stadt gibt es einige Restaurants, Bars und Crêperien. Uns gefiehl am besten die ***Crêperie Au Fil du Temps,*** Rue du Fil 20, Tel. 97.25.46.62.

●Hervorragend und sehr stilvoll ist das ***L'Aiglon,*** Rue de Général de Gaulle 42, Tel. 97.27.98.08, direkt dem Schloß gegenüber. Menüs beginnen bereits bei 60 FF.

●Liebhaber chinesischer Küche gehen am besten ins ***La Tour Mandarine,*** Rue du Fil 42, Tel. 97.25.51.90. Hier kann man bereits ab 50 FF leckere Menüs bekommen.

Sonstiges

●***Fahrradverleih,*** LOCATION DE VÉLOS, Jean-Paul Lamouric, Quai d'Arcole 39, Tel. 97.25.03.46.

Anreise/Weiterreise

●***Mit dem Bus:*** Pontivy liegt recht verkehrsgünstig. Busse der Linien 43, 63, 67 und 69 verkehren mehrfach täglich zwischen Rennes und Pontivy (43), Lorient und Pontivy (63), Vannes und Gourin mit Stops in Pontivy (67) und auf der Strecke Auray - Pontivy - Loudéac (69).

●***Mit dem PKW:*** Der Ort kann über die D 764 von Josselin aus erreicht werden, die in nordwestlicher Richtung weiter nach Rostrenen führt. Vom Süden her führen die D 767 aus Richtung Locminé und die N 168 aus Richtung Baud nach Pontivy. Die D 767 verbindet den Ort im Norden mit Mur-de-Bretagne. Aus Richtung Quimperlé/Plouay kann der Ort über die D 2 erreicht werden. Loudéac ist über die N 168 erreichbar.

Umgebung von Pontivy

Stival

Der Ort ist über die D 764 in Richtung Nordwesten erreichbar (etwa 3,5 km).

Hier befindet sich die ***Chapelle Saint-Meriadec,*** die wegen ihrer Wandmalereien aus dem 16. Jh. einen Besuch lohnt. Die Malereien zeigen das Leben SAINT MERIADECS in verschiedenen Szenen. Der Heilige soll angeblich seine Wunder mit Hilfe einer kleinen goldenen Glocke vollbracht haben, die er an die Ohren Hörgeschädigter hielt, die prompt geheilt waren. Die Glocke, ein Kleinod keltischer Kunst aus dem 10. Jh., wird in der Kirche aufbewahrt.

Rundfahrt am Ufer des Blavet

Fährt man südlich in Richtung Auray, besteht die Möglichkeit, einige interessante Ziele am Ufer des Blavet anzusteuern. Viele dieser Punkte sind wieder Kirchen und Kapellen, wie z.B. in St-Nicodème, St-Nicolas-des-Eaux, Bieuzy und Quelven. In Melrand findet sich zudem ein Calvaire. Lohnend ist ein kurzer Abstecher zum ***Aussichtspunkt von Castennec,*** dem ursprünglichen Heimatort der Venus von Quinipily. Der Blick schweift von hier über das Blavettal.

Sehr interessant ist auch die Ausgrabungsstelle bei Melrand, an der die ***Reste des alten Dorfes Lann Gouh,*** datiert etwa auf das Jahr 1000, freigelegt wurden. Die Ausgrabungsstelle ist von Juli bis August täglich 10.00-12.00 Uhr und 14.00-18.00 Uhr zu besichtigen. Der Eintritt beträgt 12 FF.

Die Tour führt zunächst über die N 168 nach St-Nicodème, dann über die D 1 nach Castennec, bei Kergost auf die D 2 in Richtung Melrand und dann zurück über die D 2 nach Pontivy.

Château de Kerguehennec-en Bignan

Das Schloß aus dem 18. Jh. liegt in einem großen Park mit Arboretum (Baumlehrpfad). Im Schloß selbst sind viele Bildhauer-Werke ausgestellt, da es sich hier um ein ***Zentrum für zeitgenössische Kunst*** handelt. Das Schloß kann man jeden Tag zwischen 10.00 und 18.00 Uhr besichtigt werden (Informationen unter der Tel. 97.20.21.19).

Die Schloßanlage befindet sich in der Nähe der D 767, Richtung Locminé-Vannes.

Mur-de-Bretagne

Inmitten der Bretagne liegt der kleine Ort Mur-de-Bretagne. Nur knapp 3.000 Einwohner zählt das Städtchen, das vor allem durch seine Nähe zum ***Lac de Guerlédan*** touristische Bedeutung erhält. Die insgesamt hügelige Landschaft des Argoat läßt den Ort besonders malerisch erscheinen. Reizvoll ist ein Blick auf die ***Chapelle Ste-Suzanne*** aus dem Jahre 1670. Umgeben von alten Eichen und anderem Grün, überragt die Kapelle den Ort.

Praktische Hinweise

Information

- ***Syndicat d'Initiative,*** 22530 Mur-de-Bretagne, Place de l'Eglise, Tel. 96.28.51.18.

Unterkunft

- ***Auberge Grand Maison,*** Rue Léon Le Cerf 1, Tel. 96.28.51.10. Anerkannt gutes Hotel. Zimmer ab 250 FF. Hervorragendes Restaurant.
- ***Camping Municipal Rond Point du Lac,*** Tel. 96.26.01.90. Der Platz liegt am Ufer des Sees. Die Zufahrt ist von Mur-de-Bretagne ausgeschildert. Fahrradverleih gehört zum Service.

Essen und Trinken

- Anerkannt gutes Essen serviert die Küche in der ***Auberge Grand'Maison,*** Tel. 96.28.51.10.

Abendstimmung am Guerlédan-Stausee (EH)

Sonstiges

- **Fahrradverleih,** Cycles Pascal Macé, gegenüber der Mairie, Tel. 96.26.05.34.
- **Festival de Mur.** Mitte Juli findet hier ein Festival der traditionellen Künste statt.

Anreise/Weiterreise

- **Mit dem PKW:** Der Ort liegt südlich der N 164, der Hauptverbindung zwischen Carhaix-Plouguer und Loudéac. In südlicher Richtung führt die D 767 nach Pontivy. In nördlicher Richtung führt sie über Corlay bis nach Guingamp.
- **Mit dem Bus:** Mur-de-Bretagne ist eine von vier Stationen an der Buslinie von Carhaix-Plouguer – Loudéac, die mehrfach täglich in beiden Richtungen befahren wird. Die nächsten Haltestellen am See sind dann Caurel, St-Gelven und Bon Repos.

Lac de Guerlédan

Unweit von Mer-de-Bretagne staut eine 45 m hohe und etwa 200 m lange Mauer den Blavet auf, so daß immerhin 55 Millionen Kubikmeter Wasser zurückgehalten werden, um Teile der Bretagne mit Strom zu versorgen. Der gewaltigen Kraft des Wassers stellt die 1930 fertiggestellte ***Staumauer*** Steine und Beton von insgesamt 33 m Breite entgegen.

Von Mur-de-Bretagne nach Bon Repos

An der Staumauer kann man eine ***Rundtour*** mit Auto oder Rad beginnen um den 400 ha großen Stausee, die über insgesamt etwa 40 km führt.

Den Staudamm mit einem herrlichen Blick über die Buchten des Sees und seine dichtbewaldeten Ufer erreicht man über die kleine Ortschaft ***St-Aignan.*** Hier steht eine kleine Kirche aus dem 12. Jh. Bemerkenswert die holzgeschnitzte Jesusfigur, eine Darstellung der Dreieinigkeit, eine Statue des Heiligen Markus und eine Pietà. Vom Ort aus führt eine ausgeschilderte Straße zum Damm.

Auf dem Rückweg vom Staudamm kann man schon vor St-Aignan rechts abbiegen. Der Weg führt vorbei an der ***Kapelle***

von Sainte-Tréphine. In einem Kirchenfenster sind Tréphine und ihr Sohn Trémeur dargestellt.

Der nächste Stop ist die ***Anse de Sordan,*** die Bucht von Sordan. Der Bootsanleger und das seichte Ufer der Bucht locken Badegäste und Bootsbesitzer gleichermaßen hierher. Im Süden der Bucht beginnt der ***Forêt de Quénécan.*** Zweieinhalbtausend Hektar Wald bedecken das Gebiet, obwohl auch hier 1987 der Orkan gewütet hat und etliche Spuren hinterließ.

Inmitten des Waldes, der über reichen Wildbestand verfügt (hier könnte Obélix noch heute Wildschweine erlegen), liegt der Ort ***Les Forges des Salles***. Früher war hier ein Zentrum der Schmiedekunst, die sich bis ins 19. Jh. behaupten konnte, dann aber an Bedeutung verlor. Bereits 1621 ließ hier der Herzog von Rohan, Geoffroy de Finement, sein notwendiges Kriegsgerät herstellen. Ideal waren die Lage inmitten der Wälder, die genügend Holz für die Schmiedefeuer lieferten, und die Möglichkeit, bretonisches Erz zu verwenden.

Nahe dem Ort liegt das stark verfallene ***Château de Salles.*** Auf das Jahr 1396 datiert der Baubeginn des Schlosses, das im 18. Jh. zur Blüte gelangte. Heute befindet es sich im Privatbesitz und ist nicht zu besuchen. Trotzdem lohnt ein Spaziergang am Teich und in den Außenanlagen. Von Les Forges des Salles zunächst in Richtung Sainte-Brigitte fahren. Rechts liegt der malerische Etang du Fourneau (Teich von Fourneau). Vom Parkplatz aus sind es dann noch etwa 15 Minuten zu Fuß. Der Weg ist ausgeschildert.

Von Les Forges des Salles aus gelangt man über die D 15 in nordwestlicher Richtung nach ***Bon Repos.*** Der Blavet wurde an dieser Stelle früher durch eine Schleuse schiffbar gehalten. Heute sind nicht mehr als eine alte Brücke, das Schleusenwärterhaus und ein sehr malerischer Blick erhalten geblieben. Kleinere Boote können an dieser Stelle immer noch von Châteaulin aus den Stausee erreichen. Am Nordufer des Flüßchens liegen die Überreste der ***Abbaye de Bon-Repos,*** die als Zistersienserkloster im 12. Jh. gegründet wurde. Im 14. Jh. neu aufgebaut, erlangte es wieder einige Bedeutung, bis es in den Wirren der Revolution völlig zerstört wurde. Der malerische Anblick der Schleuse läßt sich am besten von der Terrasse des Café de l'Abbaye aus genießen, das direkt am Ufer des Flüßchens liegt.

Überquert man bei Bon Repos den Blavet, gelangt man automatisch zum Nordufer des Sees. Hier trifft man auf die N 164, die Verbindungsstraße zwischen Carhaix-Plouguer und Mur-de-Bretagne.

An der N 164 besteht nun die Möglichkeit, Richtung Mur-de-Bretagne zurückzufahren oder die Rundtour noch einige Kilometer nach Norden fortzusetzen.

Beau Rivage

Etwa 7 km liegen zwischen Bon Repos und ***Caurel.*** Der überwiegende Teil der Fahrt führt recht weit vom Seeufer entfernt entlang, so daß wenig vom Wasser sichtbar ist.

Am Fuße eines bewaldeten Höhenzuges liegt das verträumt anmutende Städtchen. Begrenzt vom See und vom Wald, der unter Naturschutz steht, könnte völlige Harmonie herrschen, wenn nicht das 20. Jh. auch hier seine Spuren hinterließe. In der Umgebung von Caurel soll die N 164 zu einer vierspurigen Schnellstraße erweitert werden. Ein Frevel an der Natur und einer landschaftlich besonders reizvollen Strecke. Die Bewohner der umliegenden Gemeinden machen ihrer Wut mit Plakaten und Graffitti Luft – möglicherweise zeigt das Erfolg!

Kurz hinter dem Ort führt eine kleine Straße zum Seeufer, nach ***Beau Rivage.*** Direkt am Ufer liegt plötzlich touristisch erschlossenes Gebiet. Restaurants, Sou-

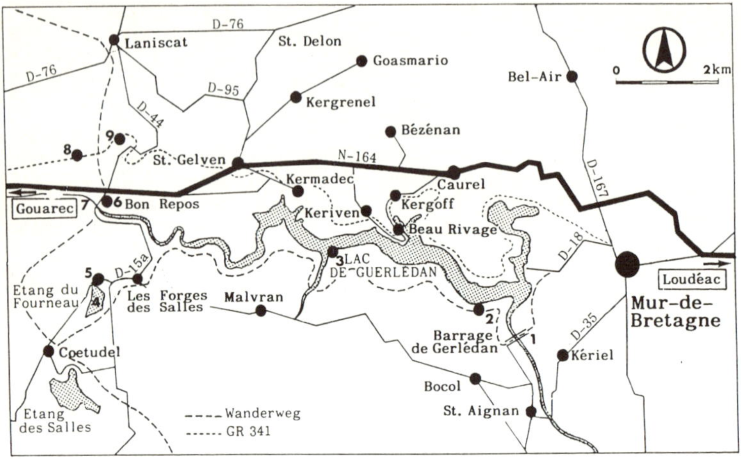

1 Staumauer
2 Kapelle Sainte-Tréphine
3 Anse de Sordan
4 Etang du Fourneau
5 Chateau de Salles
6 Bon Repos, Ruine des Zistersienserklosters
7 Nantes-Brest-Kanal
8 Allée couverte de Liscuis
9 Daoulas-Schlucht

venirläden, Campingplatz und Bootsvermietung gehören zur sommerlichen Infrastruktur.

Unterkunft

•***Hôtel/Restaurant Le Beau Rivage,*** direkt am See, Tel. 96.28.52.15. Das Hotel wird vom Logis de France empfohlen. Zimmer ab 250 FF.

•***Camping Les Pins,*** Tel.96.28.54.69. Liegt zentral und nahe dem See. Im Sommer ist deshalb eine Reservierung unbedingt notwendig.

•***Camping Les Pommiers,*** Tel. 96.28.52.35. Nicht ganz so gut wie Les Pins, dafür aber auch im Sommer nie voll belegt.

Essen und Trinken

•Neben dem ***Restaurant Le Beau Rivage*** (s.o.), in dem Menüs ab 85 FF serviert werden (Spezialität: Fisch), lohnt ein Besuch der ***Crêperie des 4 Saisons,*** Tel. 96.28.54.72. Mit Blick auf den See werden hier kleine Gerichte ab 20 FF serviert.

Sonstiges

•***Bootsverleih:*** Brittany School of Adventure, direkt am Seeufer. Hier werden Kanus (ab 40 FF), Kayaks (ab 30 FF), Ruderboote (ab 50 FF), Motorboote (ab 120 FF) und Surfboards (ab 40 FF) vermietet. Wer sich nicht auskennt, kann Unterricht bekommen (Stunde 50 FF).

•***Fahrradverleih:*** Die Brittany School verleiht auch Mountain Bikes (ab 30 FF).

•***Bootstouren:*** Vom Anleger in Beau Rivage besteht die Möglichkeit zu Rundtrips und zum Personenverkehr zwischen den einzelnen Haltestellen. Infos unter 96.28.52.64. Die Fahrten beginnen jeweils um 10.00 und um 14.30 Uhr, Tickets 30 FF, Kinder 20 FF.

Wandern im Gebiet

Das gesamte Gebiet um den Stausee herum ist besonders für Wanderfreunde interessant. Viele gut ausgeschilderte Wege führen z.T. stundenlang durch dichte Wälder oder über Hügel und Berge. Besonders lohnend ist der Weg ***GR (grande randonnée) 341,*** der hier von Mur-de-Bretagne über Caurel und die Schlucht von Daoulas (Gorges du Daoulas) bis nach Gouarec (Übernachtung im Hôtel du Blavet, am Ortseingang, Tel. 96.24.90.03, saubere Zimmer ab 150 FF) und Rostrenen führt. Für die Strecke von Mur-de-Bretagne bis Rostrenen benötigt man etwa 13 Stunden. Es bietet sich an, zunächst bis zur Daoulas-Schlucht (ca. 7 Stunden) zu wandern. Von hier ein Abstecher nach Bon Repos (30 Minuten). Am nächsten Morgen dann zurück zur Schlucht und vorbei an der Allée couverte de Liscuis über den GR 37 nach Rostrenen.

Genaue ***Wanderkarten und Informationen*** bietet das SYNDICAT D'INITIATIVE in Mur-de-Bretagne, Tel. 96.28.51.41.

Laniscat

In der Kirche (1691) dieses kleinen Dorfes nahe Goarec hängt eines von fünf ***Glockenrädern,*** die in der Bretagne erhalten sind. Diese Räder wurden ROUE DE FORTUNE (Glücksrad) genannt. Es befindet sich links oberhalb der Kanzel. Der Durchmesser beträgt etwa 1 m. Ursprünglich hatte es seine Funktion bei kirchlichen Zeremonien, indem die daran hängenden Glöckchen über einen Seilzug zum Klingeln gebracht wurden. Vermutlich geht die Benutzung dieser Räder auf einen keltischen Kult zurück, nach dem das Rad die Sonne und damit das Leben symbolisiert. Allerdings benutzten auch die Druiden Räder zum Blicken in die Zukunft. Die heute noch erhaltenen Räder in der Bretagne stammen aus dem 17. und 18. Jh.

Ein weiteres Kleinod der Kirche ist ein Knochensplitter von SAINT-GILDAS, der sich in einer Büste befindet.

Die Kirche ist von Mitte Juni bis Mitte September täglich 9.30-19.00 Uhr geöffnet. In der übrigen Zeit wende man sich an die sehr freundliche und hilfsbereite Mme SIMONE CLOAREC, Route de St-Gelven, 22570 Laniscat. Ihr Haus liegt etwa 1 km von der Kirche entfernt an der linken Straßenseite. Von rechts mündet an dieser Stelle ein schmaler Fahrweg ein. Französisch-Kenntnisse sind unerläßlich!

Anreise/Weiterreise

- Von Goarec aus über die D 76 (etwa 5 km), von St-Gelven aus über die D 95 (etwa 7 km), von Corlay (im Norden) aus über die D 44 (etwa 11 km). Die landschaftlich schönste Strecke führt über die D 44 ab Bon Repos (aus Richtung Süden) durch die Gorges du Daoulas (etwa 4,5 km).

Carhaix-Plouguer

Während der gallo-römischen Zeit war der Ort unter dem Namen Vorganium sehr bedeutend. Lange Zeit führte der Ort dann ein mehr oder weniger ruhiges Dasein, bis es 1675 zur ***Revolte der Bonnets Rouges,*** der roten Mützen, kam. LOUIS XIV. hatte das Stempelpapier eingeführt, die ohnehin schlechtgestellte Landbevölkerung ahnte Böses. Unter ihrem Anführer SÉBASTIEN LE BALP wurde zunächst nur ein Protestbrief geschrieben, dem dann aber Plünderungen und Brandschatzungen folgten. Soldaten schlugen den Aufstand schließlich blutig nieder.

In der jüngeren Geschichte ist das Jahr 1956 von Bedeutung. Carhaix wurde mit dem Nachbarort Plouguer zu einer Einheit zusammengefaßt. Der Doppelort liegt am Nordrand der ***Montagnes Noires,*** der schwarzen Berge. Touristische Bedeutung kommt dem Ort im wesentlichen nur durch die zentrale Lage an einer Hauptstraße zwischen Brest und Rennes bzw. als Durchgangsort für Fahrten in den Schwarzen Bergen und der Umgebung von Huelgoat zu.

Zur Zeit der römischen Besetzung der Bretagne führte ein ***Aquadukt*** von ursprünglich 20 km Länge durch die Stadt. Seine Reste sind noch heute in der Rue de l'Aqueduc zu bestaunen. Funde aus dieser Zeit werden im Rathaus aufbewahrt.

Maison du Sénéchal. Das Fachwerkhaus aus dem 16. Jh. in der Rue Brizeux 6 beherbergt heute ein Heimatmuseum. Im Haus befindet sich zudem das Office de Tourisme. Interessant und typisch für die Region ist die Architektur des Gebäudes mit seiner nach vorn aus der Hausfront ragenden 1. Etage, die figurengeschmückt ist.

Place du Champ-de-Bataille. Der Schlachtfeldplatz, der 1760 unregelmäßig geformt angelegt wurde, besitzt im Osten und Nordosten monumentale Eingangstore. Inmitten des Platzes steht eine Statue von THÉOPHILE DE LA TOUR D'AUVERGNE (1743-1800). Er war der erste neuzeitliche Forscher, der sich mit keltischen Sprachen beschäftigte.

Eglise St-Tremeur. Die Stiftskirche wurde um 1370 auf den Grundmauern eines Klosters aus dem 12. Jh. errichtet. Im 19. Jh. wurde sie restauriert. Nahe der Kirche liegt die Chapelle Ste-Anne mit einigen sehenswerten Statuen.

Praktische Hinweise

Information

• ***Office de Tourisme,*** Rue Brizeux 3, 29270 Carhaix-Plouguer, Tel. 98.93.04.42.

Unterkunft

• ***Hôtel Le Gradlon,*** Boulevard de la République 12, Tel. 98.93.15.22. Das Hotel direkt neben der Kirche ist ganzjährig geöffnet. 45 gut ausgestattete Zimmer ab 300 FF.

• ***Camping Municipal,*** Tel. 98.93.33.53, im Tal l'Hière. Viel Platz und die Nähe zum Freizeitzentrum zeichnen die Anlage aus. Geöffnet vom 15.6. bis 15.9.

Essen und Trinken

• ***Crêperie La Crêpe Dorée,*** Avenue du Général de Gaulle 22, Tel. 98.93.30.48.

Anreise/Weiterreise

• ***Mit der Bahn:*** Carhaix ist Endstation der Linie 11, die von St-Brieuc aus über Guingamp, Plougonver und Callac hier bis zu 10mal täglich in beiden Richtungen verkehrt (sonn- und feiertags nur dreimal).

• ***Mit dem Bus:*** Die Linie 45 fährt täglich fünfmal auf der Strecke Carhaix – St-Brieuc (und umgekehrt) über die Orte Quintin und Rostrenen.

In und aus Richtung Loudéac besteht 3-4mal täglich eine Verbindung mit der Linie 46, über Rostrenen, Bon Repos und Mur-de-Bretagne (Lac de Guerlédan).

Zwischen Carhaix und Morlaix besteht dreimal täglich eine Busverbindung über Huelgoat mit der Linie 47.

Die Linie 48 verkehrt viermal täglich auf der Route Carhaix – Châteauneuf-du-Faou – Châteaulin und zurück.

In Richtung Südküste besteht eine Busverbindung bis Rosporden (Linie 51) über die Orte Motreff, Gourin und Coatloc'h (siebenmal täglich).

• ***Mit dem Auto:*** Vier große Ausfallstraßen führen aus Carhaix heraus bzw. in die Stadt hinein. Die D 787 führt in nördlicher Richtung nach Guingamp. In Richtung Osten führt die N 164 über Rostrenen und Goarec zum Lac de Guerlédan.

Die D 764 führt in nordwestlicher Richtung über Huelgoat nach Morlaix.

In oder aus Richtung Châteaulin gelangt man über die D 787, die sich etwa 3 km vor Carhaix mit der D 769 aus Richtung Gourin zur N 169 verbindet. Die D 769 führt von Gourin dann weiter nach Hennebont. Wer nach Quimper möchte bzw. von dort aus kommt, fährt auf der D 15 (später dann D 1) bis Gourin und dann auf der D 769 weiter. Die zweite Möglichkeit führt über Châteaulin.

Huelgoat

Sozusagen im Herzen der Bretagne liegt die kleine Gemeinde Huelgoat, deren Name übersetzt "Hochwald" bedeutet. Leider ist vom ehemals weitläufigen Waldgebiet am Fuße der Monts d'Arrée nur ein trauriger Rest übrig, glaubt man den Beteuerungen der Ortsansässigen. Der sogenannte ***Jahrhundertorkan*** von 1987 gab zusammen mit Waldbränden dem riesigen Waldgebiet, das ursprünglich sogar zum Brocéliande gehörte, den Rest. Aber wie so oft, sind nicht alle Schäden sehr offensichtlich.

Die Lage des Ortes am 15 ha großen

Der Wildschweinpfuhl bei Huelgoat (EH)

künstlichen See und etwa 180 m über dem Meeresspiegel ließ ihn schon immer attraktiv erscheinen. Schon zur Zeit der römischen Besetzung wurde hier ein ***gallisches Feldlager*** (Artuslager, 100 v. Chr.) errichtet, das später von den Römern besetzt werden konnte.

Bis ins 19. Jh. war das Dorf vom naheliegenden ***Blei- und Silberbergwerk*** abhängig, bis schließlich auch der Tourismus in diese stille, aber landschaftlich reizvolle romantische Gegend einkehrte.

Heute hat der ***Tourismus*** dem Ort seinen glücklicherweise zurückhaltenden Stempel aufgedrückt. Am Seeufer reihen sich Bars, Cafés, Restaurants und Souvenirgeschäfte aneinander, Parkplätze "zieren" ganze Bereiche der Ortsmitte.

Allerdings findet nicht der lärmende, sondern eher der ruhige Wandertourismus statt, denn Huelgoat ist der Ausgangspunkt für herrliche Wanderungen in der näheren und weiteren Umgebung.

Sehenswertes/Wanderungen

Für die Liebhaber alter Kirchen bietet auch Huelgoat zwei Besichtigungsmöglichkeiten. In der Stadtmitte steht die im 16. Jh. erbaute ***Kirche,*** die mit ihrem modern gestalteten Turm leicht stilbrüchig wirkt. An der Rue des Cieux steht die ***Chapelle Notre-Dame-des-Cieux.*** Das Renaissancebauwerk ist alljährlich am 1. Augustsonntag Ausgangspunkt eines Pardon.

Naturliebhaber werden andere Attraktionen der Umgebung besuchen. Einen guten Überblick über den Ort und die Gegend gewinnt man vom ***Roche Cintrée,*** einem Aussichtspunkt, der in etwa 15 Minuten von der Straße nach Carhaix aus erreichbar ist. Von der Hauptstraße aus rechts abbiegen (Rue de la Roche Cintrée; beschildert) und dann den steil ansteigenden Weg hangaufwärts.

Nördlich des Ortes locken ***Gesteinsformationen*** alljährlich Touristen aus aller Herren Länder an, die hier versuchen, die phantasievollen Namen der Felsen aus der jeweiligen Formation herauszulesen oder sich einfach nur an den mächtigen Steinen erfreuen, die z.T. wie von Riesenhand ausgestreute Kiesel anmuten.

Am östlichen Ende des Sees liegt jenseits der Rue Berrien eine ***alte Mühle.*** Das vom See herabstürzende Wasser trieb einst das Mühlrad an. Hier mündet der See in den Rivière d'Argent. Die zahlreichen Gesteinsbrocken im Mühlbach bilden das ***Chaos du Moulin.*** Am unteren Rand der Steinansammlung liegt die Grotte du Diable, zu der eine rutschige Leiter hinabführt. Entweder am Bach entlang oder über die Straße hinter der Mühle gelangt man zu einer weiteren Felsansammlung. In einer Art Halbkreis angeordnet, bilden die Steine hier ein natürliches Theater, das ***Théâtre de Verdure.*** Hier treten gelegentlich im Sommer Folkgruppen auf.

Der ausgeschilderte Pfad führt weiter

zum ***Roche Tremblante*** (schwankender Fels). Ein riesiger rundlicher Felsen liegt hier so über anderen Felsen, daß nur eine sehr geringe direkte Auflage besteht. Ursprünglich konnte der über 100 t schwere Brocken leicht von einer Person zum Schwanken gebracht werden, doch der Zahn der Zeit nagt auch hier. Allerdings wird nichts weggenagt, sondern Erde und auch einiger Müll hinzugefügt, die Auflagefläche wird größer, ein Bewegen des Felsens ist praktisch nicht mehr möglich.

In den Fels gehauene Stufen führen hinab zum Talgrund. Am Ufer des Argent stößt man rechts des Weges erneut auf große Felsansammlungen. Zwischen den Lücken der einzelnen Felsen hindurch führen schmale Pfade bis zum Ufer. Man befindet sich inmitten der ***Ménage de la Vierge*** (Haushalt der heiligen Jungfrau).

Nun muß die Entscheidung fallen, entweder für den Rückweg über die Allée Violette, einen lauschigen Waldweg am Flußufer entlang bis zur Hauptstraße nach Carhaix und von hier zurück, oder für den Weg tiefer hinein in den Wald, bis zum Artus Camp.

Von der Ménage de la Vierge aus führt

1 Camping du Lac
2 Hôtel du Lac
3 Notre-Dame-des-Cieux
4 Hôtel Armorique
5 La Roche Cintrée
6 Camping La Rivière d'Argent
7 La Roche Tremblante
8 Office de Tourisme

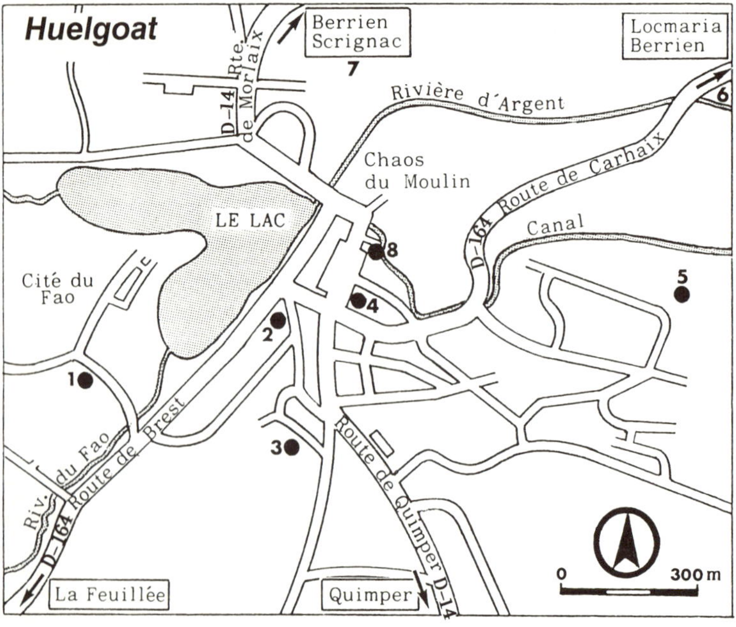

der Sentier des Amoureux hügelaufwärts. Auf dem Hügelkamm schneidet dieser Weg den Wanderweg GR 380, der nach links (in nördlicher Richtung) zum **Camp Artus** führt. Viele hundert Meter zieht sich der Kammweg entlang, bis schließlich das Lager erreicht ist. Hohe Erd- und Steinwälle, wahrscheinlich natürlichen Ursprungs, umgeben eine Senke. Irgendwie erinnert der Blick vom Wall herab auf die Senke an so manche Darstellung der römischer Feldlager in de guten alten Astérix-Heften.

Tatsächlich handelt es sich bei dem 1938 freigelegten Camp um ein typisches Beispiel für ein gallisches Oppidum, wie es auch von **Cäsar** beschrieben wird. Hier wohnten von 56 bis 51 v. Chr. die Osismes, die gegen die Römer kämpften. Der Name Artus-Camp ist also ein Irrtum, lebte König Artus doch erst viel später.

Wer auf dem GR 380 nicht weiter wandern möchte (er führt in Richtung Morlaix), muß nun den Rückweg antreten. An der Weggabelung, die man bereits auf dem Hinweg erreicht hatte, führt der ursprüngliche Weg links hinunter ins Tal. Früher gab es einmal eine Abkürzung, die bereits vor der Gabelung über einen über 218 Stufen begehbaren Hang hinunterführte. 1993 war allerdings alles zugewachsen. Am Talboden führt der Weg links, vorbei an der ***Artus-Grotte,*** zum ***Mare aux Sangliers,*** dem Wildschweinpfuhl. Nur mit sehr viel Phantasie kann in den Felsen rund um den kleinen Teich die Gestalt eines Wildschweines erkannt werden. Hier über den Bach zur Allée du Clair-Ruisseau wechseln. Etwa 1 km zieht sich der Wanderweg durch den Wald und mündet auf die Straße nach Carhaix, nahe dem Parkplatz Pont-Rouge.

Wer nicht beide Wege miteinander kombinieren möchte, findet hier den idealen Ausgangspunkt, um zum Wildschweinpfuhl und Artus-Camp zu gelangen. Später können dann die Felsen vom Ortskern aus erreicht werden.

Praktische Hinweise

Information

- ***Office de Tourisme,*** Mairie, 29690 Huelgoat, Tel. 98.99.72.32.

Unterkunft

- ***Hôtel/Restaurant du Lac,*** Rue du Général de Gaulle, Tel. 98.99.71.14, 17 einfache Zimmer werden hier ab 140 FF vermietet.
- ***Hôtel/Bar L'Armorique,*** Place A. Briand, Tel. 98.99.71.24. Mit 160 FF etwas teurer, dafür auch gemütlicher ausgestattet sind die Zimmer in diesem kleinen Hotel nahe der Kirche.
- ***Camping Municipal du Lac,*** Rue du Lac, Tel.98.99.78.80. Der einfache Platz für etwa 100 Einheiten liegt direkt am See, unweit des Schwimmbades und der Tennisanlage.
- ***Camping La Rivière d'Argent,*** Rue Le Berre, Tel. 98.99.72.50. Der reine Sommercampingplatz (geöffnet vom 15.5 bis zum 10.9.) liegt etwa 2 km außerhalb an der Straße nach Carhaix. Die Ausstattung ist komfortabler.

Essen und Trinken

- ***Restaurant du Lac,*** im Hôtel du Lac (s.o.), nette, gemütliche Gaststätte mit Blick auf den See.
- Leckere Crêpes gibt es in der ***Crêperie Ty Vonig,*** Place A. Briand,Tel. 98.99.76.41.
- ***Miellerie de Huelgoat,*** nahe des Chaos du Moulin, Tel. 98.99.94.36. Hier gibt es alles, was mit Honig, Bienen und Wachs zu tun hat. Es lohnt sich, den Chouchen, ein alkoholisches Honiggetränk, zu probieren.
- Weitere Restaurants und Crêperien finden sich im Ortskern und am Seeufer.

Sonstiges

- ***Fahrradverleih,*** Pédalos sur le lac, Crêperie Bourlès, Rue du Lac, Tel. 98.99.71.72.

Anreise/Weiterreise

- ***Mit dem Bus:*** Huelgoat liegt an der Buslinie 47, die dreimal täglich zwischen Carhaix und Morlaix (sonn- und feiertags nur einmal) verkehrt.
- ***Mit dem Auto:*** Aus Richtung Carhaix ist der Ort über die D 764 zu erreichen. Die D 769 führt in nördlicher Richtung weiter nach Morlaix. Aus Richtung Quimper/Châteaulin erreicht man Huelgoat am besten über die D 785 bzw. D 787 bis Pleyben. Hier in Richtung Morlaix auf die D 785, bis zum Abzweig der D 14, kurz vor Brasparts. Landerneau und Brest sind am besten auf der D 764, über Roc'h Trévezel und Sizun erreichbar.

Parc Naturel Régional d'Armorique

1969 wurde ein weitflächiges Gebiet im Finistère ***zum Naturpark erklärt.*** 90.000 ha stellte man unter Schutz, um hier einerseits die Natur möglichst unberührt zu erhalten und andererseits das Leben der Bevölkerung dieser Region in einem nach Möglichkeit recht ursprünglichen Zustand zu belassen. Diese scheinbar von oben verordnete Behinderung der Bevölkerung verfolgt einen durchaus positiven Zweck. Eine starke Zersiedlung soll ebenso verhindert werden wie die Ansiedelung von Großindustrie. Unternehmen, die hier ihren Standort aufbauen wollen, dürfen den landwirtschaftlichen Charakter der Region nicht verändern.

Insgesamt 33 Gemeinden liegen im Gebiet des Naturparks. ***Museen,*** die das ursprüngliche Leben der Bevölkerung anschaulich demonstrieren, finden sich in verschiedenen Orten (z.B. in Ouessant und Loqueffret).

Der Naturpark zeigt allerdings kein einheitliches Bild, sondern gliedert sich in zum Teil recht ***unterschiedliche Bezirke:*** die Monts d'Arrée, die Umgebung von Huelgoat, die Halbinsel von Crozon, die Region zwischen der Aulne-Mündung, Châteaulin, Brasparts, Sizun und le Faou (d.h. der zentrale Bezirk des Naturparks) und die Inseln Ouessant und Molène. Zu den beiden letztgenannten Gebieten siehe in denm entsprechenden Kapitel weiter vorn im Buch.

Im Norden gehört ein Teil der umfriedeten Pfarrbezirke (z.B. le Cloître St. Thégonnec, s. dort) geographisch gesehen zum Naturpark.

Monts d'Arrée

Im Bereich dieses bretonischen Gebirges zeigt sich die Bretagne plötzlich von einer ganz anderen Seite. Statt einer vom Meer geprägten oder bewaldeten Landschaft herrschen hier zumeist ***kahle Höhenzüge*** vor, deren höchste Erhebungen die 400-m-Grenze nur knapp unterschreiten. Die ***höchsten Punkte,*** der Tuchenn-ar-Gador (Thronhügel) mit 384 m, der Roc'h Trévézel mit 383 m, der Mont Saint-Michel de Braspart (380 m) und der Roc'h Tredudon (368 m) liegen alle praktisch im Zentrum des Höhenzuges nahe dem sagenumwobenen Moorgebieten ***Yeun Elez*** (Höllentür).

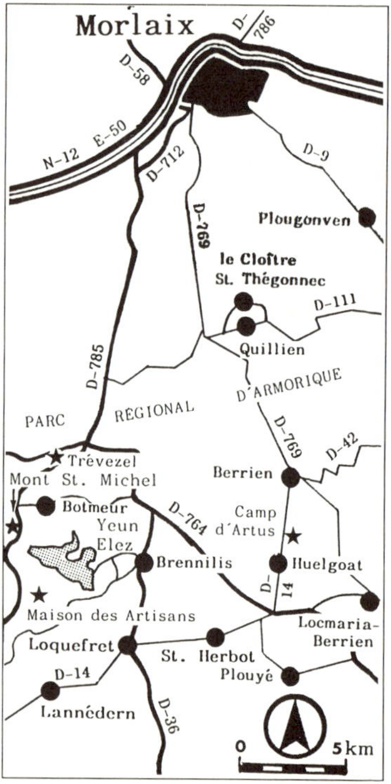

Parc Naturel Régional d'Armorique

Hier, im sumpfigen Gebiet der Elez, die heute den St-Michel-Stausee speist, sind zahlreiche ***Sagen*** beheimatet, die von der Atmosphäre des Ortes genährt werden. Die alten Geschichten konnten über die hier ursprünglich lebenden halbnomadischen Kleinbauern, die Pilhaouerien, überliefert werden. Auf ihren Wanderungen durch die Dörfer, bei denen sie sich durch Lumpen- und Metallsammlungen ein Zubrot verdienten, verdingten sie sich oft als Minnesänger. So konnten Geschichten und Lieder weit verbreitet werden und sich erhalten.

Scheinbar hat die mystische Landschaft die Menschen bereits im Neolithikum inspiriert. Zeugen dieser Epoche sind noch heute sichtbare ***Menhire und Dolmen.*** Auch heute noch kommen hier gelegentlich die ***Druiden*** der Region zu einem großen Treffen zusammen, dessen Datum jedoch geheimgehalten wird (zuletzt 1990).

Die Atmosphäre des Gebietes ist durch seine für die Bretagne einmalige Landschaft bestimmt. Die relative Höhenlage mit kühler, feuchter Witterung (1.300-1.500 mm Regen/Jahr) sorgte für das Entstehen einer ***charakteristischen Vegetation.*** Kennzeichnend sind Heidegewächse, Torflagerbinsen (MOLINIES) und Torfmoose (SPHAIGNES). In dieser moortypischen Landschaft konnten aufgrund von Konservierungsprozessen im relativ sauren Untergrund zahlreiche Arten gefunden werden, die dabei helfen, die Vegetation des Gebietes bis zu 3.000 Jahre vor Christus zu rekonstruieren. Ginster und Weiden am Wasser, auch Hahnenfußgewächse und der seltene Sonnentau, eine insektenfressende Pflanze, ergänzen die faszinierende Flora.

Auch die ***Tierwelt*** hat hier einiges zu bieten. Im Quellgebiet zahlreicher Flüsse leben Forellen und Lachse. Mit etwas Glück gelingt es, Fischotter und einen der fast ausgestorbenen Biber bei der Arbeit zu entdecken.

Rund um das Yeun Elez

Das Gebiet um das Yeun Elez läßt sich am besten mit dem Auto erkunden oder erwandern. Ein Transport mit öffentlichen Verkehrsmitteln ist recht problematisch, da Busse nur auf wenigen Strecken verkehren und bestimmte Punkte keine Haltestelle haben.

Roc'h Trévezel

Ausgangspunkt für die Tour ist der Roc'h Trévezel. Dieser 383 m hohe Punkt läßt sich leicht aus den unterschiedlichsten Richtungen erreichen. Aus Richtung Brest/Landerneau führt die D 764 über Sizun zum Felsen. Die D 764 erreicht man von der Crozon-Halbinsel aus über die D 791 bis Le Faou und dann über die D 18.

Nur wenige Meter östlich des zackigen Gipfels führt die D 785 von Quimper/Pleyben (im Südwesten) bis nach Morlaix. Aus Richtung Hennbout/Carhaix erreicht man den Berg über Huelgoat (D 764).

Bereits von weitem überragt der gezackte Gipfel des Roc'h Trevezel die Landschaft. Direkt an der D 785, östlich des Gipfels, beginnt am Parkplatz ein kurzer ***Wanderweg zu den Felsen.*** Der Weg zum windumtosten Grat lohnt nur bei wirklich gutem Wetter.

Mont St-Michel

Auf der D 785 in Richtung Süden erreicht man nach etwa 9,5 km den nächsten höheren Felsen, den Mont St-Michel de Brasparts. Die kleine Kapelle auf dem Gipfel soll über die Seelen der im Moor Versunkenen wachen.

St-Rivoal

Bereits 2,5 km vor dem Gipfel zweigt die D 42 in Richtung St-Rivoal ab. Im kleinen Dorf befindet sich ein ***Ecomusée des Monts d'Arrée,*** das Maison Cornec. Am westlichen Ortsausgang steht das kleine aus Schiefer errichtete Gebäude aus dem Jahre 1702, in dem YVON CORNEC und

ANNA BROUSTAL gelebt haben. Neben dem Wohnraum mit Kamin, der Scheune und dem Stall ist noch ein Abstellraum für allerlei Gerätschaften restauriert worden. Im Hof können zwei Backöfen besichtigt werden. Öffnungszeiten: vom 1.6. bis 30.6 und vom 1.9 bis 15.9. 14.00-18.00 Uhr, vom 1.7 bis 31.8. 13.00-19.00 Uhr. Auskunft unter Tel. 98.68.87.76. Eintritt: 12 FF/8 FF.

Maison des Artisans

Kurz hinter dem Gipfel des St-Michel erreicht man in Richtung Brasparts an der D 785 das Maison des Artisans (Haus des Kunsthandwerks). Etwa 200 Künstler aus der ganzen Bretagne stellen in den Räumen eines Bauernhofes ihre Kreationen aus, zu denen unter anderem Schnitzereien, Töpfer- und Webarbeiten gehören. Öffnungszeiten: täglich außer dienstags und mittwochs 10.00-12.00 und 13.30-18.30 Uhr, Tel. 98.81.41.13.

Brasparts

Nur etwa 5 km weiter an der D 785 liegt der Ort Brasparts. Hier befindet sich ein ***umfriedeter Pfarrbezirk*** (ENCLOS PAROISSIAL) aus dem 16. Jh. Die Kirche im Renaissancestil wird von einem Vorbau (1590) geziert, der neben Apostelfiguren auch mit Fabelwesen geschmückt ist. Im Inneren der Kirche findet man im Chor ein herrliches Fenster aus dem 16. Jh. mit Bildern der Passionsgeschichte. Außen beeindruckt der streng geometrisch konstruierte Turm, dessen klare, unverschnörkelte Form als Symbol für die Unendlichkeit, die göttliche Ordnung steht.

Das dazugehörige ***Beinhaus*** wird von zwei Ankou-Statuen bewacht. Im Sommer befindet sich das Syndicat d'Initiative im Pfarrhaus an der Kirche.

Lannédern

Über die D 21 gelangt man bei Croas-Ahars auf die D 14, die in nordöstlicher

Der Roc'h Trévézel im Morgengrauen (EH)

Richtung nach Lannédern mit einem weiteren ***umfriedeten Pfarrbezirk*** führt. Auf dem Calvaire (1621) wird u.a. SAINT EDERN dargestellt, der nach einer Legende auf einem Hirsch ritt. In der Kirche sind sein Grabmal aus dem 14. Jh. und verschiedene Reliefbilder dieses Heiligen untergebracht. Schön bemalte Fenster zieren den Chor.

Loqueffret

Die D 14 führt dann weiter nach Loqueffret. Auch hier findet sich ein Enclos Paroissial mit einer Kirche aus dem 16. Jh. Neben dem Hauptaltar lohnt ein Blick auf den Rosenkranzaltar rechts. Links des Altars befindet sich eine Nische, in der eine Darstellung der Dreifaltigkeit zu finden ist.

Im alten Presbyter-Haus ist ein weiteres Ecomusée untergebracht, das ***Maison du Recteur*** (Haus des Priesters). Hier werden zahlreiche Gegenstände aus dem Alltagsleben eines Priesters ausgestellt und der Weg vom Schüler bis zur Übernahme einer Pfarrei nachgezeichnet. Das karge Leben des Priesters erfreute sich nach der Darstellung im Maison du Recteur nur einmal im Monat einer Abwechslung, wenn die Priester der umliegenden Gemeinden zu einem großen Gelage zusammenkamen. Öffnungszeiten: 1.7. bis 15.9. 13.30-18.30 Uhr täglich, außer montags, Tel. 98.26.40.32.

St-Herbot

Von Loqueffret aus gelangt man über die D 14 zunächst nach St-Herbot. Inmitten der beeindruckend wilden Landschaft steht die ***Kirche St-Herbot,*** die nach dem Heiligen benannt ist, auf dessen Einsiedelei die Grundmauern stehen. Historisch erlangte die Kapelle 1509 dadurch Bedeutung, daß ANNE DE BRETAGNE am 15. Februar festsetzte, daß hier wöchentlich zwei Messen zu lesen seien. Auch architektonisch ist das Gebäude interessant. Durch die Hanglage ergibt sich ein Nord-Süd-Gefälle von 4 m und ein Ost-West-Gefälle von 2 m, so daß der Chor in Richtung Sonnenaufgang, der Glockenturm in Richtung Sonnenuntergang liegt. Vom mächtigen viereckigen Turm fehlt mittlerweile die Spitze. Im Inneren der Vorhalle finden sich Apostelfiguren mit jeweils unterschiedlich gestalteten Bärten, SAINT JACQUES steht auf einer Muschel zum Zeichen dafür, daß SAINT HERBOT sich hier auf einem Wallfahrtsweg von Santiago de Compostela befand. Der Chor zeigt eine herrlich geschnitzte Chorschranke im Renaissancestil, hinter der sich Steintische befinden, auf die die Kirchgänger Schwanzhaare ihrer Rinder legten, weil SAINT HERBOT der Schutzheilige des Hornviehs war.

Von St-Herbot aus besteht nun die Möglichkeit, über die D 14 weiter nach Huelgoat zu fahren oder über die kleine Verbindungsstraße in Richtung Westen (Le Rusquec Couzanet), vorbei am Aussichtspunkt Site de Mardoul bei Kermarc, zur D 36 zu gelangen. Die D 36 führt von Loqueffret nach Brennilis.

Brennilis

In Brennilis und Umgebung prallen Neolithikum, Mittelalter und 20. Jh. erbarmungslos aufeinander. Sichtbar ist dies in den ***Menhiren*** der Umgebung, der hübschen ***Kirche*** aus dem 15. Jh. mit schön bemalten Fenstern und einigen Felsen, die scheinbar völlig willkürlich im Kirchhof liegen, und der Centrale nucléaire de Saint-Michel, dem ältesten ***AKW*** Frankreichs, das hier von 1966 bis 1987 am Netz hing, dann aber wegen Unwirtschaftlichkeit abgeschaltet wurde.

Biegt man am nördlichen Ortsausgang rechts ab, erreicht man kurz darauf den ***Dolmen Ti ar boudiged,*** auch "La Maison des fées" genannt. Zunächst fällt nur ein netter Park mit Picknickplatz auf. Um 3.000 v. Chr. wurde hier ein Bauwerk, das den Übergang zwischen einem Gangdolmen und einer Allée couverte darstellt, errichtet. Die Außenmaße sind mit 17 m mal

3,5 m recht eindrucksvoll. Außer einigen Keramikstücken und Pfeilspitzen wurden keine größeren Funde gemacht. Im Inneren ist das Bauwerk 13,4 m lang, zunächst nur 1 m breit, vergrößert sich dann aber bis auf 2,8 m Breite im hinteren Bereich. Bemerkenswert ist in der Kammermitte eine Stützplatte, die möglicherweise ein Äquivalent zu den Platten im Inneren von Gangdolmen darstellt.

In Brennilis wird auch mit großem Aufwand für die ***Expo du Youdig,*** das Ancient Village, geworben. Ob sich der Besuch der Modellausstellung zum Handwerk und bäuerlichen Leben der Region auf engstem Raum lohnt, muß jeder selbst entscheiden. Eintritt: 25/15 FF. Die Ausstellung ist ganztägig geöffnet, Tel. 98.99.62.36. Es besteht auch die Möglichkeit, hier etwas zu essen (Achtung: Touristenpreise) und zu übernachten (ab 150 FF).

Reservoir St-Michel

Brennilis kann auch als Ausgangspunkt für eine Tour im näheren Bereich des Reservoirs St-Michel dienen. Der See, der ursprünglich dazu diente, Kühlwasser für das Atomkraftwerk zu liefern, beherbergt eine artenreiche Flora und Fauna. Fährt man Richtung Bihan/AKW, erreicht man zunächst den ***Calvaire de Kerstrat.*** Kurz vor dem Ufer links in Richtung Forc'han abbiegen. Die Straße führt in westlicher Richtung vorbei an einem Menhir zum ***Roc'h Kléguer*** (317 m) mit Aussichtspunkt. Folgt man der Straße in Richtung Mont St-Michel, kommt man zu den ***Alignements An Eured Veign,*** einer Steinreihe, die auch La Noce de Pierre genannt wird.

Wer den See nicht ganz umrunden möchte, fährt von hier aus wieder über Bihan und Braz zurück zum ***Réserve du Vennec.*** Im Naturschutzgebiet bestehen gute Chancen, Sonnentau, die insektenfressende Pflanze, Biber und zahlreiche Wasservögel zu beobachten.

Praktische Hinweise

Information

- ***Office de Tourisme,*** 29190 Brasparts, Tel. 98.81.47.06 oder 98.81.41.25.

Unterkunft

- ***Chambres d'hôtes,*** M.T. Solliec Kreisker, 29690 Botmeur, Tel. 98.99.63.02. Hier werden drei recht komfortable Zimmer im restaurierten Gebäude für 180 FF vermietet.
- ***Gîte d'étape,*** M. et Mme. Raoulas, 29530 Loqueffret, Tel. 98.81.00.27. Hier können bis zu 20 Personen untergebracht werden. Preise ab 100 FF.
- ***Camping Municipal de Nestavel Bras,*** Tel. 98.96.66.57. Der kleine Platz (45 Stellplätze) am Seeufer ist vom 15.6. bis 15.9. geöffnet. Hier können Fahrräder gemietet werden.

Essen und Trinken

Die Gelegenheiten, etwas zu essen zu bekommen, sind rar gesät. Fast jeder kleine Ort besitzt allerdings eine Bar oder Crêperie.

- In ***Brennilis*** finden sich die Restaurants von Mme. Coadour (Tel. 98.99.61.12) und Mme. Barazer (Tel. 98.99.61.01).

Anhang

Literaturhinweise

Landeskunde und Geschichte

- A. Croix, J. Guiffan, ***Histoire des Bretons,*** Dossiers de l'Histoire, Editions F. Nathan, Paris 1977
- L. le Cunff, ***Sein, L'Ile Mystérieuse***, Edition Jos, Doaré 1990
- C. Grenet, E. Laurent, ***Histoire des Bretons,*** Dossiers de l'Histoire, Editions de l'Université et de l'Enseignement Moderne, Paris 1983
- P.J. Helias, ***Meeressagen,*** Editions Jos, Châteaulin 1992
- M. Hope, ***Magie und Mythologie der Kelten,*** Heyne Sachbuch, München 1990
- G. Kalmbach, ***Kulturschock Frankreich,*** Reise Know-How Verlag Peter Rump, Bielefeld 1990
- H. Waquet, R. de Saint-Jouan, ***Histoire de la Bretagne,*** Presses Universitaires de France, Paris 1980

Flora und Fauna

- G. Corbet, D. Ovenden, ***Pareys Buch der Säugetiere,*** Parey, Hamburg 1982
- R. Fitter, A. Fitter, M. Blamey, ***Pareys Blumenbuch,*** Parey, Hamburg 1974
- H. Heinzel, R. Fitter, J. Parslow, ***Pareys Vogelbuch,*** Parey, Hamburg 1980
- P. Moteau, ***Les Oiseaux de Mer,*** Editions J.P. Gisserot, Luc.on 1989
- P. Thommen, ***La Nature dans le Golfe du Morbihan***, Editions Ouest-France, Rennes 1983

Megalithen

- J. Briard, ***Die Megalithen der Bretagne,*** Edition J.P. Gisserot, Luc.on 1991
- R. Drößler, ***Astronomie in Stein,*** Prisma-Verlag, Leipzig 1990
- P.R. Giot, ***Die Alignements von Carnac,*** Editions Ouest-France, La Guerche-de-Bretagne 1990
- P.R. Giot, ***Barnenez,*** Editions Jos, Doaré 1991
- P.R. Giot, ***Menhire und Dolmen,*** Editions Jos, Châteaulin 1991
- P.R. Giot, ***Préhistoire de la Bretagne,*** Editions Jos, Saint-Thonan 1992
- M. Lenoir, ***La Préhistoire,*** Editions J.P. Gisserot, Luc.on 1990
- F. Niel, ***Auf den Spuren der großen Steine,*** M. Pawlak Verlagsgesellschaft, Herrsching 1989
- ***Time-Life, Mystische Stätten,*** Reihe: Geheimnisse des Unbekannten, Time-Life, Amsterdam 1992

Kunst und Kultur

- V.-H. Debidour, ***Große Kalvarienberge der Bretagne,*** Editions Jos, Châteaulin 1990
- V. Kruta, ***Les Celtes,*** Presses Universitaires de France, Paris 1979
- G. Meirion-Jones, M. Jones, ***Les Châteaux de Bretagne,*** Editions Ouest-France, Rennes 1992
- M. Ovazza, ***La Forêt de Brocéliande,*** Editions Ouest-France, Rennes 1989

Reisen in der Bretagne

- H. Champollion, ***Die Brière,*** Editions Ouest-France, La Guerche-de-Bretagne 1989
- E. Guillé, ***L'Ile d'Ouessant,*** Editions Jos, Doaré 1992
- G. Le Scouezec, ***Le Guide de la Bretagne,*** Editions Beltan-Breizh, Brasparts 1989
- Y. Mauffret, ***Le Golfe du Morbihan,*** Editions Ouest-France, La Guerche-de-Bretagne 1989
- S. Morand, ***Galette und die Crêpes in der Bretagne,*** Editions Jos, Châteaulin 1990
- O. Mordrel, ***Bretagne,*** Edition Nathan, Paris 1983
- A. Rondeau, Pilote Cotier Fenwick, ***De Saint-Malo à Brest, De Nantes à Brest,*** Praxys Diffusion, Paris 1992

Maritimes

G. Chauvin, ***Les Coquillages,*** Edition J.P. Gisserot, Luc.on 1991

- Deutsches Hydrographisches Institut, ***Handbuch der Nord- und Westküste Frankreichs,*** Hamburg 1989
- H.Gloux, J.Y. Manac'h, ***Les Bateaux de Pêche de Bretagne***, Editions Fayarol, Paris 1976
- G. Sager, ***Mensch und Gezeiten,*** Aulis-Verlag, Köln 1988

Sprache

- G. Kalmbach, ***Französisch für Globetrotter,*** Kauderwelsch Bd. 40, Reise Know-How Verlag Peter Rump, Bielefeld 1987
- H. Kayser, ***Französisch-Slang, das andere Französisch,*** Kauderwelsch Bd. 42, Reise Know-How Verlag Peter Rump, Bielefeld 1989

Zeitschriften

- ***Ar-Men,*** Zeitschrift für bretonische Kultur
- ***Chasse-Marée,*** Zeitschrift für traditionelle bretonische Seefahrt
- ***Keltys,*** Zeitschrift für kulturellen Tourismus

REISE KNOW-HOW®

Gabriele Kalmbach

Paris

und Umgebung

336 Seiten, DM 26,80
Reise Know-How/City
im ***Peter Rump Verlag***

Paris, international als eine der interessantesten, schönsten und gegensätzlichsten Metropolen der Welt gepriesen, zieht jährlich Millionen von Besuchern an. Und wer hier nur ein oder zwei Tage bleiben will, merkt schnell, daß die Zeit nicht reicht.

Im Zentrum Frankreichs gelegen, ist diese Stadt Mittelpunkt der französischen Welt, der Kultur, der Wissenschaft, der Kunst, des Konsums und des Amüsements.

Das Handbuch von Gabriele Kalmbach bietet dem Paris-Kenner ebenso wie dem Paris-Kennenlerner unzählige praktische Tips und Hintergrundinformationen für einen erlebnisreichen Aufenthalt auf eigene Faust. Es zeigt Berühmtes und ganz Verstecktes in der Stadt und beschreibt empfehlenswerte Ausflüge in die nähere Umgebung.

- detaillierte Beschreibungen der interessantesten Stadtteile mit ihren Sehenswürdigkeiten, Unterkünften, Läden, Restaurants
- Vorschläge für Stadtrundgänge
- wissenswerte Hintergrundinformationen zu Stadt und Land
- interessante Ausflüge in die Umgebung
- ca. 100 Fotos und Karten, Register

REISE KNOW-HOW

PROGRAMMÜBERSICHT

Reise Know-How Bücher werden von Autoren geschrieben, die Freude am Reisen haben und viel persönliche Erfahrung einbringen. Sie helfen dem Leser, die eigene Reise bewußt zu gestalten und zu genießen. Wichtig ist uns, daß der Inhalt unserer Bücher nicht nur im reisepraktischen Teil „Hand und Fuß" hat, sondern daß er in angemessener Weise auf Land und Leute eingeht. Die Reihe **Reise Know-How** soll dazu beitragen, Menschen anderer Kulturkreise näher zu kommen, ihre Eigenarten, und ihre Probleme besser zu verstehen. Wir achten darauf, daß jeder einzelne Band gemeinsam gesetzten Qualitätsmerkmalen entspricht. Und um in einer Welt rascher Veränderungen laufend aktualisieren zu können, drucken wir bewußt kleine Auflagen.

SACHBÜCHER:

Die Sachbücher vermitteln KNOW-HOW rund ums Reisen: Wie bereite ich eine Motorrad- oder Fahrradtour vor? Welche goldenen Regeln helfen mir, unterwegs gesund zu bleiben? Wie komme ich zu besseren Reisefotos? Wie sollte eine TransSahara-Tour vorbereitet werden?
In der Sachbuchreihe von **Reise Know-How** geben erfahrene Vielreiser Antworten auf diese Fragen und helfen mit praktischen, auch für Laien verständlichen Anleitungen bei der Reiseplanung.

WELT

Motorradreisen
DM 34,80 ISBN 3-921497-20-5

Um-Welt-Reise
REISE STORY
DM 22,80 ISBN 3-9800975-4-4

Achtung Touristen
DM 16,80 ISBN 3-922376-32-0

Die Welt im Sucher
DM 24,80 ISBN 3-9800975-2-8

Wo es keinen Arzt gibt
DM 26,80 ISBN 3-922376-35-5

Fahrrad-Weltführer
DM 44,80 ISBN 3-9800975-8-7

Auto(fern)reisen
DM 34,80 ISBN 3-921497-17-5

Äqua-Tour
Rad & Bike
DM 28,80 ISBN 3-929920-12-3

REISE STORY:

Reise-Erlebnisse für nachdenkliche Genießer bringen die Berichte der **Reise Know-How** Reise-Story. Sensibel und spannend führen sie durch die fremden Kulturbereiche und bieten zugleich wertvolle Sachinformationen. Sie sind eine Hilfe bei der Reiseplanung und ein Lesevergnügen für jeden Fernwehgeplagten.

STADTFÜHRER:

Die Bücher der Reihe **Reise Know-How City** führen in bewährter Qualität durch die Metropolen der Welt. Neben den ausführlichen praktischen Informationen über Hotels, Restaurants, Shopping und Kneipen findet der Leser auch alles Wissenswerte über Sehenswürdigkeiten, Kultur und „Subkultur" sowie Adressen und Termine, die besonders für Geschäftsreisende wichtig sind.

EUROPA

Portugal-Handbuch
DM 29,80 ISBN 3-923716-05-2

Mallorca
DM 29,80 ISBN 3-927554-17-0

Mallorca für Eltern und Kinder
DM 24,80 ISBN 3-927554-15-4

Madrid
DM 26,80 ISBN 3-89416-201-5

London
DM 26,80 ISBN 3-89416-199-X

Rom
DM 26,80 ISBN 3-89416-203-1

Berlin mit Potsdam
DM 26,80 ISBN 3-89416-202-3

Ungarn
DM 32,80 ISBN 3-89416-188-4

Paris
DM 26,80 ISBN 3-89416-200-7

Prag
DM 26,80 ISBN 3-89416-204-X

Warschau/Krakau
DM 26,80 ISBN 3-89416-209-0

München
DM 24,80 ISBN 3-89416-208-2

Frankfurt/Main
DM 24,80 ISBN 3-89416-207-4

Schweden-Handbuch
DM 36,80 ISBN 3-923716-10-9

Oxford
DM 26,80 ISBN 3-89416-211-2

Budapest
DM 26,80 ISBN 3-89416-212-0

EUROPA

Ostdeutschland individuell
DM 32,80 ISBN 3-921838-12-6

Ostseeküste/ Mecklenburg
DM 19,80 ISBN 3-89416-184-1

Freistaat Sachsen
DM 26,80 ISBN 3-89416-177-9

Rügen/Usedom
DM 19,80 ISBN 3-89416-190-6

Land Thüringen
DM 24,80 ISBN 3-89416-189-2

Türkei-Handbuch
DM 32,80 ISBN 3-923716-02-8

Türkei West & Südküste
DM 29,80 ISBN 3-923716-11-7

Zypern-Handbuch
DM 26,80 ISBN 3-923716-04-4

Skandinavien – der Norden
DM 32,80 ISBN 3-89416-191-4

Irland-Handbuch
DM 36,00 ISBN 3-89416-194-9

Schottland-Handbuch
DM 36,00 ISBN 3-89416-179-5

Baltikum – Estland, Lettland, Litauen
DM 39,80 ISBN 3-89416-196-5

Litauen mit Kaliningrad
DM 29,80 ISBN 3-89416-169-8

Estland
DM 26,80 ISBN 3-89416-215-5

Lettland
DM 26,80 ISBN 3-89416-216-3

Oberlausitz
DM 24,80 ISBN 3-89416-165-5

Reise Know-How

PROGRAMMÜBERSICHT

AFRIKA

Durch Afrika
DM 56,80 ISBN 3-921497-11-6

TransSahara
DM 29,80 ISBN 3-921497-01-9

Marokko
DM 34,80 ISBN 3-921497-81-7

Ägypten individuell
DM 34,80 ISBN 3-921838-10-X

Kairo, Luxor, Assuan
DM 26,80 ISBN 3-921838-08-8

Kenya
DM 39,80 ISBN 3-921497-45-0

Agadir und die Königsstädte Marokkos
DM 29,80 ISBN 3-921497-71-X

Zimbabwe
DM 34,80 ISBN 3-921497-26-4

Westafrika
DM 39,80 ISBN 3-921497-02-7

Madagaskar, Seychellen, Mauritius, Réunion, Komoren
DM 36,00 ISBN 3-921497-62-0

Tunesien
DM 44,80 ISBN 3-921497-74-4

Die Wolken der Wüste
REISE STORY
DM 24,80 ISBN 3-89416-150-7

Nigeria – hinter den Kulissen
REISE STORY
DM 26,80 ISBN 3-921497-30-2

Afrikanische Reise
REISE STORY
DM 26,80 ISBN 3-921497-91-4

Tonführer Ägypten: Luxor, Theben
DM 29,80 ISBN 3-921838-90-8

Tonführer Ägypten: Kairo
DM 32,00 ISBN 3-921838-91-6

Kamerun
DM 36,80 ISBN 3-921497-32-9

ASIEN

Jemen
DM 39,80 ISBN 3-921497-09-4

Myanmar (Burma)
DM 29,80 ISBN 3-9800464-3-5

Phuket/ Thailand
DM 29,80 ISBN 3-89416-182-5

Thailand Handbuch
DM 36,80 ISBN 3-89416-171-X

Bangkok
DM 26,80 ISBN 3-89416-205-8

China Manual
DM 44,80 ISBN 3-89416-167-1

Sri Lanka
DM 36,80 ISBN 3-89416-170-1

Sprachbuch
China
Hoch-Chinesisch (Mandarin), Kantonesisch, Tibetisch
DM 24,80 ISBN 3-922376-68-1

Sprachbuch
Südostasien
Indonesisch, Thai, Tagalog
DM 24,80 ISBN 3-922376-33-9

RAD & BIKE:

Reise Know-How „Rad & Bike“ sind Radführer von lohnenswerten Radreiseländern bzw. Radreise-Stories von außergewöhnlichen, extremen Rad- und Mountainbike-Touren durch außereuropäische Länder und Kontinente. Die Autoren waren oft jahrelang unterwegs, und sie sind entweder bekannte, gestandene Biketouren-Profis oder „newcomer“, die mit ihrem Bike in kaum bekannte Länder und Regionen vorstießen. Wer immer eine Fern-Biketour plant - oder auch nur davon träumt – kommt an den **Rad & Bike**-Bänden nicht vorbei!

ASIEN

Malaysia & Singapur mit Sabah & Sarawak
DM 36,80 ISBN 3-89416-178-7

Singapur
DM 26,80 ISBN 3-89416-210-4

Bali & Lombok mit Java
DM 36,80 ISBN 3-89416-173-6

Sulawesi (Celebes)
DM 36,00 ISBN 3-89416-172-8

Reisen mit Kindern in Indonesien
DM 26,80 ISBN 3-922376-95-9

Vietnam-Handbuch
DM 36,00 ISBN 3-89416-195-7

Nepal-Handbuch
DM 36,80 ISBN 3-89416-193-0

Ladakh und Zanskar
DM 36,80 ISBN 3-89416-176-0

AUSTRALIEN NEUSEELAND

Neuseeland
DM 34,80 ISBN 3-923716-09-5

Neuseeland
REISE STORY
DM 24,80 ISBN 3-921497-15-9

Australien-Handbuch
DM 32,80 ISBN 3-923716-03-6

AMERIKA

USA/Canada
DM 39,80 ISBN 3-927554-12-X

Durch den Westen der USA
DM 36,80 ISBN 3-927554-16-2

Durch Canadas Westen (mit Alaska)
DM 36,80 ISBN 3-927554-03-0

Durch die USA mit Flugzeug und Mietwagen
DM 36,80 ISBN 3-927554-10-3

Als Gastschüler in die/den USA
DM 22,80 ISBN 3-97554-14-6

Amerika von unten
REISE STORY
DM 22,80 ISBN 3-9800975-5-2

„Und jetzt fehlt nur noch John Wayne...“
REISE STORY
DM 22,80 ISBN 3-927554-18-9

Mexiko
DM 36,80 ISBN 3-9800975-6-0

Guatemala
DM 36,80 ISBN 3-89416-214-7

Peru/Bolivien
DM 34,80 ISBN 3-9800376-2-2

Traumstraße Panamerikana
REISE STORY
DM 24,00 ISBN 3-9800975-3-6

Venezuela
DM 36,80 ISBN 3-921497-40-X

Sprachbuch
Lateinamerika
Spanisch, Quechua, Brasilianisch,
DM 24,80 ISBN 3-922376-18-5

Trinidad & Tobago
DM 36,80 ISBN 3-89416-174-4

REISE KNOW-HOW®

Werner Halmert

ENGLAND – Der Süden

Reisehandbuch mit Wandertips und Stadtführer London

Viel gibt es hier zu entdecken! Weltbekannt sind Seebäder wie Brighton, Eastbourne und Bournemouth mit ihren langen, weit ins Meer hinausragenden Piers. Nur wenige Kilometer liegen zwischen dem Meer und den atmosphärereichen Kathedralstädten Winchester, Salisbury, Chichester, Exeter und Wells oder den stummen Zeugen der Frühgeschichte, den monolithischen Steinkreisen von Stonehenge und Avebury.

Ausführliche praktische Reise-Informationen zu Pubs und Restaurants, Bed & Breakfast, Verbindungen, Fahrradvermietungen etc. runden den Band ab. Ein ausführlicher Stadtführer geleitet kompetent durch die Metropole London.

550 Seiten, 40 Karten, Stadtpläne und Grundrisse, 150 Fotos und Abb.

ISBN 3-89416-224-4 **DM 36.80**

HILFE!

Dieses Reisehandbuch ist gespickt mit unzähligen Adressen, Preisen, Tips und Infos. Nur vor Ort kann überprüft werden, was noch stimmt, was sich verändert hat, ob Preise gestiegen oder gefallen sind, ob ein Hotel, ein Restaurant immer noch empfehlenswert ist oder nicht mehr, ob ein Ziel noch oder jetzt erreichbar ist, ob es eine lohnende Alternative gibt usw.

Das Autorenteam dieses Buches ist zwar stetig unterwegs und versucht alle zwei Jahre eine komplette Aktualisierung zu erstellen, aber auf die Mithilfe von Reisenden kann es nicht verzichten.

Darum: Schreiben Sie uns, was sich geändert hat, was besser sein könnte, was gestrichen bzw. ergänzt werden soll. Nur so bleibt dieses Buch immer aktuell und zuverlässig. Die besten und hilfreichsten Zuschriften belohnt der Verlag mit einem Freiexemplar der nächsten Auflage. Schreiben Sie direkt an:

Reise Know-How Verlag Peter Rump GmbH, Hauptstr. 198, D-33647 Bielefeld.

Danke!

Ortsregister